Grundzüge der Volkswirtschaftslehre

Von
Universitätsprofessor
Dr. Heinz-Dieter Hardes
und
Dipl.-Volkswirt Jürgen Mertes

4., verbesserte Auflage

R. Oldenbourg Verlag München Wien

Die Deutsche Bibliothek – CIP-Einheitsaufnahme

Hardes, Heinz-Dieter:
Grundzüge der Volkswirtschaftslehre / von Heinz-Dieter Hardes und Jürgen Mertes. – 4., verb. Aufl. – München ; Wien : Oldenbourg, 1994
ISBN 3-486-23069-7

NE: Mertes, Jürgen:

Gesamtherstellung: Appl, Wemding

ISBN 3-486-23069-7

Inhaltsverzeichnis

Vorwort zur vierten Auflage

Die Erfahrungen mit den vorhergehenden Auflagen dieses Studienbuches haben dessen Konzeption und Gestaltung in positiver Hinsicht bestätigt. In verschiedenen Kommentaren wurden besonders die Übungsteile des Buches sowie dessen Möglichkeiten zum eigenen Nacharbeiten und zur Lernkontrolle der Leser anerkannt. Die Konzeption eines integrierten Studienbuches mit einbezogenen Übungsbausteinen und Kontroll- und Verständnisfragen hat sich offenbar bewährt.

Daher bestand kein Anlaß, grundlegende Änderungen im Inhalt und in der Form des Buches vorzunehmen. Für die vorliegende Neuauflage wurden daher lediglich einzelne marginale Veränderungen vorgenommen.

Vorwort

Das vorliegende Lehrbuch basiert auf konzeptionellen Vorstellungen eines integrierten *Studienbuches mit anwendungsbezogenen Übungsbausteinen* und wendet sich primär an Studenten und Lehrende im Grundstudium von Universitäten und Fachhochschulen, die Grundlagenkenntnisse der Volkswirtschaftslehre erwerben bzw. vermitteln möchten.

Nach einer Einführung in einzelne Prinzipien des Grundverständnisses der Volkswirtschaftslehre und der marktwirtschaftlichen Steuerungsinstrumente werden mikroökonomische Basistheorien (Unternehmens-, Haushalts- und Preistheorie) bearbeitet. Es folgen empirisch ausgerichtete Teile zur Volkswirtschaftlichen Gesamtrechnung und zur Zahlungsbilanz einer Volkswirtschaft sowie Grundlagen der makroökonomischen Theorie und Politik der Stabilisierung.

Angestrebt wird ein *wirtschaftspolitischer Anwendungsbezug* neben einer Darstellung von grundlegenden Wirtschaftstheorien. Der anwendungsbezogene Transfer wird nach unseren Beobachtungen in der einführenden Fachausbildung der Volkswirtschaftslehre vielfach vermißt; inbesondere von Studenten der Betriebswirtschaft und anderer Fachrichtungen, welche im Grundstudium Kenntnisse der Volkswirtschaftslehre erwerben müssen.

Neben dem Anwendungsbezug soll eine *Verknüpfung theoretischer Grundlagen und empirischer Methoden der Wirtschaftsforschung* erzielt werden. Hierzu sollen ausgewählte Zeitreihen-Daten zur Wirtschaftsentwicklung beitragen, die in Tabellen oder grafischen Darstellungen erscheinen. Einzelne theoretische Hypothesen werden mittels statistischer Zeitreihenanalysen untersucht, um die empirischen Zusammenhänge zu belegen. Ein besonderer Anhang zur statistischen Regressionsanalyse soll das anwendungsbezogene Verständnis der Methoden erleichtern.

Herkömmliche Lehrbücher der Volkswirtschaftslehre konzentrieren sich vielfach auf die Vermittlung der grundlegenden Zusammenhänge und theoretischen Ansätze; sie vermitteln vorzugsweise modelltheoretische Grundlagen eines fachwissenschaftlichen „common sense". Die reine Vermittlung und die formalistische Darstellung abstrakter theoretischer Grundlagen erschweren jedoch nicht selten die fachbezogene Einführung des Lesers.

In Ergänzung zu verschiedenen Lehrtexten werden getrennte Übungs- oder Aufgabenbücher herausgegeben, die eine umfängliche Sammlung von Fragen und Auf-

Übungsbausteine mit anwendungsorientierten Fallbeispielen und Aufgaben findet man in ähnlicher Form eher in angelsächsischen Lehrbüchern der Volkswirtschaftslehre. Die jeweilige Konzeption dieser Studienbücher wird dabei durch besondere drucktechnische und grafische Gestaltungen unterstützt.
gaben in einer abgelösten Verbindung zum jeweiligen Lehrbuch enthalten. Diese Arbeitsbücher haben eher den Charakter eines nicht-integrierten, teils veralteten (weil selten überarbeiteten) Annexes.

Unsere Vorstellungen bevorzugen demgegenüber eine *integrierte Konzeption* eines Studienbuches mit einer Kombination der Vermittlung von grundlegenden Theorien und in den Text einbezogen Übungsbausteinen. Die *Übungsbausteine* bilden teils Fallbeispiele aus der Wirtschaftspolitik, Aufgaben zur Analyse empirischer Daten oder textbezogene Fragen; die Übungen sollen insgesamt zu einem anwendungsbezogenen Transfer von theorievermittelnder, grundlegender Darstellung auffordern und teils auch zu einer entsprechenden Reflexion weiterführender Fragestellungen führen.

Wir waren entsprechend bemüht, die integrierte Konzeption des vorliegenden Studienbuches durch besondere *Formen der Textgestaltung* hervorzuheben. So werden die Strukturen der einzelnen Kapitel jeweils durch einen einführenden Abschnitt zur inhaltlichen Orientierung erläutert. Sämtliche Übungsteile im Verlauf des Textes werden durch Untergrundmarkierungen hervorgehoben, um alle Teile mit Übungscharakter optisch von der reinen Inhaltsvermittlung abzusetzen. Häufig werden visuelle Formen der Darstellung theoretischer Konzepte verwendet. Die Abbildungen werden jeweils durch unmittelbare, grafikbezogene „Legenden" erläutert. Dem Leser soll dadurch nach der Lektüre des Kontextes eine spezifische Konzentration auf die Schaubilder und deren Verständnis erleichtert werden.

In Ergänzung zu den textbezogenen Übungsteilen soll der Charakter eines integrierten Studienbuches durch eine besondere Gestaltung der *kapitelbezogenen Anhänge* gestützt werden. Die verschiedenen Anhänge enthalten in paralleler Struktur jeweils *Kontrollfragen* zur inhaltlichen Reflexion der vorhergehenden Texte. Die Kontrollfragen werden teils in Multiple-Choice-Form, teils in Form offener Wiederholungsfragen zu einzelnen Textabschnitten formuliert. Ferner soll die Beantwortung von Problemfragen nach der Textlektüre erneut zu Überlegungen des anwendungsbezogenen Transfers von Basistheorien veranlassen. Zu den Textübungen bzw. Anhangfragen werden jeweils knappe *Lösungshinweise* gegeben. Sämtliche Übungsabschnitte, Fragen und die zugehörigen Hinweise werden durch Markierungen optisch hervorgehoben. Abschließend werden zu den Kapiteln ausgewählte, kommentierende *Literaturhinweise* gegeben.

Die Autoren hoffen, daß die integrierten Übungsteile und die Kapitelanhänge dem Leser fakultative Möglichkeiten des Anwendungstransfers und der eigenen Lernkontrolle liefern. Der hohe Zeitaufwand der Bearbeitung der Anhänge möge sich als ein besonderer Service für das Eigenstudium des Lesers eignen.

Bei der Textverarbeitung und den Korrekturen haben uns C. Cartus, K. Ebel, K. Schäfer, M. Braband und A. Pfirschke unterstützt. Wir möchten uns für diese Beiträge zum vorliegenden Studienbuch in besonderer Weise bedanken.

Die Autoren werden den „Anwendern des Studienbuches" für ergänzende Anmerkungen und Ideen sowie korrigierende Hinweise jederzeit dankbar sein.

Symbolverzeichnis zur Mikroökonomie

a	Input-Output-Koeffizient
A	Ausgaben
BM	Betriebsminimum (oder die kurzfristige Preisuntergrenze)
BO	kurzfristiges Betriebsoptimum
C	Konsumausgaben
d	marginale Veränderung
D	Nachfragekurve(-funktion)
DFK	durchschnittliche Fixkosten
DK	Durchschnittskosten (oder: K/x)
DP	Durchschnittsproduktivität
DVK	durchschnittliche variable Kosten
E	Erlös (Umsatz)
EE	Einkommenseffekt
EKK	Einkommens-Konsum-Kurve
EVV	Einkommens- und Vermögensverteilung
f( )	Funktion
$f'()$	Grenzwert (erste Ableitung) einer Funktion
f^{-1}	Umkehrfunktion
FK	fixe Kosten
g	Gewinnzuschlagsatz
G	Gewinn
G'	Grenzgewinn (oder: dG/dx)
GDS	Grenzrate der Substitution
GE	Grenzerlös
GK	Grenzkosten (oder: K'; oder: dK/dx)
GP	Grenzproduktivität
I	Indifferenzkurve
K	Produktionskosten
K'	Grenzkosten (oder: dK/dx; oder GK)
LDK	langfristige Durchschnittskosten
LGK	langfristige Grenzkosten
lgr	Lagrange-Multiplikator
ln	Logarithmus
LS	langfristige Angebotskurve(-funktion)
MOB	mindestoptimale Betriebsgröße
α	Winkel
Σ	Summe
p	Preis eines Gutes
P	gesamtwirtschaftliches(r) Preisniveau (Preisindex)
PAF	Preis-Absatz-Funktion
p_i/p_j	relativer Preis von Gütern
PKK	Preis-Konsum-Kurve
p_v	Preis eines Produktionsfaktors
S	Angebotskurve(-funktion)
SE	Substitutionseffekt
t	Zeiteinheit, Zeitindex
T	Steuern

tax	Steuersatz
T_{dir}	direkte Steuern
tg	Tangens
T_{ind}	indirekte Verbrauchssteuern
U	Nutzen; Gesamtnutzen; Nutzenpräferenzen
U'	Grenznutzen
v	Menge eines Produktionsfaktors
V	Höhe des Vermögens
VK	variable Kosten
x	Gütermenge
y	Gütermenge
Y	Einkommen
Y_c	Konsumsumme; für Konsumzwecke verfügbares Einkommen
$\| \|$	absoluter Wert (Betrag)
ε	Preiselastizität der Nachfrage
ε_{xy}	Kreuzpreiselastizität der Nachfrage
ε_Y	Einkommenselastizität der Nachfrage

Symbolverzeichnis zur Makroökonomie

AB	Abschreibungen
AK	Arbeitskosten
Alo	Zahl der Arbeitslosen
AQ	Arbeitslosenquote
A_{St}	Ausgaben des Staates
ATB	Austauschbeziehungen von Gütern
b	Barabflußquote
B	Geldbasis
BBkG	Bundesbankgesetz
BG	Bargeldumlauf
BIP	Bruttoinlandsprodukt
BRF	Brutto-Refinanzierungskontingente
BSP	Bruttosozialprodukt
BSP_M	Bruttosozialprodukt zu Marktpreisen
(n)BSP	nominelles Bruttosozialprodukt
(r)BSP	reales Bruttosozialprodukt
c	marginale Konsumquote (= dC/dY)
C	(reale) Konsumausgaben; Konsumnachfrage der privaten Haushalte
C/Y	durchschnittliche Konsumquote
C_0	autonome Konsumnachfrage
C_H	Konsum der priv. Haushalte
cif	costs, insurance, freight
C_{St}	staatlicher Verbrauch
d	Diskontsatz
D	Giralgeld, Sichtguthaben
DBBk	Deutsche Bundesbank
Dk	Devisenkurs (Preis einer ausländischen Währungseinheit)
dS/dY	marginale Sparquote
DW	Durbin-Watson-Testwert
E	Einlagen
E_e	Ertragserwartungen
EP_{ab}	abhängige Erwerbspersonen
EWS	Europäisches Währungssystem
Ex	Exporte
(Ex – Im)	Außenbeitrag (= Exporte-Importe)
FLR	Freie Liquiditätsreserve
fob	free on board
G	Unternehmensgewinne
GE	Geldeinheiten
GK	Geldkapital
GMP	(zentralbankfähige) Geldmarktpapiere
GPA	Grenzprodukt der Arbeit
H	private Haushalte
i	(realer) Zinssatz
I	(reale) Investitionen
I_0	autonome Investitionen
I^b	(reale) Bruttoinvestitionen

Im	Importe
I^n	(reale) Nettoinvestitionen
I^n_{St}	staatliche Nettoinvestitionen
I_{St}	staatliche Investitionen
JG	Jahresgutachten
k	Kassenhaltungskoeffizient
K	(reales) Produktionskapital
kk	Kapitalkoeffizient
Kr	Kredite
KWG	Kreditwesengesetz
L	(reale) Geldnachfrage, Liquiditätspräferenz
l	freie Liquiditätsquote
L_S	Geldnachfrage zu Spekulationszwecken
L_T	Geldnachfrage zu Transaktionszwecken
m	Geldmengenmultiplikator
m_D	Multiplikator der Giralgeldschöpfung
m_E	Multiplikator der Einlagenschöpfung
m_{Kr}	Multiplikator der Kreditschöpfung
$\overline{M}$	gegebene Geldmenge
M	Geldmenge
M1	Geldmenge M1 (= BG + D)
M2	Geldmenge M2 (= M1 + TE)
M3	Geldmenge M3 (= M2 + SE)
MR	Mindestreserven
mrs	Mindestreservesatz
M^S	Geldangebot
N	Beschäftigungsvolumen, Einsatz an Arbeitskräften
n	Liquiditätsneigung
N^D	Arbeitskräftenachfrage
NP_A	Nettoposition des Bankensystems gegenüber dem Ausland
NP_{NB}	Nettoposition der Zentralbank gegenüber Nichtbanken
N^S	Arbeitsangebot
NSP_F	Volkseinkommen, Nettosozialprodukt zu Faktorkosten
NWS	Nettowertschöpfung
ORF	Offene Refinanzierungskontingente
$\bar{P}$	gegebenes Preisniveau
P	Preisniveau (inländischer Güter)
P_A	Preisindex ausländischer Güter
P_C	Preisindex des privaten Konsums
P_e	erwartetes Preisniveau
R	Korrelationskoeffizient nach PEARSON
r	Rendite einer Investition
R^2	Bestimmtheitsmaß
r_e	erwartete Investitionsrendite
RF	Refinanzierung
S	(reale) Ersparnis der Haushalte
S/Y	durchschnittliche Sparquote
s^2	Varianz
SE	Spareinlagen
S_H	Sparen der privaten Haushalte

S_{St}	Sparen des staatlichen Sektors
SVR	Sachverständigenrat
t	laufende Zeitperiode
t-1	Vorperiode
t-Wert	Wert der t-Verteilung
tax	Steuersatz (-tarif)
tax‘	marginaler Steuersatz
T_{dir}	direkte Steuern
TE	Termineinlagen
T_{ind}	indirekte Steuern
Tr	Transferzahlungen
TZ	Textziffer
u	Residuum/Störvariable
U	Unternehmen
ÜR	Überschußreserven
v	Umlaufgeschwindigkeit des Geldes
VÄ	Vermögensänderung
VGR	Volkswirtschaftliche Gesamtrechnung
V_{St}	Vorleistungskäufe des Staates
w	Nominallohn
$\overline{w}$	starrer Nominallohn nach unten, Mindestlohn, gegebener Nominallohn
W	Wachstums-/Änderungsrate
w_r	Reallohn
WR	Währungsreserven
x_i	Beobachtungswerte einer unabhängigen Variablen
Y	(reales) Volkseinkommen
$\overline{Y}$	gegebenes (reales) Volkseinkommen
Y_G	Gleichgewichts-Volkseinkommen
Y_H^{St}	Einkommen der privaten Haushalte vom Staat
Y_H^U	Einkommen der privaten Haushalte von Unternehmen
y_i	Beobachtungswerte einer abhängigen Variablen
Y_{Pot}	potentielles Volkseinkommen
Y_r	(reale) Produktion, Produktionsvolumen
y_R	Schätzwerte einer Regression
Y_r/N	Arbeitsproduktivität je Beschäftigten
Y_r^D	(reale) Güternachfrage
Y_r^S	(reales) Güterangebot
Y_{St}^U	Einkommen des Staates von Unternehmen
Y_v	verfügbares Einkommen der privaten Haushalte
Z	Subventionen
ZBG	Zentralbankgeld
ZBGM	Zentralbankgeldmenge

1 Was ist Volkswirtschaftslehre?

Inhaltliche Orientierung

Im ersten Teil des Kapitels sollen Antworten auf die **Eingangsfrage** „Was ist Volkswirtschaftslehre (VWL)?“ gegeben werden. Der Begriff der VWL enthält zwei sich überschneidende Elemente, die als Ansatzpunkte zu einer exemplarischen Erläuterung von fachwissenschaftlichen Fragestellungen und Gebieten dienen. Das begriffliche Element „Wirtschaften“ bezeichnet eine rationale Verhaltensmaxime als grundlegende Annahme wirtschaftlichenVerhaltens: Rationales Wirtschaften gilt als allgemeines Verhaltensprinzip der Akteure. Der zweite Begriffsteil der „Volkswirtschaft“ faßt eine Vielzahl von Wirtschaftsakteuren zusammen, welche die wirtschaftlichen Vorgänge eines Landes bestimmen. Vier Gruppen von Akteuren einer Volkswirtschaft können unterschieden werden: private Haushalte, Unternehmen, Staat und Ausland. Die Teilgebiete und Fragestellungen der VWL orientieren sich an den ökonomischen Problemen dieser Wirtschaftssubjekte. Die Fachgebiete der VWL überschneiden sich zum Teil mit denen der Betriebswirtschaftslehre. Nach der Dominanz einzel- oder gesamtwirtschaftlicher Perspektiven wird zwischen den Fachgebieten der Mikro- und der Makroökonomie unterschieden (**1.1**).

Es folgt eine kurzgefaßte Darstellung von **Grundlagen der Methodenlehre** der Wirtschaftswissenschaften. Die VWL gehört zu den Realwissenschaften, deren Hauptaufgaben in der empirischen „Beobachtung“ wirtschaftlicher Vorgänge, vor allem in der „Erklärung“ (Prognose) und der wirtschaftspolitischen „Beratung“ liegen. Erklärungen beruhen auf verallgemeinerten Hypothesen oder empirischen Gesetzen (Ist-Aussagen). Die logische Struktur wissenschaftlicher Erklärungen werden wir am „Zyankali-Beispiel“ erläutern. Hypothesen bilden den Kern wirtschaftswissenschaftlicher Erklärungen; sie können im Gegensatz zu tautologischen Aussagen durch empirische Ergebnisse widerlegt werden. Modelle sind formalisierte Theorien; sie sind notwendig, um die komplexe Vielfalt wirtschaftlicher Zusammenhänge durch Vereinfachung und Abstraktion überschaubar darzustellen. Probleme normativer Aussagen (Soll-Aussagen) liegen wegen der Interessenbezüge vor allem von wirtschaftspolitischen Fragestellungen nahe. Vertreter einer wertfreien Wissenschaft fordern eine Beschränkung der VWL auf objektive Ist-Aussagen. Wir werden diese Forderung diskutieren. Nach unserer Auffassung sind Werturteile unvermeidlich, wenn die Aufgabe der wirtschaftspolitischen Beratung nicht aufgegeben werden soll (**1.2**).

Im dritten Teil wird die allgemeine **Knappheit wirtschaftlicher Güter** erörtert. Die Knappheitsthese besagt, daß wirtschaftliche Ressourcen (Produktionsmittel) nicht unbegrenzt zur Verfügung stehen und daß die Produktionsmöglichkeiten bei gegebenen Mitteln beschränkt sind. Knappheit erfordert dann eine Wahl zwischen alternativen Verwendungsmöglichkeiten von Gütern oder Produktionsfaktoren. Die Entscheidung für eine Alternative bedeutet den Verzicht auf andere. Das Prinzip der Opportunitätskosten beruht auf diesen Grundgedanken als Folge wirtschaftlicher Knappheiten. Wir werden den grundlegenden Begriff der Opportunitätskosten am Modell der Transformationskurve einer Volkswirtschaft erläutern. Bei begrenzten Produktionsfaktoren können die Produktionsmöglichkeiten einer Volkswirtschaft durch eine effizientere Spezialisierung und durch betriebliche Arbeitsteilung erhöht werden. Die Vorteile der betrieblichen Arbeitsteilung werden am klassischen Stecknadel-Beispiel nach ADAM SMITH illustriert. Die Theorie der komparativen

Kosten soll schließlich aufzeigen, daß auch die zwischenbetriebliche Arbeitsteilung und der internationale Handel zu Vorteilen führen können. Die klassische Wirtschaftstheorie lieferte somit Basisansätze für heutige Bezüge (**1.3**).

1.1 Gegenstand, Fragestellungen und Fachgebiete

Auf die (vermeintlichen) Schwierigkeiten im Verständnis der **Volkswirtschaftslehre** (VWL) hat K. Tucholsky in einem Essay „Kurzer Abriß der Nationalökonomie" verwiesen:

„(Das Prinzip des Wirtschaftens besteht in der Verwendung von Geld für knappe Güter.) Für Geld kann man Waren kaufen, weil es Geld ist, und es ist Geld, weil man dafür Waren kaufen kann ... Woher das Geld kommt, ist unbekannt. Es ist eben da bzw. nicht da - meist nicht da ...

Der Wohlstand eines Landes beruht auf seiner aktiven und passiven Handelsbilanz, auf seinen inner(e)n und äußer(e)n Anleihen sowie auf dem Unterschied zwischen dem Giro des Wechselagios und dem Zinsfuß der Lombardkredite; bei Regen ist das umgekehrt. ... Jede Wirtschaft beruht auf dem Kreditsystem, d. h. auf der irrtümlichen Annahme der andere werde gepumptes Geld zurückzahlen. Tut er das nicht, so erfolgt eine sog. ‚Stützungsaktion' bei der alle, bis auf den Staat, gut verdienen" (nach: Trebeis 1983, S. 25 ff.).

Die Bemerkungen Tucholskys demonstrieren eine humoreske Analyse komplexer wirtschaftlicher Zusammenhänge aus der Sicht eines „feinsinnigen" Beobach-

Abb. 1-1 Zur Definition des Begriffes „Wirtschaften"

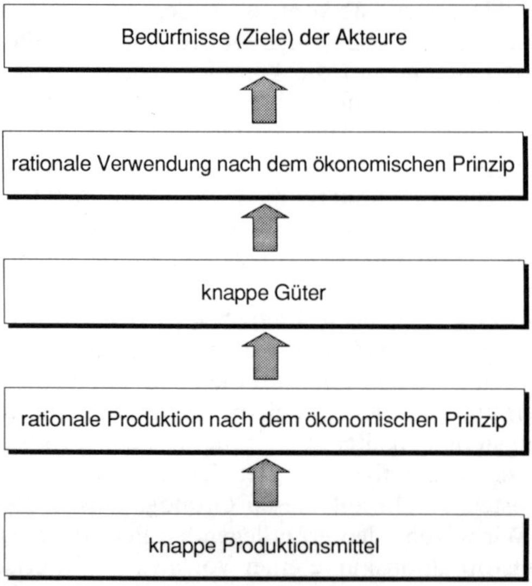

„Wirtschaften" bedeutet ein rationales Verhaltensprinzip im Spannungsverhältnis zwischen unbegrenzten Bedürfnissen einerseits und der Verwendung knapper Güter und Produktionsmittel andererseits.

ters. Diese Zusammenhänge einer Volkswirtschaft zu klären, bildet offenbar eine nicht immer einfache Aufgabe, wie das Zitat verdeutlichen sollte. Die VWL als Teilgebiet der Wirtschaftswissenschaften versucht, systematische Beiträge zur Klärung komplexer wirtschaftlicher Vorgänge zu leisten.

Wirtschaftswissenschaftliche Fachdisziplinen bevorzugen vielfach allgemeine Definitionen als systematischen Einstieg. Der Begriff der VWL enthält zwei sich überschneidende Begriffselemente, „Wirtschaft" und „Volkswirtschaft". Was bedeuten diese Teilbegriffe? **Wirtschaften** bezeichnet nach dem herrschenden Verständnis die Produktion und Verwendung knapper Güter zum Zweck der Erfüllung menschlicher Bedürfnisse. Diese Definition verweist darauf, daß sich die Güterproduktion und -verwendung in einem grundlegenden Spannungsverhältnis zwischen Bedürfnissen und knappen Mitteln vollzieht. Als allgemeine Maxime des Wirtschaftens oder wirtschaftlichen Verhaltens gilt deshalb das ökonomische Prinzip: Unter der grundlegenden Annahme rationalen Verhaltens und rationaler Entscheidungen versuchen die Wirtschaftsakteure,

- mit gegebenen Mitteln einen maximalen Nutzen (Gewinn) zu erzielen (Maximum-Variante des ökonomischen Prinzips) oder
- ein gegebenes Ziel mit möglichst minimalen Mitteln zu erreichen (Minimum-Variante).

Der Begriff **Volkswirtschaft** kann mit Bezug auf die Wirtschaftsakteure beschrieben werden, welche die wirtschaftlichen Vorgänge eines Landes gestalten. Eine Volkswirtschaft besteht aus einer Vielzahl von Wirtschaftssubjekten, die wirtschaftliche Entscheidungen treffen und wirtschaftliche Vorgänge beeinflussen. Die Vielzahl der Akteure bedarf einer systematischen Gruppierung und Zuordnung, um die komplexen wirtschaftlichen Vorgänge sinnvoll ein- und zuordnen zu können. Eine gängige Systematik der Wirtschaftsakteure einer Volkswirtschaft unterscheidet die folgenden vier Gruppen, um das Feld der Akteure und der wirtschaftlichen Vorgänge zu ordnen:

- Zur Gruppe der **Unternehmen** zählen die Wirtschaftseinheiten, deren wirtschaftliche Funktion primär in der Produktion von Gütern besteht. Da zum Begriff der Güter Waren und Dienstleistungen zählen, werden die Produktions- und die Dienstleistungs-Unternehmen in der Unternehmensgruppe zusammengefaßt. Neben den privaten Unternehmen gehören auch die Unternehmen in öffentlichrechtlichem Eigentum (Bundespost, -bahn u. a.) zum Unternehmenssektor einer Volkswirtschaft.
- Die Gruppe der **privaten Haushalte** erfaßt diejenigen Wirtschaftseinheiten, deren primäre Funktion in der Erzielung und Verwendung von Einkommen liegt. Der Gruppe der privaten Haushalte werden auch private Organisationen ohne Erwerbszweck zugerechnet, wie Kirchen, Verbände, Parteien und Vereine verschiedener Art.
- Wirtschaftssubjekte mit hoheitlichen Aufgaben werden zur Gruppe **Staat** oder zur Gruppe der **öffentlichen Haushalte** zusammengefaßt. Staatliche Wirtschaftsakteure erheben z. B. Abgaben und Steuern und beeinflussen über Ausgaben die Güterverwendung. Staatliche Organisationen sind Träger der Wirtschaftspolitik. Zu den öffentlichen Haushalten zählen die Gebietskörperschaften mit unterschiedlichen regionalen Zuständigkeiten (Bund, Länder, Gemeinden) und die Sozialversicherungshaushalte mit speziellen Aufgaben der sozialen Sicherung und der Umverteilung von Einkommen.
- Die Gruppe **Ausland** umfaßt alle Wirtschaftssubjekte, die ihren Wohnsitz oder ihre Betriebsstätten außerhalb der nationalen Grenzen eines Landes haben. Die

Abb. 1-2 Systematik der Wirtschaftssubjekte einer Volkswirtschaft

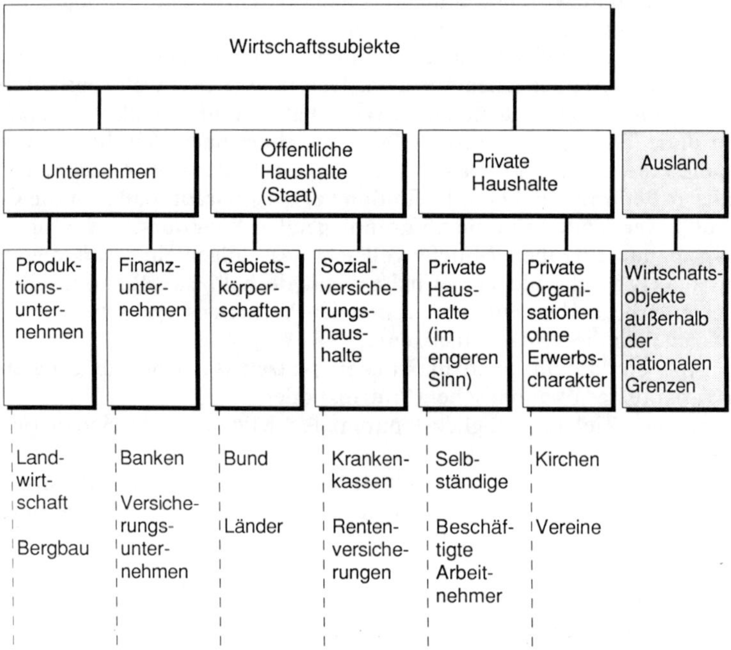

Eine Volkswirtschaft umfaßt eine Vielzahl von Wirtschaftsakteuren, welche die gesamtwirtschaftlichen Größen und Beziehungen, einschließlich der Außenwirtschaft, bestimmen (Abb. nach: STOBBE 1984[6], Bd. I, S. 15).

Wirtschaftsbeziehungen zwischen inländischen und ausländischen Akteuren werden als „Außenwirtschaft" bezeichnet.

Eine exemplarische Beschreibung von **Fragestellungen** (Fachgebieten) der VWL mag dem Verständnis des Lesers besser dienen als weitere allgemeine Definitionsmerkmale zur Abgrenzung des Faches. Abb. 1-3 liefert hierzu eine einführende Übersicht, in der einige Beispiele von Fragestellungen des Faches nach den relevanten Gruppen der Wirtschaftsakteure geordnet werden. Die nachfolgende Übung soll dazu beitragen, das Vorverständnis des Lesers zu aktivieren.

Die VWL bildet ein Teilgebiet der Wirtschaftswissenschaften neben der Betriebswirtschaftslehre (vgl. Abb. 1-4). Beide Teilgebiete lassen sich nicht völlig voneinander ausgrenzen, da die Wirtschaftsbeziehungen zwischen Betrieben und einer Volkswirtschaft nicht getrennt werden können. Die Betriebe sind eine wichtige Gruppe der Wirtschaftsakteure einer Volkswirtschaft, deshalb müssen betriebliche Entscheidungen und Aktivitäten auch Gegenstand der VWL sein.

In der **Betriebswirtschaftslehre** herrscht ein betrieblicher oder einzelwirtschaftlicher Bezug vor. Im Vordergrund des Interesses stehen betriebliche Funktionsbereiche (z. B. Finanzierung, Rechnungswesen, Beschaffung, Produktion) sowie Methoden der Planung und Betriebsführung. Es dominieren einzelbetriebliche Themen

Abb. 1-3 Wirtschaftssubjekte und Fragestellungen der VWL

Unternehmen	Welche Güter (Gütermengen) produzieren Unternehmen? Bestimmungsfaktoren der Produktionskosten? Preisverhalten?
private Haushalte	Welche Einkommen(-sgrößen) erzielen private Haushalte? Bestimmungsfaktoren der Konsumnachfrage? Sparen der privaten Haushalte?
Staat	Art und Höhe der Steuern? Art und Höhe der Ausgaben? Maßnahmen der Wirtschaftspolitik?
Ausland	Entwicklung der Exportnachfrage? Bestimmung von Wechselkursen?

Übung 1-1 Exemplarische Fragestellungen der VWL

Ermitteln und erläutern Sie - in analoger Systematik nach den Gruppen von Wirtschaftsakteuren - weitere Fragestellungen der VWL!

oder auf innerbetriebliche Teilbereiche bezogene Probleme der Planung und der strategischen Entscheidungen von Betrieben.

Demgegenüber besteht in der VWL eher ein allgemeines Interesse an einzel- **und** gesamtwirtschaftlichen Fragestellungen. Es wird zwischen den Teilgebieten der Mikro- und der Makroökonomie unterschieden. Die einzelwirtschaftliche Perspektive der **Mikroökonomie** kommt betriebswirtschaftlichen Teilgebieten sehr nahe, da das Verhalten einzelner Wirtschaftssubjekte hier im Vordergrund der Analysen steht. Als relevante mikroökonomische Fragestellungen gelten:

- Wie reagiert ein typisches Produktionsunternehmen auf Preisänderungen von Gütern? (Gegenstand der mikroökonomischen Angebotstheorie)
- Wie reagiert ein repräsentativer Haushalt auf Preisänderungen? (Gegenstand der mikroökonomischen Haushaltstheorie)
- Welche Faktoren bestimmen die Marktpreise für einzelne Güter bei verschiedenen Marktformen? (Problem der Preisbildung an unterschiedlichen Märkten).

Die Mikroökonomie strebt trotz der einzelwirtschaftlichen Betrachtungsweise nicht primär Aussagen über das spezifische Verhalten eines individuellen Unternehmens oder Haushalts an. Der häufige Bezug zu einem typischen, repräsentativen Wirtschaftssubjekt deutet an, daß ein spezifisch individuelles Verhalten der einzelwirtschaftlichen Akteure nicht als Hauptproblem gilt. Vielmehr werden generelle Aussagen angestrebt, die zugleich für eine Gruppe von Wirtschaftssubjekten allgemeine Gültigkeit haben mögen.

Als zweites Teilgebiet der VWL bevorzugt die **Makroökonomie** die aggregierte oder gesamtwirtschaftliche Betrachtungsweise. Die einzelnen Wirtschaftssubjekte werden - häufig in der zuvor dargelegten Systematik der Gruppen - zusammengefaßt, um die Analyse zu vereinfachen und die Beziehungen zwischen gesamtwirtschaftlichen Größen zu erklären. Die Vielfalt der einzelwirtschaftlichen Unterschiede und Beziehungen muß in der Makroökonomie auf überschaubare Zusammenhänge reduziert werden. Das einzelwirtschaftliche Verhalten einer Vielzahl von Wirtschaftsakteuren schlägt sich in aggregierten Zusammenhängen nieder. Je

Abb. 1-4 Teilgebiete der Wirtschaftswissenschaften

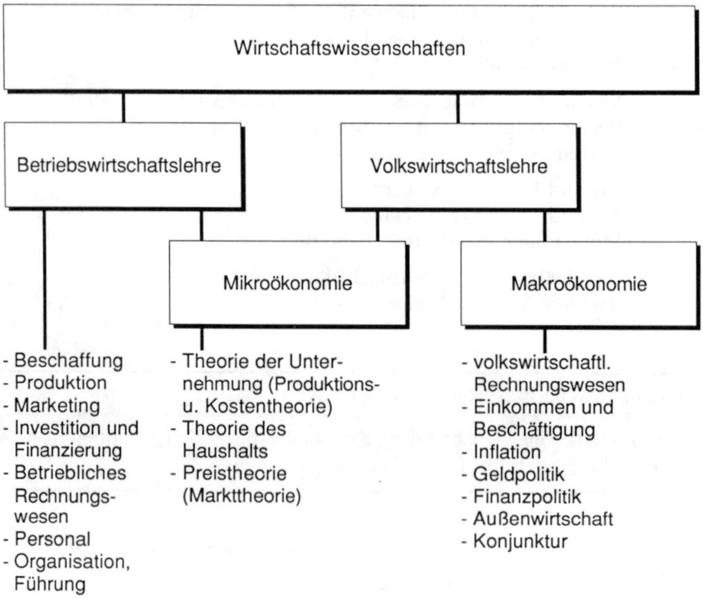

(Abb. nach: RITTENBRUCH 1986[5], S. 4)

homogener die Akteure sich verhalten, um so eher ist eine Verknüpfung von mikroökonomischen Beobachtungen und makroökonomischen Größen möglich. Das „Gesetz der großen Zahl“ wird vielfach Abweichungen einzelwirtschaftlichen Verhaltens ausgleichen, so daß trotz detaillierter Unterschiede im einzelwirtschaftlichen Verhalten stabile makroökonomische Zusammenhänge bestehen können. Das Gebiet der Makroökonomie erhält letztlich eine einsichtige Rechtfertigung aus der zwingenden Notwendigkeit, die vielfältige Komplexität realer einzelwirtschaftlicher Beziehungen zu reduzieren. Als wichtige makroökonomische Fragestellungen gelten z. B.:

- Wie und warum sind zyklische Schwankungen der Konjunktur zu beobachten?
- Wie wird die Höhe der gesamtwirtschaftlichen Produktion und des Volkseinkommens ermittelt?
- Wie kann die Beschäftigung von Erwerbspersonen erhöht und die allgemeine Arbeitslosigkeit reduziert werden?
- Welche Bedeutung hat der Außenhandel und die Zahlungsbilanz einer Volkswirtschaft?
- Wie entsteht Inflation und mit welchen Maßnahmen kann sie bekämpft werden?

Eine einfache, ungeprüfte Übertragung einzelwirtschaftlicher Aussagen auf die gesamtwirtschaftliche Ebene führt nicht selten zu einem **„Trugschluß der Verallgemeinerung“** (SAMUELSON). Ein solcher Fehlschluß kann am Stadionbeispiel erläutert werden. Was für einen oder einzelne Zuschauer gelten mag, gilt nicht analog für die Gesamtheit der Zuschauer in einem Stadion. Wenn ein einzelner Zuschauer auf die Zehenspitzen steigt, um eine bessere Sicht zu erhalten, wird dieses Verhalten bei

Übung 1-2 Trugschluß der Verallgemeinerung

Suchen und erläutern Sie weitere ökonomische Beispiele eines „Trugschlusses der Verallgemeinerung"!

normaler Körpergröße den gewünschten Erfolg bringen. Wenn sich aber alle Zuschauer ähnlich verhalten und auf ihre Zehenspitzen steigen, nutzen die individuellen Bemühungen eines Zuschauers wenig. Analoge ökonomische Beispiele lassen sich finden: Veränderte Preise können einem individuellen Anbieter größere Einnahmen verschaffen. Diese Einnahmenvorteile können sich wieder ändern, wenn viele andere Anbieter die Preise in ähnlicher Weise abändern. Ein Arbeitsloser könnte durch individuelle Qualifizierung sein Beschäftigungsproblem bewältigen. Wenn aber alle Arbeitslosen sich qualifizieren würden, müßten bei fehlenden Arbeitsplätzen viele Personen trotz der Qualifizierungsmaßnahmen arbeitslos bleiben.

Volkswirtschaftliche Theorien und wirtschaftspolitische Probleme werden vielfach getrennt behandelt und in verschiedenen Lehrbüchern dargestellt. Die **Wirtschaftstheorie** habe nach einer verbreiteten Meinung realwirtschaftliche Beobachtungen und Vorgänge in allgemeinen Aussagen zu erklären. Wirtschaftstheorie habe die prinzipielle Aufgabe der allgemeinen Erklärung wirtschaftlicher Vorgänge: „Was ist von Bedeutung?, Weshalb ist das so?" Demgegenüber habe die **Wirtschaftspolitik** die grundlegende Aufgabe der Beratung. Die Wirtschaftspolitik frage nach Zielen und nach geeigneten Maßnahmen, um diese Ziele zu erreichen: „Was soll sein und wie kann das erreicht werden?" Wirtschaftspolitik sei daher im Gegensatz zur Theorie auf normative „Soll-Aussagen" ausgerichtet. Wegen dieser grundlegenden Unterschiede in den Aufgaben sei zwischen Theorie und Politik zu trennen. Die Wirtschaftstheorie habe sich möglichst von politischen Soll-Aussagen und Meinungen zu distanzieren.

Wir halten die geforderte Trennung von Wirtschaftstheorie und -politik für problematisch und ungeeignet. Realwirtschaftliche Vorgänge und deren Erklärungen können nach unserer Überzeugung nicht in einem Labor oder im luftleeren Raum geschehen. Die Aufgaben der Wirtschaftstheorie, die Beobachtung und Erklärung wirtschaftlicher Vorgänge, hängen vielfach mit realen wirtschaftspolitischen Problemen zusammen. Theoretische Erklärungen und Beobachtungen sollen daher verwertbar sein, um wirtschaftspolitische Maßnahmen beurteilen und verbessern zu können (eine Soll-Aussage!). Die Wirtschaftstheorie bedarf nach unserem Werturteil notwendig des Bemühens um wirtschaftspolitische Fragestellungen. Eine grundsätzliche Trennung von Wirtschaftstheorie und -politik erscheint uns nicht sinnvoll.

1.2 Wissenschaftsmethodische Grundlagen

Nach einer exemplarischen Beschreibung von Inhalten und Teilgebieten der VWL werden nun grundlegende Aspekte der wissenschaftlichen Methoden angesprochen. Zuerst fragen wir nach den allgemeinen Aufgaben oder „Erkenntniszielen" der VWL als Wirtschaftswissenschaft.

1.2.1 Wirtschaftswissenschaftliche Erkenntnisziele

Die Hauptaufgabe der Wirtschaftstheorie besteht in der **Erklärung** wirtschaftlicher Vorgänge und Zusammenhänge: Warum z. B. ist die allgemeine Arbeitslosigkeit zu Anfang der 80er Jahre in der BR Deutschland gestiegen? Warum nimmt die allgemeine Inflationsrate schneller als erwartet zu? Daneben wird vornehmlich der Wirtschaftspolitik die Aufgabe der **Beratung** zugeschrieben: Welche Maßnahmen können empfohlen werden, um bestimmte wirtschaftspolitische Ziele zu erreichen? Welche Wirkungen sind unter den gegebenen Bedingungen von den Maßnahmen zu erwarten? Die Aufgaben der Beratung und Erklärung schließen wegen des Bezugs zu zukünftigen Entwicklungen und Maßnahmen häufig Aufgaben der Prognose wirtschaftlicher Entwicklungen in der Zukunft ein.

Prognose und wirtschaftspolitische Beratung sind i. d. R. mit der Erklärung wirtschaftlicher Zusammenhänge verknüpft. Um eine wirtschaftspolitische Maßnahme zu empfehlen, müssen im Prinzip die wahrscheinlichen Effekte dieser Maßnahmen unter den gegebenen Bedingungen abgeleitet werden. Die Effekte sind wiederum nur aus den wirtschaftlichen Zusammenhängen abzuleiten oder zu erklären. Eine seriöse Beratung erfordert somit Erklärungen der relevanten Wirkungszusammenhänge. Die Prognose bezieht sich auf zukünftige Zeiträume. Um wirtschaftliche Vorgänge in der Zukunft vorherzusagen, müssen die zukünftigen Vorgänge aus den wahrscheinlichen Entwicklungen und Zusammenhängen abgeleitet und erklärt werden. Eine **Prognose** wird deshalb auch als eine in die Zukunft gerichtete Erklärung beschrieben. Die Erklärung wirtschaftlicher Zusammenhänge bildet folglich eine Hauptaufgabe der VWL. Beratungen und Prognosen bilden weitere Aufgaben mit besonderen Akzenten, die Unterschiede zur Aufgabe der Erklärung sind jedoch nicht fundamental.

Die VWL gehört zu den empirischen Realwissenschaften. Sie setzt wissenschaftliche Methoden ein, um reale wirtschaftliche Vorgänge oder Entwicklungen zu ermitteln, zu messen und zu beschreiben. **Beobachtung** und **Beschreibung** wirtschaftlicher Vorgänge gehören zu den Erkenntniszielen der VWL. Bevor eine wirtschaftliche Entwicklung (Beispiel: Die Entwicklung der Arbeitslosigkeit in der BR Deutschland in den 80er Jahren) erklärt werden kann, ist zunächst eine Beschreibung und Messung der Arbeitslosigkeit erforderlich. Auch die relevanten Erklärungsfaktoren bedürfen der empirischen Beobachtung und Messung. Zur empirischen Messung der Arbeitslosigkeit beispielsweise wird vielfach die amtliche Statistik der bei den Arbeitsämtern registrierten Arbeitslosen verwendet. Die Beschreibung eines Erklärungsproblems ist an eine empirische Meßmethode gebunden. In der VWL werden deshalb häufig empirische Daten aus amtlichen Statistiken und statistischen Primärerhebungen verwendet. Eine Erklärung setzt stets die empirische Beobachtung und Beschreibung wirtschaftlicher Vorgänge voraus.

1.2.2 Logische Struktur einer wissenschaftlichen Erklärung

Eine Kernaufgabe der VWL bildet die wissenschaftliche Erklärung wirtschaftlicher Vorgänge. Die allgemeine Struktur einer Erklärung ergibt sich aus der Methode der **Deduktion** (logischen Ableitung). Nach den exakten Regeln der Logik erfolgt eine Deduktion in drei Schritten:

(1) Eine **Hypothese** (allgemeines Gesetz) ist zu formulieren.
(2) Es muß geprüft werden, ob die **Anwendungsbedingung** der Hypothese im konkreten Fall vorliegt.

Übung 1-3 Erkenntnisziele der VWL am Beispiel der Arbeitslosigkeit

Beschreiben und erläutern Sie die Erkenntnisziele der VWL am Beispiel der Entwicklung der Arbeitslosigkeit in der BR Deutschland!
Beobachtung/Beschreibung:

Erklärung:

Beratung:

Prognose:

(3) Aus der Hypothese und der Anwendungsbedingung muß das **Explicandum** (der zu erklärende Vorgang) logisch abgeleitet werden.

Wir wollen diese Schritte und die logische Struktur einer Erklärung am **„Zyankali-Beispiel“** (ALBERT 1964) veranschaulichen: Der zu erklärende Vorgang, das Explicandum, sei der plötzliche Tod eines Menschen.

Explicandum: Der plötzliche Tod eines Menschen ist zu erklären.

Allgemeine Hypothese: Immer wenn ein Mensch eine Überdosis Zyankali (mehr als drei Milligramm) einnimmt, muß dieser Mensch nach wenigen Minuten sterben.

Anwendungsbedingung: Die betreffende Person hat vor kurzem eine Überdosis Zyankali genommen.

Angenommen, die Anwendungsbedingung des Beispiels sei gegeben, da eine Person vor kurzem eine Überdosis Zyankali genommen habe. Das Explicandum, der plötzliche Tod dieses Menschen, kann logisch abgeleitet und damit eindeutig erklärt werden.

Die Formulierung „Immer wenn . . ., dann . . .“ soll auf den allgemeinen Charakter von Hypothesen hinweisen. **Hypothesen** sind allgemeine Aussagen, die generelle Zusammenhänge ohne Bezug zu bestimmten Beobachtungen oder Vorgängen behaupten. Der Begriff **Gesetz** wird in der VWL synonym zur Hypothese verwendet. Abweichend vom Verständnis im juristischen Sinne beschreibt der verhaltenswissenschaftliche Begriff des Gesetzes allgemeine Aussagen über generelle Ursache-Wirkungs-Zusammenhänge oder regelmäßiges Verhalten der Akteure. **Anwendungsbedingungen** klären dagegen die konkreten singulären Voraussetzungen oder Beobachtungen des einzelnen Vorgangs. Die logische Struktur einer Erklärung entspricht der Deduktion des Explicandum: Einen Vorgang **„erklären“** heißt, diesen Vorgang als Erklärungsproblem (Explicandum) aus allgemeinen Gesetzen und den konkreten Anwendungsbedingungen logisch abzuleiten.

Hypothese (allgemeines Gesetz):	Immer wenn A, dann B.
konkrete Anwendungsbedingung:	Hier gilt A.
Explicandum:	Also folgt B.

Erklärungen in den Wirtschafts- und Sozialwissenschaften können kaum den strengen logischen Anforderungen eindeutiger, monokausaler Erklärungen genügen. Diese Anforderungen verlangen vollständige, widerspruchsfreie Aussagen über invariante, isolierte Zusammenhänge ohne alternative Hypothesen. Wegen der Vielzahl von Akteuren und der möglichen Ursachen sind monokausale und gleichförmige Zusammenhänge nicht zu erwarten. Die Vielfalt und Komplexität wirtschaftlicher Vorgänge führt dazu, daß sich Zusammenhänge im Zeitverlauf ändern können.

Übung 1-4 Auszug aus einem Konjunkturbericht „Ein glänzendes Jahr (1986) für den Verbraucher!"

„Im Bereich der Inlandsnachfrage hat sich der private Verbrauch ... zu einer der tragenden Säulen (der Konjunktur) entwickelt. Die privaten Verbrauchsausgaben waren im zweiten Quartal real um fast 5% höher als im Vorjahr ... Entscheidend hierfür ist einmal das wachsende Einkommen der Verbraucher (gewesen), wozu nicht zuletzt die höhere Beschäftigung und die Steuersenkung (beigetragen haben). Zum anderen haben die Preisrückgänge im bisherigen Verlauf dieses Jahres, insbesondere die drastische Entlastung der privaten Energierechnungen, die reale Kaufkraft der Verbraucher erhöht." (Quelle: Monatsberichte der Deutschen Bundesbank, 9/1986, S. 6)
Formulieren Sie auf der Basis des vorstehenden Textauszugs die relevanten Erklärungen zur Entwicklung der privaten Konsumausgaben im Jahr 1986 nach dem logischen Strukturschema einer Deduktion!

Vollständige Erklärungen, die alle möglichen Einflußfaktoren eines bestimmten Ereignisses einschließen, sind i. d. R. nicht möglich. Die Ansprüche an die Exaktheit einer Erklärung in den Wirtschaftswissenschaften müssen daher im Vergleich zu den exakteren Naturwissenschaften reduziert werden. Statt genauer quantitativer Aussagen sind häufig nur qualitative Richtungsaussagen über Ursache-Wirkungs-Zusammenhänge möglich. Wirtschaftswissenschaftler sind häufig bemüht, aus der Liste vieler möglicher Einflüsse die dominierenden Ursachen zu ermitteln. Wegen der vielfachen, wechselseitigen Zusammenhänge wird häufig ein Verfahren der partiellen oder isolierenden Analyse gewählt, um die Hypothesen und Theorien überschaubarer zu gestalten.

Die isolierende Betrachtungsweise vieler Hypothesen führt zur Verwendung der **„ceteris paribus"**-Annahme: Der Ausdruck „ceteris paribus" bezeichnet die Annahme gleichbleibender sonstiger Beziehungen und Einflußfaktoren. Die ceteris paribus-Methode ist notwendig zur Vereinfachung der Analyse. Sie erlaubt es, vielfältige Beziehungen der Realität auf partielle Zusammenhänge zu reduzieren.

Ein Beispiel: Die Konsumtheorie liefert eine Reihe möglicher Bestimmungsfaktoren der Konsumausgaben (C) von privaten Haushalten, z. B. die Höhe der Einkommen (Y), der Verbraucherpreise (p), des Vermögens (V), der Steuern (T) u. a. Eine Konsumhypothese nach der ceteris paribus-Methode könnte wie folgt formuliert werden: Die Konsumausgaben sind ceteris paribus (c. p.) vom Einkommen der privaten Haushalte abhängig. Die übrigen Einflußfaktoren werden gedanklich als konstant unterstellt.

$$C = C\,(\,Y \mid \overline{p}, \overline{V}, \overline{T} \ldots)$$

1.2.3 Notwendigkeit von Theorien und Modellen

Der Begriff der Hypothese wurde bereits im Rahmen der Struktur einer wissenschaftlichen Erklärung eingeführt. Nach dem Verständnis der Umgangssprache lassen sich Hypothesen als vermutete oder wahrscheinliche Aussagen umschreiben, deren Gültigkeit unsicher ist. Theorien lassen sich nach dem umgangssprachlichen Verständnis eher als abstrakte, realitätsferne Aussagen deuten. Das begriffliche Verständnis der Wirtschaftswissenschaften weicht demgegenüber von der Umgangssprache ab.

Theorien beruhen auf Hypothesensystemen und Definitionen. Theorien unterscheiden sich daher nicht grundlegend vom Verständnis der Hypothesen. **Hypothe-**

Übung 1-5 Trugschluß der Monokausalität

Oben wurde ein Erklärungsschema auf der Basis einer allgemeinen Hypothese formuliert: Immer wenn A..., dann B...
Kann bei Gültigkeit dieser Erklärung auch ein Umkehrschluß der folgenden Art als gültig angenommen werden?
Umkehrschluß: Immer wenn A..., dann B...
Hier gilt B.
Also folgt: A
Begründen Sie Ihre Antwort auch mit Bezug zu dem folgenden Erklärungsversuch: (1) Immer wenn die Lohntarifabschlüsse zu hoch sind, nehmen die Preissteigerungen zu. (2) Die Preise sind stärker gestiegen. (3) Also waren die Tarifabschlüsse zu hoch.

sen (Theorien) beruhen auf der Beobachtung empirischer oder realer Zusammenhänge, die zu allgemeinen Aussagen über Verhaltensweisen oder allgemeinen Aussagen über wirtschaftliche Zusammenhänge entwickelt wurden. Hypothesen sind somit verallgemeinerte empirische Aussagen, die bei häufiger Verwendung auch als **„Gesetze"** bezeichnet werden. Hypothesen, Gesetze oder Theorien können als verallgemeinerte Aussagen keinen Anspruch auf absolute Wahrheit und permanente Gültigkeit erheben. Die behaupteten Zusammenhänge können sich im Zeitverlauf ändern. Neue, veränderte Einflußfaktoren können sich stärker durchsetzen und in komplexen Zusammenhängen dominant werden. Die maßgeblichen Verhaltensweisen der Wirtschaftsakteure können sich grundlegend ändern. Wirtschafts- und sozialwissenschaftliche Theorien und Hypothesen können daher nicht einen zwingenden Wahrheitsgehalt beanspruchen. Nach dem vorherrschenden Wissenschaftsverständnis sollen wirtschaftswissenschaftliche Theorien

- als logisch widerspruchsfreie Aussagen formuliert werden und
- möglichst auf ihre empirische Gültigkeit geprüft werden.

Die empirische Widerlegung (**Falsifikation**) einer Theorie bildet keinen negativ zu bewertenden Vorgang; im Gegenteil, nach Auffassung der Methodenlehre des Kritischen Rationalismus vollzieht sich der Erkenntnisfortschritt im Forschungsprozeß über die empirische Prüfung und Falsifikation von Theorien. Aus dieser methodischen Grundsatzposition folgt die Forderung, daß Theorien (Hypothesen) empirischen Informationsgehalt haben müssen. Empirisch gehaltvolle Aussagen sind von tautologischen Aussagen ohne empirischen Informationsgehalt zu unterscheiden. Sie kennen die unbestimmte Aussage zum Wetter in Abhängigkeit vom Verhalten eines Hahnes: „Wenn der Hahn kräht auf dem Mist, dann ändert sich das Wetter, oder es bleibt wie es ist." Die Aussage bleibt unbestimmt und ohne Bedeutung, weil in dem Feld der logischen Möglichkeiten keine der relevanten Alternativen ausgeschlossen wird. **Tautologische Aussagen** haben nicht den Charakter von Hypothesen. Sie sind als Grundlage für empirische Untersuchungen nicht geeignet, weil sie empirisch nicht falsifiziert werden können. Wirtschafts- und sozialwissenschaftliche Hypothesen (Theorien) besitzen demgegenüber empirischen Informationsgehalt, wenn die allgemeinen Aussagen das Feld der logischen Möglichkeiten einschränken und dadurch empirisch geprüft und falsifiziert werden können. Tautologische Aussagen können als solche nicht immer gleich erkannt werden. Die folgende Aussage liefert hierzu ein **Beispiel** aus der Diskussion um die Verkürzung der **Wochenarbeitszeit**:

„Wenn ein Betrieb die durchschnittliche Arbeitsproduktivität seiner Mitarbeiter je Arbeitsstunde um 4,1% erhöhen konnte, dann war es dem Betrieb möglich, eine reine Arbeitszeitverkürzung (ohne gleichzeitige weitere Lohnerhöhungen) von 38,5 Std./Woche auf 37 Std./Woche ohne Kostensteigerungen zu verkraften."

Der Wenn-Teil der Aussage unterstellt eine Senkung der Lohnkosten je Stunde im Ausmaß einer angenommenen Erhöhung der Arbeitsproduktivität je Stunde in einem Betrieb. Die angenommene Senkung der Lohnkosten entspricht dem rechnerischen Kosteneffekt einer reinen Arbeitszeitverkürzung (ohne weitere Lohnerhöhungen) von 38,5 Std./Woche auf 37 Std./Woche. Folglich muß der Dann-Teil der Aussage mit rechnerischer (logischer) Notwendigkeit gelten. Eine andere Folgerung ist unter den Annahmen nicht möglich. Es handelt sich um eine tautologische Aussage, weil der vorstehende Satz definitorischen Charakter hat und andere empirische Folgerungen ausschließt.

Die Forderung, empirisch gehaltvolle Aussagen zu liefern, ergibt sich aus dem vorherrschenden Verständnis der Wirtschaftswissenschaften als empirische Realwissenschaften. Gleichwohl wird diese Forderung nicht immer konsequent befolgt. Gehaltvolle Theorien müssen zumindest eine Hypothese mit empirischem Informationsgehalt haben.

Ein **Modell** kann als ein analytisches, meist formalisiertes System von Theorien oder Hypothesen beschrieben werden. Das „Denken in Modellen" gilt vielfach als Notwendigkeit, um die Komplexität realer Systeme in vereinfachter, abstrakter Form darzustellen. Ein formales System versucht, wesentliche Hypothesen (Theorien) der realen Beziehungen als Gleichungssystem oder als gedankliches Wirkungsschema einzubeziehen und die komplizierten Zusammenhänge vieler Akteure und vieler Größen auf zentrale Beziehungen zu reduzieren. Die Notwendigkeit der analytischen Reduktion und Abstraktion folgt aus der Unmöglichkeit, die reale Vielfalt vollständig und exakt darzustellen. Modelle dienen insoweit der vereinfachenden gedanklichen Analyse.

Zugleich sind Modellschemata und Gleichungsmodelle ein Mittel, um die grundlegenden Elemente der Theorien und der wissenschaftlichen Argumentation im systematischen Zusammenhang darzustellen. Modelle können schließlich dazu dienen, die Implikationen von Hypothesensystemen abzuleiten. Sie erscheinen in der Darstellung volkswirtschaftlicher Theorien unverzichtbar, um die Strukturen und Elemente der Theorien in exakter Form zu verstehen und zu bearbeiten. Ein analytisches Grundverständnis von Modellen erscheint notwendig, bevor nach dem Anwendungstransfer und der Verwertbarkeit zentraler Aussagen und Implikationen gefragt wird. Aus der notwendigen Abstraktion in der formalen Darstellung der Modelle folgt andererseits das ebenso notwendige Bemühen, Transfermöglichkeiten und Anwendungsbezüge von Modellen aufzuzeigen. Modellhafte Denksysteme erfordern somit auch Überlegungen zu deren Verwertbarkeit, um den Bezug zu realen Problemstellungen herzustellen. Ohne den Anwendungstransfer zu versuchen, verbleiben Wissenschaftler nicht selten im selbstgebastelten Turm der Abstraktion. Denken in Modellen und Versuche des Anwendungstransfers bilden nach unserer Ansicht notwendige, korrelierende Teile der wirtschaftswissenschaftlichen Methoden der Darstellung.

1.2.4 Problematik von Werturteilen

Das Prinzip einer wertfreien Wirtschaftswissenschaft verlangt, wissenschaftliche Aussagen sollten ausschließlich die Erklärung von empirischen Beobachtungen (**Ist**-Aussagen) anstreben. **Werturteile** (**Soll**-Aussagen) könnten nicht zur Erkenntnis und Erklärung der Wirklichkeit beitragen. Wertungen und Meinungsäußerungen zu

Soll-Fragen sollten in kritischer Distanz zur realen Meinungsvielfalt vermieden werden, um jegliche Parteinahme und ideologische Vereinnahmung zu vermeiden. Vertreter einer wertfreien Wissenschaft fordern eine Beschränkung der VWL auf objektive Aussagen und Erklärungen von Fakten. Nur IST-Aussagen seien der kritischen Überprüfung durch andere Personen oder Forschungen zugänglich. Eine normative Wissenschaft, die Werturteile auch nur teilweise oder in beschränktem Umfang zulasse, würde zu einem verwirrenden Durcheinander von Halbwahrheiten und persönlichen Bekenntnissen führen.

Ein normativer Puritanismus erscheint allerdings aus der Sicht der wirtschaftspolitischen Beratung und Analyse widersprüchlich. Denn Ziele und Ziel-Mittel-Aussagen können prinzipiell nicht frei von Werturteilen bleiben. Die Formulierung von Zielen und die Empfehlung von wirtschaftspolitischen Maßnahmen zur Erreichung von Zielen haben notwendig einen normativen Charakter. Prüfen Sie beispielsweise die folgende Aussage: „Wenn in der BR Deutschland die Zahl der Beschäftigten zunehmen „soll“ (Ziel-Aussage), dann ist ein hohes Wirtschaftswachstum als Mittel der Beschäftigungspolitik erforderlich.“ Die Mittel-Aussage bezieht sich zwar auf den behaupteten faktischen Ziel-Mittel-Zusammenhang, indirekt jedoch auf das anzustrebende Ziel der Zunahme der Beschäftigten. Aussagen über Ziel-Mittel-Zusammenhänge haben unzweifelhaft einen wertbezogenen Charakter. Die VWL kann daher nicht wertfrei bleiben, wenn der wirtschaftspolitische Bezug und die Aufgabe der wirtschaftspolitischen Beratung nicht aufgegeben werden sollen. Bewertungen und Sachaussagen können letztlich nicht strikt getrennt werden, weil die faktischen Zusammenhänge durch die Akteure und deren Ziele bestimmt werden. Auch das Bewußtsein des wissenschaftlichen Beobachters steuert dessen Perspektive. Allein die Auswahl in der Beobachtung empirischer Fakten, das wissenschaftliche Erkenntnisinteresse, beruht auf impliziten Bewertungen.

Die grundsätzlichen Probleme normativer Auseinandersetzungen stellen sich besonders für gesellschaftspolitisch orientierte Wissenschaften. Die Auseinandersetzungen um Arbeitslosigkeit, Inflation und Einkommensverteilung sowie um Steuern und Staatsausgaben betreffen elementare Interessen der Menschen. Da sich die VWL mit diesen Ziel- und Politikbereichen befaßt, liegen wirtschaftliche Interessenbezüge besonders nahe. Die historische Werturteilsdebatte im sogenannten Methodenstreit sollte veranlassen, Werturteile offen zu formulieren und möglichst transparent zu machen. Zielvorstellungen und Interessenbezüge der aktuellen Wirtschaftspolitik sollten jeweils mit dem Anspruch kritischer Distanz geprüft werden.

1.3 Wichtige Basisannahmen der Wirtschaftstheorie

Das ökonomische Prinzip ist als Maxime rationalen Wirtschaftsverhaltens definiert worden. Der Begriff des „Wirtschaftens“ wurde aus der Annahme eines grundsätzlichen Spannungsverhältnisses zwischen den Bedürfnissen und Zielen der Wirtschaftssubjekte einerseits und der Verwendung knapper Güter und Produktionsmittel andererseits abgeleitet. Das ökonomische Prinzip wirtschaftlichen Verhaltens verweist darauf, daß Güter und Produktionsmittel knapp sind. Was bedeutet diese prinzipielle Annahme der Knappheit wirtschaftlicher Güter?

1.3.1 Bedürfnisse und Knappheitsthese

„Güter" werden als ein Oberbegriff von Waren und Dienstleistungen verstanden. Eingeschlossen sind materielle sowie immaterielle Güter. Sie dienen mittel- oder unmittelbar dem Nutzen oder den Bedürfnissen der Akteure.

Wenn Güter für alle Wirtschaftssubjekte in beliebiger Menge und ohne Aufwendungen verfügbar sind, spricht man von **„freien Gütern"**. Bei der Produktion und Verwendung freier Güter entstehen keine Kosten. Wirtschaften gemäß dem ökonomischen Prinzip ist bei freien Gütern nicht notwendig. Viele Umweltgüter, wie Luft, Licht und Ruhe, galten lange Zeit als Beispiele freier Güter.

„Wirtschaftliche Güter" sind dagegen durch eine allgemeine Knappheit gekennzeichnet; sie stehen, gemessen an den Bedürfnissen der Menschen, nur begrenzt zur Verfügung; ihre Produktion oder Verwendung verursacht Aufwand und Kosten. Ohne allgemeine Knappheit gäbe es letztlich keine wirtschaftlichen Probleme.

Die **Knappheitsthese** hat einen allgemeinen und relativen Charakter: Die Gesamtheit der Güter und Produktionsmittel ist in Relation zu den unbegrenzten Bedürfnissen der Menschen nicht ausreichend, um alle Ziele und Wünsche zu erfüllen. Sättigungserscheinungen oder Überproduktionen bei einzelnen Gütern betreffen Teilbereiche der Güterproduktion, nicht die Gesamtheit aller wirtschaftlichen Güter.

Der vorstehende Text verweist auf mehrere Gründe der relativen Knappheit wirtschaftlicher Güter:

- Natürliche Ressourcen sind begrenzt; ebenso die Kapazitäten der Umwelt, schädliche Immissionen zu absorbieren.
- Es besteht eine Wechselwirkung zwischen einem wachsenden Wohlstand und veränderten Bedürfnissen.
- Die verfügbare Zeit für Wirtschaftsaktivitäten ist beschränkt.

Übung 1-6 Knappheitsthese

„Seit dem Fiasko im Garten Eden müssen wir uns die meisten Güter mit Schweiß und Mühen erarbeiten. Zwei Bösewichter - die Natur und andere Leute - hindern uns daran, alles zu haben, was wir wollen. Die Natur hat endliche Vorräte; sie stellt weniger Ressourcen (z. B. Energiequellen, Bodenschätze) zur Verfügung als wir brauchen könnten. Zudem: Die Wünsche der anderen Leute und unsere Wünsche übersteigen einfach die verfügbaren Mittel und Güter. Die Wünsche und Bedürfnisse vieler Leute gerade auch in den Wohlstandsgesellschaften sind ohne erkennbare Grenzen. Es gibt zwar in diesen Gesellschaften relativen Reichtum und materiellen Wohlstand. Doch haben die Menschen vielfach weitere Wünsche. Sobald sie mehr von diesen Gütern haben, wollen sie noch mehr von diesen und anderen Gütern. Desweiteren: Die Zeit, die zur Verfügung steht, ist wegen ihrer Endlichkeit generell ein knappes Gut. Da die Verwendung und Produktion von Gütern jeweils Zeit erfordert, ergibt sich aus der zeitlichen Knappheit auch eine allgemeine Knappheit an Gütern. Auch die Wohlstandsgesellschaften leben daher im Zustand einer allgemeinen Knappheit ...

Andererseits wird behauptet: Wir haben doch zu viele Sprays, Kosmetika und Arzneimittel. Wir haben zu viele Autos und trinken zuviel Alkohol, wir haben zu viele Luxusgüter, Vernichtungswaffen und zu viele schädliche Produkte ...

Die Bedürfnisse der Menschen sind nicht unbegrenzt nach materiellen Gütern ausgerichtet. Vielfach ist Überfluß vorhanden, während die endlichen Vorräte der Natur ausgebeutet werden. Viele plädieren daher für eine bessere Umwelt statt für ein größeres Wachstum der Produktion materieller Güter." (Quelle: WEISE 1979, S. 24f.)

Versuchen Sie, die inhaltliche Bedeutung der Knappheitsthese zu präzisieren! Stehen behauptete Überproduktions- und Sättigungserscheinungen im Widerspruch zur Knappheitsthese?

- Es gibt Verteilungskonflikte in einer Volkswirtschaft und zwischen verschiedenen Volkswirtschaften.

Gerade die Kritiker des Wohlstands und der Wachstumsgesellschaft verweisen nachdrücklich auf das Merkmal der Knappheit. Nicht nur eine **relative Knappheit** (mit Bezug auf die Bedürfnisse der Wirtschaftssubjekte) wird als Basisthese angenommen, sondern eine nicht gänzlich aufzuhebende Grenze **absoluter Knappheit** natürlicher Ressourcen.

Der bekannte Bericht **„Die Grenzen des Wachstums"** an den CLUB OF ROME (MEADOWS u. a. (Hrsg.) 1972) hatte die weltwirtschaftliche Entwicklung unter der Annahme bestimmter Grenzen der natürlichen Rohstoffe und des Wachstums der Nahrungsmittelproduktion für die weitere Zukunft prognostiziert. Mit großer Wahrscheinlichkeit drohe bei Fortsetzung des exponentiellen Wachstums der Weltbevölkerung, der Industrieproduktion und der Umweltschäden ein krisenhafter Wendepunkt der Weltwirtschaft im Verlauf der nächsten 100 Jahre.

Die Knappheitsthese wird seit der Veröffentlichung des Berichts und der verstärkten umweltpolitischen Diskussion vielfach eher restriktiver formuliert. Die vorherrschende Annahme der ökonomischen Theorie unterstellt eine relative Knappheit der wirtschaftlichen Mittel und Güter mit Bezug auf unbegrenzte oder vielfältigere Bedürfnisse der Akteure. Die umweltbezogene Kritik verweist dagegen auf absolute Knappheiten natürlicher Ressourcen, die nicht beliebig vermehrbar oder durch andere Ressourcen zu ersetzen sind.

1.3.2 Das Prinzip der Opportunitätskosten knapper Güter

Als **Produktionsfaktoren** (-mittel) werden Güter und Vorleistungen bezeichnet, die zur Produktion eingesetzt und verwendet werden können. Zu den Produktionsfaktoren einer Volkswirtschaft zählen z. B. Boden, Arbeitskräfte, Maschinen und Gebäude. Diese Faktoren werden sich zwar auf längere Sicht verändern oder vermehren lassen. Für einen Zeitpunkt oder eine kurze Zeitperiode gilt der Bestand an Produktionsfaktoren jedoch eher als gegeben und kaum veränderbar. Bei gegebenem Bestand und gegebener Qualität an Produktionsfaktoren sind die Möglichkeiten zur Produktion wirtschaftlicher Güter in einer Volkswirtschaft letztlich begrenzt. Die Produktion wirtschaftlicher Güter verursacht daher **„Opportunitätskosten"** bei gegebenen Produktionsfaktoren und -möglichkeiten. Um die Knappheitsthese bei gegebenen Produktionsfaktoren zu veranschaulichen und den Begriff der Opportunitätskosten zu klären, wird im folgenden ein grafisches Modell einer **„Transformationskurve"** der Produktionsmöglichkeiten einer Volkswirtschaft eingeführt.

Zur grafischen Veranschaulichung werden lediglich zwei Güterarten (**Zwei-Güter-Modell**) unterschieden: Zur Gruppe der Produktions- oder Investitionsgüter zählen die Güter, die als zukünftige Produktionsmittel eingesetzt werden sollen. **Produktionsgüter** werden nach ihrer Zweckbestimmung nicht unmittelbar von den Konsumenten verwendet, sondern von den Produzenten einer Volkswirtschaft. **Dauerhafte** Produktionsgüter, wie Maschinen, Anlagen und Gebäude, bilden den Realkapitalbestand von Betrieben. Desweiteren zählen Vor- und Zwischenprodukte zu den **nicht-dauerhaften** Produktionsgütern, die als Produktionsmittel kurzfristig eingesetzt und verbraucht werden können. Einzelbetriebliche Fertigprodukte von Vorlieferanten bilden Vorprodukte aus gesamtwirtschaftlicher Sicht, die in den Abnehmerbetrieben zur Weiterverarbeitung verwendet werden. Maßgeblich ist die gesamtwirtschaftliche Zuordnung. Produktionsgüter werden vornehmlich von Betrieben zum Zwecke der Produktion hergestellt oder erworben.

Als zweite Güterart wird die Gruppe der **Konsumgüter** unterschieden, die dem unmittelbaren Verbrauch oder langfristigen Gebrauch der Haushalte dienen. Auch bei den Konsumgütern läßt sich nach der Zeitdauer der Verwendung zwischen **dauerhaften** Konsumgütern (Kühlschränke, Fernseher, Telefon etc.) und **nicht-dauerhaften** Gütern (z. B. Nahrungsmittel, Zigaretten) differenzieren. Maßgebliches Kriterium für die Unterscheidung von Produktions- und Konsumgütern ist der unterschiedliche Verwendungszweck. In physischer Hinsicht gleiche Güter (z. B. Maschinen, Autos) können nach dem primären Verwendungszweck unterschiedlichen Güterarten zugeordnet sein.

Zum grafischen Zwei-Güter-Modell (Abb. 1-5): In einem Koordinatensystem werden entlang der beiden Achsen die jeweiligen Produktionsmöglichkeiten von Produktions- und Konsumgütern in einer Volkswirtschaft dargestellt. Die **Kapazitäts-** oder **Transformationskurve** einer Volkswirtschaft zeigt die alternativen Kombinationen der Güterarten, die mit dem gegebenen Bestand an Produktionsmitteln maximal bei Annahme voller Auslastung und Vollbeschäftigung der Faktoren produziert werden können. Wegen der Annahme begrenzter Produktionsmittel und effizienter Produktionsmethoden entlang der Transformationskurve können Güterkombinationen außerhalb der Kurve nicht erreicht werden. Güterkombinationen innerhalb des eingeschlossenen Feldes der maximalen Produktionsmöglichkeiten spiegeln hingegen definitionsgemäß ineffiziente Produktionen oder eine Unterbeschäftigung der Faktoren.

Der Verlauf der Transformationskurve demonstriert, daß die Mehrproduktion einer Güterart einen Verzicht auf die Produktion anderer Güter erfordert. Soll die Produktion eines Gutes erhöht werden, müssen die ausgelasteten Produktionsfaktoren zwischen verschiedenen Güterproduktionen ersetzt (substituiert) werden. Die Volkswirtschaft kann bei gegebenem Bestand an Produktionsfaktoren und effizienten Produktionsmethoden von einer Güterart (Konsumgüter) offenbar nur mehr produzieren, wenn sie auf eine bestimmte Menge der anderen Güterart (Produktionsgüter) verzichtet (vgl. den Übergang von der Güterkombination A nach B). Die **„Opportunitätskosten"** entsprechen der Steigung der gesamtwirtschaftlichen Transformationskurve zwischen A und B (exakt: der marginalen Steigung der Transformationskurve im Punkt A).

$$\begin{array}{l}\text{Opportunitätskosten} \\ \text{(der Mehrproduktion} \\ \text{eines Gutes)}\end{array} = \frac{\text{Verzicht auf die Produktion anderer Güter}}{\text{Mehrproduktion eines Gutes}}$$

$$\text{Opportunitätskosten} := -\Delta y \,/\, +\Delta x$$

Der Begriff der **Opportunitätskosten** mißt das Verhältnis der notwendigen Verminderung der Produktion anderer, alternativer Güterarten, damit die Produktion eines Gutes erhöht werden kann. Die negative Steigung der Transformationskurve spiegelt somit die Existenz von Opportunitätskosten einer bestimmten Produktionserhöhung bei Annahme knapper Produktionsfaktoren.

Aus der allgemeinen Knappheitsthese folgt ein **generelles Wahlproblem**: Die Mehrproduktion von einzelnen Gütern verursacht bei Knappheit der Ressourcen notwendige Opportunitätskosten bei der Produktion und Verwendung anderer Güter. Das Konzept der Opportunitätskosten hat insofern allgemeine Relevanz für die ökonomische Analyse, wenn es um Wahlentscheidungen bzgl. der Verwendung knapper Mittel oder Güter geht. Ein Beispiel: Die Regierung eines Landes mag bei knappen Finanzmitteln vor der strategischen Entscheidung einer Erhöhung der

Abb. 1-5 Gesamtwirtschaftliche Produktionsmöglichkeiten im Zwei-Güter Modell

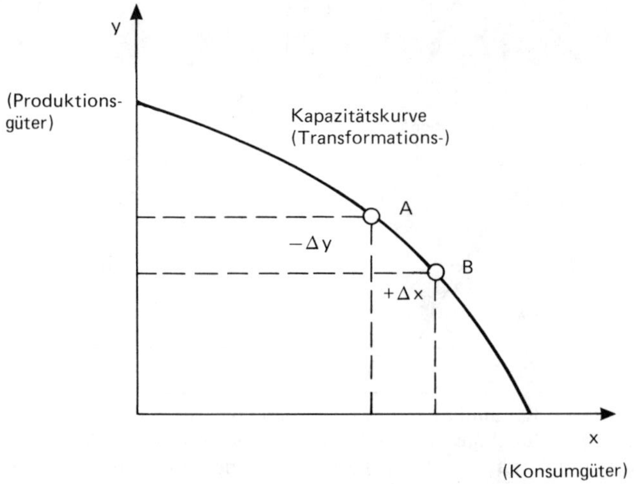

Die Kapazitäts- oder Transformationskurve einer Volkswirtschaft beschreibt die alternativen Kombinationen der maximalen Güterproduktionen bei gegebenem Bestand an Produktionsfaktoren. Punkt A bezeichnet die Ausgangskombination, Punkt B eine alternative Kombination der Produktionsmöglichkeiten. Die Opportunitätskosten der Mehrproduktion von Gut x entsprechen der (negativen) Steigung der Transformationskurve.

Übung 1-7 Transferbeispiele zum Opportunitätskostenprinzip

Ein Land steht vor der notwendigen Entscheidung, die Produktion ziviler Güter für Investitionen und Konsum zu erhöhen. Die Opportunitätskosten der zivilen Güterproduktion verlangen eine Reduktion in der Produktion militärischer Güter. Das Land mag daher aus Gründen wirtschaftlicher Knappheiten zu einer rationalen Strategie der Abrüstung geneigt sein. Formulieren Sie weitere Beispiele zum Opportunitätskostenprinzip!

öffentlichen Investitionen einerseits oder der Sozialausgaben andererseits stehen. Die Entscheidung für eine Ausgabenart verlangt nicht selten einen Verzicht bei anderen Ausgabenposten.

Der Leser mag fragen, warum die Transformationskurve in der Abb. 1-5 nach oben gekrümmt (konkav) verläuft. Der hier angenommene konkave Verlauf bedeutet, daß die Opportunitätskosten bei fortschreitender Erhöhung der Produktion einer Güterart größer werden. Je mehr Konsumgüter bereits hergestellt werden, desto größer werden die erforderlichen Verminderungen alternativer Güter. Die Opportunitätskosten der Mehrproduktionen nehmen bei fortgesetzter Ausdehnung der Produktion einer Güterart zu. Der konkave Verlauf der Kurve entspricht somit einer impliziten Annahme zunehmender Opportunitätskosten. Bei einer linearen Transformationskurve mit negativer Steigung würden die Opportunitätskosten der Mehrproduktion hingegen unabhängig von den relativen Produktionsmengen der Güter konstant verbleiben (Abb. 1-6).

Abb. 1-6 Verlauf der Transformationskurve und Veränderungen der Opportunitätskosten

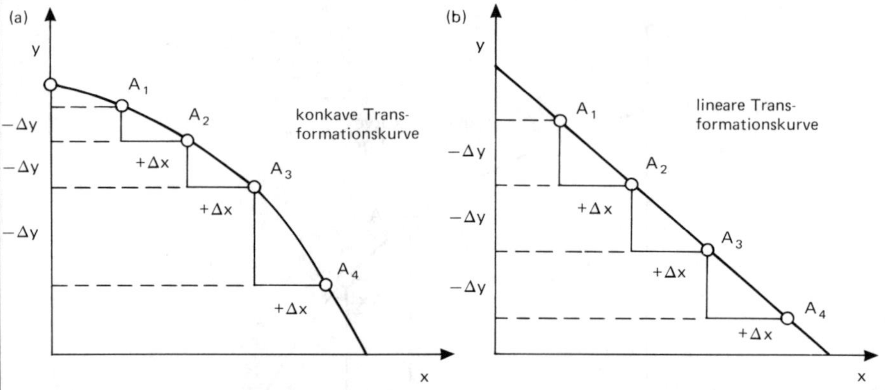

(a) Bei einer konkaven Krümmung der Transformationskurve nehmen die Opportunitätskosten einer gleichen Zunahme der Produktionsmenge Δ x in Abhängigkeit vom Ausgangsniveau der Produktion $A_1...A_4$ zu: Der Quotient der Opportunitätskosten (− Δ y / + Δ x) nimmt in absoluten Größenordnungen zu.
(b) Bei einem linearen Verlauf der Transformationskurve bleiben die Opportunitätskosten (− Δ y / + Δ x) entlang der Kurve in den Punkten $A_1...A_4$ hingegen unverändert.

Übung 1-8 Konkave Transformationskurve und zunehmende Opportunitätskosten

Wie kann die implizite Annahme zunehmender Opportunitätskosten bei einer konkaven Transformationskurve begründet werden?

1.3.3 Vorteile der Arbeitsteilung und der Geldwirtschaft

Eine größere **Arbeitsteilung** in der Produktion wirtschaftlicher Güter gilt nach einer weiteren Basisannahme der ökonomischen Theorie als grundlegender Erklärungsfaktor der wirtschaftlichen Entwicklung in den Industrieländern: Durch ein Mehr an Arbeitsteilung in der betrieblichen Produktion können die gesamtwirtschaftlichen Produktionsmöglichkeiten oder der Wohlstand eines Landes auch bei begrenzten Produktionsmitteln erhöht werden. Die These der wirtschaftlichen Überlegenheit der arbeitsteiligen Produktion findet man bereits bei den Klassikern der liberalen Ökonomie. Der materielle Wohlstand eines Landes wurde als eine positive Funktion der Entwicklung der betrieblichen Arbeitsteilung betrachtet. Je größer der Grad wirtschaftlicher Arbeitsteilung, umso größer sollte der mögliche Wohlstand eines Landes sein. Die Möglichkeiten, die wirtschaftlichen Vorteile der Arbeitsteilung zu realisieren, sind nach klassischer Ansicht von der Funktionsweise des Geldes und der Größe der Märkte abhängig.

Die **Vorteile der betrieblichen Arbeitsteilung und Spezialisierung** hatte bereits ADAM SMITH in seinem klassischen Werk „Wohlstand der Nationen" (1776) am Beispiel der Produktion von „Stecknadeln" hervorgehoben.

Abb. 1-7 Klassische Bedingungen der Entwicklung des wirtschaftlichen Wohlstands

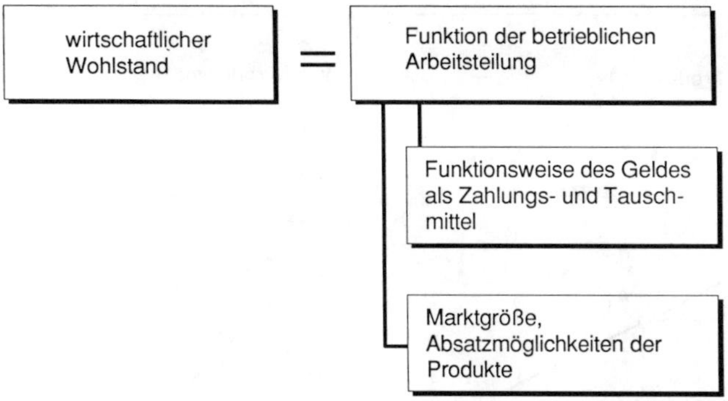

Das Schema zeigt die Determinanten des wirtschaftlichen Wohlstands nach klassischer Auffassung.

Übung 1-9 ADAM SMITHS Stecknadelbeispiel und die Vorteile der Arbeitsteilung

„Ein Arbeiter, der zur Herstellung von Stecknadeln (...) nicht angelernt wäre, ... könnte selbst bei äußerster Anstrengung täglich gerade noch eine, sicherlich jedoch keine zwanzig Nadeln herstellen. (Die Arbeitsteilung hat (z. Z.) ein selbständiges Gewerbe daraus gemacht, das in einer Anzahl selbständiger Betriebe und Zweigbetriebe betrieben wird.) Der eine Arbeiter zieht den Draht, ein anderer streckt ihn, ein dritter schneidet ihn ab, ein vierter spitzt ihn zu, ein fünfter schleift ihn am oberen Ende, damit der Kopf angesetzt werden kann... Auf diese Weise zerfällt die schwierige Aufgabe, eine Stecknadel herzustellen, in etwa 18 verschiedene Teilarbeiten, die (teils) von verschiedenen Händen ausgeführt werden ... Ich habe eine kleine Manufaktur dieser Art gesehen, in der nur zehn Mann beschäftigt waren und folglich einige zwei oder drei verschiedene Arbeiten zu übernehmen hatten ... Diese zehn Arbeiter konnten täglich über 48000 Nadeln herstellen ... Hätten sie dagegen alle einzeln und unabhängig voneinander gearbeitet und wäre niemand besonders angelernt gewesen, so hätte gewiß keiner zwanzig, vielleicht sogar nicht einmal eine Nadel täglich anfertigen können ...".
(SMITH 1776, zit. nach BASSELER u. a. 1988[10], S. 48)
Worauf beruhen die Vorteile der betrieblichen Arbeitsteilung?

Das vorstehende Beispiel konzentriert sich auf die Produktionsvorteile der **innerbetrieblichen** Arbeitsteilung. Die Vorteile der **zwischenbetrieblichen Arbeitsteilung** und des **Handels** lassen sich nach einem anderen klassischen Ökonomen, nach DAVID RICARDO (1772–1823), mittels der **Theorie der komparativen Kostenvorteile** erläutern: Jeder Produzent soll sich nach RICARDO stärker auf die Produktion derjenigen Güter spezialisieren, bei denen sein Betrieb relative Kostenvorteile im Sinne geringerer Opportunitätskosten hat. Wir wollen diese Theorie an einem vereinfachten Modell demonstrieren.

Angenommen wird eine Volkswirtschaft, in der zwei Güterarten von nur zwei Betrieben mit unterschiedlichen Opportunitätskosten produziert werden. Zur weiteren Vereinfachung werden jeweils lineare einzelwirtschaftliche Transformationskurven der beiden Produzenten unterstellt. Produzent I besitzt komparative Kostenvorteile (geringere Opportunitätskosten) in der Produktion des Gutes x, ein anderer Produzent II relative Kostenvorteile in der Produktion von Gut y. Diese kompara-

Abb. 1-8 Theorem der komparativen Kostenvorteile zweier Produzenten (Zwei-Güter-Modell)

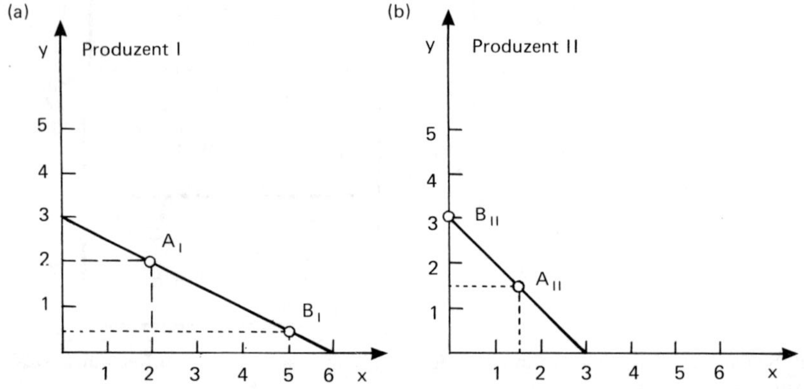

(a) Der erste Produzent kann maximal 6 Einheiten des Gutes x oder maximal 3 Mengeneinheiten des Gutes y erzeugen. Die Opportunitätskosten der Mehrproduktion von x entsprechen der (linearen) Steigung der einzelwirtschaftlichen Transformationskurve (−1:2). Umgekehrt entsprechen die Opportunitätskosten der Mehrproduktion von y dem Kehrwert (−2:1).
(b) Nach dem angenommenen Verlauf der zweiten einzelwirtschaftlichen Transformationskurve betragen die Opportunitätskosten von x und y jeweils (−1:1).
Folglich besitzt der Produzent I relative Kostenvorteile (relativ geringere Opportunitätskosten) in der Produktion von Gut x, Produzent II hat hingegen geringere Opportunitätskosten bei Gut y. (Anmerkung: Beim Vergleich der Opportunitätskosten bleibt das negative Vorzeichen des Quotienten unbeachtet.)

tiven Kostenvorteile demonstrieren die Verläufe der einzelwirtschaftlichen Kapazitäts- oder Transformationskurve.

Nach Ricardos Theorie der komparativen Kosten sollten sich die Betriebe jeweils stärker auf die Produktion der Güter mit den relativ günstigeren Opportunitätskosten spezialisieren. Die zwischenbetrieblichen Spezialisierungs- und Kostenvorteile ermöglichen eine Erhöhung der gemeinsamen Produktionsmengen einer Volkswirtschaft. Um diese These der gemeinsamen Vorteile der Spezialisierung zu zeigen, werden die Produktionsmöglichkeiten beider Betriebe in einer angenommenen Situation A mit gleichen Produktionsmengen der Betriebe einerseits und einer hypothetischen Situation B mit größerer Spezialisierung andererseits verglichen.

Die Situation B entspricht der Spezialisierungsregel nach Ricardo. B wurde aus Vergleichsgründen angenommen, um die möglichen Vorteile der zwischenbetrieblichen Arbeitsteilung nach dem Theorem der komparativen Kosten zu illustrieren: In dem Fall einer größeren Spezialisierung nach den geringeren Opportunitätskosten lassen sich die gemeinsamen Produktionsvorteile der beiden Betriebe aus den Summenzeilen der Tabellen ermitteln. Die Situation B erlaubt nach dem Ricardo-Theorem in der Summierung größere Produktionsmengen der Volkswirtschaft im Vergleich zur Situation A.

Um die Produktionsvorteile der Spezialisierung zu realisieren, bedarf es einer **arbeitsteiligen Tausch- und Geldwirtschaft**. Denn die arbeitsteilige Produktion kann nicht ausschließlich für den eigenen Bedarf erfolgen wie in einer reinen Selbstversorgungswirtschaft, sondern sie geschieht primär für andere, meist anonyme

Tab. 1-1 Maximale Produktionsmöglichkeiten beider Betriebe

Situation A (Beide Betriebe produzieren gleiche Produktionsmengen von x und y)		
Güter	x	y
Betriebe		
I	2	2
II	1,5	1,5
Summe	3,5	3,5
Situation B (Betrieb I produziert größere Mengen von x, Betrieb II spezialisiert sich ausschließlich auf die Produktion des Gutes y)		
Güter	x	y
Betriebe		
I	5	0,5
II	0	3
Summe	5	3,5

Übung 1-10 Zum Modell der komparativen Kosten

Diese Übung soll dazu dienen, Ihr Verständnis des vorstehenden Modells der komparativen Kosten zu stärken:
Begründen Sie daher in verbaler Form, warum in der Situation B des Modells (spezialisierte Produktionsstrukturen der Betriebe) die summierten Produktionsmöglichkeiten größer als in der Situation A (gleiche Produktionsstruktur beider Betriebe) sind!

Akteure und Betriebe. Ohne die Existenz des Geldes wäre nur ein unmittelbarer Tausch eines bestimmten Gutes gegen ein anderes gewünschtes Gut möglich. Der Tausch wäre eingeschränkt durch die Notwendigkeit eines Produzenten eines bestimmten Gutes, einen Anbieter des anderen Gutes zu finden. Der unmittelbare Tausch Ware (Gut) gegen Ware (Gut) wäre kompliziert, weil ein Anbieter, der selbst kein Verwendungsinteresse für das erworbene Gut hätte, dieses Gut weiter veräußern müßte. Eine Vielzahl von Tauschumwegen wäre in einer arbeitsteiligen Tauschwirtschaft ohne Geld erforderlich.

Geld als allgemeines Zahlungs- und Tauschmittel erleichtert die Tauschvorgänge in einer Volkswirtschaft wesentlich, indem Güter gegen Geld angeboten und verkauft werden, während andererseits durch die Herausgabe von Geld Güter des eigenen Bedarfs erworben werden können. Der Produzent und Verkäufer eines Gutes kann aufgrund der allgemeinen Anerkennung des Geldes als Zahlungsmittel sicher sein, gegen Geld andere Güter erwerben zu können. Durch die Verwendung des Geldes als Zahlungsmittel werden Tauschumwege vermieden. Die notwendige Flexibilität mittelbarer Tauschvorgänge in einer arbeitsteiligen Volkswirtschaft wird durch Geld ermöglicht. Die Funktion des Geldes als allgemeines Zahlungsmittel bildet daher eine Voraussetzung zur Tauschflexibilität in einer arbeitsteiligen Volkswirtschaft.

Nach Adam Smith erfordert die arbeitsteilige Spezialisierung der Volkswirtschaft ferner ein funktionsfähiges **Organisationssystem von Märkten**, um unabhängige Akteure der Nachfrage und des Angebots von Gütern zu koordinieren. Arbeitsteilige Produktion von Gütern verlangt letztlich eine Abstimmung der Produktion mit den Wünschen und den monetären Kaufmöglichkeiten von Nachfragern. Wenn die

Spezialisierung gesamtwirtschaftliche Vorteile auf der Seite der Produktion ermöglicht, bedarf es zur Realisierung dieser Vorteile andererseits größerer Nachfrage und größerer Märkte. Größere Märkte erlauben den Betrieben einen größeren Absatz. Die Größe der Märkte (Nachfrage) und der Grad der Arbeitsteilung der Produktion sind nach SMITH positiv verknüpft.

Die Argumente der klassischen Ökonomie zur betrieblichen Arbeitsteilung haben auch aktuelle Relevanz. Denn das Theorem der komparativen Kosten bildet ein Basiskonzept, um die **Vorteile des internationalen Handels** zwischen verschiedenen Volkswirtschaften mit relativen Differenzen der Opportunitätskosten zu begründen. Nach dem RICARDO-Theorem soll jedes Land sich im internationalen Handel stärker auf die Produktion und den Export von Gütern spezialisieren, bei denen es komparative Kostenvorteile oder geringere Opportunitätskosten hat. Der weltwirtschaftliche Handel führt demnach insgesamt zu größerem Wohlstand und zu Produktionsvorteilen. Der Wohlstand eines Landes mit relativer Spezialisierung und freiem Außenhandel sei größer als im Fall ohne Außenhandel. Die Theorie von RICARDO gilt daher als grundlegendes Konzept der Vorteile des internationalen Handels.

Die Europäische Gemeinschaft forciert z. Z. Strategien zur Verwirklichung eines **europäischen Binnenmarktes**. Zu den Kernbereichen dieser Strategien gehören der Abbau von Grenzkontrollen, von Hemmnissen des Handels und Kapitalverkehrs sowie der Förderung der Freizügigkeit zwischen den Ländern der Gemeinschaft. Die EG-Kommission erwartet positive Produktions- und Kosteneffekte, im wesentlichen aus den Größenvorteilen, aus der arbeitsteiligen Spezialisierung und aus dem Wettbewerb innerhalb größerer Märkte. Die Strategien des EG-Binnenmarktes folgen insoweit den klassischen Ideen von SMITH und RICARDO.

Allerdings: Spezialisierung und Arbeitsteilung schaffen auch größere Abhängigkeiten. Vorbehalte gelten insbesondere gegenüber dem Prinzip fortschreitender Arbeitsteilung auf der innerbetrieblichen Ebene nach dem SMITH-Beispiel der Stecknadelproduktion. Industrielle Großbetriebe sind bereits extrem arbeitsteilig nach Prinzipien des **Taylorismus** (Teilung der Arbeitsaufgaben nach arbeitswissenschaftlichen Standards) organisiert, um einzelwirtschaftliche Kostenvorteile der betrieblichen Arbeitsteilung zu realisieren.

Fraglich erscheint nach neueren Beobachtungen sozialwissenschaftlicher Autoren (vgl. KERN/SCHUMANN 1985, S. 40ff.), ob eine Fortsetzung arbeitsteiliger Produktion in großbetrieblichen Bereichen weiterhin Produktions- und Kostenvorteile ermöglicht. Veränderte Marktbedingungen und neuere Produktionstechnologien schränken offenbar die Fortsetzung arbeitsteiliger Massenproduktion in Kernbereichen der Metallindustrie ein. Die Montage in der Automobilindustrie erfolgt nicht mehr in reiner Fließbandarbeit, sondern in flexiblen Fertigungssystemen mit hohem Technikeinsatz. Nach den **neuen Produktionskonzepten** erfolgt die Montage teils in integrierten Arbeitsteams mit wechselnden, teils höheren Arbeitsaufgaben. Die Vertreter einer **„Humanisierung der betrieblichen Produktionsarbeit"** fordern seit längerem eine stärkere Abkehr von monotonen Teilarbeiten in Richtung breiter, häufiger wechselnder Tätigkeit.

Der Prozeß der arbeitsteiligen Spezialisierung hat insbesondere auf der innerbetrieblichen Ebene einen **Doppelcharakter**: Einerseits sind **Produktions- und Kostenvorteile** möglich, wie sie das Stecknadelbeispiel nach SMITH beschreibt. Andererseits führt eine extrem arbeitsteilige Produktionsweise aber zu einer Behinderung der individuellen Handlungsspielräume, zu einer **„Entfremdung"** der Arbeitnehmer. Im zwischenbetrieblichen und internationalen Bereich wird sich hingegen nach unserer Einschätzung der Trend der arbeitsteiligen Spezialisierung weiter fortsetzen.

Kontrollfragen zum ersten Kapitel

(A) Multiple Choice-Fragen

1-1 Zu den „privaten Haushalten“ zählen in der VWL die
( ) Rentner;
( ) Rentenversicherung;
( ) Parteien;
( ) Kirchen;
( ) kommunalen Haushalte.

1-2 Zu den „Unternehmen“ gehören im Rahmen der VWL folgende Wirtschaftssubjekte:
( ) Versicherungen;
( ) Sparkassen;
( ) Krankenkassen;
( ) Bundesbahn;
( ) Grundstücksmakler.

1-3 Die ceteris-paribus-Methode
( ) bezeichnet die Untersuchung eines Ursache-Wirkungs-Zusammenhangs unter Konstanz der übrigen Bedingungen;
( ) wird ausschließlich in den Modellen der Mikroökonomie verwendet;
( ) legt Kausalzusammenhänge nahe, die nicht existieren.

1-4 Die allgemeine These der Knappheit wirtschaftlicher Güter läßt sich begründen
( ) durch ineffiziente Produktionsmethoden;
( ) durch begrenzte Ressourcen (Produktionsmittel) und vielfältige, wachsende Bedürfnisse;
( ) durch relative Knappheiten einzelner substituierbarer Produktionsmittel;
( ) durch Knappheit von nicht substituierbaren Ressourcen.

1-5 Eine gesamtwirtschaftliche Transformationskurve zeigt
( ) die betrieblichen Opportunitätskosten in der Wahl der Produktionsfaktoren;
( ) die maximale Produktionsmenge eines Gutes in einer Volkswirtschaft;
( ) die effizienten Produktionsmöglichkeiten einer Volkswirtschaft bei gegebenen Produktionsmitteln;
( ) die gesamtwirtschaftlichen Opportunitätskosten der Mehrproduktion eines Gutes zu Lasten eines anderen Gutes;
( ) die Kaufkraft der Akteure einer Volkswirtschaft.

1-6 Das ökonomische Prinzip
( ) besagt, daß mit minimalem Input ein Maximum an Output erzielt werden soll;
( ) gilt für reale, nicht aber für monetäre Größen,
( ) wird nur im Rahmen der mikroökonomischen Produktionstheorie verwendet;
( ) ist an die Annahme rationalen Verhaltens gekoppelt.

(B) Offene Fragen

1-7 Klären Sie den Begriff der Hypothese!

1-8 Erläutern Sie das Theorem der komparativen Kosten und verwenden Sie es mit Bezug zum internationalen Handel!

1-9 Erläutern und diskutieren Sie die Bedeutung des Stecknadelbeispiels nach A. SMITH!

(C) Transferfrage

1-10 Eine verstärkte Verwendung chemischer Düngemittel steigert einerseits die Produktionsmengen landwirtschaftlicher Güter und vermindert andererseits die Qualität des Trinkwassers. Können Sie den Konflikt in der Produktion verschiedener Güter mittels einer hypothetischen Transformationskurve erläutern? Verwenden Sie dabei den Begriff der Opportunitätskosten! Reflektiert die Kurve der Produktionsmöglichkeiten reale Probleme der Knappheit und der Güterwahl?

Lösungshinweise zu den Übungen (im Text)

1-1: Die zugehörige Tabelle im Text liefert bereits exemplarische Hinweise zu relevanten Fragestellungen der VWL. Weitere Fragestellungen können Sie aus der Lektüre einer aktuellen Wirtschaftszeitung zusammenstellen. Die Struktur Ihrer weiteren Beispiele nach Wirtschaftsakteuren dürfte in den meisten Fällen unproblematisch sein.

1-2: Ein „Trugschluß der Verallgemeinerung" kann vorliegen, wenn von der Gültigkeit einer einzelwirtschaftlichen Aussage oder einer Aussage, die für einen Teilbereich gilt, unmittelbar auf die Geltung für das Ganze oder die Gesamtwirtschaft geschlossen wird.

Weitere Beispiele: Wenn ein Landwirt eine bessere Ernte erzielt, wird sein Einkommen steigen. Wenn hingegen alle Landwirte den Ertrag bei günstiger Witterung erhöhen können, muß das Einkommen aller Landwirte keineswegs steigen.

Ein Unternehmen kann bei einer Ausschreibung öffentlicher Aufträge einen Vorteil erzielen, wenn es seine Angebotspreise kürzt. Alle Unternehmen können gleichermaßen keine Vorteile erzielen, wenn sie einheitlich ihre Preise senken.

1-3: Einige Aussagen zu den Aufgaben (Erkenntniszielen) der VWL am Beispiel der Arbeitslosigkeit:

Beschreibung/Beobachtung: Beschrieben wird die Entwicklung der Arbeitslosigkeit zumeist nach der Statistik der bei den Arbeitsämtern registrierten Arbeitslosen. Vor allem wegen der Aktualität der Daten wird die „Registrierungsmethode" gegenüber der „survey-Methode" (Mikrozensus) des Statistischen Bundesamtes bevorzugt.

Erklärungen: Immer wenn die Wirtschaftskonjunktur eines Landes eine rezessive oder stagnierende Entwicklung zeigt, steigen die Zahlen der Arbeitslosen. Immer wenn die Personalkosten der Betriebe übermäßig stark ansteigen, nimmt die Zahl der Arbeitslosen zu. Wenn die demographische Entwicklung zu einer Zunahme der Erwerbspersonen eines Landes führt und die Arbeitsnachfrage nicht expandiert, wird die Arbeitslosigkeit zunehmen.

Prognose: Wenn die Zuwanderungen bis zur Mitte der 90er Jahre im Ausmaß der Jahre 1988/1989 fortdauern, wird die Arbeitslosigkeit in mittelfristiger Perspektive nicht sinken.

Beratung: Um die Arbeitslosigkeit zu senken, ist eine fortgesetzte Mäßigung in der Lohnpolitik vorrangig. Um die Arbeitslosigkeit zu senken, sind Maßnahmen der Arbeitszeitverkürzung unerläßlich.

1-4: Zur Erklärung der zeitlichen Entwicklung der privaten Konsumausgaben nach dem Konjunkturbericht:

Hypothesen: (11) Immer wenn das Einkommen der privaten Haushalte (Verbraucher) wächst, dann steigen die realen Verbrauchsausgaben aller privaten Haushalte. (21) Immer wenn die Verbraucherpreise sinken, dann steigen die realen Verbrauchsausgaben aller privaten Haushalte.

singuläre Anwendungsbedingungen: (12) Im relevanten Zeitraum (1985/1986) sind die Einkommen aller privaten Haushalte gestiegen. (22) Im Zeitraum (1985/1986) sind die Verbraucherpreise gesunken.

Explicandum: (3) Die realen Konsumausgaben aller privaten Haushalte waren in II/1986 höher als im Vorjahr.

(Anmerkung: Die Hypothesen und Anwendungsbedingungen (11) und (12) sowie (21) und (22) sind jeweils zueinander bezogen.)

1-5: Der sog. „Trugschluß der Monokausalität" (Stobbe) verbietet den Umkehrschluß einer sozialwissenschaftlichen Erklärung. Der Umkehrschluß wäre nur zulässig, wenn die Erklärung einen zwingenden monokausalen Zusammenhang darstellen würde. Der „Trugschluß" wird deutlich am Zyankali-Beispiel. Aus der Feststellung, daß jemand gestorben ist, kann nicht geschlossen werden, daß der Tod durch die Einnahme von Zyankali verursacht sei. Es gibt viele andere Todesursachen.

In ähnlicher Weise kann aus der Beobachtung einer steigenden Preisentwicklung nicht zwingend geschlossen werden, daß die Lohntarifabschlüsse zu hoch gewesen seien. Andere Ursachen der Preisentwicklung sind möglich.

Ein Umkehrschluß zu einer Erklärung ist daher nicht zulässig; dieser würde einen eindeutigen, monokausalen Ursache-Wirkungs-Zusammenhang voraussetzen. Wegen der Vielzahl von Akteuren und möglicher Einflußfaktoren sind monokausale Zusammenhänge in den Wirtschaftswissenschaften regelmäßig nicht zu erwarten.

1-6: Die Textauszüge mögen auf den ersten Blick zunächst als widersprüchlich erscheinen. Die Widersprüche betreffen jedoch nicht die allgemeine Gültigkeit der Knappheitsthese. Argumente, die eine partielle Überproduktion oder Sättigung bei einzelnen Gütern behaupten, betreffen nicht die Gesamtheit der Güterproduktion. Die Knappheitsthese hat demgegenüber einen generellen Charakter; sie bezieht sich nicht auf einzelne Gütergruppen, sondern auf das allgemeine Phänomen der begrenzten Verfügbarkeit wirtschaftlicher Güter und Faktoren. Als allgemeine Aussage gilt das Prinzip der **relativen** Knappheit im Vergleich zu den Bedürfnissen und der Vielzahl möglicher, wünschbarer Güter.

1-7: Das Opportunitätskostenprinzip beschreibt ein allgemeines Wahlproblem der Entscheidung zwischen knappen Gütern oder Produktionsfaktoren. Die Erhöhung der Produktion eines oder einzelner Güter verlangt bei gegebenen Produktionsfaktoren Verminderungen anderer Güter. Die Opportunitätskosten entsprechen dem Verhältnis der notwendigen Substitution der Güter, der notwendigen Verminderung von anderen Gütern, in Relation zur gewünschten Mehrproduktion eines Gutes.

Ein Beispiel: Ein Agrarland wünscht die Industrieproduktion des Landes kurzfristig zu expandieren. Die Agrarproduktion kann nur mit weniger Arbeitskräften betrieben werden, da vermehrt Arbeitskräfte in der Industrieproduktion benötigt werden.

1-8: Die Produktionsfaktoren einer Volkswirtschaft sind in der Regel spezieller und effizienter für bestimmte Güterproduktionen einzusetzen. Zum Beispiel: Ein „Melker" ist in der Agrarproduktion effizienter einzusetzen als (ohne längerfristige Umschulung) in der Industrieproduktion als „Maschinenbauer". Wenn eine Agrarwirtschaft kurzfristig die Industrieproduktion erhöhen möchte, müssen vermehrt Melker als Maschinenbauer eingesetzt werden. Die Produktivität der Industrie wird dadurch geringer. Je mehr Melker als Maschinenbauer eingesetzt werden müssen, umso geringer wird die Produktivität der Maschinenbauindustrie sein.

1-9: Die Produktionsvorteile der innerbetrieblichen Arbeitsteilung resultieren nach A. SMITH aus der Zerlegung der Arbeitsaufgaben und der Spezialisierung der Arbeitskräfte. Ganzheitliche Aufgaben verlangen umfassende Qualifikationen und längere Ausbildungen. Die Zerlegung in Teilarbeiten durch die betriebliche Arbeitsorganisation steigert den potentiellen Output und mindert den notwendigen Ausbildungsaufwand der einzusetzenden Arbeitskräfte. Für einfachere Teilarbeiten können spezialisierte Maschinen eingesetzt werden. Andererseits: Prozesse der Arbeitsteilung mit positiven Produktivitätseffekten lassen sich nicht unbegrenzt fortsetzen.

1-10: In der Situation B des Modells der komparativen Kosten nach RICARDO erfolgt im Vergleich zur Situation A eine relative Spezialisierung der Produktionsstrukturen der Betriebe. Der erste Betrieb produziert in der Situation B eine größere Menge des Gutes x (5 Mengeneinheiten im Vergleich zu 2 Mengeneinheiten). Der Betrieb spezialisiert sich somit stärker auf die Produktion des Gutes, das mit relativ geringeren Opportunitätskosten von diesem Betrieb erstellt werden kann. Der zweite Betrieb spezialisiert sich auf die Produktion des Gutes y, das andererseits von jenem Betrieb mit den geringeren Opportunitätskosten (im Vergleich zum ersten Produzenten) hergestellt wird. Die arbeitsteilige Spezialisierung führt in der Summierung zu gesamtwirtschaftlichen Kosten- oder Produktivitätsvorteilen.

Lösungshinweise zu den Kontrollfragen

(A) Multiple Choice-Aufgaben
1-1: (a)(c)(d); 1-2: (a)(b)(d)(e); 1-3: (a); 1-4: (b)(c); 1-5: (c)(d) 1-6: (d)

(B) Offene Fragen
1-7: vgl. Textabschnitt 1.2.2; 1-8: vgl. Textabschnitt 1.3.3; 1-9: vgl. ebenda

(C) Transferfrage
1-10: Tragen Sie die landwirtschaftliche Produktionsmenge auf der vertikalen Achse, die Qualität des Trinkwassers auf der waagerechten Achse ab. Die negative Steigung der hypothetischen Transformationskurve entspricht den angenommenen Opportunitätskosten, die landwirtschaftliche Produktion mittels zusätzlicher Düngemittel zu erhöhen.

Literaturhinweise

BARTLING, H./LUZIUS, F.: Grundzüge der Volkswirtschaftslehre, 5.Aufl., München 1986, S. 5-12, 29-34 (Systematik der Wirtschaftswissenschaften, Akteure einer Volkswirtschaft; Produktionsmöglichkeiten, Opportunitätskosten)

BASSELER, U./HEINRICH, J./KOCH, W.: Grundlagen und Probleme der Volkswirtschaft, 10. Aufl., Köln 1988, S. 37-50 (1.Kapitel, B. 1) (Bedürfnisse, Produktion und Produktionsmöglichkeiten, Knappheit, Arbeitsteilung)

SAMUELSON, P. A./NORDHAUS, W. D.: Volkswirtschaftslehre. Grundlagen der Makro- und Mikroökonomie, Bd. 1, 8.Aufl., Köln 1987, S. 27-45, 62-70 (Kap. 1 und 2) (international verbreitetes Lehrbuch zur Einführung in die VWL; die relevanten Abschnitte betreffen: Aufgaben und Methoden der Wirtschaftswissenschaft; Knappheit, Produktionsmöglichkeiten;)

STOBBE, A.: Volkswirtschaftslehre II, Mikroökonomik, Berlin u. a. 1983, S. 21-45, S. 49-53 (relativ ausführliche Darstellung; Gebiete der VWL, logische Struktur einer Erklärung, Trugschluß der Verallgemeinerung, Trugschluß der Monokausalität, Theorien und Modelle)

WOLL, A.: Allgemeine Volkswirtschaftslehre, 9. Aufl., München 1987, S. 3-18, 49-59 (Gegenstand und Gebiete der VWL, Entstehung und Überprüfung von Theorien, Werturteilsproblematik; Produktionsmöglichkeiten, Tausch- und Geldwirtschaft)

Zitierte Literatur

ALBERT, H.: Theorie und Realität. Ausgewählte Aufsätze zur Wissenschaftslehre der Sozialwissenschaften, Tübingen 1964

KERN, H./SCHUMANN, M.: Das Ende der Arbeitsteilung? Rationalisierung in der industriellen Produktion: Bestandsaufnahme, Trendbestimmung, 2. Aufl., München 1985

MEADOWS, D. L. u. a. (Hrsg.): Die Grenzen des Wachstums. Bericht des CLUB OF ROME zur Lage der Menschheit, Stuttgart 1972

RITTENBRUCH, K.: Makroökonomie, 5.Aufl., München/Wien 1986

TREBEIS, O. V. (Hrsg.): Nationalökonomologie, 3. Aufl., Tübingen 1983

WEISE, P.: Neue Mikroökonomie, Würzburg 1979

2 Marktwirtschaftliche Grundlagen

Inhaltliche Orientierung

Viele Leser besitzen zu den folgenden Fragen irgendeine Art von Vorverständnis. Wie funktionieren Märkte? Was bedeuten die grundlegenden Gesetze von Angebot und Nachfrage? Das individuelle Vorverständnis und die verschiedenen Beobachtungen zur Funktion von Märkten bedürfen einer systematischen Klärung; denn die Konzepte von Angebot und Nachfrage an Märkten finden im Rahmen der Wirtschaftswissenschaften vielfache Verwendung. Zudem gelten Märkte und Marktpreise als wesentliche Elemente primär marktwirtschaftlicher Ordnungssysteme der Wirtschaft. Andererseits können reale Wirtschaftssysteme kaum als reine Marktwirtschaften betrachtet werden. Immerhin bestimmen staatliche Akteure in den westlichen Industriestaaten über mehr als 30 Prozent aller Ausgaben für Güter der volkswirtschaftlichen Endproduktion. Zu fragen ist daher auch nach den Funktionen staatlicher Wirtschaftspolitik innerhalb eines primär marktwirtschaftlich organisierten Systems. Die umstrittene Rolle staatlicher Wirtschaftspolitik ist Gegenstand vieler öffentlicher Diskussionen.

Im **ersten Teil** dieses Kapitels wird das Modell der marktwirtschaftlichen Koordination mit den grundlegenden Hypothesen des Marktangebots und der -nachfrage vorgestellt. Die Vorgehensweise hierzu erfolgt in drei Stufen. Zuerst wird die Funktionsweise des Marktmodells am Beispiel einer **Aktienbörse** erläutert. Börsenmärkte haben spezielle Merkmale; insbesondere erfolgt die Koordination zwischen Angebot und Nachfrage durch einen Auktionator, der die Pläne beider Seiten abstimmen kann. Das Börsenbeispiel hat ferner Vorteile des Bezugs zur realen Vorstellungswelt vieler Leser. In der zweiten Stufe soll das Marktmodell verallgemeinert werden. Für einen **Gütermarkt** ohne Auktionator sollen die allgemeinen Gesetze von Angebot und Nachfrage erläutert und die Funktionsweise des Marktpreis-Mechanismus beschrieben werden. Auf der dritten Stufe folgt ein **Anwendungsbeispiel**: Untersucht werden die möglichen Effekte von Höchstmieten-Regelungen an großstädtischen **Wohnungsmärkten**.

Im **zweiten Teil** (Abschnitt **2.2**) werden Steuerungsfunktionen von Marktpreisen aus der Analyse von Modellen und Realität marktwirtschaftlicher Systeme abgeleitet. Die heutigen Wirtschaftssysteme kennzeichnet ein hoher Grad an Arbeitsteilung und Spezialisierung, so daß Produzenten im wesentlichen für andere Nachfrager, kaum für den eigenen Bedarf produzieren. Aus der hohen Arbeitsteilung folgt ein komplexer Bedarf an Austausch von Gütern und Faktoren. Märkte und Preise haben hierzu grundlegende Funktionen der **dezentralen Abstimmung** vieler Produzenten und Nachfrager.

Reale Wirtschaftssysteme sind allerdings keine reinen Marktwirtschaften, sondern **Mischsysteme** mit staatlichen Aktivitäten. Welche Steuerungsfunktionen haben staatliche Akteure? Zu den Funktionen staatlicher Wirtschaftspolitik bestehen erhebliche Meinungsverschiedenheiten. Dennoch gibt es auch unter liberalen Verfechtern der Marktwirtschaft eine prinzipielle Zustimmung zur Notwendigkeit staatlicher **Wirtschaftspolitik**. Prinzipiell anerkannte Funktionen der Wirtschaftspolitik lassen sich ableiten, wenn Märkte als Instrumente dezentraler Steuerung versagen. Aus dem Umfang öffentlicher Wirtschaftsaktivitäten ergibt sich, daß ein reiner Marktwettbewerb nicht ausschließliches Steuerungsprinzip in realen Wirtschaftssystemen sein kann.

Die umstrittene Rolle staatlicher Wirtschaftspolitik soll schließlich im **Abschnitt 2.3** an **konkreten Bereichen** aufgezeigt werden. Am Beispiel einer allgemeinen Zunahme der **„Schattenwirtschaft"** wird einerseits ein **„Staats- oder Politikversagen"** der Abgabenpolitik vermutet. Die Zunahme „schattenwirtschaftlicher Aktivitäten" sei eine Reaktion auf überhöhte staatliche Abgaben, somit ein Ausdruck des finanzstaatlichen Versagens. Die gegensätzliche These eines **Marktversagens** wird später am Beispiel des Bereichs der **Umweltpolitik** aufgegriffen.

2.1 Märkte als Koordinationssysteme

In einer Volkswirtschaft gibt es Millionen von Akteuren, deren individuelles Verhalten abgestimmt werden muß. In marktwirtschaftlich organisierten Volkswirtschaften erfolgt diese Koordination der Akteure primär über die verschiedenen Märkte.

Funktionsfähige Märkte dienen nach dem Organisationsprinzip dazu, die Pläne von Anbietern und Nachfragern mittels Preisen abzustimmen. Die Marktpreise entscheiden über die Gütermengen, die von den Anbietern verkauft und von den Nachfragern gekauft werden. Märkte gestatten so prinzipiell eine dezentrale Koordination der Wirtschaftspläne verschiedener einzelwirtschaftlicher Akteure beider Marktseiten. Dies soll zunächst durch ein vereinfachtes Modell einer Aktienbörse verdeutlicht werden.

2.1.1 Modellbeispiel einer Aktienbörse

Das Börsenbeispiel orientiert sich an vereinfachenden Beobachtungen eines Aktienmarktes. In isolierter Analyse wird eine hypothetische Marktsituation eines Tages für ein bestimmtes Wertpapier (Aktie) dargestellt:

Drei Aktionäre A, B und C wollen Aktien verkaufen. Sie erteilen **Verkaufsaufträge** an ihre Banken, in denen sie die Stückzahl der anzubietenden Aktien und einen Mindestkurs festlegen. Der **Mindestkurs** gibt an, ab welcher Preisuntergrenze der Anbieter nicht mehr verkaufen möchte und die Bank entsprechend die Aktien nicht mehr an der Börse anbieten soll.

Die Aktionäre beurteilen die Verkaufsaussichten unterschiedlich. A ist pessimistisch und deshalb bereit zu einem niedrigen Preis je Stück zu verkaufen. Er bietet drei Aktien bis zu einem Mindestkurs von 110 DM an. B und C sind optimistischer: B bietet fünf Aktien bis zum Mindestkurs von 120 DM und C vier Stück zum Mindestkurs von 140 DM an.

Drei andere Aktionäre D, E und F wollen Wertpapiere kaufen. Ihren Banken teilen sie in **Kaufaufträgen** die gewünschte Stückzahl und einen **Höchstkurs** mit. Die Banken sollen die gewünschten Aktien nur kaufen, wenn dies zu einem Preis unterhalb des Höchstkurses möglich ist. D will zwei Stück bis zum Höchstkurs von 130 DM kaufen. E möchte für sechs Aktien höchstens je 120 DM ausgeben. F schließlich kauft acht Aktien nur dann, wenn das Stück ihn nicht mehr als 100 DM kostet.

Die Aktionäre haben selbständig und unabhängig voneinander Wirtschaftspläne aufgestellt. Sie haben verschiedene Mengen- und verschiedene Preisvorstellungen entwickelt (Tab. 2-1). Wie können diese unterschiedlichen Pläne aufeinander abgestimmt werden?

Die geplanten Kauf- und Verkaufsaufträge werden von den Banken, die zugleich als Börsenhändler fungieren, einem Börsenmakler (**Auktionator**) mitgeteilt. Der

Tab. 2-1 Verkaufs- und Kaufaufträge am Aktienmarkt

Verkaufsaufträge:	Aktionäre	Mindestkurs	Stückzahl
	A	110	3
	B	120	5
	C	140	4
Kaufaufträge:	Aktionäre	Höchstkurs	Stückzahl
	D	130	2
	E	120	6
	F	100	8

Auktionator verschafft sich einen Überblick (Tab. 2-1) und ermittelt Marktangebot und Marktnachfrage des Tages.

Das **Marktangebot** ergibt sich aus der Zusammenfassung der Verkaufsaufträge und ist abhängig vom Kurs: Je höher der Kurs, desto größer das aggregierte Marktangebot. Bei einem Kurs von 110 DM werden lediglich die drei Aktien von A zum Verkauf angeboten. Bei einem Kurs von 120 DM ist außer A auch B bereit zu verkaufen. A und B bieten zusammen acht Aktien an. Bei einem Kurs von 140 DM sind alle drei Aktionäre A, B und C bereit zu verkaufen. Das gesamte Marktangebot beträgt bei diesem Kurs zwölf Aktien (Tab. 2-2).

Die **Marktnachfrage** ergibt sich analog aus der Zusammenfassung der Kaufaufträge der Aktionäre D, E und F. Auch die Nachfrage ist vom Kurs abhängig, allerdings gilt hier: Je höher der Kurs, desto geringer die aggregierte Marktnachfrage (Tab. 2-2).

Wir wollen annehmen, daß der Auktionator eine grafische Darstellung (ein **Preis-Mengen-Diagramm**) verwendet, um einen Überblick zur Marktsituation zu erhalten (Abb. 2-1). In einem entsprechenden Koordinatensystem (Diagramm) dient die senkrechte Achse (Ordinate) zur Darstellung des Kurses (Preises), die waagerechte Achse (Abszisse) zur Darstellung der kumulierten Stückzahl der Wertpapiere (Mengen). In diesem Diagramm markiert der Auktionator die geplanten (Preis-Mengen-) Kombinationen von Kurs und kumulierter Stückzahl (aus Tab. 2-2). Die jeweiligen

Tab. 2-2 Marktangebot und Marktnachfrage von Aktien

Marktangebot	
Kurs	kumulierte Stückzahlen
110	3
120	8 (= 3+5)
140	12 (= 3+5+4)
Marktnachfrage	
Kurs	kumulierte Stückzahlen
130	2
120	8 (= 2+6)
100	16 (= 2+6+8)

Verbindungslinien der Verkaufs- und Kaufkombinationen führen zu einer **Marktangebots-** (S) **und** einer **Marktnachfragekurve** (D):

Die geplanten Angebotsmengen bei alternativen Tageskursen einerseits lassen sich als Elemente einer Funktion des Marktangebots deuten. Die Kurve des Marktangebots hat eine positive Steigung (Abb. 2-1). Andererseits können die kumulierten Kaufaufträge als Teile einer Nachfragefunktion gedeutet werden. Die Kurve der Marktnachfrage hat eine negative Steigung.

Das Preis-Mengen-Diagramm ermöglicht dem Auktionator einen schnellen Überblick über die geplanten Angebots- und Nachfragemengen des Wertpapiermarktes bei verschiedenen Kursen. Er kann sofort feststellen, daß Marktangebot und Marktnachfrage bei einem Kurs von 120 DM übereinstimmen und er wird diesen Kurs als Tageskurs festlegen. Dieser Tageskurs bildet den **Gleichgewichtspreis**, bei dem die aggregierten Verkaufs- und Kaufaufträge übereinstimmen. Der Auktionator stimmt in dieser Weise die Pläne der Anbieter und Nachfrager des Wertpapiermarktes aufeinander ab. Er besitzt eine **vollständige Markttransparenz**, die ihm eine Koordination der Pläne der unabhängigen Marktteilnehmer im Sinne eines Gleichgewichts (Ausgleichs) von Angebot und Nachfrage gestattet (vgl. auch HARDES u. a. 1988[16], S. 20f.).

Abb. 2-1 Angebot und Nachfrage am Aktienmarkt

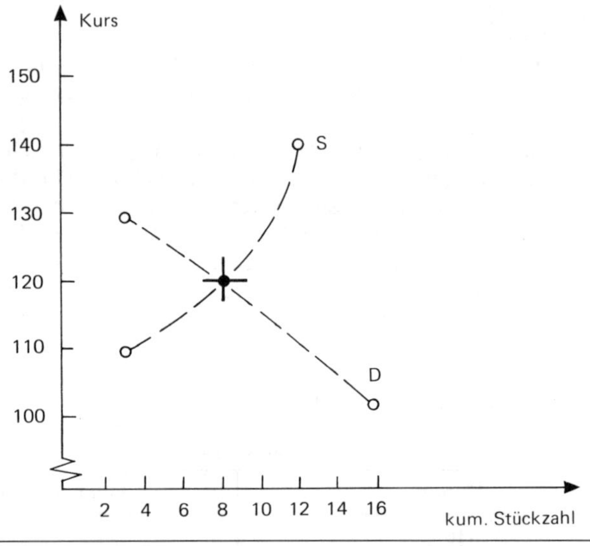

Die Kurven S und D bezeichnen die aus Tab. 2-2 abgeleiteten Funktionen des Angebots und der Nachfrage des angenommenen Aktienmarktes.

Übung 2-1 Zur Reflexion der Marktbedingungen einer Aktienbörse

Welche Unterschiede bestehen zwischen dem Beispiel eines Wertpapiermarktes und den Gütermärkten?

2.1.2 Allgemeines Marktmodell der Koordination von Angebot und Nachfrage

Die Marktfunktion einer **dezentralen Koordination** von Wirtschaftssubjekten soll nunmehr verallgemeinert dargestellt werden. Wir betrachten einen beliebigen Gütermarkt, jedoch ohne einen zentralen Auktionator mit perfekter Marktübersicht wie im Modellbeispiel einer Wertpapierbörse.

Die Wirkungsmechanismen eines **dezentralen Preiswettbewerbs** an einem Markt sorgen nach der klassischen Theorie wie eine **„unsichtbare Hand"** für eine schrittweise Anpassung der unabhängigen Pläne vieler Anbieter und Nachfrager. Die Akteure eines dezentralen Preiswettbewerbs passen Preise und Mengen bis zum Ausgleich von Angebot und Nachfrage an. In diesem Ausgleichsprozeß tendiert der Marktpreis in Richtung eines Gleichgewichtspreises, bei dem die Pläne vieler unabhängiger Nachfrager und Anbieter abgestimmt werden. Die grundlegenden Elemente des Ausgleichs von Preisen und Mengen im Marktwettbewerb bilden je zwei Hypothesen (Gesetze) des Verhaltens der Marktnachfrage und des Marktangebots.

Die Marktnachfrage x^D ist in einem gegebenen Zeitraum von mehreren Einflußgrößen abhängig, insbesondere vom Preis des Gutes p, von den Preisen anderer Güter p_y und vom Einkommen der Nachfrager Y. Die Marktnachfrage ist eine Funktion dieser Einflußgrößen.

$$x^D = x^D (p, p_y, Y, \ldots)$$

Das **erste Gesetz** einer **Nachfragefunktion** behauptet: Die geplante Nachfragemenge eines Gutes variiert ceteris paribus in einem inversen Verhältnis zum Preis (inverser Preis-Mengen-Zusammenhang). Je höher der Preis, umso geringer die nachgefragte Menge und umgekehrt. Nach diesem Gesetz muß die erste Ableitung der Nachfragefunktion negativ sein und somit die Nachfragekurve in einem Preis-Mengen-Diagramm eine negative Steigung haben.

$$x^D = x^D (p) \text{ mit } dx/dp < 0 \text{ (c. p.)}$$

Diese Nachfragefunktion betrachtet die geplanten Nachfragemengen der Käufer unter ceteris-paribus-Bedingungen. Sie beschreibt, in welcher Weise die nachgefragten Mengen von alternativen Preisen abhängen. Die übrigen Einflußfaktoren der Marktnachfrage (p_y, Y...) werden dabei als unverändert angenommen. Eine Nachfragefunktion beschreibt somit einen direkten Zusammenhang der nachgefragten Mengen der Käufer in Abhängigkeit vom Marktpreis. Das erste Nachfragegesetz unterstellt einen direkten Preis-Mengen-Zusammenhang der Nachfrage mit einer negativen Steigung.

Eine zugehörige Nachfragekurve kann in einem Preis-Mengen-Diagramm dargestellt werden. Auf der vertikalen Achse des Koordinatensystems werden alternative Preise p abgetragen, auf der horizontalen Achse die jeweiligen Mengen der geplanten Marktnachfrage x^D.

Nachfragefunktionen werden häufig als stetige Funktionen der Preis-Mengen-Kombinationen mit negativer Steigung dargestellt. Nachfragekurven können lineare, aber auch nicht-lineare Formen haben. Gemeinsam ist allen Darstellungen die Hypothese einer negativen Steigung gemäß dem ersten Gesetz der Nachfragefunktion.

Das **zweite Gesetz der Nachfrage** behauptet: Langfristig sind die Anpassungsreaktionen der mengenmäßigen Marktnachfrage bei Preisänderungen größer als kurzfristig. Langfristige Nachfragekurven verlaufen flacher als kurzfristige (D_1 vs. D_3 in Abb. 2-2).

Abb. 2-2 Hypothetische Funktionen der Marktnachfrage

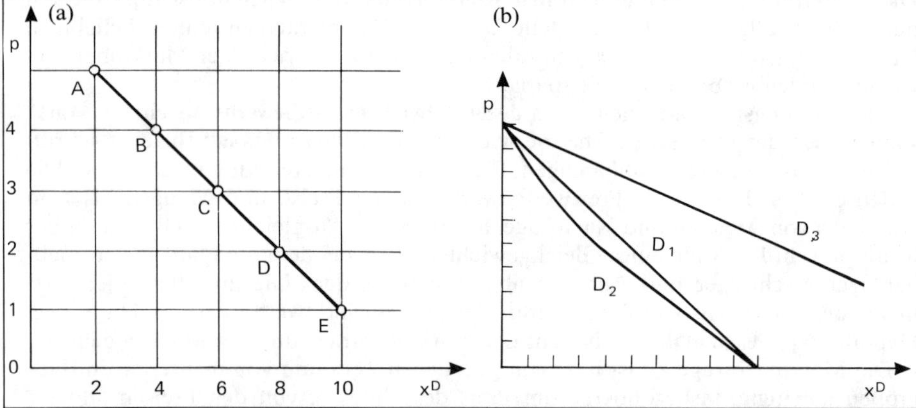

(a) Angenommen wird eine lineare Nachfragefunktion der potentiellen Käufer in Abhängigkeit vom Preis (c. p.).

p (in DM)	x^D (Stück)	Punkt
5	2	A
4	4	B
3	6	C
2	8	D
1	10	E

(b) D_1 beschreibt eine lineare, D_2 eine nicht-lineare Nachfragefunktion. D_3 zeigt eine Nachfragekurve mit einem relativ flachen Verlauf.

Was bedeutet ein relativ flacher Verlauf der längerfristigen Nachfragekurve? Die zeitliche Entwicklung der realisierten Marktnachfrage von Mineralöl in den Industrieländern nach den starken Preissteigerungen der 70er Jahre lieferte entsprechende Beobachtungen. Kurzfristig konnte die Nachfrage nach Öl trotz explosiver Preissteigerungen wegen der technischen Rigiditäten nur wenig eingeschränkt werden. Im längerfristigen Zeitraum erfolgten hingegen relativ stärkere Mengenreaktionen der Nachfrage, da technische Umstellungen der Verbraucher und der Industrie größere Einsparungen und Anpassungen der Ölnachfrage erlaubten. Diese Beobachtungen der Nachfragereaktionen in unterschiedlichen Zeiträumen können gemäß dem zweiten Nachfragegesetz in allgemeiner Form unterstellt werden.

Wir wollen nun das **Marktangebot** analog zur Marktnachfrage analysieren. Auch das Marktangebot ist von verschiedenen Einflußfaktoren abhängig, insbesondere vom Preis des Gutes p und den Produktionskosten K. Die allgemeine **Angebotsfunktion** eines Gutes lautet:

$$x^S = x^S (p, K, \ldots)$$

Die Basishypothesen einer Angebotsfunktion sind analog zur Nachfrageseite in zwei Gesetzen zu formulieren: Das **erste Gesetz des Angebots** nimmt ceteris paribus einen positiven Preis-Mengen-Zusammenhang an. Bei einem relativ geringen Marktpreis wird die angebotene Menge eines Gutes gering sein. Mit einem höheren Marktpreis des Gutes wird dagegen die Menge des Marktangebots steigen. Die

Übung 2-2 Bewegungen entlang einer Nachfragekurve und „shifts" (Verschiebungen) einer Nachfragekurve

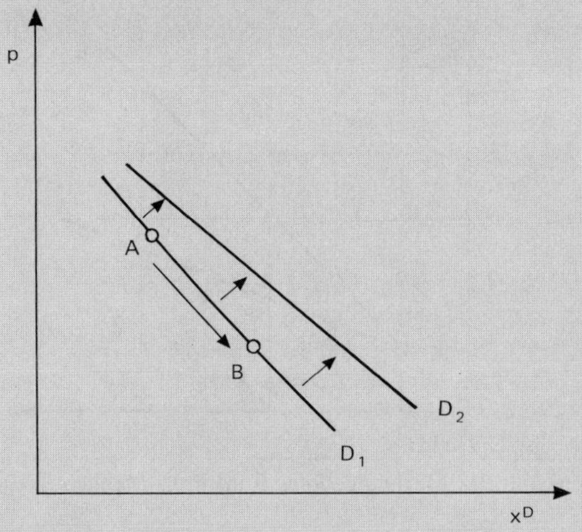

Überprüfen Sie Ihr grundlegendes Verständnis einer Nachfragefunktion:
(a) Interpretieren Sie die ökonomische Bedeutung einer Bewegung von A nach B entlang der Nachfragekurve D_1. (b) Welche Bedeutung hat demgegenüber ein „shift" (eine Verschiebung) der Nachfragekurve nach rechts?

erste Ableitung der Angebotsfunktion ist daher positiv; die Angebotskurve hat eine positive Steigung.

$$x^S = x^S(p) \text{ mit } dx/dp > 0 \text{ (c. p.)}$$

Das **zweite Angebotsgesetz** unterstellt, daß die Reaktionen der Angebotsmengen in Abhängigkeit von Preisänderungen längerfristig größer sein werden als kurzfristig. Langfristige Angebotskurven haben wegen der größeren Mengenreaktionen einen relativ flachen Verlauf.

Eine Angebotsfunktion gibt die Mengen an, welche die Anbieter bei alternativen Preisen ceteris paribus zu verkaufen planen. Die positive Steigung der Angebotskurve drückt offenbar eine positive Anreizfunktion höherer Preise des betreffenden Gutes aus. Die Produzenten (Anbieter) neigen zu einer größeren Produktion und zu größeren Angebotsmengen, wenn relativ höhere Marktpreise erwartet werden.

Wir wollen nun Marktangebots- und Marktnachfragekurve in einem Preis-Mengen-Diagramm zusammenführen (Abb. 2-4). Die Koordination der unabhängigen Angebots- und Nachfragepläne erfolgt durch **Anpassungsprozesse** von Preisen und Mengen hin zum Marktgleichgewicht bzw. zum Gleichgewichtspreis. Bei einem relativ hohen Ausgangspreis ($p = 5$) herrscht ein **Angebotsüberhang**: Die zu diesem Preis angebotene Gütermenge ist größer als die nachgefragte Menge. Der Wettbewerb der Anbieter führt zu Preissenkungen mit entgegengesetzten Mengenanpassungen entlang der Nachfrage- bzw. der Angebotskurve. Bei einem relativ geringen Ausgangspreis ($p = 1$) wird hingegen ein Nachfrageüberschuß zu Preisanpassungen nach oben tendieren. Nur beim **Gleichgewichtspreis** ($p = 3$) sind die unabhängigen Einzelpläne der Nachfrager und Anbieter miteinander vereinbar.

Abb. 2-3 Hypothetische Angebotsfunktionen

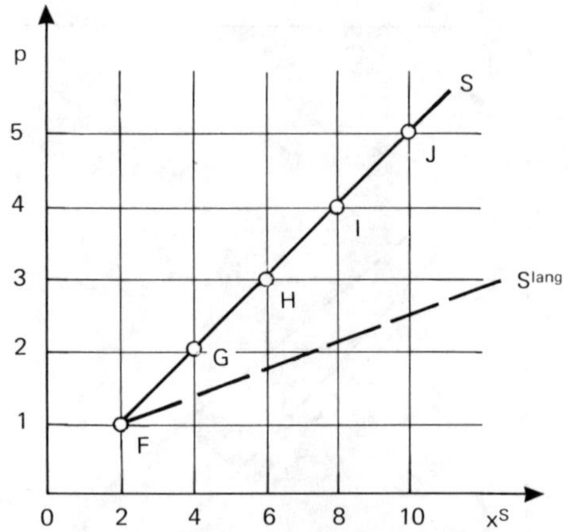

Eine lineare Funktion des Marktangebotes S im Preis-Mengen-Diagramm entspricht der Linie FGHIJ:

p	x^S	Punkt
1	2	F
2	4	G
3	6	H
4	8	I
5	10	J

Die Variante S^{lang} beschreibt eine längerfristige Angebotsfunktion mit größeren Mengenanpassungen der Anbieter.

Die Anpassungsprozesse zum Gleichgewichtspreis koordinieren somit die unabhängigen Entscheidungen der Marktteilnehmer. In diesem Sinne hat der Mechanismus der Marktpreisbildung eine prinzipielle Funktion der Koordination von Angebot und Nachfrage. Die dezentrale Marktkoordination verlangt bei Angebots- bzw. Nachfrageüberschüssen Preis- und Mengenanpassungen entlang der gegebenen Angebots- bzw. Nachfragefunktionen. Wenn somit Angebotsüberschüsse zu Preissenkungen und Nachfrageüberschüsse zu Preissteigerungen führen, besteht eine Tendenz zum Marktausgleich. Der Schnittpunkt von Angebots- und Nachfragekurve gilt als **stabiles Marktgleichgewicht**.

Welche Bedeutung hat der Begriff **Gleichgewicht** im Marktmodell? Mit dem Blick auf reale Märkte kann man argumentieren, daß eine verkaufte Menge notwendig einer gekauften Menge entsprechen muß, unabhängig von der Höhe des Marktpreises. Die Summe der Käufe aus der Sicht der Nachfrager und die Summe der Verkäufe aus der Sicht der Anbieter sind wie zwei Seiten einer Münze. Offenbar unterscheidet sich der theoretische Begriff des Gleichgewichts von der beobachtbaren statistischen Identität der Transaktionen am Markt. Für das Verständnis des Marktmodells ist die Unterscheidung von geplanten und realisierten Mengen der Transaktionen wichtig. Die Angebots- und die Nachfragekurve beschreiben jeweils geplante Gütermengen von Anbietern bzw. Nachfragern bei alternativen Preisen. Der Schnittpunkt beider Kurven stellt ein Marktgleichgewicht dar, bei dem die

Abb. 2-4 Preis-Mengen-Diagramm von Angebot und Nachfrage

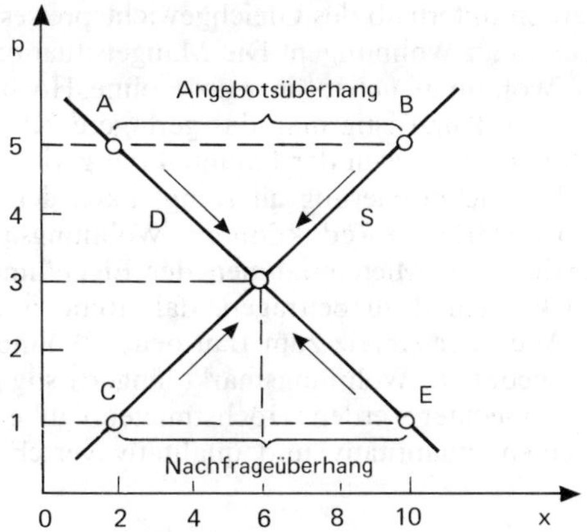

D bezeichnet ist eine (lineare) Nachfragekurve, S eine (lineare) Angebotskurve eines Gütermarktes. Bei einem Marktpreis von 5 besteht ein Angebotsüberhang AB, der zu Preisanpassungen nach unten führt. Dagegen führt ein Nachfrageüberhang CE zu Preisanpassungen nach oben. Der Gleichgewichtspreis bei gegebenen Angebots- und Nachfrageplänen wird bei einem Marktpreis von 3 erreicht.

Pläne beider Marktseiten vereinbar sind. Zum Gleichgewichtpreis *kann* ein realer Ausgleich stattfinden, bei dem keine weiteren Preisänderungen durch die Marktlage ausgelöst werden, solange sich die Bedingungen des Marktes nicht ändern.

Eine beobachtbare reale Marktsituation kann trotz der Identität der ge- und verkauften Mengen ein **Ungleichgewicht** darstellen. Im Fall eines Nachfrageüberschusses werden bestimmte Nachfrager von der Realisierung ihrer Pläne ausschlossen, mehr zu kaufen. Die Nachfrager würden zum bestehenden Preis größere Mengen abnehmen, ihre Planungen entsprechend der Nachfragefunktion können jedoch nicht realisiert werden. Diese Marktlage führt in der Folge zu Preiserhöhungen, auch wenn sich die Pläne der Marktteilnehmer nicht ändern. Da der bestehende Marktpreis nicht stabil bleiben kann, besteht ein Marktungleichgewicht. Die Situation eines Angebotsüberschusses ist umgekehrt zu deuten. Bestimmte Anbieter können die geplanten Mengen nicht verkaufen, die Lagerbestände nehmen stärker zu als die Anbieter gemäß der Angebotsfunktion geplant haben. In diesem Fall wird der Marktwettbewerb Preissenkungen auslösen.

2.1.3 Anwendungsbeispiel: Mietenregulierung an großstädtischen Wohnungsmärkten

Obergrenzen für Mieten (Höchstmietenregelungen) sollen Mieter, darunter vornehmlich einkommensschwache Haushalte, vor überhöhten Mieten bei einem zu geringen Wohnungsangebot schützen. Eine Fixierung von Höchstmieten bei hohen Nachfrageüberschüssen an den Wohnungsmärkten der Städte erscheint vielen als eine notwendige Maßnahme aus einkommens- und sozialpolitischen Gründen. Denn ausreichende Wohnungen müssen als lebensnotwendige Güter der Haushalte betrachtet werden. Dennoch werden aus ökonomischer Sicht auch Bedenken gegen eine Mietenregulierung geäußert: Die langfristigen Effekte seien aus der Sicht der Mieter eher negativ zu beurteilen.

Wir wollen die kurz- und längerfristigen Effekte einer solchen Marktpreisregulierung in zwei Preis-Mengen-Diagrammen analysieren (Abb. 2-5). Die verordneten Höchstmieten p_1 werden unterhalb des Gleichgewichtspreises p_0 fixiert. Es herrscht ein Nachfrageüberschuß an Wohnungen. Die Mangelsituation führt zu erheblichen Schwierigkeiten der Wohnungssuche; sie würde ohne Höchstgrenzen zu höheren Wohnungsmieten führen. Kurzfristig mag das geringere Mietenniveau als ein Vorteil erscheinen, besonders zugunsten der Familien mit geringerem Einkommen.

Langfristig führt die Mietenfixierung allerdings nach dem zweiten Angebotsgesetz zu einer wesentlich stärkeren Reduktion des Wohnungsangebots als in kurzfristiger Sicht. Die verringerten Mieteinnahmen der Eigentümer (im Vergleich zum Marktgleichgewicht) können dazu beitragen, daß Renovierungsmaßnahmen vernachlässigt werden. Auch der Anreiz zum Bau neuer Wohnungen wird verringert. Dadurch wird das Angebot am Wohnungsmarkt längerfristig geringer und in qualitativer Hinsicht eher schlechter werden. Höchstmietenregulierungen führen langfristig tendenziell zu einem quantitativ und qualitativ verschlechterten Wohnungsangebot.

Abb. 2-5 Kurz- und langfristige Effekte von Höchstmietenregelungen am Wohnungsmarkt

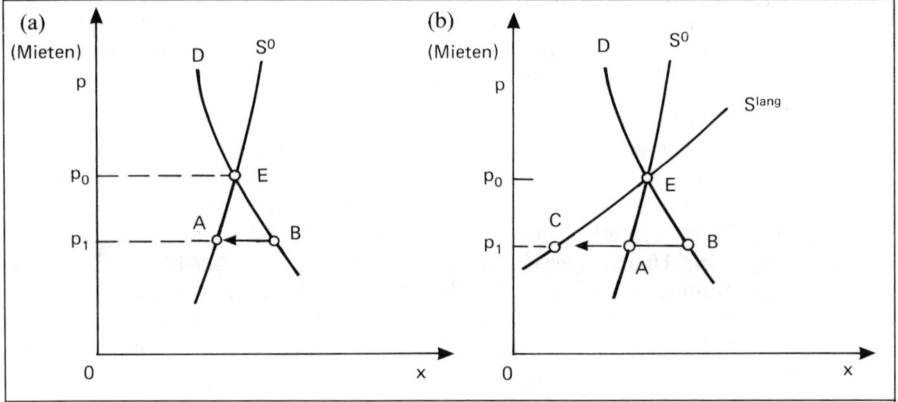

(a) Bei gegebener Wohnungsnachfrage (D) und dem kurzfristigen Angebot am Wohnungsmarkt (S^0) wurden Höchstmieten in Höhe von p_1 verordnet.
(b) Das längerfristige Wohnungsangebot reagiert gemäß S^{lang}, so daß sich die Mangelsituation am Wohnungsmarkt bei gegebenem Mietenniveau vergrößert. Die Entwicklung zwischen den Punkten A und C illustriert die längerfristige Minderung des (quantitativen) Wohnungsangebots.

2.1.4 Relative Marktpreise und Anpassungen zwischen Einzelmärkten

In marktwirtschaftlich organisierten Volkswirtschaften gibt es eine Vielzahl von Märkten für unterschiedliche Güter. Diese Einzelmärkte bilden keine voneinander unabhängigen Inseln, sondern Teile eines Systems **dezentraler Märkte mit wechselseitigen Beziehungen**. Je nach Markttransparenz und Anpassungsfähigkeit der Teilnehmer kann deshalb die konkrete Abgrenzung einzelner Märkte schwierig sein. Die Anbieter (oder die Nachfrager) können ein Gut gegen andere Güter austauschen (substituieren). Z. B. können die Produzenten von Weizen im Laufe der Jahre zu vermehrter Produktion von Mais oder Sonnenblumen übergehen. Im Modellbeispiel betrachten wir einen Wechsel der Anbieter zweier Gütermärkte von Weizen und Mais. Die Modellaussagen zur preislichen Mengensteuerung (Allokation) zwischen verschiedenen Märkten lassen sich verallgemeinern.

Angenommen, die Nachfrage nach Weizen bei alternativen Preisen habe sich stark erhöht. Daraufhin habe sich der Marktpreis für Weizen verändert. Die Preiserhöhung des Weizens verschiebt die **relativen Preise** zwischen den Gütermärkten. Wenn der Marktpreis von Mais ceteris paribus unverändert bleibt, erhöht sich der relative Preis des Weizens im Vergleich zum Maispreis. Sofern es die Produktionsbedingungen zulassen, werden die Landwirte überlegen, ob eine Umstellung der Produktion zwischen Mais und Weizen realisierbar und rentabel erscheint.

Abb. 2-6 Kreuz-Diagramm der Anpassungsreaktionen des Angebots zwischen einzelnen Märkten

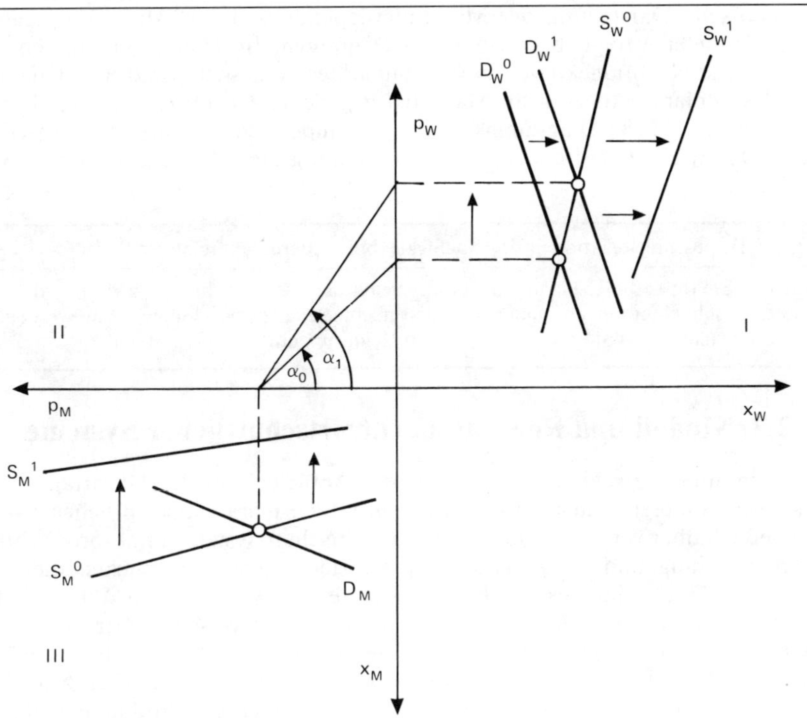

Im Quadrant I wird der Weizenmarkt dargestellt. Der Weizenpreis habe sich durch Nachfrageänderungen erhöht. Die nunmehr angenommene Marktsituation beschreiben die Angebots- und Nachfragekurven von Weizen $S_W{}^0$ und $D_W{}^1$.

Im Teil III werden die Angebots- und Nachfragekurven von Mais $S_M{}^0$ und D_M dargestellt. Die Achsen des Marktdiagramms von Mais verlaufen im Vergleich zum Quadrant I in einer Drehung um 180 Grad.

C. p. entspricht ein Anstieg des Weizenpreises bei gegebenem Maispreis einer Zunahme der Preis-Relation P_W/P_M, die sich im Anstieg des Winkels α im Quadrant II äußert. Die veränderte Relation der Marktpreise veranlaßt die Anbieter zu gegenläufigen Anpassungsreaktionen zwischen den Märkten.

Änderungen der Marktpreise eines Gutes bedeuten zugleich Änderungen der relativen Preise zwischen verschiedenen Märkten. Bei interdependenten Märkten sind daher wechselseitige Anpassungsreaktionen zwischen den Einzelmärkten wahrscheinlich. Angenommen werden hier Substitutionsreaktionen nach den folgenden Angebotsfunktionen:

$$x_W{}^S = x_W{}^S\,(p_W,\, p_M)$$
$$x_M{}^S = x_M{}^S\,(p_M,\, p_W)$$

Die Marktsignale einer angenommenen Preiserhöhung von Weizen ($+\,\Delta\, p_W$) verändern das Marktangebot von Weizen ($+\,\Delta\, x_W{}^S$) und Mais ($-\,\Delta\, x_M{}^S$) durch **Substitutionsreaktionen** der Anbieter in Abhängigkeit von impliziten Änderungen der relativen Preise. In umgekehrter Analogie lassen sich Interdependenzen der Märkte aus der Sicht der Nachfrage vermuten. Auf deren Beachtung soll hier verzichtet werden.

Die grafische Darstellung der Marktinterdependenz durch Anpassungsreaktionen der Anbieter erfolgt in einem **Kreuz-Diagramm**. Im ersten Quadranten sind Angebots- und Nachfragekurve des Weizenmarktes dargestellt. Im dritten Quadranten ist das geplante Angebot an Mais (bei gegebener Nachfrage) dargestellt. Die Achsen dieses Markt-Diagramms sind gegenüber der normalen Darstellung gedreht. Der zweite Quadrant dient zur Darstellung der relativen Preise von Mais und Weizen.

Übung 2-3 Anpassungsreaktionen der Nachfrage bei Änderungen relativer Preise

Beschreiben Sie (in verbaler Form) Anpassungsreaktionen der Nachfrager zwischen den Einzelmärkten nach einer angenommenen Preisverschiebung zweier Güter! Wie werden die Nachfrager reagieren, wenn der Weizenpreis in Relation zum Maispreis steigt?

2.2 Modell und Realität marktwirtschaftlicher Systeme

Die Abstimmung verschiedener Akteure, der Anbieter und der Nachfrager eines Gutes sowie anderer Güter, erfolgt in einem reinen marktwirtschaftlichen System ausschließlich über verschiedene Märkte. In Wirtschaftssystemen mit fortgeschrittener Arbeitsteilung und Spezialisierung produzieren oder verbrauchen die Wirtschaftsakteure Güter im wesentlichen für andere bzw. von anderen Akteuren. Der erforderliche umfassende Austausch einer großen Zahl verschiedener Güter (und Leistungen) geschieht über eine Vielzahl dezentralisierter Marktsysteme. Märkte bilden dezentrale Clearing-Stellen zum Ausgleich von Angebot und Nachfrage unterschiedlicher Güter. In ähnlicher Weise werden auch die Produktionsfaktoren Boden, Kapital und Arbeit ausgetauscht.

2.2.1 Funktionen von Märkten (Marktpreisen)

Märkte sind dezentrale Wettbewerbssysteme, die Verkäufer (Anbieter) und Käufer (Nachfrager) koordinieren. Was für Gütermärkte gilt, kann im Prinzip auch für verschiedene Märkte von Produktionsfaktoren gelten, so daß die Volkswirtschaft als ein vielfältiges System von Güter- und Faktormärkten dargestellt werden kann. In einem rein marktwirtschaftlichen System treten lediglich zwei Gruppen von Wirtschaftsakteuren, Unternehmen und Haushalte, an den verschiedenen Gütermärkten (Faktor-) auf.

Abb. 2-7 Güter- und Faktormärkte

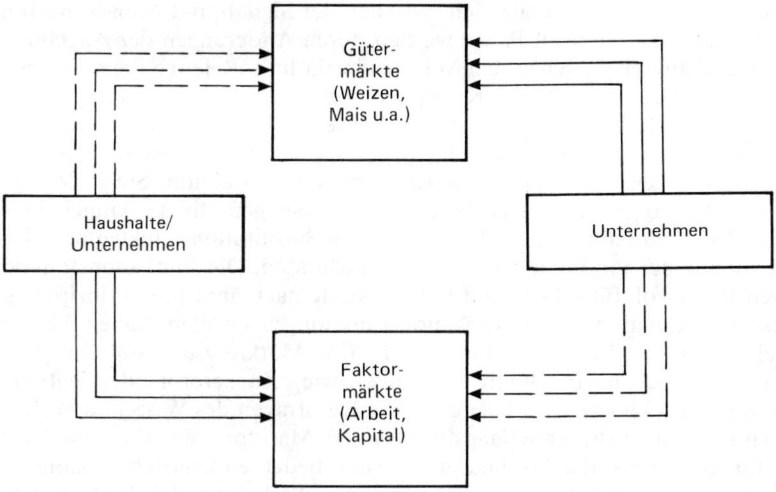

Die Angebotsströme an Gütern (Faktoren) werden hier als durchgezogene Linien, Nachfrageströme als gestrichelte Linien beschrieben. Haushalte und Unternehmen fragen nach diesem vereinfachten Märkteschema Güter verschiedener Art nach und bieten verschiedene Faktorleistungen an. Unternehmen bieten Güter an und fragen Faktoren nach.

Die Gesamtheit verschiedener Märkte erfüllt Funktionen der Koordination und der Verteilung von wirtschaftlichen Gütern und Faktoren. Jede arbeitsteilige Wirtschaft bedarf letztlich einer funktionalen Abstimmung mit Bezug auf drei Kernfragen der wirtschaftlichen Organisation:

- In ständiger Abstimmung ist zu entscheiden, welche Güter in welchen Mengen produziert werden. **WAS** soll produziert werden?
- **WIE** sollen die Güter produziert werden? Welche Produktionsfaktoren sollen in welcher Weise eingesetzt werden? Welche Produktionsverfahren sollen Verwendung finden?
- **FÜR WEN** werden die Güter produziert? Wer erhält die Wertschöpfungen aus der Produktion der Güter?

Die drei Kernfragen der wirtschaftlichen Steuerung werden in marktwirtschaftlichen Systemen prinzipiell über Marktpreise bzw. Systeme dezentraler Koordination (Märkte) gelöst. Mit Bezug zu den drei grundlegenden Fragen lassen sich verschiedene Funktionen der dezentralen Steuerung unterscheiden, die jeweils nicht unabhängig voneinander zu sehen sind.

Zur **Koordination** der Anbieter und Nachfrager eines Marktes soll der Preismechanismus dienen, der in den vorstehenden Marktmodellen beschrieben wurde. Marktpreise bzw. Preisänderungen haben demnach **Informationsfunktionen** für die Akteure. Preissenkungen (-steigerungen) informieren über die Marktsituation bei Angebots- bzw. Nachfrageüberschüssen. Die Änderungen der einzelnen Marktpreise haben zugleich **Anpassungsfunktionen**, da die Pläne der Anbieter und der Nachfrager in bestimmter Weise korrigiert werden sollen.

Zur Steuerung der Interdependenz zwischen den Märkten dient die **Allokationsfunktion** relativer Preise oder der Änderungen relativer Preise. Auch bei der Allokation zwischen den Märkten läßt sich zwischen der Signal- und Anpassungsfunktion unterscheiden. Die relativen Preise werden durch Änderungen der Angebots- oder Nachfragerelationen zwischen den Märkten beeinflußt. Relative Preise haben daher eine Signalfunktion für relative Knappheiten oder Überschüsse an verschiedenen Märkten. Veränderungen der relativen Preise an den Märkten veranlassen zu Anpassungsreaktionen einzelner Anbieter und Nachfrager zwischen den Märkten. Dadurch erfolgt eine preisinduzierte Lenkung der Produktion: Steigt der Preis für ein Produkt infolge verstärkter Nachfrage, so steigen die Gewinnchancen der betreffenden Produktion. Folglich kommt es zu Substitutionseffekten und damit zu einer Lenkung der Produktion zwischen den Märkten. Die Allokationsfunktion der relativen Preise soll für Güter- und Faktormärkte nach ähnlichen Prinzipien gelten. Um die Koordinations- und Allokationsfunktion zu erfüllen, haben Marktpreise zugleich Anreiz- und Sanktionsfunktionen: Das Märktesystem soll Gewinne oder Verluste ermöglichen, um durch Wirkungen wie „Zuckerbrot oder Peitsche" die richtigen Entscheidungen mit Bezug auf die Kernfragen des WAS und WIE zu sorgen. Damit ist auch die **Verteilungsfunktion** der Marktpreise verbunden: Denn die Preise für Leistungen der Produktionsfaktoren bedeuten zugleich Einkommen der Faktoren bzw. ihrer Eigentümer. Die primäre Verteilung der Einkommen wird durch die Einsatzmenge der Faktoren und die Preise an den Faktormärkten (Löhne, Zinsen, ...) bestimmt.

Allerdings, an realen Märkten herrschen kaum Gleichgewichtspreise im Sinne der fiktiven Vorstellung eines allgemeinen Gleichgewichts der Märkte. Zur Funktionsfähigkeit eines dynamischen Marktwettbewerbs ist die allseitige Realisierung von Gleichgewichtspreisen nicht erforderlich. Die Marktbedingungen ändern sich

---

Übung 2-4 Zur Reflexion der Funktionen von Marktpreisen

Der folgende Text eines bekannten amerikanischen Ökonomen (STIGLER 1987[4], S. 15f.) wird hier in der originalen Version übernommen. Der fremdsprachliche Textauszug liefert eine knapp formulierte Analyse der preislichen Steuerung in reinen Marktsystemen. Der kundige Leser soll dadurch zu einer Reflexion der Preisfunktionen angeregt werden.

„If households provide the chief final consumers of a society, the business sector is the place from which come most of the goods they consume. The household demands are the beacons that direct productive activity, and the costs of productive resources are the beacons that direct enterprises to seek the cheapest production methods. ... All people and all resources such as land, and even most specific capital goods such as buildings, have many uses. The land can grow wheat or corn or be used for a factory or a subdivision or a road or an airport or for growing trees. Copper can be used for a hundred purposes, steel for a thousand. ... Just as businessmen seek the most efficient methods of producing, consumers choose the most efficient ways of consuming. They can provide their dietary requirements from an indescribably wide array of foods and their dress from a wide a variety of coverings. ...

Prices are the primary incentives to accomodate production to desires and desires to production possibilities. People who obey price instructions, and especially those who guess well what future prices will be, prosper in business and live economically. ... Since prices contain an element of prediction of at least the near future of supply and demand, they can of course be mistaken: But ... it is more profitable to be right than wrong, so a good deal of information and thought goes into many price quotations."

Erläutern Sie die Funktionen von Marktpreisen auf der Basis des vorstehenden Textauszugs!

vielfach durch sehr verschiedene Einflüsse. Markttransaktionen finden i. d. R. auch in Situationen eines Nachfrage- oder Angebotsüberschusses statt, in denen alle Marktteilnehmer ihre Pläne **nicht** vollständig realisieren können. Es kommt dann zu ungeplanten Lagerveränderungen, Lieferfristen, Wartezeiten der Käufer oder Überangeboten. Grundlegend erscheint, daß die Marktpreise auf reale Nachfrage- oder Angebotsüberschüsse durch Änderungen in Richtung der Marktgleichgewichte reagieren. Eine gewisse Änderungsflexibilität der Preise ist erforderlich, wenn die Angebots- oder Nachfragesituation der Märkte sich nachhaltig ändert.

Reale Wirtschaftssysteme sind keine reinen Marktwirtschaften, sondern Mischsysteme mit Ausnahmebereichen sowie staatlichen Aktivitäten. Aus der Existenz des Staates und dem Umfang öffentlicher Wirtschaftsbereiche folgt, daß ein reines Marktsystem von privaten unabhängigen Akteuren nicht ausschließliches Steuerungsprinzip in den realen Wirtschaftssystemen sein kann. Zwar gibt es über die Art der staatlichen Wirtschaftspolitik und ihre Funktionen in der Praxis erhebliche Meinungsverschiedenheiten: Die einen möchten eher weniger Staatsaktivitäten, weil sie staatliche Organisationen für weniger effizient halten. Sie neigen eher zu Argumenten eines **„Staats- oder Politikversagens“**. Andere möchten mehr Aktivitäten staatlicher Akteure, wenn Märkte als Instrumente dezentraler Steuerung nach ihrer Ansicht versagen (**„Marktversagen“**). Die Meinungsverschiedenheiten im politischen Spektrum sind evident! Dennoch gibt es auch unter liberalen Verfechtern der Marktwirtschaft eine prinzipielle Zustimmung zur Notwendigkeit staatlicher Maßnahmen. Im folgenden sollen einige Bereiche oder Funktionen der Wirtschaftspolitik aufgezeigt werden, deren Notwendigkeit aufgrund des Marktversagens zumindestens im Grundsatz anerkannt werden.

2.2.2 Externe Effekte und Marktversagen

Zu einer typisierten Beschreibung für eine Reihe von Mängeln ungesteuerter Marktbeziehungen dient der Begriff der „externen Effekte“, die außerhalb der unmittelbaren Marktbeziehungen von Produzenten und Käufern auftreten können. Hierzu sollen zunächst zwei analoge **Beispiele** negativer **externer Effekte** erläutert werden.

Beispiel (1): Zwei Unternehmen haben jeweils ihren Produktionsstandort an demselben Fluß. Am Oberlauf des Flusses produziert ein Unternehmen der Papierverarbeitung, das verschmutzte Abwässer in den Fluß leitet. Am Unterlauf benötigt ein Unternehmen der Wasserversorgung sauberes Wasser. Diesem Unternehmen entstehen höhere Reinigungskosten durch die Produktion des ersten Unternehmens. Die Kostennachteile des Versorgungsunternehmens werden bei einem reinen Marktsystem nicht durch das papierverarbeitende Unternehmen ausgeglichen. Das Unternehmen der Papierverarbeitung hat keine Veranlassung, die höheren externen Kosten der Reinigung durch das Versorgungsunternehmen in seiner Kalkulation und bei seinen Produktionsentscheidungen zu berücksichtigen.

Beispiel (2): Ein Kohlekraftwerk siedelt sich in einem Fremdenverkehrsort an. Die Produktion des Kraftwerkes führt zu erheblichen Effekten der Luftverschmutzung. Ohne Vorliegen von Umweltschutzregelungen werden die negativen Effekte der Luftverschmutzung von dem Kraftwerkbetrieb oder seinen Kunden nicht getragen. Die negativen Effekte, wie die Einschränkung der Lebensqualität und wirtschaftliche Verluste des Fremdenverkehrsortes, sind von den Bewohnern, von der Gemeinde und den Hotelbetrieben zu tragen, wenn die Besucher nunmehr ausbleiben werden.

Aus den Beispielen läßt sich eine allgemeine **Definition** des Begriffes **negativer externer Effekte** entwickeln. Im ersten Beispiel führt die Produktion eines Unternehmens zu höheren Kosten eines anderen Unternehmens, das außerhalb der Marktbeziehungen von der Produktion des einen Unternehmens negativ tangiert wird. Es treten negative spillover-Effekte auf, die in der privaten Kostenkalkulation des verursachenden Unternehmens nicht erfaßt werden. Das zweite Beispiel läßt sich ähnlich deuten, wenn man den Begriff der Kosten erweitert und negative Belastungen und Verluste anderer Konsumenten oder Produzenten als soziale „Kosten" interpretiert. Eine allgemeine Definition negativer externer Effekte kann daher so lauten:

Externe Kosten der Produktion entstehen, wenn die sozialen Gesamtkosten (Belastungen) der Allgemeinheit aus der Produktion größer als die privaten Produktionskosten sind, weil externe Personen (d. h. weder Anbieter noch Nachfrager der jeweiligen Produktion) durch höhere Kosten oder Belastungen indirekt tangiert werden, ohne einen Nachteilausgleich zu erhalten.

Diese Definition verwendet einen Kostenbegriff, der vom betrieblichen Rechnungswesen abweicht. Analog zum Begriff der Opportunitätskosten (vgl. hierzu Kapitel 1.3.2) sind die **sozialen Kosten** auf die Ebene der Gesamtwirtschaft zu beziehen. Die **Opportunitätskosten** der Produktion von Schadensgütern beziehen kalkulatorische Verluste und Belastungen anderer Wirtschaftsakteure oder der Gesellschaft ein. Ohne die Produktion der Schadensgüter wäre ein gesamtwirtschaftlicher Verlust anderer Güter (Umweltgüter) nicht eingetreten; insbesondere Umweltgüter hätten der Gesellschaft vermehrt oder in besserer Qualität zur Verfügung gestanden. Die sozialen Kosten der **Umweltbelastungen** lassen sich somit dem Konzept der Opportunitätskosten zuordnen. Die privaten Kosten der Güterproduktion sind bei externen Effekten durch Umweltschäden allgemein geringer als die sozialen Opportunitätskosten einschließlich der Schäden und Verluste an Umweltgütern, wenn letztere in der privatwirtschaftlichen Kostenrechnung nicht berücksichtigt werden. Im Fall negativer externer Effekte gilt daher die folgende Beziehung:

soziale Opportunitätskosten der Gesellschaft	>	private Kosten der Produzenten

Wenn **externe Kosten** dieser Art auftreten, besteht bei einer rein marktwirtschaftlichen Steuerung der Produktionsentscheidungen eine Tendenz zu **Fehlsteuerungen**. Wenn die externen Kosten der Güterproduktion von den Produzenten und den Nachfragern nicht beachtet werden, werden die privaten Kosten der Güter und die Preise dieser Güter relativ niedriger sein als die sozialen Opportunitätskosten der Güter. Die Güterproduktion und die Marktnachfrage werden folglich höher sein, wenn sie sich ausschließlich an den geringeren privatwirtschaftlichen Produktionskosten orientieren. Ohne Beachtung der höheren sozialen Kosten kommt es dann zu einer **„Überproduktion"** und Überversorgung von Gütern mit negativen Effekten im Vergleich zu den sozialen Opportunitätskosten. Es werden zu viele Ressourcen aus gesamtwirtschaftlicher Sicht in die Produktion jener Güter gelenkt, die externe Kosten verursachen, weil sich die einzelnen Nachfrager und Produzenten an den „falschen" Kosten und Preisen orientieren. Insofern führt eine rein marktwirtschaftliche Steuerung bei externen Kosten zu einem **„Marktversagen"**, somit zu einer prinzipiellen Begründung staatlicher Wirtschafts- und Umweltpolitik zur Korrektur der Fehllenkungen.

In Fällen **positiver** externer Effekte gelten analoge Argumente in umgekehrter Beziehung. Zunächst wiederum einzelne **Beispiele**:

(1) Obstbauern und Imker mögen in enger Nachbarschaft zueinander leben. Die Honigproduktion des Imkers kann bei größeren Obstgärten in der Nachbarschaft erheblich nutz- und gewinnbringender betrieben werden.
(2) Angenommen, es gäbe einen wirksamen Impfstoff gegen den Aids-Virus, der eine Ansteckung verhinderte. Impfungen würden dann nicht allein die betreffende Person schützen, sondern auch die Verbreitung des Virus vermindern.

Positive externe Effekte (spillover-Effekte) bezeichnen demnach „Erträge" oder Nutzen anderer Wirtschaftsakteure ohne eine preisliche Gegenleistung an die Verursacher. Wegen der externen Nutzeneffekte wird der soziale Nutzen aller (mehrerer) Wirtschaftsakteure höher einzuschätzen sein als der private Nutzen des einzelwirtschaftlichen Produzenten. Bei positiven spillover-Effekten gilt:

Sozialer Nutzen der Gesamtwirtschaft > einzelwirtschaftlicher Nutzen des Verursachers

Im Fall eindeutiger spillover-Effekte zwischen einzelwirtschaftlichen Verursachern und anderen Nutzern sind Möglichkeiten der gegenseitigen **Kompensation** denkbar, etwa im „Obstbauer-Imker-Beispiel". Einzelwirtschaftliche Kompensationen der externen Nutzungen sind jedoch nur selten zu beobachten. Daraus läßt sich folgern, daß eine durch Marktpreise gesteuerte Produktion von Gütern mit positiven externen Nutzeneffekten eher zu einem geringeren Güterangebot im Vergleich zu dem möglichen gesamtwirtschaftlichen Nutzen führen wird. Positive externe Effekte ohne Kompensation führen aus gesamtwirtschaftlicher Sicht eher zu einem unzureichenden Angebot, zu einer **Unterversorgung** von Gütern mit positiven spillover-Effekten. Auch in diesen Fällen führt eine rein marktliche Steuerung zu einer Fehllenkung von Ressourcen. Entsprechende Güter werden daher mit der Begründung positiver externer Effekte häufig von staatlichen Akteuren angeboten.

Übung 2-5 Weitere Beispiele externer Effekte

Beschreiben Sie je ein weiteres Beispiel positiver und negativer Externalitäten!

2.2.3 Funktionen staatlicher Wirtschaftspolitik

Hier soll weniger eine enumerative Beschreibung sämtlicher Aktivitäten staatlicher Organisationen auf lokaler, regionaler oder bundesbezogener Ebene erfolgen. Dieser Abschnitt beschränkt sich vielmehr auf einige wichtige wirtschaftspolitische Funktionen staatlicher Akteure, die von vielen Autoren im Prinzip anerkannt werden: Eine prinzipielle Aufgabe des Staates besteht darin, ein System rechtlicher Grundlagen des Wirtschaftens zu organisieren. Weitere wirtschaftspolitische Aufgaben lassen sich nach drei Funktionsbereichen ordnen, den Funktionen der Allokation, der Umverteilung und der Stabilisierung.

Auch überwiegend marktwirtschaftliche Systeme bedürfen eines staatlichen **Rechtssystems** als eine allgemeine Rahmenbedingung wirtschaftlichen Handelns. Denn die wirtschaftlichen Aktivitäten einzelwirtschaftlicher Akteure führen zu einem vielfachen Austausch von Eigentums- oder Nutzungsrechten von Gütern. Der Austausch von Rechten wird in **Vertragsbeziehungen** mit vielen Varianten vollzogen, z. B. in Kauf-, Miet- und Arbeitsverträgen. Diese Vertragsbeziehungen sind teils kurz-, teils langfristiger Art. So erfordern langfristige Kreditverträge eine Grundlage des Vertrauens der Gläubiger in die Verpflichtung der Schuldner zur Leistung der späteren Zahlungsverpflichtungen. Ein organisiertes und gesichertes

System von vertraglichen Rechten bildet daher eine notwendige Grundlage wirtschaftlichen Handelns. Unternehmen und Personen benötigen der allgemeinen Rechtsfähigkeit, um wirtschaftliche Verträge schließen zu können. Im Fall von Meinungsverschiedenheiten der Akteure soll nicht das einfache Faustrecht des Stärkeren gelten, sondern ein geregeltes Verhandlungs- und Ordnungssystem mit generell akzeptierten **Verfahrensregeln** zur Lösung der Konflikte.

Zu den grundlegenden Aufgaben des Staates gehört es auch, die **Funktionsfähigkeit des Marktwettbewerbs** rechtlich zu **sichern**. Wenn anzunehmen ist, daß private Akteure mit wirtschaftlicher Macht einen Marktwettbewerb von Konkurrenten behindern oder unterbinden können, um ihre egoistischen Interessen durchzusetzen, bestehen Gefahren des Machtmißbrauchs und der Wettbewerbsbeschränkungen mit einer Tendenz zur Selbstverstärkung. Mißbräuche wirtschaftlicher Macht und Wettbewerbshemmnisse zu begrenzen, wird als eine prinzipielle Aufgabe staatlicher **Wettbewerbspolitik** anerkannt.

Zum Aufgabenbereich der **Allokation** gehört die Korrektur von Marktversagen bei einer primären Steuerung über ein Marktsystem. Die notwendige Korrektur externer Effekte wurde zuvor als ein Ursachenkomplex möglicher Fehlsteuerungen herausgestellt. Wenn externe Effekte auftreten, liefert das marktwirtschaftliche Preissystem den einzelnen Produzenten und Konsumenten prinzipiell „falsche" Informationen der gesamtwirtschaftlichen Kosten und Nutzen. Aus der Existenz externer Effekte lassen sich grundlegende Funktionen staatlicher **Umweltpolitik** zur Korrektur einzelwirtschaftlicher Entscheidungen ableiten. Hierzu folgt später ein gesonderter Abschnitt.

Die marktwirtschaftliche Allokation versagt des weiteren im Fall von „öffentlichen Gütern", die vom Staat produziert werden und der Bevölkerung ohne direktes Entgelt zur Verfügung gestellt werden. Was sind **öffentliche Güter**? Es gibt Güter (Dienstleistungen), die nicht oder nicht ausreichend zu einem Marktpreis angeboten werden können. Denn Personen, die nicht bereit sind, diesen Preis zu zahlen, können nicht von deren Inanspruchnahme oder Mitverwendung der Güter ausgeschlossen werden. Als klassisches Beispiel öffentlicher Güter gilt die Landesverteidigung. Auch wenn mehrere Bürger nicht willens sind, Beiträge für eine abstrakte „Dienstleistung" der Landesverteidigung zu zahlen, können sie von der Schutzleistung einer kollektiven Sicherheit nicht ausgeschlossen werden. Die Leistungen müssen folglich als ein unteilbares Gut betrachtet werden, wenn dieses Gut zur Verfügung gestellt wird. Andere Beispiele betreffen Güter der öffentlichen Sicherheit, Hochwasserschutz, Leuchttürme, Ampeln und Verkehrsdienste, Ordnungsdienste u. a.

Für öffentliche Güter dieser Art gilt das Ausschlußprinzip der privatwirtschaftlichen Nutzung nicht. Das **Ausschlußprinzip** meint, daß nur zahlungsbereite und kaufkräftige Nachfrager, die den geforderten Preis eines Gutes zahlen, das betreffende Gut erhalten und nutzen können. Nicht zahlungsbereite Akteure können hingegen von der Nutzung des Gutes ausgeschlossen werden. Wenn also im Fall öffentlicher Güter das Ausschlußprinzip **nicht** gilt, bedeutet dieses Kriterium: Öffentliche Güter können unvermeidlich von vielen Personen und Unternehmen genutzt werden, auch von nicht-zahlungsbereiten Verwendern. Nicht-zahlungswillige Konsumenten können von der Verwendung öffentlicher Güter nicht ausgeschlossen werden. Eigennützig handelnde Akteure werden dann ihre Präferenzen für öffentliche Güter verheimlichen, viele werden sich quasi wie **„Trittbrettfahrer"** verhalten und lediglich bei der Verwendung partizipieren, nicht aber zahlen wollen. Folglich würden öffentliche Güter in einem reinen Marktsystem nicht oder zumindest nicht ausreichend angeboten. Wegen der Trittbrettfahrer-Problematik werden öffentliche Güter vielfach als staatliche Leistungen ohne direktes Entgelt bereitgestellt, die Finanzierung erfolgt über Steuereinnahmen des Staates.

Güter und Leistungen werden in großem Umfang von öffentlichen Organisationen hergestellt, auch wenn das Ausschlußprinzip Geltung haben könnte. Leistungen der Verkehrsinfrastruktur (Straßen, Brücken etc.) werden überwiegend ohne Entgelt angeboten, obwohl eine Erhebung von Gebühren und ein Ausschluß von „Trittbrettfahrern" nicht unmöglich wäre. Die Kosten der Gebührenerhebungen und die Schwierigkeiten des Ausschlusses von Nicht-Zahlern wären allerdings erheblich. Viele Straßen und Brücken würden zudem wegen eines hohen Risikos unrentabler Produktion von privaten Unternehmen nicht angeboten.

Das staatliche Angebot von Gütern und Leistungen erfordert umfangreiche Ausgaben, die von verschiedenen Organisationen des Staates, insbesondere den Gebietskörperschaften des Bundes, der Länder und der Gemeinden, geplant und entschieden werden. Allein die Gebietskörperschaften tätigen Ausgaben von mehr als 30 Prozent aller Wertschöpfungen der Produzenten der Volkswirtschaft in der BR Deutschland. Daraus wird eine erhebliche quantitative **Relevanz staatlicher Ausgabenentscheidungen** für die Struktur und Menge der Güterproduktion ersichtlich. Staatliche Gebietskörperschaften beeinflussen die Allokation der Güter unmittelbar durch ihr Ausgabenverhalten.

Finanziert wird ein großer Teil der Staatsausgaben über verschiedene Steuereinnahmen, die von den Wirtschaftsakteuren aus hoheitlicher Berechtigung des Staates erhoben werden. Obwohl die staatlichen Organisationen ihre Leistungen und Ausgaben überwiegend aus Steuermitteln finanzieren, wird von vielen keine direkte Beziehung zwischen Steuern und Abgaben einerseits sowie staatlichen Ausgaben andererseits gesehen. Viele empfinden die Steuerzahlungen einschließlich der Abgaben an die Sozialversicherung als unangemessen hoch. Im Bereich der privaten Produktion gehen dadurch nach Meinung vieler Anreize verloren, mehr zu produzieren und zu leisten. Die Forderung nach **Steuer- und Abgabensenkungen** haben daher eine größere aktuelle Bedeutung erhalten.

Andererseits wird von vielen Autoren die originäre (unbeeinflußte) **Verteilung von Erwerbseinkommen und Vermögen** in einer reinen Marktwirtschaft nicht als gerecht

---

Übung 2-6 Characteristics of Public Goods

„We can list several distinguishing characteristics of public goods ...
1. Public goods are usually indivisible ... Public goods cannot be produced or sold very easily in small units.
2. Public goods can be used by increasing numbers of people at no additional cost. Once a television signal has been transmitted from a station, turning on your set does not cost the station anything; ...
3. Additional users of public goods do not deprive others of any of the services of the good. If you turn on your television set, your neighbors don't get weaker reception because of your action.
4. It is very difficult to charge people for a public good on the basis of how much they use. It is nearly impossible to determine how much any person uses or values national defense. It cannot be bought and sold in the market-place" (Quelle: Miller 1985[5], S. 107).

Prüfen Sie die vorstehende Liste von Merkmalen öffentlicher Güter mit Bezug zum Nicht-Ausschlußprinzip! Liefert der Text zusätzliche unabhängige Merkmale von öffentlichen Gütern?

---

empfunden. Denn die ungleiche Verteilung des Produktionsvermögens und die unterschiedlichen Faktorpreise für Arbeitsleistungen sowie andere Einflüsse führen notwendig zu ungleichen Vermögens- und Erwerbseinkommen. Eine staatliche Wirtschaftspolitik hat daher die prinzipiell anerkannte Aufgabe, über differenzierte Steuern (Steuerprogression!) und differenzierte Leistungen der Sozialversicherungen für eine **Umverteilung der verfügbaren Einkommen** nach Personen und Gruppen zu sorgen. Die prinzipielle Aufgabe der Umverteilung erhält ihre Legitimation durch politische Mehrheitsentscheidungen. Informationen zur personellen Struktur der Einkommen und Vermögen sind nur spärlich vorhanden. Die vorliegenden empirischen Daten deuten darauf hin, daß die Verteilung der Einkommen in den 80er Jahren in der BR Deutschland nicht gleichmäßiger geworden ist. Insbesondere die personelle Verteilung der Produktivvermögen erscheint vielen als ein Ärgernis. In der öffentlichen Vermögenspolitik wurden kaum Fortschritte erzielt, die Ungleichheiten zu verringern.

Über den notwendigen Umfang verteilungs- und sozialpolitischer staatlicher Maßnahmen bestehen zwar Meinungsverschiedenheiten. Die historischen Erfahrungen in der industriellen Revolution und des Frühkapitalismus sprechen eindeutig für eine **Notwendigkeit staatlicher verteilungs- und sozialpolitischer Maßnahmen**. Vielen Personen ist eine ausreichende individuelle Absicherung gegen Risiken der Erwerbsarbeit, der Krankheit oder der Invalidität nicht möglich. Private Versicherungsunternehmen können teils einen interpersonellen Risikoausgleich ermöglichen; allerdings nur unter der Voraussetzung, daß die Risikowahrscheinlichkeiten und die Schadensfälle für eine größere Zahl von Beteiligten kalkulierbar sind. Herrscht erhebliche Unsicherheit über den Umfang und den Eintritt der Risiken, wie beispielsweise im Fall von Erwerbslosigkeit, werden private Versicherungsmärkte nicht zu einem befriedigenden Risikoausgleich bereit sein. Eine umfassende private Versicherung gegen Erwerbs- oder Arbeitslosigkeit gibt es kaum. Folglich sind **staatliche Versicherungssysteme** notwendig, da eine sozial erwünschte Risikoabsicherung über Märkte nur unvollständig möglich ist. Die herrschenden Systeme von Sozialversicherungen bedürfen notwendiger Reformen. Veränderte demographische Strukturen führen zu einer „Überlastung". Zudem werden finanzielle Probleme eines verbreiteten „moral hazard"-Verhaltens von Versicherten oder von Leistungsanbietern vermutet, wenn sie durch extensive Inanspruchnahme (Leistungen) die kollektiven Ausgaben aus eigennützigen Motiven steigern. Die verteilungs- und sozialpolitischen Maßnahmen bilden nicht den Kern dieses einführenden Lehrbuchs. Gleichwohl werden verteilungspolitische Aspekte an verschiedenen Stellen des Buches beachtet.

Die Funktion **wirtschaftlicher Stabilisierungsmaßnahmen** steht hingegen im makroökonomischen Teil des Buches im Vordergrund. Die leidvollen Erfahrungen von Inflation und Arbeitslosigkeit sind evident. Die herrschenden Wirtschaftssysteme und die herrschende Wirtschaftspolitik haben diese Instabilitäten nicht verhindern können. Ob Marktsysteme zur gesamtwirtschaftlichen Stabilität führen, wird von uns bezweifelt. Damit stellt sich die Frage nach geeigneten Maßnahmen der Stabilisierungspolitik. Kann Inflation durch eine stetige Geld- und Kreditpolitik verhindert werden? Im Mittelpunkt der späteren Analysen steht das Beschäftigungsproblem. Welche Maßnahmen der Finanz- oder der Geldpolitik sind möglich, um die Beschäftigung einer Volkswirtschaft positiv zu beeinflussen und zu fördern? Maßnahmen der Geld- und der Finanzpolitik des Staates werden im makroökonomischen Teil vorrangig unter dem Aspekt der Stabilisierungsfunktion der Wirtschaftspolitik betrachtet.

2.3 Zur (umstrittenen) Rolle des Staates: Beispiele wirtschaftspolitischer Grundsatzprobleme

Staats- oder Marktversagen? Die Begriffe deuten auf unterschiedliche Perspektiven in der Beurteilung privatwirtschaftlicher oder staatlicher Steuerungsprobleme, die in vielen wirtschaftspolitischen Diskussionen kontrovers erscheinen. Die **These des Staatsversagens** betont Mängel der Wirtschaftspolitik als grundsätzlichen Faktor schlechter und unbefriedigender wirtschaftlicher Ergebnisse. Nicht selten wird aus den Mängeln der Wirtschaftspolitik die Forderung nach „weniger Staat und mehr Markt" abgeleitet. In der gebotenen Kürze können nur Beispiele und Aspekte der vielfach umstrittenen Grundsatzprobleme angesprochen werden.

Der erste Teilabschnitt betrifft das Beispiel der **Schattenwirtschaft**. Behauptet wird eine allgemeine Zunahme „verborgener" privatwirtschaftlicher Aktivitäten. Die vermutete Zunahme von Schattenwirtschaft gilt vielen als Ausdruck und Effekt eines zunehmenden Versagens des „Finanzstaates", der die Grenzen der Belastung durch Steuern und Abgaben überschritten habe.

Im zweiten Teil soll die **These eines Marktversagens** an einem Beispiel der Umweltpolitik wieder aufgenommen werden. Umweltschädigungen bedeuten externe Effekte aus der Sicht marktwirtschaftlicher Allokation. Bei externen Effekten versagt eine rein marktwirtschaftliche Steuerung. Daraus folgt eine prinzipielle **Notwendigkeit** von **Umweltpolitik**. Kann die Umweltpolitik ein wirtschaftliches **Verursacherprinzip** durchsetzen? Als Beispiel wählen wir den Problembereich der Wasserversorgung und die kontroverse Diskussion um einen „Wasserpfennig".

2.3.1 Schattenwirtschaft und staatliche Abgaben: Staatsversagen?

Der Begriff der **Schattenwirtschaft** bedarf zunächst einer Klärung. Ein Wirtschaftslexikon (WOLL 1987², S. 585) beschreibt den Begriff durch eine Aufzählung verschiedener Aktivitäten und liefert danach eine Definition:

„Selbstversorgung, Nachbarschaftshilfe, alternative Ökonomie, Schwarzarbeit, kriminelle Aktivitäten. Es sind Wertschöpfungen, die bei der Berechnung des Bruttosozialproduktes statistisch nicht erfaßt werden, weil sie verheimlicht werden oder erhebungstechnisch nicht ermittelt werden können."

Die genannten verschiedenen Aktivitäten lassen auf einen reichlich heterogenen Charakter der Schattenwirtschaft schließen. Das folgende Schema zeigt einen differenzierten Überblick, in dem nach den maßgeblichen Motiven und Erscheinungsformen schattenwirtschaftlicher Aktivitäten unterschieden wird.

Wir konzentrieren uns zunächst auf einen Teilbereich der Untergrund- oder Ausweichwirtschaft, hier auf erwerbswirtschaftliche Aktivitäten der **Schwarzarbeit** und auf **Geschäfte ohne Rechnung**. Ein gemeinsames Merkmal oder Motiv der Ausweichwirtschaft bildet die **Verdeckung steuer- und abgabenpflichtiger Aktivitäten**. Den Umfang der Ausweichwirtschaft (des begrifflich eingeschränkten Bereichs der Schattenwirtschaft) zu ermitteln, bereitet verständlicherweise Schwierigkeiten. Die vorliegenden Schätzungen liefern deshalb nur grobe empirische Hinweise; sie sind mit erheblichen methodischen Vorbehalten zu betrachten (zu den verschiedenen Meßmethoden vgl. WECK/POMMEREHNE/FREY 1984, S. 7ff.). Trotz der einschränkenden Vorbehalte zeigen die Schätzungen generalisierbare Ergebnisse:

- Der Umfang der (begrifflich eingeschränkten) Schattenwirtschaft unterscheidet sich im internationalen Vergleich zwischen verschiedenen Ländern erheblich (vgl. Schweiz vs. Schweden).
- Im Zeitraum 1960–1978 hat die Schattenwirtschaft allgemein zugenommen.

Abb. 2-8 Verschiedene Formen der Schattenwirtschaft

Bereiche:	Untergrundwirtschaft (Ausweich-)		Selbstversorgungswirtschaft (Bedarfs-)	
maßgebliche Motive:	erwerbswirtschaftliche Motive: höhere Einkommen, größere Erträge, geringere Abgaben ...		bedarfswirtschaftliche, soziale Motive: Selbstversorgung, Nachbarschaftshilfe, mitbestimmte Tätigkeiten	
Akteure:	Haushalte/ Arbeitnehmer	Unternehmer/ Selbständige	Haushalte	Unternehmen
Aktivitäten:	Schwarzarbeiter kriminelle Aktivitäten: Schmuggel etc.	Geschäfte ohne Rechnung illegale Leiharbeit, etc.	Eigenversorgung (Do-it-yourself) Nachbarschaftshilfe unentgeltliche Mitarbeit	Non-Profit-Organisationen Alternativbetriebe

Übung 2-7 Schattenwirtschaftliche Aktivitäten

Um Ihr Verständnis der Schattenwirtschaft zu vertiefen, erläutern Sie das vorstehende Schema und beschreiben Sie Beispiele der vorgenannten Aktivitäten!

Der allgemeine Trend der Zunahme von schattenwirtschaftlichen Aktivitäten wird in der Literatur vielfach mit einer Ursache verknüpft, der gestiegenen Abgabenbelastung der privaten Haushalte und Unternehmen. Die Zunahme der Schattenwirtschaft gilt als Ausdruck eines wachsenden subjektiven Widerstands von Bürgern gegenüber zu hohen Abgaben und staatlichen Regulierungen. Die höheren Abgaben erscheinen als mittelbare Folge einer zunehmenden Staatstätigkeit, durch die **Grenzen** der subjektiven Belastbarkeit der Bürger erreicht oder teils überschritten worden seien (**These des Staatsversagens**).

Die verbreitete These, die Zunahme der Schattenwirtschaft sei Ausdruck und Folge eines Staatsversagens, speziell zu hoher **Abgabenbelastungen** des Finanzstaates, läßt sich einerseits aus der Sicht von Betrieben, andererseits aus der Sicht von Arbeitnehmern betrachten. Höhere Abgabenlasten steigern aus der Sicht der privaten Akteure die relativen **Kosten- und Preisvorteile der Ausweichwirtschaft**, so daß die finanziellen Anreize zu inoffiziellen Geschäften und Tätigkeiten zunehmen. Wir wollen die möglichen finanziellen Vorteile mit Bezug zur Abgabenbelastung in der BR Deutschland quantitativ ermitteln. Hierzu lautet ein vielzitierter **Satz**: Ein *Auftraggeber* könne in der Schattenwirtschaft ca. die Hälfte des offiziellen Preises einsparen, der inoffiziell arbeitende *Arbeitnehmer* könne das doppelte des offiziellen Einkommens verdienen. Um diesen Satz einschätzen zu können, soll ein quantitatives Rechenbeispiel verwendet werden. Eingesetzt werden dabei die realen Abgabenleistungen, die zur Mitte der 80er Jahre in der BR Deutschland von den durch-

Tab. 2-3 Anteile der Schattenwirtschaft (Ausweich-) im internationalen Vergleich, 1960, 1978 (geschätzte Anteile in Prozent zum Bruttosozialprodukt in ausgewählten Ländern)

Land	1960	1978
Schweden	5-6	13-14
Belgien	4-5	12
Italien	4-5	11-12
BR Deutschland	3-4	8-9
UK	4-5	8
USA	6-7	8
Schweiz	1	4-5
Japan	2	4

Quelle: WECK/POMMEREHNE/FREY 1984, S. 67

schnittlichen Bruttolöhnen gezahlt werden mußten. Zugleich finden die durchschnittlichen Anteile von Personalzusatzkosten im produzierenden Gewerbe der BR Deutschland (des Jahres 1984) Berücksichtigung. Aus Vereinfachungsgründen wird das Risiko einer Strafe im Fall einer Entdeckung der Geschäfte bzw. Tätigkeiten nicht beachtet.

Die rechnerischen **Kostenvorteile** der Schattenwirtschaft aus der **Sicht von Betrieben** lassen sich aus den Differenzen zwischen den Bruttokosten und den Nettowerten offizieller Tätigkeiten ableiten. Zwei Diskrepanzen sind erheblich: Von den Bruttoentgelten der offiziellen Tätigkeiten sind die lohnbezogenen Abgaben zu entrichten, die in der Ausweichwirtschaft entfallen. Zudem enthalten die Bruttokosten von Arbeitsleistungen, die vom Betrieb am offiziellen Markt angeboten werden, die anteiligen Personalzusatzkosten und die Mehrwertsteuer auf den Marktwert der Arbeitsleistungen. In einer vereinfachenden Annahme wird unterstellt, daß die Preiskalkulation der Betriebe auf der Basis der Bruttoarbeitskosten und der Mehrwertsteuer erfolgt, um die Bruttowertschöpfungen der vermarkteten Arbeitsleistungen zu ermitteln. Die Bruttoarbeitskosten werden auf der Basis eines angenommenen Bruttoentgelts in Höhe von 1000 DM für geleistete effektive Arbeitszeit errechnet. Die kalkulatorischen Zuschläge für die Personalzusatzkosten[1] richten sich nach den statistischen Anteilen dieser Kosten, die für das produzierende Gewerbe in der BR Deutschland (1984) ermittelt wurden.

[1] Die Personalzusatzkosten in Relation zum Entgelt für die effektiv geleistete Arbeitszeit enthalten
- Arbeitgeberpflichtbeiträge zur Sozialversicherung (in 1984 ca. 25% des Entgelts für geleistete Arbeit)
- betriebliche Sozialaufwendungen (Altersversorgung; in 1984 ca. 8% des Entgelts)
- Vergütung arbeitsfreier Tage (Urlaubsvergütung, Vergütung für gesetzliche Feiertage, Krankheitstage; in 1984 ca. 25% des Entgelts)
- Sonderzahlungen (Gratifikationen, zusätzliche Monatsgehälter; in 1984 ca. 15% des Entgelts).

Zu beachten ist, daß die beiden letzten Positionen zwar zu den Bruttoentgelten, aber nicht zum Entgelt für die effektiv geleistete Arbeitszeit zählen (vgl. KAUKEWITSCH 1986, S. 652f.). Sie sind daher in dem angenommenen Betrag des Bruttoentgelts für die effektive Arbeitszeit nicht enthalten, ebensowenig die beiden ersten Positionen der Sozialbeiträge der Arbeitgeber und der betrieblichen Sozialaufwendungen.

Tab. 2-4 Kalkulationsbeispiel der Bruttoarbeitskosten (Bruttowertschöpfung) offizieller Arbeit in der BR Deutschland (Annahme: Bruttoentgelt für effektive Arbeitszeit = 1000 DM)

1000 DM	Bruttoentgelt eines Arbeitnehmers für die geleistete Arbeitszeit	1000 DM	Bruttoentgelt
−337 DM	abzüglich durchschnittliche Abgabenquoten je Arbeitnehmer (Lohn-, Kirchensteuer, Sozialversicherungsbeiträge; Quote 1985)	+786 DM	plus Anteil der Personalzusatzkosten in Relation zum Entgelt für geleistete Arbeit (Anteil im Produzierenden Gewerbe; 1984)
		+250 DM	plus 14% Mehrwertsteuer
=663 DM	Nettoarbeitseinkommen	=2036 DM	Bruttowertschöpfung der offiziellen Arbeit

Das Kalkulationsbeispiel zeigt die empirischen Diskrepanzen zwischen den **Bruttokosten** (der Bruttowertschöpfung) der offiziellen Arbeit aus der Sicht der Betriebe des Produzierenden Gewerbes und den **Nettoeinkommen** eines Arbeitnehmers nach den zur Mitte der 80er Jahre geltenden Daten in der BR Deutschland. Die durchschnittlichen Mehrkosten der offiziellen Arbeitsleistung aus der Sicht der Betriebe betrugen demnach 207 Prozent des Nettoentgelts für geleistete Arbeit ((2036 DM - 663 DM) / 663 DM). Die Differenzen der Brutto- und der Nettowerte ermöglichten den Betrieben bzw. den Auftraggebern erhebliche Preisvorteile bei Geschäften ohne Rechnung; zudem den Arbeitnehmern mögliche Einkommensvorteile bei inoffiziellen Tätigkeiten.

Aus der **Sicht der Arbeitnehmer** bedürfen die vorstehenden Schätzungen der Einkommensvorteile der Schattenwirtschaft noch einer ergänzenden Korrektur. Im Regelfall werden in der Schattenwirtschaft zusätzliche Einkommen neben einem offiziellen Arbeitseinkommen oder neben staatlichen Transferleistungen erworben. Im Regelfall hat die Schattentätigkeit also den Charakter einer **zusätzlichen Einkommmensquelle**. Die Netto-Einkommensvorteile aus einer Schattentätigkeit werden daher exakter durch die Vermeidung zusätzlicher Abgaben auf zusätzliche Einkommen der Arbeitnehmer (die **marginale Abgabenquote**) bestimmt. Die Abgabenbelastungen zusätzlicher Einkommen unterscheidet sich von der durchschnittlichen Abgabenquote durch die **Progression** des Einkommensteuertarifs. Die Grenzbelastung meint die zusätzlichen Abgaben auf zusätzliche Einkommen (exakter: auf eine Erhöhung des Einkommens um eine Einheit). Die individuelle Grenzbelastung hängt bei einem progressiven Steuertarif vom Ausgangsniveau des individuellen Einkommens ab. Eine rechnerische Grenzbelastung je Arbeitnehmer läßt sich ermitteln, indem die Änderungen der Abgaben (je Arbeitnehmer) zu den Änderungen der Bruttoentgelte (je Arbeitnehmer) aufeinanderfolgender Jahre in Beziehung gesetzt werden. Vor allem die starke Progression der Lohnsteuer sowie die häufigen Änderungen der Einkommensgrenzen und der Beiträge der Sozialversicherungen haben in der Vergangenheit zu einem starken Anstieg der Grenzbelastung der zusätzlichen Arbeitnehmereinkommen durch Abgaben geführt: In der BR Deutschland mußte ein Arbeitnehmer mit einer durchschnittlichen Einkommenshöhe in den 80er Jahren (1984/85) von jeder zusätzlichen verdienten Mark an Bruttoentgelt mehr als 60% als Abgaben zahlen; nur ca. 38 Pfg. verblieben von jeder zusätzlichen Mark des Bruttoentgelts als verfügbares zusätzliches Nettoeinkommen. Durch die

Tab. 2-5 Durchschnittliche Belastung vs. rechnerische Grenzbelastung der Arbeitnehmereinkommen in der BR Deutschland, 1979–1985

Jahr	durchschnittliche Belastung (in %)	rechnerische Grenzbelastung (in %)	davon durch Lohnsteuer (in %)	Sozialbeiträge (in %)
1970	23,01	30,78	16,08	11,13
1974	27,86	37,91	24,22	11,42
1980	29,96	46,82	30,46	14,12
1984	32,91	62,54	36,54	
1985	33,72	61,43	39,59	22,26

Quelle: IFO 1986, S. 16

Übung 2-8 Unterschiedliche Begriffe der Abgabenbelastung

In der vorstehenden Argumentation wird die durchschnittliche Abgabenbelastung von der Grenzbelastung zusätzlicher Einkommen unterschieden. Die konzeptionelle Unterscheidung von Durchschnittsgrößen und (marginalen) Änderungsgrößen wird in den Wirtschaftswissenschaften sehr häufig verwendet. Wichtig erscheint daher, die Begriffe der Durchschnitts- und Grenzbelastung durch Abgaben nochmals zu erläutern.
Erläutern Sie Ihr Verständnis der Begriffe der durchschnittlichen Belastungsquote und der Grenzbelastungsquote von Abgaben!

steigende Grenzbelastung der Arbeitnehmereinkommen wurden die monetären Anreize zusätzlicher Nettoverdienste durch offizielle Mehrarbeit erheblich gemindert, andererseits wurden die Anreize zu Schattentätigkeiten (Schwarzarbeiten) stark erhöht.

Die These des Staatsversagens wurde vorstehend am Beispiel einer zunehmenden Schattenwirtschaft dargestellt. Die Zunahme der Schattenwirtschaft mag als Ausdruck der privatwirtschaftlichen Verweigerung in Reaktion auf „überhöhte" Finanzabgaben gelten. Die Analyse der möglichen **Ursachen** der Schattenwirtschaft wurde deshalb auf eine Kalkulation relativer Kostenvorteile von Schattentätigkeiten reduziert. Diese Argumentation erscheint allerdings verkürzt. Bereits der Ländervergleich von Italien (mit geringerer Abgabenbelastung und hoher Schattenwirtschaft) sowie Schweden (mit höheren Abgaben und gleichfalls hoher Schattenwirtschaft) zeigt, daß die Ursachenanalyse der Schattenwirtschaft zu **erweitern** ist. Nicht allein die objektiven Abgabenlasten sind maßgeblich für einen internationalen Anstieg der Schattenwirtschaft, sondern primär subjektive und sozialpsychologische Faktoren der Belastung, der Steuermoral, der Steuererhebung und des Verhältnisses der Bürger zum Staat. Eine verminderte **Steuermoral** kann aus subjektiver Unzufriedenheit mit staatlichen Leistungen und Reglementierungen resultieren, sowie aus ungerecht verteilten Abgabenlasten. Das Ausweichen in die Schattenwirtschaft bei gleichzeitiger Inanspruchnahme sozialpolitischer und staatlicher Leistungen stellt andererseits ein einzelwirtschaftliches **„Free-Rider-Verhalten"** ohne Beachtung der möglichen sozialen Einbußen dar. Würden sich alle Akteure als eigennützige Free-Rider verhalten, wären die sozialen Kosten erheblicher. Wir erinnern an SAMUELSONS Trugschluß der Verallgemeinerung: Was für den Einzelnen gut ist, muß für die Gesamtheit nicht gleichermaßen positive Auswirkungen haben.

Einen weiteren Ursachenkomplex der Schattenwirtschaft bilden **Veränderungen im Beschäftigungssystem**. Bei hohem Beschäftigungsstand in der offiziellen Volkswirtschaft sind die Opportunitätskosten einer Tätigkeit in der Schattenwirtschaft im allgemeinen größer als bei hoher Arbeitslosigkeit. Auch die Länge der Arbeitszeit im offiziellen Sektor wird die Neigung zu Nebenbeschäftigungen in der Schattenwirtschaft stark beeinflussen. Andere Autoren, die unter dem Begriff der Schattenwirtschaft die Bereiche der Bedarfs- und Selbstversorgungswirtschaft hervorheben, verwenden hingegen Argumente des **„Marktversagens"** als Faktoren zur Erklärung einer zunehmenden Schattenwirtschaft. Als Marktversagen werden Angebotsdefizite und überhöhte Preise von Marktleistungen gedeutet, die bestimmte Bedürfnisse einkommensschwacher Personengruppen ausschließen (vernachlässigen), die nunmehr durch Selbsthilfe und kollektive Selbstversorgung im Schattensektor zu geringeren Kosten ermöglicht werden sollen. Eine **„Krise der Arbeitsgesellschaft"** mache zudem neue Formen selbstbestimmter Arbeit in alternativen Projekten und Betrieben erforderlich. Dadurch soll einem Wandel der Werte zugunsten einer humanen und sozialen Orientierung stärker entsprochen werden.

Übung 2-9 Zunahme der Schattenwirtschaft als Ausdruck eines Staatsversagens?

Erläutern und beurteilen Sie die These vieler Ökonomen, eine Zunahme der Schattenwirtschaft sei Ausdruck eines Staatsversagens!

2.3.2 Umweltprobleme und Verursacherprinzip: Marktversagen?

Die oben angesprochene Theorie der externen Effekte liefert eine markttheoretische Sicht von Umweltproblemen. Umweltbelastungen gelten als negative externe Effekte der Produktion und Verwendung von Gütern. Sie entsprechen sozialen Kosten, welche die Gesellschaft in Form von verminderter Umweltqualität zu tragen hat. Natürliche Umweltgüter der Gesellschaft werden vermindert oder geschädigt. Diese sozialen Kosten der negativen Umwelteffekte werden bei reiner Marktsteuerung in den mikroökonomischen Kostenkalkülen und Entscheidungen der Produzenten und Verwender nicht berücksichtigt. Dabei wird angenommen, daß die Güter der natürlichen Umwelt ohne einen knappheitsgerechten Preis benutzt oder verbraucht werden können. Die externen Effekte der Umweltbelastungen führen dann zu einer Fehlsteuerung des einzelwirtschaftlichen Verhaltens aus gesamtwirtschaftlicher Sicht. Eine reine Marktsteuerung führt zu einer Unterversorgung an Umweltgütern bzw. zu einer Überversorgung von umweltschädlichen Gütern. Beispiele negativer externer Umwelteffekte betreffen Wachstumsschäden von Pflanzen (das Waldsterben), gesundheitliche Schäden der Menschen durch Emissionen von Schwefeldioxyd, eine Verschlechterung der Wasserqualität u. a.

Als grundsätzliches Ziel der Umweltpolitik gilt das **Verursacherprinzip**. Im ersten Umweltprogramm der Bundesregierung von 1971 wurde dieses Prinzip bereits formuliert: „Jeder, der die Umwelt belastet oder sie schädigt, soll für die Kosten dieser Belastung oder Schädigung aufkommen." Das Verursacherprinzip gilt somit als eine anerkannte umweltpolitische Strategie. Aus markttheoretischer Sicht sollen die externen Effekte der Umweltschäden durch die Verursacher beachtet oder **„internalisiert"** werden. Letztlich sollen die Verschmutzer oder Verursacher zu einer Verminderung der umweltschädlichen Aktivitäten veranlaßt werden, indem sie die sozialen Kosten ihrer Produktion oder ihres Konsums berücksichtigen. Die Problematik des Verursacherprinzips soll im folgenden am Beispiel des sog. **„Wasserpfen-**

nigs" diskutiert werden. Das umweltpolitische Verursacherprinzip scheint eine Selbstverständlichkeit, der **ökonomische „Verursacher"** von Umweltbelastungen kann jedoch zweifelhaft werden, wenn Produzenten und Konsumenten, Urheber und Betroffene zusammenwirken. Wer ist der ökonomische Verursacher der steigenden Nitratbelastung des Grundwassers? Sind es die Landwirte, die durch übermäßige Düngung die Qualität des Grundwassers gefährden? Oder sind die Betroffenen, die Verbraucher von Wasser, letztlich die Verursacher, die mit einer zusätzlichen Gebühr des Wasserpfennigs belastet werden sollen?

Nach dem Wasserhaushaltsgesetz können die Bundesländer zur Sicherung des Grundwassers weitere Wasserschutzgebiete ausweisen, in denen den Landwirten Auflagen gemacht werden können, welche die zulässige Düngung einschränken. Den betroffenen Landwirten wird ein Ausgleich gezahlt. Die Landwirte werden also dafür honoriert, daß sie das Wasserhaushaltsgesetz befolgen. Andererseits finanzieren die Wasserverbraucher durch eine Gebühr, die als Wasserpfennig bezeichnet wird, indirekt die Ausgleichszahlungen an die Landwirte. Die Frankfurter Allgemeine Zeitung meinte, das wirtschaftliche Verursacherprinzip werde schlichtweg auf den Kopf gestellt. Es sei eine Umkehr des angestrebten Verursacherprinzips, wenn den Landwirten eine von den Wasserverbrauchern aufzubringende Entschädigung dafür gezahlt wird, daß sie lediglich ihre Äcker nicht mehr überdüngen. Hierzu ein Auszug aus einem Diskussionsbeitrag eines Umweltökonomen. Das umweltpolitische Verursacherprinzip gehöre zu den populären „Trampelpfaden des Denkens". Gleichwohl sei kaum jemandem klar, wie doppelbödig das Prinzip in Wahrheit sei:

„Nach dem Verursacherprinzip soll jeder mit den Kosten belastet werden, die er verursacht hat. Wer eine knappe Ressource für sich beansprucht, soll wirtschaftlich dafür gerade stehen, daß er die Ressource einem anderen Interessenten wegnimmt; er muß die ‚Opportunitätskosten' tragen... Wenn zur Sicherung des Grundwassers weitere Wasserschutzgebiete mit eingeschränkter Düngung wünschenswert sind (was wir einmal unterstellen wollen), so liegt eine Anspruchskonkurrenz auf zwei alternative Nutzungen des Bodens vor:

- Die Bauern möchten im gewohnten Umfang düngen, um die bisherigen Erträge auch weiterhin zu erzielen;
- die Trinkwasserverbraucher möchten die Düngung gedrosselt sehen, um sauberes Grundwasser zu bekommen."

Das markttheoretische Verursacherprinzip erlaubt zwei Varianten von Lösungen.

- Die Landwirte setzen ihren Anspruch zur Nutzung des Bodens durch; sie tragen dann die Opportunitätskosten, indem sie einen Kostenausgleich an die Wasserverbraucher zahlen.
- Die Wasserverbraucher versuchen, ihre Ansprüche durchzusetzen; sie zahlen einen Preisausgleich an die Landwirte.

Die umweltpolitische Lösung des Wasserpfennigs entspreche im Prinzip der zweiten Variante. Die von der Umweltpolitik verfügte Einschränkung der Düngung sei als politische Entscheidung im Fall der Anspruchskonkurrenz zweier alternativer Nutzungen des Bodens zu interpretieren. Die Lösung des Wasserpfennigs entspreche durchaus dem Verursacherprinzip in der zweiten Variante – entgegen den vorschnellen Äußerungen vieler Kritiker.

Beide Gruppen richten exklusive Ansprüche an ein knappes Medium, die Nutzungen des Bodens. Eine Gruppe kann im Fall der Wasserschutzgebiete ihre Ansprüche nicht durchsetzen. Damit kann nicht gefolgert werden, daß die Landwirte auch den Minderertrag in Folge der reduzierten Düngung hinnehmen müssen; schließlich kommt das bessere Wasser am Ende den Wasserverbrauchern zugute. (vgl. BONUS 1986, S. 451 ff. sowie die dem Beitrag folgende Diskussion um den Wasserpfennig, in: WIRTSCHAFTSDIENST 1986/1987).

Der zitierte Autor verwendet eine markttheoretische Interpretation des Verursacherprinzips auf der Basis der Opportunitätskosten. Er meint, die Wasserverbraucher werden durch eine Gebühr prinzipiell zu Recht mit den Opportunitätskosten einer höheren Wasserqualität belastet, da die Ansprüche der Landwirte zur Nutzung des knappen Bodens zurückgedrängt werden. Die Gebühr des sog. Wasserpfennigs sei mit einer ökonomischen Interpretation des Verursacherprinzips vereinbar. Diese ökonomische Interpretation entspreche nicht notwendig den physikalisch/ biologisch interpretierten Ursachen der Nitratbelastung des Grundwassers.

Übung 2-10 Das Verursacherprinzip in ökonomischer Sicht?

(1) Klären Sie zunächst die vorstehende Interpretation des Verursacherprinzips auf der Basis der Opportunitätskosten verschiedener Ansprüche!
(2) Nehmen Sie kritisch zu dieser Interpretation im Fall des „Wasserpfennigs" Stellung!

Neben der konzeptionellen Bedeutung des Prinzips der Internalisierung negativer externer Effekte bestehen erhebliche praktische Probleme der **Umsetzung** des umweltpolitischen Verursacherprinzips. Der Grundsatz, die Kosten des Vermeidens oder Beseitigens von Umweltbelastungen den Verursachern zuzurechnen, bereitet bei der Anwendung Schwierigkeiten.

Denn die eindeutige Identifikation der Verursacher wird problematisch, wenn verschiedene Quellen gleichzeitig eine Kumulation von Umweltschäden bewirken. Auch wenn lediglich eine bestimmte Ursache als Belastungsfaktor identifiziert werden kann, wirken in der Regel eine Vielzahl unterschiedlicher Akteure an den Belastungseffekten mit. So mag der Autoverkehr als Ursachenfaktor von bestimmten Umweltbelastungen identifiziert werden können; die Belastungseffekte des Autoverkehrs bestimmen sich aus dem Verhalten mehrerer Gruppen von Akteuren. Welche Gruppe ist der Verursacher?

Abb. 2-9 Verschiedene Akteure als potentielle Verursacher von Umweltbelastungen durch den Autoverkehr

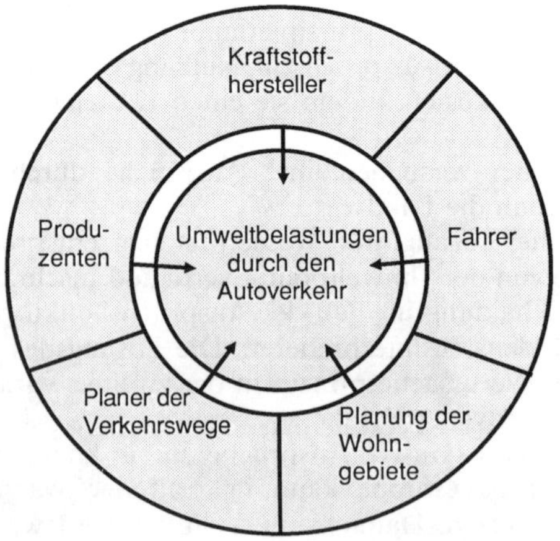

Zudem: Die Anteile der Belastungseffekte verschiedener Akteure werden sich oft nur in Form grober Schätzungen ermitteln lassen. Auch die exakte Höhe der Umweltkosten kann nur schwer berechnet werden. Die Methoden der Schätzungen sind nicht eindeutig; Plausibilitäten oder grobe Annahmen werden verwendet. Die Kostenschätzungen unterscheiden sich nicht selten nach den Schätzmethoden, so daß die errechneten Kostenbeträge verschiedener Schätzungen stark abweichen.

Bei sog. Altlasten der Sanierung von Industrie- oder Wohngebieten wurden die fraglichen Umweltschäden in der Vergangenheit verursacht. Frühere Verursacher können später zum Teil nicht mehr festgestellt werden oder sie können nicht mehr belastet werden.

Dann muß das **„Gemeinlastprinzip“** an die Stelle des Verursacherprinzips treten, d. h. die Beseitigung der Umweltschäden muß von der Allgemeinheit übernommen und finanziert werden.

Schließlich erfordern Katastrophen und akute Notlagen der gesundheitlichen Gefährdung direkte Maßnahmen der Schadensbegrenzung, um die unmittelbaren Gefahren abzuwenden oder zu mildern. Die Suche nach dem Verursacher muß dann ein späteres Problem darstellen, da die unmittelbaren Abwehrmaßnahmen Priorität haben müssen.

Wenn nun die umweltökonomische Diagnose ein Marktversagen im Sinne externer Effekte der Produktion und/oder der Güterverwendung feststellt, läßt sich aus dem Marktversagen auf eine prinzipielle Notwendigkeit umweltpolitischer Maßnahmen schließen. Welche Maßnahmen oder Instrumente kann die **Umweltpolitik** zur Verhinderung oder Korrektur externer Effekte einsetzen?

Das folgende Schema liefert hierzu eine Übersicht.

Abb. 2-10 Instrumente der Umweltpolitik

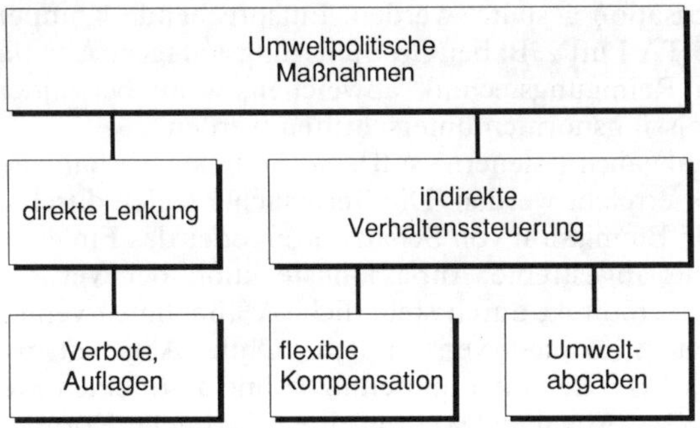

In der Umweltpolitik dominieren normative Instrumente der direkten Steuerung durch Auflagen und Verbote. **Auflagen** fixieren bestimmte Normen, die den potentiellen Verursachern Grenzwerte der Emmission von Schadstoffen zur Beachtung vorschreiben. Die Normen werden produkt- oder anlagenbezogen ausgerichtet, sie sollten den aktuellen Stand der Umwelttechnik berücksichtigen. Durch **Verbote** werden private Akteure zur Unterlassung bestimmter umwelt- oder gesundheitsschädlicher Maßnahmen gezwungen. Die Lenkung erfolgt jeweils durch hoheitlichen Eingriff in private Entscheidungsfreiheiten zugunsten schutzwürdiger Interessen der Allgemeinheit. Die Einhaltung der Normen bzw. Verbote muß durch behördliche Kontrollen und Genehmigungsverfahren überwacht werden. Zuwiderhandlungen führen zu Sanktionen oder Strafen.

Direkte normative Regelungen mögen aus juristischer Sicht den **Vorteil** der Bestimmtheit und der Gleichbehandlung haben; dem stehen jedoch häufig auch **Nachteile** allzu pauschaler Normierungen gegenüber. Allgemeine Regelungen neigen zu einem Mangel an Differenzierungen. Veränderungen der Umwelttechnik im Zeitverlauf erfordern Revisionen der Grenzwerte, die von Interessengruppen der Verursacher verhindert oder verzögert werden können. Ein Beispiel: Für sog. Altanlagen können nach der Technischen Anleitung zur Reinhaltung der Luft (TA Luft) lange Übergangsfristen zugelassen werden, so daß neue Techniken zur Schadstoffvermeidung noch nicht zur Anwendung kommen müssen. Aus der Neigung zu pauschalen Normierungen folgt, daß die unterschiedliche Effizienz der möglichen Schadstoffminderung bei verschiedenen Verursachern und verschiedenen Anlagen kaum Berücksichtigung findet. Zudem werden kaum Anreize geschaffen, die normativen Grenzen der Schadstoffemmission weiter zu unterschreiten. Normative **Regulierungen** führen selten dazu, daß positive Anreize für weitergehende Umweltschutzmaßnahmen geschaffen werden. Die Grenzen werden per hoheitlichen Zwang und mit Kontrollaufwendungen zwar eingehalten, jedoch werden kaum weitere aktive Maßnahmen des einzelwirtschaftlichen Umweltschutzes begünstigt.

Flexible Auflagen können gegenüber pauschalen Normen effizienter sein und die unterschiedlichen Kosten der Schadstoffvermeidung mitberücksichtigen. Bei **Kompensationsregelungen** bestehen Möglichkeiten des Ausgleichs zwischen verschiedenen Anlagen. Ein Verursacher, der seine Emmission bei einzelnen Anlagen über das Maß der Grenznormen hinausgehend verringert, kann „Emmissionsgutschriften" für andere Anlagen erhalten, bei denen die Schadstoffvermeidung schwieriger zu realisieren ist. Die Schadensvermeidung kann dadurch aus der Sicht einer oder mehrerer Verursacher kostengünstiger und effizienter als bei pauschalen Regelungen ohne Kompensation gestaltet werden. Entsprechende Kompensationsmöglichkeiten erlaubt die TA Luft z. B. bei Großfeuerungsanlagen. Altanlagen können von einer günstigeren Reinigungstechnik abweichen, wenn bei anderen Anlagen die gesetzlichen Emmissionsnormen unterschritten werden.

Mittels **Umweltabgaben** (-steuern) soll eine indirekte Verhaltenssteuerung potentieller Verursacher erreicht werden. Die Verursacher sollen durch die Abgaben veranlaßt werden, die Emmission von Schadstoffen oder das Einleiten von Abwässern zu verringern. Die angestrebte Anpassungsreaktion der Verursacher wird nicht erzwungen, sondern indirekt durch steuerliche Maßnahmen veranlaßt. Der Grundgedanke erscheint prinzipiell verständlich: Ohne Abgaben werden natürliche Umweltgüter quasi als freie Güter mitbenutzt, ohne dafür einen Preis zu zahlen. Die Einführung von „Öko-Abgaben" soll für eine prinzipielle Korrektur des Marktversagens bei externen Effekten sorgen. Die Abgaben sollen einer Überverwendung von Umweltgütern durch steuerlich bewirkte Preiserhöhungen entgegenwirken. Sie gelten als Gebühren der höheren sozialen Kosten des Umweltgüterverbrauchs. Die Höhe der Abgaben soll sich daher an den sozialen Kosten des Verbrauchs von Umweltgütern orientieren; sie soll eine Gebühr darstellen, die von den Verursachern für den Verbrauch an Umweltgütern je Emmissions- oder Schadenseinheit entrichtet werden soll. Abgabenbeispiele sind den Lesern u. a. aus der Besteuerung schadstoffreicher Autos ohne Katalysator bekannt.

Die Abgabensätze und die Bemessung der Abgaben haben sich an den sozialen Kosten nach dem Verursacherprinzip auszurichten. Die Abgabensätze dürfen folglich nicht zu niedrig festgesetzt werden, wenn das Ziel einer Anpassungsreaktion der potentiellen Verursacher und eines wirksamen Umweltschutzes erreicht werden soll.

Die Verwendung von umweltschädlichen Gütern muß identifiziert werden können, der Verbrauch dieser Güter oder die Schadensmengen der Verursacher müssen festgestellt werden (vgl. die obigen Bemerkungen zu den Schwierigkeiten der praktischen Umsetzung des Verursacherprinzips). Dem Verursacher müssen Anpassungsreaktionen und Substitutionen zwischen schadstoffreichen und -armen Gütern möglich sein. Je größer die Möglichkeiten der **Substitution** sind, desto größer wird die Wirksamkeit der indirekten Abgabensteuerung sein. Andererseits sollten Öko-Abgaben nicht primär fiskalischen Zielen dienen, um die staatlichen Einnahmen zu erhöhen. Primär sollen preisliche Signale bzw. Anreize zur Minderung von Umweltschäden gesetzt werden.

Von umweltökonomischer Seite wird kritisiert, daß die Umweltpolitik allzu häufig zu einer Verwendung pauschaler Normen und Regulierungen neigt. **Pauschale Normen** mögen einfache Regelungen ermöglichen, jedoch zugleich relativ ineffiziente Maßnahmen sein. Um bestimmte Ziele der Reduktion von Umweltschäden zu erreichen, können verschiedene Techniken der Schadensvermeidung, der Reinigung und der Substitution schadensintensiver Güter möglich sein. Die Kosten der Schadensvermeidung, um bestimmte Ziele der Umweltqualität zu erreichen, werden in der Regel höher sein, wenn nur pauschale Normen Verwendung finden. Die Wahl kostengünstiger Schadensvermeidung und Substitution kann die gesamtwirtschaftlichen Kosten des Umweltschutzes verringern. Frühzeitige Anreize zur Kompensation und zur Substitution schädlicher Produkte und Verfahren werden in der Regel geringere Kosten als spätere Verbote und Umrüstungen erforderlich machen. Eine präventive Umweltpolitik mittels indirekter Instrumente und Anreize, umweltfreundliche Techniken und Güter zu verbessern, hat daher konzeptionelle Vorteile.

Kontrollfragen zum zweiten Kapitel

(A) Multiple Choice-Fragen

2-1 Bei einem Preis oberhalb des Gleichgewichtspreises eines Gütermarktes
( ) sind Käuferschlangen zu beobachten;
( ) wird das Güterangebot steigen;
( ) herrscht ein Angebotsüberschuß, so daß die effektive Nachfrage die mögliche Absatzmenge der Produzenten bestimmt;
( ) wird der Marktpreis sinken;
( ) nehmen die Lagerbestände der Produzenten zu.

2-2 Ein System fixierter Obergrenzen der Mieten eines Wohnungsmarktes (unterhalb des Marktniveaus)
( ) begünstigt die derzeitigen Mieter kurzfristig im Verhältnis zu den Wohnungssuchenden;
( ) verhindert einen längerfristigen Anstieg der Wohnungsnachfrage;
( ) führt langfristig zu einer tendenziellen Wohnungsknappheit und Minderung der Wohnungsqualität;
( ) ist vertretbar, wenn die Entwicklung der Baupreise die allgemeine Inflationsrate erheblich übertrifft;
( ) ist aus der Sicht der Vermieter kurzfristig vertretbar.

2-3 Der Begriff der „Allokationsfunktion der Marktpreise" bedeutet, daß
( ) die Marktpreise bestimmten Märkten zugeordnet werden können;
( ) sich Produktionsentscheidungen ausschließlich an den Marktpreisen orientieren;
( ) Marktpreise eine Lenkungsfunktion für Anbieter und Nachfrager haben;

( ) die Produzenten Preisänderungen als Änderungen von Marktbedingungen interpretieren.

2-4 Das Ausschlußprinzip
( ) kennzeichnet den Sachverhalt, daß ein Käufer durch Konsum oder Verfügung über das erworbene Gut andere von der Bedürfnisbefriedigung desselben notwendigerweise (prinzipiell) ausschließt;
( ) kennzeichnet ein prinzipielles Mittel der Arbeitgeberverbände im Arbeitskampf;
( ) gilt nur bei vom Privatsektor erstellten Gütern;
( ) gilt nicht bei öffentlichen Gütern.

2-5 In welchem Fall liegen abweichende soziale Kosten (negative externe Effekte) vor?
( ) Eine verkehrsreiche Straße wird in kurzen Abständen durch das Schließen einer Bahnstrecke gesperrt.
( ) Die Einwohner einer Gemeinde müssen die Schalldämmung ihrer Häuser verstärken, um die Lärmbelästigung durch den ständig wachsenden Flugbetrieb zu mindern.
( ) Ein Bergbauunternehmen verursacht durch seine Kohleförderung Schäden an den Häusern der umliegenden Gemeinden, kommt jedoch dafür auf.
( ) Eine chemische Fabrik entläßt ungereinigte Abgase.
( ) Ein Warenhaus bietet seinen Kunden keine Möglichkeit, ihr Auto auf firmeneigenem Gelände abzustellen.
( ) Kaufmann Pfiffig wandelt den Vorgarten seines Hauses in Parkplätze um, die er zur öffentlichen Benutzung freigibt.
( ) In der Bundesrepublik zahlen die Studenten keine Studiengebühren.

(B) Offene Fragen

2-6 Die Preise realer Märkte sind nicht notwendig „Gleichgewichtspreise“. Prüfen und erläutern Sie die vorstehende Aussage!

2-7 Erläutern Sie das „Trittbrettfahrerproblem“ im Fall „öffentlicher Güter“!

2-8 „Die Theorie der externen Effekte liefert eine ökonomische Begründung des Verursacherprinzips als instrumentelle Strategie der Umweltpolitik“. Erläutern Sie die markttheoretische Diagnose des Umweltproblems und die Strategie des Verursacherprinzips!

2-9 Eine verbreitete Faustregel lautet: „In der Schattenwirtschaft spart der Auftraggeber die Hälfte der sonstigen Kosten und verdient der Schwarzarbeiter das Doppelte des legalen Einkommens.“ Erläutern Sie die angesprochenen Zusammenhänge unter Beachtung der Begriffe Abgabenbelastung, Personalzusatzkosten, Grenzbelastung der Arbeitseinkommen!

2-10 Erläutern Sie die möglichen kurz- und langfristigen Effekte von Höchstmietenverordnungen am Wohnungsmarkt mit Bezug zu den grundlegenden Gesetzen der Marktnachfrage und des Angebots!

(C) Transferfrage

2-11 Die ökonomischen Ursachen der Umweltprobleme sind zum Teil darin zu sehen, daß Umweltgüter als öffentliche Güter anzusehen sind. Prüfen Sie den vorstehenden Satz und klären Sie die impliziten Zusammenhänge!

Lösungshinweise zu den Übungen (im Text)

2-1: An Wertpapiermärkten werden nicht-materielle Güter gehandelt. Der immaterielle Charakter und die fehlenden Qualitätsunterschiede eines bestimmten Wertpapiers haben zur Folge, daß ein Austausch leicht möglich ist. Wertpapiermärkte haben daher hohe Umsätze oder eine hohe Fungibilität. Die Marktteilnehmer haben eine relativ hohe, schnelle Reaktionsfähigkeit. Auf Preisänderungen (Kurs-) sind hohe, schnelle Mengenreaktionen der Akteure möglich.

Die Marktteilnehmer der Aktienbörse besitzen in der Regel eine ausgeprägte, professionalisierte Kenntnis der Marktvorgänge. Insbesondere die Börsenmakler erhalten durch die Sammlung der Order eine Marktübersicht (Markttransparenz), um einen unmittelbaren Marktausgleich wie ein zentraler Auktionator herbeiführen zu können. Das Börsenbeispiel kommt daher einer Koordination der Marktteilnehmer durch einen Auktionator nahe. Die Koordination der Aktienmärkte erfolgt eher in einer perfekten, unmittelbaren Form im Vergleich zu sonstigen Gütermärkten ohne einen Auktionator.

2-2: Interpretation einer Bewegung von A nach B entlang einer gegebenen Nachfragefunktion: A und B beschreiben die geplanten Mengen der Marktnachfrage in Abhängigkeit von alternativen Marktpreisen des Gutes. Die Punkte A und B bilden Elemente einer gegebenen Funktion der Marktnachfrage. Diese Funktion stellt die geplanten Anpassungsreaktionen der Nachfrager bei angenommenen Änderungen des Marktpreises unter ceteris paribus-Bedingungen dar.

Verschiebungen (shifts) einer Nachfragefunktion sind demgegenüber als Effekte sonstiger Einflußfaktoren der Nachfrage zu interpretieren, als Effekte von Einkommenserhöhungen, Preisänderungen anderer Güter oder sonstiger Nicht-Preis-Faktoren der Nachfrage (Modeänderungen etc.). Eine Verschiebung der Nachfragefunktion nach rechts besagt, daß die Marktnachfrage jeweils bei verschiedenen Marktpreisen des Gutes gestiegen ist.

2-3: In der Regel wird eine Substitution zwischen beiden Gütern unterstellt. Das Gut, dessen Preis gestiegen ist (Weizen), wird relativ weniger nachgefragt. Andererseits wird relativ mehr von dem relativ billiger gewordenen Gut (Mais) nachgefragt. Das Ausmaß der Substitution wird vom Ausmaß der relativen Preisänderungen, der Produktverwandtschaft und dem betrachteten Zeitraum abhängig sein.

2-4: Der Text von STIGLER beschreibt die grundlegenden Funktionen der Steuerung von Produzenten und Konsumenten durch ein Marktpreissystem. Marktpreise haben einerseits Signal- oder Informationsfunktionen („beacons“) zur Steuerung von Wahlentscheidungen von Produzenten und Konsumenten. Sie haben andererseits zugleich Anreizfunktionen („incentives“) für beiderseitige Anpassungsreaktionen. Beide Funktionen beziehen auch zukünftige Erwartungen der Marktteilnehmer ein. Die Erwartungen zukünftiger Marktsituationen beeinflussen heutige Preise und Anpassungsreaktionen.

2-5: Aus einer Vielzahl möglicher Fälle externer Effekte werden hier lediglich zwei weitere Beispiele genannt:

Natürliche Ressourcen wie fossile Energiequellen oder bestimmte Metallerze werden als „erschöpfbare Ressourcen“ bezeichnet, weil die Vorräte der Natur begrenzt sind und eine natürliche Reproduktion in relevanten Zeiträumen nicht möglich ist. Bei begrenzten endlichen Vorräten an natürlichen Ressourcen führt ein extensiver Verbrauch dieser Ressourcen in der Gegenwart zu einer Minderung verfügbarer Vorräte für zukünftige Generationen. Ein höherer Einsatz erschöpfbarer Ressourcen für die gegenwärtige Produktion hat negative externe Kosten aus der Sicht zukünftiger Generationen von Produzenten und Konsumenten zur Folge. Insofern sind die sozialen Kosten des Ressourcenverbrauchs (unter Einschluß der externen Effekte zukünftiger Generationen) höher als die reinen Abbaukosten der heutigen Produktion.

Die Ausbildung betrieblicher Mitarbeiter erscheint aus einzelwirtschaftlicher Sicht lohnend, wenn die erwarteten betrieblichen Ausbildungserträge wesentlich höher als die Kosten der

Ausbildung veranschlagt werden. Bei hoher Fluktuation von Mitarbeitern wird die Bereitschaft der Betriebe, betriebliche Ausbildungsmaßnahmen durchzuführen, stark vermindert, weil die einzelwirtschaftlichen Ausbildungserträge geringer eingeschätzt werden als die möglichen sozialen Erträge der Ausbildung bei positiven externen Effekten.

2-6: Der Textauszug beschreibt weitere Merkmale öffentlicher Güter:
(1) mangelnde Teilbarkeit von Gütern (Leistungen);
(2) zusätzliche Güternutzungen sind möglich ohne zusätzliche Kosten des Angebots der Leistungen;
(3) zusätzliche Nutzer beeinträchtigen die bisherigen Nutzungen (den bisherigen Konsum) nicht;
(4) die Verteilung der Nutzungen zu ermitteln, bereitet große Schwierigkeiten.

Die Merkmale (1) und (4) hängen mit dem Kriterium der Nichtausschließbarkeit zusammen. Das zweite Merkmal hängt wiederum mit dem ersten Merkmal der mangelnden Teilbarkeit vieler öffentlicher Güter zusammen. Leistungen vorhandener Infrastrukturnetze können bis zur Kapazitätsgrenze ohne zusätzliche Kosten genutzt werden. Ähnliches gilt für das dritte Merkmal. Wegen der Merkmalszusammenhänge stellt die Literatur das Kriterium der Nichtausschließbarkeit bei öffentlichen Gütern als das zentrale Kriterium heraus.

2-7: Die Erscheinungsformen schattenwirtschaftlicher Aktivitäten lassen sich nach den maßgeblichen Motiven differenzieren: Im Bereich der Untergrundwirtschaft (Ausweich-) dominieren erwerbswirtschaftliche Motive der Vermeidung von Abgaben und der illegalen Aktivitäten. In einem zweiten Komplex der versorgungs- oder bedarfsbestimmten Eigenwirtschaft (Non-Profit-Wirtschaft) dominieren hingegen Versorgungs- und Sozialmotive.

Beispiele schattenwirtschaftlicher Aktivitäten:

Schwarzarbeiten/Geschäfte ohne Rechnung	Tätigkeiten/ Geschäfte, die der Belastung durch Abgaben entzogen werden
kriminelle Aktivitäten	Rauschgifthandel
Eigenversorgung	Haushaltstätigkeiten
Organisationen ohne Erwerbscharakter; Alternativbetriebe	gemeinnützige Unternehmen; nicht gewinnorientierte, mitbestimmte Betriebsformen

(Zur Struktur der Schattenwirtschaft vgl. auch CASSEL, CASPERS 1984, S. 1–7.)

2-8: Die durchschnittliche Belastungsquote von Abgaben entspricht dem Quotienten Abgaben/ Einkommen; die Grenzbelastungsquote dem Quotienten Abgabenänderungen/ Einkommensänderungen. Dabei sind die Änderungsgrößen strenggenommen als marginale (kleine) Änderungen zu interpretieren.

Die Progression der Einkommensteuer führt zu einer steigenden Grenzbelastung der Einkommen mit steigender Höhe des zu versteuernden Einkommens. Im Zeitverlauf führen der allgemeine Anstieg der Einkommen sowie die geänderten Beitragssätze der Sozialversicherungen zu einer steigenden Grenzbelastung der Einkommen durch Abgaben.

2-9: Die These eines Staatsversagens mit Bezug zur Zunahme der Schattenwirtschaft meint, daß die geschätzten Trends des Umfangs der Schattenwirtschaft ausschließlich eine Folge überhöhter Abgaben und Aktivitäten des Staates seien. Das allgemeine „Versagen“ extensiver Abgaben- und Steuerpolitik werde durch eine krisenhafte Entwicklung der Schattenwirtschaft deutlich gemacht.

Diese monokausale Erklärung der geschätzten Trends zur Schattenwirtschaft entspricht kaum einer umfassenden Analyse der verschiedenen möglichen Ursachen. Vertreter bedarfsorientierter Versorgungs- und Alternativwirtschaft werden zum Beispiel der monokausalen These des Staatsversagens nicht zustimmen. Zusammenhänge zwischen Abgaben und Ausgaben des Staates werden zudem vielfach undifferenziert vernachlässigt.

2-10: (1) Behauptet wird eine Konkurrenz von Nutzungsmöglichkeiten des Bodens in den Wasserschutzgebieten. Die Gruppe der Landwirte einerseits erhebt den Anspruch, den Boden als Erntefläche zu nutzen und zwecks höherer Ernteerträge stärker zu düngen. Andererseits erhebt die Gruppe der Wasserverbraucher Ansprüche auf sauberes Grundwasser in den Wasserschutzgebieten. Die Ansprüche beider Gruppen stehen in einer Konfliktbeziehung zueinander.

Folglich gilt das Opportunitätskostenprinzip: Sauberes Grundwasser bedeutet einen Verzicht auf höhere Erntemengen, es verursacht entsprechende Opportunitätskosten des Verzichts. Der „Wasserpfennig" sei als ein prinzipieller Ausgleich dieser Opportunitätskosten des Verzichts zu interpretieren.

(2) Mögliche Einwände: Die behauptete Anspruchskonkurrenz vernachlässigt die Ursachen der Knappheit, den zeitlichen Prozeß der Entstehung und Verschärfung der Anspruchskonkurrenz.

Das umweltpolitische Verursacherprinzip wird weniger als Frage des Kostenausgleichs, weniger als Problem der Verteilung von Kosten oder Lasten verstanden, sondern eher als Frage nach Ursachen des Entstehens externer Effekte oder sozialer Kosten.

Die grundsätzliche Problematik des Grundwasserproblems resultiert aus der Verbindung des privaten Gutes Boden mit privaten Nutzungsrechten einerseits und dem öffentlichen Gut „Qualität des Grundwassers". Die Frage des Kostenausgleichs ist dann primär eine Frage der Nutzungs- bzw. Eigentumsrechte, eher eine Frage der Verteilung und des Ausgleichs von Eigentums- oder Nutzungsrechten.

Lösungshinweise zu den Kontrollfragen

(A) Multiple Choice-Fragen
2-1: (c)(d)(e); 2-2: (a)(c)(e); 2-3: (c)(d); 2-4:(d); 2-5: (b)(d).

(B) Offene Fragen
2-6: vgl. Textabschnitt 2.2.1; 2-7: vgl. Textabschnitt 2.2.3;
2-8: vgl. Textabschnitt 2.3.2; 2-9: vgl. Textabschnitt 2.3.1;
2-10: vgl. Textabschnitt 2.1.3.

(C) Transferfrage
2-11: Der Begriff der öffentlichen Güter bedarf zunächst einer Klärung. Umweltgüter wie „saubere Luft“ oder „Gewässerschutz“ können den öffentlichen Gütern zugeordnet werden, sofern Akteure oder Personen, die nicht bereit sind, für diese Umweltgüter zu zahlen, von deren Nutzung nicht ausgeschlossen werden können. Öffentliche Umweltgüter dieser Art können nicht aufgeteilt werden. Somit sind „Trittbrettfahrerprobleme“ wahrscheinlich. Nur wenige Personen werden bereit sein, für ein öffentliches Gut „Saubere Luft“ zu zahlen, z. B. durch den Verzicht auf luftverschmutzendes Autofahren. Der individuelle Verzicht führt zu einem verschwindend geringen Beitrag zur Verbesserung der Luftqualität. Folglich wird der gesamtgesellschaftliche Nutzen des Gutes „Saubere Luft“ individuell eher unterbewertet, obwohl jeder durch eine verbesserten Qualität der Luft gesundheitlichen Nutzen erfährt. Ähnliche Kollektivgutprobleme bestehen beim Gewässerschutz u. a. Die Merkmale externer Effekte und öffentlicher Güter überschneiden sich.

Literaturhinweise

BARTLING, H./LUZIUS, F.: Grundzüge der Volkswirtschaftslehre, 6.Aufl., München 1988 (C. I: Zur wettbewerbspolitischen Selbststeuerung in der Marktwirtschaft, S. 48-53; C. V. 4: Umweltschutzpolitik, S. 124-133). Zur Ergänzung, insb. zu den umweltpolitischen Instrumenten.

GRETSCHMANN, K./METTELSIEFEN, B.: Die Schattenwirtschaftsdebatte - eine Retrospektive, in: GRETSCHMANN, K./METTELSIEFEN, B. (Hrsg.): Schattenwirtschaft, Göttingen 1984, S. 11-42. Einführender Beitrag zur Schattenwirtschaft.

LIPSEY, R. G./STEINER, P. O./PURVIS, D. D.: Economics, 8.ed., New York 1987 (Part Two, Chapter 4, Chapter 6: A General View of the Price System. Demand, Supply, Price; Price Controls, S. 58-75, 98-107). Grundlagen der Nachfrage- und der Angebotsfunktion sowie des Marktpreis-Mechanismus; Fallbeispiel: Höchstmietenregulierung; englisches Lehrbuch.

MILLER, R. L.: Economics Today. The Micro View, 5.ed., New York 1985 (Chapter 2,3,5: Demand and Supply; The Price System, Government and Public Choice, S. 33-80, 102-110). Einführendes Lehrbuch in englischer Sprache; Grundlagen von Angebot und Nachfrage, des Marktpreis-Mechanismus sowie der Aufgaben staatlicher Wirtschaftspolitik.

SAMUELSON, P. A./NORDHAUS, W. D.: Volkswirtschaftslehre: Grundlagen der Makro- und Mikroökonomie, Bd. I, 8.Aufl., Köln 1987 (Kapitel 3,4: Der Preismechanismus im ökonomischen Mischsystem; Grundlegende Aspekte von Angebot und Nachfrage; S. 85-136). Behandelt werden die Grundlagen der Marktpreisbildung und der dezentralen Marktkoordination; daneben drei grundlegende Funktionen staatlicher Wirtschaftspolitik sowie Aspekte des Marktversagens bei externen Effekten und öffentlichen Gütern.

WECK, H./POMMEREHNE, W. W./FREY, B. S.: Schattenwirtschaft, München 1984 (WiSt-Taschenbücher) (II: Auf der Suche nach der Schattenwirtschaft; III: Ursachen der Schattenwirtschaft, S. 7-27). Einführende Darstellung zur Schattenwirtschaft.

WICKE, L.: Umweltökonomie. Eine praxisorientierte Einführung. München 1982 (II,A: Sozioökonomische Ursachen der Umweltprobleme, II,C: Prinzipien der Umweltpolitik, S. 37-43, 75-80). Umfassendes Lehrbuch zur Umweltpolitik mit einer breiten Darstellung umweltpolitischer Maßnahmen; die Seitenangaben betreffen grundlegende Teile zum Verursacherprinzip und zu Ursachen von Umweltproblemen.

Zitierte Literatur

BONUS, H.: Eine Lanze für den Wasserpfennig, in: Wirtschaftsdienst, 9/1986, S. 451 ff. sowie die anschließende Diskussion hierzu in Beiträgen verschiedener Autoren in: WIRTSCHAFTSDIENST, 12/1986, 1/3/4/1987

CASSEL, D.,/CASPERS, A.: Was ist Schattenwirtschaft?, in: WiSt, 13. Jg. (1984), S. 1 ff.. Einführender Beitrag zur Abgrenzung der Schattenwirtschaft.

HARDES, H. D./RAHMEYER, F./SCHMID, A./STADLER, F.: Volkswirtschaftslehre. Eine problemorientierte Einführung, 16.Aufl., Tübingen 1988 (Kapitel 1, Das marktwirtschaftliche Modell, S. 20-26). Modell des Börsenmarktes, allgemeines Preis-Mengen-Diagramm eines Marktes, Marktkoordination.

IFO-SCHNELLDIENST 19/1986, S. 13 ff.

KAUKEWITSCH, P.: Arbeitskosten im Produzierenden Gewerbe, in: Wirtschaft und Statistik, 8/1986, S. 651 ff.

STIGLER, G. J.: The Theory of Prices, 4.ed., New York 1987

3 Theorie des Unternehmensangebots

Inhaltliche Orientierung

Im Rahmen der Mikroökonomie stehen einzelwirtschaftliche Fragestellungen im Vordergrund. Wir beginnen in diesem Kapitel mit der einzelwirtschaftlichen Analyse der Seite des Güterangebots. Im nächsten Kapitel folgt dann die mikroökonomische Analyse der Nachfrageseite. Später werden die Faktoren der Preisbildung in verschiedenen Marktformen behandelt.

Nach unserer Ansicht empfiehlt es sich, die mikroökonomische Theorie des Angebots vor dem Kapitel zur Nachfrage darzustellen. Die analogen Elemente der Theoriebausteine werden dadurch dem Leser deutlicher. Zudem mögen die Bezüge zur betriebswirtschaftlichen Produktions- und Kostentheorie vielen Lesern den Zugang zur mikroökonomischen Theorie des Angebots erleichtern. Die formalen Theorieelemente werden in knapper Form dargestellt; sie werden durch verschiedene Transferbeispiele und anwendungsorientierte Übungen ergänzt.

Dieses Kapitel zielt darauf, einzelwirtschaftliche Begründungszusammenhänge der grundlegenden Angebotshypothesen zu liefern. Im Mittelpunkt stehen Unternehmen als die einzelwirtschaftlichen Akteure der Angebotsseite von Gütermärkten. Als ein allgemeines Prinzip gilt die Annahme rationalen Verhaltens: Die Unternehmen entscheiden nach dem Prinzip der **Gewinnmaximierung** über die Produktion bzw. das Angebot von Gütern (**3.1**).

Die weiteren Teile des Kapitels werden nach zwei maßgeblichen Strukturkriterien gegliedert, nach drei Theoriebereichen und zwei unterschiedlichen Zeithorizonten der Angebotsentscheidungen. In zeitlicher Hinsicht wird zwischen einer kurzfristigen Perspektive bei gegebenen Betriebsgrößen und begrenzter Flexibilität der Produktionsfaktoren sowie einem langfristigen Zeithorizont unterschieden. In theoretischer Hinsicht läßt sich nach drei Bereichen gliedern, die einzelwirtschaftliche Produktions- und Kostentheorie sowie die Angebotsplanung der Unternehmen.

Die **produktionstheoretischen Grundlagen** konzentrieren sich auf zwei Basiskonzepte von Produktionsfunktionen; ferner werden das Prinzip der Faktorsubstitution und das Konzept der langfristigen Minimalkostenkombination dargestellt (**3.2**). Die **kurzfristige Kostentheorie** baut auf der Produktionstheorie auf, indem die Preise der Produktionsfaktoren berücksichtigt werden. Hierzu werden wir die Grundbegriffe der Kostentheorie erläutern (**3.3**). Bei gegebenen Marktpreisen führt die **Preis-Grenzkosten-Regel** dann zur kurzfristigen Angebotsfunktion eines Unternehmens, das sich als gewinnorientierter Mengenanpasser verhält (**3.4**). In der langfristigen Zeitperspektive der Kostentheorie wird die betriebliche Kapazitätsplanung (variable Betriebsgröße) einbezogen. Wir erörtern den Verlauf langfristiger Kostenfunktionen und diskutieren mögliche Skaleneffekte oder Kostenvorteile bei großbetrieblicher Produktion (**3.5**). Abschließend folgen Überlegungen zur langfristigen Angebotsplanung der Unternehmen (**3.6**).

3.1 Unternehmensziele

3.1.1 Unternehmen als mikroökonomische Akteure

Die mikroökonomische Theorie des Güterangebots versucht, grundlegende, allgemeine Aussagen zur Preis- und Kostenabhängigkeit von Entscheidungen der Unternehmen über die Produktion und das Angebot von Gütern abzuleiten. Als relevante Wirtschaftsakteure gelten **Unternehmen**, von deren vielfältigen **Erscheinungsformen** in der Realität aus Vereinfachungsgründen im Rahmen einer allgemeinen Basistheorie zu abstrahieren ist. In der realen Volkswirtschaft unterscheiden sich die einzelnen Unternehmen nach verschiedenen Kriterien,

- nach der Art der Güterproduktion bzw. nach **Wirtschaftssektoren**,
  Beispiele:

Primäre Sektoren	land-/forstwirtschaftliche Unternehmen
Sekundäre Sektoren	Energie/Bergbau, verarbeitendes Gewerbe (Industrie-, Handwerksunternehmen), Bauwirtschaft
Tertiäre Sektoren	Verkehrs-, Handels-, Dienstleistungsunternehmen

- nach **Größenklassen**,
  zum Beispiel: Kleinunternehmen, Mittel- und Großunternehmen
- nach **Rechtsformen**
  Beispiele: Einzelunternehmen, Personengesellschaften, Kapitalgesellschaften.

Spezielle Theorien, die systematisch auf bestimmte Formen oder Arten von Unternehmen ausgerichtet sind, bilden eher den Gegenstand fachwissenschaftlicher Spezialisierungen der BWL oder VWL. Diese Differenzierungen sind kein bevorzugtes Ziel der grundlegenden mikroökonomischen Theorie des Unternehmensangebots, so daß i. d. R. auf eine spezielle Konkretisierung der Art von Unternehmen verzichtet werden kann (muß). Die relevanten **Akteure** können daher in allgemeiner Form definiert und beschrieben werden: **Unternehmen** werden als rechtlich selbständige Organisationseinheiten verstanden, deren primäre wirtschaftliche Funktion in der Produktion von Gütern besteht. Diese Produktion geschieht überwiegend zum Zweck des Güterangebots (Verkaufs) am Markt. Somit wird von geplanten Veränderungen der Lagerhaltung abgesehen. Die Produktion von Waren und Dienstleistungen erfolgt in den **Betrieben** der Unternehmen, die hier als räumliche Produktionseinheiten der Unternehmen definiert werden. Beide Begriffe - der Begriff des Unternehmens als wirtschaftlich rechtliche Einheit und der des Betriebs als räumliche Produktionseinheit - fallen zwar bei den Großunternehmen in der Regel auseinander, sie werden hier jedoch nicht ausdrücklich unterschieden.

In den Unternehmen lassen sich allgemein drei **Hauptbereiche wirtschaftlicher Aktivitäten** unterscheiden,

- die **Beschaffung** von Produktionsmitteln (-faktoren oder input),
- die eigentliche **Erzeugung** von Gütern (output) im physikalisch-technischen Sinn und
- den **Absatz** oder Verkauf von erzeugten Gütern am Markt.

Eine formalisierte Unterscheidung der drei Bereiche wirtschaftlicher Aktivitäten dient im folgenden als Ausgangspunkt, um zunächst einige Grundbegriffe zur Güterproduktion im Fall eines **Mehr-Produkt-Unternehmens** einzuführen. Dabei bezeichnen die verwendeten Symbole:

x_i die Mengen verschiedener produzierter und abgesetzter Güter (outputs) einer Zeitperiode (Monat oder Jahr),
p_i die jeweiligen Güterpreise des entsprechenden Zeitraumes,
v_j die Mengen verschiedener Produktionsfaktoren, die im gleichen Zeitraum zur Güterproduktion eingesetzt und verbraucht werden,
p_{vj} die jeweiligen Faktorpreise der Zeitperiode.

Die Bedeutung der Begriffe der **Produktionskosten** auf der Beschaffungsseite sowie des **Absatzes** und des **Umsatzerlöses** auf der Verkaufsseite läßt sich der folgenden Abb. 3-1 entnehmen.

Abb. 3-1 Bereiche der Produktionsplanung eines Mehrproduktunternehmens

Beschaffung von Produktionsfaktoren	Gütererzeugung im Unternehmen	Absatz/Umsatz produzierter Güter
v_1 p_{v1}	Einsatz von Produktionsfaktoren (input) zur Erzeugung von Gütern (output)	x_1 p_1
v_2 p_{v2}		x_2 p_2
. . .		. . .
v_j p_{vj}		x_i p_i
	$(v_1 \dots v_j)$	
	$(x_1 \dots x_i)$	Absatz = $\sum_i x_i$
Produktionskosten = $\sum_j (v_j \cdot p_{vj})$		Umsatz = Verkaufserlös = $\sum_i (x_i \cdot p_i)$

Zur Beschaffungsseite: Die Summe der verschiedenen zur Güterproduktion eingesetzten Produktionsfaktoren v_j, multipliziert mit den jeweiligen Faktorpreisen p_{vj}, bestimmt die Produktionskosten.
Zur Verkaufsseite: Die Summe der abgesetzten Gütermengen x_i, multipliziert mit den jeweiligen Güterpreisen p_i, bestimmt den Umsatz oder den Verkaufserlös des Unternehmens.

Ein Unternehmen benötigt zur Produktion im allgemeinen verschiedene **Inputfaktoren**, darunter Rohstoffe, Betriebs- und Werkstoffe, Produktteile (die in wachsenden Anteilen fremdbezogen werden), maschinelle Anlagen und Gebäude (betriebliches Realkapital), Boden und natürliche Ressourcen (von großer Bedeutung vor allem bei Unternehmen des primären Sektors und bei Versorgungsunternehmen), menschliche Arbeitsleistungen sowie dispositive Leistungen des Einzelunternehmers oder des Unternehmensmanagement in Vertretung der Kapitaleigner. Der Fremdbezug von Produktteilen oder Stoffen mindert den internen Wertschöpfungsbeitrag der unternehmenseigenen Produktion, eine größere Fertigungsbreite oder Produktpalette eines Mehr-Produkt-Unternehmens kann den Produktionswert erhöhen. Der Fremdbezug beeinflußt unmittelbar die einzelwirtschaftlichen Produktionskosten. Zu den fremdbezogenen oder selbsterstellten Produktionsmitteln gehören **Verbrauchsfaktoren** (Rohstoffe, Energie), die teils reproduzierbaren Charakter, teils nicht beliebig vermehrbaren Charakter haben. Eine ähnliche Einteilung kann auch bei primären **Potentialfaktoren** vorgenommen werden, die wiederholt im Produktionsprozeß eingesetzt werden können (**menschliche Arbeit**, **Realkapital**, **Boden**). In Abhängigkeit von der jeweiligen Problemstellung werden die Inputfaktoren unterschiedlich zu Faktorgruppen zusammengefaßt; in den Lehrbüchern überwiegt die aggregierte Berücksichtigung der vorgenannten Potentialfaktoren, insbesondere der aggregierten Faktoren Arbeit und Realkapital.

Potentialfaktoren haben zwar den Charakter von Bestandsgrößen; die input-Leistungen und die output-Größen haben jedoch Zeiträume als relevante Bezugsgrößen: Die jeweiligen Größen sind sämtlich als **periodenbezogene Maßeinheiten** zu interpretieren (Beispiel: Produktionsmenge je Jahr). Die Produktions- und Kostentheorie differenziert nach dem **Zeithorizont** oder der Perspektive der Angebotsplanungen der Unternehmen. In einer analytischen Unterscheidung wird der **kurzfristige** Zeithorizont der Planung wesentlich durch das Kriterium eingeschränkter Flexibilität der Produktionsfaktoren bestimmt. Im besonderen wird der kurzfristige Zeithorizont durch die Annahme fixierter, nicht variabler Bestandsfaktoren an verfügbarem Realkapital definiert, d. h. gegebener maschineller Anlagen, Gebäude- und Grundflächen; kurzgefaßt, durch die Annahme fixierter Betriebsgrößen. In **langfristiger** Zeitperspektive werden hingegen die Betriebsgrößen oder der Kapitaleinsatz in den Produktionsverfahren als variable Planungsgrößen betrachtet.

3.1.2 Rationalprinzip der Angebotsplanung

Warum produziert ein Unternehmen Güter? Eine allgemeine Antwort auf diese Frage mag etwa so lauten: Ein privatwirtschaftliches Unternehmen zielt immer darauf, produzierte Güter am Markt abzusetzen und letztlich einen möglichst hohen Gewinn zu erzielen. Die mikroökonomische Theorie nimmt an, daß alle Entscheidungen des Unternehmens aus einem generellen Zielprinzip abgeleitet werden können, unabhängig von der Art des Unternehmens und den Motiven der beteiligten Personen:

Die **Annahme der Gewinnmaximierung** gilt als rationales Verhaltensprinzip privatrechtlich organisierter Unternehmen, aus dem sämtliche Produktionsentscheidungen abgeleitet werden können.

Gegen diese Annahme mag es eine Reihe von **Einwänden** geben. Ein Beispiel: Das Großunternehmen IBM trifft Entscheidungen zur Produktion von Personalcomputern kaum wie ein kleines Schreibbüro, das Textverarbeitungsdienste anbietet. Bei IBM sind eine Vielzahl von Abteilungen und Personen an Produktionsentscheidungen beteiligt. Anzunehmen ist, daß die konkreten Ziele und Entscheidungen von den Merkmalen der Organisation, den Beteiligten und der Situation des Unternehmens abhängig sind. Eine fortgeschrittene Theorie der Unternehmung hat folglich verschiedene konkrete Zieldimensionen und Organisationsfaktoren zu berücksichtigen. Besonders für Kapitalgesellschaften und Großunternehmen erscheint eine eindimensionale Zielfunktion kaum zutreffend. So wurden in den USA Zieldiskrepanzen für Kapitalgesellschaften beobachtet, deren Management unternehmensbezogene Umsatz- und Marktanteilsziele weitaus stärker bevorzugten als Gewinnziele zugunsten der Kapitaleigner (BAUMOL). Andere Autoren (GALBRAITH u. a.) heben die „Stabilität“, das „Überleben“ des Unternehmens gegenüber Unsicherheiten, Liquiditätsproblemen und Zukunftsrisiken als oberstes Unternehmensziel hervor. Maßgeblich sei ein langfristiger Erfolg des Unternehmens, dessen konkrete Ausprägungen unterschiedlich seien (vgl. Abb. 3-2).

Weitere Autoren betonen als relevante Unternehmensziele sozialpsychologische Motive der beteiligten Personen (Macht, Einfluß, persönliches Ansehen) sowie gesellschaftliche Motive (soziale Verantwortung). Der multiple Charakter der Unternehmensziele in konkreten Fällen bildet allerdings keinen zwingenden Einwand gegen die Annahme des Prinzips der Gewinnmaximierung im Rahmen einer mikroökonomischen Basistheorie, sofern die verschiedenen Ziele zusammenhängen und sich in den Konsequenzen nicht gravierend widersprechen. Die theoretische Annahme verlangt nicht, daß ein höherer Unternehmensgewinn die einzige Verhaltensmaxime statt multipler Ziele bildet. Sie verlangt lediglich, daß die Gewinngröße

Abb. 3-2 Systematik von Unternehmenszielen

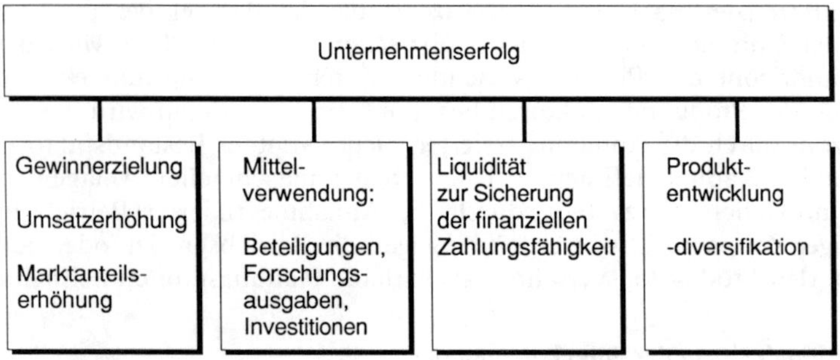

Die Übersicht differenziert das Oberziel des Unternehmenserfolgs nach verschiedenen Zielgruppen oder Erfolgsfaktoren.

bei vielen Unternehmen und vielen Produktionsentscheidungen von allgemeiner Bedeutung ist. Eindeutig gilt zumindest die Aussage, daß privatrechtliche Unternehmen nicht auf Dauer Verluste machen können, da sie sonst ihre Existenz verlieren müßten. Gewinnmaximierung gilt somit im Rahmen der Basistheorie als ein allgemeines **Rationalprinzip des Verhaltens** von Unternehmen, die Verluste vermeiden bzw. möglichst Gewinne erzielen wollen. Aus dem analytischen Prinzip werden allgemeine, einzelwirtschaftlich begründete Angebotsentscheidungen von Unternehmen abgeleitet.

Zur Vereinfachung gegenüber der Abb. 3-1 wird im folgenden ein **Ein-Produkt-Unternehmen als Regelfall** unterstellt. Damit kann die Dimension der Absatzseite nach verschiedenen Produktgruppen eines Unternehmens reduziert werden. Der **Gewinn** eines solchen Unternehmens ergibt sich nach dessen Definition als Differenz der Umsatzerlöse und der Produktionskosten:

$$\text{(a) Gewinn} = \text{Erlös} - \text{Kosten}$$
$$G = (x \cdot p) - \Sigma\,(v_j \cdot p_{vj})$$

Bei gegebenen Faktorpreisen sind die **Kosten** von der Produktionsmenge bzw. von den zur Produktion erforderlichen inputs abhängig:

$$\text{(b) Kosten} = \text{Funktion der Produktionsmenge}$$
$$K = K\,(x)$$

$$\text{(c) Produktionsmenge} = \text{Funktion der Inputfaktoren}$$
$$x = x\,(v_1 \ldots v_j)$$

Die vorstehenden Teile der formalisierten Definition des Periodengewinns eines Ein-Produkt-Unternehmens lassen die logische Struktur der elementaren Theorie des Unternehmensangebots erkennen. Deren Gliederung entspricht der umgekehrten Reihenfolge der Gleichungen (a) - (c): Gleichung (c) beschreibt formal die Beziehungen zwischen den Produktionsfaktoren (input v_j) und der produzierten Gütermenge (x); diese Beziehungen sind Gegenstand der **einzelwirtschaftlichen Produktionstheorie**, deren Grundlagen im folgenden Teil dargestellt werden. Die nachfolgende **Kostentheorie** (vgl. Gleichung (b)) bildet den zweiten Schritt; schließlich folgt die **Angebotsplanung**, die Bestimmung der gewinnmaximalen Angebotsmenge.

Abb. 3-3 Struktur der Theorie des Unternehmensangebots

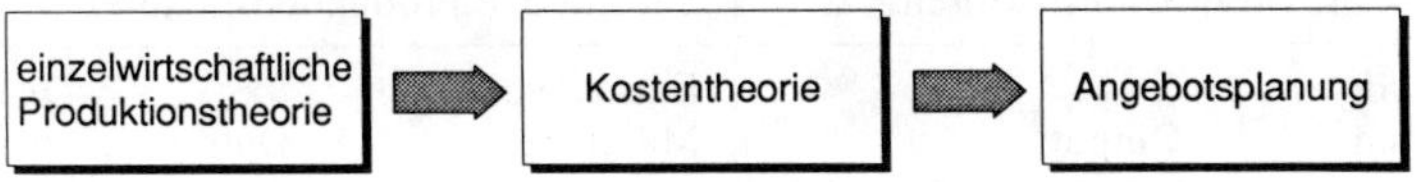

3.2 Produktionstheoretische Grundlagen

3.2.1 Produktionsfunktionen

Eine allgemeine Produktionsfunktion eines Ein-Produkt-Unternehmens beschreibt nach der obigen Gleichung (c) Zusammenhänge zwischen der Produktionsmenge (output) und den hierzu erforderlichen Produktionsfaktoren (inputs). Um das Verständnis zu erleichtern, wollen wir nur noch zwei Gruppen von Produktionsfaktoren betrachten: Arbeit und Realkapital (einschließlich betrieblicher Grundflächen und Gebäude). Wir lassen ferner Qualitätsunterschiede der Faktoren außer acht und beschränken uns allein auf die Mengenbeziehungen. Die **Produktionsfunktion eines Ein-Produkt-Unternehmens** lautet dann:

Outputmenge = Funktion der Einsatzmengen zweier Inputfaktoren
$x = x\,(v_1, v_2)$

In diesem Abschnitt wird zunächst gefragt, welche Kombinationen der Inputfaktoren grundsätzlich möglich erscheinen, um die einzelwirtschaftlichen Produktionsbedingungen zu beschreiben. Sodann werden die Bedingungen der Minimalkostenkombination, der wirtschaftlich effizienten Faktorkombination, abgeleitet und erläutert. Die möglichen Produktionsbedingungen lassen sich durch **zwei Arten** von Produktionsfunktionen beschreiben, limitationale und substitutionale Produktionsfunktionen. Der Fall der substitutionalen Produktionsfunktion erfährt hier wegen der besonderen didaktischen Bedeutung des Prinzips der Faktorsubstitution eine stärkere Gewichtung. Das Prinzip der Unterscheidung limitationaler und substitutionaler Produktionsbedingungen zeigen die Mengen-Kombinationen der beiden Matrix-Darstellungen in Tab. 3-1.

Bei (linear) **limitationalen** Produktionsbedingungen verlangen technisch effiziente Produktionen ein bestimmtes Einsatzverhältnis der Faktoren. Im Zahlenbeispiel der linken Seite der Tab. 3-1 wird ein Verhältnis der effizienten Faktoreinsätze von 1:1 angenommen; die entsprechenden Produktionsmengen befinden sich in der Matrix entlang der Diagonalen von links unten nach rechts oben. Die Annahme bedeutet z. B., daß eine NC-Maschine in der Produktion jeweils einen Maschinenbediener erfordert. Mit der Zahl der eingesetzten NC-Maschinen muß dann die Zahl der Arbeitskräfte linear proportional steigen. Eine einseitige Erhöhung der inputs von Kapital oder Arbeit allein bleibt dagegen technisch und ökonomisch ineffizient, die Produktionsmenge wird nicht erhöht (vgl. die Elemente außerhalb der Diagonalen). (Linear) limitationale Produktionsverfahren erfordern bestimmte, technisch effiziente Input-Verhältnisse; die Kapital- oder Arbeitsintensitäten (v_1/v_2 oder v_2/v_1) sind durch technische Bedingungen determiniert. Bei gegebenen Input-

Tab. 3-1 Alternative Input-Output-Kombinationen

Limitationale Produktionsfaktoren				Substitutive Produktionsfaktoren			
Einsatz von Maschinen	Output			Einsatz von Maschinen	Output		
6	10	20	30	6	16	24	30
4	10	20	20	4	14	20	24
2	10	10	10	2	10	14	16
Einsatz von Arbeitskräften	2	4	6	Einsatz von Arbeitskräften	2	4	6

Intensitäten bestimmen die Einsatzmengen eines Produktionsfaktors die Produktmenge. Die Produktionsbedingungen lassen sich dann durch technisch determinierte Input-Output-Koeffizienten (a_i) beschreiben.

$v_1 = a_1 \cdot x$ bzw. $v_2 = a_2 \cdot x$

a_i bezeichnet die Input-Output-Koeffizienten

Im Fall **substitutionaler** Produktionsbedingungen können die Kapital-(Arbeits-)intensitäten bei gleichen Output-Mengen dagegen verschieden sein. Die Outputmenge von 16 kann nach dem Zahlenbeispiel der Tab. 3-1 entweder durch ein Verfahren mit relativ hoher Arbeitsintensität (6 Arbeitskräfte/2 Maschinen) oder durch ein kapitalintensives Verfahren (6 Maschinen/2 Arbeitskräfte) produziert werden. Geometrisch kann der Fall substitutionaler Produktionsfaktoren in einem zweidimensionalen Isoquanten-Diagramm mit den Achsen v_1 und v_2 dargestellt werden. Die **Isoquanten** (I) dieses Diagramms bezeichnen Linien (Kurven) gleicher Output-Mengen bei wechselnden Faktorintensitäten der Produktionsverfahren. Entlang einer Isoquante bleibt somit die Produktionsmenge x bei unterschiedlicher Arbeits- oder Kapitalintensität definitionsgemäß konstant. Nach der Abb. 3-4 haben die geometrischen Isoquanten drei charakteristische Merkmale:

(a) Je weiter eine Isoquante vom Schnittpunkt der Achsen entfernt liegt, desto größer ist die zugehörige Output-Menge ($x_{I2} > x_{I1} > x_{I0}$).
(b) Verschiedene Isoquanten können sich nicht schneiden.
(c) Jede einzelne Isoquante hat eine negative Steigung mit konvex verlaufender Krümmung.

Das dritte Merkmal des Verlaufs der Isoquante bei Faktorsubstitution bedarf einer Erläuterung:

Das Prinzip der Faktorsubstitution entspricht geometrisch einer Bewegung entlang der Isoquantenkurve. Eine gleiche Produktionsmenge kann bei substitutionalen Produktionsfunktionen mit unterschiedlichen Faktoreinsätzen hergestellt werden. So beschreibt die Bewegung von A nach B in der Abb. 3-4 eine Erhöhung der Kapitalintensität bei der Produktion einer gleichen Gütermenge. In B wird die Produktionsmenge x zwar mit geringerem Einsatz von Arbeitskräften ($-\Delta v_1$), aber mit größerem Kapitaleinsatz ($+\Delta v_2$) hergestellt. Der Quotient der beiden Änderungsgrößen, die Verringerung des einen Faktors in Relation zur erforderlichen Zunahme des anderen Faktors, wird als **Substitutionsrate** bezeichnet. Die (negative) Steigung einer Tangente an die Isoquante I_0 entspricht dem Differentialquotienten oder der

Abb. 3-4 Das Prinzip der Substitution zwischen zwei Inputfaktoren

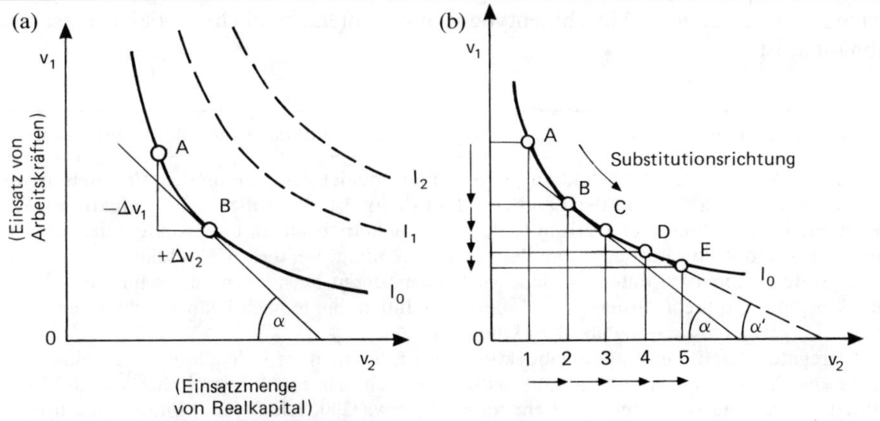

(a) Die Achsen des Isoquantendiagramms messen die Einsatzmengen der Inputfaktoren v_1 (Arbeitskräfte) und v_2 (Realkapital). Dargestellt werden die Isoquanten von drei verschiedenen Produktionsmengen $I_0 < I_1 < I_2$. Der Übergang von A nach B entlang der Isoquanten I_0 beschreibt einen Wechsel des Produktionsverfahrens in Richtung größerer Kapitalintensität mit einer Faktorsubstitution von $+ \Delta v_2$ (Mehreinsatz von v_2) und $- \Delta v_1$ (Minderung von v_1). Der Tangens des Winkels α mißt den Differentialquotienten von $(-dv_1/+dv_2)$, d. h. die Grenzrate der Substitution im Punkt B.
(b) Die Bewegungen entlang einer Isoquanten I_0 von links oben nach rechts unten beschreiben den sukzessiven Wechsel der Produktionstechnik zu größerer Kapitalintensität. Beim Wechsel von A nach B, B nach C und C nach D wird der Einsatz von v_2 jeweils um eine Einheit gesteigert. Bei sukzessivem Mehreinsatz von v_2 und fortgesetzter Substitution von v_1 wird die Grenzrate der Substitution $-dv_1/+dv_2$ geringer. Entsprechend geringer ist der Winkel der Geraden in D im Vergleich zu dem Winkel der Geraden in B.

(negativen) **Grenzrate der Substitution** (wenn die Änderungsgrößen infinitesimal klein sein werden).

$$\text{Substitutionsrate} := -\Delta v_1 / + \Delta v_2$$
$$\text{Grenzrate der Substitution} := -dv_1 / dv_2$$

Der konvexe Verlauf der Isoquanten bedeutet, daß die Grenzrate der Substitution bei fortgesetzter Erhöhung eines Produktionsfaktors (im Beispiel bei erhöhter Kapitalintensität) geringer wird. Denn bei fortgesetztem Mehreinsatz eines Produktionsfaktors (Kapital) und Substitution des anderen Faktors (Arbeit) sinkt die Effektivität des weiteren Mehreinsatzes (von Kapital) im Vergleich zum verminderten Faktor (Arbeit).

Die substitutionale Produktionsfunktion wird in der betriebswirtschaftlichen Literatur auch als **„Produktionsfunktion vom Typ A"** bezeichnet. Von GUTENBERG u. a. wird die Geltung substitutionaler Produktionsbedingungen in technisch weniger limitierten Sektoren der Volkswirtschaft (Landwirtschaft, Handwerk) bejaht, für die industrielle Produktion jedoch verneint; für die industrielle Produktion seien technisch determinierte Produktionsverfahren mit limitationalen Mensch-Maschine-Bedingungen charakteristisch. Andere Autoren verweisen darauf, daß die

Frage der technischen Limitierung der Faktoren vom Zeithorizont der Produktionsplanung (lang- vs. kurzfristige Planung) und von der betrieblichen Aggregation verschiedener einzelner Maschinentypen mit unterschiedlichen Faktoreinsätzen abhängig ist.

Übung 3-1 Textauszüge zur Relevanz limitationaler/substitutionaler Produktionsfunktionen

Text (1): „Der industrielle Produktionsprozeß unterscheidet sich ... (von dem Produktionsverfahren im Handwerk und in der Landwirtschaft dadurch), daß neben den Produktionsfaktoren menschliche Arbeit und Werkstoffe dem Faktor Betriebsmittel, insbesondere den maschinellen Anlagen, eine ganz besondere Bedeutung zukommt. Bei diesem Produktionsfaktor sind zwei große Gruppen zu unterscheiden: Maschinen, deren Leistungen aus technischen Gründen konstant und nicht variierbar sind, und Maschinen, die je nach Beanspruchung eine größere oder geringere Leistung abgeben können. (...)

Aggregate, deren Leistungsabgabe konstant ist, können pro Zeiteinheit nur eine ganz bestimmte Menge anderer Produktionsfaktoren aufnehmen. Ein automatischer Webstuhl z. B. läuft nur mit einer konstanten Geschwindigkeit, etwa 200 Schuß pro Minute. Durch diese Geschwindigkeit wird nicht nur der Ertrag eindeutig definiert (z. B. 10 m Stoff pro Stunde), sondern auch die Aufnahme an Produktionsfaktoren. Auch ein Mehreinsatz an menschlicher Arbeit würde keinen Mehrertrag an Stoff bringen. Es handelt sich hier offensichtlich nicht um eine substitutionale, sondern um eine limitationale Produktionsfunktion, ...

Eine zweite Gruppe von Maschinen zeichnet sich dadurch aus, daß in gewissen technischen Grenzen die Laufgeschwindigkeiten und dadurch die Leistungsabgaben variiert werden können. (...)

Wenn z. B. eine Bohrmaschine bei gegebener Drehzahl, gegebenem Bohrstahl und gegebener Härte des Werkstücks eine bestimmte Bohrleistung in cm/Minute erbringt, so ist es durchaus möglich, die Nenndrehzahl z. B. um 10% zu erhöhen. Diese Erhöhung ist allerdings dann nutzlos, wenn nicht gleichzeitig mehr Werkstücke bereitstehen und die Bedienungsperson entweder die Arbeitsintensität steigert ... oder eine weitere Bedienungsperson beschäftigt wird" (Quelle: Wöhe 1984[15], S. 497 f.).

Text (2): „Bei substitutionalen Produktionsfaktoren besteht generell ein ökonomisches Wahlproblem; das Faktoreinsatzverhältnis ist im Hinblick auf eine bestimmte Produktmenge nicht naturgesetzlich oder technologisch fest vorgegeben; die Produktionskoeffizienten sind für die jeweilige Produktmenge variabel. (...)

Die partielle oder periphere Substituierbarkeit ist dadurch gekennzeichnet, daß ein Faktor bzw. eine Faktorgruppe durch andere nur in Grenzen, aber niemals vollständig ersetzt werden kann. (...)

Sofern eine endliche Anzahl limitationaler Prozesse für die Erzeugung einer bestimmten Produktart und -menge im Unternehmen anwendbar ist, tritt bei der Produktionsplanung die Frage auf: ‚Alternative Anwendung eines dieser Prozesse oder kombinierte Anwendung mehrerer Prozesse?' Im Falle der kombinierten Anwendung verschiedener Prozesse ist die Frage zu lösen, welche Kombination mit welcher Ausbringung der einzelnen Prozesse gewählt werden soll. Entsprechendes gilt für Produktionsfunktionen mit substituierbaren Produktionsfaktoren" (Quelle: Busse v. Colbe, Lassmann, 1986[3], S. 89 f., 109 f.).

Text (3): In der Realität ist das Prinzip der Substitution bei langfristigem Zeithorizont der Produktionsplanung von größerer Bedeutung. Die langfristige Änderung der Produktionsverfahren nach der Verteuerung des Rohöls im Verlauf der 70er Jahre bildet einen überzeugenden Beleg. Die Betriebe haben ihre Produktionsverfahren langfristig umgestellt, andere Energieträger statt Öl verwendet und die Energieintensität ihrer Verfahren reduziert (nach: Gisser 1981, S. 173).

Beurteilen Sie den Realitätsbezug der alternativen Produktionsfunktionen auf der Basis der vorstehenden Textauszüge!

3.2.2 Langfristige Substitution nach dem Minimalkostenprinzip

Für die folgende Darstellung der **Minimalkosten-Kombination** werden drei Annahmen als Ausgangspunkte unterstellt: (a) Es besteht eine substitutionale Produktionsfunktion, zunächst wiederum mit zwei Produktionsfaktoren (Arbeit und Realkapital). (b) Die Produktionsplanung eines Unternehmens bezieht sich auf einen langfristigen Zeithorizont. (c) Die Faktorpreise sind aus der Sicht des Unternehmens exogen vorgegeben, unabhängig von der Einzelnachfrage des Unternehmens. Das Unternehmen habe unter diesen Annahmen das optimale Produktionsverfahren zu planen. Aus dem oben beschriebenen allgemeinen Unternehmensziel der Gewinnmaximierung folgt als Implikation, daß eine gegebene Produktionsmenge (deren Höhe noch nicht fixiert sein mag) mit minimalen Kosten erstellt werden soll.

Zielfunktion: Kosten einer Produktionsmenge $x \rightarrow \min!$

Die Produktionskosten werden durch die erforderlichen Einsatzmengen und Preise der Faktoren bestimmt.

Zielfunktion: $K(x) = p_{v1} \cdot v_1 + p_{v2} \cdot v_2 : \min!$

Als Nebenbedingung gilt eine Produktionsfunktion bzw. ein entsprechendes Isoquantendiagramm mit substitutionalen Inputfaktoren.

Nebenbedingung: $x = x(v_1, v_2)$

Die Abb. 3-5 verdeutlicht optimale Lösungsbeispiele langfristiger Kostenminimierung. Bei gegebenen Faktorpreisen lassen sich Isokosten-Linien konstruieren, deren Steigungswinkel (tg α) dem Verhältnis der Faktorpreise p_{v2} zu p_{v1} entspricht.

$$\text{tg}\,\alpha = \frac{v_1}{v_2} = \frac{(K/p_{v1})}{(K/p_{v2})} = \frac{p_{v2}}{p_{v1}}$$

Die kostenminimalen Faktorkombinationen werden in den Tangentialpunkten von Isokosten-Linien und Isoquanten erreicht, in denen die Steigungswinkel beider Linien bzw. Kurven übereinstimmen. Folglich läßt sich unter den vorgenannten Annahmen die notwendige Bedingung der langfristigen Minimalkosten-Kombinationen bestimmen: Die Grenzrate der Substitution (GDS) muß gleich dem umgekehrten Verhältnis der Faktorpreise sein.

$$GDS = -\frac{dv_1}{dv_2} = \frac{p_{v2}}{p_{v1}}$$

Die Steigung der Isoquanten entspricht auch dem Verhältnis der Grenzproduktivität des Faktors v_2 (GP_{v2}) zur Grenzproduktivität des Faktors v_1 (GP_{v1}) (vgl. die mathematische Lösung zur Bestimmung der Grenzrate der Substitution im Verlauf einer Isoquante, im Anhang zu diesem Kapitel).

$$\frac{GP_{v2}}{GP_{v1}} = \frac{p_{v2}}{p_{v1}}$$

Auf der linken Seite des vorstehenden Ausdrucks sind die Grenzproduktivitäten der Faktoren zu vergleichen, die (marginalen) Produktionsbeiträge einer (partiellen) Erhöhung des Kapitaleinsatzes um eine Maschinenstunde bzw. des Arbeitseinsatzes um eine Arbeitsstunde. In den Kostenminimum-Lösungen müssen die Quoten der marginalen Produktionsbeiträge von Kapital und Arbeit dem Verhältnis der Kosten

Abb. 3-5 Langfristige Kombinationen der Produktionsfaktoren

(a) Annahme gegebener Relation der Faktorpreise

(b) Faktorsubstitution bei relativer Änderung der Faktorpreise

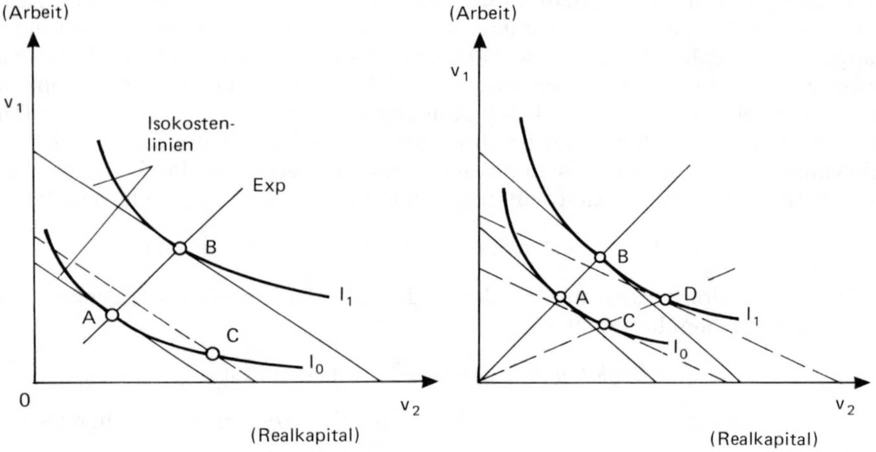

(a) Die gegebenen Faktorpreis-Relationen entsprechen dem Steigungswinkel der Isokosten-Linien. Im Punkt C auf der Isoquante I_0 werden die Inputfaktoren bei den herrschenden Faktorpreisen nicht effizient eingesetzt, da die Produktionsmenge x_0 im Punkt A kostengünstiger produziert werden kann. Die Tangentialpunkte A und B beschreiben die kostenminimalen Faktorkombinationen mit Bezug zu den Isoquanten I_0 und I_1. Die Linie Exp wird als Expansionspfad bezeichnet.

(b) Veränderte Faktorpreis-Relationen führen zur Drehung der Isokosten-Linien. Bei gegebenen Isoquanten einer substitutionalen Produktionsfunktion verlieren die Ausgangspunkte A oder B ihre Optimaleigenschaft minimaler Kosten. Nachdem der Faktoreinsatz v_1 relativ teurer geworden ist, liegen die neuen Minimalkostenkombinationen in den Punkten C oder D, so daß langfristig eine Faktorsubstitution vorgenommen wird.

einer Maschinen- und einer Arbeitsstunde entsprechen.[1] Die Minimum-Bedingung läßt sich nochmals umformulieren und für eine Produktionsfunktion mit mehr als zwei Faktoren verallgemeinern:

$$\frac{GP_{v1}}{p_{v1}} = \frac{GP_{v2}}{p_{v2}} = \ldots = \frac{GP_{vn}}{p_{vn}}$$

Die marginalen Produktionsbeiträge jedes Produktionsfaktors, bezogen auf die jeweiligen Faktorpreise bzw. die jeweiligen Ausgabeneinheiten, müssen für die verschiedenen Produktionsfaktoren gleich sein, wenn die Bedingung kostenminimaler Produktion bei langfristigem Zeithorizont erfüllt sein soll. In anderen Worten: Kostenminimale Strukturen der Inputfaktoren werden erreicht, wenn die (Grenz-) Ausgaben so verteilt sind, daß jede Art des zusätzlichen Faktoreinsatzes in DM-Beträgen gleich effizient eingesetzt werden kann.

---

[1] Zur mathematischen Methode der Ableitung der Bedingungen der Minimalkostenkombination vgl. den Anhang zu diesem Kapitel.

Aus den Bedingungen kostenminimaler Faktorkombinationen folgt, daß ein Unternehmen (mit substitutionalen Produktionsfaktoren) bei langfristigen Änderungen der Faktorpreise die Faktorintensität der Produktionsverfahren abändern wird. Wenn sich die Faktorpreisverhältnisse langfristig ändern, verschieben sich die kostenminimalen Faktorkombinationen zugunsten der Faktoren, die weniger verteuert oder verbilligt wurden. Nach dem Prinzip der Faktorsubstitution wird ein Unternehmen den relativ preisgünstigeren Faktor mehr einsetzen, den relativ teurer gewordenen Faktor weniger einsetzen.

Übung 3-2 Anwendungstransfer zur Minimalkostenkombination

Textbeispiel: Nachdem die Arbeitskosten der Bauarbeiter relativ stärker als die Kapitalkosten des Maschineneinsatzes gestiegen waren, wechselten viele Wohnungsbauunternehmen und Bauwillige die Fertigungsmethoden im Wohnungsbau grundlegend von der Einzelfertigung „vor Ort" zu maschinen(kapital-)intensiveren Serienfertigungen (Bau von Fertighäusern und Verwendung von Fertigbauteilen) (nach: LIPSEY, STEINER, PURVIS 1987[8], S. 193).
Prüfen Sie nach der Lektüre des vorstehenden Textbeispiels die Faktorpreis-Wirkungen einer Verkürzung der regelmäßigen Wochen-Arbeitszeiten der Arbeitnehmer bei gleichzeitiger Erhöhung der Betriebs- oder Maschinenlaufzeiten! Diskutieren Sie die möglichen Effekte!

3.3 Kostentheorie bei kurzfristigem Zeithorizont

Die Annahme eines kurzfristigen Zeithorizonts läßt sich nicht exakt in Monaten oder Jahren konkretisieren. Denn es handelt sich um eine nur analytisch bestimmbare Annahme. Gemeint ist ein Zeithorizont, in dem ein Teil der Produktionsfaktoren variabel eingesetzt werden kann, während insbesondere die Bestandsfaktoren an verfügbarem Realkapital, einschl. der Grund- und Bodenflächen, fixiert sind. In einem Kraftwerk wird die kurzfristige Planungsperiode i. d. R. mehrere Jahre erfassen, in einem kleinen Handelsunternehmen dagegen nur wenige Monate. Aus dem analytischen Verständnis der Planungsperiode folgt, daß *kurzfristig* nur eine *partielle* Variation der Inputfaktoren möglich ist, i. d. R. der Einsatz von (ungelernten) Arbeitskräften, von Roh- und Werkstoffen in jeweils begrenztem Umfang. Der kurzfristige Zeithorizont führt somit zu der Unterscheidung zwischen variablen und einsatzfixen Produktionsfaktoren. Analog ist im Rahmen der Kostentheorie zwischen fixen und variablen Kosten zu unterscheiden.

3.3.1 Von der Produktionsplanung zur Kostentheorie

Den Ausgangspunkt der kostentheoretischen Analysen bildet eine betriebliche Produktionsfunktion nach dem klassischen Ertragsgesetz (Typ A nach GUTENBERG, HEINEN u. a.). Hierzu werden die vorherigen **Annahmen** z. T. übernommen:

a) Unterstellt wird ein Ein-Produkt-Unternehmen mit der Möglichkeit zu einer peripheren (begrenzten) Substitution der Produktionsfaktoren.
b) Aus Vereinfachungsgründen werden nur zwei Input-Faktoren unterschieden. Die Menge des zweiten Faktors sei kurzfristig fixiert. Qualitative Unterschiede beim variablen ersten Faktor (Einsatzmenge ungelernter Arbeitskräfte) werden ausgeschlossen.

$$x = x(v_1, v_2); \quad \text{mit } v_2 = \text{const}$$

c) Die Faktorpreise sind dem einzelnen Unternehmen gegeben.

Die kurzfristige Kostentheorie stellt den Verlauf der Grenzkosten, der marginalen Kostenänderungen, in den Mittelpunkt. Die Bedeutung dieses Kostenbegriffs soll hier aus dem Zusammenhang von kurzfristiger Produktions- und Kostentheorie hergeleitet und begründet werden. Nach der Annahme c) können weitere Arbeitskräfte vom einzelnen Unternehmen zu gleichen Lohnsätzen eingesetzt werden. Kostenänderungen bei zusätzlicher Produktion können sich dann nur aus Veränderungen der Produktionsbeiträge zusätzlicher Arbeitskräfte ergeben. Die Frage nach den Grenzkosten im Rahmen der kurzfristigen Kostentheorie führt somit zunächst zur Vorfrage nach den Produktionsbeiträgen des Mehreinsatzes von Arbeitskräften, des variablen Produktionsfaktors. Wie ändern sich die Produktionsmengen, wenn der Einsatz des variablen Faktors erhöht wird? Eine mögliche allgemeine Antwort hierzu liefert das klassische Ertragsgesetz der Produktion.

Das **klassische Ertragsgesetz** behauptet, daß bei fortlaufender Erhöhung des variablen Faktors um gleiche Einheiten (bei gleichzeitiger Konstanz der sonstigen Produktionsfaktoren) die Produktionszuwächse zunächst zunehmen, im weiteren Verlauf abnehmen werden. Die zusätzlichen Produktionsmengen werden auch als **Grenzprodukte** des variablen Faktors bezeichnet.

Zur Erläuterung wird auf ein fiktives Beispiel eines Kleinbetriebes mit einer begrenzten Kapazität an Produktionsmaschinen verwiesen: Ein Kleinbetrieb erhöht sukzessiv die Zahl seiner Arbeitskräfte. Wenn es sich zunächst um einen Ein-Mann-Betrieb handelt, hat die einzige Arbeitskraft alle Arbeitsaufgaben zu erlernen und gleichzeitig oder nacheinander durchzuführen. Wenn eine zweite, dritte und dann eine vierte Arbeitskraft eingestellt wird, werden regelmäßig Verbesserungen der Arbeitsproduktivität durch eine stärkere Arbeitsteilung möglich sein. Diese Produktivitätseffekte begründen den ersten Teilabschnitt des Ertragsgesetzes mit zunehmenden Produktionszuwächsen. Diese Effekte sind nach dem Ertragsgesetz nicht unbegrenzt fortzusetzen, wenn die Zahl der Arbeitskräfte weiter erhöht wird. Eine weitere Steigerung der Arbeitsintensität bei konstanter Maschinenkapazität führt zu geringeren Produktionszuwächsen. Jede zusätzliche Arbeitskraft (bei gegebenem Bestand an Maschinen) wird die Produktionsmenge weniger erhöhen als zuvor, weil ein „effizienter Mix" der Input-Faktoren immer mehr verlassen wird.

Tab. 3-2 liefert ein analoges Zahlenbeispiel eines landwirtschaftlichen Kleinbetriebes mit einer gegeben Ackerfläche.

Tab. 3-2 Zahlenbeispiel des klassischen Ertragsgesetzes

Einsatz von Arbeitskräften (Alternativplanung)	(geschätzte) Produktionsmenge in to Getreide (bei gegebener Ackerfläche)	Grenzprodukt der zusätzlichen Arbeitskraft
0	0	
1	10	10
2	26	16
3	36	10
4	44	8
5	50	6
6	54	4
7	56	2
8	55	−1

Das klassische Ertragsgesetz hebt den Verlauf des Grenzprodukts des variablen Faktors hervor. Daher kann die klassische Variante treffender auch als „Gesetz eines zu-/abnehmenden Grenzprodukts“ (Grenzertrags) bezeichnet werden.[2] In der dritten Spalte der Tab. 3-2 wird ein typischer Verlauf des Grenzprodukts der Arbeit nach dem Ertragsgesetz aufgezeigt. Das **Grenzprodukt eines Produktionsfaktors** entspricht der zusätzlichen Produktionsmenge, die erreicht werden kann, wenn ein variabler Faktoreinsatz um eine Mengeneinheit erhöht wird, während die Mengen der anderen Faktoren konstant bleiben. Nach der Tabelle kann das Grenzprodukt der Arbeit als Differenzenquotient der Produktionszuwächse ermittelt werden, wenn der Einsatz der Arbeitskräfte sukzessiv erhöht wird. In mathematisch exakter Form ist das Grenzprodukt als Differentialquotient (1. Ableitung) der Produktionsfunktion zu ermitteln.

Beispiel einer analytischen
Form der Produktionsfunktion:

$$x = \sqrt{(v_1 \cdot v_2)}\,;\ v_2 = 10$$

Grenzprodukt des Faktors v_1:

$$dx/dv_1 = 0{,}5 \cdot v_1^{-0{,}5} \cdot 10^{0{,}5}$$

Aus dem ertragsgesetzlichen Verlauf einer Produktionsfunktion wird im folgenden unmittelbar eine elementare Form einer kurzfristigen Kostenfunktion abgeleitet. Der Leser möge sich hierzu an den oben eingeführten Begriff der Kosten erinnern. Produktionskosten einer bestimmten Gütermenge entsprechen der Summe der mit den Faktorpreisen multiplizierten Einsatzmengen der Produktionsfaktoren. Bei gegebenen Faktorpreisen bestimmen daher die Input-Output-Beziehungen der Produktionsfunktion den Verlauf der Kosten. Eine Kostenfunktion kann als Umkehrfunktion aus dem angenommenen Ertragsgesetz bestimmt werden.

Ertragsgesetzliche Produktionsfunktion:

$$x = x\,(v_1, v_2);\quad \text{mit } v_2 = \text{const.}$$

Die Produktionsfunktion kann umformuliert werden, indem die Inputmengen mit den gegebenen Faktorpreisen multipliziert werden:

$$x = x\,(v_1 \cdot p_1 + v_2 \cdot p_2) \text{ oder } x = x\,(K)$$

Eine Kostenfunktion beschreibt den Verlauf der Produktionskosten in Abhängigkeit von der Gütermenge.

$$K = f^{-1}\,(x)$$

3.3.2 Grundbegriffe der Kostentheorie und ertragsgesetzliche Kostenfunktion

Die mikroökonomische Kostentheorie konzentriert sich im allgemeinen darauf, analytische Konzepte einer betrieblichen Kostenfunktion zu entwickeln, bei der die gesamten Kosten der betrieblichen Produktion in Abhängigkeit von der Produktionsmenge betrachtet werden. Einbezogen werden die einzelwirtschaftlichen Kosten der Produktion, einschließlich kalkulatorischer Alternativkosten wie Eigen-

---

[2] Die neoklassische Variante der ertragsgesetzlichen Produktionsfunktion unterstellt von Beginn ein abnehmendes Grenzprodukt der Arbeit (des variablen Faktors). Diese Variante kann daher als „Gesetz eines abnehmenden Grenzprodukts“ bezeichnet werden.

kapitalzinsen und Unternehmerlohn; nicht berücksichtigt werden in der betrieblichen Kalkulation externe (soziale) Kosten der Produktion, soweit sie nicht nach dem Verursacherprinzip in indirekter Form von den Unternehmen getragen werden. Maßgeblich ist der wertmäßige Kostenbegriff nach SCHMALENBACH, der die betrieblichen Produktionskosten als den Verbrauch von Faktor- oder Güterwerten definiert, die zur Erstellung der Produktionsmenge und zur Erhaltung der Betriebsbereitschaft bei effizientem Faktoreinsatz erforderlich sind. Die kurzfristige Kostentheorie hebt im besonderen die Unterscheidung zwischen variablen und fixen Kosten hervor.

$$\begin{aligned} \text{Gesamtkosten} &= \text{variable Kosten} + \text{fixe Kosten} \\ K &= VK + FK \end{aligned}$$

Fixe Kosten (FK) sind Kostenarten, die im Zusammenhang mit kurzfristig gegebenen Produktionsfaktoren entstehen. Sie fallen in bestimmter Höhe an, unabhängig von der Höhe der kurzfristig geplanten Produktionsmengen. Hierzu gehören die Kosten der Betriebsbereitschaft, besonders die Kostenarten, die in der Existenz *gegebener* Produktionsanlagen begründet sind. Typische Fixkosten bilden Mieten und Zinsen (incl. kalkulatorischer Kosten) sowie zeitabhängige Abschreibungen.[3]

Die Höhe der **variablen Kosten** (VK) hingegen verändert sich im Zusammenhang mit der Produktionsmenge bzw. mit dem Einsatz eines variablen Produktionsfaktors. Typische, zu den variablen Kosten zählende Kostenarten sind die betrieblichen Rohstoff- und Materialkosten sowie die Arbeitskosten im gewerblichen Bereich. Der Verlauf der variablen Kosten kann aus der Annahme einer ertragsgesetzlichen Produktionsfunktion abgeleitet werden (vgl. die obige Bestimmung der Kostenfunktion als Umkehrfunktion sowie die Abb. 3-6a). Die Annahme des Ertragsgesetzes der Produktionstheorie bestimmt über die variablen Kosten den für die Angebotsplanung des Unternehmens relevanten Verlauf der Grenzkosten.

Der Begriff der Grenzkosten ist der Schlüssel zum Verständnis der Frage, wieviel ein Unternehmen zu produzieren und zu verkaufen bereit ist (nach Samuelson, Nordhaus). Als **Grenzkosten** werden die Kostenänderungen bezeichnet, die bei einer Erhöhung der Produktionsmenge um eine Einheit entstehen. Sie werden als Differenzen- bzw. Differentialquotient der Kostenfunktion (K in Abhängigkeit von x) oder auch der Funktion der variablen Kosten (VK) ermittelt. Die Fixkosten beeinflussen die Höhe der Grenzkosten nicht. Abb. 3-6 zeigt den typischen Verlauf der Grenzkosten (GK) im Vergleich zu einer **ertragsgesetzlichen Kostenfunktion** eines Ein-Produkt-Unternehmens. Die Grenzkostenkurve sinkt zunächst mit steigender Produktmenge, solange die Gesamtkosten (variablen Kosten) degressiv steigen. Nach dem Wendepunkt der Kostenfunktion steigen die Grenzkosten im weiteren Verlauf, wenn die Gesamtkosten (oder die variablen Kosten) mit progressiver Steigung zunehmen. Der typische, erst abnehmende, dann zunehmende Verlauf der Grenzkosten (mit steigender Produktionsmenge) folgt in allgemeiner Form aus den analytischen Annahmen zur Entwicklung des Grenzproduktes nach dem klassischen Ertragsgesetz.

---

[3] Der Begriff der fixen Kosten kann weiter differenziert werden, wenn man die mangelnde Teilbarkeit von maschinellen Produktionseinheiten berücksichtigt. Maschinelle Anlagen können über Intervalle von Produktionsmengen zu fixen Kosten führen, die jedoch bei größeren Mengenänderungen über mehrere Intervalle zu variablen Kosten werden. Die mangelnde Teilbarkeit von Anlagen führt dann zu "sprungfixen" Kosten.

Abb. 3-6 Verlauf ertragsgesetzlicher Kostenfunktionen

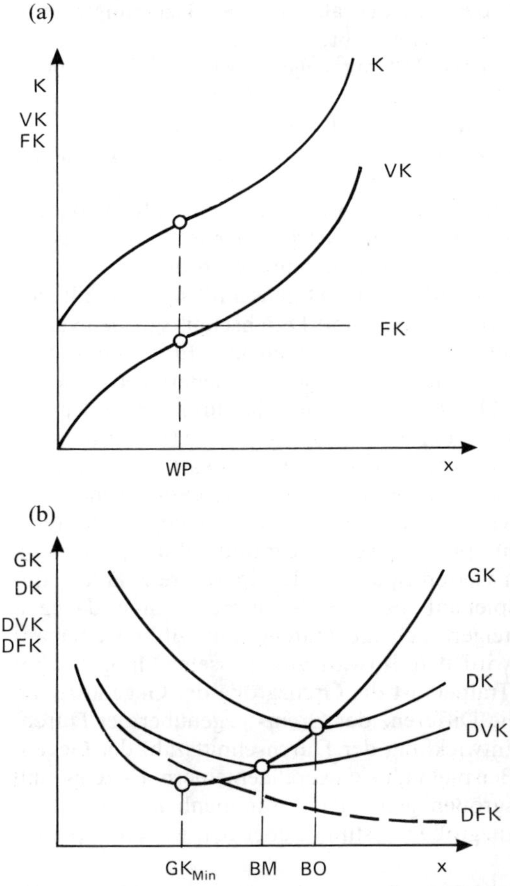

(a) Eine kurzfristige Kostenfunktion (K) eines Ein-Produkt-Unternehmens ergibt sich aus der vertikalen Addition zweier Komponenten, der Summe aus den variablen Kosten (VK) und den fixen Kosten (FK). Der Verlauf von VK folgt hier aus der Annahme einer ertragsgesetzlichen Produktionsfunktion. FK hat einen horizontalen Verlauf.

(b) Die Kurven der Grenzkosten (GK) und der Durchschnittskosten (DK) lassen sich aus der ertragsgesetzlichen Kostenfunktion nach (a) ableiten. Der ertragsgesetzlichen Kostenfunktion entsprechen typische U-förmige Verläufe der abgeleiteten GK- und DK-Kurven mit einer bestimmten Abfolge der Minima. DVK und DFK bilden Komponenten von DK, jeweils abgeleitet aus dem Verlauf von VK und FK. Der Punkt BM bezeichnet das Betriebsminimum (oder die kurzfristige Preisuntergrenze), der Punkt BO das kurzfristige Betriebsoptimum.

Die Überlegungen zum Verlauf der Grenzkosten lassen sich wie folgt zusammenfassen: Eine aus dem Ertragsgesetz abgeleitete Kostenfunktion zeigt gemäß Abb. 3-6 einen typischen S-förmigen Verlauf auf der Basis der kurzfristigen Produktionstheorie. Der **Wendepunkt** der Produktions- bzw. der Kostenfunktion entspricht einem **Minimum-Punkt** der Grenzkosten, nach dem die Grenzkosten dann mit steigender Produktionsmenge zunehmen. Analytisch kann die Kurve der Grenzkosten als Differentialquotient der Kostenfunktion (dK/dx) abgeleitet werden.

Nach der Grenzkostenanalyse sind verschiedene Begriffe der **Durchschnittskosten** zu unterscheiden:

$$\text{(gesamte) Durchschnittskosten} = \frac{\text{(gesamte) Kosten}}{\text{Produktionsmenge}} = \frac{K}{x} = DK$$

Die Durchschnittskosten (DK) werden auch als Stückkosten der Produktionsmenge bezeichnet. Sie lassen sich unmittelbar aus dem Verlauf der gesamten

Kosten mit Bezug auf die jeweiligen Produktionsmengen bestimmen. Die Kurve der Durchschnittskosten (DK) zeigt bei Annahme des Ertragsgesetzes gleichfalls einen typischen U-förmigen Verlauf, der sich aus allgemeinen Beziehungen zwischen Grenz- und Durchschnittsgrößen herleiten läßt:

(a) Gilt GK < DK, folgt eine *Abnahme* von DK mit steigender Produktionsmenge.

(b) Gilt GK > DK, folgt eine *Zunahme* von DK mit steigender Produktionsmenge.

(c) Gilt GK = DK (bei steigendem Verlauf der GK-Kurve), erreicht die DK-Kurve ihr *Minimum* bei vorheriger Abnahme gemäß Bedingung (a) und späterer Zunahme gemäß Bedingung (b).

Das **Minimum** der betrieblichen Durchschnittskosten wird auch als Punkt des kurzfristigen **Betriebsoptimums** bezeichnet, weil ein Betrieb hier unter den gegebenen Bedingungen mit den geringsten Kosten je Produkteinheit produziert. Die vorstehende Begründung eines U-förmigen Verlaufs der Durchschnittskosten läßt sich aus einer logischen Verknüpfung zwischen Grenz- und Durchschnittsgrößen verallgemeinern. Hierzu ein einfaches **Beispiel** aus dem Handballsport: Eine Mannschaft „SV Neuling“ liegt nach drei Spielen, die jeweils mit hohen Niederlagen endeten, ohne Punktgewinn am Tabellenende. Der Trainer kritisiert daraufhin besonders die unzureichenden Leistungen des Torwarts, der je Spiel 20 Gegentore (Durchschnittsgröße) kassieren mußte. Der enttäuschte Trainer erklärt, der Torwart erhalte im folgenden vierten Spiel eine letzte Chance. Nur wenn er im nächsten Spiel weniger als 20 Gegentore (Grenzgröße) erhalte, werde er weiterhin spielen können; andernfalls werde der Torwart in den kommenden Spielen ausgetauscht und auf die Ersatzbank geschickt. Wenn nun der Torwart im vierten Spiel nur 12 Gegentore zuläßt, reduziert sich die Durchschnittsgröße je Spiel auf „nur“ 18 Gegentore. Wenn er dagegen im vierten Spiel 24 Treffer erhält, steigert sich die Durchschnittsziffer weiter auf 21 Gegentore je Spiel. Der Trainer wird den Torwart auswechseln. Maßgebliches Kriterium für die Entscheidung des Trainers ist die Grenzgröße der Gegentore (im Vergleich zur Durchschnittsgröße); die Differenz der Grenz- gegenüber der Durchschnittsgröße bestimmt die weitere Entwicklung der Durchschnittszahl der Gegentore nach dem folgenden Spiel. Das Beispiel läßt sich verallgemeinern. Es zeigt, daß zwischen Grenz- und Durchschnittsgrößen generelle Zusammenhänge bestehen: Die relative Größenordnung der Grenzgrößen bestimmt über den weiteren Verlauf der Durchschnittsgröße.

Weitere Begriffe der Durchschnittskosten ergeben sich aus der Unterscheidung der beiden Komponenten der variablen und fixen Kosten. Die Kurve der **durchschnittlichen variablen Kosten** (DVK) zeigt bei Annahme des Ertragsgesetzes gleichfalls einen U-förmigen Verlauf, der gemäß Abb. 3-6 im Vergleich zur DK-Kurve nach links verschoben ist. Die Linksverschiebung der DVK-Kurve ergibt sich aus der Vernachlässigung der Komponente der Fixkosten, die DVK enthalten lediglich die Komponente der variablen Kosten als Nennergröße:

$$\begin{matrix}\text{durchschnittliche} \\ \text{variable Kosten}\end{matrix} = \frac{\text{variable Kosten}}{\text{Produktionsmenge}} = \frac{\text{VK}}{\text{x}} = \text{DVK}$$

Das Minimum der DVK-Kurve wird als Punkt des **Betriebsminimums** (BM) oder der **kurzfristigen Preisuntergrenze** bezeichnet. Denn in diesem Punkt erreicht ein Betrieb bei fortlaufender Senkung des Produktpreises die Schwelle zur kurzfristigen Aufgabe der Produktion, da jede laufende Produktionsmenge nur noch Verluste erbringt. Bei Marktpreisen zwischen den Punkten des **Betriebsoptimums** (BO im Minimum der DK) und des Betriebsminimums (BM) erscheint es dagegen aus

Übung 3-3 Verbrauchsfunktion bei intensitätsmäßiger Anpassung von Maschinen

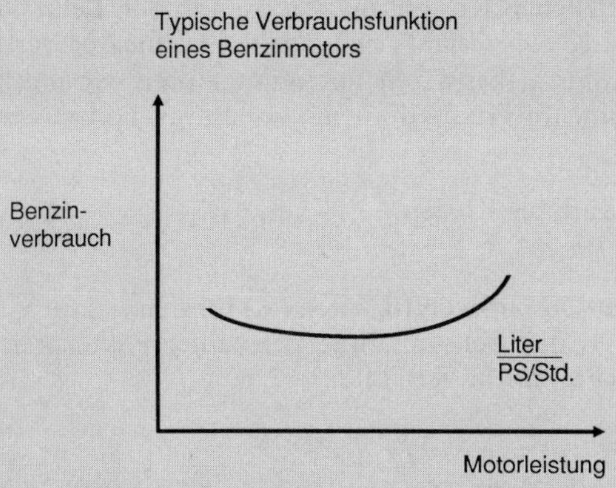

GUTENBERG unterscheidet im Rahmen seiner betrieblichen Produktions- und Kostentheorie zwischen einer Anpassung der Produktionsmenge nach dem Ertragsgesetz und einer intensitätsmäßigen Anpassung von Potentialfaktoren (Änderung der technischen Einsatzgeschwindigkeit von Maschinen).

Ein anderer Autor (KOSIOL) hingegen integriert die beiden Anpassungsformen der ertragsgesetzlichen und der intensitätsmäßigen Anpassungsform, weil die Kostenverläufe häufig analog sind.

Ein typisches Beispiel in der betriebswirtschaftlichen Literatur bildet die Entwicklung des Kraftstoffverbrauchs eines Benzinmotors in Abhängigkeit von der Leistung des Motors (gemessen in PS). Der Kraftstoffverbrauch (gemessen in Liter/Leistungseinheit) zeigt häufig eine U-förmige Verbrauchskurve je Leistungseinheit bei Anpassungen (Änderungen) der Leistungsintensität. Aus der Verbrauchsfunktion läßt sich ein entsprechender U-förmiger Verlauf der variablen Durchschnittskosten von Anlagen entwickeln, wenn man die Verbrauchsmengen mit den konstanten Faktorpreisen (Benzinpreise) multipliziert.

Prüfen Sie die behauptete Analogie der Kostenfunktion von maschinellen Anlagen bei intensitätsmäßiger Anpassung und bei ertragsgesetzlicher Produktionsfunktion!

betrieblicher Sicht noch sinnvoll, die Produktion kurzfristig aufrecht zu erhalten, obwohl bei den gegebenen Preisen laufende Produktionsverluste verursacht werden. Obwohl Verluste erzielt werden, ist bis zur Schwelle der Preisuntergrenze eine Fortsetzung der Produktion rational, weil die Produktion noch eine Teilkostendekkung (der Fixkosten) ermöglicht.

Die **durchschnittlichen Fixkosten** (DFK) zeigen nach Abb. 3-6 allgemein einen degressiven Kurvenverlauf. Je höher die Produktionsmenge eines Betriebs ist, umso geringer sind die DFK, denn die Kosten der Betriebsbereitschaft verteilen sich auf eine größere Produktionsmenge. Die Fixkosten verlieren mit steigender Produktionsmenge den Charakter von „Leerkosten" der Betriebskapazität, stattdessen werden sie mehr zu „Nutzkosten" der Produktion.

$$\text{durchschnittliche fixe Kosten} = \frac{\text{fixe Kosten}}{\text{Produktionsmenge}} = \frac{FK}{x} = DFK$$

3.3.3 Lineare Kostenfunktionen

Neben der ertragsgesetzlichen Kostenfunktion wird in den Lehrtexten häufig auch der Typ eines linearen Kostenverlaufs behandelt. Ein linearer Verlauf der Kostenfunktion ergibt sich, wenn neben fixen Potentialfaktoren variable Faktoren eingesetzt werden, für die lineare Produktionsfunktionen mit konstanten Input-Output-Beziehungen gelten.

K = fixe Kosten + variable Kosten
$K = FK + v_1 \cdot p_1$

Bei konstanten Input-Output-Koeffizienten (a_1) für den Faktor v_1 gilt eine lineare Produktionsfunktion, so daß bei Annahme konstanter Faktorpreise die Funktion der variablen Kosten (VK) linear verläuft:

$$v_1 = a_1 \cdot x$$

$$VK = p_1 \cdot a_1 \cdot x \; ; \quad \text{mit } p_1, a_1 = \text{const.}$$

Bei einer linearen Produktionsfunktion des variablen Faktors erhalten auch die gesamten Kosten in Abhängigkeit von der Produktionsmenge einen proportionalen Verlauf. Aus einer linearen Kostenfunktion folgt dann ein konstanter, von der Produktionsmenge unabhängiger Verlauf der Grenzkosten (GK). Dagegen zeigt die Kurve der Durchschnittskosten (DK) eine degressive Entwicklung über den gesamten Bereich der Produktionsmengen bis zur betrieblichen Kapazitätsgrenze; das kurzfristige Betriebsoptimum wird daher jeweils an der Kapazitätsgrenze realisiert. Der degressive Verlauf der DK-Kurve wird umso ausgeprägter sein, je größer der Kostenanteil der betrieblichen Fixkosten bzw. je höher die Kapitalintensität der Produktion ist. In kapitalintensiven Betrieben bildet die Kapazitätsauslastung daher

Abb. 3-7 Kostenfunktion bei einer linearen Produktionsfunktion

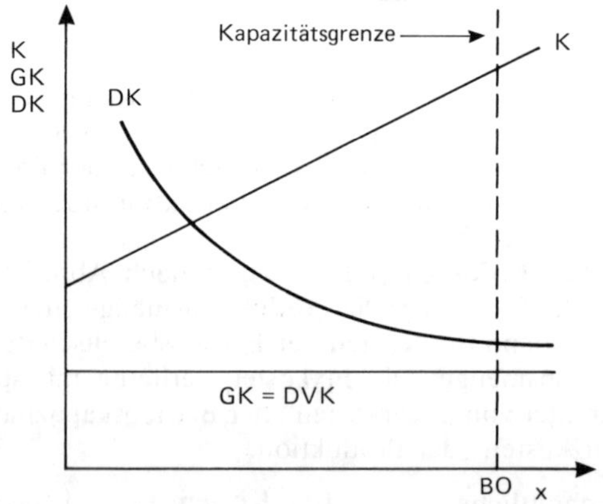

Die Kostenfunktion K wird aus der Summe der FK und der linearen VK bestimmt. Die GK bleiben in konstanter Höhe. Wegen der Fixkosten-Komponente haben die DK einen ständig degressiven Verlauf, so daß das kurzfristige Betriebsoptimum (BO) an der Kapazitätsgrenze liegt.

Übung 3-4 Fixkosten und konjunkturelle Abhängigkeit kapitalintensiver Betriebe

Die hohen Fixkosten machen kapitalintensive Betriebe (Beispiele: stahlerzeugende Betriebe, Kraftwerksbetriebe) relativ abhängig von der Konjunkturentwicklung. Erörtern Sie diese These einen Unternehmensvertreters!

einen wichtigen Faktor der betrieblichen DK, so daß bei einer rückläufigen Kapazitätsauslastung der Kostendruck bei kapitalintensiver Produktion stark zunehmen wird.

3.4 Kurzfristige Angebotsplanung auf der Basis der Grenzkosten

3.4.1 Einzelwirtschaftliche Angebotsfunktion nach der Preis-Grenzkosten-Regel

Angenommen wird der Fall U-förmiger bzw. zunehmender Grenzkosten eines Ein-Produkt-Unternehmens. Die kurzfristige Angebotsplanung erfolgt nach dem Ziel der Gewinnmaximierung. Der Produktpreis wird als gegeben angenommen.

Aus den vorgenannten Annahmen folgt die **Preis-Grenzkosten-Regel** als Prinzip des gewinnmaximalen Anbieterverhaltens. Eine formale Analyse zur Ableitung dieser Regel verlangt die Definition einer Gewinnfunktion des Unternehmens und die Bestimmung des Extremwerts der Gewinnfunktion nach den Methoden der Differentialrechnung[4]:

(a) Gewinn = Erlös − Kosten

$$G = (p \cdot x) - K(x)$$

(b) Grenzgewinn = Grenzerlös − Grenzkosten = 0

$$\frac{dG}{dx} = \frac{d(p \cdot x)}{dx} - \frac{dK}{dx} = 0$$

Aus (b) folgt die Preis-Grenzkosten-Regel der gewinnmaximalen Angebotsplanung:

$$p = \frac{dK}{dx}$$

Die Preis-Grenzkosten-Regel folgt als Maxime der kurzfristigen Produktions- bzw. **Angebotsplanung** eines gewinnorientierten Konkurrenzunternehmens. Ein solches Unternehmen wird bei gegebenen Marktpreisen die Produktionsmenge herstellen und anbieten, bei der die Grenzkosten der Produktion gleich dem Produktpreis sind. Der Gesamtgewinn ist dann am größten, wenn die Erhöhung der Produktions- und Absatzmenge um eine Einheit keinen zusätzlichen Gewinn erbringt. Gleichen sich der Grenzerlös aus dem Verkauf einer zusätzlichen Produkteinheit (der gegebene Marktpreis p) und die Kosten einer zusätzlichen Produktionseinheit aus, wird der Gewinn durch die Wahl der entsprechenden Produktionsmenge maximiert, wenn die Grenzkosten einen steigenden Verlauf haben. Denn bei einer weiteren Erhöhung der Produktionsmenge würden dann die Grenzkosten den

[4] Die Bedingungen zweiter Ordnung der Maximum-Lösung bleiben hier aus Vereinfachungsgründen unbeachtet.

Grenzerlös (Produktpreis) einer zusätzlichen Produkteinheit übersteigen, so daß die höhere Produktionsmenge bei höheren Grenzkosten (als dem Marktpreis) einen Verlustbeitrag liefern müßte. Der Gewinn des Unternehmens würde bei einer Ausdehnung der Produktionsmenge über den Punkt der Preis-Grenzkosten-Regel hinaus reduziert.

Bei alternativen Produktpreisen würde ein gewinnorientiertes Ein-Produkt-Unternehmen folglich die kurzfristigen Angebotsmengen entsprechend der Preis-Grenzkosten-Regel nach dem Verlauf seiner Grenzkosten bestimmen. Eine **kurzfristige** individuelle **Angebotsfunktion** eines gewinnorientierten Unternehmens, das als Mengenanpasser bei alternativen Marktpreisen handelt, entspricht der steigenden Kurve der Grenzkosten oberhalb des Punktes des Betriebsminimums (der kurzfristigen Preisuntergrenze). Bei einem Produktpreis unterhalb des kurzfristigen Betriebs-

Abb. 3-8 Kurzfristige Angebotsfunktion eines individuellen Unternehmens nach der Preis-Grenzkosten-Regel

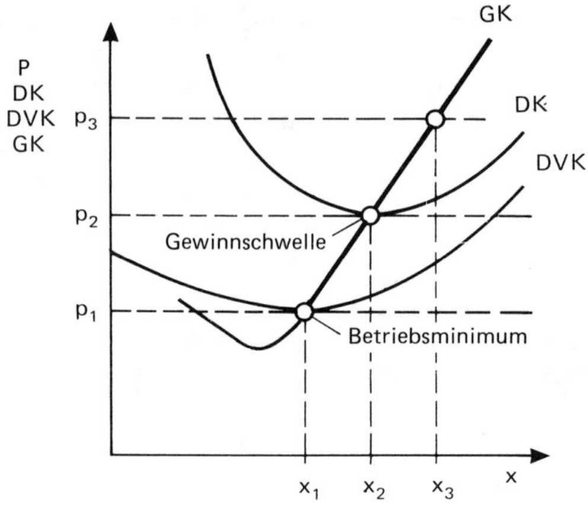

Bei Annahme alternativer Marktpreise $p_1 \ldots p_3$ entspricht die individuelle Angebotsfunktion dem Bereich der steigenden Kurve der Grenzkosten: Bei alternativen Marktpreisen verhält sich ein individuelles Unternehmen kurzfristig als gewinnorientierter Mengenanpasser (unter der Bedingung, daß die Marktpreise von der individuellen Angebotsmenge nicht beeinflußt werden).

Die kritische Marktpreisschwelle des Betriebsminimums liegt bei p_1. Bei Marktpreisen im Bereich zwischen p_1 und p_2 bleibt das Unternehmen kurzfristig im Verlustbereich. Erst beim Marktpreis p_2 gleicht der Marktpreis den DK der Produktion, so daß das Unternehmen hier die Gewinnschwelle erreichen kann. Die Produktionsmenge x_3 wird angeboten, wenn p_3 als Marktpreis angenommen wird.

Übung 3-5 Kurzfristige Preisuntergrenze

Das Prinzip der kurzfristigen Preisuntergrenze bzw. des Betriebsminimums führt zu dem erstaunlichen Schluß, daß Unternehmen ihre Tätigkeit fortsetzen, obgleich sie mit hohen Verlusten arbeiten (nach SAMUELSON, NORDHAUS). Versuchen Sie, diesen Satz der Lehrbuchautoren zu präzisieren.

minimums (Minimum der DVK) würde das Unternehmen auf eine Produktion bzw. ein Angebot verzichten. Bei einem Marktpreis zwischen p_1 und p_2 würde das Unternehmen trotz kurzfristiger Verluste die Produktion aufrechterhalten. Bei einem Marktpreis p_2 würde das betreffende Unternehmen die **Gewinnschwelle** oder den **„break even point"** erreichen. Erst bei einem Marktpreis oberhalb von p_2 würde ein Unternehmen einen positiven Gewinn erzielen können und bei Gewinnmaximierung entlang der steigenden Grenzkostenkurve produzieren.

Die Preis-Grenzkosten-Regel liefert eine eindeutige Anweisung für die kurzfristige Angebots- und Produktionsplanung eines Ein-Produkt-Unternehmens bei Annahme alternativer gegebener Marktpreise (bei Vernachlässigung von Möglichkeiten der Lagerhaltung): Es sind die Grenzkosten bei verschiedenen Produktionsmengen zu ermitteln. Die kurzfristige Angebotsplanung hat sich *einerseits* an den Marktbedingungen (**Marktpreisen**) zu orientieren, *andererseits* an der Höhe der **Grenzkosten** seiner Produktion. Ein Unternehmen soll die Produktionsmenge wählen und anbieten, bei der die Grenzkosten exakt den Marktpreisen entsprechen. Dann realisiert ein Unternehmen unter Wettbewerbsbedingungen bei den gegebenen Annahmen die gewinnmaximale Produktionsmenge. Unter ceteris paribus-Bedingungen wird ein Unternehmen bei **höheren** Marktpreisen die Produktions- bzw. Angebotsmenge kurzfristig erhöhen. Das Unternehmen wird sich folglich nach den gegebenen Annahmen als Mengenanpasser verhalten und seine Angebotsmenge entlang des Bereichs zunehmender Grenzkosten steigern.

3.4.2 Anwendungsbeispiele

Bei Annahme einer **linearen Kostenfunktion** verlaufen die Grenzkosten parallel zur Abzisse (vgl. Abb. 3-7). In diesem Fall führt die Preis-Grenzkosten-Regel bei gegebenen Marktpreisen nicht zu einer eindeutigen Gewinnmaximum-Lösung. Ein Betrieb mit linearer Kostenfunktion realisiert den „break even point" (die Gewinnschwelle), wenn die Kosten den Erlösen entsprechen. Mit steigender Produktions- und Absatzmenge tritt der Betrieb in die Gewinnzone und vergrößert seinen Gewinn mit der Absatzmenge (bei gegebenen Marktpreisen). Der Betriebsgewinn steigt bis zur Kapazitätsgrenze, so daß ein gewinnbezogener Anreiz zur Produktion bei hoher Kapazitätsauslastung bzw. an der Kapazitätsgrenze besteht. Da auch die durchschnittlichen variablen Kosten (DVK) bei Annahme linearer Kostenverläufe konstant bleiben, läßt sich kein eindeutiges, auf die Produktionsmenge bezogenes Betriebsminimum bestimmen. Unabhängig von der Produktionsmenge wird die kurzfristige Preisuntergrenze unterschritten, wenn die Marktpreise die DVK unterschreiten.

Verschiedene empirische Studien zur Ermittlung kurzfristiger Kostenfunktionen haben reale Beispiele konstanter Grenzkosten bzw. linearer Kostenverläufe für Produktionsbereiche bei normaler Auslastung ermittelt. Vielfach sind jedoch bei hohen Auslastungsgraden in der Nähe der Kapazitätsgrenzen überproportionale Kostensteigerungen und damit **steigende** Grenzkosten wahrscheinlich. Zunehmende Grenzkosten im Bereich hoher Kapazitätsauslastung können durch steigende Materialkosten, höhere Personalkosten (Überstundenzuschläge), ungünstige Lieferantenpreise u. a. bedingt sein.

Übung 3-6 „break even point“

Ein Buchverlag produziert ein Taschenbuch mit einer Auflagenhöhe von 10.000 Exemplaren. Die Fixkosten der Auflage betragen 50.000 DM. Dem Verlag entstehen ferner variable Kosten der Verpackung und Versendung, die in Höhe von 3,56 DM je Taschenbuch kalkuliert werden.

Als Verkaufspreis werden 17 DM geplant, von dem 20% als Händlerspanne und 12% als Autorenhonorar abzuziehen sind.
Bei welcher Absatzmenge erreicht der Verlag die Gewinnschwelle?

3.4.3 Aggregiertes Marktangebot

Nach dem ersten Gesetz der Angebotstheorie entspricht eine Funktion des **Marktangebots** einer positiven Preis-Mengen-Beziehung eines Marktdiagramms. Eine entsprechende Funktion des kurzfristigen Marktangebots läßt sich formal durch eine horizontale Aggregation der individuellen Angebotskurven verschiedener einzelner Produzenten ableiten. Die Probleme der Aggregation werden hier nicht erörtert; unterstellt wird ein unabhängiges Vorgehen der verschiedenen Unternehmen am Markt in Abhängigkeit von den Marktpreisen. Dann läßt sich durch Aggregation eine der Theorie des kurzfristigen Marktangebots entsprechende Preis-Mengen-Funktion mit positiver Steigung ableiten. Die Reaktion des Marktangebots auf Änderungen des Produktmarktpreises wird kurzfristig relativ beschränkt sein im Vergleich zu längerfristigen Anpassungen, da in kurzfristiger Analyse Kapazitätserweiterungen und Markteintritte weiterer Anbieter ausgeschlossen werden.

Kostenänderungen durch veränderte Preise der variablen Produktionsfaktoren verschieben die Grenzkostenkurven der einzelnen Unternehmen. Dadurch ergeben sich - bei gegebenen Produktpreisen - Verschiebungen der individuellen Angebotskurven und folglich auch der aggregierten Angebotskurve des Marktes.

3.5 Langfristige Kostenverläufe

Ein langfristiger Zeithorizont wurde bereits bei der Analyse der Minimalkosten-Kombination unterstellt. „In the long run, all factors may be varied ...“ (LIPSEY, STEINER, PURVIS 1987[8], S. 191). Die Annahme gegebener Betriebskapazität wird aufgegeben; die Betriebsgröße wird zu einer Variablen der langfristigen Produktions- und Kostenplanung. Einzelne Lehrbücher unterscheiden zudem zwischen dem langfristigen Zeithorizont (bei variabler Kapazität und gegebener Produktionstechnik) und sehr langfristigen Zeiträumen (mit Veränderungen der Technik). Auf eine entsprechende weitergehende Differenzierung längerfristiger Zeiträume in exakter Form wird hier verzichtet. Wir konzentrieren uns darauf, das Gesetz der Massenproduktion bei unterschiedlichen Betriebsgrößen, den Verlauf der langfristigen Durchschnittskosten und die empirische Ermittlung mindestoptimaler Betriebsgrößen nach der industrieökonomischen Forschung darzustellen.

3.5.1 Gesetz der Massenproduktion und Änderungen der Betriebsgröße

Die kostentheoretischen Überlegungen lassen sich zunächst am Gesetz der Massenproduktion einführen, das im Jahr 1910 von K. BÜCHER als ein sog. Entwicklungsgesetz zu großbetrieblicher (industrieller) Produktion formuliert wurde. Das **BÜCHERsche Gesetz der Massenproduktion** behauptet einen sinkenden Verlauf der langfristigen Durchschnittskosten (LDK) aus einer Kombination kurz- und langfri-

Übung 3-7 Zur Problematik der Grenzkosten: Überlegungen zur Erweiterung des Produktangebotes einer Tankstelle

„Suppose you manage a filling station. You have handled only gasoline, oil, and a few miscellaneous supplies like auto polish, windshield-wiper blades, and so on. The local wholesaler approaches you to put in a line of batteries and tires. He argues that there will be very little extra expense because you're not pressed for space, and that you have a small but ready-made market in your regular customers, who don't want to go to the inconvenience of shopping around for these items.

You've had a course in economics and you know about costs. So you calculate carefully what the marginal (extra) cost of putting in these lines would be, compared to the likely increase in revenue. The answer looks good ... At a markup over wholesale that will keep the final price roughly competitive with other retailers, this should yield an extra \$ 50 to \$ 75 (profit) a month even after allowing for interest cost on the money tied up in inventory. (You calculate more revenues of \$ 150 a month, based on a selling plan of 100 tires per month.) ...

Should you put in the tires (according the rule of marginal cost and market price) ...?

But this is a rule to be used with care. It depends on being sure of what is truly marginal and what is not. Suppose you add the tires and they seem a great success, selling better than you'd expected and taking up more and more space and time. You have to add a new man and expand your building. Where do you allocate the costs – to the gasoline, the tires, where? ...Many businessmen use this kind of marginal (or incremental) analysis in adding products, but only when the addition is small relative to their total activity, and understandably so. When any product line becomes relatively large, they expect it to carry it's regular share of the ‚overhead', or the ‚burden', as indirect costs of running the business are sometimes called. In principle, comparing marginal cost with marginal revenue always gives the right answer in deciding whether or not to take on a new product to expand output. The trick lies in applying the principle carefully, and being sure which costs are really marginal in both the short and long runs". (Quelle: Bach 1980[10], S. 381 f.)

Der vorstehende Text beschreibt eine realistische Situation vieler Tankstellen in der Planung ihres Produktangebots. Liefert die Kalkulation der kurzfristigen Grenzkosten ein korrektes (unproblematisches) Kriterium dieser Angebotsplanung?

stiger Wirkungen. In *kurzfristiger* Sicht werden jeweils bei gegebener Betriebsgröße sinkende DK mit steigender Produktionsmenge durch eine Degression der Fixkosten angenommen. In *langfristiger* Sicht werden dagegen Produktionsverfahren (Betriebsgrößen) mit unterschiedlichem Kapitaleinsatz (und Unterschieden in der Produktionstechnik) verglichen.

- Ein relativ arbeitsintensives Produktionsverfahren von Kleinbetrieben kann bei geringer Produktionsmenge DK-Vorteile haben, da die Kostenstruktur von Kleinbetrieben vielfach einen relativ geringen Fixkostenanteil bei relativ größeren VK aufweist.
- Bei größeren Produktionsmengen jenseits einer kritischen Schwelle hat nach dem Gesetz der Massenproduktion hingegen ein großbetriebliches Produktionsverfahren mit höherem Kapitaleinsatz Kostenvorteile (vgl. Abb. 3-9).

Typische Merkmale großbetrieblicher kapital- und technikintensiver Produktion bilden demnach hohe FK und eher geringere VK, so daß aus den typischen Merkmalen der Kostenstruktur größerer Betriebe relative DK-Vorteile bei hohen Produktionsmengen zu erwarten sind. Aus diesen typisierten Unterschieden der Kostenstrukturen läßt sich folgern, daß ein arbeitsintensiver Kleinbetrieb unterhalb der kritischen Produktionsmenge günstiger zu produzieren vermag. Oberhalb der kritischen Menge wird jedoch ein kapitalintensives Verfahren oder ein Wechsel der Betriebsgröße günstiger sein.

Wenn der beim Gesetz der Massenproduktion implizit mit der Änderung der Betriebsgröße und des Kapitaleinsatzes angenommene Wechsel der technisch-organisatorischen Produktionsverfahren hier vernachlässigt wird, läßt sich gemäß Abb. 3-9 eine U-förmige langfristige LDK-Funktion bei einer Mehrzahl unterschiedlicher Betriebsgrößen ableiten. Die langfristige Kostenfunktion kann demnach als „Umhüllungskurve" mehrerer kurzfristiger DK-Kurven bei stetigen Veränderungen des Betriebskapitals bestimmt werden.

Abb. 3-9 Gesetz der Massenproduktion und langfristige Durchschnittskosten bei Änderung der Betriebsgröße

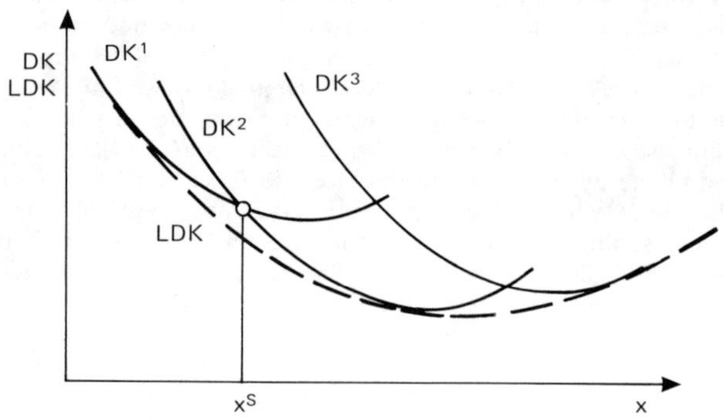

DK[1] beschreibt eine kurzfristige Funktion der DK eines arbeitsintensiven Kleinbetriebes bei gegebener Betriebsgröße. Für einen größeren Betrieb mit kapital- und technikintensivem Produktionsverfahren gilt analog die DK²-Kurve. Die kritische Schwelle der DK-Vorteile zwischen der klein- und großbetrieblichen Produktion liegt bei x^s. Ein Vergleich von DK¹ und DK² demonstriert Kostenvorteile nach dem Gesetz der Massenproduktion. Ein weiterer Übergang zu DK³ deutet auf einen U-förmigen Verlauf der langfristigen Hüllkurve mit späterer Progression der langfristigen LDK.

In den angelsächsischen Lehrbüchern wird der Bereich der langfristigen Kostendegression mit einem Argument der Produktionstheorie begründet, dem Begriff steigender Skalenerträge. **„Economies of scale"** (Betriebsgrößenvorteile) sind nach der Produktionstheorie gegeben, wenn bei proportionaler Erhöhung der Produktionsfaktoren der betriebliche Output überproportional steigt; da somit die betriebliche Produktivität bei größeren Faktoreinsätzen steigt, sinken die LDK bei steigenden Skalenerträgen. Die Gründe der möglichen Kostenvorteile großbetrieblicher Produktion sind vielfältig:

Mögliche Effizienzvorteile aus verschiedenen Größendimensionen der inputs sind einsichtig: So steigt das maximale Durchlaufvolumen von Röhren mit zweifachem Durchmesser um mehr als das Doppelte. Die Ladekapazität eines Lastkraftwagens steigt in der Regel stärker als dessen Gewicht. Mit der größeren Leistungsfähigkeit von Motoren steigt der Verbrauch an Kraftstoffen vielfach nicht proportional. Der Energieverbrauch bei großvolumigen Behältern (z. B. der Chemischen Industrie) wird günstiger sein als bei Kleinbehältern. Weitere Vorteile großbetrieblicher Produktion mögen aus der mangelnden Teilbarkeit von Produktionsfaktoren und Produkten resultieren. Der Bau größerer Generatoren oder größerer

Maschinen wie im Flugzeug- oder Schiffbau erfordert aus technischen und wirtschaftlichen Gründen größere Betriebseinheiten. Andererseits sind Kapazitäten von Potentialfaktoren vielfach aus technischen Gründen nicht beliebig teilbar, so daß größere Anlagen und Gebäude z. B. in günstiger Auslastung eher von Großbetrieben genutzt werden können.

Ein weiteres Argument steigender Skalenerträge wurde bereits erwähnt, es betrifft die günstigere Möglichkeit zur innerbetrieblichen Arbeitsteilung in größeren Betrieben nach ADAM SMITH. Wegen der technisch-organisatorischen Änderungen bei arbeitsteiligeren Produktionsverfahren wird der strenge produktionstheoretische Begriff der Skalenvorteile (Betriebsgrößenänderungen bei gegebener Technik!) hier allerdings bereits verlassen.

Abb. 3-9 unterstellt, daß bei großbetrieblicher Massenproduktion auch ein Bereich sinkender Skalenerträge bzw. steigender langfristiger Durchschnittskosten eintreten wird. Dieser Bereich beruht auf der Annahme, daß es Grenzen der Betriebsgrößenexpansion geben muß, so daß die Produktion bei multipler Vergrößerung der Kapazitäten weniger als proportional zunehmen wird. Letztlich werden Faktorrestriktionen vermutet, weil die Schwierigkeiten des Managements, der betrieblichen Koordination und Kontrolle überproportional zunehmen und weil die Wahrscheinlichkeit ineffizienter Produktion in eher bürokratisch organisierten Großbetrieben zunehmen werden.

3.5.2 Empirische Kostenfunktionen und mindestoptimale Betriebsgröße

Empirische Untersuchungen zum Verlauf langfristiger Kostenfunktionen in verschiedenen Wirtschaftszweigen führten im Vergleich zur U-förmigen Hüll-Kurve in den Lehrbüchern häufig zu einem tellerartigen, flachen Verlauf der langfristigen Durchschnittskosten (LDK). Die empirischen Kostenfunktionen unterschiedlicher Betriebsgrößen zeigen demnach eine stärkere Kostendegression im kleinbetrieblichen Bereich, dann einen relativ flachen Verlauf der Kosten über einen breiten Bereich von betrieblichen Produktionsmengen sowie eine nachfolgende Progression der Durchschnittskosten im Bereich der größten Betriebe.

Langfristige Kostenfunktionen im Querschnitt verschiedener Betriebsgrößen innerhalb von Wirtschaftsbranchen zeigen nach den empirischen Forschungen der Industrieökonomik einen breiten Bereich annähernd konstanter Skalenerträge oder flach verlaufender langfristiger Stückkosten. Konstante Skalenerträge entsprechen den Annahmen einer linear homogenen Produktionsfunktion, bei der eine proportionale Veränderung aller Faktoren eine entsprechende, linear-proportionale Veränderung des Output bewirkt.[5] Mit anderen Worten: Bei multipler Erweiterung der Betriebsgrößen verändern sich die betrieblichen Produktionsmengen proportional. Folglich bleiben die betrieblichen Produktivitäten in diesem Bereich konstant, ebenso die langfristigen Stückkosten.

Der Einsatz von speziellen Potentialfaktoren (maschinelle Anlagen) erfordert häufig in Betrieben große kapitalintensive Produktionseinheiten (z. B. Fließbandproduktion im Fahrzeugbau), so daß geringe betriebliche Produktionsmengen nicht

---

[5] Bei homogenen Produktionsfunktionen führt eine proportionale Faktorvariation mit dem gemeinsamen Proportionalitätsfaktor n zu einer Vervielfachung des Outputs:

$x \cdot n^r = n \cdot (v_1, v_2)$

Bei linear-homogenen Produktionsfunktionen hat r den Wert von Eins. Ein häufig verwendetes Beispiel bildet die „Cobb-Douglas-Produktionsfunktion".

Abb. 3-10 Empirische Verläufe der langfristigen Durchschnittskosten

(a) Produktionstheoretische Basis (b) Langfristige Durchschnittskosten

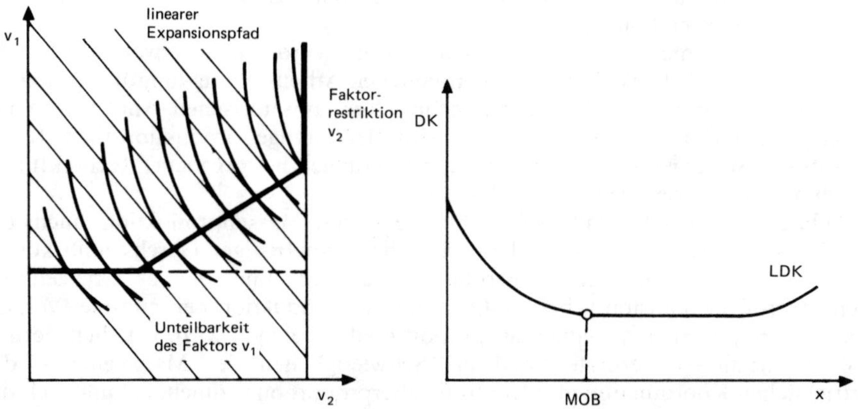

(a) Im Zwei-Faktoren-Diagramm wird ein Schema von Isoquanten angenommen, deren Produktionsmengen x sich mit größerer Entfernung vom Ursprung linear erhöhen. Auch die Kostenbeträge der Isokostenlinien erhöhen sich linear mit der Entfernung vom Ursprung.
Im unteren Bereich der betrieblichen Produktionsmengen muß der Potentialfaktor v_1 in einer Mindestmenge eingesetzt werden. Es folgt ein linear proportionaler Expansionspfad entlang der Minimalkosten-Kombinationen. Schließlich gilt eine Einsatzrestriktion des Faktors v_2.
(b) Langfristige Durchschnittskosten (LDK): Aus den produktionstheoretischen Annahmen folgt ein tellerartiger Verlauf der LDK bei multiplen Änderungen der Betriebsgrößen. Die Annahme der Unteilbarkeit des ersten Faktors im unteren Bereich führt zu einem degressiven Kostenverlauf bis zur mindestoptimalen Betriebsgröße (MOB). Im Bereich mittlerer Betriebsgrößen folgt der Kostenverlauf aus der Annahme linearer Skalenerträge. Die Restriktion des zweiten Faktors bewirkt schließlich einen progressiven Kostenverlauf.

oder nur zu höheren Stückkosten hergestellt werden können. Kapitalintensive Potentialfaktoren führen dann bei kleinen Produktionseinheiten zu Kostennachteilen und zu stärkerer Kostendegression bei steigender Auslastung der Potentialfaktoren. Stärkere Kostenvorteile großbetrieblicher Produktion („economies of scale") werden daher insbesondere in relativ kapitalintensiven Wirtschaftsbranchen vermutet. Der Begriff der **mindestoptimalen Betriebsgröße** (MOB) bezeichnet den Bereich der langfristigen Stückkosten-Kurve (im Querschnitt von Betrieben einer Branche), bei der weitere Kostensenkungen bei zunehmender Betriebsgröße ausbleiben. Die MOB einer Branche wird einerseits eine wichtige Kostengröße der langfristigen betrieblichen Planung sein. Andererseits liefert der Indikator wettbewerbspolitische Informationen für kapitalintensive Branchen, bei denen Kostenvorteile eher für großbetriebliche Produzenten sprechen mögen, jedoch wettbewerbspolitische Gefahren durch eine geringe Zahl großer, mächtiger Anbieter in Wirtschaftsbereichen möglich sind.

Übung 3-8 Empirische Funktionen der Stückkosten stromerzeugender Betriebe, USA, 1955 und 1970

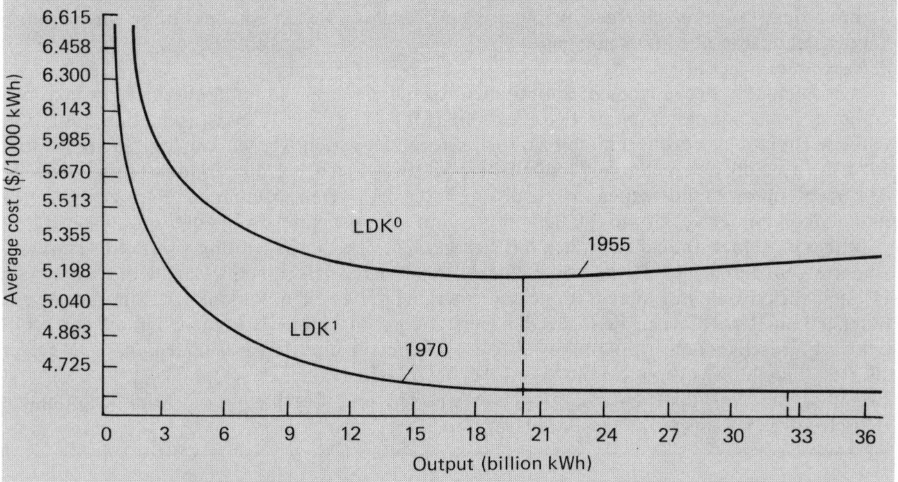

1955	76	15	6	8	3	7	2	2		2		1													
1970	26	22	7	10	9	1	6	4	3	2	1	4	1	1	1	2	2	1	2	1	1	1	2	1	3

Size distribution of firms

Die vorstehende Abb. zeigt empirische LDK-Kurven im Querschnitt stromerzeugender Betriebe in den USA im Jahr 1955 und in 1970. Im Vergleich der beiden Jahre hat sich die LDK-Kurve nach unten verschoben. Die Unterscheidung zwischen Unternehmen und Betrieben mag vernachlässigt werden. Die untenstehenden Zeilen beschreiben die Verteilung der Betriebe (Unternehmen) der Stromerzeugung nach entsprechenden Produktionsgrößen. (Quelle: GISSER 1981, S. 219).
Kommentieren Sie die Informationen der vorstehenden LDK-Kurven und der Größenverteilungen!

Übung 3-9 Untersuchungen zur Mindestoptimalen Betriebsgröße nach Produktgruppen, BR Deutschland, 1984

Zur Methode:

„Die Methode der Ingenieurschätzungen beruht auf einer Befragung kompetenter Ingenieure und anderer Fachleute. Ziel dieser Befragung ist es, die bei unterschiedlichen Betriebsgrößen zu erwartenden Herstellstückkosten (sog. Plankosten) zu ermitteln. Dabei wird explizit ein für die Branche repräsentativer Betriebstyp vorgegeben.

Die Beziehung zwischen der geplanten Größe (Kapazität) eines Betriebes und den zu erwartenden Herstellstückkosten wird durch die sogenannte langfristige Planungskurve veranschaulicht. Die langfristige Planungskurve zeigt nur die durch die Produktionstechnik bedingten Größenersparnisse. Nicht berücksichtigt werden jene Größenersparnisse, die Ergebnis günstigerer Einkaufsbedingungen bei größeren Bezugsmengen von Materialien sind und die bei zunehmender Betriebsgröße ebenfalls zu abnehmenden Herstellstückkosten führen.

Die Planungskurve ist durch Betriebsgrößenersparnisse gekennzeichnet, wenn bei zunehmender geplanter Betriebsgröße die Herstellstückkosten abnehmen. Das Ausmaß der Betriebsgrößenersparnisse wird in der Regel durch zwei Eigenschaften der langfristigen Planungskurve veranschaulicht:

- durch die mindestoptimale technische Betriebsgröße (MOB), d. h. jene Kapazität - gemessen in Produktionseinheiten pro Zeiteinheit -, ab der keine bedeutsamen Verringerungen der Herstellstückkosten mehr zu erwarten sind, und
- durch den prozentualen Kostennachteil, den Betriebseinheiten von der Größe eines Drittels oder der Hälfte der MOB aufweisen."

Ausgewählte Ergebnisse:

„Die Mehrzahl der untersuchten Branchen wies eine relativ zum inländischen Produktionsvolumen hohe mindestoptimale Betriebsgröße (MOB) auf. Die Inlandsproduktion hätte dort von einer relativ geringen Zahl von MOB-Betrieben bestritten werden können. So lag im Jahr 1984 die Anzahl der rechnerisch möglichen MOB-Betriebe bei den Produktgruppen LKW, Ackerschlepper, Mähdrescher, Motorräder, Kühl- und Gefrierschränke, Farbfernsehgeräte und Videorecorder, elektronische Schreibmaschinen und Zigaretten bei drei und weniger.

In den einzelnen Branchenstudien hat sich gezeigt, daß die Bedeutung von Betriebsgrößenersparnissen durch eine Reihe von Faktoren relativiert wird. Erstens nimmt die Kurve der Herstellstückkosten in einigen Branchen einen relativ flachen Verlauf an. Für die jeweils unterstellten Betriebstypen betragen die Herstellkostennachteile bei einem Drittel der MOB bei Farbfernsehgeräten, Mineralölprodukten, Zigaretten und Tiefdruckerzeugnissen weniger als 5%" (Quelle: MONOPOLKOMMISSION 1986, TZ 591ff.).

Erläutern Sie die vorstehend skizzierten Methoden und Ergebnisse zur Mindestoptimalen Betriebsgröße bei ausgewählten Produktgruppen!

3.6 Zur langfristigen Angebotsfunktion

Die langfristige Angebotsfunktion beschreibt Reaktionen der Anbieter auf langfristige Marktpreise. Während bei kurzfristigem Planungshorizont die betrieblichen Reaktionsmöglichkeiten auf Preisänderungen durch die Annahme fixer Potentialfaktoren beschränkt werden, sind bei langfristiger Planungsperiode auch die Potentialfaktoren variable Größen. Zu erwarten ist daher, daß die langfristigen Mengenreaktionen wegen der erweiterten Optionen größer sein werden als die kurzfristigen Reaktionen.

Die relevanten Planungsüberlegungen der Anbieter betreffen in Analogie zur kurzfristigen Angebotsplanung *einerseits* die Marktnachfrage bzw. die langfristig erwarteten **Marktpreise**. Die langfristigen Preiserwartungen mögen in einfacher Form aus subjektiven Preisbeobachtungen der Vergangenheit oder mittels analytischer Preisprognosen bestimmt werden. In jeder Hinsicht sind die langfristigen Preiserwartungen mit größerer **Unsicherheit** behaftet. *Andererseits* sind analog zur Angebotstheorie die **langfristigen Grenzkosten** als betriebliche Planungsgröße zu berücksichtigen. Deren Verlauf im Vergleich zu den langfristigen Stückkosten läßt sich aus der Veränderung der LDK-Kurve mit steigender Produktion ableiten. Aus analogen Überlegungen wie zuvor in kurzfristiger Sicht kann man folgern, daß bei langfristigen Preiserwartungen unterhalb des Minimums der LDK (langfristige Preisuntergrenze) auf ein betriebliches Angebot verzichtet wird. Die langfristige Angebotsfunktion entspricht bei Preiserwartungen oberhalb dieser Preisuntergrenze dem Verlauf der langfristigen Grenzkosten, die nach dem Minimum oberhalb der steigenden LDK-Kurve verlaufen müssen. Wegen der erweiterten langfristigen Optionen ist anzunehmen, daß die langfristigen Grenzkosten relativ flacher im Vergleich zur kurzfristigen Angebotsfunktion steigen werden.

Steigende Skalenerträge oder degressive Stückkosten über größere Bereiche der Produktmengen bedeuten aus einzelwirtschaftlicher Sicht kostenbezogene Anreize zur Betriebsexpansion, so daß auf Dauer das Marktvolumen nur von einer geringen Zahl großer Anbieter zu günstigen Kosten produziert wird. Aus den empirischen

Kostenkurven kann abgeleitet werden, daß in kapitalintensiven Wirtschaftsbranchen mit stärkerer Degression der langfristigen Stückkosten bis zum Erreichen der mindestoptimalen Betriebsgröße eine Tendenz zu großbetrieblicher Massenproduktion besteht. Je höher in diesen Wirtschaftsbranchen die mindestoptimale Betriebsgröße im Vergleich zum Marktvolumen liegt, desto größer werden die wettbewerbspolitischen Gefahren durch eine beschränkte Zahl großer Anbieter.

Im mittleren Bereich der empirischen Kostenfunktionen lassen sich bei relativ konstanten LDK eindeutige Lösungen optimaler Betriebsgrößen nicht bestimmen.

Schließlich wird die langfristige Angebotsfunktion im Zeitablauf durch zahlreiche Verschiebungen (shift-Faktoren) beeinflußt. Verteuerungen der Faktorpreise bewirken c. p. einen shift nach oben. Umgekehrt werden Verbesserungen der technisch-organisatorischen Produktionsverfahren die Kosten und folglich die langfristige Angebotsfunktion nach unten verschieben. Im Zeitablauf ist daher häufig eine langfristige Instabilität der Preis-Mengen-Beziehungen der Angebotsfunktion anzunehmen.

Mathematischer Anhang

(1) Grenzrate der Substitution im Verlauf einer Isoquante

(11) Gegeben sei eine substitutionale Produktionsfunktion:

$x = x(v_1, v_2)$

(12) Die partiellen Ableitungen der Produktionsfunktion mit Bezug auf v_1 bzw. v_2 werden als (partielle) Grenzproduktivitäten bezeichnet:

$GP_{v1} = \delta x / \delta v_1$; $GP_{v2} = \delta x / \delta_{v2}$

(13) Im Verlauf einer Isoquante bleibt die Produktionsmenge x konstant. Somit gilt entlang einer Isoquante:

$dx = 0$

Regel: Das totale Differential dx einer Funktion mit mehreren unabhängigen Variablen entspricht der Summe der mit partiellen Ableitungen multiplizierten Differentialen der verschiedenen unabhängigen Variablen.

Entsprechend wird das totale Differential der Produktionsfunktion ermittelt und gemäß (13) gleich Null gesetzt:

(14) $dx = \delta x/\delta v_1 \cdot dv_1 + \delta x/\delta v_2 \cdot dv_2 = 0$

Aus (14) folgt

(15) $-\,dv_1/dv_2 = GP_{v2}/GP_{v1}$

Die Grenzrate der Substitution (Steigung einer Isoquante) entspricht dem kehrseitigen Verhältnis der Grenzproduktivitäten der Faktoren.

---

(2) Kostenminimierung (unter Nebenbedingungen)

(21) Zielfunktion: $\min (v_1 \cdot p_{v1} + v_2 \cdot p_{v2})$

unter der Nebenbedingung einer substitutionalen Produktionsfunktion:

$x_0 = x(v_1, v_2)$

Nach der LAGRANGE-Methode wird die Nebenbedingung in der „Nullform" formuliert.

$x_0 - x(v_1, v_2) = 0$

Die Nullform kann mit dem Faktor lgr erweitert werden.

$lgr \cdot (x_0 - x(v_1, v_2)) = 0$

Sodann wird die LAGRANGE-Funktion als Summe der Zielfunktion und der umformulierten Nebenbedingung gebildet:

(22) $L(v_1, v_2, lgr) = (v_1 \cdot p_{v1} + v_2 \cdot p_{v2}) + lgr\,(x_0 - x(v_1, v_2))$

Die Ableitungen der LAGRANGE-Funktion erlauben dann die Bestimmung der Extremwerte:

(23) $\delta L/\delta v_1 = p_{v1} - lgr \cdot (\delta x/\delta v_1) = 0$

$\delta L/\delta v_2 = p_{v2} - lgr \cdot (\delta x/\delta v_2) = 0$

$\delta L/\delta lgr = x_0 - x(v_1, v_2) = 0$

Bei gegebenen Faktorpreisen lautet die Bedingung der kostenminimalen Produktion:
(24) $p_{v2}/p_{v1} = GP_{v2}/GP_{v1}$
Auf die mathematische Überprüfung der zweiten Ableitung sei hier verzichtet.

Kontrollfragen zum dritten Kapitel

(A) Multiple Choice-Fragen

3-1 „Je höher die Produktion, desto geringer die Kosten und umso höher die Ersparnis, die wir an den Kunden weitergeben". Wesentliche Grundlage dieses Werbeslogans ist, daß
( ) die Gesamtkosten nach Erreichen des Betriebsminimums einen ertragsgesetzlichen Verlauf mit steigender Produktionsmenge nehmen;
( ) das Unternehmen steigende Skalenerträge erwarten kann;
( ) die durchschnittlichen Fixkosten kurzfristig mit steigender Produktionsmenge sinken;
( ) das Unternehmen fallende Preise für die Produktionsfaktoren schon in naher Zukunft erwarten kann.

3-2 Bei einer ertragsgesetzlichen Produktionsfunktion wird das Produktionsvolumen
( ) erst abnehmen, dann zunehmen;
( ) erst mit steigender, dann mit abnehmender Rate steigen;
( ) erst mit abnehmender, dann mit zunehmender Rate steigen;
( ) bei übermäßigem Einsatz eines variablen Produktionsfaktors irgendwann abnehmen.

3-3 Positive „economies of scale" entsprechen
( ) einem sinkenden Verlauf der langfristigen Stückkostenkurve;
( ) einem sinkenden Verlauf der langfristigen Grenzkostenkurve;
( ) einem horizontalen Verlauf der langfristigen Stückkostenkurve;
( ) einem steigenden Verlauf der langfristigen Grenzkostenkurve.

3-4 Um die Grenzproduktivität eines Produktionsfaktors zu bestimmen,
( ) müssen die übrigen Faktoren konstant gehalten werden;
( ) muß der betreffende Faktor konstant, die übrigen aber variiert werden;
( ) müssen alle Faktoren konstant gehalten werden;
( ) können die übrigen Faktoren variiert werden, müssen aber nicht.

(B) Offene Fragen

3-5 Definieren und erläutern Sie den Begriff fixer Produktionskosten (mittels relevanter Beispiele)!

3-6 Erläutern Sie in verbaler Form das analytische Problem der Bestimmung der Minimalkostenkombination!

3-7 Begründen Sie den Verlauf der Grenzkosten und der Durchschnittskosten um den Punkt des Betriebsoptimums!

3-8 Erläutern Sie das Gesetz der Massenproduktion und skizzieren Sie mögliche Probleme einer entsprechenden Unternehmensstrategie!

(C) Transferfrage

3-9 Der Zentralverband des deutschen Bäckerhandwerks klagte über einen unfairen „Verdrängungswettbewerb" der großen Supermärkte und der Brotindustrie zulasten der Bäckereien. Deuten Sie demgegenüber die folgenden Informationen unter Berücksichtigung des Konzepts der Mindestoptimalen Betriebsgröße und der Frage branchenbezogener Betriebsgrößenvorteile:

„Zwar ist die Zahl der Bäckereibetriebe in den letzten 10 Jahren gesunken. Jedoch ist die Zahl der Verkaufsstellen oder Filialen größerer Bäckereibetriebe gestiegen. Der Anteil der Brotindustrie verblieb trotz des überwiegenden Vertriebs der industriellen Backwaren über Supermärkte etwa bei einem Fünftel des gesamten Backwarenumsatzes in der Bundesrepublik."

Lösungshinweise zu den Übungen (im Text)

3-1: Unterschieden werden zwei Typen von Produktionsfunktionen, limitationale vs. substitutionale Funktionen. Gefragt wird, welcher Typus die realen Produktionsbedingungen zutreffend beschreibt.

Textauszug (1) bezieht sich auf industrielle Produktionen, hier auf einzelne Verrichtungen oder Verfahren mittels gegebener, spezieller Maschinen. Die Betrachtungsweise einzelner Verfahren bei maschinengebundener Produktion führt vielfach zur Annahme technisch-limitationaler Faktorkombinationen. Bei gegebener Ausrüstung limitieren technische Bedingungen spezielle Produktionsverfahren.

Im zweiten Textauszug steht die „ex-ante"-Situation der betrieblichen Produktionsplanung im Vordergrund. In einer Planungssituation kann i. d. R. zwischen mehreren Produktionsverfahren (-prozessen) mit unterschiedlichen Faktoreinsätzen gewählt werden. Es bestehen begrenzte Möglichkeiten der Faktorsubstitution.

Der dritte Textauszug betont, daß sich die Möglichkeiten der Faktorsubstitution mit der Länge der Planungs- oder Anpassungsperioden vergrößern.

Fazit: Auch für industrielle Produktionsmethoden gilt das Prinzip der Faktorsubstitution in begrenzter Weise, wenn verschiedene Einzelverfahren in der Produktion gewählt oder kombiniert werden können und der Zeithorizont der Anpassungen längerfristig wird.

3-2: Der vorstehende Text verwendet das Minimalkostenkonzept bei Annahme substitutionaler Produktionsbedingungen: Unterstellt wird eine langfristige Änderung des Verhältnisses der Arbeits- zu den Kapitalkosten (am Beispiel der Produktionskosten im Wohnungsbau). Als Folge gilt ein Trend zur Veränderung der Produktionsmethoden mit größerer Rationalisierung des Arbeitseinsatzes und relativer Kapitalintensivierung (Beispiel: Übergang zur Fertigbauweise).

Die folgende Aufgabe verlangt eine analoge Übertragung des Minimalkostenkonzepts zur Analyse der Wirkungen der Verkürzung der Wochen-Arbeitszeiten bei gleichzeitiger Verlängerung der Betriebszeiten (Maschinenlaufzeiten).

Die Reduktion der personenbezogenen Wochen-Arbeitszeiten (mit Lohnausgleich) führt c. p. zur relativen Erhöhung der Arbeitskosten je Stunde. Werden andererseits die Betriebsnutzungszeiten der Anlagen verlängert, werden c. p. die Kapitalkosten je Nutzungszeitraum der Anlagen gesenkt. Beide Effekte lassen sich als relative Änderungen der Faktorpreise deuten (relative Erhöhung der Arbeitskosten im Vergleich zu den Anlage- oder Kapitalkosten). Die Faktorpreis-Wirkungen führen nach dem Minimalkostenkonzept zu einer langfristigen Tendenz der Kapitalintensivierung.

3-3: In formaler Hinsicht können die intensitätsmäßigen und ertragsgesetzlichen Anpassungsformen zu ähnlichen Verläufen der variablen Durchschnittskosten führen, so daß sich bei U-förmigen Kostenverläufen die Optimierungsprobleme in analoger Form ergeben können. In beiden Fällen existieren Minimum-Lösungen gemäß der Kostentheorie (vgl. das Argument von KOSIOL).

Allerdings: Die Verbrauchsfunktionen leiten den Kostenverlauf aus technologischen Bedingungen von einzelnen Anlagen (Motoren) ab, deren Leistungsintensität innerhalb von Grenzen variiert werden kann. Die intensitätsmäßigen Anpassungen der Motorleistungen oder der Geschwindigkeiten gegebener maschineller Anlagen führen durch technologische Verbrauchs- und Verschleißprozesse zu höheren Energie- und Verschleißkosten. Die Verbrauchsfunktionen sind technologisch determiniert.

Ertragsgesetzliche Anpassungen unterstellen hingegen (begrenzte) Möglichkeiten der Faktorsubstitution zwischen verschiedenen Produktionsverfahren, deren Wahl nach wirtschaftlichen Kriterien der Faktorpreise erfolgt. Somit unterscheiden sich letztlich die Determinanten der Anpassungsformen.

3-4: Kapitalintensive Betriebe (Branchen) haben hohe Anteile fixer Kapitalkosten. Bei gegebener Kapitalausrüstung besteht daher entsprechend dem Verlauf der Durchschnittskosten in Abb. 3-5 eine Neigung zur Produktion bei Vollauslastung der gegebenen Kapazitäten. Je höher die betrieblichen Fixkosten-Anteile sind, umso stärker wird die Kurve der Durchschnittskosten von kurzfristigen Produktionsschwankungen tangiert. Kurzfristige Produktionsschwankungen der Konjunktur führen dann zu starken Veränderungen der betrieblichen Produktionskosten. Folglich wird der Kostendruck im Verlauf einer Rezession kapitalintensive Betriebe (Branchen) besonders betreffen.

3-5: Die kurzfristige Preisuntergrenze entspricht dem Punkt des „Betriebsminimums", bei dem die durchschnittlichen variablen Kosten (DVK) ein Minimum erreichen. Bei Marktpreisen zwischen dem Betriebsminimum und der Gewinnschwelle (im Minimum der Durchschnittskosten DK) ist es sinnvoll, daß ein Betrieb *kurzfristig* die Produktion fortsetzt, obwohl die Produktion bei den angenommenen Marktpreisen laufende Betriebsverluste verursacht. Die kurzfristige Fortsetzung der Produktion läßt sich dadurch begründen, daß eine Teilkostendeckung durch die Marktpreise im relevanten Bereich der kurzfristigen Angebotsfunktion noch möglich ist. Eine Präzisierung der Aussage SAMUELSONS erfordert insbesondere, den *kurzfristigen Zeithorizont* zu beachten.

3-6: Zur Kalkulation der Gewinnschwelle (des „break even points") eines Buchverlags: Die Gewinnschwelle bezeichnet jene Absatzmenge (eines Buches), bei der die Verkaufserlöse die Produktionskosten decken bzw. zu überschreiten beginnen.
Für die Produktion des Taschenbuchs kalkuliert der Verlag die
Kostenfunktion:

(1) $K(x) = 50000\ \text{DM} + 3{,}56\ \text{DM} \cdot x$

Die Funktion der *Nettoerlöse* aus der Sicht des Verlags lautet:

(2) $E_{netto} = (17\ \text{DM} - (0{,}20 + 0{,}12) \cdot 17\ \text{DM}) \cdot x$

Die Definition der Gewinnschwelle verlangt:

(1) = (2)

Die lineare Kostenfunktion und Erlösfunktion schneiden sich bei einer Absatzmenge von

$x = 6250$

Der Verlag erreicht somit die Gewinnschwelle bei einer Absatzmenge von 6250 Exemplaren des Taschenbuchs.

3-7: Im Fallbeispiel einer Tankstelle wird folgendes Entscheidungsproblem beschrieben: Ein Tankstellenbesitzer überlegt, ob er sein bisheriges Produktprogramm (Angebot an Benzin, Öl u.ä.) erweitern und größere Autozubehörteile (Reifen ...) als zusätzliche Produkte den Kunden anbieten soll. (Dieses Problem beschreibt eine realistische Situation vieler Tankstellenbesitzer, die sich in der Vergangenheit in einer ähnlichen Problemlage befanden, als sie eine Ausweitung des Produktangebots als Strategie wählten.) Die entscheidende Frage lautet: Lohnt sich die geplante Ausweitung des Produktprogramms aus der Sicht des Tankstellenbesitzers? Liefert die Kalkulation der produktbezogenen Grenzkosten zur Anwendung der Preis-Grenzkosten-Regel ein unproblematisches Kriterium der Entscheidung?
Die Kalkulation des Fallbeispiels unterstellt folgende Daten (je Monat):

Plan(Soll-)absatz:	100 Reifen
zusätzliche Kosten:	150 $
zusätzliche Umsatzerlöse:	200–225 $

Die produktbezogenen Grenzkosten betragen nach der Kalkulation der Einstandskosten 1,5 $, die kalkulierten Reifenpreise 2–2,25 $. Nach der Preis-Grenzkosten-Regel würde sich demnach eine Ausweitung des Produktprogramms lohnen.

Zur Problematik der Grenzkosten-Kalkulation:

Wenn Marktpreise und Grenzkosten korrekt kalkuliert wurden, führt die Entscheidung sicher zu einer Erhöhung des monatlichen Gewinns. Nach den Annahmen des Fallbeispiels ist dann eine Entscheidung des Tankstellenbesitzers zugunsten der Erweiterung des Produktprogramms zu empfehlen.

Im Text wird allerdings darauf hingewiesen, daß die vereinfachte Grenzkosten-Kalkulation nur dann ein zutreffendes Kriterium der Entscheidung liefert, wenn der Reifenverkauf einen residualen Charakter im Produktprogramm der Tankstelle behält. Angenommen, der Reifenverkauf expandiert längerfristig, so daß ein höherer Aufwand an Lagerkosten (größere

Gebäude) und an Personalkosten (größerer Zeitbedarf für den Reifenverkauf) erforderlich wird, dann ändert sich das langfristige Produktprogramm der Tankstelle. Der Reifenverkauf beeinflußt die Kostenstrukturen wesentlich. Anteile der Personalkosten, der Gebäudekosten, der indirekten Gemeinkosten der Tankstelle müssen dann dem Reifenverkauf zugerechnet werden. In langfristiger Sicht verändert sich dann der Begriff (die Höhe) der relevanten Grenzkosten.

3-8: Kommentierung der Informationen der Abb.: Die Daten zur Größenverteilung stromerzeugender Unternehmen (Betriebe) in den USA zeigen, daß die Anzahl kleiner Betriebe der unteren Größenklassen dominierte, besonders im Jahr 1955. Seither hat sich die Größenstruktur der Strombetriebe in Richtung größerer Betriebsgrößen (Unternehmens-) verschoben.

Die LDK-Kurven demonstrieren den Verlauf der Durchschnittskosten (je 1000 kWh) der Stromerzeugung im Querschnittsvergleich verschiedener Betriebsgrößen in den Jahren 1955 bzw. 1970. Die Verschiebung der LDK-Kurven zeigt, daß die Durchschnittskosten der Stromerzeugung im Zeitverlauf erheblich gesenkt wurden; die Methoden der Stromerzeugung wurden kostengünstiger. Die Mehrzahl der stromerzeugenden Betriebe produzierten in der Vergangenheit in einem Bereich unterhalb der MOB der Branche. Die beobachteten Kostenstrukturen lassen deshalb auf eine kostenorientierte Neigung zu einer größeren Branchenkonzentration schließen.

3-9: Planungskurven der LDK nach Betriebsgrößen

Methodik: Die empirischen Planungskurven versuchen, für bestimmte Produktgruppen den Verlauf der Plankosten (geschätzte LDK) in Abhängigkeit von unterschiedlichen Betriebsgrößen zu ermitteln. Die Befragung von Experten konzentriert sich auf die Schätzung produktionstechnischer Kostenvorteile (-nachteile). Aus den Expertenangaben der geschätzten LDK wird sodann eine geschätzte LDK-Kurve (Planungskurve) abgeleitet, um die produktionstechnische MOB für bestimmte Produktgruppen oder die Kostennachteile von kleineren Betrieben zu errechnen.

Ergebnisse: Die Ergebnisse beziehen sich auf Schätzungen des Jahres 1984 in der BR Deutschland. Als Ergebnisindikator wird die Relation (Produktionsmenge der MOB/ Inlandsproduktion) verschiedener Produktgruppen verwendet. Je kleiner diese Relation ist, umso größer dürfte die kostenoptimale Betriebsgröße mit Bezug zur gesamten Inlandsproduktion sein, umso größer die kostenabhängige Neigung zur betrieblichen Konzentration der Inlandsproduktion. Für mehrere Produktgruppen wurden relativ große MOB-Produktionsmengen ermittelt.

Diese Ergebnisse wurden ergänzt durch Belege relativ flacher Kostendegression im Bereich unterhalb der geschätzten MOB-Größen. Die produktionstechnischen Kostennachteile von Betrieben geringerer Größenordnung im Vergleich zur MOB wurden folglich als „mäßig“ eingeschätzt.

Lösungshinweise zu den Kontrollfragen

(A) Multiple Choice-Fragen
3-1: (b) (c), 3-2: (b) (d), 3-3: (a) (b), 3-4: (a)

(B) Offene Fragen
3-5: vgl. Textabschnitt 3.3; 3-6: vgl. Textabschnitt 3.2; 3-7: vgl. Textabschnitt 3.3; 3-8: vgl. Textabschnitt 3.5;

(C) Transferfrage
3-9: Im ersten Abschnitt wird ein Verdrängungswettbewerb zwischen großbetrieblichen (industriellen) Backbetrieben und Supermärkten einerseits und handwerklichen Bäckereien andererseits behauptet. Implizit wird angenommen, daß industriell gefertigte Backwaren vorzugsweise über Supermärkte verkauft werden. Dann sind die Informationen der beiden ersten Sätze so zu deuten: Zu beobachten war (ist) ein Rückgang von handwerklichen Bäckereibetrieben. Zugleich ist die Zahl der Filialen (Verkaufsorte) von Großbetrieben gestiegen. Frage: Sind diese Entwicklungen Ausdruck und Folge von Betriebsgrößenvorteilen im Backwarengewerbe?
Dagegen spricht zunächst die empirische Information des zweiten Abschnitts:
Die Umsatzanteile der Backwarenindustrie blieben konstant bei ca. 20 vH. Auch ist anzunehmen, daß Betriebsgrößenvorteile im Backwarengewerbe schwierig zu realisieren sein werden, weil die Produkte nur eine begrenzte Haltbarkeit und Lagerfähigkeit besitzen. Die MOB des Backgewerbes dürfte daher im Vergleich zu anderen Branchen eher im kleinbetrieblichen, handwerklichen Bereich liegen. Der Anstieg der Filialen kann kaum als genereller Ausdruck produktionsbezogener Vorteile der Industriebetriebe des Gewerbes gelten, sondern eher als Folge verstärkter kundenorientierter Absatzstrategien vieler Bäckereibetriebe.

Literaturhinweise

FISCHBACH, R., Volkswirtschaftslehre, 4. Aufl., München 1987, Abschnitt 8, S. 207-287. Grundlegender Text zur Produktions- und Angebotsplanung der Unternehmung, in dem die analytischen Aspekte in verständlicher Form dargestellt werden; geeignet für Leser mit formal-analytischen Verständnisproblemen.

GISSER, M., Intermediate Price Theory, Analysis, Issues and Applications, New York 1981, Chapter 3-7, S. 152-255. Vertiefendes Lehrbuch zur Mikroökonomie mit Anwendungsbeispielen; für Leser mit weitergehenden Erkenntnisinteressen.

LIPSEY, R., STEINER, P. O., PURVIS, D. D., Economics, 8. ed., New York 1987, Chapter 9, 10, II, S. 158-210. Umfassendes Lehrbuch zur Einführung in die VWL mit ergänzenden Arbeitsbüchern, das häufig an englischen und amerikanischen Universitäten verwendet wird; bestens geeignet für Leser mit guten englischen Sprachfähigkeiten.

WOLL, A., Allgemeine Volkswirtschaftslehre, 9. Aufl., München 1987, 6. Kapitel, S. 153-185. Standardlehrbuch mit knapper, relativ abstrakter Darstellung zur mikroökonomischen Produktions- und Kostentheorie; ergänzendes Übungsbuch mit umfangreicher Sammlung von Fragen.

Zitierte Literatur

BACH, G. L.: Economics. An Introduction to Analysis and Policy, 10.ed., Englewood Cliffs, N. J. 1980

BUSSE V. COLBE, W., LASSMANN, G.: Betriebswirtschaftstheorie. Bd. 1: Grundlagen, Produktions- und Kostentheorie, 3.Aufl., Heidelberg 1986

MONOPOLKOMMISSION, Sechstes Hauptgutachten „Gesamtwirtschaftliche Chancen und Risiken wachsender Unternehmensgrößen", Baden-Baden 1986

WÖHE, G.: Einführung in die Allgemeine Betriebswirtschaftslehre, 15.Aufl., München 1984

4 Theorie der Haushaltsnachfrage

Inhaltliche Orientierung

Viele Volks- und Betriebswirte in der Privatwirtschaft sind mit Marktforschung befaßt. Sie wollen die Nachfrage nach Produkten der Unternehmen schätzen. Die Ergebnisse dieser Studien gehören zu den wichtigsten Informationsgrundlagen betrieblicher Entscheidungen über Produktion und Beschäftigung. Auch staatliche Institutionen haben ein großes Interesse an Informationen über die Nachfrage der privaten Haushalte, etwa für Konjunkturprognosen oder Schätzungen der Einnahmen aus Verbrauchssteuern. Die Volkswirtschaftslehre bietet hierzu konzeptionelle Grundlagen sowie begriffliche Klärungen.

Die nutzentheoretischen Grundlagen der Nachfragefunktion sind ein Teilbereich der Mikroökonomie, der üblicherweise große Verständnisprobleme bereitet. „Nutzen", die zentrale Kategorie in diesem Bereich, ist eine kaum meßbare Größe. Zwischen der Theorie der Haushaltsnachfrage und der Theorie des Unternehmensangebots bestehen viele formale Ähnlichkeiten. Der Leser wird viele Verständnisprobleme vermeiden, wenn er sich diese Analogien bewußt macht.

Wir beginnen mit einem Rückblick auf grundlegende Hypothesen zur Marktnachfrage (**4.1**). Das erste Gesetz der Nachfrage besagt, daß höhere Preise im allgemeinen die nachgefragte Menge reduzieren. Dieses Gesetz wird abgeleitet aus der Theoriekonzeption der optimalen Konsumgüterwahl eines Haushalts, einem analogen Denksystem zur Minimalkostenkombination und ertragsgesetzlichen Produktionsfunktion der Unternehmenstheorie (**4.2**). „Optimal" meint hier die rationale, nutzenmaximierende Konsumgüterwahl eines Haushalts. Statt Gewinnmaximierung ist Nutzenmaximierung die zentrale Annahme. Die Theorie der Haushaltsnachfrage versucht demnach rationales Haushaltsverhalten aus der Zielprämisse der Nutzenmaximierung zu erklären. Um dem Leser Anwendungsmöglichkeiten aufzuzeigen, folgen einige Transferbeispiele zur Mikroökonomie des Nutzens (**4.3**). Das zweite Gesetz der Nachfrage besagt, daß Preis- und Einkommensänderungen im Zeitverlauf zu flacher verlaufenden Nachfragekurven führen. Dieses Gesetz wird mit Hilfe der Nachfrageelastizitäten erläutert (**4.4**). Diese Elastizitäten bezeichnen Maße für die Reaktion der Nachfrage auf Veränderungen von Preisen oder Einkommen. Ihre praktische Relevanz wird mit Anwendungsbeispielen aufgezeigt. Abschließend werden einige bedeutsame soziale Einflußfaktoren auf das Haushaltsverhalten skizziert (**4.5**).

4.1 Rückblick: Wichtige Hypothesen zur Marktnachfrage

Die Menge (x) eines Konsumgutes, die in einer Zeitperiode nachgefragt wird, ist abhängig vom Preis (p_x) dieses Gutes, von den Preisen (p_y) anderer Güter, dem für Konsumzwecke verfügbaren Einkommen (Y_c), den Nutzenpräferenzen (U) der Nachfrager sowie weiteren sozialen Einflußfaktoren.

Die Hypothesen über die Abhängigkeiten der Nachfragemenge eines Haushalts von diesen Faktoren kann man in einer allgemeinen **Nachfragefunktion** darstellen:

$$x = x(p_x, p_y, Y_c, U, \dots)$$

Zunächst sei die erste Beziehung zwischen der nachgefragten Menge und dem Preis des Gutes betrachtet. Unter der Ceteris-Paribus-Annahme variiert nur der eigene Preis des Gutes, alle anderen genannten Einflußfaktoren bleiben konstant. Das bekannte erste Gesetz der Nachfrage besagt, daß die nachgefragte Menge in einem negativen Zusammenhang mit dem Preis variiert. Die Nachfragefunktion vereinfacht sich unter diesen Annahmen zu:

$$x = x(p_x), \text{ mit } dx/dp_x < 0 \text{ (c. p.)}$$

Die negative erste Ableitung der Nachfragefunktion besagt, daß eine Zunahme des Preises die nachgefragte Menge reduzieren wird. Das erste Gesetz der Nachfrage stellt demnach fest, daß Nachfragekurven eine negative Steigung haben und im Preis-Mengen-Diagramm nach unten rechts fallen.

Ändern sich Preise und Einkommen, ergeben sich neue Möglichkeiten oder Beschränkungen des Konsums. Kurzfristig haben die Nachfrager nur geringe Informationen über die veränderten Konsummöglichkeiten und sie werden zunächst nur wenig reagieren. Im längerfristigen Zeitverlauf werden jedoch neue Entscheidungen über die nachgefragte Menge getroffen. Das zweite Gesetz der Nachfrage kennzeichnet diesen Sachverhalt: Die Reagibilität der nachgefragten Menge auf Änderungen der Preise und des Einkommens steigt im Zeitverlauf. Dieses zweite Gesetz behauptet, daß Nachfragekurven langfristig flacher verlaufen als kurzfristig. Änderungen von Preisen und Einkommen werden im Zeitablauf zu größeren Mengenanpassungen führen.

Sowohl das erste als auch das zweite Gesetz der Nachfrage bedürfen der theoretischen Begründung. Warum ergibt sich in aller Regel ein negativer Preis-Mengen-Zusammenhang, so daß sogar von einem „Gesetz" gesprochen wird? Wie kann die erhöhte Nachfragereagibilität auf Preis- und Einkommensänderungen gemessen und erklärt werden? Welche Bedeutung haben die Nutzenpräferenzen der Konsumenten und die sozialen Einflußfaktoren für die Nachfrage? Die Beantwortung dieser Fragen ist Aufgabe und Gegenstand der Theorie der Haushaltsnachfrage.

4.2 Individuelle Nachfrage eines Haushalts

Die Marktnachfrage nach einem Gut setzt sich zusammen aus den einzelnen Nachfragemengen vieler Haushalte. Deshalb ist es erforderlich, zunächst die individuelle Nachfrage einzelner Haushalte zu untersuchen und später zur Gesamtnachfrage zu aggregieren. Im folgenden werden die Zusammenhänge zwischen der nachgefragten Menge und den Güterpreisen sowie dem verfügbaren Einkommen eines typischen Haushalts analysiert. Dabei wird nach der Ceteris-Paribus-Methode vorgegangen und zunächst nur eine Zeitperiode betrachtet.

4.2.1 Nutzentheoretische Grundlagen: Indifferenzkurven und optimale Konsumgüterwahl eines Haushalts

Die **privaten Haushalte** gelten in der VWL primär als Wirtschaftseinheiten, die ein gemeinsames Einkommen erzielen und dieses Einkommen für Konsumzwecke ausgeben oder Teile des Einkommens sparen. Synonyme für den Begriff Haushalt sind Nachfrager, Verbraucher oder Konsument. Differenzierungen der Haushalte nach Anzahl (Ein- vs. Mehr-Personen-Haushalt) oder Status (Arbeiter-, Angestellten-, Beamten- oder Selbständigenhaushalt) der Mitglieder sind hier zunächst nicht von Interesse. Es werden auch keine speziellen Güterarten (Dienstleistungen, langlebige Gebrauchsgüter), sondern Konsumgüter im allgemeinen betrachtet. Angenommen wird, daß der Haushalt die erworbenen Güter in der gleichen Periode verbraucht und daß die Entscheidungsprozesse in einem Haushalt zu einer einheitlichen Willensbildung und zu einem konsistenten Verhalten führen.

Ein typischer Haushalt steht bei der Planung seiner Konsumgüterkäufe für eine bestimmte Zeitperiode vor folgender **Problemsituation**: Erstens steht ihm nur ein begrenztes Einkommen zur Verfügung, mit dem er Güter zur Befriedigung seiner Bedürfnisse erwerben kann. Der Haushalt erzielt Bruttoeinkommen entweder aus unselbständiger Beschäftigung oder aus Unternehmertätigkeit und Vermögen. Hinzu kommen eventuelle Transferzahlungen des Staates. Das nach Abzug der direkten Steuern und Sozialbeiträge verbleibende Einkommen wird als **„verfügbares Einkommen"** bezeichnet. Einen Teil seines verfügbaren Einkommens verwendet der Haushalt zum Sparen. Den verbleibenden Einkommensteil bezeichnet man als **Konsumsumme** (Y_c); es ist dies der Geldbetrag, der einem Haushalt für Konsumzwecke zur Verfügung steht. Fast alle Güter, die der Haushalt konsumieren möchte, sind wirtschaftliche Güter und haben einen Preis, der von einzelnen Nachfragern nicht beeinflußt werden kann. Die zu zahlenden Güterpreise und die verfügbare Konsumsumme führen zu einer **Budgetbeschränkung**, die die Konsummöglichkeiten des Haushalts eingrenzt.

Zweitens wird die Nachfrage eines Haushalts von seinen Wünschen und Bedürfnissen bestimmt. Der Konsum von Gütern dient der Bedürfnisbefriedigung. Die subjektive Bedürfnisbefriedigung, die durch den Verbrauch von Gütern entsteht, wird als **Nutzen** bezeichnet. Verhält sich ein Haushalt rational, so wird er versuchen, seinen Nutzen durch eine optimale Konsumgüterwahl zu maximieren.

Das Entscheidungsproblem läßt sich formalisieren, wenn man einige vereinfachende Annahmen trifft: Der Haushalt fragt nur zwei Güter x und y nach, die in beliebig teilbaren Mengeneinheiten angeboten werden. Die Preise p_x und p_y einer Mengeneinheit dieser Güter sind dem Haushalt bekannt und können nicht von ihm beeinflußt werden. Der Haushalt hat eine Entscheidung über die Verwendung sei-

Abb. 4-1 Gesamtnutzen und Grenznutzen

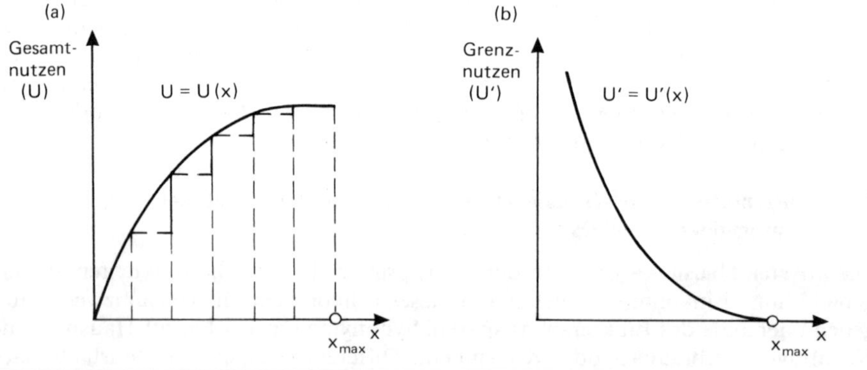

Die Kurve des Gesamtnutzens U(x) steigt, aber die Kurve des Grenznutzens U'(x) fällt, wenn der Konsum eines Gutes x zunimmt. Bei der Sättigungsmenge x_{max} ist der Gesamtnutzen maximal und der Grenznutzen gleich Null.

nes Einkommens getroffen und die Konsumsumme Y_c steht für die laufende Periode fest. Der Nutzen U ist unter diesen Bedingungen zu maximieren:

$$U(x, y, p_x, p_y, Y_c) : \max!$$

Die theoretische Basis des Problems der Nutzenmaximierung liefert die **„Grenznutzenanalyse"**, die von bekannten Ökonomen des 19. Jahrhunderts (W. S. JEVONS, L. WALRAS, und A. MARSHALL) entwickelt wurde. Die beiden entscheidenden Schlußfolgerungen der Grenznutzenanalyse wurden von H. H. GOSSEN (1810–1858) formuliert und werden als erstes und zweites GOSSENsches Gesetz bezeichnet.

Das **erste GOSSENsche Gesetz** beruht auf der Beobachtung, daß der Nutzenzuwachs jeder zusätzlich konsumierten Mengeneinheit eines Gutes abnimmt bis schließlich Sättigung eintritt. Diese Aussage soll durch ein Beispiel illustriert werden. Wenn jemand sehr durstig ist, wird er das erste Glas Wasser gierig trinken. Dieses erste Glas wird ihm die größte Bedürfnisbefriedigung verschaffen. Schon das zweite Glas Wasser wird einen geringeren Beitrag zur Stillung des Durstes erbringen als das erste. Jedes weitere Glas Wasser wird für den Durstigen einen geringeren Nutzenzuwachs haben. Ist sein Durst nach mehreren Gläsern gelöscht, wird ein weiteres Glas Wasser schließlich zu keinem Nutzenzuwachs mehr führen.

Der **Gesamtnutzen** entspricht der Nutzensumme der insgesamt konsumierten Gütereinheiten. Die Zunahme des Gesamtnutzens, die durch den Konsum einer zusätzlichen (oder der jeweils letzten) Mengeneinheit eines Gutes entsteht, wird als **Grenznutzen** bezeichnet. Das Zahlenbeispiel (Tab. 4-1) zeigt verschiedene Verbrauchsmengen und den jeweiligen Gesamtnutzen für einen Konsumenten. Nach der fünften konsumierten Einheit ist der Gesamtnutzen maximal. Der Grenznutzen ist zwar positiv, nimmt aber mit jeder zusätzlichen Einheit ab und wird Null, wenn der Gesamtnutzen sein Maximum erreicht. Die Schlußfolgerung bildet das **erste GOSSENsche Gesetz**, welches auch als **Sättigungsgesetz** bezeichnet wird: Der Grenznutzen eines Gutes wird mit jeder zusätzlich konsumierten Einheit eines Gutes kleiner. Sättigung tritt ein, wenn der Grenznutzen Null wird.

Tab. 4-1 Gesetz des abnehmenden Grenznutzens

Verbrauch x	Gesamtnutzen U(x)	Grenznutzen U'(x)
0	0	
1	15	15
2	25	10
3	32	7
4	36	4
5	37	1
6	37	0

Was folgt aus diesem Gesetz für einen nutzenmaximierenden Haushalt? Er wird in einer gegebenen Zeitperiode von einem Gut die Mengeneinheiten konsumieren, bei denen der Grenznutzen den Wert Null annimmt. Dann ist der Gesamtnutzen maximal und es wird die Sättigungsmenge erreicht.

Die Grenznutzenanalyse setzt voraus, daß der Nutzen in absoluten Einheiten gemessen wird (**„kardinales Meßkonzept"**). Dies ist jedoch sehr schwierig, wenn nicht unmöglich, da Nutzen eine subjektive Größe ist. Aus dem Bemühen, dieses Problem zu umgehen, entstand die **Indifferenzkurvenanalyse**. Diese ersetzt das kardinale durch ein **ordinales Meßkonzept**. Es wird nur noch durch Vergleich ermittelt, ob ein Nutzenniveau höher, gleich oder niedriger als ein anderes ist und nicht mehr versucht, jedem Nutzenniveau ein absolutes Maß zuzuordnen. Es wird vereinfachend angenommen, daß dem Haushalt zwei Güter zur Verfügung stehen und daß dieser eine **widerspruchsfreie Rangordnung** aller möglichen Mengenkombinationen dieser Güter durch subjektive Bewertung herzustellen vermag.

Das Vorgehen der Indifferenzkurvenanalyse soll für zwei Güter mit beliebig teilbaren Mengeneinheiten an einem Beispiel illustriert werden. Einem Haushalt stehe für die abendliche Erholungszeit eine Beethoven- (Gut x) und eine Mozart-Symphonie (Gut y) zur Verfügung. Die Mengeneinheiten beider Güter lassen sich in Zeiteinheiten des Hörens (Minuten) messen. Der Haushalt wird auf keine der beiden Symphonien verzichten wollen. Der musikalische Genuß (Nutzen U) ist deshalb abhängig von der Hördauer sowohl der Beethoven- (x) als auch der Mozart-Symphonie (y). Die Nutzenfunktion hat folgende Form:

$$U = U(x, y)$$

Einer beliebig gewählten Kombination der Symphonien ordnet der Haushalt einen bestimmten Genuß (**Nutzenindex**) zu. Der Haushalt kann weitere Kombinationen angeben, die ihm genau den gleichen Nutzen spenden wie die Ausgangskombination. Mengenkombinationen, die in der Bewertung des Haushalts den gleichen Nutzenindex besitzen, deren Erwerb oder Verbrauch gegenüber er also **„indifferent“** ist, werden als Indifferenzpaare bezeichnet. Der Haushalt ist z. B. der Ansicht, daß 70 min Beethoven und 24 min Mozart ihm den gleichen Nutzen spenden wie 50 min Beethoven und 39 min Mozart. Weitere Beispiele für Indifferenzpaare enthält Tab. 4-2.

Die Verbindungslinie aller in einem Mengendiagramm dargestellten Indifferenzpaare ist eine **Indifferenzkurve** (Abb. 4-2). Die Punkte einer Indifferenzkurve stellen Mengenkombinationen dar, die dem Haushalt nach seiner subjektiven Bewertung den gleichen Nutzen spenden. Substituiert der Haushalt eine indifferente Mengenkombination durch eine andere (was einer Bewegung entlang einer Indifferenzkurve entspricht), so ändert sich sein Nutzen nicht ($dU = 0$). Alle Punkte oberhalb (unterhalb) einer Indifferenzkurve haben einen höheren (niedrigeren) Nutzenindex. Da zu jedem dieser Punkte wiederum eine Indifferenzkurve existiert, muß es unendlich viele Indifferenzkurven geben. Man spricht auch von der **Indifferenzkurvenschar** eines Haushalts.

Tab. 4-2 Indifferenzpaare

Indifferenzpaar	Menge x	Menge y
A	10	150
B	20	104
C	30	74
D	40	54
E	50	39
F	60	30
G	70	24
H	80	19
I	90	15
J	100	12

Abb. 4-2 Indifferenzkurven eines Haushalts

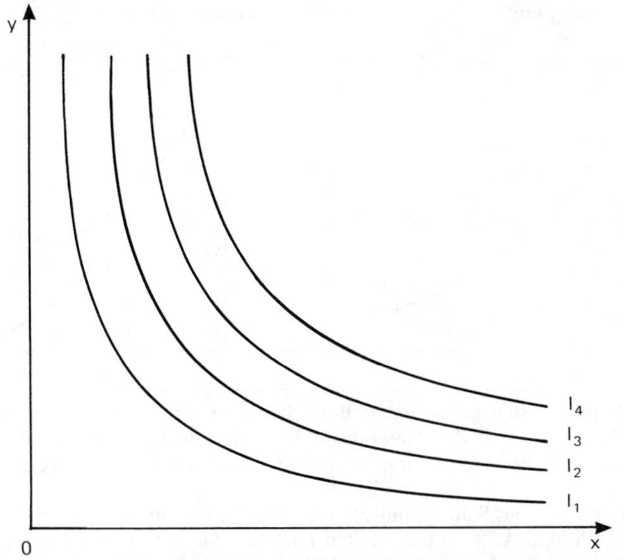

Alle Punkte auf einer bestimmten Indifferenzkurve I symbolisieren Mengenkombinationen von Gut x und y, die einem Haushalt den gleichen Nutzen spenden (U (x, y) = const.). Je weiter eine Indifferenzkurve vom Ursprungspunkt 0 entfernt liegt desto höher ist ihr Nutzenindex ($I_1 < I_2 < I_3 < I_4$).

Indifferenzkurven zeichnen sich durch **drei wichtige Eigenschaften** aus. Erstens haben sie eine **negative Steigung** und verlaufen somit im Diagramm von links oben nach rechts unten. Unser Beispielhaushalt wird annahmegemäß eine Kombination von 60 min Beethoven und 40 min Mozart einer Kombination mit nur 30 min Beethoven und 20 min Mozart vorziehen. Warum? Jede Kombination, die einen längeren Genuß von Beethoven- oder Mozart-Symphonien (bei jeweils gleichem Genuß der Alternative) oder von beiden Symphonien enthält, spendet dem Haushalt gemäß dem ersten GOSSENschen Gesetz und unter der Annahme, daß die Sättigungsmengen nicht erreicht werden, einen höheren Nutzen und führt in der Bewertung zu einem relativ höheren Nutzenindex. Jede Kombination mit geringerer Menge mindestens eines oder beider Güter hat entsprechend einen relativ geringeren Nutzenindex.

Diese ordinale Bewertung von Güterkombinationen durch einen Haushalt ist in Abb. 4-3 a illustriert. Die Abbildung zeigt, daß eine zum Ausgangspunkt A gehörige Indifferenzkurve von links oben nach rechts unten verlaufen muß.

Die zweite wichtige Eigenschaft von Indifferenzkurven besteht darin, daß sie sich nicht schneiden können. Diese Eigenschaft der **Transitivität** ist am leichtesten einzusehen, wenn man das Gegenteil annimmt und die Widersprüche dieser Annahme aufzeigt. Das geschieht in Abb. 4-3 b, in der fälschlich angenommen wird, daß zwei Indifferenzkurven einen Schnittpunkt hätten. Aus der Definition der Indifferenzkurven folgt, daß die Annahme eines Schnittpunktes zu logischen Widersprüchen führen würde.

Abb. 4-3 Eigenschaften von Indifferenzkurven

(a) negative Steigung (b) Transitivität

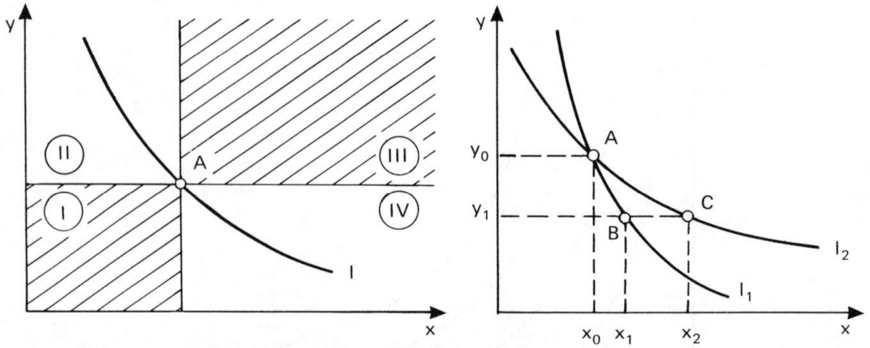

(a) Alle Punkte in den schraffierten Bereichen I und III haben einen niedrigeren oder höheren Nutzenindex als der Ausgangspunkt A. Die zu A gehörige Indifferenzkurve muß deshalb durch die Bereiche II und IV verlaufen und hat zwangsläufig eine negative Steigung.

(b) Die Annahme eines Schnittpunktes A der Indifferenzkurven I_1 und I_2 führt zum Widerspruch. Die Punkte A, B und C müßten nach der Definition von Indifferenzkurven den gleichen Nutzenindex haben (U(A) = U(B) = U(C)). Da jedoch C eine größere Menge eines Gutes enthält als B ($x_2 > x_1$), gilt U(B) < U(C). Der letzte Satz widerspricht dem vorherigen. Daher muß gelten: Indifferenzkurven können sich nicht schneiden; sie sind transitiv.

Die dritte wichtige Eigenschaft von Indifferenzkurven ist ihre zum Koordinatenursprung **konvexe Krümmung**. Auf einer Indifferenzkurve gibt es unendlich viele Punkte, die Mengenkombinationen mit dem gleichen Nutzen symbolisieren. Jedes Güterbündel enthält jedoch unterschiedliche Mengen von Gut x und Gut y. Eine Bewegung auf einer Indifferenzkurve von einem Punkt zu einem anderen bedeutet, daß die konsumierte Menge eines Gutes zunimmt. Die Menge des anderen Gutes muß gleichzeitig sinken, damit das Nutzenniveau gleichbleiben kann und die Indifferenzkurve nicht verlassen wird.

Die **Grenzrate der Substitution** (GDS) kennzeichnet dieses Verhältnis der Austauschbarkeit von zwei Gütern entlang einer Indifferenzkurve. Bei einer marginalen Substitution von Gut y durch Gut x gilt:

$$GDS = -dy / dx$$

Bei konvexem Verlauf einer Indifferenzkurve sinkt der absolute Wert der Grenzrate der Substitution mit fortgesetzter Substitution eines Gutes y durch relativen Mehrverbrauch eines Gutes x. In Tab. 4-3 ist (mit den Werten der Indifferenzpaare aus Tab. 4-2) die Grenzrate der Substitution von Gut y zu Gut x als Quotient der Differenzen annäherungsweise berechnet worden.

Der Sachverhalt läßt sich auch grafisch demonstrieren: Die Grenzrate der Substitution entspricht der Steigung einer Indifferenzkurve in einem beliebigen Punkt (Abb. 4-4). Bei einer Bewegung entlang der Indifferenzkurve nimmt die Steigung ständig ab (tg $\alpha 1$ > tg $\alpha 2$ > tg $\alpha 3$). Der Grund besteht darin, daß der Nutzenzuwachs durch den Mehrkonsum des einen Gutes den Nutzenverlust durch Minderkonsum des anderen Gutes nicht im gleichen Verhältnis kompensiert. Anders for-

Tab. 4-3 Grenzrate der Substitution

Bewegung	delta y	delta x	GDS
von A nach B	−46	10	−4,6
von B nach C	−30	10	−3,0
von C nach D	−20	10	−2,0
von D nach E	−15	10	−1,5
von E nach F	−9	10	−0,9
von F nach G	−6	10	−0,6
von G nach H	−5	10	−0,5
von H nach I	−4	10	−0,4
von I nach J	−3	10	−0,3

Abb. 4-4 Grenzrate der Substitution

(a) Substitution von Gut y durch Gut x (b) GDS und Steigung der Indifferenzkurve

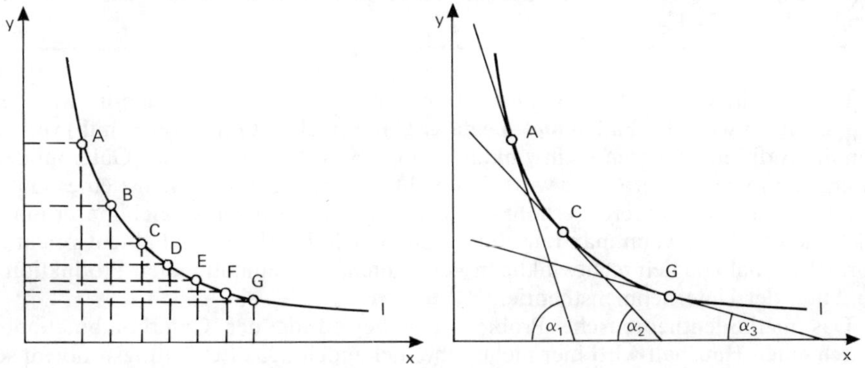

(a) Der Konsum von Gut x wird gleichmäßig erhöht (von A nach B, von B nach C . . .). Je mehr von Gut x konsumiert wird, desto geringer wird die Menge, die ein Haushalt dafür von Gut y aufgeben will. Der Grenznutzen von Gut y steigt relativ zum Grenznutzen des Gutes x, das in größerer Menge zur Verfügung steht.
(b) Die Grenzrate der Substitution entspricht der Steigung (tg α) der Indifferenzkurve in einem Punkt. Sie ist ein Maß für den relativen Grenznutzen eines Gutes und spiegelt die Bedingungen wider, unter denen ein Haushalt (bei marginalen Änderungen) bereit ist, eine Menge von Gut y gegen eine Menge von Gut x einzutauschen.

muliert: Das Verhältnis des Grenznutzens $U'(x)$ von Gut x zum Grenznutzen $U'(y)$ von Gut y sinkt, je mehr von Gut x verbraucht wird. Dies entspricht der Vorstellung des ersten GOSSENschen Gesetzes in einer relativen Betrachtungsweise. Bei relativem Mehrverbrauch eines Gutes im Verhältnis zum Verbrauch eines anderen Gutes sinkt der relative Grenznutzen.

Der Zusammenhang läßt sich formal ableiten[1]. Die Nutzenfunktion lautet $U = U(x,y)$. Aus der Definition einer Indifferenzkurve ($U = \text{const}$) folgt $dU = 0$. Bildet

[1] Zur mathematischen Methode der Ableitung der Grenzrate der Substitution im Verlauf einer Indifferenzkurve vgl. den Anhang zu diesem Kapitel

man unter diesen Bedingungen das totale Differential einer Funktion mit mehreren unabhängigen Variablen, ergibt sich:

$$dU = U'(x) \cdot dx + U'(y) \cdot dy = 0$$

Nach Umformung erhält man als Ergebnis:

$$-dy / dx = U'(x) / U'(y)$$

Die Grenzrate der Substitution entspricht dem Verhältnis der Grenznutzen der Güter. Das Gesetz der abnehmenden Grenzrate der Substitution führt zu einer konvexen Krümmung der Indifferenzkurven. Diese entsprechen damit grafisch den ertragsgesetzlichen Isoquanten der einzelwirtschaftlichen Produktionstheorie; hier werden allerdings Konsumgüter, nicht Produktionsfaktoren betrachtet.

Übung 4-1 Steigung und Konvexität einer Indifferenzkurve

Welche Informationen über die Nutzenpräferenzen eines Haushalts liefert Ihnen die Steigung einer Indifferenzkurve? Können Sie mit Hilfe dieser Informationen den konvexen Verlauf von Indifferenzkurven erklären?

Die Substituierbarkeit von Gütern ist der Normalfall, von dem auch im weiteren ausgegangen wird. Im Fall **komplementärer Güter** (rechter und linker Schuh) verlaufen die Indifferenzkurven rechtwinklig. Denn der Nutzenindex eines Güterbündels streng komplementärer Güter wird sich nicht ändern, wenn die Menge eines Gutes bei Konstanz des anderen erhöht wird. Zehn zusätzliche linke Schuhe erhöhen nicht den Nutzen, wenn man nur einen rechten Schuh hat. Dieser Fall entspricht in formaler Analogie den rechtwinkligen Isoquanten einer limitationalen Produktionsfunktion der Unternehmenstheorie.

Das methodentheoretische Problem der Bewertung der Güterkombinationen durch einen Haushalt wird hier nicht näher behandelt. Das Bewertungsproblem sei in formaler Hinsicht durch die Bestimmung der Indifferenzkurven gelöst.

Die **optimale Konsumgüterwahl** eines Haushalts erfordert die Berücksichtigung der **Budgetbeschränkung**. Nicht jede Güterkombination ist für den Haushalt erreichbar, da das beschränkte Einkommen, die Konsumsumme Y_c, und die zu zahlenden Preise der Güter seinen Wünschen Grenzen setzen. Die optimale Lösung bildet in vielerlei Hinsicht eine Analogie zur Ableitung der Minimalkostenkombination der Unternehmenstheorie.

Welche Mengen von Gut x und Gut y kann der Haushalt kaufen, wenn er die gesamte Konsumsumme verausgabt? Die Konsumsumme muß der Summe der Ausgaben für die einzelnen Güter entsprechen. Dies wird in einer **Bilanzgleichung** ausgedrückt:

$$Y_c = p_x \cdot x + p_y \cdot y$$

Durch Umformung läßt sich die kaufbare Menge von Gut y in Abhängigkeit von der gekauften Menge von Gut x darstellen:

$$y = -(p_x / p_y) \cdot x + Y_c / p_y$$

Die geometrische Darstellung der Bilanzgleichung führt zur **Budgetgerade** (Abb. 4-5a). Sie kennzeichnet alle Güterkombinationen, die ein Haushalt bei vollständiger Verausgabung seiner Konsumsumme erwerben kann. Die negative Steigung der Budgetgerade entspricht dem Verhältnis der Güterpreise (p_x/p_y). Dieses Preisverhältnis wird auch als **relativer Preis** bezeichnet.

Verausgabt der Haushalt die Konsumsumme nur für ein Gut, so kann er entweder (im Fall $y = 0$) maximal Y_c/p_x oder (im Fall $x = 0$) maximal Y_c/p_y Mengeneinheiten kaufen. Diese beiden Kombinationen entsprechen geometrisch den Schnittpunkten der Budgetgerade mit den Achsen des Mengendiagramms. Formal entspricht die Budgetgerade damit der Isokostenlinie der Unternehmenstheorie.

Die Darstellung von Indifferenzkurven und Budgetgerade in einem gemeinsamen Diagramm (Abb. 4-5b) erlaubt eine einfache Bestimmung der optimalen Konsumgüterwahl. Das **Haushaltsgleichgewicht** liegt in dem Punkt G, in dem die Budgetgerade zur Tangente an eine Indifferenzkurve wird. Die zugehörigen Mengen x_G und y_G führen zur Maximierung des Nutzens. Alle Punkte unterhalb der Budgetgeraden und die zugehörigen Indifferenzkurven bilden Mengenkombinationen mit geringerem Nutzenindex. Alle Punkte oberhalb der Budgetgeraden und die zugehörigen Indifferenzkurven zeigen Mengenkombinationen, die der Haushalt nicht erwerben kann. Der Punkt G repräsentiert somit die Mengenkombination mit dem höchsten Nutzenindex, die ein Haushalt bei gegebenen Preisen und gegebener Konsumsumme kaufen kann. Entscheidet sich der Haushalt für diese Mengenkombination, so hat er die zur Befriedigung seiner subjektiven Bedürfnisse optimale Konsumgüterwahl getroffen.

Die Steigung der Budgetgeraden entspricht dem Verhältnis der Güterpreise. Die

Abb. 4-5 Budgetgerade und optimale Konsumgüterwahl

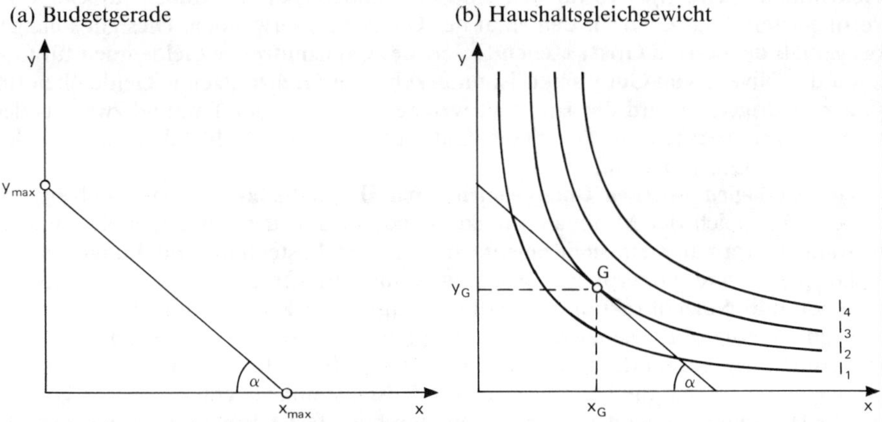

(a) Alle Punkte auf und unterhalb der Budgetgeraden kennzeichnen Mengenkombinationen, die ein Haushalt mit seiner Konsumsumme Y_c kaufen kann. Maximal kann ein Haushalt $x_{max} = Y_c/p_x$ Mengeneinheiten von Gut x oder $y_{max} = Y_c/p_y$ Mengeneinheiten von Gut y kaufen. Die Steigung der Budgetgeraden (tg α) gleicht den relativen Güterpreisen.

(b) Ein Haushalt realisiert seine optimale Konsumgüterwahl, wenn seine Budgetgerade zur Tangente an eine seiner Indifferenzkurven wird. Der Tangentialpunkt G kennzeichnet das Haushaltsgleichgewicht. Kauf und Konsum der zugehörigen Mengen x_G und y_G führen zur Maximierung des Nutzens.

Steigung der Indifferenzkurve im Tangentialpunkt mit der Budgetgeraden gleicht der Grenzrate der Substitution. Als Gleichgewichtsbedingung ergibt sich:

$$- dy/dx = U'(x)/U'(y) = p_x/p_y$$

Der Haushalt maximiert seinen Nutzen, wenn die Grenzrate der Substitution und das Verhältnis der Grenznutzen gleich dem Verhältnis der Güterpreise sind[2]. Durch eine einfache Umformung erhält man eine alternative Formulierung der Gleichgewichtsbedingung:

$$U'(x) / p_x = U'(y) / p_y$$

Diese Formulierung entspricht der Aussage des **zweiten GOSSENschen Gesetzes**: Der Haushalt maximiert seinen Nutzen, wenn er seine Konsumsumme so verwendet, daß das Verhältnis von Grenznutzen und Preis für jedes Gut gleich ist. Bei der Verwendung der Konsumsumme kommt den mit den Preisen gewogenen Grenznutzen der Güter (oder dem Grenznutzen des Geldes) die entscheidende Bedeutung zu. Man spricht deshalb auch vom **Gesetz des Ausgleichs der gewogenen Grenznutzen**. Der Haushalt hat dann eine optimale Aufteilung seiner Konsumsumme auf die einzelnen Güter gefunden, wenn der Nutzen der zuletzt ausgegebenen Geldeinheit für jedes Gut gleich ist. Solange der Nutzen einer zusätzlichen DM, die für Fisch ausgegeben wird, größer ist als der Nutzen bei Ausgabe dieser DM für Fleisch, wird der Haushalt mit dieser DM Fisch kaufen. Der Gesamtnutzen ist dann am größten, wenn der Nutzen der letzten für Fisch ausgegebenen DM genauso groß ist, wie der Nutzen der letzten für Fleisch ausgegebenen DM.

Warum muß dieses Gesetz zutreffen? Falls Gut x einen höheren Grenznutzen je Geldeinheit spendet, ist es für den Haushalt sinnvoll, die Ausgaben für Gut y zu verringern und das Geld für den Kauf des Gutes x zu verwenden. Dies gilt solange, bis gemäß dem ersten GOSSENschen Gesetz der Grenznutzen je Geldeinheit für Gut x auf das Niveau von Gut y sinkt. Ist umgekehrt der Grenznutzen je Geldeinheit für Gut x niedriger, so wird der Haushalt weniger von Gut x kaufen, und zwar bis der Grenznutzen der letzten für dieses Gut ausgegebenen Geldeinheit wieder das Niveau von Gut y erreicht hat.

Die **Analogien zwischen Unternehmens- und Haushaltstheorie** zeigen sich besonders im Vergleich der Minimalkostenkombination und der optimalen Konsumgüterwahl. In formaler Hinsicht entsprechen sich Isokostenlinie und Budgetgerade, Faktorpreise und Güterpreise, Isoquanten und Indifferenzkurven, Produktionsfunktion und Nutzenfunktion sowie die Prinzipien der Kostenminimierung und der Nutzenmaximierung. Die jeweiligen Ableitungen entsprechen sich, weil formal gleiche Annahmen zugrunde liegen. Wichtige Unterschiede trotz aller Gemeinsamkeiten liegen darin, daß die Unternehmen die Kostensumme leichter variieren können als die Haushalte die Konsumsumme, die durch ein festes Einkommen meist vorgegeben ist. Für die Unternehmen ist die Minimalkostenkombination ferner nur ein Zwischenschritt auf dem Weg zum eigentlichen Ziel, der Ermittlung der gewinnmaximalen Menge. Schließlich sind die Nutzenfunktionen der Haushalte durch subjektive Präferenzen, die Produktionsfunktionen der Unternehmen dagegen durch quasi objektive, technische Determinanten bestimmt.

---

[2] Dieses Ergebnis kann auch mit Hilfe des LAGRANGE-Verfahrens analytisch bestimmt werden. Vgl. den Anhang zu diesem Kapitel.

4.2.2 Einkommensänderungen und individuelle Nachfrage

Die optimale Konsumgüterwahl wurde unter der Annahme gegebener Güterpreise und eines gegebenen, für Konsumzwecke zur Verfügung stehenden Einkommens hergeleitet. Was ist die Folge der Änderung einer dieser Größen? Gemäß der Ceteris-Paribus-Annahme wird zunächst die Konsumsumme variiert, während die anderen Faktoren konstant bleiben.

Veränderungen der Konsumsumme führen zu Parallelverschiebungen der ursprünglichen Budgetgeraden (Abb. 4-6). Es ergibt sich bei jeder Änderung ein neues Haushaltsgleichgewicht. Die Verbindungslinie aller dieser optimalen Mengenkombinationen bei unterschiedlicher Höhe der Konsumsumme wird als **Einkommens-Konsum-Kurve** (EKK) bezeichnet.

Abb. 4-6 Einkommens-Konsum-Kurven

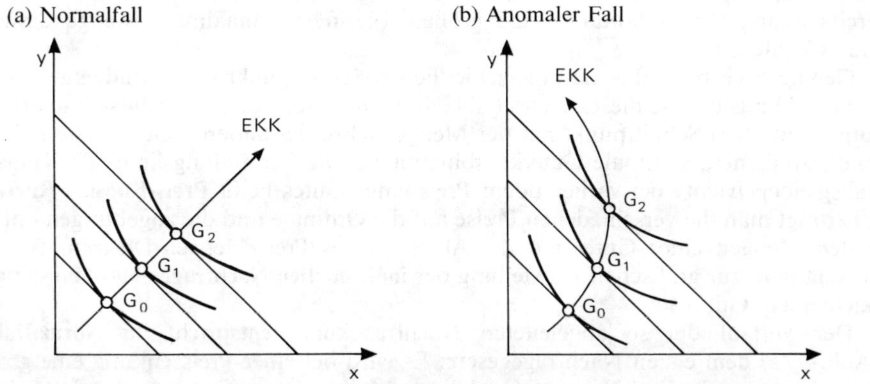

(a) Die EKK zeigt, wie die nachgefragten Mengen eines Haushalts auf Einkommensänderungen bei unveränderten Güterpreisen reagieren. Erhöhungen des Einkommens führen zu Parallelverschiebungen der Budgetgeraden und zu neuen Haushaltsgleichgewichten. Die EKK ist die Verbindungslinie aller dieser Gleichgewichtspunkte G_0, G_1, G_2. Im Normalfall führt eine Einkommenserhöhung zur Erhöhung der nachgefragten Mengen beider Güter.
(b) Im anomalen Fall ist eines der Güter für den Haushalt inferior und die nachgefragte Menge dieses Gutes kann trotz erhöhter Konsumsumme sinken.

Der Verlauf der Einkommens-Konsum-Kurven ist abhängig von den Präferenzen des Haushalts für die einzelnen Güter, d. h. vom Verlauf der Indifferenzkurvenschar.

Im **Normalfall** führt eine Erhöhung des Einkommens zu einer Erhöhung der nachgefragten Mengen beider Güter. Handelt es sich bei einem der Güter um ein **Sättigungsgut**, so wird die Einkommens-Konsum-Kurve ab einem bestimmten Punkt parallel zur Mengenachse dieses Gutes verlaufen. Ist eines der Güter für den Haushalt ein **superiores** Gut, so wird er die nachgefragte Menge dieses Gutes überproportional zu Lasten anderer Güter ausdehnen. Ist eines der Güter ein **relativ inferiores** Gut, so wird die nachgefragte Menge unterproportional zunehmen.

Ein anomaler Verlauf der Einkommens-Konsum-Kurven ergibt sich schließlich im Fall **absolut inferiorer** Güter (Abb. 4-6b): Die nachgefragte Menge dieser Güter sinkt mit steigendem Einkommen. Als Beispiele für absolut inferiore Güter gelten relativ preiswerte Güter des Grundbedarfs (Brot, Kartoffeln, Margarine), denen häufig eine geringe Qualität zugeschrieben wird und die bei steigendem Einkommen durch relativ teurere Güter mit einer höher eingeschätzten Qualität ersetzt werden.

Übung 4-2 Inferiore Güter und Einkommensänderungen

Überlegen Sie, welche Güter aus Ihrer Sicht als inferiore Güter zu bezeichnen sind! Warum gelten diese Güter als inferiore Güter?

4.2.3 Preisänderungen und individuelle Nachfrage

Was ist ceteris paribus die Folge einer **Preisänderung eines Gutes**? Bei völliger Verausgabung der Konsumsumme nur für dieses Gut könnte der Haushalt bei einer Preissenkung (Preiserhöhung) eine größere (geringere) maximale Menge dieses Gutes kaufen.

Geometrisch führt dies zu unterschiedlichen Schnittpunkten der Budgetgeraden mit der Mengenachse dieses Gutes (Abb. 4-7). Die Budgetgerade dreht sich um den (unveränderten) Schnittpunkt mit der Mengenachse des anderen Gutes. Die Folge sind jeweils neue optimale Güterkombinationen. Die Verbindungslinie aller Haushaltsgleichgewichte bei variierendem Preis eines Gutes heißt **Preis-Konsum-Kurve**. Überträgt man die verschiedenen Preise auf die Ordinate und die zugehörigen optimalen Mengen eines Gutes auf die Abzisse eines Preis-Mengen-Diagramms, so gelangt man zur grafischen Darstellung der **individuellen Nachfrage eines Haushalts** nach einem Gut.

Der Verlauf der so abgeleiteten Nachfragekurve entspricht im **Normalfall** (Abb. 4-7 a) dem ersten Nachfragegesetz: Es wird bei einer Preissenkung eine größere, bei einer Preiserhöhung eine kleinere Menge dieses Gutes nachgefragt. Im **anomalen Fall** (Abb. 4-7 b) führen Preisänderungen zu gleichgerichteten Mengenänderungen. Die Preis-Konsum-Kurve sowie die abgeleitete Nachfragekurve haben dann einen rückwärtsgebogenen Verlauf.

Zum Verständnis des Ausnahmefalles ist es notwendig, analytisch zwischen dem Einkommens- und dem Substitutionseffekt einer Preisänderung zu unterscheiden.

Angenommen, ein Hersteller von Bonbons verbillige seine Produkte um die Hälfte. Viele Liebhaber von Süßigkeiten, die ihr Budget bislang für Bonbons und Pralinen verausgabt haben, werden nun mehr Bonbons nachfragen; sie haben dafür zwei Gründe: Erstens sorgt die Preissenkung dafür, daß die Ausgaben für die bisher nachgefragte Menge Bonbons sinken. Das „gesparte" Geld kann zum Kauf von mehr Bonbons und mehr Pralinen verwendet werden. Die Preissenkung bewirkt, daß mit gleicher Konsumsumme größere Mengen beider Güter gekauft werden können. Man spricht auch von einer Erhöhung des Realeinkommens oder der realen Kaufkraft. Es handelt sich hier um den **Einkommenseffekt** einer Preissenkung. Zweitens sind die Bonbons relativ zu Pralinen billiger geworden. Dies kann Anlaß sein, weniger Pralinen und dafür mehr Bonbons zu konsumieren. Es handelt sich um den **Substitutionseffekt** einer Preissenkung. Analog kann für eine Preiserhöhung argumentiert werden kann. Die Gesamtwirkung einer Preisänderung ist das Ergebnis der gleichzeitig auftretenden Einkommens- und Substitutionseffekte.

Beide Effekte sind in Abb. 4-8 illustriert. Ein sinkender Preis führt zu einer Drehung der Budgetgeraden. Es wird ein neues Gleichgewicht mit größeren Mengen

Abb. 4-7 Preisänderungen, optimale Konsumgüterwahl und individuelle Nachfrage eines Haushalts

(a) Normalfall (b) Anomaler Fall

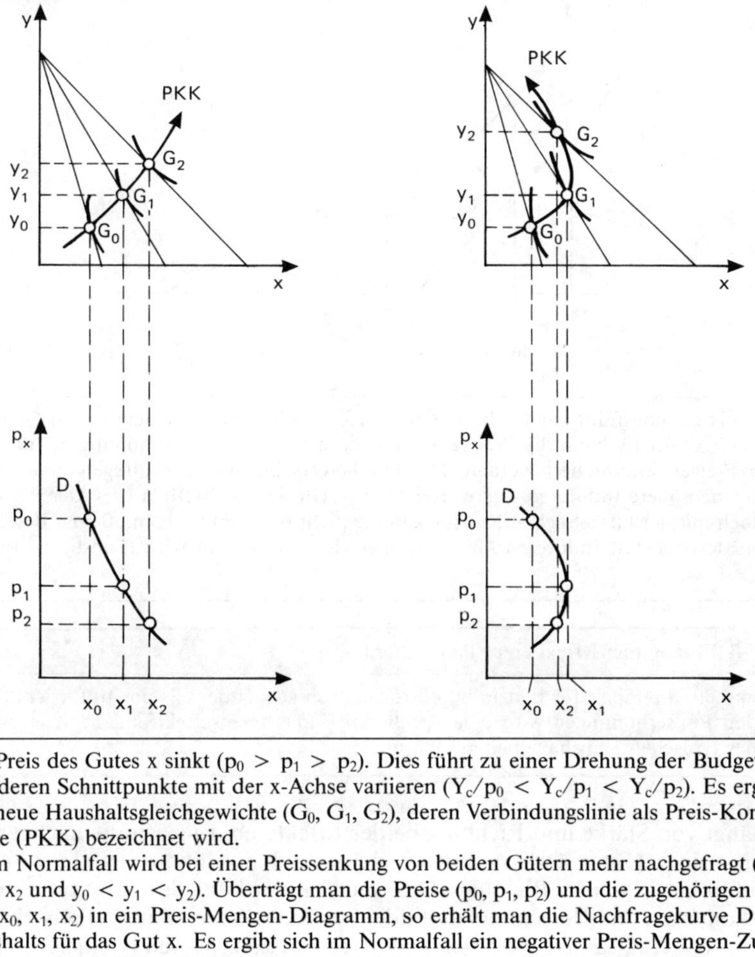

Der Preis des Gutes x sinkt ($p_0 > p_1 > p_2$). Dies führt zu einer Drehung der Budgetgeraden, deren Schnittpunkte mit der x-Achse variieren ($Y_c/p_0 < Y_c/p_1 < Y_c/p_2$). Es ergeben sich neue Haushaltsgleichgewichte (G_0, G_1, G_2), deren Verbindungslinie als Preis-Konsum-Kurve (PKK) bezeichnet wird.

(a) Im Normalfall wird bei einer Preissenkung von beiden Gütern mehr nachgefragt ($x_0 < x_1 < x_2$ und $y_0 < y_1 < y_2$). Überträgt man die Preise (p_0, p_1, p_2) und die zugehörigen Mengen (x_0, x_1, x_2) in ein Preis-Mengen-Diagramm, so erhält man die Nachfragekurve D eines Haushalts für das Gut x. Es ergibt sich im Normalfall ein negativer Preis-Mengen-Zusammenhang. Die individuelle Nachfrage entspricht dem ersten Gesetz der Nachfrage.

(b) Nimmt die nachgefragte Menge eines Gutes ab ($x_2 < x_1$), obwohl sein Preis gesenkt wurde, kommt es zu einem anomalen Verlauf der PKK. Im anomalen Fall ergibt sich eine rückwärtsgebogene Nachfragekurve D.

beider Güter erreicht. Dieses Gesamtergebnis läßt sich in Einzeleffekte zerlegen. Der Einkommenseffekt ist als Parallelverschiebung der Budgetgeraden interpretierbar, mit der eine höhere Indifferenzkurve erreicht wird und größere Mengen beider Güter gekauft werden können. Der Substitutionseffekt entspricht einer Bewegung entlang der neuen Indifferenzkurve, bei der das relativ teurer gewordene Gut durch das relativ billiger gewordene Gut ersetzt wird, bis die optimale Konsumgüterwahl realisiert ist.

Abb. 4-8 Einkommens- und Substitutionseffekt einer Preisänderung

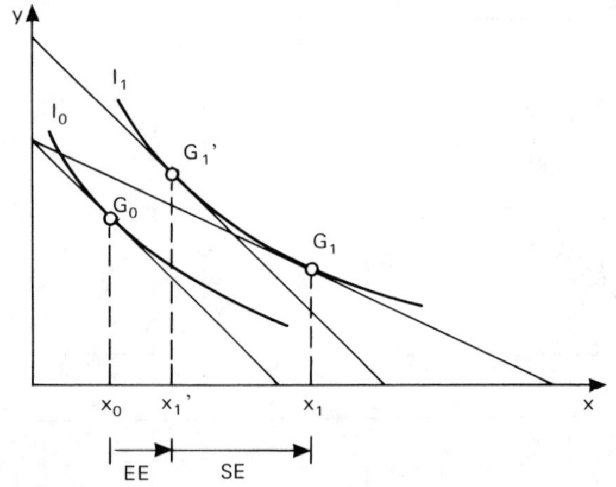

Eine Preissenkung führt zur Drehung der Budgetgeraden und zu einem neuen Gleichgewicht G_1. Alternativ kann die Preissenkung auch als Einkommenserhöhung bei unveränderten Preisen interpretiert werden. Die Parallelverschiebung der Budgetgeraden zeigt, daß so eine höhere Indifferenzkurve erreichbar ist (Einkommenseffekt EE). Der Punkt G_1' ist jedoch mit der tatsächlichen Konsumsumme nicht realisierbar. Es muß eine Bewegung entlang der höheren Indifferenzkurve erfolgen, bis G_1 erreicht wird (Substitutionseffekt SE).

Übung 4-3 Einkommenseffekt einer Preisänderung

Angenommen, die Preise für Benzin und Streichhölzer steigen jeweils um 10 Prozent. Welche der beiden Preiserhöhungen wird einen größeren Einkommenseffekt auf die Konsumgüterwahl eines typischen Haushalts haben? Warum?

Es hängt von Stärke und Richtung beider Effekte ab, wie sich die nachgefragten Mengen beider Güter ändern. Einkommens- und Substitutionseffekt wirken im Normalfall in die gleiche Richtung. Die Nachfragewirkung des Substitutionseffekts ist bei konvexen Indifferenzkurven eindeutig: Eine Preissenkung (Preiserhöhung) führt bei dem Gut, dessen Preis sich ändert, immer zu größeren (kleineren) nachgefragten Mengen. Im **Normalfall** wirkt der Einkommenseffekt in die gleiche Richtung, weshalb die nachgefragten Mengen beider Güter bei einer Preissenkung (Preiserhöhung) größer (kleiner) werden.

Den **Ausnahmefall** bilden **inferiore Güter**, bei denen es zu einer anomalen Nachfragereaktion kommen kann (Abb. 4-9). Eine Einkommenserhöhung (Einkommenssenkung) bei inferioren Gütern hat kleinere (größere) nachgefragte Mengen zur Folge. Ändert sich der Preis dieser Güter, so wird der Einkommenseffekt gegenläufig zum Substitutionseffekt wirken. Nehmen wir an, Bonbons seien für unseren Haushalt ein inferiores Gut. Er hätte viel lieber Pralinen als Bonbons zur Befriedigung seiner „süßen“ Bedürfnisse. Da Pralinen aber relativ teuer sind und sein Süßigkeitsetat relativ knapp bemessen ist, mußte er seinen Grundbedarf an Naschereien bislang überwiegend mit Bonbons decken. Was sind die wahrscheinlichen

Abb. 4-9 Einkommens- und Substitutionseffekt bei inferioren Gütern

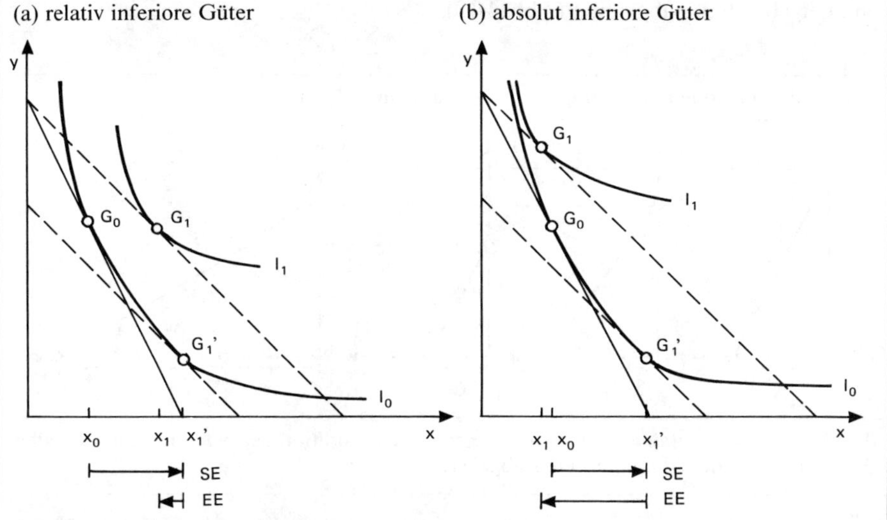

Inferiore Güter haben negative Einkommenseffekte (vgl. die Abstände x_1'-x_1). Wenn der negative Einkommenseffekt den Substitutionseffekt (x_0-x_1') überkompensiert, kann eine Preissenkung zu einer Abnahme der nachgefragten Menge führen.

Folgen eines sinkenden Bonbonpreises? Daß Bonbons relativ zu Pralinen dadurch nochmals billiger werden, bietet in dieser Situation nur einen geringen Anreiz, noch mehr Bonbons statt Pralinen zu kaufen. Der Substitutionseffekt wird nur sehr schwach ausfallen. Andererseits kann der Grundbedarf an Bonbons nun mit geringeren Ausgaben gedeckt werden, das Süßigkeitsbudget wird entlastet. Das durch die Preissenkung für Bonbons gesparte Geld wird lieber für den Kauf zusätzlicher Pralinen verausgabt werden. Dies wiederum kann dazu führen, daß die zusätzlichen Pralinen einen Teil des bislang durch Bonbons gedeckten Bedarfs befriedigen. In diesem Fall kann aufgrund des Einkommenseffektes die nachgefragte Menge an Bonbons insgesamt zurückgehen.

Fazit: Bei einer Preissenkung für inferiore Güter wirkt der Einkommenseffekt auf eine Reduzierung der nachgefragten Menge, der Substitutionseffekt auf eine Erhöhung hin. Wird der Substitutionseffekt vom gegenläufigen Einkommenseffekt überkompensiert, kommt es zu einem anomalen Gesamtergebnis: Eine Preissenkung führt zu einer geringeren nachgefragten Menge. Analog kann bei einer Preiserhöhung inferiorer Güter argumentiert werden.

4.2.4 Individuelle Nachfrage und Marktnachfrage

Bislang haben wir nur eine individuelle Nachfragekurve eines typischen Haushalts abgeleitet. Zur Marktnachfragekurve gelangt man nun durch Aggregation der individuellen Nachfragekurven aller Haushalte. Unter der Annahme, daß die einzelnen Haushalte ihre Nachfrageentscheidungen unabhängig voneinander treffen, können zur Ermittlung der Marktnachfrage die bei verschiedenen Preisen von allen

Haushalten nachgefragten Mengen addiert werden. Geometrisch wird die Marktnachfragekurve durch eine **horizontale Aggregation** der individuellen Nachfragekurven aller Haushalte abgeleitet (Abb. 4-10).

Abb. 4-10 Individuelle Nachfrage der Haushalte und Marktnachfrage

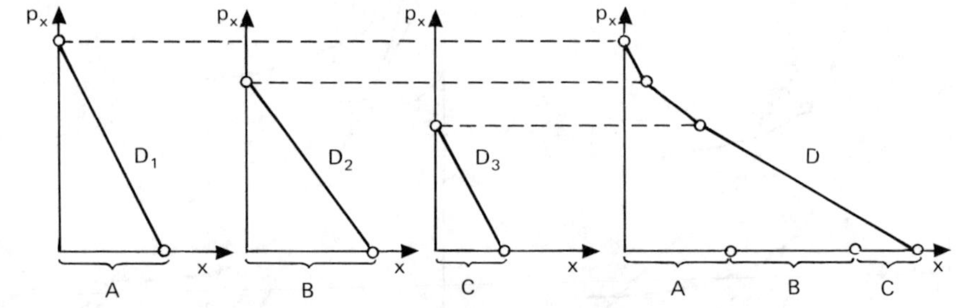

Die Marktnachfragekurve D wird durch horizontale Addition der Nachfragemengen aller Haushalte zu jedem einzelnen Preis abgeleitet.

Die individuelle Nachfrage nach einem Gut x ist abhängig vom Preis p_x, von den Preisen p_y anderer Güter, dem für Konsumzwecke verfügbaren Einkommen Y_c und den Nutzenpräferenzen U des Haushalts. Für die Marktnachfrage nach einem Gut sind zwei zusätzliche Einflüsse wichtig, die bei der Ableitung der individuellen Nachfrage nicht berücksichtigt werden konnten. Erstens bestimmt die **Einkommens- und Vermögensverteilung** (EVV) wesentlich das für Konsumzwecke verfügbare Einkommen. Verteilungsänderungen können deshalb bei einer Vielzahl von Haushalten zu einer Änderung der optimalen Konsumgüterwahl führen. Zweitens ist die Marktnachfrage offensichtlich von der **Zahl der** dieses Gut **nachfragenden Haushalte** (Z_H) abhängig. Bevölkerungswachstum, regionale Mobilität oder eine den Bekanntheitsgrad eines Gutes steigernde Werbung (oder allgemein: **soziale Einflußfaktoren** (Soz)) können zu erheblichen Veränderungen der Gesamtnachfrage führen.

Die Marktnachfrage eines Gutes ist somit bestimmt durch:

$$x = x\,(p_x, p_y, Y_c, U, EVV, Z_H, Soz)$$

Der wichtigste Zusammenhang ist der zwischen Preis und Menge. Ceteris paribus gilt:

$$x = x(p_x) \quad (c.\,p.)$$

Deutlich zu unterscheiden ist zwischen einer **Bewegung entlang einer Nachfragekurve** und einer **Verschiebung der Nachfragekurve** (Abb. 4-11). Erstere kommt zustande, wenn ceteris paribus der Preis variiert; letztere, wenn sich der Wert einer der vorher konstant gehaltenen Einflußgrößen ändert. Steigt die Konsumsumme Y_c, so führt dies im Normalfall zu einer Rechtsverschiebung, im Fall inferiorer Güter zu einer Linksverschiebung der Nachfragekurve. Steigt der Preis p_y eines Komplementärgutes, so ist eine Linksverschiebung der Nachfragekurve von Gut x die Folge. Steigt dagegen der Preis p_y eines Substitutionsguts, so kommt es zu einer Rechtsverschiebung.

Abb. 4-11 Nachfragekurve und Shift-Faktoren

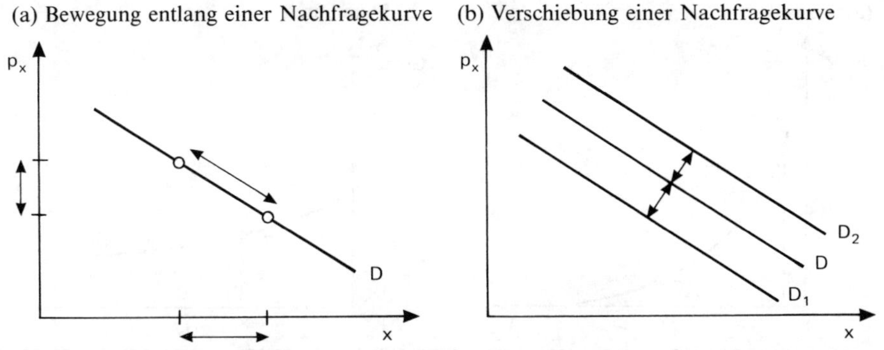

(a) Zu einer Bewegung auf der Nachfragekurve D kommt es bei Änderung des Preises p_x. Die Preisänderung bewirkt eine „Änderung der nachgefragten Menge".
(b) Zu einer Verschiebung der Nachfragekurve kommt es bei Änderung der
- Nutzenpräferenzen
- Preise anderer Güter
- individuellen Konsumsumme
- Anzahl der Haushalte
- Einkommens- und Vermögensverteilung.

Diese Shift-Faktoren der Nachfrage bewirken eine „Änderung der Nachfragefunktion".

4.3 Angewandte Mikroökonomie des Nutzens

Die Grenznutzen- und Indifferenzkurvenanalysen liefern einen formalisierten Rahmen; sie enthalten grundlegende Begriffe und Instrumente der mikroökonomischen Haushaltstheorie. Diese theoretische Basis soll nunmehr mit Bezug zu einigen Anwendungsbeispielen des Konsumentenverhaltens verwendet und geprüft werden.

4.3.1 Das Diamanten-Wasser-Paradoxon

A. SMITH stellte bereits vor zweihundert Jahren die These auf, daß der Preis, den Konsumenten für ein Gut zu zahlen bereit sind, wenig mit der „objektiven Nützlichkeit" eines Gutes zu tun haben kann. Als Beispiel führte er an, viele Leute wollten wenig oder gar nichts für Wasser zahlen, obwohl es lebenswichtig ist; andererseits aber seien viele Konsumenten bereit, Hunderte und Tausende von Mark für einen Diamanten zu zahlen, für den es nur sehr begrenzte Verwendungsmöglichkeiten gibt.

Wie ist das Paradox zu erklären, daß Diamanten einen wesentlich höheren Preis erzielen können als Wasser, das einen wesentlich höheren Nutzen zu spenden scheint? Die Lösung des Paradoxons liegt in der Unterscheidung der Begriffe des Grenz- und Gesamtnutzens.

Der Gesamtnutzen von Wasser ist sicherlich höher einzuschätzen als der Gesamtnutzen von Diamanten. Die Zahlungsbereitschaft für ein Gut wird allerdings nicht so sehr vom Gesamtnutzen, sondern wesentlich vom Grenznutzen bestimmt. Eine zusätzliche Einheit eines Gutes wird nur nachgefragt, wenn der Grenznutzen eines Gutes größer oder mindestens gleich dem Preis des Gutes ist. Ansonsten wird das Geld eher für ein anderes Gut verwendet, das diese Bedingung erfüllt. Die

Abb. 4-12 Wasser-Diamanten-Paradoxon

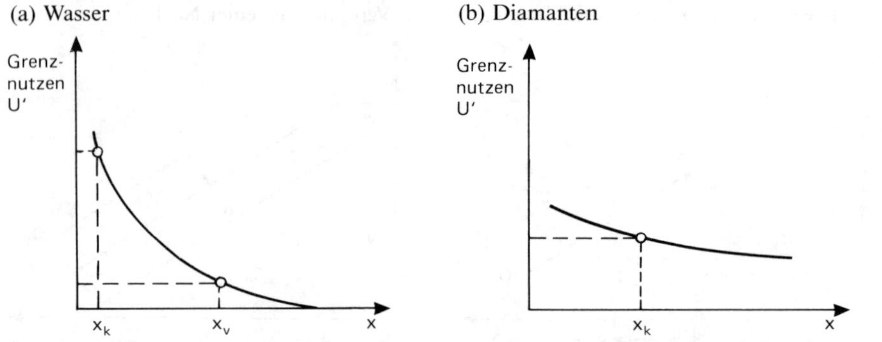

Solange Wasser reichlich vorhanden ist, liegt die konsumierte Menge (x_v) in der Nähe der Sättigungsmenge. Grenznutzen und Zahlungsbereitschaft sind deshalb relativ niedrig. Diamanten sind knapp (x_k). Ihr Grenznutzen scheint wegen der Knappheit relativ hoch zu sein; deshalb ist die Zahlungsbereitschaft hoch. Eine größere Knappheit von Wasser (x_k) würde den Grenznutzen erhöhen und die Zahlungsbereitschaft erheblich steigen lassen.

Annahme, daß der Grenznutzen von Wasser wesentlich niedriger eingeschätzt wird als der Grenznutzen von Diamanten, kann begründet werden. Wasser ist (noch) im Überfluß vorhanden und entsprechend hoch ist der Verbrauch. Gemäß dem ersten GOSSENschen Gesetz nimmt der Grenznutzen mit steigendem Konsum ab. Der Wasserverbrauch dürfte sich dann in der Nähe der Sättigungsmenge bewegen; der Grenznutzen dürfte deshalb sehr gering oder Null sein. Eine hohe Zahlungsbereitschaft für zusätzliches Wasser wird deshalb nicht vorhanden sein. Für Diamanten gilt dagegen eine natürliche Knappheit. Der Grenznutzen von Diamanten wird hoch sein und bleiben, da deren verfügbare Menge nicht vielfach gesteigert werden kann. Somit löst sich das Paradoxon aus der Sicht der Nachfragetheorie. Knappheit von Diamanten sorgt für einen hohen Grenznutzen und eine hohe Zahlungsbereitschaft, Überfluß von Wasser führt zu einem sehr geringen Grenznutzen und sehr geringer Zahlungsbereitschaft (vgl. MILLER 1985[5], S. 181f.).

4.3.2 Das GIFFEN-Paradoxon

R. GIFFEN beobachtete, daß während des 19. Jahrhunderts in Großbritannien ein Anstieg des Preises des importierten Weizens zur Erhöhung des Brotpreises führte. Daraufhin sank jedoch nicht wie erwartet der Verbrauch von Brot durch die britische Land- und Arbeiterbevölkerung, sondern er nahm zu.

Bei diesem sogenannten GIFFEN-Paradox liegt eine anomale Reaktion der Haushalte auf eine Preisänderung vor: Eine Preiserhöhung führte zur Erhöhung der nachgefragten Menge. Wie läßt sich diese anomale Reaktion erklären? Angenommen, Brot sei das Hauptnahrungsmittel der einkommensschwachen Haushalte und der Brotpreis steige stark an. Dies erzwingt steigende Ausgaben für Brot und läßt viele Haushalte so verarmen, daß sie sich andere, „luxuriöse" Nahrungsmittel nicht mehr leisten können und durch vermehrten Verbrauch des teurer gewordenen Brots ersetzen müssen.

Abb. 4-13 Einkommens- und Substitutionseffekt bei GIFFEN-Gütern

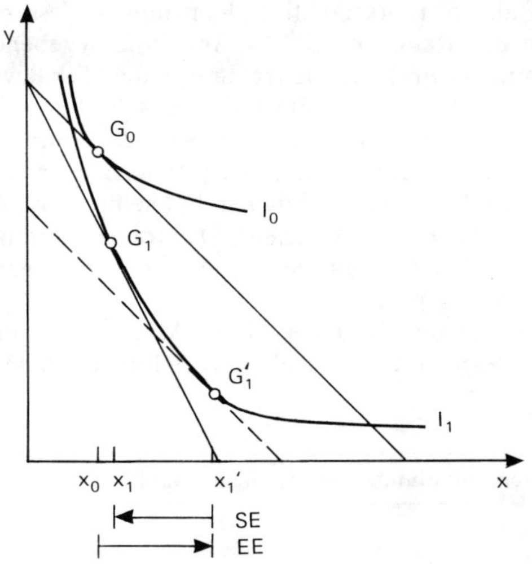

Eine Preiserhöhung führt zur Drehung der Budgetgeraden und zu einem neuen Gleichgewicht G_1. Alternativ kann die Preiserhöhung auch als Einkommenssenkung bei unveränderten Preisen interpretiert werden. Die Parallelverschiebung der Budgetgeraden zeigt, daß so nur noch eine niedrigere Indifferenzkurve I_1 erreichbar ist (Einkommenseffekt EE). Der Punkt G_1' ist jedoch mit der tatsächlichen Konsumsumme nicht realisierbar. Es muß eine Bewegung entlang I_1 erfolgen, bis G_1 erreicht wird (Substitutionseffekt SE). GIFFEN-Güter sind absolut inferior. Bei einer Preiserhöhung wird der Substitutionseffekt SE vom Einkommenseffekt EE überkompensiert und die nachgefragte Menge des GIFFEN-Guts steigt (von x_0 auf x_1).

Das GIFFEN-Paradox läßt sich auch mit Hilfe der Indifferenzkurvenanalyse darstellen und erklären (Abb. 4-13). Die Preiserhöhung für Brot kann in ihrer Wirkung analytisch in einen Substitutions- und einen Einkommenseffekt getrennt werden. Da Brot wohl ein relativ billiges Grundnahrungsmittel der Haushalte war, konnte es nach einer Verteuerung nur in geringem Maße durch andere Güter ersetzt werden. Der Substitutionseffekt der Preiserhöhung war damit sehr gering. Ferner dürfte schon vor der Preiserhöhung Brot das Hauptnahrungsmittel der in dieser frühkapitalistischen Zeit zu „Hungerlöhnen" arbeitenden Bevölkerung gewesen sein. Die Verteuerung des Hauptnahrungsmittels erzwang stark steigende Ausgaben für Brot. Die Land- und Arbeiterhaushalte verarmten dadurch so sehr, daß sie auf andere, „luxuriöse" Nahrungsmittel verzichten und diese durch vermehrten Verbrauch des teurer gewordenen Brotes ersetzen mußten. Der Einkommenseffekt der Preiserhöhung führt hier zu einem deutlichen Rückgang superiorer Güter zugunsten des inferioren Guts Brot.

4.3.3 Spezielle Verbrauchssteuer vs. Einkommensteuer

Was belastet einen Haushalt weniger? Eine Erhöhung der Einkommensteuer oder die Erhöhung spezieller Verbrauchssteuern? Welche Steuerart ist aus nutzentheoretischen Überlegungen zu bevorzugen? Welche Wirkungen haben Steuern im Modell der optimalen Einkommensverwendung? Wir wollen diese Fragen anhand eines Anwendungsbeispiels (nach THOMPSON 1981[3], S. 99-101) beantworten.

Herr Müller gilt als ein repräsentativer Konsument, dessen hauptsächliche Verbrauchsgewohnheit das Rauchen sei. Bei Annahme gegebener Präferenzen, eines gegebenen Einkommens und gegebener Preise der Tabakwaren kann sein Verbrauchsverhalten im Rahmen der mikroökonomischen Haushaltstheorie als Optimalverhalten gedeutet werden. Herr Müller realisiert dann sein Nutzenmaximum, den Tangentialpunkt G_0. In der Ausgangslage verwendet er bei einem Preis je Zigarettenpackung von 4 DM einen erheblichen Teil seines Einkommens für den Kauf von Zigaretten (220 DM für 55 Päckchen). Das folgende Schaubild soll verwendet werden, um die Auswirkungen von Steuern (Steuererhöhungen) auf das Käuferverhalten und den Nutzen zu prüfen.

Die Ausgangslage aus der Sicht von Herrn Müller wird im Tangentialpunkt G_0 dargestellt. Die Bundesregierung beschließt, zur Finanzierung einer großen Steuer-

Abb. 4-14 Steuerarten und optimale Konsumgüterwahl

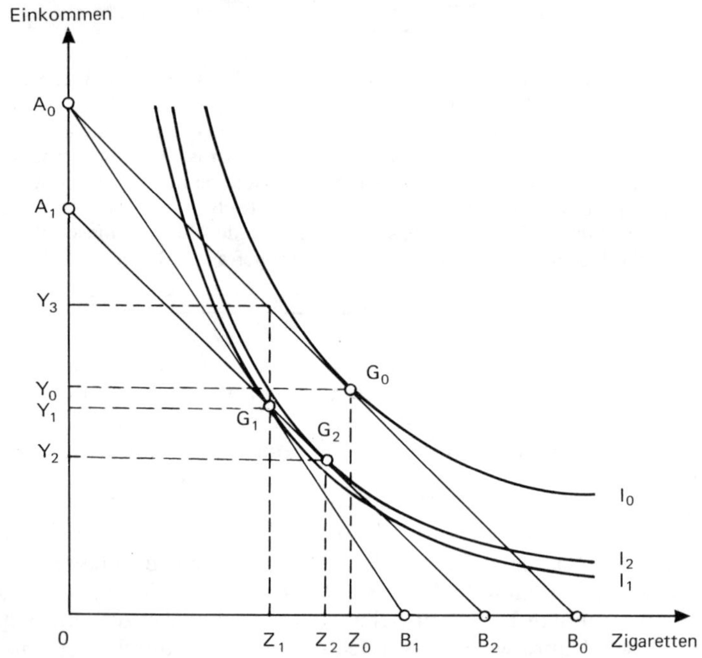

Auf der Ordinate wird das Einkommen, auf der Abzisse die Menge der nachgefragten Zigaretten abgetragen. Herr Müller hat ein Einkommen in Höhe von $0A_0$ DM, für das er maximal $0B_0$ Zigaretten kaufen kann. Seine Budgetgerade ist A_0B_0. Sein Nutzenmaximum ohne Steuern entspricht dem Tangentialpunkt G_0 der Budgetgeraden mit der Indifferenzkurve I_0. G_1 bezeichnet sein optimales Konsumverhalten bei Annahme einer Tabaksteuer. G_2 beschreibt das Optimum im Fall einer betragsgleichen Einkommensteuer. Die Einkommensteuer ermöglicht das Erreichen einer Indifferenzkurve mit einem höheren Nutzenindex I_2 als die betragsgleiche Tabaksteuer.

reform spezielle Verbrauchssteuern, die als Fixbetrag je Verkaufseinheit (Mengensteuer) erhoben werden, zu erhöhen. Auch die Tabaksteuer wird erhöht und führt effektiv zur Erhöhung des Zigarettenpreises (von 4 auf 5 DM je Päckchen).

Was sind die Folgen für Herrn Müller? Er kann mit seinem gleichgebliebenen Einkommen maximal nur noch $0B_1$ Zigaretten kaufen. Seine Budgetgerade dreht sich und ist nun A_0B_1. Sein neuer Gleichgewichtspunkt entspricht dem Punkt G_1 auf der niedrigeren Indifferenzkurve I_1 mit Ausgaben in Höhe von $0Y_1$ (200) DM und einem Konsum von $0Z_1$ (40 Päckchen) Zigaretten. Die Erhöhung der Tabaksteuer kostet Herrn Müller Y_1Y_0 (40) DM, da er die gleiche Menge Zigaretten vorher für $0Y_3$ (160) DM hätte erhalten können.

Nehmen wir an, statt der Tabaksteuer sei die Einkommensteuer um den gleichen Betrag (40 DM) erhöht worden. Wird Herr Müller damit besser oder schlechter gestellt? Oder ist es für ihn gleich, mit welcher Steuerart er belastet wird? Die Einkommensteuer reduziert alle Kaufmöglichkeiten von Herrn Müller gleichmäßig. In der grafischen Darstellung wird die Budgetgerade parallel nach A_1B_2 verschoben. Die Strecke A_0A_1 entspricht genau dem Betrag, um den die Einkommensteuer erhöht wird (40 DM). Herr Müller erreicht einen neuen Gleichgewichtspunkt G_2 auf der Indifferenzkurve I_2, bei dem er $0Z_2$ Zigaretten konsumiert. Der Punkt G_2 liegt auf einer höheren Indifferenzkurve als Punkt G_1. Herr Müller würde es deshalb vorziehen, (40 DM) mehr Einkommenssteuer zahlen als mit einer betragsgleichen Erhöhung der Tabaksteuer belastet zu werden.

Eine allgemeine Einkommensteuer bewirkt bei den Konsumenten geringere Belastungen als spezielle Verbrauchssteuern. Was ist der Grund für dieses überraschende Ergebnis? Eine Erhöhung der Einkommensteuer verringert die Konsumsumme eines Haushalts. Im Normalfall bewirkt diese Einkommenssenkung, daß die nachgefragte Menge aller Güter gleichmäßig abnimmt. Eine Erhöhung der speziellen Verbrauchssteuern dagegen hat eine Preiserhöhung für das betroffene Gut zur Folge. Es treten zwei Effekte auf. Die Preiserhöhung verringert erstens die Kaufkraft der Konsumsumme (Einkommenseffekt). Zweitens wird das von der Verbrauchssteuer betroffene Gut relativ zu allen anderen Gütern teurer und deshalb zu Gunsten anderer Güter weniger nachgefragt (Substitutionseffekt). Im Normalfall reduzieren Einkommens- und Substitutionseffekt einer Preiserhöhung die nachgefragte Menge eines Gutes stärker als dies eine generelle Verringerung der Konsumsumme vermag.

Die Erhöhung von Steuern verringert in jedem Fall die Menge der kaufbaren Gütereinheiten und somit den Nutzen der Konsumenten. Eine Erhöhung spezieller Verbrauchssteuern beeinflußt darüberhinaus jedoch auch noch die relativen Preise und die Zusammensetzung der Güterkombinationen, die ein Haushalt erwerben kann - begleitet von einer weiteren Abnahme des Nutzenniveaus. Will der Staat also seine Einnahmen mehren (nicht aber aus anderen Gründen den Konsum bestimmter Güter reduzieren), so ist aus nutzentheoretischen Gründen eine Erhöhung der Einkommensteuer Erhöhungen spezieller Verbrauchssteuern vorzuziehen.

Übung 4-4 Steuerarten und Umweltziele

Nehmen wir an, die Bundesregierung möchte aus umweltpolitischen Gründen, daß der Verbrauch von verbleitem Benzin stark eingeschränkt wird. Welche Maßnahme ist effektiver, um dieses Ziel zu erreichen, eine Erhöhung der Einkommenssteuer oder eine Erhöhung der Verbrauchssteuer für verbleites Benzin? Erstellen Sie ein Schaubild zur Veranschaulichung der Wirkungen ! Welche Gründe können Sie für Ihr Ergebnis nennen?

4.3.4 Methodologische Diskussion

Die Methodik der Ableitung der Nachfragefunktion aus nutzentheoretischen Annahmen ist häufig Gegenstand kritischer Anmerkungen. Die grundlegende Annahme der Nutzentheorie unterstellt ein Rationalverhalten eines typischen individuellen Haushalts, der als **homo-oeconomicus** seinen Nutzen maximiert. Die Annahme rationalen Handelns ist keine verhaltenswissenschaftliche Aussage. Es wird nicht ausgesagt, daß Haushalte sich in der Realität tatsächlich als nutzenmaximierende Wirtschaftseinheiten verhalten. Die Theoriekonzeption der optimalen Konsumgüterwahl ist vielmehr ein logisches Denksystem zur Ableitung der Nachfragefunktion eines Haushalts oder einer größeren Gruppe von Haushalten. Die entscheidende empirische Aussage der Haushaltstheorie ist, daß die Nachfragefunktion durch einen negativen Preis-Mengen-Zusammenhang gekennzeichnet ist. Nutzen ist eine subjektive Größe, die im Sinne der kardinalen Nutzentheorie gar nicht, im Sinne der ordinalen Nutzentheorie nur mit großen Schwierigkeiten empirisch bestimmbar ist. Die Ableitung der Nutzenfunktion ist folglich ein logisches, kein empirisches Konzept. Sie dient dazu, empirische Verhaltensbeobachtungen zu erklären oder deren Verständnis zu fördern, das Ziel ist nicht, wissenschaftliche Verhaltensaussagen zu treffen.

Übung 4-5 Methodik der Haushaltstheorie

„In Bezug auf die suggerierte Rechenhaftigkeit der Wahlhandlungsentscheidungen der Haushalte wird betont, daß der Konsument weder das gesamte für ihn in Betracht kommende Güterspektrum noch die Nutzenbeiträge kenne, die ihm die Güter jeweils stifteten. Selbst wenn man die Meßbarkeit des Nutzens unterstellen würde, blieben die nachfragetheoretischen Überlegungen allein wegen der nicht gegebenen Teilbarkeit der Güter und der fehlenden Transitivität der Präferenzordnung Glasperlenspielerei. Güter seien nun einmal nur in endlichen Mengen teil- bzw. substituierbar; und in Bezug auf die Präferenzstruktur sei es keineswegs empirisch gesichert, daß jemand, der z. B. eine Theaterkarte einem Pfund Kaffee und dieses wiederum einem Taschenbuch vorziehe, deshalb auch die Theaterkarte dem Taschenbuch gegenüber präferiere. Das methodische Vorgehen des paarweisen Vergleichs bringe es mit sich, daß die in der Realität zahlreich vorhandenen Intransitivitäten unberücksichtigt bzw. »unentdeckt« blieben.

Das Verbraucherverhalten sei zum großen Teil durch Motivationen wie Nachahmung und Tradition bestimmt und unterliege außerdem manipulativen und suggestiven Einflüssen seitens der Werbung bzw. der Anbieter. Modelltheoretisch übersetzt heißt das, daß sich die Verbrauchsstrukturen als nicht streng rational im Sinne der homo-oeconomicus-Fiktion erweisen würden...

Es ist wichtig, zu erkennen, daß der Wert von Modellen, die dennoch mit der Prämisse arbeiten, daß der Nutzen bestimmbar sei, von derartigen Fragestellungen und Problemen überhaupt nicht berührt wird. Entscheidend ist allein, ob das betreffende Modell und die daraus abgeleiteten hypothetischen Aussagen einen kognitiven Beitrag zur Erklärung der Realität zu leisten vermögen und wie er gegebenenfalls zu gewichten ist. Die Kritik könnte daher, statt an der Realitätsfremdheit von Prämissen anzusetzen, höchstens den heuristischen Wert der theoretischen Überlagerungen in Zweifel ziehen ...

Eine wichtige Voraussetzung der ... Überlegungen bildet die Annahme, daß die Wirtschaftseinheiten ihre Entscheidungen planvoll treffen und diesen Plänen eine einheitliche ökonomische Rationalität zugrunde liegt ...

Damit ist allerdings nicht umgekehrt behauptet, daß die Wirtschaftstheorie planloses oder irrationales Verhalten prinzipiell leugnet; im Gegenteil: häufig ist es expliziter Gegenstand ihrer Betrachtung. Will man sich aber nicht in der unter kognitivem Aspekt - unfruchtbaren Erkenntnis verlieren, daß es immer auf das jeweilige Einzelverhalten der Individuen ankommt, so bleibt dem Theoretiker gar nichts anderes übrig, als seine Überlegungen auf dem

Axiom eines einheitlichen Verhaltensprinzips aufzubauen. Einem solchen Prinzip kommt in der »reinen« Theorie ausschließlich heuristische Funktion zu. Um es für die »angewandte« Theorie fruchtbar zu machen, muß es den realistischeren Verhaltensweisen vergleichend bzw. abgrenzend gegenübergestellt oder, soweit das überhaupt möglich ist, tendenziell angenähert werden ...

Neben sozialpsychologischen können zusätzlich auch individualpsychologische Faktoren berücksichtigt werden. Vollkommene Annäherung zwischen Modell und der (begrifflich gefaßten) Realität wird sich allerdings niemals erreichen lassen. Das Modell hat die Verwesentlichung der komplexen Zusammenhänge der Realität zum Ziel und muß daher zwangsläufig abstrahieren und reduzieren.“ (BURCHARDT 1986, S. 97f, 148, 150)

Welche kritischen Einwände gegen die Methodik der Haushaltstheorie diskutiert der Autor? Worin liegt für den Autor der Wert der Haushaltstheorie? Teilen Sie seine Beurteilung?

4.4 Nachfrageelastizitäten

Die Theoriekonzeption der optimalen Konsumgüterwahl führte zu Grundlagen eines rationalen Konsumentenverhaltens. Gezeigt wurde, wie ein Haushalt seinen Nutzen bei gegebenem Einkommen und gegebenen Preisen der Güter maximiert. In der Realität ändern sich Einkommen und Preise sehr häufig. Es ist deshalb sehr nützlich, ein exaktes Maß für die Reaktion der nachgefragten Menge eines Gutes auf die Änderung einer dieser Größen zu haben. Solche Maße sind die Nachfrageelastizitäten.

4.4.1 Definitionen

Allgemein bezeichnet die **Elastizität** das Verhältnis der relativen Änderung einer abhängigen Variablen (Wirkung in Prozent) zur relativen Änderung einer unabhängigen Variablen (Ursache in Prozent).

$$\text{Elastizität} := \frac{\text{relative Änderung der Wirkung (in Prozent)}}{\text{relative Änderung der Ursache (in Prozent)}}$$

Individuelle Nachfrage- und Marktnachfragefunktionen beschreiben, welche Mengen eines Gutes bei unterschiedlichen Preisen von einem oder allen Haushalten nachgefragt werden. Direkte Ursache einer Änderung ist eine Preisänderung, direkte Wirkung ist die Änderung der nachgefragten Menge eines Gutes. Die direkte Preiselastizität der Nachfrage oder kurz Preiselastizität ε kann deshalb analog zur allgemeinen Elastizität als Quotient einer prozentualen Mengenänderung der Nachfrage zu einer prozentualen Preisänderung definiert werden:

$$\varepsilon := \frac{\text{prozentuale Mengenänderung}}{\text{prozentuale Preisänderung}}$$

Warum werden in der Definition prozentuale Änderungen von Preis und Menge verwendet? Die Preiselastizität soll ein standardisiertes Maß sein und Vergleiche von Nachfragereaktionen verschiedener Güter oder Märkte ermöglichen. Die Maßeinheiten der Güter unterscheiden sich. Ist eine Zunahme der Erdgasnachfrage um 200 Kubikmeter größer oder kleiner als eine Zunahme der Weinnachfrage um 50 Flaschen? Die angegebenen Nachfrageänderungen können wegen der unterschiedlichen Maßeinheiten nicht unmittelbar verglichen werden. Auch die Steigung der Nachfragekurve ist deshalb nicht als Maß der Nachfragereaktion auf Preisänderungen geeignet. Denn sie wird maßgeblich von der Wahl der Einheiten für Preise und Mengen beeinflußt. Relative Größen ermöglichen dagegen einheitenlose Vergleiche. Im Gegensatz zu den Mengen können die Preise zwar in einer standardisierten Einheit, in DM, gemessen und verglichen werden. Aber ist es das Gleiche, wenn der Preis einer Zitrone oder der Preis eines Diamantenkolliers um eine DM steigt? Erst wenn die absolute Preisänderung auf den Ausgangspreis bezogen wird, sind ökonomisch sinnvolle Vergleiche möglich.

Im Normalfall ist die Preiselastizität eine negative Zahl, da die Haushalte bei Preisänderungen mit entgegengesetzten Mengenänderungen reagieren und Nachfragekurven eine negative Steigung haben. Nur bei anomal verlaufenden Nachfragekurven (GIFFEN-Güter) ist die Preiselastizität positiv.

Der absolute Wert der Preiselastizität, der Betrag $|\varepsilon|$, erlaubt einfache Unterscheidungen der Nachfragereaktionen auf Preisänderungen. Wenn die prozentuale Mengenänderung größer als die prozentuale Preisänderung ist ($|\varepsilon| > 1$), spricht man von einer **elastischen** Nachfrage. Fällt die prozentuale Mengenänderung dagegen geringer aus als die prozentuale Preisänderung ($|\varepsilon| < 1$), spricht man von einer **unelastischen** Nachfrage. Sind prozentuale Mengen- und Preisänderungen gleich groß ($|\varepsilon| = 1$), ist die Nachfrage **isoelastisch**. Bleibt die nachgefragte Menge trotz Preisänderungen konstant, reagiert die Nachfrage **völlig unelastisch** ($|\varepsilon| = 0$). Die Nachfrage reagiert **völlig elastisch** ($|\varepsilon| =$ unendlich), wenn ein Gut nach einer Preisänderung überhaupt nicht mehr nachgefragt wird.

Mit Hilfe der Preiselastizität lassen sich Nachfragekurven eines Gutes (zu unterschiedlichen Zeitpunkten) oder Nachfragekurven unterschiedlicher Güter (zum gleichen Zeitpunkt) vergleichen (Abb. 4-15). Ceteris paribus gilt: Je flacher (steiler) eine Nachfragekurve bei gegebenem Ausgangspreis p_0 verläuft, desto größer (klei-

Übung 4-6 Rechnerische Ermittlung der Preiselastizität

Herrn Schluck ist es zur Gewohnheit geworden, an sechs Tagen in der Woche seine Stammkneipe aufzusuchen und jedesmal sechs Gläser Bier zu trinken. Als der Wirt den Preis je Glas von 2,00 DM auf 2,20 DM erhöht, schränkt Herr Schluck verärgert seinen Konsum auf fünf Gläser je Abend ein. Wie preiselastisch ist die Reaktion von Herrn Schluck?

Abb. 4-15 Elastische und unelastische Nachfrage

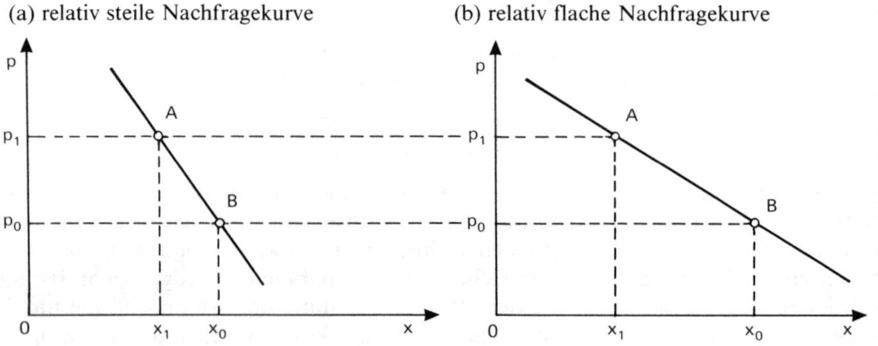

Die gleiche (absolute) Preiserhöhung (von p_0 auf p_1) hat je nach Steigung der Nachfragekurven unterschiedliche Mengenreaktionen (von x_0 auf x_1) zur Folge. Die steile Kurve wird als preisunelastisch, die flache Kurve als preiselastisch bezeichnet.

ner) ist die Preiselastizität. Die gleiche Preiserhöhung (von p_0 auf p_1) führt bei einer flachen Nachfragekurve zu einem größeren Rückgang der nachgefragten Menge als bei einer steilen Nachfragekurve. Die flache Kurve ist preiselastisch, die steile Kurve ist preisunelastisch.

Man sollte die Ceteris-paribus-Klausel beachten, denn die Preiselastizität kann nicht direkt aus der Steigung einer Nachfragekurve abgelesen werden (Abb. 4-16 a). Eine lineare Nachfragekurve hat im gesamten Verlauf zwar eine konstante Steigung, jedoch eine variierende Preiselastizität. Preissenkung und Mengenzunahme bei einer Bewegung von A nach B entsprechen genau der Preissenkung und Mengenzunahme bei der Bewegung von C nach D. Da die gleiche Preissenkung von unterschiedlichen Ausgangspreisen ($p_A > p_C$) aus erfolgt, können die jeweiligen prozentualen Preissenkungen nicht gleich sein. Auch die prozentuale Mengenzunahme zwischen A und B muß sich von der zwischen C und D unterscheiden, da die jeweils betragsgleiche Mengenzunahme auch hier auf unterschiedlich große Ausgangsmengen ($x_A < x_C$) bezogen werden muß. Die Preiselastizität muß folglich zwischen A und B und zwischen C und D unterschiedliche Werte haben.

Generell gilt: Die Preiselastizität $|\varepsilon|$ nimmt bei einer Bewegung entlang einer linearen Nachfragekurve alle denkbaren Werte an (Abb. 4-16 b). Denn gleiche absolute Preisänderungen bedeuten im Verlauf einer linearen Nachfragefunktion unterschiedliche relative Größen.

Drei Arten von Nachfragekurven haben im gesamten Verlauf eine konstante Preis-

Abb. 4-16 Preiselastizität entlang einer linearen Nachfragekurve

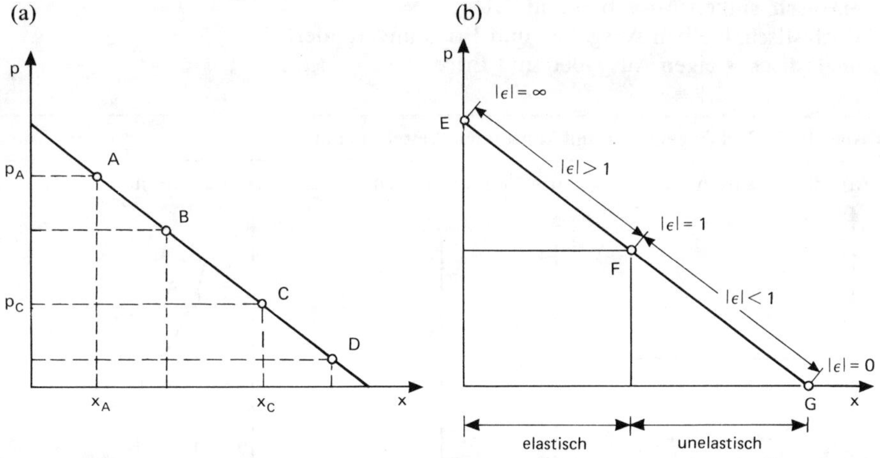

(a) Trotz gleicher (absoluter) Preis- und Mengenänderungen ist die Preiselastizität zwischen A-B und C-D verschieden, da sich Ausgangspreise und -mengen unterscheiden ($p_A > p_C$ und $x_A < x_C$).
(b) Die Preiselastizität nimmt bei einer stetigen Bewegung entlang der Nachfragekurve alle Werte zwischen Unendlich und Null an. Im Schnittpunkt (E) mit der Ordinate ist die Preiselastizität unendlich groß, im Halbierungspunkt (F) gleich Eins und im Schnittpunkt mit der Abzisse (G) gleich Null. Im oberen Preisbereich (zwischen E und F) reagiert die Nachfrage elastisch, im unteren (zwischen F und G) unelastisch.

elastizität (Abb. 4-17). **Völlig elastische Nachfragekurven** verlaufen parallel zur Mengenachse. Jede Preisänderung führt zum vollständigen Verschwinden der nachgefragten Menge. Dieser Fall ist typisch, wenn mehrere Anbieter eines identischen Gutes bei vollständiger Transparenz miteinander konkurrieren. Unterbietet ein Anbieter den Preis der Konkurrenten, werden die Konkurrenten alle Kunden verlieren. Verlangt er dagegen einen relativ höheren Preis, werden seine Kunden zur Konkurrenz abwandern. **Völlig unelastische Nachfragekurven** verlaufen parallel zur Preisachse. Trotz Preisänderungen bleibt die nachgefragte Menge konstant. Denkbar ist ein solcher Verlauf nur unterhalb gewisser (einkommensabhängiger) Preisobergrenzen bei nicht ersetzbaren lebensnotwendigen Gütern (Medikamente) und für Güter mit einem sehr geringen Preis (Streichhölzer, Toilettenpapier). **Isoelastische Nachfragekurven** haben die Form einer gleichseitigen Hyperbel. Prozentuale Mengenänderung und prozentuale Preisänderung sind in jedem Punkt gleich Eins. Eine solche Kurve entsteht, wenn ein Haushalt bei einer Preisänderung die Gesamtausgaben für ein Gut unverändert läßt. Bei einer Preiserhöhung um z. B. zehn Prozent kann er dann zwangsläufig auch nur eine zehn Prozent geringere Menge erwerben.

Die anwendungsbezogene Relevanz der Preiselastizität der Nachfrage besteht darin, daß sie einfache Aussagen über die Wirkung einer Preisänderung auf die Ausgaben der Käufer (und den Erlös der Verkäufer) eines Gutes ermöglicht. Die Ausgaben A (der Nachfrager) entsprechen definitionsgemäß dem Produkt aus Preis und gekaufter Menge. Der Erlös E (der Anbieter) entspricht dem Produkt aus Preis und abgesetzter Menge.

$$A = E = p \cdot x$$

Ist bei einer Preiserhöhung die Nachfrage
- **elastisch**, sinken Ausgaben und Erlös;
- **isoelastisch**, bleiben Ausgaben und Erlös unverändert;
- **unelastisch**, steigen Ausgaben und Erlös.

Abb. 4-17 Nachfragekurven mit konstanter Preiselastizität

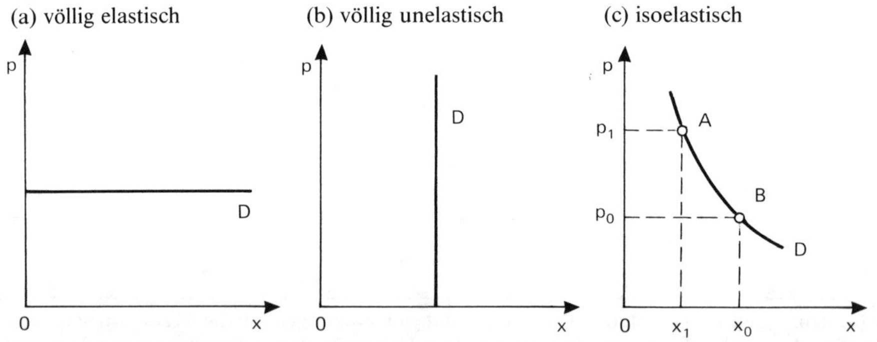

(a) Eine horizontale Nachfragekurve ist völlig elastisch. Jede Preisänderung führt zum völligen Rückgang der nachgefragten Menge.
(b) Eine vertikale Nachfragekurve ist völlig unelastisch. Die nachgefragte Menge bleibt bei jeder Preisänderung konstant.
(c) Eine isoelastische Nachfragekurve entsteht, wenn bei Preisänderungen ($p_1 < p_0$) die Gesamtausgaben ($p_0 \cdot x_0 = p_1 \cdot x_1$) konstant bleiben.

Eine Preiserhöhung hat zwei entgegengesetzte Effekte auf p · x. Einmal steigt annahmegemäß der Preis p, zum anderen geht die nachgefragte Menge x zurück. Die Gesamtwirkung beider Effekte ist abhängig von der Preiselastizität. Steigt der Preis um zehn Prozent und geht die Menge um zwanzig Prozent zurück (elastische Reaktion), werden Ausgaben und Erlös sinken. Steigt der Preis um zehn Prozent und geht die Menge nur um fünf Prozent zurück (unelastische Reaktion), werden Ausgaben und Erlös steigen.

Der Zusammenhang zwischen Preiselastizität und Ausgaben (Erlös) ist in der grafischen Darstellung leicht ersichtlich. Ausgaben und Erlös entsprechen der Fläche des Rechtecks, dessen Eckpunkte durch einen bestimmten Preis und die zugehörige Menge bestimmt sind. In Abb. 4-15 wird diese Fläche infolge einer Preiserhöhung bei einer flachen, elastischen Nachfragekurve kleiner ($0p_0Bx_0 < 0p_1Ax_1$), bei einer steilen, unelastischen Nachfragekurve größer ($0p_0Bx_0 > 0\,p_1Ax_1$). Für jeden Punkt einer isoelastischen Nachfragekurve (Abb. 4-17 c) ist die Fläche gleich groß ($0p_0Bx_0 = 0p_1Ax_1$).

Von praktischer Bedeutung ist die Aussage, daß eine Preiserhöhung nicht immer den Erlös der Anbieter erhöht, sondern nur dann, wenn die Nachfrage unelastisch reagiert. Umgekehrt wird eine Preissenkung mit dem Ziel, einen höheren Erlös durch eine größere abgesetzte Menge zu erreichen, nur dann erfolgreich sein, wenn die Nachfrage elastisch ist. Wie wird sich folglich ein Unternehmen verhalten, daß seinen Gewinn erhöhen will und weiß, daß seine Kunden unelastisch (oder höchstens isoelastisch) auf eine Preisänderung reagieren? Es wird den Preis erhöhen und (den gleichen oder) einen höheren Erlös mit einer geringeren Absatzmenge erzielen.

Die Nachfrage nach einem Gut wird nicht nur durch dessen Preis, sondern auch durch den Preis anderer Güter und das für Konsumzwecke zur Verfügung stehende Einkommen beeinflußt. Der Einfluß dieser Größen kann ebenfalls mit Hilfe spezieller Elastizitäten gemessen werden.

Der Nutzen eines Gutes wird oft erhöht oder kommt erst zustande, wenn man weitere ergänzende Güter besitzt (Kaffee, Milch, Zucker) (Hamburger aus dem Schnellrestaurant und pappige Brötchen) (Schuhe und Schuhriemen) (Auto und Autoreifen). Alle Güter, die den Nutzen eines anderen Gutes erhöhen, heißen **Komplementärgüter**. Umgekehrt gibt es Güter, durch deren Besitz der Nutzen anderer Güter verringert wird oder die andere Güter sogar ganz ersetzen können (Auto, Motorrad, Fahrrad) (Kaffee und Tee) (Wanduhr, Taschenuhr, Armbanduhr). Alle Güter, die den Nutzen anderer Güter verringern können, heißen **Substitutionsgüter**.

Es besteht ein Zusammenhang zwischen den Nachfragekurven von Komplementär- und Substitutionsgütern. Steigt der Kaffeepreis, so wird weniger Kaffee getrunken. Die Nachfrage nach dem Komplementärgut Zucker sinkt. Die Nachfrage nach dem Substitutionsgut Tee steigt. Art und Ausmaß dieser indirekten Beziehungen zwischen zwei Gütern können mittels Elastizitäten gemessen werden. Die **„indirekte Kreuz-Preiselastizität der Nachfrage“** oder kürzer Kreuz-Preiselastizität ist definiert als Quotient der prozentualen Mengenänderung des Gutes x zur prozentualen Preisänderung des Gutes y.

$$\varepsilon_{xy} := \frac{\text{prozentuale Mengenänderung bei Gut x}}{\text{prozentuale Preisänderung bei Gut y}}$$

Ist die Kreuz-Preiselastizität positiv, so sind x und y Substitutionsgüter. Steigt der Preis für Rindfleisch, geht die nachgefragte Rindfleischmenge zurück (Bewegung entlang der Nachfragekurve von Rindfleisch). Gleichzeitig steigt die Nachfrage nach Schweinefleisch (Rechtsverschiebung der Nachfragekurve von Schweinefleisch). Ist die Kreuz-Preiselastizität negativ, so sind x und y Komplementärgüter. Steigt der Preis von Autos, geht die nachgefragte Automenge zurück. Gleichzeitig sinkt die Nachfrage nach Autoradios. Anders formuliert: Die Preiserhöhung für Autos verschiebt die Nachfragekurve von Autoradios nach links. Allgemein gilt: Das Vorzeichen der Kreuz-Preiselastizität zeigt an, ob Güter in komplementärer (−) oder substitutiver (+) Beziehungen stehen und in welche Richtung die Preisänderung des einen die Nachfrage des anderen Gutes verschiebt. Der absolute Wert der Kreuz-Preiselastizität mißt die Stärke der Nachfrageänderung bzw. das Ausmaß der Verschiebung der Nachfragekurve.

Die **Einkommenselastizität der Nachfrage** mißt die Reaktion der nachgefragten Menge eines Gutes auf Einkommensänderungen:

$$\varepsilon_Y := \frac{\text{prozentuale Mengenänderung}}{\text{prozentuale Einkommensänderung}}$$

Im Normalfall ist die Einkommenselastizität positiv. Die Nachfrage nach einem Gut nimmt bei steigendem Einkommen zu, bei sinkendem Einkommen ab. Nur in seltenen Ausnahmefällen (absolut inferiore Güter) hat die Einkommenselastizität ein negatives Vorzeichen. Bei superioren (relativ inferioren) Gütern ist der absolute Wert der Einkommenselastizität größer (kleiner) Eins, da die prozentuale Mengenänderung größer (kleiner) als die prozentuale Einkommensänderung ist. Eine Einkommensänderung verschiebt die Nachfragekurve eines Gutes. Das Vorzeichen der Einkommenselastizität bestimmt die Richtung (+ = nach rechts, − = nach links) und der absolute Wert das Ausmaß der Verschiebung.

E. ENGEL (1811-1896) und H. SCHWABE (1830-1874) konnten einen langfristigen Zusammenhang zwischen der Einkommenshöhe und den Ausgaben für Ernährung bzw. Wohnung empirisch beobachten. Das ENGELsche Gesetz besagt, daß mit steigendem Einkommen die Ausgaben für Nahrungsmittel zwar absolut zunehmen, ihr

Übung 4-7 Rechnerische Ermittlung der Kreuzpreiselastizität

Herr Durstig besucht an sechs Abenden der Woche regelmäßig die gleiche Kneipe wie Herr Schluck, den Sie bereits in Übung 4-6 kennengelernt haben. An drei Abenden trinkt er wie Herr Schluck jeweils sechs Gläser Bier. An den drei anderen Abenden trinkt er jedoch jeweils vier Gläser Wein. Herr Schluck berichtet Herrn Durstig über die Bierpreiserhöhung von 2,00 DM auf 2,20 DM je Glas. Empört beschließt Herr Durstig, die Zahl der Abende, an denen er nur Wein trinkt, auf vier zu erhöhen. Können Sie Herrn Durstigs Kreuz-Preiselastizität ermitteln?

Übung 4-8 Rechnerische Ermittlung der Einkommenselastizität

Herr Trocken betritt aufgeregt die Stammkneipe von Herrn Schluck und Herrn Durstig. „Was ist passiert?“, fragt Herr Durstig. „Mein Gehalt ist um ein halbes Prozent erhöht worden!“, antwortet Herr Trocken. „Na prima, dann werden ja wenigstens Sie sich nicht über die unverschämte Bierpreiserhöhung aus Übung 4-6 und 4-7 ärgern.“, meint Herr Schluck. „Der Bierpreis interessiert mich nicht. Wenn ich einmal die Woche hierher komme, trinke ich immer nur eine Flasche Mineralwasser. Aber jetzt ... jetzt kann ich mir endlich zwei Flaschen leisten.“, sagt Herr Trocken und ruft den Wirt, um seine Bestellung abzugeben. Können Sie Herrn Trockens Einkommenselastizität für Mineralwasser ermitteln?

Anteil an den Gesamtausgaben eines Haushalts jedoch zurückgeht. Das SCHWABEsche Gesetz formuliert den gleichen Zusammenhang für Einkommen und Wohnungsausgaben.

4.4.2 Determinanten alternativer Preiselastizitäten

Die Marktnachfrage ist für einige Güter elastisch, für andere dagegen unelastisch. Was sind die maßgeblichen Einflußfaktoren?

(a) Die subjektive **Notwendigkeit** des Gutes bzw. des Bedarfs aus der Sicht der Käufer. Notwendige Güter zur Deckung des täglichen Bedarfs (Lebensmittel, Strom, Wasser) oder zur Aufrechterhaltung des Lebensstandards haben häufig eine unelastische Nachfrage. Steigt der Preis, hat der Käufer höhere Ausgaben zu tätigen. Weniger notwendige, „luxuriöse" Güter sind dagegen meist preiselastischer. Auf Urlaubsreisen oder Schmuck werden die Haushalte eher verzichten, wenn der jeweilige Preis stark steigt.

(b) Der Grad der **Marktsättigung** eines Gutes. Wenn fast alle Haushalte ein (langlebiges) Gut (Kühlschrank, Fernsehgerät, Auto) schon besitzen, haben Preisänderungen kaum Einfluß auf die nachgefragte Menge. Preiselastisch reagiert die Nachfrage dagegen meist bei neuen, bis dahin wenig verbreiteten Gütern (Autofocuskameras). Eine Preissenkung kann bei diesen Gütern zu erheblichen Absatzsteigerungen führen.

(c) Der **Anteil der Ausgaben** eines Gutes am Einkommen der Nachfrager. Die Nachfrage nach einigen Luxusgütern kann sehr unelastisch sein, wenn diese nur von Reichen nachgefragt werden, die dem Preis kaum Beachtung schenken (Yachten, Haute Couture-Mode). Große Posten im Haushaltsbudget haben meist eine elastischere Nachfrage als kleine Ausgaben. Der gleiche Konsument wird stundenlang verhandeln, um ein Auto fünf Prozent billiger zu erhalten, aber eine fünfzigprozentige Preiserhöhung für Streichhölzer nicht einmal wahrnehmen.

(d) Die Verfügbarkeit von **Substitutionsgütern** zu angemessenen Preisen. Ersetzbare Güter haben meist eine elastischere Nachfrage als Güter, bei denen ein Ausweichen nicht möglich ist. Zucker und Salz sind beide notwendige Güter und verursachen beide relativ geringe Ausgaben. Gleichwohl hat Salz eine geringere Preiselastizität als Zucker. Salz kann nicht substituiert werden, Zucker sehr wohl (Honig, künstlicher Süßstoff).

(e) Die **Verwendungsmöglichkeiten** eines Gutes. Wenn ein Gut für mehrere verschiedene Zwecke verwendet werden kann, ist die Nachfrage tendenziell elastisch. Das Gut ist dann selbst ein Substitutionsgut für viele andere Güter. Preissenkungen können dazu führen, daß es in vielen Anwendungsbereichen vermehrt eingesetzt wird. Dieser Aspekt kennzeichnet vor allem die Nachfrage nach industriellen Grundstoffen (Stahl, Aluminium, Metalle, Kunststoffe, Wolle, Papier).

(f) Die **Haltbarkeit** eines Gutes. Je länger ein Gut genutzt werden kann, desto länger dauert es, bis die Ersatznachfrage wirksam wird. Preissteigerungen können bei haltbaren Gütern außerdem dazu führen, daß eine Ersatzbeschaffung zumindest zeitweilig durch Reparaturen substituiert wird. Kurzfristig ist deshalb die Nachfrage elastischer als langfristig.

(g) Der betrachtete **Zeithorizont**. Je länger die betrachtete Zeitperiode, desto elastischer wird die Nachfrage. Wenn die Benzinpreise steigen, kann die nachgefragte Menge zunächst nur dadurch zurückgehen, daß die vorhandenen Autos weniger Kilometer fahren. Erst nach einiger Zeit werden vermehrt kleinere Autos gekauft, die weniger Benzin verbrauchen. Noch länger dauert es, bis die Automobilhersteller neue kraftstoffsparende Motoren für alle Autos entwickelt haben. Die Konsumenten reagieren erst mit zeitlicher Verzögerung auf Preisänderungen und preislich angemessene Substitutionsgüter sind oft erst nach längerer Zeit verfügbar.

Die Preiselastizität wird meist von mehreren dieser Faktoren gleichzeitig beeinflußt. Wichtig erscheint zudem, daß **verschiedene Nachfragergruppen** unterschiedliche Preiselastizitäten haben können. Die Nachfrage von Industrieunternehmen nach Strom ist preiselastischer als die Stromnachfrage der privaten Haushalte. Unternehmen können statt Strom andere Energieträger (Öl, Erdgas) zur Produktion einsetzen oder leichter auf energiesparende Anlagen umrüsten. Die unterschiedliche Preiselastizität ermöglicht den Stromlieferanten eine Erhöhung des Gesamterlöses, indem sie den privaten Haushalten höhere Preise berechnen als den Industrieunternehmen (vgl. THOMPSON 1981[3], S. 138 ff.).

4.4.3 Anwendungen und empirische Schätzungen

4.4.3.1 Preiselastizität der bundesdeutschen Rohölimporte

Übung 4-9 Preiselastizität der bundesdeutschen Rohölimporte

In den Tagesnachrichten des Bundesministers für Wirtschaft (vom 21. 08. 1980, S. 3-4) konnte man folgende Meldung über die Entwicklung der Rohölimporte von Januar bis Juli 1980 finden:

„Nach vorläufigen Berechnungen des Bundesamtes für gewerbliche Wirtschaft (BAW) aufgrund von Einfuhrkontrollmeldungen gingen die deutschen Rohöleinfuhren in den ersten 7 Monaten dieses Jahres gegenüber dem gleichen Vorjahresabschnitt um 3,8 Millionen Tonnen auf 58,2 Millionen Tonnen zurück. Trotz des geringeren Importvolumens fiel die deutsche Rohölrechnung wegen der stark gestiegenen Preise mit 25,6 Milliarden DM allerdings um 10 Milliarden DM höher aus als noch vor einem Jahr."

In den Tagesnachrichten des Bundesministers für Wirtschaft (vom 2.12.1986, S. 1) hieß es:

„Die Bundesrepublik rangiert bei der rationellen und sparsamen Energieverwendung in der EG und weltweit in der Spitzengruppe:

- In der Industrie ging der spezifische Energieverbrauch seit 1973 um fast ein Viertel zurück.
- Pro Quadratmeter Wohnfläche wurden 1973 noch 29 Liter Heizöl benötigt; heute liegt dieser Wert bei ca. 20 Litern.
- Im KFZ-Bereich ist der spezifische Verbrauch von Neuwagen seit 1978 um fast ein Viertel reduziert worden."

(a) Wie hoch war die Preiselastizität der deutschen Rohölnachfrage im Zeitraum 1979/80? Beachten Sie, daß zuerst die Preisänderung ermittelt werden muß!

(b) Vergleichen Sie die längerfristige Preiselastizität der Rohölimporte mit der kurzfristigen Preiselastizität (zwischen 1979 und 1980)? Welche Einflußfaktoren bestimmen ihrer Ansicht nach die Preiselastizität der Rohölimporte?

4.4.3.2 Schätzung von Nachfragekurven mit konstanter Preiselastizität

Eine günstige Funktionsgleichung einer Nachfragekurve mit konstanter Preiselastizität lautet:

$$x = a \cdot p^{\varepsilon}$$

Hier bezeichnet x die nachgefragte Menge, p den Preis; a und ε sind konstante Parameter. Es kann gezeigt werden, daß der Exponent ε des Preises in dieser Funktion die Preiselastizität der Nachfrage mißt.

Standardmethoden der Statistik zur Anpassung von Kurven an empirische Daten erfordern, daß die geschätzten Kurven selbst linear sind. Das ist im Fall einer

Nachfragekurve mit konstanter Preiselastizität problematisch, da diese Kurven konvex zum Ursprungspunkt verlaufen. Die Lösung dieses Problems liegt darin, daß die Ursprungsfunktion log-linear ist. Eine einfache lineare Funktion kann ermittelt werden, indem man die Funktion in eine log-lineare Funktion mit natürlichen Logarithmus-Größen transformiert:

$$\ln(x) = \ln(a) + \varepsilon \cdot \ln(p)$$

Angenommen sei, die beobachteten Kaufmengen eines Gutes entsprechen der effektiven Marktnachfrage. Dann kann eine Nachfragekurve mit konstanter Preiselastizität einfach geschätzt werden, indem man die zu verschiedenen Zeitpunkten beobachteten Preise und zugehörigen Mengen logarithmiert und eine lineare Kurve an die transformierten Daten anpasst (Abb. 4-18). Der Schnittpunkt der geschätzten Gerade mit der Ordinate ergibt in delogarithmierter Form den Lageparameter a; das Steigungsmaß der geschätzten Gerade entspricht dem Wert der Preiselastizität (vgl. LINDSAY 1984, S. 165-167).

Abb. 4-18 Schätzung einer Nachfragekurve mit konstanter Preiselastizität

(a) Nachfragekurve (b) Transformierte Nachfragekurve

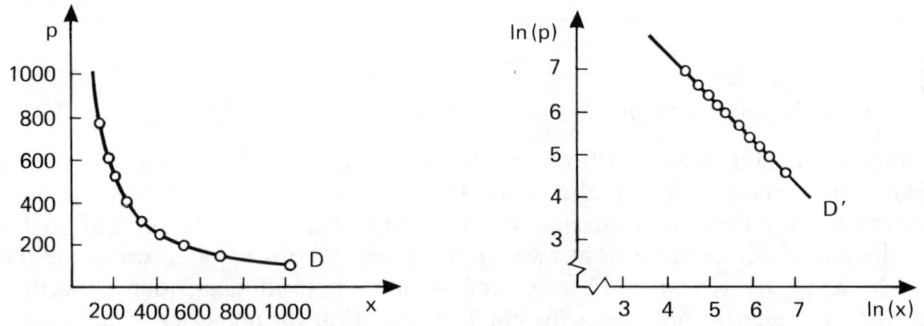

Lageparameter und Preiselastizität einer Nachfragekurve mit konstanter Preiselastizität können statistisch ermittelt werden, indem man die Daten der Ausgangskurve durch eine log-lineare Transformation ersetzt.

4.4.3.3 Empirische Nachfrageelastizitäten

Die Tab. 4-4 zeigt empirische Nachfrageelastizitäten für verschiedene Güterarten in der Bundesrepublik, die auf der Basis der Ausgabenentwicklungen im Zeitraum 1950-1967 geschätzt wurden.

Übung 4-10 Interpretation empirischer Elastizitätswerte

(a) Können Sie anhand der Elastizitätswerte in der Tabelle superiore und inferiore Güter unterscheiden?
(b) Welche Gründe hat nach Ihrer Ansicht der hohe und positive Wert der Preiselastizität für Kraftfahrzeuge und Fahrräder?
(c) Sie erinnern sich sicher, daß entlang einer linearen Nachfragekurve die Preiselastizität alle Werte zwischen Null und Unendlich annimmt. Warum ist dies kein Widerspruch zu den Angaben der Tabelle, in der den Güterarten nur ein Wert für die Preiselastizität zugeschrieben wird?

Tab. 4-4 Preis- und Einkommenselastizität verschiedener Güterarten in der Bundesrepublik (1950-1967)

Güterarten	Einkommenselastizität	Preiselastizität
Fische, Fleischwaren	0,991	−1,327
Brot, Backwaren	0,590	−1,355
Eier	0,756	
Milch, Käse	0,673	
Zucker, Marmelade	0,511	0,634
alkoholfreie Getränke	2,143	
Kraftfahrzeuge und Fahrräder	4,549	7,982
Kraftstoffe und Schmiermittel	3,130	
Nachrichtenübermittlung	2,661	1,931
Bücher, Zeitschriften	1,034	
Kunst, Sport, Vergnügen	1,191	−0,399
Mieten	0,809	1,227
Elektrizität	2,414	
Möbel, Heimtextilien	1,180	−1,804
Haushaltsgeräte	1,326	

Quelle: Rau 1975, S. 36-38

4.4.3.4 Einnahmen und Lasten bei Verbrauchssteuern

Die Finanzminister wissen schon seit langer Zeit, daß Zigaretten, alkoholische Getränke und Benzin sehr nützlich sind, um die Steuereinnahmen zu mehren. Die Einführung oder Erhöhung spezieller Verbrauchssteuern auf die verkauften Mengeneinheiten dieser Güter erhöht zwar deren Preis, verringert aber kaum die nachfragte Menge. Der Konsum dieser Güter ist unter gesundheits- oder umweltpolitschen Erwägungen sozial unerwünscht und die Einführung oder Erhöhung von Verbrauchssteuern auf diese speziellen Güter stößt selten auf öffentlichen Widerspruch, häufiger aber auf Zustimmung spezieller Interessengruppen. Für die Finanzminister ist diese Situation angenehm. Sie füllen ihre Kassen, ohne „die Gans, die goldene Eier legt, zu schlachten". Sofern die nachfragte Menge durch die erhöhten Steuern kaum verringert wird, geht die Maßnahme eher an den umwelt- und gesundheitspolitschen Zielsetzungen vorbei, während das fiskalische Einnahmeziel ohne Widerstand erreicht werden kann (vgl. Douglas, 1982, S. 99 f.).

Was ist das gemeinsame Kennzeichen von Zigaretten, alkoholischen Getränken, Benzin und anderen Gütern, die mit speziellen Verbrauchssteuern belegt werden? Diese Güterarten haben vielfach einen hohen subjektiven Gebrauchswert und es gibt keine engen Substitutionsgüter. Kurz: Diese Güter haben eine geringe Preiselastizität der Nachfrage.

Die Preiselastizität hat wesentlichen Einfluß auf die Steuereinnahmen (Abb. 4-19). In der Ausgangssituation werden x_0 Mengeneinheiten zum Preis von p_0 DM nachgefragt und abgesetzt. Nach Einführung einer Verbrauchssteuer wird ein fester Betrag je Mengeneinheit (tax) von den Anbietern erhoben. Die Produzenten werden versuchen, die Steuerlast auf die Nachfrager zu überwälzen und nur noch zu einem (um tax) höheren Preis anzubieten. Unmittelbare Folge ist deshalb eine Verschiebung der Angebotskurve um den Betrag der Mengensteuer von S nach S + tax. Als Ergebnis der Besteuerung ergibt sich ein neuer Marktpreis (p_1) und die

Abb. 4-19 Einnahmen und Lasten bei Verbrauchssteuern

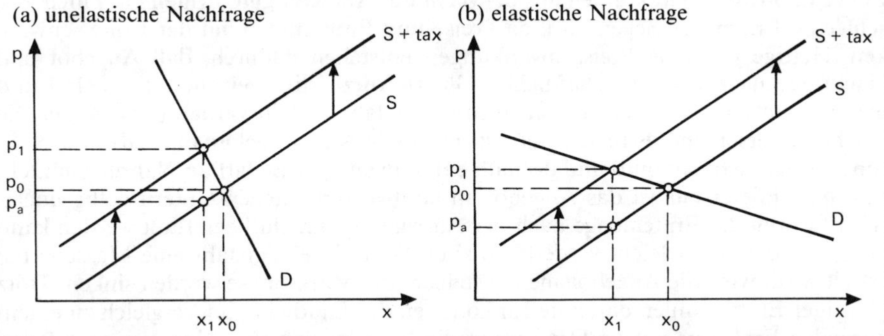

Die Einführung oder Erhöhung einer Verbrauchssteuer führt zur Verschiebung der Angebotskurve (von S nach S + tax) und zu einem höheren Gleichgewichtspreis (p_1). Die Preiselastizität bestimmt das Ausmaß des Mengenrückgangs (von x_0 auf x_1) und damit die Höhe der Steuereinnahmen (tax $\cdot$ x_1). Je geringer die Preiselastizität, desto größer wird die Steuerlast der Verbraucher ((p_1-p_0) $\cdot$ x_1) und desto geringer die Steuerlast der Anbieter ((p_0-p_a) $\cdot$ x_1) sein.

abgesetzte Menge geht (von x_0 auf x_1) zurück. Die Steuereinnahmen sind gleich dem Produkt aus dem Steuerbetrag und der abgesetzten Menge nach der Steuererhöhung (tax $\cdot$ x_1). Bei elastischer Nachfrage (flache Nachfragekurve) ist der Mengenrückgang wesentlich größer als bei unelastischer Nachfrage (steile Nachfragekurve). Die Steuereinnahmen sind deshalb bei Gütern mit unelastischer Nachfrage vergleichsweise wesentlich höher.

Wer muß letztlich die Lasten der speziellen Verbrauchssteuer tragen? Auch die Verteilung der Steuerlast auf Anbieter und Verbraucher wird wesentlich durch die Preiselastizität beeinflußt (Abb. 4-19). Die Differenz zwischen altem und neuem Preis (p_1–p_0), multipliziert mit der Menge x_1, entspricht der Steuerlast der Verbraucher. Der Verkaufspreis der Anbieter ist zwar gestiegen; da diese jedoch die Verbrauchsteuer abführen müssen, sinkt ihr Erlös je Mengeneinheit (auf $p_a = p_1 -$ tax). Die Differenz zwischen altem und neuem Erlös je Mengeneinheit (p_0-p_a), multipliziert mit der Menge x_1, entspricht der Steuerlast der Anbieter. Je preiselastischer die Verbraucher reagieren, desto geringer werden sie durch spezielle Verbrauchsteuern belastet. Aus Sicht der Anbieter gilt: Je preisunelastischer die Nachfrage von Verbrauchern oder Gütern, desto größer sind die Möglichkeiten, die Steuerlast durch Preiserhöhungen auf die Verbraucher überwälzen zu können und desto geringer ist die eigene Steuerlast.

Übung 4-11 Steuereinnahmen und Preiselastizität

Der Finanzminister will seine Kassen, die durch die Finanzierung einer großen Steuerreform ziemlich geleert wurden, wieder füllen. Er erwägt eine Erhöhung der Mineralölsteuer für Benzin um 20 Pf je Liter. „Nicht schon wieder !", meint einer seiner juristischen Mitarbeiter. „Wie wäre es stattdessen mit der Einführung einer Pepsi-Cola-Steuer von 20 Pf je Liter?"
Was halten Sie von diesem Vorschlag?

4.4.3.5 Ernteschwankungen und Einkommen in der Landwirtschaft

In der Landwirtschaft können aus der Sicht der Anbieter gute Ernten ein Fluch und schlechte Ernten ein Segen sein, da Preise und Einkommen mit der Ernte schwanken. Heftige jährliche Preisschwankungen entstehen dadurch, daß Angebot und Nachfrage nach landwirtschaftlichen Gütern kurzfristig preisunelastisch sind und das Angebot in Abhängigkeit vom Wetter von Jahr zu Jahr variiert (Abb. 4-20). Die Nachfrage erscheint als relativ unelastisch (steile Nachfragekurve), weil jeder Nahrung zu sich nehmen muß und deshalb ein notwendiger Bedarf an Nahrungsmitteln besteht. Andererseits ist das Angebot an landwirtschaftlichen Gütern völlig unelastisch, soweit die Erntemenge nach der Aussaat nicht mehr beeinflußt werden kann oder weil die Güter leicht verderblich sind. Wenn in einem Jahr eine Massenernte erzielt wird, wird die Angebotsmenge steigen, die Marktpreise werden sinken. Trotz günstiger Ernte können dann die Einkommen der Landwirte im Vergleich zu einem normalen Erntejahr sinken. Denn wenn die Nachfrager wegen einer geringen Preiselastizität auf relativ große Preissenkungen nur wenig reagieren und die nachgefragte Gütermenge kaum steigt, kann die Absatzmenge der landwirtschaftlichen Güter nur wenig erhöht werden. Da die (relative) Zunahme der absetzbaren Menge wesentlich kleiner als die (relative) Preissenkung ist, werden die Einkommen der Landwirte sinken. Umgekehrt führt eine schlechte Ernte bei den vorgenannten Elastizitätsannahmen zu einem steigenden Einkommen der Landwirte. Kurz: Weil Angebot und Nachfrage preisunelastisch sind, führen relativ kleine Ernteschwankungen zu relativ großen Schwankungen von Preisen und Einkommen.

Abb. 4-20 Ernteschwankungen und Einkommen in der Landwirtschaft

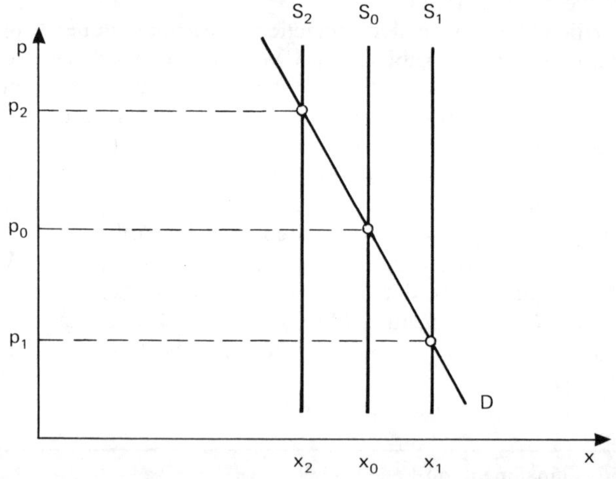

Bei einer normalen Ernte x_0 erzielen die Landwirte einen Preis p_0 und ein Einkommen $p_0 \cdot x_0$. Bei einer guten Ernte steigt die Menge auf x_1 und der Preis sinkt auf p_1. Das Einkommen der Landwirte sinkt insgesamt ($p_0 \cdot x_0 > p_1 \cdot x_1$). Bei einer schlechten Ernte steigt dagegen das Einkommen ($p_0 \cdot x_0 < p_2 \cdot x_2$). Ursache ist die geringe Preiselastizität von Angebot (S) und Nachfrage (D).

4.4.3.6 Die Drei-Sektoren-Hypothese

Die **Drei-Sektoren-Hypothese,** formuliert und begründet von J. Fourastié, C. Clark, A. Fisher u. a., beinhaltet Aussagen über Strukturveränderungen einer nach drei Sektoren differenzierten Volkswirtschaft. Es wird behauptet, daß der langfristige Entwicklungsprozeß aller Volkswirtschaften durch eine permanente Verschiebung der Produktion und Beschäftigung vom **primären** (Landwirtschaft) über den **sekundären** (Industrie, Handwerk) zum **tertiären** (Dienstleistungs-) **Sektor** gekennzeichnet ist. Der primäre Sektor nimmt dabei ständig an Bedeutung ab, der sekundäre wächst zunächst, um später gleichfalls an Bedeutung zu verlieren, der tertiäre Sektor wird schließlich überwiegen. Diese strukturelle Entwicklung von Produktion und Beschäftigung wird mit zusammenwirkenden Nachfrage- und Angebotsfaktoren begründet.

Im Mittelpunkt der **nachfrageorientierten Argumente** steht eine Verallgemeinerung des **Engelschen Gesetzes.** Diesem Gesetz liegt die Vorstellung einer Verschiebung der Bedürfnisse im Zuge der Entwicklung von Einkommen und Lebensstandard zu Grunde. Am Beginn der historischen industriellen Entwicklung steht die Nachfrage nach Gütern des lebensnotwendigen Grundbedarfs (vor allem: Nahrungsmittel) noch im Vordergrund. Die Einkommenselastizität dieser Güter ist jedoch kleiner als Eins, so daß die Nachfrage mit steigendem Einkommen relativ abnimmt. Gleichzeitig nimmt die Nachfrage nach Gütern des gehobenen Bedarfs zu. In der folgenden industriellen Phase wächst die Nachfrage nach Industriegütern (Autos, elektrotechnische Geräte) deshalb zunächst überproportional. Für die westlichen Industrieländer von heute wird schließlich behauptet, daß sie sich im Übergang zur tertiären Phase befinden. Durch die Veränderung der Bedürfnisstruktur seien die Einkommenselastizitäten der Güter des sekundären Sektors kleiner als Eins, die der Güter des tertiären Sektors (Bildung, Gesundheit, soziale und persönliche Dienstleistungen) deutlich größer als Eins geworden. Die historische Entwicklung der Volkswirtschaften durchläuft somit drei Phasen, in denen jeweils die Veränderungen der Nachfragestruktur auch die Produktions- und Beschäftigungsstruktur verschieben.

Auf der **Angebotsseite** wird diese Entwicklung nach der Hypothese durch **unterschiedliche Produktivitätsfortschritte** in den drei Sektoren verstärkt. Die Arbeitskräfte, die durch zunehmende Mechanisierung in der Landwirtschaft überflüssig werden, finden zunächst im stark expandierenden sekundären Sektor Beschäftigung. Im historischen Verlauf nimmt im industriellen Sektor die Kapitalintensität zu und die Vorteile der Massenproduktion können auf Grund der stark expandierenden Nachfrage realisiert werden. Wiederum werden in großem Umfang Arbeitskräfte freigesetzt. „Die große Hoffnung des 20.Jahrhunderts“ (so der Titel von Fourastiés Werk) gründet sich auf die Annahme, daß im tertiären Sektor nur in geringem Maß Produktivitätsfortschritte realisierbar sind. Die im sekundären Sektor freigesetzten Arbeitskräfte könnten so vom arbeitsintensiven tertiären Sektor aufgenommen werden.

Nachfrage- und angebotsseitige Faktoren bewirken zusammen eine Veränderung der Anteile der drei Sektoren an der gesamtwirtschaftlichen Produktion und an den Beschäftigten. Fourastié prognostizierte für die Endphase der historischen Entwicklung der Volkswirtschaften, die **„tertiäre Zivilisation“**, den Anteil des primären und sekundären Sektors auf je zehn Prozent, den Anteil des tertiären Sektors an der Gesamtzahl der Beschäftigten dagegen auf achtzig Prozent.

Die Begründungen und die Prognose der Drei-Sektoren-Hypothese sind Gegenstand vielfältiger **Kritik.** Beklagt wird einerseits die mangelnde Differenzierung vor allem des Dienstleistungssektors, andererseits die unzulässige Verallgemeinerung des ENGELschen Gesetzes. Vor allem die einseitige Betonung der Einkommenselastizitäten wird kritisiert, von entscheidender Bedeutung sei eine Berücksichtigung der unterschiedlichen Preisentwicklungen in den einzelnen Sektoren. Unter der Annahme gleicher Lohnsteigerungen bei unterschiedlicher Arbeitsproduktivität im sekundären und tertiären Sektor werden Dienstleistungen im Vergleich zu den Industriegütern immer teurer. Da Dienstleistungen eine hohe Preiselastizität haben, können die überdurchschnittlichen Preissteigerungen zu einer Hemmung der Expansion des tertiären Sektors führen. Es ist denkbar, daß teurer werdende Dienstleistungen durch Industriegüter (Waschmaschine statt Wäscherei, Auto statt öffentliche Verkehrsmittel), Eigenleistung (‚Do-it-yourself', Heimwerker) und Schwarzarbeit substituiert werden. Die zukünftige Entwicklung hin zur Dienstleistungsgesellschaft wird somit nicht nur durch die Einkommenselastizitäten gefördert, sondern auch durch die Preiselastizitäten gehemmt.

4.5 Soziale Einflußfaktoren des Nachfrageverhaltens

Die bisherigen Ausführungen beruhten auf der Annahme, daß die Nutzenpräferenzen der Haushalte voneinander unabhängig seien. Das Konsumverhalten der Haushalte unterliegt in der Realität jedoch sozialen Einflüßen, d. h. die Nutzenpräferenzen einzelner Haushalte sind interdependent. Der Nutzen eines Gutes für einen Haushalt ist nicht nur von der nachgefragten Menge, sondern auch vom Nachfrageverhalten relevanter Bezugsgruppen abhängig. Dies hat Konsequenzen für den Verlauf der individuellen Nachfrage und die Aggregation zur Marktnachfrage. Dies sei demonstriert anhand des Mitläufer- und des Snobeffektes, dem der VEBLEN-Effekt (Prestige- und Demonstrationseffekt) als Variante zuzuordnen ist.

Der **Mitläufereffekt** kennzeichnet die Auswirkungen einer positiven Interdependenz der Nutzenpräferenzen von Haushalten. Weil eine relevante Bezugsgruppe ein Gut konsumiert, wird es von anderen Haushalten vermehrt oder erstmals nachgefragt. Dieser Mitläufereffekt kann bereits ausgelöst werden, wenn ein Gut von wenigen, aber wichtigen Schlüsselpersonen gekauft wird. Aber auch die Anzahl der Nachfrager oder der verkauften Mengeneinheiten kann für das Auftreten des Mitläufereffektes bedeutsam sein. Gründe können somit Nachahmungs- oder Anpassungsmotive, aber auch Vorsichtsverhalten (bei unzureichender Produktinformation oder „tabuisierten" Gütern) sein. Beispiele betreffen insbesondere solche Güter, die der Mode unterliegen oder neu eingeführt werden.

Wie wirkt sich der Mitläufereffekt auf die Marktnachfrage aus (Abb. 4-21)? Im Vergleich zu einer Nachfragefunktion bei unabhängigen Präferenzen werden sich die Mengenreaktionen der Nachfrager durch den Mitläufereffekt eher verstärken, sofern die betreffenden Güter eine Marktschwelle überschritten haben und ausreichend bekannt geworden sind. Jenseits einer Marktschwelle wird die Preiselastizität der Marktnachfrage größer werden.

Der **Snobeffekt** ist das Gegenteil des Mitläufereffekts. Es besteht eine negative Interdependenz zwischen den Nutzenpräferenzen der Haushalte. Weil eine relevante Bezugsgruppe ein Gut (vermehrt) konsumiert, wird es von anderen Haushalten weniger oder nicht mehr nachgefragt. Beispiele sind „elitäre" Güter oder Luxusgüter, die den „Snobs" das Flair der Exklusivität verleihen. Es muß jedoch nicht immer ein snobistisches Verhalten bestimmend für den Snobeffekt sein. Viele Menschen, insbesondere Frauen, verzichten nachts auf die Nutzung von U-Bahnhöfen

Abb. 4-21 Marktnachfrage und Mitläufereffekt

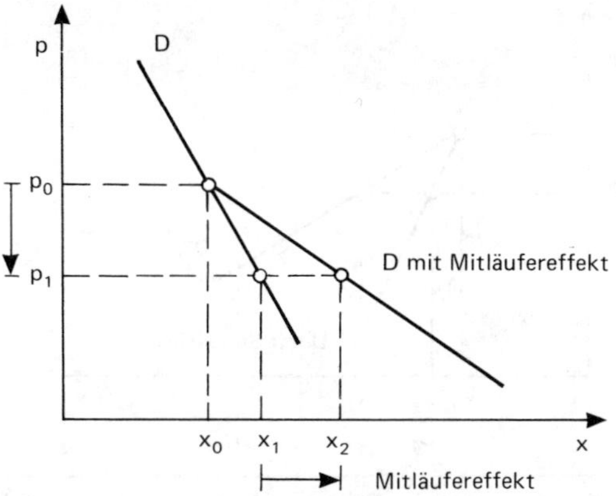

Der Mitläufereffekt tritt ab einer bestimmten abgesetzten Mindestmenge (x_0) auf, bei der viele Haushalte annahmegemäß bemerken, daß ihre Bezugsgruppen dieses Gut gekauft haben. Die steile Kurve (D) zeigt die Marktnachfrage, die sich bei isolierter Nutzenmaximierung der einzelnen Haushalte ergeben würde. Eine Preissenkung (von p_0 auf p_1) hätte in diesem Fall eine Erhöhung der nachgefragten Menge (von x_0 auf x_1) zur Folge. Durch den Mitläufereffekt wird die nachgefragte Menge jedoch darüberhinaus (von x_1 auf x_2) erhöht. Die Marktnachfragekurve wird durch den Mitläufereffekt abgeflacht (und preiselastischer).

und Parkhäusern, weil diese auch von anderen Personen genutzt werden könnten, denen sie nicht begegnen möchten.

Wie wirkt sich der Snobeffekt auf die Marktnachfrage aus (Abb. 4-22)? Wir nehmen an, daß der Snobeffekt ab einer bestimmten Höchstmenge auftrete, bei der die Exklusivität des Guts gerade noch gewahrt ist. Bei Überschreiten dieses Schwellenwertes der subjektiven Exklusivität wird die Marktnachfrage durch den Snobeffekt steiler (und preisunelastischer).

Der **Veblen-Effekt** ist eine Variante des Snobeffektes und geht auf eine Untersuchung von T. Veblen (1857–1929) über den Demonstrations- und Prestigekonsum zurück. Dieser Effekt kennzeichnet die Nachfrage nach sehr teuren Luxusgütern, die dem Käufer gegenüber relevanten Bezugsgruppen Prestige verleihen und seine Wohlhabenheit demonstrieren. Beispiele sind dem deutschen Fernsehzuschauer aus den beliebten Fernsehserien „Denver“ und „Dallas“ sicher bekannt. Diese Güter werden nachgefragt, weil sie auffällig teuer sind oder werden.

Der Veblen-Effekt tritt ab einem bestimmten auffälligen Preis (p_0) auf (Abb. 4-23). Eine Preiserhöhung würde bei isolierter Nutzenmaximierung der Haushalte und einer normalen Nachfragefunktion zu einer Verringerung der nachgefragten Menge führen. Der Veblen-Effekt wirkt dem entgegen. Wenn die Anzahl der Haushalte, die ein Gut (vermehrt) nachfragen, weil es teurer wurde, relativ groß ist, kann es zu einem anomalen Verlauf der Nachfragekurve kommen.

Diese Effekte sind keineswegs seltene Ausnahmefälle, auch wenn in der Nachfragetheorie die individuelle, isolierte Nutzenmaximierung stark in den Vordergrund gestellt wird. Selbstverständlich wird das Nachfrageverhalten der Menschen wechselseitig beeinflußt. Die sozialen Einflußfaktoren, von denen wir einige analy-

Abb. 4-22 Marktnachfrage und Snobeffekt

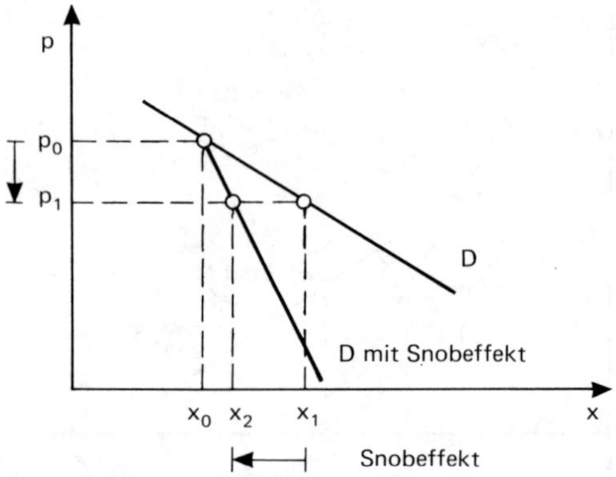

Wird durch eine Preissenkung (von p_0 auf p_1) mehr als eine tolerierte Höchstmenge (x_0) verkauft, verringern viele Haushalte ihre Nachfrage nach einem Gut, weil dieses Gut von einer relevanten Bezugsgruppe konsumiert wird. Dieser Snobeffekt führt zu einer steileren Marktnachfragekurve, als sich bei isolierter Nutzenmaximierung der einzelnen Haushalte ergeben würde.

Abb. 4-23 Marktnachfrage und VEBLEN-Effekt

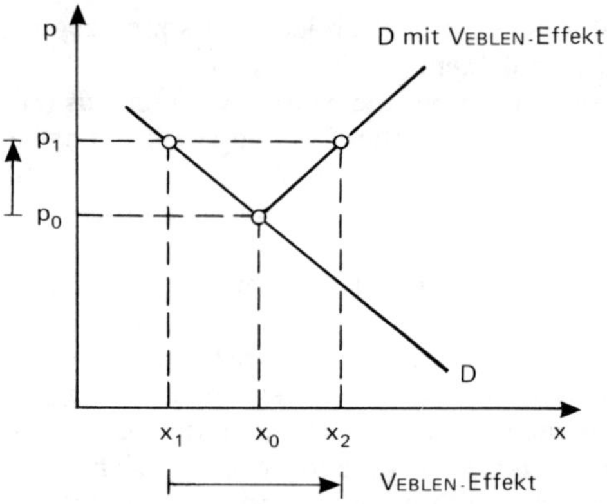

Durch eine Preiserhöhung (auf p_1) wird ein „auffälliger" Preis (p_0) überschritten, der ein Gut zu einem Prestige- und Demonstrationsobjekt macht. Fragen relativ viele Haushalte daraufhin ein Gut (vermehrt oder erstmals) nach, kann es, statt der erwarteten Mengenabnahme (von x_0 auf x_1), durch den VEBLEN-Effekt zu einer Erhöhung der nachgefragten Menge (von x_1 auf x_2) kommen. Die Marktnachfragekurve kann dann anomal verlaufen.

siert haben, erhalten ihre Bedeutung aber weniger in den komparativ-statischen Modellen der Haushaltstheorie als vielmehr in **dynamischen Modellen der Marktentwicklung** neuer oder weiterentwickelter Güter. So haben für die Einführungsphase solcher Güter Snob- und VEBLEN-Effekt große Bedeutung. Neue Güter sind relativ teuer und deren Qualitäten häufig noch unbekannt. Während die Mehrheit der Konsumenten deshalb zurückhaltend reagiert, kann das Gut gleichwohl am Markt eingeführt werden, da es einigen Haushalten als Prestige- und Demonstrationsobjekt dient. Senkt der Hersteller nach der Einführungsphase die Preise und steigt daraufhin die abgesetzte Menge, so kommt der Snobeffekt zum Tragen. Das Gut garantiert nicht mehr Exklusivität. Andererseits führen Nachahmungs- und Anpassungsmotive zum Mitläufereffekt. Die Nachfrage steigt und aus dem exklusiven Demonstrationsgut wird ein weit verbreitetes Massengut. In dieser Endphase schließlich ist die Unterscheidung zwischen isolierter und interdependenter Nutzenmaximierung nicht mehr wesentlich; Snob- und VEBLEN-Effekt sind nicht mehr wirksam und die Marktnachfrage mit und ohne Mitläufereffekt stimmt weitgehend überein (vgl. FEHL/OBERENDER, 1989[3], S. 212-217).

Mathematischer Anhang

(1) Grenzrate der Substitution im Verlauf einer Indifferenzkurve

(11) Gegeben sei eine Nutzenfunktion:

$U = U(x,y)$

(12) Die partiellen Ableitungen der Nutzenfunktion mit Bezug auf x bzw. y werden als Grenznutzen bezeichnet:

$U'(x) = \delta U/\delta x$; $U'(y) = \delta U/\delta y$

(13) Im Verlauf einer Indifferenzkurve bleibt der Nutzen U konstant. Somit gilt entlang einer Indifferenzkurve:

$dU = 0$

Regel: Das totale Differential dx einer Funktion mit mehreren unabhängigen Variablen entspricht der Summe der mit den partiellen Ableitungen multiplizierten Differentialen der verschiedenen unabhängigen Variablen. Entsprechend wird das totale Differential der Nutzenfunktion ermittelt und gemäß (13) gleich Null gesetzt:

(14) $dU = U'(x) \cdot dx + U'(y) \cdot dy = 0$

Aus (14) folgt

(15) $- dy / dx = U'(x) / U'(y)$

Die Grenzrate der Substitution (Steigung einer Indifferenzkurve) entspricht dem kehrseitigen Verhältnis der Grenznutzen der Güter.

---

(2) Nutzenmaximierung

(21) Zielfunktion:

$U(x,y) : max!$

unter der Nebenbedingung einer Budgetbeschränkung:

$Y_c = p_x \cdot x + p_y \cdot y$

Nach der LAGRANGE-Methode wird die Nebenbedingung in der „Nullform" formuliert.

$Y_c - p_x \cdot x - p_y \cdot y = 0$

Die Nullform kann mit dem LAGRANGE-Multiplikator lgr erweitert werden:

$lgr \cdot (Y_c - p_x \cdot x - p_y \cdot y) = 0$

Sodann wird die LAGRANGE-Funktion L als Summe der Zielfunktion und der umformulierten Nebenbedingung gebildet:

(22) $L(x,y,lgr) = U(x,y) + lgr \cdot (Y_c - p_x \cdot x - p_y \cdot y)$

Zur Bestimmung der Extremwerte setzt man die partiellen Ableitungen der LAGRANGE-Funktion nach x, y und lgr gleich Null:

(23)
$$\delta L/\delta x = \delta U/\delta x - lgr \cdot p_x = 0$$
$$\delta L/\delta y = \delta U/\delta y - lgr \cdot p_y = 0$$
$$\delta L/\delta lgr = Y_c - p_x \cdot x - p_y \cdot y = 0$$

(24) Die partiellen Ableitungen der Nutzenfunktion nach x bzw. y werden als Grenznutzen bezeichnet:
$U'(x) = \delta U/\delta x$; $U'(y) = \delta U/\delta y$
Die ersten beiden Gleichungen unter (23) können somit umgeformt werden zu:
$lgr = U'(x)/p_x$ bzw.
$lgr = U'(y)/p_y$
Nach Gleichsetzung erhält man die Bedingung der Nutzenmaximierung bei gegebenen Güterpreisen und gegebener Konsumsumme:
(24) $U'(x)/p_x = U'(y)/p_y$
Auf die mathematische Überprüfung der zweiten Ableitung sei hier verzichtet.

Kontrollfragen zum vierten Kapitel

(A) Multiple Choice-Fragen

4-1 Eine Indifferenzkurve
( ) zeigt alle Güterkombinationen, die ein Haushalt maximal kaufen kann;
( ) zeigt alle Güterkombinationen, die den gleichen Nutzen spenden;
( ) verschiebt sich, wenn sich die Konsumsumme ändert;
( ) verschiebt sich, wenn sich die Güterpreise ändern.

4-2 Die Grenzrate der Substitution von Lebensmitteln durch Kleidung ist bei einer konvexen Indifferenzkurve
( ) konstant;
( ) abnehmend, wenn die Menge der Kleidung zunimmt;
( ) zunehmend, wenn die Menge der Kleidung zunimmt;
( ) zunächst abnehmend, dann zunehmend.

4-3 Ursachen für die Rechtsverschiebung der Marktnachfragekurve können sein:
( ) steigende Einkommen;
( ) Preissenkungen für das Gut;
( ) Preissenkungen für ein komplementäres Gut;
( ) eine steigende Zahl von nachfragenden Haushalten;
( ) witterungsbedingte Ertragsschwankungen des Gutes;
( ) zunehmende technische Fortschritte.

4-4 Wie verhält sich die Preiselastizität bei einer Bewegung von oben nach unten entlang einer normalverlaufenden linearen Nachfragekurve?
( ) Sie bleibt konstant;
( ) sie steigt proportional mit den Ausgaben der Haushalte und sinkt proportional mit den Einnahmen der Anbieter;
( ) sie wird elastischer;
( ) sie wird unelastischer.

4-5 GIFFEN-Güter sind gekennzeichnet durch
( ) eine geringe Preiselastizität;
( ) eine positive Einkommenselastizität und eine hohe Preiselastizität;
( ) eine negative Einkommenselastizität;
( ) eine Einkommenselastizität zwischen Null und Eins.

4-6 Ein verregneter Sommer verdirbt dem Besitzer eines Textilgeschäfts das Geschäft mit Badeartikeln. Die kurz- und langfristigen Wetterberichte sagen weiterhin schlechtes Wetter voraus. Gleichwohl hofft der Besitzer des Textilgeschäfts auf steigende Einnahmen, indem er die Preise für Badeartikel erheblich senkt. Er glaubt nämlich, daß
( ) die Nachfrage nach Badeartikeln aufgrund der Wetterprognosen preisunelastisch ist;
( ) die Nachfrage nach Badeartikeln trotz der Wetterprognosen preiselastisch ist;

( ) die Kreuzpreiselastizität - bei gleichzeitig sinkenden Preisen für Urlaubsreisen in den Süden - positiv ist;
( ) gleichzeitige Einkommenserhöhungen die Effekte der Wetterprognosen ausgleichen werden.

(B) Offene Fragen

4-7 Formulieren und begründen Sie die GOSSENschen Gesetze der mikroökonomischen Nutzentheorie!
4-8 Im Rahmen einer Steuerreform wurde erwogen, die allgemeine Einkommensteuer zu reduzieren (beseitigen) und eine Tabaksteuer zu erhöhen (einzuführen). Diskutieren Sie die Alternativen aus nutzentheoretischer Sicht eines Haushalts!
4-9 Welche Eigenschaften haben Komplementär- und Substitutionsgüter? Erläutern Sie Beispiele! Mit welcher Nachfrageelastizität können Sie Komplementär- und Substitutionsgüter unterscheiden?
4-10 Wodurch wird die Höhe der Preiselastizität der Nachfrage bestimmt?

(C) Transferfrage

4-11 Geringe Einkommenselastizitäten und geringe Preiselastizitäten der Nachfrage nach (bestimmten) landwirtschaftlichen Gütern gelten aus der Sicht der Agrarwirtschaft als „Problemfaktoren". Erläutern Sie die Zusammenhänge!

Lösungshinweise zu den Übungen (im Text)

4-1: Die Steigung einer Indifferenzkurve entspricht der Grenzrate der Substitution von Gut y durch Gut x und dem Verhältnis der Grenznutzen der beiden Güter (tg α = GDS = -dy/dx = U'(x)/U'(y)). Die Steigung einer Indifferenzkurve spiegelt somit die Präferenzen eines Haushalts bei einer marginalen Substitution einer Menge von Gut y durch eine Menge von Gut x wider. Zur Erklärung der zum Koordinatenursprung konvexen Krümmung von Indifferenzkurven benötigen Sie die Kenntnis des Gesetzes der abnehmenden Grenzrate der Substitution: Das Verhältnis des Grenznutzens U'(x) zum Grenznutzen U'(y) sinkt, je mehr von Gut x verbraucht wird. Je höher der Konsum von Gut x, desto geringer wird die Menge von Gut y, die ein Haushalt für eine zusätzliche Einheit von Gut x eintauschen würde. Im Verlauf einer Indifferenzkurve sinkt deshalb deren Steigung. Dies ist in der grafischen Darstellung gleichbedeutend mit einer konvexen Krümmung zum Ursprungspunkt.

4-2: Die Beantwortung der Frage ist abhängig von Ihren individuellen Präferenzen und Ihrer Reaktion auf eine (hypothetische) Einkommensänderung. Die von Ihnen genannten Güter sind relativ inferior, sofern Ihre Nachfrage nach diesen Gütern bei einer Einkommenserhöhung in Relation zum übrigen Konsum unterproportional zunehmen würde. Falls Sie bei einer Einkommenserhöhung die bisher nachgefragte Menge verringern würden, handelt es sich um absolut inferiore Güter.

4-3: Die Preiserhöhungen bewirken jeweils, daß mit unveränderter Konsumsumme nur noch geringere Mengen von Konsumgütern gekauft werden können. Die reale Kaufkraft des für Konsumzwecke verfügbaren Einkommens sinkt. Das Ausmaß der Einkommenseffekte ist abhängig vom Anteil der Ausgaben der Güter an der Konsumsumme. Je mehr von einer gegebenen Konsumsumme für ein Gut verausgabt wird, desto größer wird der Einkommenseffekt einer Preiserhöhung. I. d. R. sind für einen typischen Haushalt sowohl Preis und nachgefragte Menge von Benzin wesentlich höher als Preis und nachgefragte Menge von Streichhölzern. Entsprechend haben die Ausgaben (= Preis · nachgefragte Menge) für Benzin einen wesentlich höheren Anteil an der Konsumsumme als die Ausgaben für Streichhölzer. Die gleiche Preiserhöhung macht unterschiedliche Erhöhungen der Ausgaben für die bisher nachgefragten Mengen notwendig und verringert die reale Kaufkraft der Konsumsumme in unterschiedlichem Maße.

4-4: Eine Erhöhung der Verbrauchssteuer wird die nachgefragte Menge an verbleitem Benzin stärker reduzieren als eine (betragsgleiche) Erhöhung der Einkommensteuer. Sofern Sie in Abb. 4-14 Zigaretten durch Benzin ersetzen, können Sie dort die jeweiligen Wirkungen der Steuererhöhungen grafisch analysieren. Die Erhöhung der Einkommensteuer läßt die relativen Preise unverändert; lediglich die verfügbare Kaufkraft wird reduziert, ansonsten wird die Güterwahl der Konsumenten nicht beeinflußt. Bei der Erhöhung der speziellen Verbrauchssteuer werden demgegenüber die Preise zusätzlich zulasten des verbleiten Benzins verändert. Es tritt neben dem Einkommenseffekt eine Substitution des besteuerten Gutes durch andere Güter auf. Eine umweltpolitische Zielsetzung wird somit durch spezielle Verbrauchssteuern besser erreicht als durch Erhöhungen der allgemeinen Einkommensteuer.

4-5: Der Textauszug nennt eine Reihe von kritischen Einwänden gegen die Annahmen der Haushaltstheorie:

- Konsumenten haben eine unzureichende Kenntnis des Güterspektrums und des Nutzens von Gütern;
- Im Sinne der kardinalen Nutzentheorie bestehen erhebliche Messungsprobleme;
- Die Präferenzordnung der Haushalte ist nicht konsistent, sondern enthält zahlreiche Intransitivitäten;
- Güter sind nicht unbegrenzt teilbar und uneingeschränkt substituierbar;
- Das individuelle Verhalten ist nicht (nur) durch rationale Nutzenmaxierung, sondern (auch) durch zahlreiche soziale Einflüße (Nachahmung, Tradition, Werbung) beeinflußt.

  Der Autor betont gegenüber dieser - aus verhaltenswissenschaftlicher Sicht - berechtigten

Kritik den kognitiven, heuristischen Wert der Haushaltstheorie. Diese will mittels Modellen das logische Verständnis der Realität fördern, nicht aber Verhaltensaussagen treffen. Zur Erklärung und Vorhersage des konkreten individuellen Verhaltens wären die restriktiven Modellannahmen der Realität anzunähern oder auch weitere, ergänzende Theorien heranzuziehen.

4-6: Rechnerische Ermittlung der Preiselastizität

Ausgangssituation: $p_0 = 2{,}00$ (DM/Bier); $x_0 = 36$ (Bier/Woche)
Preiserhöhung: $p_1 = 2{,}20$; $x_1 = 30$
Preisänderung: $\Delta p = p_1 - p_0 = 2{,}20 - 2{,}00 = 0{,}20$
Mengenänderung: $\Delta x = x_1 - x_0 = 30 - 36 = -6$
prozentuale Preisänderung: $\Delta p / p_0 = 0{,}20 \,/\, 2{,}00 = 0{,}1 = 10\%$
prozentuale Mengenänderung: $\Delta x / x_0 = -6 \,/ 36 = -0{,}17 = -17\%$

Preiselastizität: $\varepsilon = \dfrac{\Delta x / x_0}{\Delta p / p_0} = \dfrac{-17\%}{10\%} = -1{,}7$

Da der Betrag der Preiselastizität größer als Eins ist, reagiert Herr Schluck preiselastisch. Der prozentuale Rückgang der nachgefragten Menge ist größer als die prozentuale Preiserhöhung.

Die Rechenbeispiele in dieser und den folgenden Übungen stellen Näherungslösungen dar, da Preisdifferenzen statt Preisdifferentiale zur Berechnung verwendet werden. Es fehlt der explizite Bezug zur Nachfragefunktion und die Einhaltung der ceteris paribus-Bedingung wird nicht kontrolliert. Diese Einwände treffen häufig auf einfache Berechnungen empirischer Nachfrageelastizitäten zu.

4-7: Rechnerische Ermittlung der Kreuz-Preiselastizität

Ausgangssituation: $p_0 = 2{,}00$ (DM/Bier); $y_0 = 12$ (Wein/Woche)
Preiserhöhung: $p_1 = 2{,}20$ (DM/Bier); $y_1 = 16$ (Wein/Woche)
Preisänderung: $\Delta p = p_1 - p_0 = 2{,}20 - 2{,}00 = 0{,}20$
Mengenänderung: $\Delta y = y_1 - y_0 = 16 - 12 = 4$
prozentuale Preisänderung: $\Delta p / p_0 = 0{,}20 \,/\, 2{,}00 = 0{,}1 = 10\%$
prozentuale Mengenänderung: $\Delta y / y_0 = 4 \,/\, 12 = 0{,}33 = 33\%$

Kreuz-Preiselastizität: $\varepsilon_{xy} = \dfrac{\Delta y / y_0}{\Delta p / p_0} = \dfrac{33\%}{10\%} = +3{,}3$

Das positive Vorzeichen der Kreuz-Preiselastizität zeigt, daß Wein für Herrn Durstig ein Substitutionsgut von Bier ist. Vgl. auch die Lösungshinweise zu Übung 4-6.

4-8: Rechnerische Ermittlung der Einkommenselastizität

Ausgangssituation: $x_0 = 1$ (Mineralwasser/Woche)
Einkommenserhöhung: $x_1 = 2$ (Mineralwasser/Woche)
Mengenänderung: $\Delta x = x_1 - x_0 = 2 - 1 = 1$
prozentuale Einkommensänderung: $\Delta Y / Y_0 = 0{,}5\%$
prozentuale Mengenänderung: $\Delta x / x_0 = 1/1 = 1 = 100\%$

Einkommenselastizität: $\varepsilon_Y = \dfrac{\Delta x / x_0}{\Delta Y / Y_0} = \dfrac{100\%}{0{,}5\%} = 200$

Das positives Vorzeichen der Einkommenselastizität und ein Wert größer als Eins zeigen, daß Mineralwasser für Herrn Trocken ein superiores Gut ist. Vgl. auch die Lösungshinweise zu Übung 4-6.

4-9: Preiselastizität der bundesdeutschen Rohölimporte

(a) Berechnung der kurzfristigen Preiselastizität 1980/1979

Menge 1980: $x_1 = 58{,}2$ (Mio. to)
Mengenänderung: $\Delta x = -3{,}8$ (Mio. to)
Menge 1979: $x_0 = x_1 - \Delta x = 58{,}2 - (-3{,}8) = 62$ (Mio. to)

Ausgaben 1980: $p_1 \cdot x_1 = 25{,}6$ (Mrd. DM)
Ausgabenänderung: $\Delta(p_1 \cdot x_1 - p_0 \cdot x_0) = 10$ (Mrd. DM)
Ausgaben 1979: $p_0 \cdot x_0 = 25{,}6 - 10 = 15{,}6$ (Mrd. DM)

Preis 1979: $p_0 = 15{,}6$ (Mrd. DM) / 62 (Mio. to) = 251,61 (DM/to)
Preis 1980: $p_1 = 25{,}6$ (Mrd. DM) / 58,2 (Mio. to) = 439,86 (DM/to)
Preisänderung: $\Delta p = p_1 - p_0 = 439{,}86 - 251{,}61 = 188{,}25$ (DM/to)

$$\text{Preiselastizität } \varepsilon = \frac{\Delta x / x_0}{\Delta p / p_0} = \frac{(-3{,}8/62)}{(188{,}25/251{,}61)} = \frac{-6{,}1\%}{74{,}8\%} = -0{,}08$$

Die Preiselastizität der deutschen Rohölimporte war zwischen 1979 und 1980 sehr gering. Ölpreissteigerungen von 75% führten kurzfristig nur zu einem Rückgang der Importmenge von 6% und ließen die notwendigen Importausgaben erheblich steigen. Vgl. auch die Lösungshinweise zu Übung 4-6.

(b) Langfristig reagierten die deutschen Rohölimporte elastischer. Die Rohölausgaben belasten das Budget von Unternehmen und Haushalten in hohem Maße. Während kurzfristig Einsparungs- und Substitutionsmöglichkeiten beschränkt sind, steigen diese jedoch im Zeitverlauf (Notwendigkeit technischer Umstellungen, Modernisierungsmaßnahmen, Entwicklung energiesparender Güter).

4-10: (a) Die Gütergruppen mit einer Einkommenselastizität zwischen Null und Eins waren im Zeitraum 1950-67 relativ inferior; alle anderen waren superior.

(b) Ein positiver Wert der Preiselastizität bedeutet, daß prozentuale Preisänderungen gleichgerichtete prozentuale Mengenänderungen zur Folge hatten. Dies kann z. B. auf eine steigende Zahl der Nachfrager oder einen erhöhten Bedarf an diesen Gütern (bei gleichzeitig knappem Angebot) zurückgeführt werden. Der hohe Wert der Preiselastizität bei Kraftfahrzeugen und Fahrrädern entstand durch den verbreiteten Wunsch nach Demonstration eines gestiegenen Wohlstands in der Nachkriegszeit.

(c) Die beobachteten Werte beziehen sich auf durchschnittliche Preise und nachgefragte Mengen eines bestimmten Zeitraums und nicht auf sämtliche Preise und Mengen einer theoretischen Nachfragefunktion vom Sättigungspunkt bis zum Höchstpreis.

4-11: Fiskalische Einnahmen einer speziellen Verbrauchssteuer sind von der speziellen Preiselastizität der Nachfrage der Verbrauchsgüter abhängig. Für Benzin existieren keine engen Substitutionsgüter, während dies jedoch bei Pepsi-Cola der Fall ist. Die Preiselastizität von Benzin dürfte deshalb relativ geringer; die Steuereinnahmen relativ höher sein.

Lösungshinweise zu den Kontrollfragen

(A) Multiple Choice-Aufgaben
4-1: (b); 4-2: (b); 4-3: (a) (c) (d); 4-4: (d); 4-5: (c) 4-6: (b)

(B) Offene Fragen
4-7: vgl. Textabschnitt 4.2.1; 4-8: vgl. Textabschnitt 4.3.3; 4-9: vgl. Textabschnitt 4.4.1; 4-10: vgl. Textabschnitt 4.4.2

(C) Transferfrage
4-11: Geringe Einkommenselastizitäten der Nachfrage sowie geringe Preiselastizitäten in der Landwirtschaft bewirken kurzfristig starke Einkommensschwankungen und langfristig ein relatives Zurückbleiben der Durchschnittseinkommen der Landwirte.
Bereits geringe Änderungen der witterungsabhängigen Erntemengen führen bei geringer Preiselastizität der Nachfrage und des Angebots (steiler Verlauf der Angebots- und Nachfragekurve) kurzfristig zu starken Schwankungen der Preise und der Erlöse der Landwirte (vgl. Textabschnitt 4.4.3.5).
Längerfristig bewirkt eine geringe **Einkommenselastizität** der Nachfrage von Nahrungsmitteln ungünstige Preis- und Einkommensentwicklungen im Bereich der Landwirtschaft. Der Pro-Kopf-Verbrauch von Nahrungsmitteln dürfte in den westlichen Industrieländern trotz erheblicher Einkommenssteigerungen der Haushalte kaum zugenommen haben. Die geringe Einkommenselastizität bewirkte relativ geringe Verschiebungen der Nachfragekurve von landwirtschaftlichen Gütern. Die Entwicklung der landwirtschaftlicher Erzeugerpreise blieb deshalb in der Vergangenheit in Relation zu den Preisen industrieller Produkte zurück. Der durch die geringe Einkommenselastizität mitverursachte Trend der relativen Agrarpreise war wesentlicher Grund der negativen Einkommensentwicklung vieler Landwirte und der relativ abnehmenden Bedeutung der Agrarsektors (vgl. Textabschnitt 4.4.3.6).

Literaturhinweise

BAUMOL, W. J./BLINDER, A. S.: Economics. Principles and Policy, New York 1979, S. 333-370 (Chap. 18 The Nature of Consumer Demand, Chap. 19 The Common Sense of Consumer Choice). Für Leser mit Grundkenntnissen der englischen Sprache empfehlenswert. Ausführliche Darstellung mit Anwendungsbeispielen.

FEHL, U./OBERENDER, P.: Grundlagen der Mikroökonomie, 3. Aufl., München 1989, S. 185-187, 208, 212-217 (Methodologische Diskussion, Analogie von Unternehmens- und Haushaltstheorie, Mitläufer-, Snob-, VEBLEN-Effekt) Zur Ergänzung. Mit algebraische Kenntnisse voraussetzenden Aufgaben.

FISCHBACH, R.: Volkswirtschaftslehre, 5. Aufl., München/Wien 1988, S. 165-228 (Kap. 7 Nachfragetheorie (Einkaufsplanung der Haushalte)). Relativ ausführliche und relativ verständliche Darstellung.

HERBERG, H.: Preistheorie. Eine Einführung in die Mikroökonomik, Stuttgart 1985, S. 56-115, 128-130 (Kap. 2 Haushaltstheorie). Zur Vertiefung insbesondere der formal-analytischen Zusammenhänge.

LIPSEY, R. G./STEINER, P. O./PURVIS, D. D.: Economics, 8.ed., New York 1987, S. 128-142, 143-157, 78-97 (Chap. 7 Household Consumption Behavior: The Marginal Utility Approach, Chap. 8 Household Consumption Behavior: The Indifference Curve Approach, Chap. 5 Elasticity of Demand and Supply). Amerikanisches Standardlehrbuch mit Anwendungsbeispielen und ergänzenden, hervorragenden Übungsbüchern.

STOBBE, A.: Volkswirtschaftslehre II, Mikroökonomik, Berlin u. a. 1983, S. 67 f., 70-92, 95-98, 119 f., 114-119, 125 f., 135-138 (Arten von Haushalten, Nutzentheoretische Grundlagen und Ableitung der individuellen Nachfragefunktion, algebraische Bestimmung des Nutzenmaximums mit der Lagrange-Funktion, Aggregation zur Marktnachfrage, Nachfrageelastizitäten, empirische Einkommenselastizitäten, ENGELsches und SCHWABEsches Gesetz). Insgesamt relativ breite, eher stärker formalisierte Darstellung.

WOLL, A.: Allgemeine Volkswirtschaftslehre, 9. Aufl., München 1987, S. 121-140, 106-114 (Kap. 5 Nachfrage: Einkaufsplan des Haushalts, Kap. 4.III Elastizitäten). Knappe, kompakte Darstellung auf geometrisch-algebraischer Grundlage.

WONNACOTT, P./WONNACOTT, R.: Economics, 2. ed., Auckland u. a. 1982, S. 445, 463, 418-444 (Chap. 20 Demand and Utility, Chap. 19 Demand and Supply: The Concept of Elasticity). Ausführliche englischsprachige Darstellung mit Anwendungsbeispielen.

Zitierte Literatur

BURCHARDT, M.: Mikrotheorie. Kritische Einführung mit einem Kompendium mikrotheoretischer Fachbegriffe, Köln 1986

DOUGLAS, E. J.: Intermediate Microeconomic Anaylsis, Englewood Cliffs, N. J. 1982

LINDSAY, C. M.: Applied Price Theory, Chicago 1984

MILLER, R. L.: Economics Today. The Micro View, 5.ed., New York 1985

RAU, R.: Ökonometrische Analyse der Ausgabearten des privaten Verbrauchs, Berlin 1975

THOMPSON, A. A.: Economics of the Firm, 3.ed., Englewood Cliffs 1981

5 Preisbildung im Polypol

Inhaltliche Orientierung

Die Faktoren der Marktpreisbildung und der einzelwirtschaftlichen Preis- und Mengenanpassungen bilden den Hauptgegenstand der mikroökonomischen Theorie. Wir befassen uns daher in den folgenden drei Kapiteln mit Grundlagen und Anwendungsbeispielen der Marktpreistheorien und des Preisverhaltens einzelwirtschaftlicher Akteure. Dabei werden wir kapitelweise nach verschiedenen Marktformen unterscheiden. Zur analytischen Unterscheidung typischer Marktformen werden vornehmlich die Kriterien der Teilnehmerstrukturen und der Marktanteile verwendet. Eine einführende Übersicht soll zunächst eine grundlegende Systematik der Marktstrukturen (-formen) liefern (**5.1**).

Ein Extremmodell von Marktstrukturen, das Polypol, unterstellt eine Vielzahl unabhängiger Akteure auf jeder Marktseite, die jeweils keine eigenständige Preissetzungsmacht besitzen. Aus den strengen Voraussetzungen des reinen Polypols folgt, daß sich die Anbieter als Mengenanpasser nach der Preis-Grenzkosten-Regel verhalten. Die Zusammenhänge zwischen der allgemeinen Situation der Polypolmärkte und dem einzelwirtschaftlichen Verhalten der Anbieter führen zu einem polypolistischen Strukturwandel zwischen Märkten über Zu- bzw. Abgänge von Unternehmer (**5.2**).

Im dritten Teil des Kapitels werden Preis- und Mengeneffekte im Rahmen markttheoretischer Shift-Analysen untersucht. Nach den modelltheoretischen Grundlagen werden wir verschiedene Anwendungsbeispiele behandeln: Welche Ursachen mögen Preissenkungen von PC-Geräten in der Vergangenheit maßgeblich bewirkt haben? Welche Merkmale kennzeichnen die Märkte landwirtschaftlicher Güter? Welche Markteffekte mögen Verbrauchssteuern und Umweltabgaben bewirken? (**5.3**)

Schließlich folgt eine dynamische Marktanalyse, in der verzögerte Reaktionen der Anbieterseite berücksichtigt werden. Analog zum anschaulichen Konzept des Schweinezyklus lassen sich gegenläufige Preis- und Mengenschwankungen an verschiedenen Märkten erklären (**5.4**).

5.1 Verschiedene Marktformen: Eine einführende Systematik

Um die Preisbildung und das Preisverhalten an verschiedenen Gütermärkten zu analysieren, müssen zunächst die Märkte nach relevanten Marktformen unterschieden werden. Vorherrschend werden die Marktformen nach Größenstrukturen der Akteure beider Marktseiten bestimmt. Der Begriff der **Marktstruktur** bezieht sich dabei auf die Größe und die Marktanteile von Anbietern und Nachfragern. Implizit wird dabei angenommen, daß das Verhalten der Akteure und die Marktergebnisse durch die Größenstrukturen der Beteiligten beeinflußt werden. Zur Klassifizierung wird vielfach auf ein **Matrixschema** von verschiedenen Marktformen zurückgegriffen, das auf jeder Marktseite zwischen *einem* Akteur, *wenigen* großen Akteuren mit hohen Marktanteilen und *vielen* Akteuren mit geringen Marktanteilen unterscheidet. Aus der symmetrischen Verwendung von je drei graduellen Differenzierungen der Größenstrukturen ergibt sich ein Matrix-Schema von neun Marktformen. Innerhalb dieses Schemas beschränken wir uns hier auf drei **Grundformen**: Beim

Polypol bieten viele kleine Anbieter mit geringen Marktanteilen Güter am Markt an, beim **Monopol** lediglich ein Anbieter und beim **Oligopol** verkaufen wenige große Anbieter. Auf eine entsprechende Differenzierung der Nachfragestrukturen wird hier verzichtet, da Probleme der Nachfragemacht nicht untersucht werden (vgl. die Marktmacht weniger Nachfrage-Oligopolisten, z. B. großer Handelsunternehmen). Generell wird angenommen, daß auf Seiten der Marktnachfrage viele Marktteilnehmer vorhanden seien.

Die graduelle Abgrenzung der Marktformen läßt auf **Probleme der konkreten Unterscheidung** schließen. Die Frage, ob in einem konkreten Markt zehn Anbieter als wenige (oligopolistische) oder viele (polypolistische) Anbieter zu bezeichnen sind, bleibt offen. Ein grundlegendes, vorgelagertes Problem bildet zudem die Frage, wie ein konkreter Markt abzugrenzen ist. Ein allgemeiner Markt für landwirtschaftliche Produkte hat andere Dimensionen und folglich andere Marktstrukturen als ein eingegrenzter Markt für eine bestimmte Produktart einer bestimmten Qualitätskategorie an einem bestimmten Ort. Damit werden schwierige Fragen der konkreten **Abgrenzung relevanter Märkte** angesprochen. Die graduellen Kriterien der Marktstrukturen sollen lediglich eine typisierende Zuordnung ermöglichen. Denn exakte Kriterien zur Messung der Marktstrukturen würden der Analyse nur wenig helfen, solange das vorgelagerte Problem der Abgrenzung der Märkte nicht definitiv gelöst ist. Zumindest muß die logische Voraussetzung einer Abgrenzung von relevanten Märkten im folgenden angenommen werden. Ein **Markt** umfaßt nach der allgemeinen Definition aus der Sicht potentieller Nachfrager sämtliche Anbieter eines *bestimmten* Gutes, aus der Sicht der Anbieter eine Vielzahl von Nachfragern.

Im Rahmen der Mikroökonomie wird ferner zwischen vollkommenen und heterogenen (unvollkommenen) Märkten unterschieden. Auf **vollkommenen Märkten**

Abb. 5-1 Matrix-Schema der Marktformen

Nachfrage / Angebot	viele	wenige	einer
viele	vollständige Konkurrenz (Polypol)	Nachfrage-oligopol	Nachfrage-monopol
wenige	Angebots-oligopol	Bilaterales Oligopol	Beschränktes Nachfrage-monopol
einer	Angebots-monopol	Beschränktes Angebots-monopol	Bilaterales Monopol

Das Matrix-Schema systematisiert neun Marktformen nach je drei Ausprägungen der Größenstruktur beider Marktseiten.

gelten eine Reihe methodisch vereinfachender, von der Realität abhebender Bedingungen:

- Gehandelt werden ausschließlich homogene Güter, die aus der Sicht der Nachfrager als völlig identische Güterarten gelten.
- Bei homogenen Gütern sind zugleich Präferenzen zwischen den Teilnehmern beider Marktseiten zu vernachlässigen, also z. B. Präferenzen persönlicher Art wie Sympathie oder Antipathie.
- Räumliche Entfernungen, Transportkosten und örtliche Bindungen der Marktteilnehmer haben innerhalb eines vollkommenen Marktes (Punktmarkt) keine relevante Bedeutung.
- Auch zeitliche Bindungen oder Anpassungsverzögerungen werden durch die Annahme großer Anpassungsgeschwindigkeit ausgeschlossen.
- Alle Anbieter und Nachfrager besitzen vollständige Informationen über alle Marktvorgänge sowie über die Qualität der Güter.

Aus den vorstehenden Bedingungen folgt, daß in einem vollkommenen Markt nur ein Marktpreis für ein bestimmtes Gut gelten kann. Innerhalb solcher Märkte werden daher beobachtbare Effekte heterogener Marktbedingungen wie preisliche Diskrepanzen beim Angebot ein und desselben Gutes ausgeschlossen. Aufgrund der umfassenden Marktübersicht der Marktteilnehmer können unterschiedliche Preise für homogene Güter nicht bestehen bleiben. Diese Bedingungen vollkommener Märkte haben analytischen Charakter, d. h. sie sollen in Abhängigkeit von der Fragestellung die Analyse vereinfachen. Entsprechende Annahmen sind hingegen ungeeignet, wenn spezifische Fragen oder Effekte heterogener Marktbedingungen untersucht werden sollen, wie der Einfluß von Transportproblemen oder die Effekte mangelnder oder ungleicher Informationen. Übung 5-1 beschreibt hierzu Effekte ungleicher Produktinformationen am Fall eines heterogenen **Gebrauchtwagenmarktes**. Die Annahmen zur Art der Informationsstrukturen über die Qualitäten eines Gebrauchtwagens führen zum sog. **Zitronenprinzip** einer negativen Selektion von Verkaufsangeboten.

Übung 5-1 Ein heterogener Gebrauchtwagenmarkt und das Zitronenprinzip

(Consider the case of used automobiles): „... automobiles of a particular model and vintage are not of uniform quality. Some will be very close to design specifications in all respects and perform well. Others will deviate within allowed tolerances and perform poorly. We can imagine a distribution of all such cars ranging over some quality scale. Assume that the properties of this distribution are known so that consumers are aware that a car purchased from the distribution will have an expected quality equal to the mean of this distribution. If no additional information about the quality of any individual car offered for sale is available to buyer or seller, then the price agreed upon by both buyer and seller will be based on this expected value.

This will not typically be the case for people who have owned their automobiles for some time. Experience alone with an automobile will provide information about its performance, giving the user a clearer idea about where this particular unit falls in the distribution. If the market price is based on the mean of all such cars, this will influence the willingness of owners to sell. Those who discover that their cars are better than average will not sell at a price based on inferior expected performance. Those with cars of below-par performance will gladly sell them at a price based on expected quality of all cars. Those cars actually offered at such a price therefore constitute a nonrandomly selected sample from the distribution. This sample will have a lower mean quality than that of the ‚population' of all cars.

Shrewd buyers will be aware of this adverse selection process. They will expect used automobiles to have a lower-than-average quality and will adjust their price offers accordingly. If such expectations do influence the market price, however, this lowering of price will further influence the quality of cars offered for sale. Owners of cars of quality in the neighborhood of the mean will now refuse to sell at a price based on lower-than-average expected quality. Lower prices, therefore, bring forth to the market a group of cars offered for sale whose quality is lower still. One can imagine this process continuing until the only used cars sold are those of the absolutely poorest quality – that is, the ‚lemons'. Markets in which sellers have more information than buyers suffer from what is referred to in economic theory as the *lemon principle*, and it is potentially a serious problem" (Quelle: LINDSAY 1984, S. 200f.).

(a) Welche Voraussetzungen kennzeichnen den Gebrauchtwagenmarkt? Welche Effekte beschreibt das Zitronenprinzip?
(b) Lassen sich die Aussagen zur Wirkung des Zitronenprinzips generalisieren? An welchen Märkten treten ähnliche Probleme wie beim Gebrauchtwagenmarkt auf?

5.2 Anbieterverhalten im Polypol-Modell

5.2.1 Einzelwirtschaftliches Verhalten und Marktgleichgewicht

Das Modell des Polypols[1] wird nicht nur durch Kriterien der Marktstruktur, sondern auch durch ein **extremes Verhaltensprinzip** beschrieben: Die einzelnen Anbieter (Nachfrager) besitzen keinerlei autonome Macht zur individuellen Preisbildung. Der Marktpreis wird ausschließlich durch aggregierte Marktbedingungen bestimmt und stellt ein marktbezogenes Datum dar. „The firm is assumed to be a price taker" (LIPSEY/STEINER/PURVIS 1987^8, S. 214). Die einzelnen Anbieter verhalten sich als reine Mengenanpasser. Dieses Verhaltensprinzip des Polypol ist nur mit verschiedenen Bedingungen vereinbar, deren Annahmen sich nach drei Gruppen ordnen lassen:

(1) Die Bedingung einer polypolistischen **Marktstruktur** verlangt
- eine Vielzahl von individuellen Anbietern mit geringen Marktanteilen sowie
- unbeschränkte Marktzugänge/-abgänge, damit eine polypolistische Marktstruktur in langfristiger Sicht erhalten bleibt.

(2) Desweiteren werden Bedingungen eines **vollkommenen Marktes** unterstellt,
- homogene Güter,
- räumliche Mobilität der Betriebe und Produktionsfaktoren,
- kurzfristige Anpassungsreaktionen,
- vollständige Markttransparenz aller Akteure.

(3) Die Verhaltensbedingungen verlangen ein **unabhängiges Verhalten** der individuellen Anbieter. Preis- und Produktionsabsprachen verschiedener Akteure werden ausgeschlossen.

Unter diesen extremen Vorraussetzungen läßt sich das skizzierte polypolistische Verhaltensprinzip einer reinen Mengenstrategie als theoretische Implikation ableiten. Nur unter den Bedingungen polypolistischer Marktstrukturen (und der weiteren Voraussetzungen) läßt sich das individuelle Verhaltensprinzip eines reinen Mengenanpassers vorstellen. Der Weltmarkt für Weizen zum Beispiel umfaßt in einem normalen Erntejahr ein Volumen von mehr als 200 Mio to Weizen. Selbst landwirtschaftliche Großbetriebe in Kanada erreichen in einem Normaljahr nur

[1] In der Literatur findet man unterschiedliche Begriffe wie atomistische, vollständige oder vollkommene Konkurrenz. Wir verwenden hier ausschließlich die Begriffe des Polypols oder der polypolistischen Konkurrenz.

ca. 50 bis 60 Tsd. to Weizen (einen Anteil von nur ¼ Promille der Weltproduktion an Weizen).

Um das Anbieterverhalten und die Preisbildung im Polypol zu untersuchen, müssen die *aggregierte* Ebene der Marktpreisbildung und die *individuelle* Ebene des einzelnen Anbieters getrennt betrachtet werden. Zunächst steht hier die Analyse des individuellen Verhaltens im Vordergrund. Ein individueller Anbieter wird unter den vorgenannten Bedingungen eines Polypols von einem gegebenen Preis, der auf der aggregierten Marktebene bestimmt wird, ausgehen müssen. Wegen des sehr geringen Marktanteils ist anzunehmen, daß Änderungen der realisierbaren individuellen Produktionsmenge das aggregierte Angebot und damit den Marktpreis nicht tangieren. Unter polypolistischen Bedingungen folgt daher ein *horizontaler* Verlauf der **Preis-Absatz-Funktion** aus der Perspektive eines individuellen Anbieters. Ferner werden die kostenorientierten Aspekte der betrieblichen Angebotsplanung analog aus dem dritten Abschnitt übernommen. Bei Annahme der **Gewinnmaximierung** wird dann die Produktionsmenge nach den Grenzwerten der Erlös- und der Kostenfunktion bestimmt:

(1)
$$\text{Gewinn} = \text{Erlös} - \text{Kosten}$$
$$G = (p \cdot x) - K(x)$$

(2) Gewinnmaximierungsbedingung: Grenzerlös = Grenzkosten

$$\frac{dG}{dx} = \frac{d\,(p \cdot x)}{dx} - \frac{dK}{dx} = 0$$

(3) Bei horizontaler Preis-Absatz-Funktion entspricht der Grenzerlös dem gegebenen Marktpreis (p). Folglich gilt die **Preis-Grenzkosten-Regel** als Maxime der individuellen Angebotsplanung im Polypol.

$$\text{Marktpreis} = \text{Grenzkosten}$$
$$p = GK$$

Die Annahme der Gewinnmaximierung führt im Polypol bei horizontaler Preis-Absatz-Funktion zur **Preis-Grenzkosten-Regel** als Basis der individuellen Angebotsplanung. Bei einer horizontalen Preis-Absatz-Funktion steht den polypolistischen Anbietern nur eine autonome Mengenstrategie, keine individuelle Preisstrategie zur Verfügung. Bei alternativ gegebenen Marktpreisen verhält sich ein polypolistischer Anbieter als reiner Mengenanpasser. Die individuelle **Angebotsfunktion** entspricht nach der Preis-Grenzkosten-Regel dem steigenden Verlauf der Grenzkosten-Funktion oberhalb der kurzfristigen Preisuntergrenze im Betriebsminimum.

Die aggregierte Funktion des Marktangebots vieler unabhängiger Anbieter ergibt sich aus der (horizontalen) Addition der individuellen Angebotsfunktionen bzw. -mengen. Die einzelwirtschaftlich abgeleitete, aggregierte Marktangebotsfunktion entspricht im Normalfall einer positiven Funktion im Preis-Mengen-Diagramm des jeweiligen Marktes nach dem bekannten ersten Gesetz der Angebotsfunktion.

Analog wird die Marktnachfrage durch die Aggregation individueller Nachfragemengen bei Annahme vieler Akteure mit unabhängigem Verhalten bestimmt. Die so abgeleitete Marktnachfragefunktion stimmt im Normalfall mit dem ersten Gesetz der Nachfragetheorie überein.

Im Schnittpunkt von Marktangebot und Marktnachfrage bestimmt sich der Marktpreis, bei dem die Summe der geplanten Angebotsmengen und der geplanten Nachfrage übereinstimmen (statisches Marktgleichgewicht).

Abb. 5-2 Einzelwirtschaftliches Mengenanpasserverhalten im Polypol

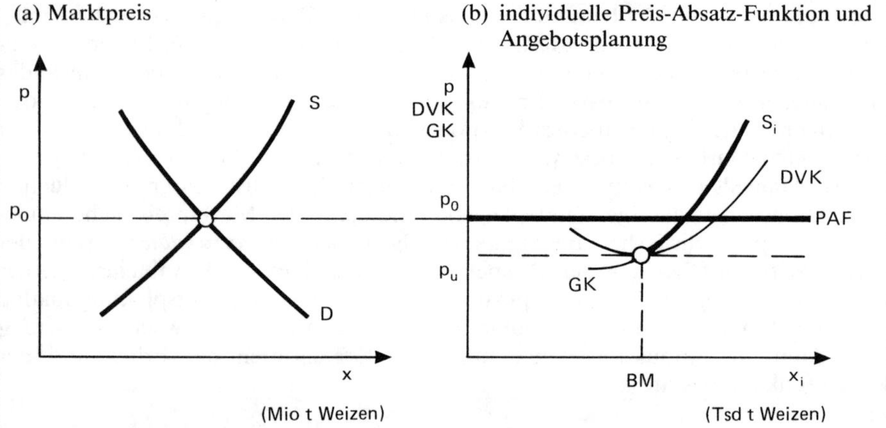

(a) Ein *individueller* Anbieter (von Weizen) im Polypol hat nur einen geringen Anteil am Volumen des *aggregierten* Marktes (Weltmarktes). Der Marktpreis bildet sich nach den aggregierten Marktbedingungen, unabhängig von der realisierbaren Höhe des individuellen Angebots. (b) Die individuelle Angebotsplanung hat daher von einem *gegebenen* Marktpreis (p_0) auszugehen. Die *individuelle* Preis-Absatz-Funktion verläuft horizontal. GK und DVK beschreiben den typisierten Verlauf der Grenzkosten bzw. durchschnittlichen variablen Kosten eines Anbieters. Die Angebotsfunktion entspricht dem Verlauf der GK oberhalb der Preisuntergrenze (p_u).

5.2.2 Veränderungen der Angebotsstrukturen

Zu den Voraussetzungen eines polypolistischen Marktwettbewerbs gehört die Annahme unbeschränkter Marktzugänge und -abgänge von Anbietern in längerfristiger Sicht. Eine Erhöhung von Marktzugängen führt (c. p.) zu einer Expansion der Zahl der Anbieter eines Marktes. Umgekehrt bewirkt (c. p.) eine Erhöhung von Marktaustritten ein Schrumpfen des langfristigen Marktangebots. Die aggregierte Perspektive des Strukturwandels des Marktangebots wird im folgenden mit der einzelwirtschaftlichen Gewinnsituation eines polypolistischen Anbieters verknüpft. Dabei sollen die theoretischen Zusammenhänge zwischen Veränderungen der Anbieterstrukturen im Polypol und der einzelwirtschaftlichen Situation aufgezeigt werden.

In der Abb. 5-3 werden daher Veränderungen der Marktstruktur aus der Perspektive des Marktangebots im linksseitigen Diagramm mit Veränderungen der Gewinnposition eines typischen polypolistischen Anbieters im rechten Diagramm verglichen. Welche einzelwirtschaftlichen Faktoren veranlassen potentielle neue Anbieter zu Markteintritten? Wie beeinflussen zusätzliche Markteintritte die Funktion des langfristigen Marktangebots? Welche einzelwirtschaftlichen Effekte treten ein?

Veränderungen der Marktstrukturen der Anbieter werden bei polypolistischem Marktwettbewerb durch einzelwirtschaftliche Gewinnanreize veranlaßt. Umgekehrt gilt, daß einzelwirtschaftliche Verluste bei Marktpreisen unterhalb des Betriebsminimums zu Marktaustritten führen. Wir beschränken uns hier auf den Fall von Marktzugängen neuer zusätzlicher Anbieter. Angenommen sei eine günstige Marktsituation mit einem hohen Marktpreis im Vergleich zu den Durchschnittskosten

Abb. 5-3 Beziehung zwischen Änderungen der Marktanbieter im Polypol und der einzelwirtschaftlichen Gewinne je Produkteinheit

(a) Markt-Diagramm (b) Einzelwirtschaftliches Diagramm

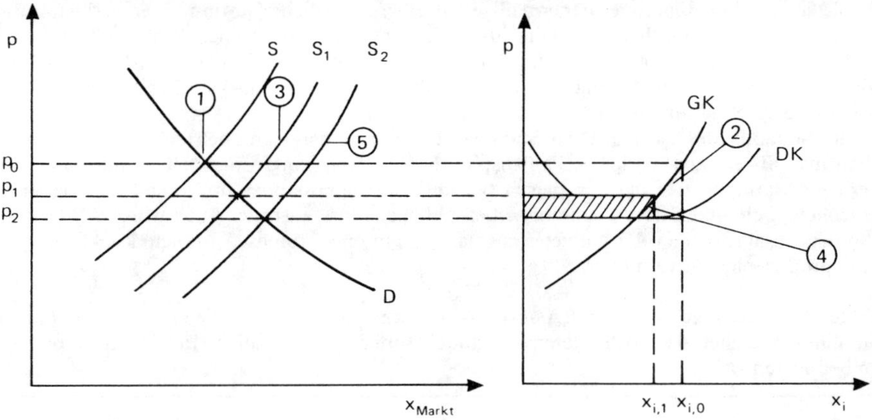

(1) bezeichnet die Ausgangslage des aggregierten Marktes. Aus einzelwirtschaftlicher Perspektive gilt p_0 als ein Marktdatum. Im Teil (b) ist der Ziffer (2) eine entsprechende, typische Gewinnsituation eines Anbieters in Höhe der Fläche des Rechtecks $((p_0 - DK) \cdot x_{i0})$ zuzuordnen; (2) kennzeichnet bei einer Kalkulation von DK nach dem Opportunitätskostenprinzip eine relativ günstige Gewinnlage (im Vergleich zu alternativen Märkten). Relativ günstige Gewinnaussichten beim Marktpreis p_0 veranlassen zum Markteintritt neuer zusätzlicher Anbieter. Dadurch ändern sich die Anbieterstrukturen des Marktes und führen zu shifts der Funktion des Marktangebots nach rechts (vgl. (3)) mit dem neuen Marktpreis p_1). Einzelwirtschaftlich betrachtet, reduziert sich beim geringeren Marktpreis der Gewinn auf die Fläche (4). Die Markteintritte mögen sich fortsetzen bis zur Angebotsstruktur (5) mit dem Marktpreis p_2, bei dem ein typischer Anbieter nur noch die kalkulatorischen DK einschließlich der Eigenkapitalrendite erwirtschaften kann.

eines typischen Anbieters in einem polypolistischen Markt. Übersteigt der angenommene Marktpreis p_0 des Marktdiagramms die kalkulatorischen Durchschnittskosten eines typischen einzelwirtschaftlichen Anbieters, erzielt der Anbieter positive Gewinne je Produkteinheit in Höhe der Differenz zwischen p und DK. Die DK enthalten nach dem Opportunitätskostenprinzip kalkulatorische Eigenkapitalkosten in Höhe einer subjektiven Normalrendite bei alternativer Anlage des Kapitals. Gegenüber der subjektiven Normalrendite erscheint die Gewinnlage der Ausgangssituation eines typischen Anbieters vergleichsweise günstig. Potentielle Anbieter werden durch günstige Gewinne vergleichbarer Anbieter verstärkt zu Markteintritten veranlaßt. Dadurch verschiebt sich die Funktion des Marktangebots nach rechts, da sich die Angebotsmengen bei verschiedenen Preisen erhöhen werden. Die Expansion der Anbieter wird (c. p.) den Marktpreis nach unten bewegen und dadurch die einzelwirtschaftlichen Gewinnpositionen verringern, bis schließlich die Gewinnanreize zu weiteren Marktzugängen bei Erreichen der kalkulatorischen „Normalrendite" verschwinden.

Analog führen relativ große Produktionsverluste der Betriebe bei niedrigen Marktpreisen zu Marktaustritten von Anbietern, welche die Marktangebotsfunktion

Übung 5-2 Strukturwandel im polypolistischen Marktwettbewerb: Modell oder normatives Ideal?

Kann der Strukturwandel der realen Märkte im Sinne flexibler Anpassungsreaktionen der Anbieter funktionieren, indem übermäßige einzelwirtschaftliche Gewinn- oder Verlustpositionen zu quasi automatischen Markteintritten oder -abgängen von Anbietern führen? Ist der flexible Strukturwandel der Anbieter im Polypol lediglich ein **Modell**, das von realen Machtbedingungen mehr oder weniger stark abstrahiert oder ein anzustrebendes **Ideal** eines friktionslosen Strukturwandels?

Die Situation des europäischen Stahlmarktes oder anderer großbetrieblicher Krisenbranchen mag als ein anschauliches Fallbeispiel dienen. Trotz langfristiger Überkapazitäten und geringer Marktpreise in der europäischen Stahlindustrie bestanden im Verlauf der 80er Jahre erhebliche Schranken oder Hemmnisse betrieblicher Marktaustritte. Auch wurden Preis- und Produktionsabsprachen der Anbieter zugelassen, um eine „ruinöse" Anbieterkonkurrenz der Stahlproduzenten zu verhindern.

Prüfen Sie die Frage, ob der polypolistische Strukturwandel der Anbieter mit Bezug auf die Stahlindustrie eher als „abstrahierendes Modell" oder als „normatives Ideal" der Anpassung zu betrachten ist!

nach links verschieben. Die Quintessenz der Annahmen freier Markteintritte (-austritte) lautet: Der anbieterseitige Strukturwandel bei polypolistischen Märkten wird flexibel durch Marktzugänge oder -abgänge in Abhängigkeit von der relativen einzelwirtschaftlichen Gewinn- oder Verlustposition der Betriebe gesteuert.

5.3 Komparativ-statische Marktanalysen

Nunmehr konzentrieren wir uns ausschließlich auf die Ebene der Marktpreisbildung im Polypol und vernachlässigen die einzelwirtschaftlichen Beziehungen. Mit der vorherigen Analyse der Annahmen eines friktionslosen Strukturwandels der Anbieter erfolgte bereits ein Ansatz zur komparativ-statischen Analyse. Die **komparativ-statische Marktanalyse** fragt nach den Preis- und Mengeneffekten von Verschiebungen (shifts) der Marktnachfrage oder des Marktangebots. So wird z. B. nach den Effekten einer Zunahme der Güternachfrage durch gestiegene Einkommen oder angenommener Änderungen der Produktionstechniken gefragt, *ohne* den *Zeitbedarf der Anpassungen* explizit zu beachten. Nicht berücksichtigt werden ferner die Interdependenzen der Märkte im Rahmen einer *partiellen* Analyse. Die Methode, ein partielles Marktgleichgewicht kontrolliert zu stören und mit dem neuen Marktgleichgewicht zu vergleichen, bezeichnet man als **partielle komparativ-statische Gleichgewichtsanalyse**. Die Methode dient in anwendungsbezogenen Fragestellungen dazu, Aussagen über tendenzielle Preis- und Mengeneffekte bei bestimmten Maßnahmen oder Änderungen der Marktsituation abzuleiten. Wir wollen sehen, zu welchen tendenziellen Effekten die angenommenen Änderungen führen, ohne den Zeitbedarf und das konkrete Ausmaß der Anpassungseffekte exakt quantifizieren zu wollen. Die partiellen Analysen von Marktpreisänderungen erscheinen auf den ersten Blick mit dem „common sense" vieler Leser vereinbar, da die Gesetze von Angebot und Nachfrage grundsätzlich bekannt sind. Doch prüfen Sie Ihre Grundkenntnisse, um das folgende Zitat zu entwirren:

Übung 5-3 Trugschluß eines wirtschaftspolitischen Kommentators

„Auf den ersten Blick scheint die Wirkung einer Steuer in einem höheren Preis für den Konsumenten zu bestehen. Aber eine Preissteigerung führt zu einem Rückgang der Nachfrage; und eine verminderte Nachfrage wird dafür sorgen, daß der Preis wieder zurückgeht. Deshalb kann man nicht mit Sicherheit davon ausgehen, daß eine Steuer letzten Endes zu einer Steigerung des Marktpreises führt" (Quelle: SAMUELSON/NORDHAUS, Bd. 1., 1987[8], S. 600).

Das Zitat enthält offenbar einen Trugschluß, weil der Begriff der „Nachfrage" teils nicht korrekt verwendet wird. Welcher dieser Sätze erscheint Ihnen fehlerhaft? Klären Sie den Trugschluß!

5.3.1 Preis- und Mengeneffekte

Als Störungen des Marktgleichgewichts werden „shifts" angenommen, die Verschiebungen der Marktnachfrage bzw. des Marktangebots bewirken. Shift-Faktoren können eine Vielzahl von Ursachen sein, ausgenommen die Preisänderungen desselben Gutes als direkte (endogene) Einflußfaktoren nach den Gesetzen der Nachfrage bzw. des Angebots. So bewirkt eine Erhöhung der verfügbaren Einkommen der Haushalte (c. p.) eine Verlagerung der Marktnachfrage nach rechts. Ähnliche shift-Faktoren können Modetrends sein, die eine Änderung der Präferenzen von Nachfragern zugunsten bestimmter Güter bewirken. Preiserhöhungen wichtiger Substitutionsgüter oder Preissenkungen von Komplementärgütern wirken im Prinzip ähnlich.

Abb. 5-4 Verschiebungen der Marktnachfrage

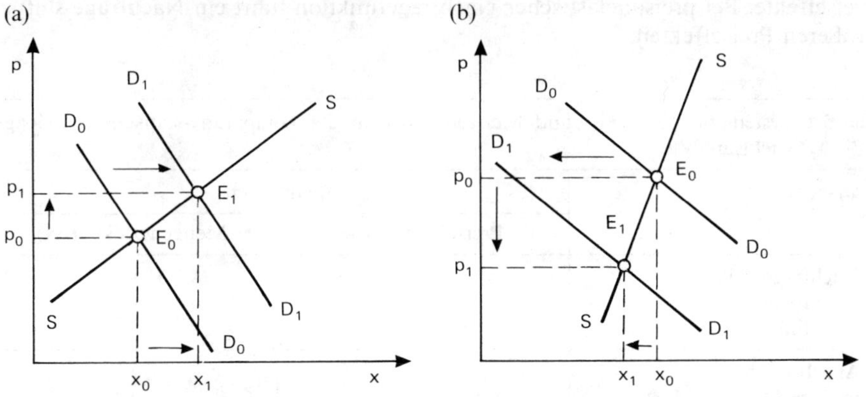

(a) E_0 bezeichnet das Marktgleichgewicht in der Ausgangslage. Angenommen wird eine Rechtsverschiebung der Nachfrage, z. B. durch eine Erhöhung der Einkommen ($D_1 > D_0$). Das neue Marktgleichgewicht E_1 zeigt, daß der Marktpreis ($p_1 > p_0$) und das Marktvolumen ($x_1 > x_0$) steigen. Preis- und Mengeneffekte sind gleichgerichtet.
(b) Im Marktdiagramm wird eine Linksverschiebung der Nachfrage angenommen (eine Diätwelle führt zu einem Rückgang der Nachfrage nach Nahrungsmitteln). Der Vergleich des alten und neuen Marktgleichgewichts zeigt, daß der Preis- und der Mengeneffekt in negativer Richtung tendieren.

Auch die Funktion des Marktangebots kann gleichfalls von einer Reihe von shift-Faktoren verschoben werden. Einzubeziehen sind als mögliche Ursachen sämtliche Faktoren, welche die Grenzkosten beeinflussen, wie Änderungen der Produktivitäten oder der Preise der Produktionsfaktoren. Bei landwirtschaftlichen Gütern ändert sich die Angebotsfunktion in Folge von Witterungsbedingungen. Auch Änderungen der Marktstrukturen durch erhöhte Marktzugänge oder -abgänge verschieben - wie zuvor bereits gezeigt - die Marktangebotsfunktion.

Ein shift der Marktnachfrage nach rechts bewirkt (c. p.) positive Preis- und Mengeneffekte; der Marktpreis und das Marktvolumen werden steigen. Dabei wird - aus Gründen einer analytischen Trennung - die Angebotsfunktion durch die ceteris paribus-Klausel als unverändert angenommen. Umgekehrt gilt bei einem shift der Marktnachfrage nach links, daß gleichgerichtete negative Preis und Mengeneffekte eintreten werden. Die Relation der Preiseffekte bzw. Mengeneffekte der Nachfrageshifts hängt von der Elastizität des Marktangebots ab. Je elastischer die Marktangebotskurve ausgehend vom alten Marktgleichgewicht verläuft (relativ flacher Verlauf der Angebotskurve um E_0), desto größer werden die Mengeneffekte in Relation zu den Preiseffekten der Nachfrageshifts sein. Verläuft dagegen die Angebotskurve relativ steil, werden die Preiseffekte eher größer sein als die Mengenreaktion (vgl. den Verlauf von S in Abb. 5-4b).

Verschiebungen der Angebotsfunktion lassen sich analog bei gegebener Marktnachfrage im Rahmen der komparativ-statischen Marktanalyse darstellen. Die folgende Tabelle zeigt einen wesentlichen Unterschied der Effekte von Angebotsshifts. Die Preis- und Mengeneffekte sind nunmehr entgegen gerichtet. Bei einer Verschiebung der Angebotsfunktion nach rechts (durch Senkung der Grenzkosten) wird der Marktpreis sinken und das Marktvolumen steigen. Das relative Ausmaß der Preis- und Mengeneffekte hängt nunmehr von der Elastizität der Nachfragefunktion ab. Bei preiselastischer Nachfrage überwiegen die Mengeneffekte die Preiseffekte. Bei preisunelastischer Nachfragefunktion führt ein Nachfrage-shift zu größeren Preiseffekten.

Tab. 5-1 Systematik der Preis- und Mengeneffekte in der komparativ-statischen Gleichgewichtsanalyse

Ursachen	Reaktionen	
	Preiseffekte (Δp)	Mengeneffekte (Δx)
Nachfrage-shifts nach rechts nach links	 + –	 + –
Angebots-shifts nach rechts nach links	 – +	 + –

5.3.2 Anwendung: Preisänderungen von Personalcomputern

Die Preisentwicklung für verschiedene Gerätetypen von Personalcomputern in der zweiten Hälfte der 80er Jahre zeigte eine Tendenz zu starken Preissenkungen. Zugleich hat sich in diesem Zeitraum der Absatz und die Verwendung von PC-Geräten stark erhöht. Wir versuchen, hierzu eine markttheoretische Erklärung zu liefern. Als Basiskonzept sei die Gültigkeit eines polypolistischen Marktwettbewerbs angenommen. Welche Möglichkeiten der Erklärung bietet die komparativstatische Marktanalyse?

Einerseits ist eine Ausdehnung der Nachfrage anzunehmen, ein shift der Nachfragefunktion nach PC-Geräten nach rechts,

- durch Veränderungen der Präferenzen potentieller Nachfrager im Zusammenhang mit den wachsenden Anwendungsmöglichkeiten der Geräte, mit wachsender Gewöhnung an den Umgang mit PC-Geräten,
- durch allgemein gestiegene Einkommen.

Diese Nachfrage-shifts dürften aber gering sein im Vergleich zu den gleichzeitigen shifts der Angebotsfunktion,

- durch kostengünstige Verbesserungen der Produktionstechnologien der Computer-Herstellerfirmen und
- eine Erhöhung der Zahl der Anbieterfirmen am Markt.

Entscheidender shift-Faktor dürfte die Kostenentwicklung gewesen sein.

Abb. 5-5 Komparativ-statische Analyse zur Preis- und Mengenentwicklung am Markt für PC-Geräte

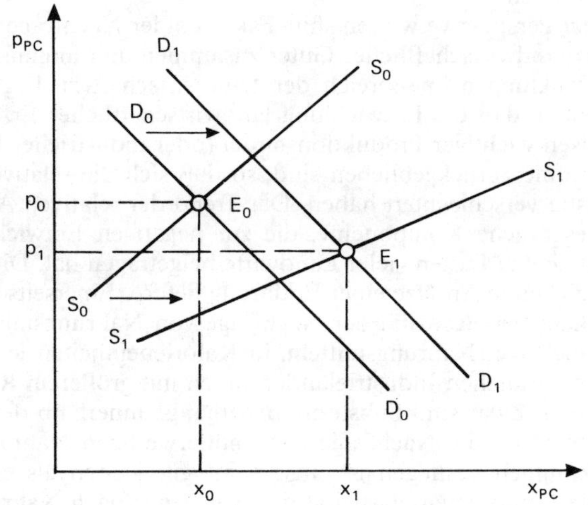

E_0 kennzeichnet schematisch die Marktsituation des Jahres 1985, E_1 die Marktsituation von 1989: Ein Nachfrageshift (D_0-D_1) kann die empirisch beobachtbaren Preiseffekte (p_0-p_1) und positiven Mengeneffekte (x_0-x_1) allein nicht erklären. Zugleich sind stärkere shift-Faktoren der Angebotsfunktion anzunehmen.

Übung 5-4 Preisentwicklung für PC-Geräte in der Zukunft

Unter welchen Bedingungen könnte die Prognose weiterer Preissenkungen für PC-Geräte - trotz künftiger Verbesserungen der Produktionstechnologien - unzutreffend sein?

5.3.3 Markttheoretische Analyse zur Agrarpolitik

Ein weiterer Anwendungsfall der Marktanalyse betrifft Aspekte und Probleme der **europäischen Agrarpolitik** im Verlauf der 80er Jahre. Unsere Ausgangsthesen: Wichtige Probleme der europäischen Agrarpolitik lassen sich aus markttheoretischer Sicht als grundlegende Effekte geringer Elastizitäten darstellen. Geringe Einkommenselastizitäten der Nachfrage sowie geringe Preiselastizitäten in der Landwirtschaft bewirken in langfristiger Sicht ein relatives Zurückbleiben der Agrarpreise und der Durchschnittseinkommen der Landwirte, in kurzfristiger Sicht starke Einkommensschwankungen. Ein Kardinalproblem der Agrarpolitik der 80er Jahre in der Europäischen Gemeinschaft war eine fehlende Beachtung der längerfristigen Angebotselastizitäten nach dem zweiten Gesetz der Angebotstheorie.

In kurz- und langfristiger Sicht wurden (werden) die Preise landwirtschaftlicher Güter und die Einkommen vieler Landwirte als zentrale Probleme der Agrarpolitik gesehen. *Kurzfristig* führt das Merkmal der Witterungsabhängigkeit wiederholt zu starken Einkommensschwankungen der Landwirte. Die Besonderheit typischer kurzfristiger Einnahmeschwankungen wurde oben bereits in einer markttheoretischen Analyse durch das Merkmal einer geringen (kurzfristigen) Preiselastizität der Nachfrage erklärt. Ein relativ steiler Verlauf der kurzfristigen Nachfragefunktion führt dazu, daß bei Ernteschwankungen erhebliche Veränderungen der Einnahmen der Landwirte eintreten.

In *längerfristiger* Perspektive wirken shift-Faktoren der Nachfrage und des Angebots auf Märkten landwirtschaftlicher Güter zusammen, um ungünstige Preis- und Einkommensentwicklungen im Bereich der Landwirtschaft zu begründen. Empirisch ist festzustellen, daß die Entwicklung landwirtschaftlicher Erzeugerpreise im Vergleich zu Preisen wichtiger Produktionsmittel (oder industrieller Produkte) über langfristige Zeiträume zurückgeblieben sind, so daß sich die relativen Agrarpreise im Trend langfristig verschlechtert haben. Der Trend der relativen Agrarpreise war offenbar eine wesentliche Komponente, die zur negativen Entwicklung der Einkommensdisparitäten zu Lasten vieler Landwirte beigetragen hat. Die Markttheorie mag hierzu grundlegende Ansätze einer Erklärung liefern. Einerseits wird allgemein eine geringe **Einkommenselastizität** der Nachfrage von Nahrungsmitteln angenommen. Der Verbrauch von Nahrungsmitteln, in Kalorieneinheiten je Person gemessen, dürfte in den westlichen Industrieländern auch mit größerem Realeinkommen kaum gestiegen sein. Zwar sind Substitutionsvorgänge innerhalb der Gesamtnachfrage zu beobachten, da die Nachfrage nach höherwertigen Nahrungsmitteln mit steigendem Einkommen gestiegen ist. Insgesamt gilt jedoch als ein empirisches Merkmal, daß die Einkommenselastizität der Nachfrage nach Nahrungsmitteln im unelastischen Bereich von kleiner als 1 blieb (vgl. das ENGELsche Gesetz). Die geringe Einkommenselastizität bewirkte bei längerfristigen Einkommenssteigerungen der Haushalte relativ geringe shifts der Nachfragefunktion.

Andererseits wurden im längerfristigen Zeitvergleich seitens der Anbieter erhebliche **Produktivitätssteigerungen** erreicht: Veränderte Produktionsmethoden, der Einsatz von Düngemitteln, neue Züchtungs-und Fütterungsmethoden bei der Tierhaltung ermöglichten einen Anstieg der Produktion bei größeren Freisetzungen von Arbeitskräften. Die Produktivitätssteigerungen führten zu relativ starken **shifts** der kurzfristig preisunelastischen **Angebotsfunktionen** für landwirtschaftliche Güter (im Vergleich zu den Verschiebungen der Nachfrage). Daraus resultierte nach der markttheoretischen Analyse ein langfristiger Trend zur Senkung der (relativen) **Agrarpreise**.

Die europäische Agrarpolitik war seit den 60er/70er Jahren bemüht, den skizzierten Problemen im Bereich der Landwirtschaft entgegenzuwirken. Dabei wurden besonders die folgenden problembezogenen Ziele angestrebt,

- eine größere Stabilisierung der Agrarpreise,
- eine Erhöhung und Verstetigung der Einkommen in der Landwirtschaft mit den Mitteln der Preispolitik und mittels umfangreicher Subventionen,
- die Erhöhung des Selbstversorgungsgrades in den Ländern der EG und ein größerer Schutz der europäischen Landwirtschaft.

Um diese Ziele zu erreichen, wurde ein komplexes System von Maßnahmen beschlossen. Die Maßnahmen der **Preispolitik** im besonderen betrafen

- ein System von gemeinsamen **Interventionspreisen**, die als garantierte Mindestpreise wirken sollten, innerhalb der EG-Länder,
- nach außen gegenüber Drittländern ein System von **Abschöpfungen** bei (Netto)-Importen landwirtschaftlicher Güter und **Erstattungen** bei Exporten, um die Differenzen zwischen EG-Richtpreisen und Weltmarktpreisen auszugleichen.

Wir beschränken uns hier auf das interne System der Interventionspreise (für verschiedene Getreidearten, Milch), um deren Produktions- und Ausgabeneffekte darzustellen. Die **Interventionspreise** wirken im Prinzip wie ein System von Festpreisen, verbunden mit einer Absatzgarantie für die Produzenten. Angebotsüberschüsse landwirtschaftlicher Produkte werden von Vorratsstellen der EG zu Festpreisen abgenommen und eingelagert. Kurzfristig mögen die Interventionsausgaben und

Abb. 5-6 Markttheoretische Wirkungen der Interventionspreise der Agrarpolitik in der EG

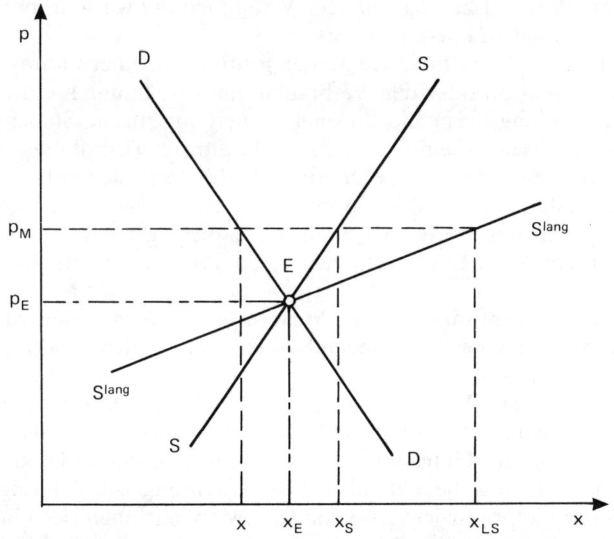

E bezeichnet das fiktive Marktgleichgewicht eines bestimmten Agrarmarktes; p_M den garantierten Mindestpreis. Kurzfristig beträgt die Überschußproduktion (x_S-x); die Interventionsausgaben bei Übernahme der Überschüsse gleichen der Fläche des Rechtecks ((x_S-x) · p_M). Die langfristige Angebotsfunktion S^{lang} verläuft relativ flach wegen der größeren langfristigen Preiselastizität des Angebots. Die Überschüsse und die Interventionsausgaben nehmen stark zu.

Lagerungskosten relativ gering sein, da kurzfristig Angebot und Nachfrage landwirtschaftlicher Güter relativ unelastisch auf hohe Preise reagieren werden. In langfristiger Perspektive dürfte dagegen das zweite Gesetz der Angebotstheorie Geltung haben. Die Preisanreize veranlaßten daher die Landwirte zu massiven Produktionsumstellungen und -erweiterungen. Durch die größere Elastizität der langfristigen Angebotsfunktionen nahmen die Interventionsausgaben der EG stark zu, bis schließlich größere Finanzierungsdefizite eintraten und zu einer Wende der Agrarpolitik zwangen.

Übung 5-5 Wende der EG-Agrarpolitik

Nach der Wende der Agrarpolitik in der zweiten Hälfte der 80er Jahre wurden Stillegungsprämien sowie Höchstgrenzen der Produktionsmengen als agrarpolitische Maßnahmen in der EG eingeführt.
Ordnen Sie diese neuen Maßnahmen im Rahmen des vorstehenden Marktdiagramms ein!

5.3.4 Markteffekte von Verbrauchssteuern und Umweltabgaben

Die komparativ-statische Analyse der Marktpreisbildung soll hier verwendet werden, um die Effekte von Verbrauchssteuern oder Abgaben für bestimmte Güter zu untersuchen. Die markttheoretische Analyse zielt hier weniger darauf ab, differenzierte Effekte einzelner Marktformen auf die Preisbildung herauszuarbeiten. Vielmehr soll die grundsätzliche Eignung von steuerlichen Abgaben untersucht werden, um wirtschaftspolitisch gewünschte Mengeneffekte der Produktion und des Verbrauchs bestimmter Güter zu erzielen. Zur Vereinfachung wird ein polypolistischer Marktwettbewerb angenommen.

Zunächst sollen die Marktpreiseffekte der Einführung einer indirekten Mengensteuer auf die Produktion oder den Verbrauch eines bestimmten Gutes untersucht werden. Als anwendungsbezogene Beispiele gelten spezifische Steuern für Tabakwaren oder alkoholische Getränke, deren Einführung (Erhöhung) vielfach aus gesundheitspolitischen Gründen befürwortet wird. Anschließend soll ein kurzer Einstieg in die Diskussion um ökologisch ausgerichtete Steuern erfolgen. Wir fragen, ob ökologisch motivierte Abgaben prinzipiell geeignete, marktkonforme Lösungen im Interesse einer umweltbewußteren Produktion im Marktsystem bilden.

Wie wirkt sich die Einführung einer **Mengensteuer**, welche die Produktion und indirekt den Verbrauch eines Gutes beeinflussen soll, auf den Marktpreis aus? Die Ausgangssituation vor Einführung dieser speziellen Steuer sei ein Marktgleichgewicht bei polypolistischen Marktstrukturen der Nachfrage und des Angebots eines Gutes. Die Steuerpolitik führe eine neue Produzentensteuer ein, welche die Produktion bzw. den Verkauf des Gutes mit einer mengenbezogenen indirekten Steuer belastet. Den Produzenten obliegt damit die Verpflichtung zur Zahlung eines fixen Steuerbetrages (tax) je produzierter (verkaufter) Mengeneinheit des Gutes.

Aus der Sicht der Produzenten handelt es sich um eine zusätzliche Kostensteuer, welche die Grenzkosten der Produktion um einen Steuerbetrag in Höhe von „tax" erhöht. Die Einführung der Mengensteuer der Produzenten wird daher die aggregierte Funktion des Marktangebots um den Betrag der Kostensteuer nach oben verschieben (Angebotsfunktion nach der Steuer). Die Anbieter werden versuchen, den Marktpreis um den Steuerbetrag zu erhöhen und die Steuerlasten über den höheren Marktpreis auf die Verbraucher zu überwälzen. Die Kostensteuer der Produzenten wird dann wie eine indirekte Verbrauchssteuer wirken und die Verbraucher durch eine Preiserhöhung belasten. Im Regelfall können die polypolistischen Anbieter die Steuer allerdings nicht voll überwälzen. Denn die Nachfrager des Gutes werden auf den steuerbedingten „shift" der Angebotsfunktion mit einer Mengenreduktion entlang der gegebenen Nachfragefunktion reagieren. Die negative Mengenreaktion der Nachfrager führt i. d. R. dazu, daß der neue Marktpreis (nach der Steuer) nicht um den gesamten Steuerbetrag über dem Preis vor der Steuer liegt. Eine verringerte Produktionsmenge kann zwar zu einem höheren *Bruttopreis*, zugleich aber nur zu einem geringeren *Nettopreis* (nach Abzug der Steuer) abgesetzt werden. In welchem Ausmaß die Produzentensteuer (Verbrauchssteuer) von Nachfragern einerseits und Anbietern andererseits zu tragen ist, macht die Abb. 5-7 deutlich. Die Preiseffekte oder das Ausmaß der Überwälzung der Produzentensteuer hängen von den **Preiselastizitäten** der Nachfrage- und Angebotsfunktion ab:

Je preiselastischer die Nachfrage auf die Marktpreise vor und nach der Steuer reagiert und je geringer die Preiselastizität der Angebotsfunktion ist, um so geringer werden die Preiseffekte der indirekten Steuer, um so geringer werden die Möglichkeiten der Steuerabwälzung auf die Verbraucher sein.

Abb. 5-7 Preis- und Mengeneffekte einer indirekten Verbrauchssteuer

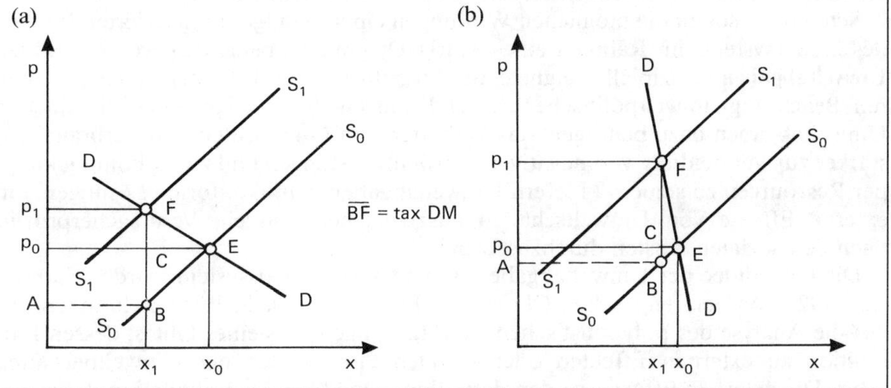

(a) Die Preis-Mengen-Kombination p_0/x_0 beschreibt das Marktgleichgewicht vor Einführung (Erhöhung) einer indirekten Verbrauchssteuer, die von den Produzenten in Höhe von „tax" DM je Mengeneinheit der Produktion (des Absatzes) eines bestimmten Gutes erhoben wird. Aus der Sicht der Produzenten wirkt die Mengensteuer als zusätzliche Kostenbelastung. Nach Einführung (Erhöhung) der indirekten Mengensteuer verschiebt sich die Angebotsfunktion der Produzenten um den (zusätzlichen) Steuerbetrag nach oben (S_0 (vor Steuer) - S_1 (nach Steuer)). Die Kombination p_1/x_1 bezeichnet das neue Marktgleichgewicht nach Steuern. Die gesamten Steuereinnahmen des Staates entsprechen (tax $\cdot$ x_1) bzw. der Fläche des Rechtecks p_1ABF, die effektive Steuerlast der Verbraucher über Preiseffekte der indirekten Steuer gleicht der Fläche p_1p_0CF.

(b) Im Vergleich zu Diagramm (a) wird eine geringere Preiselastizität der Nachfrage um die Marktgleichgewichte E und F angenommen. Die Angebotsfunktion der Produzenten verläuft wie im Diagramm (a). Die Steuerlastverteilung ändert sich zulasten der Konsumenten bei preisunelastischer Nachfrage. Bei relativ geringer Nachfrageelastizität sind die Preiseffekte (p_1 - p_0) einer indirekten Steuer relativ größer im Vergleich zu Diagramm (a), die Mengeneffekte (x_0 - x_1) hingegen geringer.

Je preiselastischer sich die Nachfrage bei gegebener Angebotsfunktion verhält, um so größer werden die Effekte der Reduktion der Produktionsmenge und des Absatzes durch die Steuer sein.

Eine Einführung (Erhöhung) von Verbrauchssteuern auf Tabakwaren und Branntwein wird häufig mit gesundheitspolitischen Zielen begründet. Die Finanzpolitik befindet sich insoweit in Übereinstimmung mit der allgemeinen Meinung, Genuß- oder Suchtgüter zu besteuern oder deren Besteuerung zu erhöhen. Mit den Mitteln spezieller Verbrauchssteuern wird angestrebt, die gesundheitlichen Schäden und den Verbrauch dieser Güter zu verringern. Daneben mag das fiskalpolitische Ziel des jeweiligen Finanzministers, Einnahmen zu erzielen, maßgeblich sein. A priori dürfte anzunehmen sein, daß die Nachfrage nach Genuß- und Suchtgütern relativ preisunelastisch sein mag, da andere Faktoren die Nachfrage nach diesen Gütern maßgeblich beeinflussen. Wenn diese a priori vermutete Annahme einer geringen Preiselastizität der Nachfrage empirisch gültig ist, werden die Mengeneffekte einer **Branntwein- und Tabaksteuer** relativ gering sein, das **gesundheitspolitische** Ziel einer Reduktion des Rauchens und des Alkoholkonsums wird nur in relativ geringem Maße erreicht. Dagegen werden Preiseffekte und folglich Steuerüberwälzungen auf die Verbraucher größer sein. Wenn also die Mengeneffekte einer Verbrauchssteuer (-erhöhung) eher gering sein mögen, wird das gesundheitspolitische Ziel eher weniger erreicht. Eher werden **fiskalische** Ziele einer Erhöhung der Steuereinnahmen durch Verbrauchssteuern dieser Art erreicht werden.[2]

Schließlich sollen die möglichen Wirkungen einer ökologisch motivierten Reform des Steuersystems im Rahmen eines Markt-Diagramms behandelt werden. Bilden **Umweltabgaben** prinzipiell geeignete, marktkonforme Preislösungen zu einer größeren Beachtung umweltpolitischer Ziele? Kann ein System von unterschiedlichen Umweltabgaben dazu beitragen, das Verhalten von Produzenten und Verbrauchern stärker zur Vermeidung von negativen Umweltbelastungen und zur Schonung knapper Ressourcen zu steuern? Liefern Umweltabgaben marktkonforme Lösungen, um externe Effekte von Umweltschäden auszugleichen und ein Verursacherprinzip nach den sozialen Kosten durchzusetzen?

Die Grundidee der Umweltabgaben in einem Marktpreissystem wurde schon im Jahr 1920 von dem englischen Ökonomen PIGOU entwickelt. Wir beschränken uns auf die Analyse des polypolistischen Marktgleichgewichts eines Gutes, dessen Produktion zu externen Effekten oder sozialen Grenzkosten der Umweltbelastung führt. Die externen Effekte werden definitionsgemäß bei der Kalkulation der privaten Grenzkosten und folglich im Marktangebot des Gutes nicht berücksichtigt. Vereinfachend nehmen wir an, die privaten Grenzkosten wie auch die sozialen Grenzkosten seien proportional zur Höhe der Produktionsmenge. Ohne Beachtung der sozialen (Grenz-) Kosten der Umweltschäden würde ein nicht-effizientes Marktgleichgewicht realisiert. Das Polypol würde zu einer Überproduktion führen, da die mit der Produktion steigenden externen Umwelteffekte in der Planung der Produzenten nicht berücksichtigt würden. Ein gesamtwirtschaftliches Optimum verlangt eine Internalisierung der externen Effekte. Dieses Optimum wird im Schnittpunkt der gesamtwirtschaftlichen Grenzkosten (einschließlich der sozialen Umweltkosten)

---

[2] Die Effekte einer Kostensubvention an Produzenten bestimmter Güter können in analoger Weise im Rahmen eines Markt-Diagramms untersucht werden. Die Subventionen bilden „Kostensteuern mit umgekehrten Vorzeichen". Die Angebotsfunktion subventionierter Produzenten wird sich nach Einführung (Erhöhung) einer Kostensubvention nach unten verschieben.

Abb. 5-8 Abgaben als Instrumente der Umweltpolitik

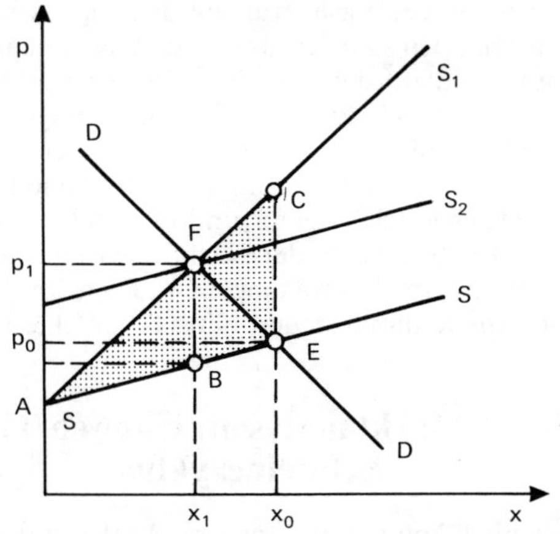

Die Ausgangssituation eines Marktgleichgewichts wird im Punkt E realisiert. Die Produktion von x_0 verursacht externe Effekte durch Umweltbelastungen. Den externen Effekten der Produktionsmenge x_0 entsprechen die sozialen Umweltkosten der Fläche ACE (bei Annahme proportionaler sozialer Grenzkosten). Punkt E stellt eine Überproduktion dar, weil die sozialen Grenzkosten unberücksichtigt bleiben. Eine Umweltabgabe der Produzenten analog einer Mengensteuer kann dazu beitragen, die Fehlallokation zu korrigieren und das Verursacherprinzip zu realisieren. Das soziale Optimum der Kombination (x_1/p_1) kann im Punkt F erreicht werden.

mit der Funktion der Marktnachfrage erreicht. Eine Umweltsteuer (-abgabe) analog einer bestimmten Mengensteuer der Produzenten erscheint gemäß Abb. 5-8 als eine marktkonforme Möglichkeit, das gesamtwirtschaftliche Optimum und das wirtschaftliche Verursacherprinzip über höhere Marktpreise zu realisieren. Der erforderliche Steuerbetrag je Produktionseinheit des Gutes muß sich im Prinzip nach den sozialen (Grenz-) Kosten im Produktionsoptimum bestimmen.

Umweltabgaben oder **„Öko-Steuern“** können im Prinzip als geeignete markttheoretische Lösungen bezeichnet werden. Für die praktische Umsetzung effizienter Lösungen des umweltpolitischen Verursacherprinzips kommt der Höhe des Abgabensatzes eine wichtige Bedeutung zu. Der mit dem Verursachungsprinzip und dem Marktpreissystem konforme **Abgabensatz** richtet sich nach den sozialen Kosten der Umwelteffekte, dem Ausmaß der Überproduktion bestimmter Güter sowie der Preisreaktion der Produzenten und Nachfrager nach Einführung der Abgaben. Die markttheoretische Lösung verweist auf reale **Schwierigkeiten** der Umsetzung:

- Bei relativ preisunelastischer Nachfrage müßte (c. p.) der Abgabensatz relativ hoch sein, um ökologisch motivierte Mengeneffekte zu erzielen. Im Extremfall blieben bei preisunelastischer Nachfrage gewünschte Mengeneffekte von Abgaben völlig aus.
- Die Verursacher von umweltschädigender Produktion müssen zweifelsfrei identifiziert, die externen Effekte monetär bewertet werden können.
- Bei Änderungen der umweltbezogenen Kosten und der Preiselastizitäten müßten die Abgabensätze geändert werden.

Bei der Bemessung von Umweltabgaben kommt es nicht auf fiskalpolitische Ziele des Staates an, möglichst hohe Einnahmen zu erzielen. Vielmehr sollen die Abgaben prinzipiell als ein Steuerungsinstrument dienen, das zu einem wirtschaftlichen Umgang mit dem knappen Gut Umwelt veranlaßt. Pragmatische Überlegungen verzichten von vornherein auf das Ziel einer verursachergerechten Internalisierung der Umweltkosten. Die bescheideneren Zielvorstellungen streben eine verringerte Produktion umweltschädigender Güter über Abgaben und höhere Marktpreise an. Das Ausmaß der Produktions- und Umwelteffekte hängt wesentlich von der Identifikation umweltschädlicher Güter und der Höhe der Preiselastizität der Marktteilnehmer ab. Die Preiselastizität der Nachfrage ist ausgeprägter bei Vorhandensein von Substitutionsgütern. Umweltabgaben zielen im Kern auf ökologisch bestimmte Substitutionseffekte durch steuerpolitisch bewirkte Preisänderungen.

5.4 Dynamische Marktanalysen: Cobweb-Theorem und Schweinezyklus

Zuvor wurden ausschließlich komparativ-statische Analysen der Marktpreisbildung behandelt. Dabei wurden Preis-Mengen-Kombinationen von Marktgleichgewichten verglichen, ohne den zeitlichen Prozeß der Anpassungsreaktionen der Marktteilnehmer explizit zu berücksichtigen. Im Rahmen einer dynamischen Analyse werden dagegen zeitliche Verzögerungen und Anpassungsreaktionen über verschiedene Zeitperioden berücksichtigt. **Dynamische Analysen der Marktpreisbildung** enthalten Funktionen des Marktangebots oder der Marktnachfrage, deren Größen zeitbezogen formuliert und auf verschiedene Zeitperioden bezogen sind. Ein einfaches Beispiel eines dynamischen Markt-Modells verwendet die Annahme zeitverzögerter Angebotsreaktionen. Die Funktionen des Marktangebots enthalten eine Zeitverzögerung von einer Zeitperiode. Die Nachfragefunktion enthält dagegen keine Zeitverzögerungen. Ein dynamisches Marktmodell läßt sich unter diesen Annahmen in Form von drei Gleichungen darstellen:

Marktangebot:	$x^{S(t)} = x\,(p^{(t-1)});\quad dx/dp > 0$
Marktnachfrage:	$x^{D(t)} = x\,(p^{(t)});\quad dx/dp < 0$
Marktgleichgewicht:	$x^{S(t)} = x^{D(t)}$

Dynamische Marktmodelle mit zeitverzögerten Angebotsreaktionen werden in der Literatur als **„cobweb"**- oder **Spinngewebe-Modelle** bezeichnet. Sie liefern eine markttheoretische Erklärung für Preis- und Mengenzyklen, die an bestimmten realen Märkten beobachtet werden können. Demnach können verzögerte Anpassungen der Produktion in Abhängigkeit von vergangenen Preiserwartungen im Wechsel zu Angebots- und Nachfrageüberschüssen mit gegenläufigen Preisschwankungen im Zeitverlauf führen. Zyklische Preisschwankungen sowie preisinduzierte Wechsel von Über- und Unterversorgungen wurden besonders für Güter mit langfristigen Angebotsreaktionen (Produkte landwirtschaftlicher Güter, Schlachtschweine, Rinder, Hopfen, Kaffee) beobachtet.

Der **Schweinezyklus** bildet ein häufig ausgewähltes Beispiel: Der Agrarökonom A. HANAU beobachtete regelmäßige Preis- und Mengenschwankungen auf dem Markt für Schlachtschweine, die in zeitlichen Abständen von 12 bis 15 Monaten auffällige antizyklische Wellenbewegungen ergaben. Seine naheliegende Erklärung verwies auf die biologisch bedingten Zeitperioden der Produktionszyklen in der Schweinezucht. Bei günstigen Preisen für Schlachtschweine mögen Landwirte den

Entschluß zur Erhöhung der Schweineproduktion fassen. Zuerst müssen vermehrt Zuchtschweine angeschafft werden, die erst nach einer Dauer von 4 Monaten eine größere Zahl von Ferkeln werfen können. Die anschließende Aufzucht der Ferkel dauert 3 Monate und je nach Mastmethode und Gewicht erfordert die Schweinemast 5 bis 10 Monate. Nach HANAU vergehen etwa 1 bis 1½ Jahre, bis auf eine günstige Rentabilität der Schweinemast ein höheres Marktangebot von Schlachtschweinen folgt. Der Schweinezyklus von Preis- und Mengenschwankungen erhält seinen Antrieb von den Gewinnerwartungen der Produzenten. Bei günstiger Rentabilität der Schweinehaltung wird eine Ausdehnung der Schweineproduktion in die Wege geleitet, bei mangelnder Rentabilität wird sie eingeschränkt.

Ein **dynamisches Marktmodell** mit einer verzögerten Angebotsfunktion erlaubt eine einleuchtende Erklärung des Schweinezyklus. Angenommen wird, daß die Produktion (das Angebot) schlachtreifer Schweine in jedem Fall ein Jahr erfordert, so daß die oben formulierte Angebotsfunktion generelle Gültigkeit für das Marktangebot von Schlachtschweinen besitzen möge. Ferner wird angenommen, daß sich die Preiserwartungen der Produzenten an den Gegenwartspreisen orientieren. Die Produzenten mögen davon ausgehen, daß die Gegenwartspreise auch in der Zukunft gelten. Die Angebotsverzögerung bewirkt, daß die Produzenten nicht unmittelbar auf eine veränderte Marktsituation reagieren können.

Nach einem Marktgleichgewicht in der Ausgangssituation wird eine kurzfristige Verschiebung der Nachfrage von Schweinefleisch (beispielsweise wegen starker Preissteigerungen beim Rindfleisch) unterstellt. Dieser Nachfrage-shift führt in der *ersten* Zeitperiode zu einer Knappheitssituation mit einem Anstieg der Marktpreise für Schweinefleisch. Die höheren Marktpreise veranlassen die Erzeuger zu Revisionen ihrer Produktionsplanung, die sich allerdings erst in der folgenden zweiten Periode auswirken können. Dadurch kommt es in der *zweiten* Periode zu einer Überversorgung des Marktes bei gegebener Nachfrage. Die Marktpreise müssen daraufhin in der zweiten Periode sinken, um den Angebotsüberschuß zu beseitigen. Die Produzenten können das erweiterte Marktangebot in dieser Periode nur noch zu niedrigeren Marktpreisen absetzen, sie werden in Reaktion auf die aus ihrer Sicht enttäuschenden Absatzpreise die Schweineproduktion für das folgende Jahr stark einschränken. Die Übersteuerung der Produktion bei gegebenen Preiserwartungen und gegebenen Nachfragebedingungen führt in der *dritten* Zeitperiode zu einer erneuten Knappheit an Schweinefleisch mit gegenläufigen Preiseffekten. Die um das Polypolgleichgewicht **schwankenden Preis- und Mengeneffekte** können sich weiter fortsetzen, solange die Produzenten ihre Preiserwartungen über erfahrungsbedingte Lernprozesse und ihre Produktionsplanungen nicht grundlegend ändern werden (vgl. Abb. 5-9).

Zur Entwicklung der um das Marktgleichgewicht oszillierenden Preis- und Mengeneffekte sind bei Annahme konstanter Angebotsplanungen zwei Modellfälle denkbar. In der Abb. 5-9 ist ein konvergierender Fall von Preis- und Mengeneffekten unterstellt, in dem die Preisschwankungen von Periode zu Periode geringer werden und zum Marktgleichgewicht tendieren. Der Fall der konvergierenden Schwankungen wird auch als **stabiles dynamisches Marktgleichgewicht** bezeichnet. Die Konvergenz oder die Stabilität der zum Gleichgewicht tendierenden Preisschwankungen hängt vom Verlauf der Angebots- und der Nachfragefunktion ab. Bei gegebenem Marktgleichgewicht nehmen die Preis-Oszillationen ab, wenn die Steigung des Marktangebots geringer als die (absolute) Steigung der Marktnachfrage ist. Anders formuliert: Die Preiselastizität des Angebots muß geringer sein als die Preiselastizität der Marktnachfrage (in absoluten Werten).

Abb. 5-9 Cobweb-Modell der Preis- und Mengenschwankungen

(a) Cobweb-Modell

(b) Mengen- und Preisanpassungen im Zeitverlauf

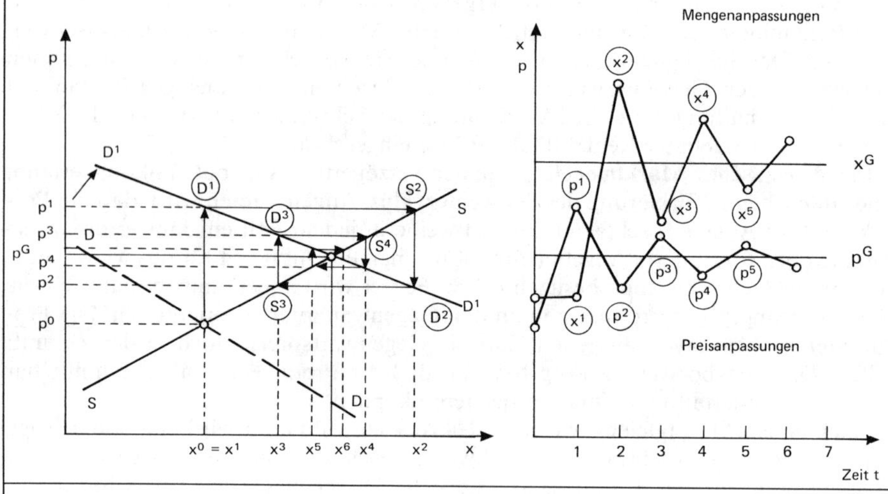

Ausgehend von einem Marktgleichgewicht führt ein shift in der Zeitperiode (1) zu einem höherem Marktpreis p^1. Die Produzenten ändern daraufhin ihre Produktionsplanung bei Preiserwartungen oberhalb des Marktgleichgewichts. Aufgrund der Preiserwartung und der Angebotsverzögerung kommt es in der folgenden zweiten Zeitperiode zu einer Ausdehnung des Marktangebots bis x^2. Das erhöhte Angebot in der Zeitperiode (2) übertrifft die gegebene Marktnachfrage, so daß das Überschußangebot nur zum geringeren Marktpreis p^2 abgesetzt werden kann. Die Anbieter revidieren ihre Produktionsplanung in Abhängigkeit von p^2 nach unten. In Zeitperiode (3) entsteht folglich ein Unter-Angebot, das die Marktpreise p^3 erneut nach oben bringt. Die um das Marktgleichgewicht schwankenden gegenläufigen Preis- und Mengenbewegungen setzen sich bei gegebenen Verhaltensannahmen in den folgenden Zeitperioden fort. Die Schwankungen nehmen bei Annahme eines stabilen Marktgleichgewichts ab.

Bedingung eines „stabilen Marktgleichgewichts“:

(absolute) Preiselastizität des Marktangebots < (absolute) Preiselastizität der Marktnachfrage

Der gegensätzliche Modellfall eines **instabilen dynamischen Marktgleichgewichts** mit zunehmenden Preis- und Mengenschwankungen tritt ein, wenn die zeitverzögerten Mengenanpassungen der Anbieter eine stärkere Preiselastizität zeigen als die Anpassungen der Nachfrager und Lernprozesse aufgrund der fehlerhaften Preiserwartungen nicht eintreten. Bei mehrfachen Erwartungsfehlern wird man allerdings annehmen müssen, daß die Produzenten ihre Preiserwartungen und Produktionsplanungen korrigieren werden. Der zweite Fall instabiler, zunehmender Preisschwankungen um ein gegebenes Marktgleichgewicht und zunehmender preisinduzierter Über- und Untersteuerungen bei verzögerten Produktionsanpassungen wird daher allenfalls in kurzfristigen Zeiträumen gelten können. Der Fall ständig zunehmender Preis- und Mengenausschläge dürfte daher langfristig keine reale Bedeutung haben, weil langfristig Lernprozesse und Verhaltensänderungen der Marktteilnehmer wahrscheinlicher werden.

Kontrollfragen zum fünften Kapitel

(A) Multiple Choice-Fragen

5-1 Ein Unternehmen produziert zur Zeit nach den folgenden Plandaten je Zeitperiode:

tägliche Produktionsmenge	gesamte Produktionskosten (in DM)
0	60
2	100
4	130
6	180
8	240
10	360

Angenommen der Marktpreis beträgt 35 DM.
(1) Welche Produktionsmenge wird das Unternehmen bei kurzfristiger gewinnmaximaler Mengenanpassung produzieren?
(2) Welchen Gewinn wird das Unternehmen bei der gewinnmaximalen Produktionsmenge realisieren?

zu (1):		zu (2): Gewinnhöhe bei der gewinnmaximalen Produktionsmenge
( )	2	(DM)
( )	4	(DM)
( )	8	(DM)
( )	10	(DM)

5-2 Ein Polypolunternehmen realisiert eine Produktionsmenge, bei der seine Stückkosten 2000 DM betragen und seine Stückkostenkurve eine negative Steigung hat. Der Marktpreis beträgt gleichfalls 2000 DM. Wozu raten sie dem Unternehmen?
( ) Einstellung der Produktion wegen mangelnder Rentabilität?
( ) Erhöhung der Produktionsmenge und Senkung des Verkaufspreises?
( ) Erhöhung der Produktionsmenge bei unverändertem Verkaufspreis?
( ) Senkung der Produktionsmenge bei unverändertem Preis?

5-3 Angenommen wird, daß in einem polypolistischen Markt die Produktnachfrage sich bei gegebenen Marktpreisen erhöht. Welche *kurzfristigen* Effekte sind zu erwarten?
( ) ein Anstieg des Marktpreises;
( ) eine positive Differenz zwischen dem Marktpreis und den variablen Durchschnittskosten der Polypolunternehmen;
( ) Markteintritte weiterer Unternehmen;
( ) eine Erhöhung der Produktions- und Angebotsmenge der am Markt bereits vertretenen Unternehmen.

5-4 Angenommen wird, daß die Anbieter eines polypolistischen Marktes in kurzfristigen Zeiträumen Produktionsverluste erzielen. Welche längerfristigen Effekte sind die wahrscheinliche Folge?
( ) eine Verschiebung der Angebotskurve nach rechts, da verschiedene Unternehmen versuchen werden, die Preise zu senken und dadurch die Produktionsmenge zu erhöhen;
( ) keine Reaktionen der Produktionsmengen, solange die Unternehmen einen höheren Marktpreis als die variablen Durchschnittskosten erzielen;
( ) eine Verschiebung der Marktnachfrage nach rechts durch Einsatz absatzpolitischer Instrumente der Unternehmen;
( ) eine Verschiebung des Marktangebots nach links, da einige Unternehmen per Saldo vom Markt verschwinden werden.

5-5 Die Preis- und Einkommensprobleme der Landwirtschaft in einem reinen Marktmodell beruhen darauf, daß
( ) die Agrarpreise kurzfristig relativ stabil bleiben und die Einkommen der Landwirte langfristig relativ zurückbleiben;
( ) die Preis- und Einkommenselastizitäten für Agrarprodukte relativ gering sind;
( ) die Agrarpreise kurzfristig relativ instabil verlaufen und die Einkommen der Landwirte langfristig relativ zurückbleiben;
( ) die Arbeitsproduktivität in der Landwirtschaft wegen der größeren Arbeitsintensität relativ geringer zunehmen wird als in der Gesamtwirtschaft.

(B) Offene Fragen

5-6 Welche Voraussetzungen gelten beim Modell des reinen Polypols?
5-7 Klären Sie die Methoden der komparativ-statischen und der dynamischen Analyse der Preis- und Mengeneffekte!
5-8 Demonstrieren Sie im Preis-Mengen-Diagramm die Wirkung einer Tabaksteuer! Diskutieren Sie die Wirksamkeit einer Einführung (Erhöhung) der Tabaksteuer mit dem gesundheitspolitischen Ziel, das Rauchen zu reduzieren.
5-9 Erläutern Sie die Preis- und Mengeneffekte einer Produzentensubvention!

(C) Transferfrage

5-10 Prüfen Sie Möglichkeiten und Probleme produktionsbezogener Umweltabgaben!

Lösungshinweise zu den Übungen (im Text)

5-1: (a) Als Voraussetzungen des Gebrauchtwagenmarktes gelten:
- Qualitätsunterschiede der angebotenen Autos,
- asymmetrische Produktinformationen, da die Anbieter die Qualität ihrer Autos besser als die Nachfrager kennen; die Nachfrager kennen nur die mittlere wahrscheinliche Produktqualität.

Das Zitronenprinzip beschreibt negative Selektions- oder Anreizeffekte beim Angebot von Gebrauchtwagen. Wenn sich die Marktpreise nach mittleren Qualitätserwartungen der Nachfrage bilden, erhalten Besitzer von Wagen schlechter Qualität größere Verkaufsanreize als Besitzer von Wagen mit besserer Produktqualität. Die Folge ist ein sich verstärkender Prozeß negativer Angebotsselektionen; „Zitronen" (Produkte schlechterer Qualität) werden überwiegend angeboten.

(b) Märkte mit asymmetrischen Qualitätsinformationen seitens der Anbieter und Nachfrager (Informationsvorteile der Anbieter) neigen zu negativen Selektionseffekten. Diese mögen an heterogenen Märkten mit intransparenter Produktqualität und bei sog. Gelegenheitskäufen häufiger auftreten. Sinnvoll erscheinen hier Maßnahmen der Qualitätssicherung oder der Qualitätsüberwachung (Tests, Markenangebote).

5-2: Ein Modell liefert vereinfachende Ist-Aussagen, die sich mit Bezug zur Realität als falsch erweisen können. Das „Modell" des flexiblen Strukturwandels polypolistischer Anbieter entspricht offenkundig nicht den realen Bedingungen der großbetrieblichen Stahlindustrie. Sofern die Modellaussagen des flexiblen Strukturwandels maßgeblich an die Voraussetzung geringer Marktanteile einer Vielzahl von polypolistischen Anbietern gebunden sind, dürfte eine empirische Falsifikation von Ist-Aussagen wahrscheinlich sein. Denn die maßgeblichen Voraussetzungen des Modells polypolistischer Anbieter entsprechen kaum den realen Anbieterstrukturen der großbetrieblichen europäischen Stahlindustrie.

Die unkritische Verwendung des polypolistischen Strukturwandels als strukturpolitisches „Leitbild" oder als normatives „Ideal" bedeutet andererseits, daß ein offenbar falsifiziertes Modell als Basis für Sollaussagen dient. Die Verwendung des Polypols als normative Basis bleibt problematisch, solange der Soll-Charakter der grundlegenden Voraussetzungen polypolistischer Märkte nicht geklärt ist.

5-3: Der zweite Satz des Zitats verwechselt eine Bewegung entlang einer gegebenen Funktion der Marktnachfrage bei einem höherem Marktpreis und eine Verschiebung (shift) der Nachfragefunktion. Die Nachfragefunktion verschiebt sich nach den Informationen des Zitats nicht.

5-4: Bei Annahme von stärkeren Nachfrageshifts in der Zukunft oder bei Ausscheiden von Anbietern vom Markt.

5-5: Höchstgrenzen der Produktionsmengen sollen eine weitere Rechtsverschiebung der langfristigen Angebotsfunktion verhindern, Stillegungsprämien sollen monetäre Anreize zu Einschränkungen der landwirtschaftlichen Produktion schaffen, die langfristige Angebotsfunktion dadurch nach links verschieben (mit Bezug zu Abb. 5-6)

Lösungshinweise zu den Kontrollfragen

(A) Multiple Choice-Aufgaben

5-1: Produktionsmenge: 8; Gewinnhöhe: 40; 5-2: (c); 5-3: (a) (b) (d); 5-4: (d); 5-5: (b), (c);

(B) Offene Fragen

5-6: vgl. Textabschnitt 5.2.1; 5-7: vgl. Textabschnitte 5.3 und 5.4; 5-8: vgl. Textabschnitt 5.3.4, insbesondere Abb. 5-7; 5-9: vgl. Textabschnitt 5.3.4, insb. die Fußnote 2;

(C) Transferfrage

5-10: Eine theoretische Möglichkeit, das Verursacherprinzip mittels Abgaben zu realisieren, stellt Abb. 5-8 bei Annahme eines polypolistischen Marktes dar. Die Voraussetzungen einer optimalen Problemlösung sind in der Realität kaum gegeben. Eine ökologisch ausgerichtete Abgabenpolitik zielt demgegenüber auf Substitutions- oder (negative) Mengeneffekte zur Verringerung umweltschädlicher Güter. Voraussetzungen bilden eine Identifikation entsprechender Güter und eine ausreichende Preiselastizität der Nachfrage.

Literaturhinweise

FISCHBACH, R: Volkswirtschaftslehre. Einführung und Grundlagen, 4. Aufl., München, Wien 1987 (S. 290-299: Marktformen; S. 308-330: Preisbildung auf Polypolmärkten). Geeignete Darstellung der methodischen Grundlagen zur Marktpreisbildung mit ausführlichem Überblick zu den Marktformen, Grundlagen der komparativ-statischen und der dynamischen Marktanalyse.

WOLL, A.: Allgemeine Volkswirtschaftslehre, 9. Aufl., München 1987 (S. 189-191: Marktformen, S. 97-105: komparativ-statische und dynamische Analyse der Marktpreisbildung im Polypol). Knappe Marktpreisanalyse sowie erweiterte dynamische Marktanalyse mit mathematischer Herleitung des Cobweb-Modells.

WATSON, D. S., HOLMAN, M. A.: Price Theory and its Uses, 4. ed., Boston 1977 (S. 227-252: Chap. 13: Prices in Pure Competition). Lehrbuch mit anwendungsbezogenen Teilen zur Preisbildung von Agrarprodukten und zu Preiseffekten von indirekten Steuern; zur Vertiefung geeignet.

Zitierte Literatur

LINDSAY, C. M.: Applied Price Theory, Chicago/New York 1984

SAMUELSON, P. A./NORDHAUS, W. D.: Volkswirtschaftslehre. Grundlagen der Makro- und Mikroökonomie, 8. Aufl., Bd. 1, Köln 1987

6 Monopol und Preisfixierungen

Inhaltliche Orientierung

Nach der Preisbildung im Polypol folgt in diesem Kapitel eine Darstellung des möglichen Preisverhaltens im Monopol. Das Monopol bildet eine gegensätzliche Marktform zum reinen Polypol, da lediglich ein Anbieter mit der alleinigen Marktmacht zur Preisfixierung (gegenüber vielen Nachfragern) unterstellt wird. Ein Monopolanbieter kann den Marktpreis nach den eigenen Zielsetzungen bestimmen. Die autonome Preissetzungsmacht im Monopol kennzeichnet das entscheidende preistheoretische Merkmal dieser Marktform - in striktem Gegensatz zur Marktform des Polypols. Die Voraussetzungen des Modells und dessen reale Anwendungsbedingungen sollen zu Beginn des Kapitels geklärt werden (**6.1**).

Wie verhält sich ein Monopolunternehmen, wenn es den Marktpreis eines Gutes fixieren kann? Aus der Annahme der Gewinnmaximierung läßt sich eine allgemeine Regel der Preisbestimmung im Rahmen des Modells nach COURNOT ableiten. Diese Lösung eines am Maximalgewinn ausgerichteten Preisverhaltens soll dann mit einer Preiskalkulation auf der Basis der Durchschnittskosten verglichen werden. Denn eine Methode der Zuschlagskalkulation gilt als ein häufiges Verfahren der Preiskalkulation in der Unternehmenspraxis (**6.2**).

Als besondere Anwendungsbeispiele des Monopolmodells werden öffentliche Unternehmen (Verkehrs-, Versorgungsunternehmen) herangezogen, deren Preis- oder Gebührenpolitik der Regulierung durch Aufsichtsbehörden oder parlamentarische Gremien unterliegt. Wir werden verschiedene Strategien der Gebührenpolitik öffentlicher Unternehmen vorstellen und mit dem Monopolmodell vergleichen (**6.3**).

Nicht selten werden in der Praxis der Preispolitik von Unternehmen Formen der Preisdifferenzierung beobachtet; bestimmte Güter werden zu unterschiedlichen Preisen an Teilmärkten angeboten. Wir fragen abschließend nach der preistheoretischen Begründung dieser Strategie differenzierter Preise (**6.4**).

6.1 Modell und Realität

Der Begriff des Monopols bedeutet in wörtlicher Übersetzung „Alleinanbieter“. Das Marktangebot eines Gutes konzentriert sich auf einen Anbieter; dem Anbieter stehen nach dem bekannten Marktformen-Schema eine Vielzahl von Nachfragern gegenüber. Zumindest eine Voraussetzung, die Marktstruktur des Monopols, scheint mit der begrifflichen Deutung geklärt. Welche Verhaltensweise folgt aus der angenommenen Marktstruktur? Welche Merkmale kennzeichnen reale Monopole?

Das reine Monopol eines vollkommenen Marktes wird nur selten in der Realität zu finden sein. Ein Beispiel: Zwar bietet die Bundesbahn als ein Alleinanbieter in der BR Deutschland Bahnreisen an, gleichwohl bleibt dieses Angebot der Bundesbahn nicht ohne Substitutionswettbewerb durch den Kfz-Verkehr oder den Flugverkehr. Die Bundesbahn kann daher nicht als Alleinanbieter von Verkehrsleistungen insgesamt betrachtet werden. Im reinen Monopol, das den Substitutionswettbewerb ausschließt, wird ein Produkt ohne Substitutionsgüter angeboten. Die Feststellung, reine Monopole seien in einer realen Volkswirtschaft eine Seltenheit, bezieht sich vor allem darauf, daß im Regelfall irgendeine Art von Substitution zwischen den

Gütern möglich ist. Desweiteren erfordert der längerfristige Bestand eines Monopols - im Gegensatz zum Polypol - eine Existenz von Marktzutrittsschranken, um den Zugang weiterer Anbieter zu verhindern. Das Monopol, in einer strengen Form definiert, basiert daher auf extremen Voraussetzungen, die einen völligen Gegensatz zum polypolistischen Wettbewerb darstellen:

- Es existiert nur ein Anbieter eines Gutes ohne Substitute.
- Marktzutritte potentieller weiterer Anbieter werden langfristig ausgeschlossen.

Andererseits erscheinen monopolartige Marktstrukturen nicht unrealistisch, wenn die Voraussetzungen des Monopols weniger einschränkend formuliert werden. Je enger die Marktabgrenzungen vorgenommen werden, je enger der Begriff der Substitution verstanden wird und je mehr Hemmnisse für Marktzutritte einbezogen werden, desto wahrscheinlicher werden reale Monopole oder monopolnahe Marktstrukturen:

- Auf regionalen oder lokalen Märkten sind monopolartige Positionen häufiger zu beobachten.
- Eintrittsbarrieren können durch eine hohe Kapitalintensität, durch Einstandskosten und durch langfristige Kostenvorteile (economies of scale) größerer Betriebe bedingt sein.
- Öffentliche Unternehmen sollen besonders dem Ziel einer gleichmäßigen und sicheren Versorgung dienen. Nicht selten haben kommunale Versorgungsbetriebe den Charakter öffentlicher Monopole, weil die Leistungen an das Vorhandensein umfassender Leitungsnetze oder kapitalintensiver Infrastruktureinrichtungen gebunden sind.
- Monopole auf Zeit können aus technischen bzw. rechtlichen Gründen durch technische Neuerungen, Patente und den daraus resultierenden Verwertungsschutz entstehen.
- Auch besondere Fähigkeiten eines Produzenten (spezieller Kunstprodukte) können eine monopolartige Position bewirken.

Hier sollen zunächst die theoretischen Grundlagen des Preisverhaltens im Monopol behandelt werden. Das Modell des reinen Monopols wird als Gegensatz zum Polypol verwendet. Ein Einzelanbieter im Polypol verhält sich als Mengenanpasser, da er keine autonome Preissetzungsmacht besitzt. Dieser Fall äußert sich formal im horizontalen Verlauf einer Preis-Absatz-Funktion eines individuellen Anbieters. Demgegenüber folgt aus der gegensätzlichen Annahme von monopolistischen Marktstrukturen, daß ein Monopolanbieter den Marktpreis eines Gutes beeinflussen und fixieren kann. Ein Monopolist besitzt keine Wettbewerber, er kann folglich autonom den Marktpreis entlang einer nicht-horizontal verlaufenden Preis-Absatz-Funktion fixieren. Der Marktpreis kann daher als ein autonomer Aktionsparameter eines Anbieters im Monopol betrachtet werden. Die autonome Macht der **Preissetzung** kennzeichnet den wesentlichen Unterschied im Vergleich zum polypolistischen Anbieter. Die **Marktmacht** des Monopolanbieters wird lediglich durch die Gegenseite des Marktes, die Nachfrage, begrenzt. Im folgenden wird unterstellt, daß das Verhalten der Marktnachfrage unabhängig sei. Die Marktnachfrage wird als gegeben angenommen; sie gilt aus der Sicht des Monopolisten als ein gegebenes Datum. Mit dieser Annahme werden präferenz- und absatzpolitische Maßnahmen eines Monopolunternehmens zunächst ausgeschlossen. Der monopolistische Anbieter wird lediglich als Preisfixierer betrachtet, nicht zugleich als aktiver Betreiber einer absatzpolitischen Strategie.

6.2 Preisverhalten im Monopol

6.2.1 Das Cournot-Modell

Die Bestimmung des gewinnmaximalen Preises im reinen Monopol erfolgt nach A. Cournot, einem französischem Mathematiker und Wirtschaftswissenschaftler. Zur Vereinfachung wird eine **lineare** Preis-Absatz-Funktion unterstellt, die der Marktnachfrage und dem ersten Nachfragegesetz entspricht. Ein Monopolunternehmen bedient definitionsgemäß als Alleinanbieter die gesamte Nachfrage des Marktes. Die Analyse der Preisbildung im Monopol geschieht in drei Schritten, die nach der Modellogik miteinander verknüpft sind.

(1) Ein monopolistischer Anbieter kalkuliert die Preis-Absatz Funktion (Marktnachfrage) und die möglichen Erlöse (Umsätze).
(2) Die Kostenfunktion für alternative Produktionsmengen ist zu bestimmen.
(3) Unter Beachtung der Marktnachfrage einerseits und der Kosten andererseits läßt sich das Preisverhalten im Monopol aus der Annahme der Gewinnmaximierung ableiten.

Zu (1): Überlegungen zur Marktnachfrage

Im reinen Monopol gilt die Annahme der Markttransparenz. Der Monopolist kennt die gegebene Marktnachfrage bei alternativen Marktpreisen; zumindest hat er subjektive Vorstellungen über die Absatzmengen bei verschiedenen Marktpreisen. Die subjektiven Überlegungen des Monopolunternehmens bestimmen den Verlauf der **„konjekturalen"** Preis-Absatz-Funktion, die aus der Sicht des Unternehmens die Preis-Mengen-Kalkulationen der Marktnachfrage wiedergibt. Die lineare Preis-Absatz-Funktion verläuft nach dem ersten Nachfragegesetz von links oben nach rechts unten (negativer Preis-Mengen-Zusammenhang). Bei hohen Verkaufspreisen wird die Absatzmenge gering sein, umgekehrt wird bei relativ geringen Preisen eine höhere Produktionsmenge abgesetzt. Die Preiselastizität der Nachfrage im oberen Bereich der linearen Preis-Absatz-Funktion liegt zunächst im elastischen Bereich, da die relativen Mengeneffekte zunächst größer sind als die relativen Preiseffekte. Im unteren Bereich wechselt die Preiselastizität in den unelastischen Bereich (vgl. Abb. 6-1):

Oberer Bereich der linearen PAF: $\Delta x/x > \Delta p/p$
Unterer Bereich der linearen PAF: $\Delta x/x < \Delta p/p$

Bei gegebener Nachfrage lassen sich die Erlöse (Umsätze) als Produkt der jeweiligen Preis-Mengen-Kombination errechnen. Ein algebraisches **Beispiel** zeigt die „konjekturale" Erlösfunktion als eine quadratische Funktion der Produktionsmenge:

Beispiel einer linearen PAF:
$p = 200-20x$
Erlöse (Umsätze) eines Monopolisten:
$E = p \cdot x$
$E = (200-20 \cdot x) \cdot x$
$E = 200 \cdot x - 20 \cdot x^2$

Die quadratische Erlösfunktion hat einen parabolischen Verlauf (vgl. Abb. 6-1): Mit sinkenden Verkaufspreisen unterhalb des Höchstpreises steigt die Absatzmenge. Die (positiven) Mengeneffekte überwiegen im oberen Bereich der Preis-Absatz-Funktion die (negativen) Preiseffekte. Folglich steigen die Erlöse bei sinkenden Verkaufspreisen im oberen Bereich der Funktion. Im unteren Bereich geringer

Abb. 6-1 Lineare Preis-Absatz-Funktion und Erlöse (Grenzerlöse) eines Monopolisten

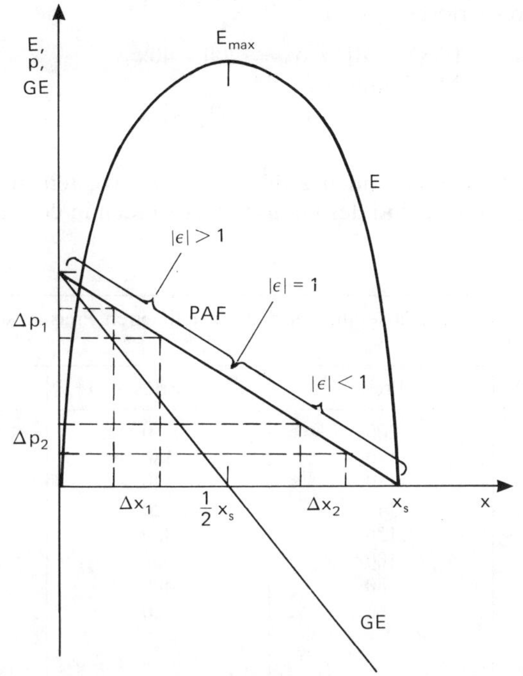

Die konjekturale Nachfrage eines Monopolisten gleicht einer linearen Preis-Absatz-Funktion (PAF), in deren oberen Bereich (unteren Bereich) die Nachfrage preiselastisch (preisunelastisch) sein muß. Aus den unterschiedlichen Größenordnungen der Preiselastizitäten der Nachfrage $|\varepsilon|$ entlang der PAF folgt ein parabolischer Verlauf der Erlösfunktion E. Der Maximalwert der Erlöse E_{max} (das Umsatzmaximum) wird zur Hälfte der Sättigungsmenge ($\frac{1}{2}$ x_S) erreicht. GE bezeichnet den Verlauf der Grenzerlösfunktion.

Preiselastizität der Nachfrage führen Preissenkungen hingegen zu einer Abnahme der Erlöse. Denn bei preisunelastischer Nachfrage bleiben die (positiven) Mengeneffekte geringer als die (negativen) Preiseffekte. Die Erlösfunktion muß daher im Wechsel zwischen preiselastischer und -unelastischer Nachfrage einen Maximalwert haben. Das Maximum der Erlöse liegt exakt in der Mitte des Bereichs der möglichen Absatzmengen.

Der teils steigende und teils fallende Verlauf der Erlöse bei steigenden Absatzmengen kann auch mit einem weiteren Begriff der Grenzwertanalyse erfaßt werden, dem **Grenzerlös** als Grenzwert der Erlösfunktion: Der Begriff des Grenzerlös definiert die Veränderungen der Umsatzerlöse bei Änderungen der Absatzmenge um eine Einheit, den Differentialquotienten der Erlösfunktion. Wenn also der Grenzerlös positiv ist, nimmt die Höhe der Erlöse mit steigender Gütermenge zu. Umgekehrt nehmen die Umsatzerlöse mit steigender Absatzmenge ab, wenn die Grenzerlöse negative Werte annehmen. Das Maximum der Erlöse (Umsatzmaximum) wird somit realisiert, wenn der Grenzerlös den Wert von 0 erreicht. Im Beispiel der vorstehenden Erlösfunktion kann das Umsatzmaximum über die abgeleitete Funktion des Grenzerlöses bestimmt werden:

Funktion des Grenzerlöses:

$$E'(x) = dE / dx = 200 - 40x$$

Maximum der Erlöse:

$$E'(x) = dE / dx = 200 - 40\,x = 0$$

$$x = 5$$

Die dem Beispiel entsprechenden Zahlenwerte der vorstehenden Preis-Absatz-Funktion, der Umsatzerlöse und des Grenzerlöses werden in der Tab. 6-1 wiedergegeben.

Tab. 6-1 Preise, Mengen und Erlöse am Beispiel einer linearen Preis-Absatz-Funktion ($p = 200 - 20 \cdot x$)

Menge	Preis	Erlös	Grenzerlös
0	200	0	
1	180	180	180
2	160	320	140
3	140	420	100
4	120	480	60
5	100	500	20
6	80	480	−20
7	60	420	−60
.	.	.	.
.	.	.	.
10	0	0	−180

Zu (2): Produktionskosten

Die Überlegungen des dritten Abschnitts werden hier analog für ein Monopolunternehmen übernommen. Dort wurden zwei Typen von Kostenfunktionen bei Annahme einer kurzfristigen Planungsperiode entwickelt, eine lineare Kostenfunktion mit sinkenden Durchschnittskosten bis zur Kapazitätsgrenze sowie eine ertragsgesetzliche Kostenfunktion mit U-förmigem Verlauf der Grenz- und Durchschnittskosten. Beide Varianten der Kostenfunktionen können im Monopol Verwendung finden. In den Grafiken und im analytischen Beispiel verwenden wir hier die Variante nicht-linearer Grenzkosten.

Beispiel einer Kostenfunktion:

$$K(x) = 1/3 \cdot x^3 + 24 \cdot x$$

Funktion der Grenzkosten:

$$K'(x) = dK / dx = x^2 + 24$$

Nicht ausführlich erörtert wird im Rahmen der (kurzfristigen) Monopoltheorie die Relevanz langfristiger Kostenvorteile durch „economies of scale“. Da Marktstruktur und Betriebsgrößen nicht eindeutig miteinander verbunden sind, handelt es sich primär um ein Problem kostenoptimaler Betriebsgrößen (vgl. Kapitel 3). Sofern ein Monopolist betriebsgrößenbedingte Skaleneffekte oder technologische Synergieeffekte realisieren kann, wird die langfristige Funktion der Durchschnittskosten durch Effizienzvorteile günstig beeinflußt. Andererseits werden häufig auch Nachteile großer Organisationen („organisational slack“) vermutet. Bei fehlendem externem Wettbewerbsdruck durch andere Anbieter neigen Unternehmen nach LEIBENSTEIN zu mehr Bürokratie und ineffizientem Verhalten innerhalb der großen Organisationen (LEIBENSTEIN: **X-Ineffizienz der Produktion**). Die langfristige DK-Kurve eines großen Monopolunternehmens würde dann oberhalb der effizienten Kurve der Durchschnittskosten verlaufen.

Zu (3): Gewinnmaximale Lösung

Im dritten Schritt der Analyse der Monopolpreisbildung nach COURNOT werden die vorhergehenden Informationen der Nachfrage- und der Kostenplanung des Monopolisten mit der Annahme gewinnmaximalen Preisverhaltens verknüpft. Die Angebotsfunktion richtet sich dann annahmegemäß einerseits nach den Grenzerlösen (Grenzumsatz) und andererseits nach den Grenzkosten in Abhängigkeit von der Produktions- und Absatzfunktion (vgl. auch Textabschnitt 5.2.1).

Allgemeine Definition des Gewinns (einer Planungsperiode):

$$\text{Gewinn} = \text{Erlös} - \text{Kosten}$$
$$G(x) = E(x) - K(x)$$

Bedingungen der Gewinnmaximierung:

$$\text{Grenzerlös} = \text{Grenzkosten}$$
$$E'(x) = dE/dx = dK/dx = K'(x)$$

Der „gesunde Menschenverstand" (Samuelson, Nordhaus 1987[8], 2. Bd., S. 140) läßt die logische Richtigkeit der Regel des Ausgleichs von Grenzerlös und Grenzkosten erkennen: Solange zusätzliche Mengeneinheiten der Produktion und des Absatzes einen größeren Zuwachs der Erlöse (Grenzerlöse) erbringen als sie zusätzliche Kosten (Grenzkosten) verursachen, steigt definitionsgemäß der Produktionsgewinn. Sobald dagegen die Grenzkosten der Produktion die Grenzerlöse übersteigen, wird die Produktionsmenge eingeschränkt. Denn der Gewinn würde bei größeren Produktionsmengen reduziert. Die logische Richtigkeit der **Regel** „Grenzerlös = Grenzkosten" entspricht der Annahme der Gewinnmaximierung als Verhaltensprinzip. Die Regel gleicht einer definitionsgemäßen Umformulierung der angenommenen Verhaltensmaxime des Monopolisten in der Sprache der Grenzwertanalyse. Bei entsprechender Formulierung dieser Regel führt das Analysebeispiel der Erlös- und Kostenkalkulation eines Monopolunternehmens zu einer gewinnmaximalen Produktionsmenge. Daraus folgt in Verbindung mit der konjekturalen Preis-Absatz-Funktion eine bestimmte Lösung gewinnmaximaler **Preisfixierung** des Monopolisten:

Analysebeispiel: Gewinn:

$$G(x) = E(x) - K(x)$$
$$= (200 \cdot x - 20 \cdot x^2) - (\tfrac{1}{3} \cdot x^3 + 24 \cdot x)$$

Grenzerlös:

$$dE/dx = 200 - 40x$$

Grenzkosten:

$$dK/dx = x^2 + 24$$

gewinnmaximale Produktionsmenge:

$$x^C = 4$$

konjekturale Preis-Absatz-Funktion:

$$p = 200 - 20x$$

Wenn man die obige Produktionsmenge x^C in die Preis-Absatz-Funktion einsetzt, ergibt sich der gewinnmaximale Preis:

$$p^C = 120$$

Abb. 6-2 Darstellungen zur gewinnmaximalen Preisfixierung im Monopol

(a)

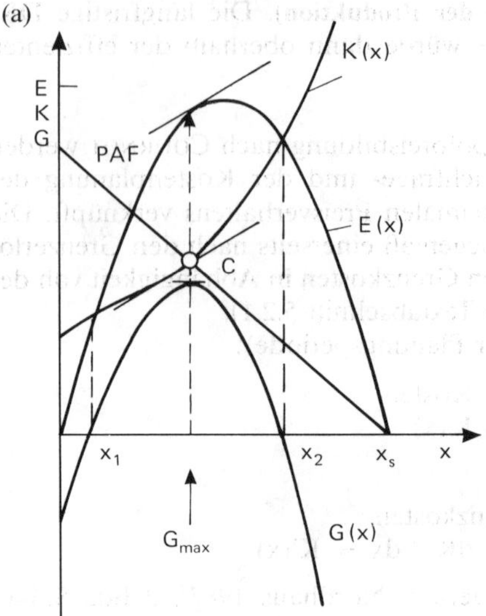

(a) Die Gewinnfunktion G(x) eines Monopolisten ergibt sich aus der vertikalen Differenz zwischen der kalkulierten Erlösfunktion E(x) und der Kostenfunktion K(x) (bei Annahme eines ertragsgesetzlichen Kostenverlaufs). Die Gewinnzone des Monopolunternehmens liegt zwischen den break-even-Punkten x_1 und x_2. Die gewinnmaximale Produktions- und Absatzmenge wird erreicht, wenn die vertikale Differenz (E - K) möglichst groß wird oder wenn die Erlös- und die Kostenfunktion gleiche Steigungen erreichen. C bezeichnet die COURNOT-Lösung der gewinnmaximalen Preisfixierung.

(b)

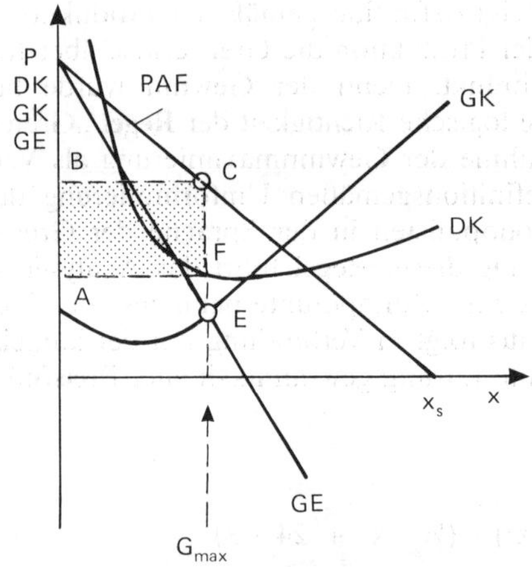

(b) Die kalkulierte Marktnachfrage gleicht der konjekturalen Preis-Absatz-Funktion, aus der sich die Grenzerlösfunktion GE herleiten läßt. Den Verlauf der Grenzkosten und der Durchschnittskosten beschreiben GK und DK. Im Schnittpunkt von GE und GK ergibt sich die gewinnmaximale Produktionsmenge. Der COURNOTsche Punkt C liegt oberhalb von E auf der Preis-Absatz-Funktion. Die Fläche des Rechtecks ABCF mißt den Gesamtgewinn des Monopolisten.

Das Analysebeispiel läßt erkennen, daß die Verhaltenslogik der Gewinnmaximierung bei gegebener linearer Preis-Absatz-Funktion des Monopolisten (lineare Marktnachfrage) zu einer bestimmten Lösung der Produktionsplanung führt, aus der sich eine gewinnmaximale Preisfixierung ableiten läßt. Statt einer Preisfixierung könnte ein Monopolist auch eine Strategie gewinnmaximaler Mengenfixierung betreiben, der Preis würde dann entlang der Preis-Absatz- oder der effektiven Nachfragefunktion des Marktes bestimmt.

Die logischen und methodischen Elemente der gewinnmaximalen Preisbildung im Monopol verdeutlichen auch die geometrischen Darstellungen der Abb. 6-2. In der ersten Variante der Darstellungen der Angebotsplanung eines Monopolisten wird die **Gewinnzone** nach zwei vorherigen Planungsschritten bestimmt, nach der Planung der Nachfrage- und Erlös-Funktion sowie nach der Planung der Kostenfunktion. Innerhalb der Gewinnzone bildet das Monopolunternehmen nach dem angenommenen Rationalprinzip die gewinnmaximale Planungsmenge, bei der die vertikale Differenz zwischen der Erlös- und Kostenfunktion am größten sein wird. Die Lösung der gewinnmaximalen **Preisfixierung** auf der geschätzten Preis-Absatz-Funktion wird als COURNOTscher Punkt bezeichnet.

Die zweite Variante der geometrischen Darstellung basiert auf der Marginalanalyse und verwendet die **Regel** des Ausgleichs von **Grenzerlös** und **Grenzkosten**. Die Grenzwerte sind als erste Ableitung der Erlös- und der Kostenfunktion zu bestimmen. Die COURNOT-Lösung der gewinnmaximalen Preisbildung liegt auf der Preis-Absatz-Funktion oberhalb des Schnittpunktes von Grenzerlös und Grenzkosten.

Wir vergleichen zusammenfassend die Lösungen des gewinnmaximalen Preisverhaltens in den beiden extremen Fällen von Marktstrukturen:

Im Monopol entspricht die Regel „Grenzerlöse gleich Grenzkosten" der Annahme gewinnmaximaler Preisfixierung. Die „Preis gleich Grenzkosten"-Regel des Polypols kann als Spezialfall der allgemeinen Grenzwerte-Regel betrachtet werden, da die Preis-Absatz-Funktion eines individuellen Anbieters im Polypol nach den Modellvoraussetzungen horizontal verläuft und der Grenzerlös dem gegebenen Marktpreis eines Gutes entspricht.

Das gewinnmaximale Preisverhalten des Monopolunternehmens wird von der konjekturalen Marktnachfrage (Preis-Absatz-Funktion) und den Grenzkosten des Unternehmens bestimmt. Das statische Marktgleichgewicht im Monopol gleicht der optimalen Lösung des Monopolisten, sofern dieser - wie angenommen - die gegebene Marktnachfrage korrekt einzuschätzen vermag. Im polypolistischen Wettbewerb muß zwischen der Ebene des aggregierten Marktes zur Bestimmung des Preises und der Ebene des individuellen Mengenanpasserverhaltens unterschieden werden. Der Marktpreis der aggregierten Ebene und die individuellen Grenzkosten bestimmen das einzelwirtschaftliche Verhalten bei gegebenem Marktgleichgewicht im Polypol.

Ein Monopolist bietet bei einer Preisfixierung nach dem COURNOTschen Punkt eine geringere Produktionsmenge an und erzielt einen höheren Gewinn als im Schnittpunkt „Preis gleich Grenzkosten". Die Anwendung der Regel „Preis gleich Grenzkosten" im Monopol würde zwar c. p. zu einer größeren Produktionsmenge führen, aus der Sicht eines gewinnorientierten Monopols aber mit einer preiselastischen Marktnachfrage unvereinbar sein. Der Grenzerlös des Monopolisten bleibt bei preiselastischer Nachfrage unterhalb des jeweiligen Marktpreises. Bei positiven Grenzkosten liegt der gewinnmaximale COURNOT-Punkt im elastischen Bereich der Preis-Absatz-Funktion.

Die Strategien der Gewinn- und der Umsatzmaximierung unterscheiden sich im Regelfall des Monopols. Nur wenn die variablen Kosten eines Monopolunternehmens zu vernachlässigen sind (Grenzkosten gleich Null), führt eine Maximierung der Erlöse zugleich zum Gewinnmaximum.

Die komparativ-statische Analyse der Marktpreisbildung kann einerseits in Analogie zum Fall des Polypols Veränderungen der Marktnachfrage annehmen. Bisher wurde eine gegebene Marktnachfrage unterstellt und es wurden absatzpolitische Maßnahmen des Monopolanbieters ausgeschlossen. Angenommen sei nun, das Monopolunternehmen führe eine neue Verkaufsstrategie ein, in dem es die Zahl und die Kundennähe der Verkaufsstellen seines Produktes erhöhe; wenn es dadurch zu einer Rechtsverschiebung der Nachfragefunktion kommt, sind positive Preis- und Mengeneffekte nach dem Monopolmodell zu erwarten. Andererseits können shift-Effekte analog auch von der Kostenseite her entstehen, wenn sich die Grenzkostenfunktion des Monopolisten verändert.

Übung 6-1 Unterschiedliche Preisvorstellungen zwischen einem Buchautor und einem Verlag

Das Monopolmodell nach COURNOT gilt bei enger Marktabgrenzung für ein bestimmtes Buch eines bekannten Autors. Die konjekturale Preis-Absatz-Funktion wird von Seiten des Verlags und des Autors übereinstimmend eingeschätzt; aus Vereinfachungsgründen gelte eine lineare Preis-Absatz-Funktion. Gleichwohl sind unterschiedliche Vorstellungen über die Höhe des Buchpreises aus der Sicht der Anbieter wahrscheinlich. Der Autor wird aus seiner Sicht zu einem geringeren Buchpreis neigen, der Verlag eher zu einem höheren Buchpreis.
Erklären Sie die unterschiedlichen Preisvorstellungen durch Verwendung des Monopolmodells aus der Sicht des Verlags bzw. aus der Sicht des Autors!

Übung 6-2 Preiskalkulation eines Kinobesitzers

Ein Kinobesitzer hat ein örtliches Monopol. Als ihm ein Film mit vielen Auszeichnungen und „Oscar"-Preisträgern zu Verleihkosten angeboten wird, die um 50 Prozent höher als die sonst üblichen Verleihkosten liegen, überlegt der Kinobesitzer, die Eintrittspreise für diesen Superfilm vorübergehend gleichfalls um 50 Prozent anzuheben. Damit werde sichergestellt, daß seine Netto-Einnahmen durch die höheren Verleihkosten nicht tangiert würden, meint der Kinobesitzer.
Beraten Sie den Kinobesitzer !

6.2.2 Gewinnoptimale Preisfixierung versus Zuschlagskalkulation

In diesem Abschnitt soll ein **Vergleich** von Verfahren kostenorientierter Preiskalkulation mit dem gewinnoptimalen Preisverhalten des Monopolmodells durchgeführt werden. Welche Faktoren sind bei der Preisbestimmung maßgeblich? Ein Lehrbuchautor antwortete hierzu: Es liegt auf der Hand, daß sich der Preis eines Gutes zunächst immer grob nach den Kosten richten muß. Der Preisunterschied zwischen einer Stecknadel und einer Lokomotive beruht in der Hauptsache auf unterschiedlichen Durchschnittskosten (vgl. Stobbe 1983, S. 333). In der Praxis, so heißt es, wird die Grenzwert-Kalkulation für die Preispolitik der Unternehmen als wenig hilfreich angesehen, denn die Anbieter haben nur eine vage Vorstellung über den Verlauf der Nachfragekurve. Die Anbieter folgten überwiegend dem Verfahren einer **„Zuschlagskalkulation"** nach dem **Vollkostenprinzip**. Eine Umfrage zur industriellen Preissetzung in der BR Deutschland in den 70er Jahren führte zu folgendem, allerdings nicht generalisierbarem Ergebnis. 30 Prozent der befragten Industrieunternehmen kalkulierten ihre Preise bei neuen Produkten nach den Kosten plus (und) einem branchen- oder firmenüblichen Zuschlag; ein Viertel gab an, im Prinzip ebenso vorzugehen, den Preis dann aber noch etwas zu variieren, um den Gewinn erhöhen zu können; ein weiteres Viertel gab an, aus mehreren hypothetischen Preis-Mengen-Kombinationen nach der erwarteten Gewinnhöhe auszuwählen. Die alternativen Antworten erscheinen bei näherem Hinsehen allerdings nicht exakt unterscheidbar. Um die theoretischen Implikationen und die kostenorientierte Zuschlagskalkulation - die offenbar nicht selten das Preisverhalten in der Praxis bestimmt - zu vergleichen, beschreiben wir zunächst die gewinnmaximale Preisfixierung des Monopolisten in einer alternativen Formulierung.

Die gewinnmaximale Verhaltensregel für den Monopolisten läßt sich besser mit der kostenorientierten Zuschlagskalkulation vergleichen, wenn man eine Beziehung zwischen Grenzerlösen und der Preiselastizität der Nachfrage entlang der Preis-Absatz-Funktion der Monopolisten beachtet, die in der Literatur als **„Amoroso-Robinson-Formel"** (zur Ableitung vgl. den mathematischen Anhang dieses Kapitels) bezeichnet wird:

$$\text{Grenzerlös} = \text{Marktpreis} - \frac{\text{Marktpreis}}{|\,\text{Preiselastizität der Nachfrage}\,|}$$

$$\frac{dE}{dx} = p - \frac{p}{|\varepsilon|}$$

$$\frac{dE}{dx} = p \cdot \left(1 - \frac{1}{|\varepsilon|}\right)$$

Dieser Formelausdruck kann bei Anwendung der Regel „Grenzerlös gleich Grenzkosten" im Fall der Gültigkeit des Gewinnmaximums umformuliert werden, so daß eine **Beziehung** zwischen dem **gewinnoptimalen Preis** und den **Grenzkosten** ersichtlich wird:

$$p = \frac{dK}{dx} \cdot \left(\frac{|\varepsilon|}{|\varepsilon| - 1}\right)$$

Der Ausdruck in Klammern muß im **Monopol** größer als Eins sein, da $|\varepsilon|$ nach der Cournot-Lösung im preiselastischen Bereich liegen muß.

Das optimale Preisverhalten eines Monopolanbieters kann somit nach der abgeänderten „Amoroso-Robinson-Formel" als variable **Zuschlagskalkulation auf der Basis der Grenzkosten** gedeutet werden. Die Zuschläge auf die Grenzkosten richten sich dabei nach der Höhe der **Preiselastizität** der Nachfrage.

Je höher die absolute Größe der Preiselastizität der Nachfrage eines Gutes, desto geringer müssen die Grenzkostenzuschläge (zur Gewinnmaximierung) sein:

Wenn die Preiselastizität der Nachfrage den Wert von zwei hätte, würde der Preis nach der Formel 200 Prozent der Grenzkosten betragen.

Wenn die Preiselastizität der Nachfrage gleich 5 wäre, müßte der Preis 125 Prozent der Grenzkosten sein.

Die Preisfixierung eines gewinnmaximierenden Monopols führt daher zu einer Grenzkosten-Kalkulation und unterschiedlichen Zuschlägen, die sich invers zur Höhe der Preiselastizität der Nachfrage verhalten. Demnach sind bei einer Preiskalkulation nach dem Gewinnmaximierungsprinzip *einerseits* die Grenzkosten zu kalkulieren; *andererseits* sind die Preiselastizitäten der Nachfrage zu schätzen, um die inverse Höhe der Zuschläge zu bestimmen. Auch die Monopolpreisbildung führt somit zu einer kostenorientierten Zuschlagskalkulation mit der zusätzlichen Beachtung der Preiselastizitäten der Nachfrage.

Bei der alternativen **Vollkostenkalkulation** wird der Marktpreis auf der Basis der Durchschnittskosten bestimmt.

$$p = \text{Durchschnittskosten} + \text{Gewinnzuschlag}$$
$$p = DK + g$$

Der Gewinnzuschlag orientiert sich an den Vorstellungen einer angemessenen Rendite und den Durchschnittskosten bei der geplanten Kapazitätsauslastung. Kurzfristige Abweichungen von der geplanten Nachfrage werden in einem System konstanter Gewinnzuschläge oder in einem System konstanter Preise aus Gründen gegebener Kalkulationsmethoden oder kurzfristiger Festpreise hingenommen. Nachfrageveränderungen oder Fehleinschätzungen der Nachfrage führen dann nicht zu veränderten Preisen (im Festpreissystem) oder zu Preisanpassungen entlang der Durchschnittskosten-Funktion. Im Vergleich zum Monopolpreismodell läßt sich folgern, daß im Fall von Fehleinschätzungen und Veränderungen der Nachfrage auf kurzfristige Gewinnmaximierung verzichtet wird. Die möglichen Folgen verdeutlicht ein Beispiel (nach CASSEL):

Ein (monopolartiges) Reisebüro einer Region bestellt Charterflugzeuge mit jeweils 400 Plätzen für aufeinanderfolgende Reisetermine und verpflichtet sich, je Flugzeug 250 000 DM zu zahlen. Für den ersten Reisetermin wird der Preis für eine Flugreise auf 1000 DM je Person festgesetzt. 250 Personen nehmen an der Reise teil. Die Disponenten des Büros ermitteln daraufhin die DK je Person (ohne Verwaltungskosten) und berechnen einen „angemessenen“ Gewinnzuschlag. Der Preis der Flugreise wird nunmehr auf 1500 DM erhöht. Es melden sich beim folgenden Termin nur 100 Personen an, so daß dem Reisebüro ein erheblicher Verlust zu diesem Reisetermin entsteht. Die Disponenten überlegen zwei alternative Preisstrategien. Die Kalkulation der DK wird revidiert, der Preis auf 3000 DM erhöht. Alternativ wird erwogen, den Preis trotz der kurzfristigen Verluste weiterhin beizubehalten. Ein Berater erklärt, das Volumen der Fahrgäste werde bei der zweiten Alternative weiterhin rückläufig sein. Die erste Alternative werde zum finanziellen Fiasko führen, es sei nur mit 10 Teilnehmern zu rechnen. Das Reisebüro habe bei seinen Dispositionen die Nachfrage unzulässigerweise mißachtet.

Ein Preissystem mit fixierten Zuschlägen zu den kalkulatorischen Durchschnittskosten oder ein Festpreissystem bedeuten den Verzicht auf kurzfristige Gewinnmaximierung. Änderungen der Kalkulationsmethoden und/oder der Preise können erhebliche Kosten der Information und der Revision erfordern, deren Erfolgswirksamkeit bei kurzfristiger Unsicherheit der Nachfrage zu gering erscheint. Längerfristig wird jedoch eine Beachtung der Nachfrageseite und der Veränderungen der Marktnachfrage, auch im Rahmen praxisbezogener Preiskalkulationen zwingend geboten sein. Deshalb sind längerfristig Änderungen der Zuschläge und Änderungen der Preise bei Veränderungen oder Fehleinschätzungen der Nachfrage sehr wahrscheinlich.

6.3 Öffentliche Monopole und Preisregulierungen

Reine Monopole im Sinne des Modells sind selten vorzufinden. Monopolnahe Strukturen bestehen in realen Volkswirtschaften vor allem im Bereich öffentlicher Unternehmen. Der Charakter öffentlicher Unternehmen wird in der Literatur mit dem Begriff **„Natürliche Monopole“** beschrieben. Dieser eingeführte Begriff erscheint uns allerdings unpassend, besser wäre nach unserer Ansicht die Bezeichnung **kostenbedingte öffentliche Monopole**. Die Produktion dieser öffentlichen Monopolunternehmen kennzeichnen **typische Merkmale**:

- Es handelt sich vorzugsweise um **Produktgruppen** mit leitungsgebundenen **Versorgungsnetzen** (Wasser, Gas, Elektrizität, Eisenbahn, Kommunikationsdienste). Die flächendeckende Bereitstellung der Produkte ist an die Voraussetzung vorhandener

Infrastrukturnetze mit hohen Einrichtungskosten gebunden. Aus der Voraussetzung von leitungsgebundener Infrastruktur resultiert ein hoher Kapitalbedarf, folglich ein hoher Block langfristiger **Fixkosten** der Produktion, während die variablen Kosten zusätzlicher Produktionsmengen bei vorhandener Infrastruktur relativ gering bleiben. Aus dieser typischen Kostenstruktur von Versorgungsunternehmen resultiert das Merkmal sinkender Durchschnittskosten über große Produktionsmengen.

- Aus Kostengründen liegt die **mindestoptimale Betriebsgröße** im Bereich möglichst großer Produktmengen, vorzugsweise in Höhe der gesamten Marktnachfrage. Im Falle von mehreren privaten Unternehmen als Anbieter in einer fiktiven Ausgangssituation wäre daher eine ruinöse Konkurrenz wahrscheinlich, so daß langfristig nur noch ein privates Monopol mit höheren Preisen anbieten würde oder alle privaten Unternehmen langfristig aufgeben würden.
- Eine Folge ruinöser Branchenkonkurrenz könnte sein, daß ein privatwirtschaftliches Angebot der Versorgungsleistungen langfristig nicht gesichert wäre. Möglich wäre auch, daß sich private Anbieter nur auf die gewinnträchtigen Bereiche beschränken und in Verlustbereichen Leistungsabbau betreiben könnten. Ein **geringerer Versorgungsgrad** an Leistungen wäre wahrscheinlich, zumal in Regionen mit schlechteren Angebotsbedingungen.

Langfristige Kostenersparnisse sowie Versorgungsargumente werden häufig als Gründe zur Rechtfertigung von Organisationsformen öffentlicher Monopole genannt. Die **Kostenargumente** zugunsten von Alleinanbietern entsprechen im Prinzip dem Gesetz der Massenproduktion und der Annahme hoher Betriebsgrößenvorteile nach der langfristigen Kostentheorie[1]. **Versorgungs- und gesellschaftspolitische Ziele** betreffen die Bereitstellung von lebenswichtigen Produkten und Leistungen für die Gesellschaft zu angemessenen Preisen; auch benachteiligte gesellschaftliche Gruppen und benachteiligte Randregionen sollen möglichst zu gleicher Qualität und zu gleichen Preisen versorgt werden. Vor allem die Versorgungsziele zu angemessenen Preisen führten zur Einrichtung öffentlicher Monopolunternehmen mit staatlichen Preisvorschriften und/oder Aufsichtskommissionen. Aus preistheoretischer Sicht interessieren weniger die konkreten Formen der staatlichen Aufsicht, sondern die prinzipiellen Möglichkeiten der **Preisregulierung öffentlicher Monopole**.

Ein privates Monopolunternehmen würde gemäß Abb. 6-3 den Monopolpreis nach der **Cournot-Lösung** fixieren; einen relativ hohen Preis im Vergleich zu den „angemessenen" Preisen. Zugleich würde das private Monopol nur eine Mengenversorgung der kaufkräftigen Nachfrage realisieren.

Eine *zweite* Möglichkeit besteht darin, über Preisregulierungen eines öffentlichen Monopols Gebühren in Höhe der langfristigen **Durchschnittskosten** durchzusetzen. Im Vergleich zur Monopollösung wird die Mengenversorgung bei p_2 größer und die Preise werden bei abnehmenden Durchschnittskosten geringer sein. Ein öffentliches Unternehmen, das die Gebühren nach dieser Preisregel bestimmt, handelt nach dem **Prinzip der Vollkostendeckung**. Dem Unternehmen werden allerdings bei kostendeckenden Gebühren Anreize zur Kostensenkung fehlen. Zu vermuten ist daher eine Tendenz zu ineffizienter Kostengestaltung des Unternehmens. Die Preisregulierung auf der Basis der Durchschnittskosten erscheint zudem unter dem Versorgungsaspekt nicht optimal. Denn eine potentielle Nachfrage zu geringeren Gebühren wäre bereit, die Grenzkosten zusätzlicher Produktionsmengen zu zahlen.

---

[1] Mögliche Kostenvorteile aus der Diversifikation von Produkten eines Monopolunternehmens werden hier nicht erörtert.

Abb. 6-3 Preistheoretische Alternativen der Regulierung eines öffentlichen Monopols

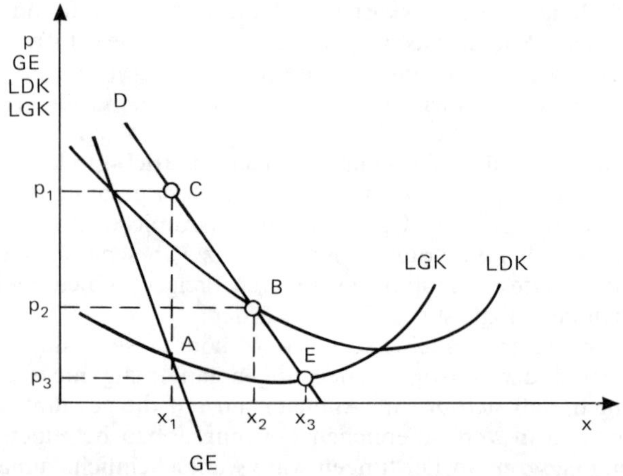

D bezeichnet die gegebene Marktnachfrage, GE den entsprechenden Verlauf der Grenzerlöse des Unternehmens analog zum COURNOT-Modell. Die angenommenen Kostenbedingungen führen zu sinkenden langfristigen Durchschnittskosten LDK über einen breiten Bereich von Produktionsmengen; die (langfristigen) Grenzkosten LGK müssen unterhalb von LDK verlaufen, solange die LDK sinken. Punkt C, die COURNOT-Lösung eines privatwirtschaftlichen Monopols, dient als Vergleichsalternative (erste Möglichkeit); Punkt B beschreibt die Preisregulierung nach den LDK (zweite Möglichkeit); Punkt E die Regulierung nach der LGK (dritte Möglichkeit).

Eine weitere preistheoretische Alternative bildet die **„Preis-Grenzkosten"-Regulierung** öffentlicher Unternehmen bei der die Preise nach den langfristigen Grenzkosten (LGK) und der Preis-Absatz-Funktion bestimmt werden. Diese Regulierung nach Grenzkostenpreisen wird von Befürwortern aus Gründen einer optimalen Versorgung gerechtfertigt. Allerdings führt die typische Kostenstruktur öffentlicher Versorgungsbetriebe annahmegemäß zu einem sinkenden Verlauf der Durchschnittskosten über weite Bereiche der Produktionsmengen. Da die Grenzkosten unterhalb der sinkenden Durchschnittskosten verlaufen müssen, führt die Regulierung nach Grenzkostenpreisen zu einer **Kostenunterdeckung** oder Produktionsverlusten. Die Produktion ist dann langfristig nur mit Hilfe öffentlicher Subventionen aufrecht zu erhalten. Da öffentliche Subventionen über Abgaben finanziert werden müssen, führt die Möglichkeit der Preis-GrenzkostenRegulierung letztlich dazu, daß Unbeteiligte indirekt über höhere Steuern die Produktionsverluste ausgleichen müssen. Solange ein Verlustausgleich durch öffentliche Subventionen gesichert ist, bestehen wiederum kaum Anreize zu einer effizienteren Produktionsweise.

Als eine weitere Preisstrategie ist die **Möglichkeit gespaltener Gebühren** (Tarife) öffentlicher Unternehmen denkbar, die z. B. in der Praxis öffentlicher Elektrizitätsunternehmen Verwendung findet. Diese Preisstrategie ist im Schaubild nicht dargestellt. Sie bildet eine Kombination der Möglichkeiten kostenorientierter Preisbildung. Die gespaltenen Tarife setzen sich zusammen aus einem Grundbetrag und einer variablen Komponente. Die variable Gebührenkomponente mag an den Grenzkosten der Produktion ausgerichtet sein, um aus der Sicht des Anbieters eine hohe Nachfrage zu erreichen. Die Gebührenkomponente des Grundbetrags soll demgegenüber zu einer Kostendeckung bei Unternehmen mit hohen Fixkosten der Infrastruktureinrichtungen beitragen. Ein fehlender Kostendruck ist auch bei dieser Variante anzunehmen. Weitere Einwände wurden in der öffentlichen Diskussion um gespaltene Stromtarife geäußert. Die Komponente des Grundbedarfs führt im Prinzip zu einer Senkung der durchschnittlichen Gebührensätze je Verbrauchseinheit, je höher die Verbrauchsmengen der Abnehmer werden. Die Kritiker argumentierten, energiepolitische Ziele der Einsparung beim Stromverbrauch würden nicht beachtet.

Es zeigt sich, daß Preisregulierungen letztlich verschiedenen Zielen dienen können. Die verschiedenen Zielsetzungen angemessener Preise, effizienter Produktion, günstiger Allokation, einer breiten und umfassenden Versorgung sowie eines möglichst sparsamen Verbrauchs widersprechen einander teilweise. Eine Preisregulierung öffentlicher Monopole kann daher nicht allen vorgenannten Zielen zugleich in einfacher Weise dienen.

Übung 6-3 Gebührenpolitik der Deutschen Bundespost

Die Gebührenpolitik der Deutschen Bundespost (DBP) ist (war) von zwei Grundsätzen gekennzeichnet, nämlich dem Grundsatz der„Tarifeinheit im Raum" und der „internen Subventionierung" von Defizitbereichen. Unter der „Tarifeinheit im Raum" versteht man die Verpflichtung der DBP, die einzelnen Leistungen jeweils im Bundesgebiet zu gleicher Qualität und zu gleichen Bedingungen anzubieten. Da aber die Kosten für die Bereitstellung der Dienstleistungen regional schwanken, führt die Tarifgleichheit im Raum praktisch zu einer Form der internen Subventionierung. Interne Subventionen ergeben sich auch dadurch, daß mit Gewinnen aus rentablen Bereichen (TELECOM, graue Postdienste) defizitäre Bereiche der gelben Postdienste ausgeglichen werden.

Zudem entsprach die Struktur der Telefongebühren (in den 80er Jahren) kaum den relativen Kosten. Die Gebühren der Ferngespräche waren eher kostenüberhöht, so daß durch Ferngespräche relativ hohe Einnahmeüberschüsse realisiert wurden. Ortsgespräche waren, gemessen an den Kostenstrukturen, relativ verbilligt.

Die mikroökonomisch ausgebildeten Gebührenfachleute der DBP argumentierten, daß die Gebührenstrukturen verzerrt seien und zu negativen Mengen- und Qualitätseffekten geführt hätten. Die Quersubventionierung zwischen den Unternehmensbereichen hätte dazu beigetragen, daß die Kosten der Telekommunikation überhöht und folglich zu wenig telefoniert worden sei. Ausgedehnte Ortsgespräche hätten die Leitungen allzu häufig blockiert, die Qualität der Angebote der Telekommunikation sei dadurch reduziert worden. Vor allem im Bereich der Ferngespräche seien die Gebühren überhöht und verzerrt, weil die Kostenrelevanz der Entfernungen der Telekommunikation durch die modernen Vermittlungstechniken stark verringert wurden.

Die DBP entschloß sich dann, ihre Gebührensätze grundlegend zu verändern. Die Gebühren der gelben Postdienste wurden angehoben. Die Telefongebühren wurden teils erhöht (Orts-, Nahgespräche), teils gesenkt (Ferngespräche).

Nehmen Sie Stellung aus der Sicht der Theorie öffentlicher Unternehmen und der Monopolpreistheorie.

6.4 Preisdifferenzierung im Monopol

Bisher wurde nach dem COURNOT-Modell eine einheitliche Preisfixierung eines Monopolunternehmens angenommen. Eine Ausnahme bildete lediglich die Preispolitik der gespaltenen Gebühren von öffentlichen Versorgungsunternehmen.

Abweichend vom reinen Monopol sollen abschließend die Möglichkeiten der Preisdifferenzierung aus der Sicht eines monopolistischen Anbieters geprüft werden. Die Strategie der **Preisdifferenzierung**[2] meint den Verkauf eines bestimmten homogenen Gutes zu verschiedenen Preisen, die nicht durch unterschiedliche Produktionskosten bedingt sind. Beispiele für Preisdifferenzierungen sind in der Realität nicht selten, unterschiedliche Fahrpreise von Verkehrsunternehmen, differenzierte Preise für Ferienreisen, höhere Preise eines Eisverkäufers an einem belebten Strand u. a. Formen der Preisdifferenzierung werden häufig besonders bei öffentlichen Monopolen beobachtet, wenngleich das Vorliegen monopolistischer Marktstrukturen keine zwingende Voraussetzung der Preisdifferenzierung bildet. Ergänzend ist darauf hinzuweisen, daß die Preisdifferenzierung hier ausschließlich aus der preistheoretischen Perspektive des Monopols betrachtet wird. Andere Motive, die zur Begründung unterschiedlicher Preise von öffentlichen Monopolen verwendet werden, bleiben unberücksichtigt.

Die Strategie der Preisdifferenzierung erscheint aus der Sicht des Monopolmodells als eine preispolitische Möglichkeit, um bei gegebener Marktnachfrage die Erlöse durch unterschiedliche Preise zu erhöhen. Im Rahmen der Abb. 6-4 vergleichen wir eine gewinnmaximale einheitliche Preisfixierung nach dem COURNOT-Modell mit den Erlösen einer Preisdifferenzierung nach Käufergruppen entlang einer linearen Marktnachfrage-Funktion. Die unterschiedliche Preispolitik nach Käufersegmenten führt zu höheren Erlösen gegenüber der einheitlichen Preisfixierung der COURNOT-Lösung, weil dadurch aus der Sicht des Monopols Verminderungen der **„Konsumentenrente"** möglich sind. Die Preisdifferenzierung führt gegenüber der Vergleichsstrategie zu Umverteilungseffekten, weil die unterschiedliche Zahlungsbereitschaft von Käufern oberhalb des einheitlichen Monopolpreises zusätzlich „genutzt" wird. Der Begriff der Konsumentenrente entspricht der Summe der Mehrausgaben, welche Nachfrager subjektiv bereit sind zu zahlen, um das Gut zu erhalten (vgl. die Fläche des Dreiecks p_1 CH oberhalb von p_1 in Abb. 6-4).

Wenn somit die Strategie der Preisdifferenzierung geeignet ist, die Erlöse des monopolistischen Anbieters zu erhöhen, würde ein gewinnorientierter Anbieter prinzipiell die Strategie unterschiedlicher Preise bevorzugen. Welche besonderen **Voraussetzungen** müssen gegeben sein, damit eine Strategie differenzierter Preise mit Erfolg durchgeführt werden kann? Das vorstehende Modell erlaubt es, drei Gruppen von Voraussetzungen zu erkennen:

(1) Eine erste Voraussetzung wurde mit dem Verlauf der Preis-Absatz-Funktion implizit angenommen. Der Anbieter muß **autonome Preissetzungsmacht** besitzen, der Preis darf kein Datum sein. Im Polypol ist eine Strategie der Preisdifferenzierung daher ausgeschlossen.

(2) Der Anbieter muß in der Lage sein, den Markt zu teilen und unterschiedliche Preise in den Marktsegmenten durchzusetzen. Unter den Bedingungen eines reinen Monopols mit hoher Markttransparenz und großer Beweglichkeit der Käufer ist eine erfolgreiche Strategie differenzierter Preise kaum möglich, da die Käufer generell die Niedrig-Preis-Angebote bevorzugen würden. Auch Wiederverkäufe und enge Beziehungen zwischen den Käufergruppen müssen ausgeschlossen werden. Die Bedingungen der **Marktsegmentierung** sind abhängig vom Charakter der Güter und der Märkte. Preisdifferenzen von bestimmten Gütern sind eher möglich, je

---

[2] In der Literatur wird der Begriff der „Preisdiskriminierung" teils übereinstimmend zur Preisdifferenzierung, teils abweichend verwendet. Wir verzichten hier auf eine weitere terminologische Unterscheidung.

Abb. 6-4 Monopolistische Preisdifferenzierung

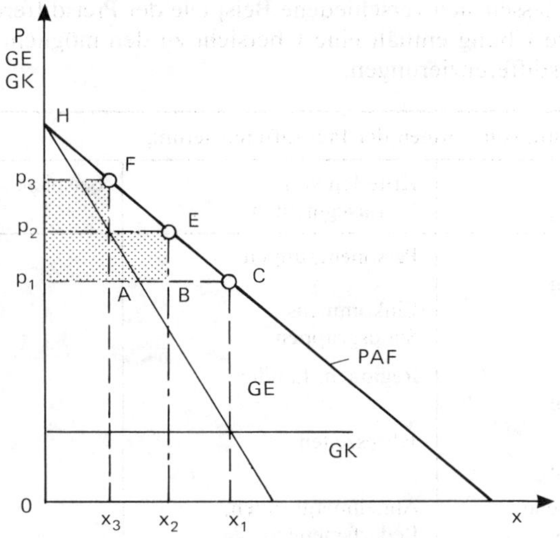

Bei gegebener Marktnachfrage PAF werden zwei Preisstrategien eines Monopolanbieters verglichen. Die einheitliche Preispolitik p_1 nach der COURNOT-Lösung C erbringt Erlöse in Höhe der Fläche des Rechtecks $0\,x_1\,Cp_1$. Bei differenzierter Preispolitik verlangt der Anbieter den Preis p_3 für die Menge x_3, den Preis p_2 für die Produktionsmenge $(x_2 - x_3)$ und p_1 bezogen auf die Gütermenge $(x_1 - x_2)$. Die Erlöse der differenzierten Preisstrategie sind vergleichsweise größer, da ein Teil der Konsumentenrente oberhalb von p_1 abgeschöpft werden kann.

geringer die Markttransparenz der Käufer bleibt, je größer die räumlichen Entfernungen und Transportkosten der Güter, je leichter die Käufergruppen nach Merkmalen zu trennen sind. Personenbezogene Dienstleistungen sind leichter nach Käufergruppen abzugrenzen als transportfähige Güter, da ein Weiterverkauf i. d. R. unmöglich ist.

(3) Eine dritte Voraussetzung verlangt unterschiedliche **Nachfrageelastizitäten** in den Marktsegmenten. Diese preistheoretische Voraussetzung ist entlang einer linearen Preis-Absatz-Funktion in den Punkten C, E und F (Abb. 6-4) gegeben, da die Preiselastizitäten entlang der linearen Nachfragefunktion wechseln.

Die monopolistische Preis-Absatz-Funktion ist der aggregierten Marktnachfrage gleichzusetzen, die sich aus unterschiedlichen Käufergruppen mit verschiedenen Preiselastizitäten zusammensetzt. Systematische Unterschiede der Preiselastizitäten der Nachfragergruppen bilden eine zwingende preistheoretische Voraussetzung dafür, daß sich eine Strategie der Preisdifferenzierung aus der Sicht eines Monopolisten lohnen kann. Nach der Regel inverser Beziehungen von Preisen im Monopol zur Preiselastizität der Nachfrage wird ein gewinnorientierter Monopolist die Angebotspreise an den Teilmärkten höher fixieren, an denen die Preiselastizität der Nachfrage der Einzelmärkte geringer ist.

Die **Anreize zur Preisdifferenzierung** werden umso größer sein,

- je höher die Preissetzungsmacht des Anbieters im Vergleich zum Polypol ist,
- je stärker die Teilmärkte voneinander abgegrenzt sind und

- je größer die Unterschiede der Preiselastizitäten der Nachfrage an den Teilmärkten sind.

In der Realität lassen sich verschiedene Beispiele der Preisdifferenzierung auffinden. Die folgende Übung enthält eine Übersicht zu den möglichen Varianten und Formen von Preisdifferenzierungen.

Übung 6-4 Systematik von Formen der Preisdifferenzierung

Formen der Preisdifferenzierung	Kriterien von Marktsegmenten	Beispiele
Personelle Preisdifferenzierung	Personengruppen Einkommens-, Statusgruppen	
Räumliche Preisdifferenzierung	Regionen, Länder	
Zeitliche Preisdifferenzierung	Jahreszeiten	
Verwendungsbezogene Preisdifferenzierung	Abnehmergruppen, Bedarfsmengen	

Ordnen Sie der vorstehenden Systematik jeweils Beispiele beobachtbarer Formen von Preisdifferenzierungen zu!

Mathematischer Anhang

Zur *Ableitung* der „Amoroso-Robinson-Formel":
Eine allgemeine Funktion der Umsatzerlöse lautet:

(1) $E = p(x) \cdot x$

Wir bilden die Ableitung der Erlösfunktion:

(2) $$\frac{dE}{dx} = p + \frac{dp}{dx} \cdot x = p \cdot \left(1 + \frac{dp}{dx} \cdot \frac{x}{p}\right)$$

Die Preiselastizität der Nachfrage $|\varepsilon|$ kann eingesetzt werden, um die Amoroso-Robinson-Beziehung zu erhalten:

(3) $$\frac{dE}{dx} = p \cdot \left(1 - \frac{1}{|\varepsilon|}\right)$$

Umformulierung zur Preis-Grenzkosten-Beziehung bei Annahme von Gewinnmaximierung: Bei gewinnmaximaler Preisfixierung muß die Regel „Grenzerlös gleich Grenzkosten" gelten. In Gleichung (3) können dann die Grenzkosten eingesetzt werden:

(4) $$\frac{dK}{dx} = p \cdot \left(1 - \frac{1}{|\varepsilon|}\right)$$

Die Preis-Grenzkosten-Beziehung ergibt sich durch Umstellen:

(5) $$p = \frac{dK}{dx} \cdot \left(\frac{\varepsilon}{|\varepsilon| - 1}\right)$$

Der Klammerausdruck muß im Monopol größer als Eins sein, da $|\varepsilon|$ nach der Cournot-Lösung im preiselastischen Bereich liegen muß.

Kontrollfragen zum sechsten Kapitel

(A) Multiple Choice-Fragen

6-1 Kurzfristig gilt für einen Monopolanbieter, daß der Gewinn
( ) aufgrund der Marktmacht immer positiv sein wird;
( ) von der Höhe der Fixkosten unabhängig ist;
( ) maximal ist, wenn der Stückerlös sein Maximum erreicht hat;
( ) immer dann maximal ist, wenn der Gesamterlös sein Maximum erreicht hat.

6-2 Ein gewinnmaximierender Monopolist wird den Preis festsetzen
( ) im elastischen Teil der Nachfragekurve;
( ) dort, wo die Nachfrage eine einheitliche Elastizität besitzt;
( ) im unelastischen Teil der Nachfragekurve;
( ) , der mit dem Grenzerlös übereinstimmt.

6-3 Angenommen wird, daß ein *Monopolist* eine Preisstrategie im Bereich einer Preiselastizität der Nachfrage von kleiner als Eins gewählt habe. Der Monopolist kann ceteris paribus
( ) mit dieser Preisstrategie seinen Gewinn maximieren;
( ) seinen Erlös erhöhen, wenn er den Preis und die Verkaufsmenge erhöht;
( ) den Gewinn erhöhen, wenn er den Preis senkt;
( ) den Gewinn erhöhen, wenn er die angebotene Menge reduziert.

6-4 Im Fall eines öffentlichen Monopols
( ) führt eine Preis-Grenzkosten-Regulierung zur Notwendigkeit öffentlicher Subventionen;
( ) verhindern „economies of scale“ eine Übereinstimmung von Grenz- und Durchschnittskosten;
( ) können gespaltene Preise zur besseren Versorgung der Kunden führen als einheitliche Preise;
( ) sind einheitliche Preise zwingend geboten;

6-5 Eine monopolistische Preisdifferenzierung setzt voraus,
( ) daß der Anbieter die Angebotsmengen nach Teilmärkten des Produktes steuern kann;
( ) daß zwischen verschiedenen Marktteilnehmern Absprachen eingehalten werden;
( ) daß der Anbieter die Markt- und Kostenbedingungen des Produktes ignorieren kann;
( ) unterschiedliche Nachfrageelastizitäten an den Teilmärkten gegeben sind;
( ) daß Kostenunterschiede in der Produktion zwischen verschiedenen Anbietern eines Gutes vorliegen.

(B) Offene Fragen (Aufgaben)

6-6 Ein analytisches Beispiel zur Monopolpreisbildung
Die Nachfragefunktion lautet:
$p = -6 \cdot x + 50{,}75$
Die Kostenfunktion hat die Form
$K = \frac{1}{4} \cdot x^3 + 8 \cdot x + 20$

(a) Bestimmen Sie die gewinnmaximale Lösung für den Monopolisten! Welche Produktionsmenge wird er absetzen, zu welchem Preis? Wie hoch ist der maximale Gewinn?
(b) Bestimmen Sie ferner die Lösung für das Umsatzmaximum und den potentiellen Gewinn im Umsatzmaximum!

6-7 Beschreiben Sie das Preisverhalten eines gewinnmaximierenden Monopolisten im Unterschied zum Preisverhalten auf der Basis der Vollkostenkalkulation (Aufschlag zu den kalkulatorischen Stückkosten)!

6-8 Prüfen Sie die Verwendung der Preis-Grenzkosten-Regel für ein öffentliches Monopol bei Annahme von „economies of scale“!

(C) Transferfragen

6-9 Unterstellen Sie, daß die Bundesbahn im Zuge einer allgemeinen Erhöhung der Einkommen (einschließlich der Gehälter der Bundesbahnbeamten) eine kräftige Erhöhung der Fahrpreise plane, um die Einnahmen aus dem Personenverkehr zu verbessern. Nehmen Sie zu der geplanten Maßnahme aus der Sicht der Monopoltheorie Stellung!

6-10 Beschreiben Sie die Reaktion eines Monopolisten auf die Einführung (Erhöhung) einer produktionsbezogenen Umweltabgabe!

Lösungshinweise zu den Übungen (im Text)

6-1: Betrachtet man den Buchautor und den Verlag jeweils als Monopolanbieter eines bestimmten Buches, können aus jeweiliger Sicht unterschiedliche Preisvorstellungen aus Unterschieden der Grenzkosten-Kalkulation abgeleitet werden.

Aus der Sicht des **Autors** entstehen nach dem Abliefern seines Manuskripts keine weiteren Kosten. Bei Grenzkosten von Null liegt die gewinnmaximale COURNOT-Lösung im Punkt des Umsatzmaximums. Der Autor wird daher eine umsatzmaximale Preisstrategie bevorzugen.

Aus der Sicht des **Verlages** sind die Grenzkosten hingegen positiv einzuschätzen, da in Abhängigkeit von der verkauften Auflage des Buches zumindest variable Vertriebs- und Honorarkosten anzunehmen sind.

Das Monopolmodell bietet folglich eine Erklärung, weshalb Autoren eines Buches nicht selten abweichende Preisvorstellungen äußern im Vergleich zum Verlag. Die COURNOT-Lösung aus der Sicht des Verlags unterscheidet sich von der optimalen Lösung aus der Sicht von Autoren.

6-2: Aus den Verleihkosten des ‚Superfilms' allein kann eine Preissteigerung um 50 Prozent nicht hergeleitet werden. Die höheren Verleihkosten des monopolistischen Kinobesitzers stellen fixe oder sprungfixe Kosten in Abhängigkeit von der Zahl der Vorführungen oder der Zahl der Besucher dar. Änderungen der Fixkosten im Vergleich zur Normalsituation beeinflussen die Monopolpreisbildung nicht. Insofern die höheren Verleihkosten die variablen Kosten des Kinobesitzers beeinflussen, können diese Kostensteigerungen nach dem COURNOT-Model eine Preissteigerung um 50 Prozent nicht begründen. Eine Erhöhung der variablen Kosten um x Prozent kann bei gewinnmaximaler Preisfixierung im Monopol keine Preissteigerung um x Prozent begründen.

Allenfalls könnte die 50-prozentige Erhöhung der Kinopreise durch Änderungen auf Seiten der Nachfrage bestimmt sein.

6-3: Die Gebührenänderungen wurden ausschließlich mit kostenorientierten Argumenten begründet. Die Gebührenstrukturen der DBP entsprachen nicht den Kostenstrukturen der Leistungen oder der Produkte der DBP.

Wenn der Unternehmensbereich der gelben Postdienste Verluste erwirtschaftet (erwirtschaftet hat), liegt (lag) die durchschnittliche Gebühr der gelben Postdienste unterhalb der DK. Eine Kostenunterdeckung öffentlicher Unternehmen ist wahrscheinlich, wenn die Ziele einer breiten (flächendeckenden) Versorgung stark gewichtet werden und die Fixkosten des Unternehmens hoch sind (vgl. die Strategie der Preis-Grenzkosten-Regulierung).

Betrachtet man den Unternehmensbereich der DBP demgegenüber vergleichend als gewinnorientiertes Monopolunternehmen nach dem COURNOT-Modell, müßten sich die Gebühren nach den Grenzkosten der Produktgruppen und Zuschlägen in inverser Abhängigkeit von der geschätzten Höhe der Preiselastizität der Nachfrage richten.

Neben den Grenzkosten der Produkte müßten die Preiselastizitäten geschätzt werden.

6-4: Systematik von Formen der Preisdifferenzierung

Formen der Preisdifferenzierung	Kriterien von Marktsegmenten	Beispiele
Personelle Preisdifferenzierung	Personengruppen	Sonderpreise für Schüler, Studenten;
	Einkommens-, Statusgruppen	ärztliche Gebühren für Privat-Versicherte
Räumliche Preisdifferenzierung	Regionen, Länder	geringere Preise im Ausland als im Inland
Zeitliche Preisdifferenzierung	Jahreszeiten	Winter-, Sommerpreise für Heizöl
Verwendungsbezogene Preisdifferenzierung	Abnehmergruppen, Bedarfsmengen	Energiepreise für Haushalte und Unternehmen

Lösungshinweise zu den Kontrollfragen

(A) Multiple Choice-Aufgaben
6-1: – ; 6-2: (a); 6-3: (d); 6-4: (a) (b) (c); 6-5: (a) (d)

(B) Offene Fragen
6-6: (a) gewinnmaximale Produktionsmenge = 3 Mengeneinheiten; gewinnmaximaler Preis = 32,75 Geldeinheiten; Gewinnhöhe = 47,50 Geldeinheiten (b) Produktionsmenge im Umsatz(Erlös-)maximum = 4,2 Mengeneinheiten, Gewinnhöhe = 35,2 Geldeinheiten
6-7: vgl. Textabschnitt 6.2.2; 6-8: vgl. Textabschnitt 6.3, insb. Abb. 6.3

(C) Transferfragen
6-9: Die Bundesbahn wird hier vereinfachend als ein Monopolunternehmen betrachtet, das u. a. bestimmte Dienstleistungen des Personenverkehrs anbietet.
Eine allgemeine Erhöhung der Einkommen kann einerseits eine Verschiebung der Preis-Absatz-Funktion der Bundesbahn nach rechts bewirken und c. p. eine Preiserhöhung nach der Monopoltheorie begründen. Das Ausmaß dieses shift-Effekts hängt von der Einkommenselastizität der Nachfrage nach Verkehrsleistungen ab. Kurzfristig wird diese relevante Nachfrage eher als relativ unelastisch einzuschätzen sein.
Andererseits bewirkt die allgemeine Erhöhung der Einkommen auch eine Zunahme der Personalkosten der Bundesbahn. Fraglich erscheint, ob die Gehälter des Bahnpersonals als variable oder fixe Kosten einzuordnen sind. Kurzfristig wird man die Gehälter den Fixkosten der Bahn zurechnen, so daß sich in kurzfristiger Sicht die Grenzkosten nicht verschieben. Erst in langfristiger Sichtweise verschieben sich auch die Grenzkosten. Nach der Monopoltheorie dürfte kurzfristig unter den genannten Annahmen nur eine Preiserhöhung geringen Ausmaßes zu begründen sein.
6-10: Die Einführung (Erhöhung) einer produzentenbezogenen Umweltabgabe im Sinne einer Mengensteuer entspricht einer parallelen Verschiebung der Grenzkostenkurve des Monopolisten. Die neue COURNOT-Lösung führt zu einer geringeren Produktionsmenge und zu einem höheren Absatzpreis.
Der Mengeneffekt der Umweltabgabe bleibt c. p. bei gleicher Marktnachfrage im Monopol geringer als im Fall polypolistischer Konkurrenz, da die Grenzerlöskurve im Vergleich zur Nachfragefunktion eine (absolut) größere Steigung hat.

Literaturhinweise

FISCHBACH, R.: Volkswirtschaftslehre, 4. Aufl., München 1987 (S. 337-361: Abschnitt 9.3.2). Breite Darstellung der theoretischen Grundlagen; für Anfänger gut geeignet.

WOLL, A.: Allgemeine Volkswirtschaftslehre, 9. Aufl., München 1987 (S. 195-207: Kap. 7/II). COURNOT-Modell wird knapp dargestellt; relativ breite Beachtung der Preisdifferenzierung (-diskriminierung).

LIPSEY, R. G., STEINER, P. O., PURVIS, D. D.: Economics, 8. ed., New York 1987 (S. 230-245: Chap. 13). Als ergänzende englischsprachige Lektüre zu empfehlen; exakte Darstellung des COURNOT-Modells und der Preisdiskriminierung (-differenzierung).

MILLER, R. L.: Economics Today - The Micro View, New York 1985, (S. 265-292, S. 323-327: Chap. 12/14). Grundlegende, englischsprachige Lektüre mit didaktisch gutem Aufbau.

HARTLEY, K., TISDELL, C.: Micro-Economic Policy, Chichester 1981, (S. 190-218: Chap. 8). Nur zur ergänzenden Vertiefung geeignet.

Zitierte Literatur

SAMUELSON, P. A., NORDHAUS, W. D., Volkswirtschaftslehre. Grundlagen der Makro- und Mikroökonomie, Bd. 2, 8. Aufl., Köln 1987

STOBBE, A.: Volkswirtschaftslehre II, Mikroökonomik, Berlin u. a. 1983

7 Oligopol und heterogener Wettbewerb

Inhaltliche Orientierung

Das siebte Kapitel befaßt sich mit Marktformen des Oligopols. Im Vergleich zu den extremen Modellen des Polypols und des Monopols haben die Anbieter eines Oligopols begrenzte preisliche Handlungsspielräume in wechselseitiger Abhängigkeit zu anderen Anbietern eines Gutes. Die Spannweite der oligopolistischen Märkte füllt ein breites Spektrum zwischen wenigen großen Anbietern mit hohen Marktanteilen (enges Oligopol) und einer größeren Zahl von Anbietern in weiten Oligopolen. Deshalb sollen zunächst die wichtigsten Merkmale eines Oligopols, die Kriterien der Marktstrukturen und der Abhängigkeit der Anbieter, geklärt werden (**7.1**).

Im zweiten Teilabschnitt werden in Analogie zum Aufbau der vorherigen Kapitel typische Strategien des Preisverhaltens im Rahmen preistheoretischer Modelle vorgestellt. Wegen der Vielfalt der Oligopolmärkte in der Realität dominiert kein bestimmtes Oligopol-Modell, vielmehr wurden in der Literatur sehr verschiedene Ansätze des oligopolistischen Preisverhaltens entwickelt. Unsere Auswahl beschränkt sich im Fall homogener Oligopole zunächst auf ein einfaches Modell einer geknickten Nachfragefunktion, eine Modifikation des Monopolmodells von COURNOT. Enge Oligopole mit homogenen Produkten tendieren wegen der wechselseitigen Abhängigkeit der Anbieter und der Gefahr von Preiskämpfen nicht selten zu vertraglichen Preisabsprachen (Preiskartellen) und informellen Preisführerschaften. Zur Funktionsweise von Preiskartellen und zum informellen, gleichförmigen Preisverhalten werden anwendungsbezogene Übungsbausteine einbezogen (**7.2**).

Im dritten Textabschnitt werden wir Märkte mit heterogenen Produktmerkmalen annehmen. Hierzu stellen wir zwei weitere preistheoretische Varianten oder Modifikationen des monopolistischen Grundmodells vor. Ferner versuchen wir zu begründen, warum in heterogenen Oligopolen Formen der Produktdifferenzierung und des Nicht-Preiswettbewerbs vielfach größere Bedeutung als autonome Preisstrategien haben. Abschließend erläutern wir ein dynamisches Konzept zyklischer Marktphasen mit unterschiedlichen Schwerpunkten der Produktgestaltung, das Konzept eines typischen Produktzyklus (**7.3**).

Mit diesem siebten Kapitel wollen wir den Teil zur Mikroökonomie in diesem Lehrbuch abschließen.

7.1 Merkmale des Oligopols: Marktstruktur und wechselseitige Abhängigkeit

Gemessen an der Marktstruktur gilt das Oligopol als typische Marktform, insbesondere in Branchen mit hohen Konzentrationsgraden und hohen Marktanteilen von größeren Anbietern. Der Begriff des **Oligopols** bedeutet in wörtlicher Übersetzung eine geringe Zahl von Anbietern eines Marktes. Dabei wird eine eindeutige Abgrenzung nach einer bestimmten Zahl von Anbietern nicht vorgenommen. Man spricht von **„engen Oligopolmärkten"**, wenn nur wenige Großanbieter mit hohen Marktanteilen den Gesamtumsatz des Marktes bzw. einer Branche auf sich verteilen. In **„weiten Oligopolen"** ist die Zahl der Anbieter hingegen nicht eindeutig von einem polypolistischen Wettbewerb abgegrenzt, jedoch treten typische Merkmale von Oligopolmärkten wie Preisabsprachen, Produktdifferenzierung im Unterschied zum Polypol auf. Reale Oligopole sind daher nicht auf den großbetrieblichen Bereich der Industrie beschränkt; bestimmte Oligopolmerkmale sind z. B. gerade auch an lokalen Märkten der Bauwirtschaft zu beobachten. Oligopole müssen deshalb nicht zwingend mit der Größe multinationaler Unternehmen identifiziert werden. Bereits ADAM SMITH, der klassische Nationalökonom des Liberalismus (1776), erkannte eine verbreitete Neigung zu Preisabsprachen: „Wenn Menschen desselben Gewerbes zusammenkommen und sei es nur zur Geselligkeit und zur Unterhaltung, dann endet das Gespräch nur in seltenen Fällen nicht mit einer Verschwörung gegen die Öffentlichkeit oder mit einem ausgeklügelten Trick zur Erhöhung der Preise" (zit. nach MCCONNELL, Bd. 2, 1975, S. 697)

Da das Kriterium der Zahl der Anbieter im Oligopol sich nicht eindeutig abgrenzen läßt, ist zu vermuten, daß weitere Kriterien zu verwenden sind. Nicht allein die Zahl der Anbieter und die Marktstrukturen unterscheiden das Oligopol von anderen Marktformen; als ein wichtiges verhaltensbezogenes Merkmal ist die **wechselseitige Abhängigkeit** der Anbieter im Oligopol hervorzuheben. Die Abhängigkeit der Anbieter hat zur Folge, daß ein Unternehmen im Oligopol bei geplanten Marktaktionen die Reaktionen der Konkurrenten zu berücksichtigen hat. Das Merkmal der wechselseitigen Abhängigkeit wird in einem engem Oligopol mit homogenen Produkten besonders relevant sein. Der Leser möge sich ein homogenes Oligopol mit drei Unternehmen vorstellen, die jeweils ungefähr ein Drittel des Marktanteils innehaben. Falls das erste Unternehmen den Preis senken würde, könnte sich der Marktanteil des Unternehmens erhöhen. Die beiden anderen Unternehmen würden von der Preissenkung des ersten Unternehmens dann negative Marktanteilseffekte erwarten. Sie würden daher auf Preissenkungen des ersten Unternehmens unmittelbar reagieren, um die Marktanteile zu halten. Die wechselseitige Abhängigkeit hat daher ein wichtiges Verhaltensmerkmal des Oligopols zur Folge, die Anbieter haben jeweils die wahrscheinlichen Reaktionen ihrer Konkurrenten zu beachten.

Ergänzend ist eine Unterscheidung zwischen **homogenen** und **heterogenen Oligopolen** vorzunehmen. Der **Grad der Produktdifferenzierung** im heterogenen Oligopol beeinflußt zugleich das zweite Merkmal der wechselseitigen Abhängigkeit der Oligopolanbieter. C. p. wird die Abhängigkeit im homogenen Oligopol höher sein; während im heterogenen Oligopol die wechselseitige Abhängigkeit der Anbieter vermindert wird, je stärker die Produkte des Marktes differenziert sind. Der Fall des homogenen Oligopols wird in der Regel als Ausgangsfall angenommen, die in der Realität häufigen Fälle eines heterogenen Oligopols gelten als graduelle Abweichungen des reinen (homogenen) Oligopols. Weil beim heterogenen Oligopol die Marktstrukturen und der Grad der Produktdifferenzierung die oligopolistische Abhängigkeit bestimmen, werden wir später die Fälle des heterogenen Oligopols und der heterogenen Konkurrenz nicht unterscheiden.

7.2 Preisverhalten im Oligopol

Das zentrale Begriffsmerkmal der oligopolistischen Abhängigkeit der Anbieter führt häufig zu bestimmten beobachtbaren Tendenzen des Preisverhaltens,

- einer Tendenz zu Preisstarrheiten nach unten (Preisinflexibilitäten) in einem Oligopol nicht-kooperativer Unternehmen (7.2.1),

- einer Neigung zu Preisabsprachen (kooperativem Verhalten) der Anbieter (7.2.2),
- sowie zur Beobachtung von Preisführerschaften und gleichförmigen Preisverhalten, das nicht ausdrücklich unter den Anbietern abgesprochen wurde (7.2.3).

7.2.1 Das Modell der geknickten Nachfragefunktion

Als Erklärungsproblem gilt zunächst eine beobachtbare Tendenz zur **Preisinflexibilität nach unten** in einem homogenen Oligopol ohne Absprachen zwischen den Anbietern (**nicht-kooperatives Oligopol**).

Zu den Annahmen des Modells:

(1) Auf der konjekturalen Preis-Absatz-Funktion *eines* Oligopolisten wird ein bestimmter Preis in der Ausgangssituation angenommen.

(2) Ein Oligopolist versucht, im Rahmen seiner Preisplanung mögliche Reaktionen der Konkurrenten aufgrund der oligopolistischen Abhängigkeit zu berücksichtigen. Erwartet werden **asymmetrische** Preisreaktionen der Konkurrenten, die aus der Annahme eines an Marktanteilen orientierten Preisverhaltens abgeleitet sind. Der Oligopolist nimmt an, daß eigene Preissenkungen die Konkurrenten gleichfalls zu Preissenkungen veranlassen würden, um Marktanteile nicht zu verlieren. Andererseits würden eigene Preiserhöhungen die Konkurrenten nicht zu Preisänderungen veranlassen, weil deren Marktanteil dadurch erhöht werden könnte.

Die subjektiven Erwartungen asymmetrischer Preisreaktionen bei Änderung der eigenen Preispolitik finden ihren Niederschlag im **Verlauf der individuellen Preis-Absatz-Funktion** des betreffenden Oligopolisten. Bei individuellen Preiserhöhungen und konstanten Preisen der Konkurrenten würden sich die eigenen Marktanteile verringern. Der einzelne Oligopolist müßte starke negative Mengeneffekte der Nachfrage erwarten. Bei einer Preissenkung würden dagegen die Mengeneffekte vergleichsweise geringer ausfallen. Denn wegen der wahrscheinlichen Preisreaktionen der Konkurrenten würden Verschiebungen des eigenen Marktanteils bei Preissenkungen entfallen. Die asymmetrischen Preiserwartungen des Oligopolisten führen dann zu unterschiedlichen Steigungen der subjektiven Preis-Absatz-Funktion, ausgehend von der Ausgangssituation. Die **Preiselastizität der Nachfrage** wird relativ höher eingeschätzt bei individuellen Preiserhöhungen, dagegen relativ geringer bei allgemeinen Preissenkungen. Die angenommenen Preiserwartungen des Oligopolunternehmens führen auf der Basis des Ausgangspreises zu einer **geknickten subjektiven Preis-Absatz-Funktion**.

Die Konsequenz der asymmetrischen Preiserwartungen, die **„Knickstelle“** der Preis-Absatz-Funktion, liefert eine mögliche Erklärung der beobachtbaren Preisstarrheiten. Wenn erwartet wird, daß die Rivalen auf Preissenkungen gleichfalls ihre Preise senken werden, um ihre Marktanteile zu verteidigen, mag die individuelle Neigung des Oligopolisten zur effektiven Senkung von Preisen eher gering sein. Wenn hingegen bei individuellen Preiserhöhungen Reaktionen der Konkurrenten wahrscheinlich ausbleiben, wird eine Neigung zu Preiserhöhungen nur bei größeren allgemeinen Änderungen der Kosten- und Nachfragebedingungen zu vermuten sein. Bei einzelwirtschaftlichen Änderungen wird die Neigung zu Preiserhöhungen zurückhaltender sein. Im Modell führt der Knick der Nachfragefunktion formal zu einer Sprungstelle bzw. zu einem Unbestimmtheitsbereich der Grenzerlösfunktion. Diese Eigenschaft der Sprungstelle bewirkt, daß geringfügige Kostenänderungen in diesem Bereich **nicht** zu Änderungen der gewinnmaximalen Preis-Mengen-Kombination des Oligopolisten führen (vgl. die Verläufe der Grenzkosten in Abb. 7-1).

Abb. 7-1 Eine geknickte subjektive Nachfragefunktion

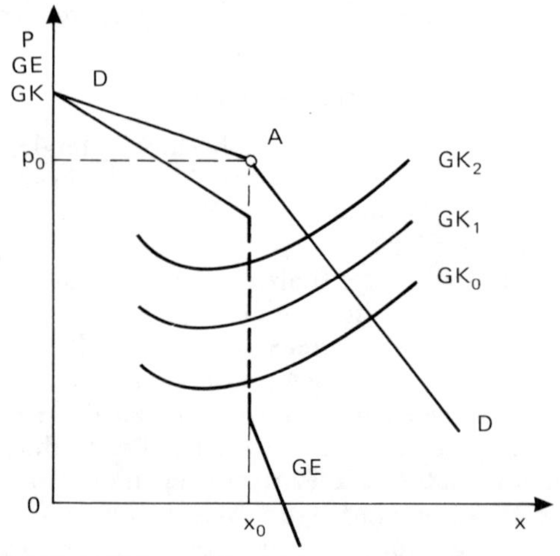

Ausgehend vom Punkt A, der Ausgangssituation auf der individuellen Preis-Absatz-Funktion, führt die Erwartung asymmetrischer Preisreaktionen der Rivalen zu einem Knick der PAF, der eine „Sprungstelle" der Funktion der Grenzerlöse (GE) zur Folge hat. Änderungen der einzelwirtschaftlichen Grenzkosten ($GK_0 \rightarrow GK_1 \rightarrow GK_2$) führen im diskontinuierlichen Bereich der „Sprungstelle" nicht zu Änderungen des gewinnmaximalen Preises des Oligopolunternehmens.

Anmerkungen zur Beurteilung des Modells:

- Das Modell liefert einen einfachen Erklärungsansatz für beobachtbare Preisinflexibilitäten. Wenn jedes Oligopolunternehmen nach einer subjektiven Nachfragefunktion mit der Erwartung asymmetrischer Preisreaktionen der jeweils anderen Anbieter eines Gutes handelt, können relativ starre Preise bei mäßigen Kostenänderungen die Folge sein. Dabei wird die Ausgangssituation vereinfachend als eine vorgegebene Situation angenommen, ohne den Ausgangspreis besonders herzuleiten oder näher zu bestimmen.
- In den Überlegungen zur Begründung der asymmetrischen Erwartungen wird auf die Relevanz von Marktanteilen als Verhaltensfaktor des (der) Unternehmen hingewiesen. Die Marktanteile bilden einen strategischen Erfolgsindikator von Oligopolunternehmen.
- Im Modell ist die einzelwirtschaftliche Perspektive des erwarteten Preisverhaltens der Konkurrenten maßgeblich. Wahrscheinlich erscheint, daß individuelle Änderungen (der Kosten, der Nachfrage) andere Erwartungen über Preisreaktionen zur Folge haben werden als uniforme Änderungen für alle Anbieter (z. B. allgemeine Erhöhungen der Verbrauchssteuern, der Tariflöhne). Das Modell führt zu weiteren Ergebnissen, wenn die Erwartungsbildung der Unternehmen näher spezifiziert wird. Die Aussagen des Modells lassen sich in dieser Hinsicht erweitern und spezifizieren.
- Im nicht-kooperativen Oligopol verbleiben Unsicherheiten der einzelnen Anbieter über die möglichen Verhaltensreaktionen der Konkurrenten. Unsicherheiten bei starker oligopolistischer Abhängigkeit werden zur Beseitigung der Ungewiß-

heiten veranlassen. Eine naheliegende Möglichkeit mögen Absprachen oder Neigungen zu „kooperativen“ Oligopolen sein.

7.2.2 Kooperatives Oligopol: Preisabsprachen und Kartelle

Lohnt sich in einem engen Oligopol eine von der Konkurrenz abweichende Strategie von Preisveränderungen? Individuelle Preisstrategien würden sich lohnen, wenn dadurch Änderungen des Marktanteils des einzelnen Anbieters durchsetzbar wären. Nach dem vorherigen Abschnitt erscheint es jedoch als wahrscheinlicher, daß es bei individuellen Preissenkungen zu Gegenreaktionen der Konkurrenten kommt, um die alten Marktanteile wieder herzustellen. Statt zu Marktanteilsänderungen käme es zu einem **Preiskampf**. Somit erscheint ein abweichendes Preisverhalten eines Oligopolisten (nach unten) als eine risikobehaftete Strategie in Richtung eines möglichen Preiskampfes mit geringen Aussichten auf Marktanteilsgewinne. Demgegenüber mag ein gleichförmiges Preisverhalten im Oligopol eher als eine relativ risikolose Strategie erscheinen. Aus der wechselseitigen Abhängigkeit im Oligopol resultieren somit Anreize zu gleichförmigem Preisverhalten und kollektiven Preisabsprachen. Wenn der Begriff des **kooperativen Oligopols** in diesem Zusammenhang Verwendung findet, bezieht er sich auf aktiv herbeigeführte Formen abgestimmter oder gemeinsamer Preisgestaltung von Unternehmen eines Oligopols.

Ein **Quasi-Monopol** bezeichnet den weitestgehenden Fall von Preisabsprachen im homogenen Oligopol zum Zweck übereinstimmender Preise und eines abgestimmten Mengenverhaltens. Die rechtlich selbständigen Anbieter verhalten sich wie ein aggregiertes Monopol, indem das gemeinsame Gewinnmaximum geplant und ein kollektives Preis- und Mengenverhalten festgelegt wird. Der gewinnmaximale Preis gilt einheitlich für alle Unternehmen; die aggregierte gewinnmaximale Produktionsmenge wird in Anteilen (Quoten) auf die einzelnen Anbieter verteilt. Die gemeinsame Gewinnmaximierung entspricht daher im Prinzip einer aggregierten COURNOT-Lösung („Quasi-Monopol“).

Als weitere Beispiele kollektiver Preispolitik werden vertragliche Preiskartelle genannt. Ein **Kartell** bezeichnet nach wirtschaftsrechtlicher Definition vertragliche Absprachen zwischen rechtlich selbständigen Unternehmen zum Zweck der Beschränkung des Wettbewerbs und des gemeinsamen Vorteils der Beteiligten. Ein **Preiskartell** betrifft vertragliche Absprachen von Anbietern über die Preisgestaltung. Es handelt sich um Preisabsprachen, die vertraglich zwischen den Beteiligten vereinbart werden, um abgestimmte Formen der Preisgestaltung zu erreichen. Ein **Quasi- oder Frühstückskartell** liegt vor, wenn keine vertraglich fixierten Verträge, sondern nur verdeckte oder stillschweigende Vereinbarungen getroffen wurden. Preiskartelle erfordern zur längerfristigen Einhaltung der Kartellvereinbarungen ergänzende Absprachen über die Produktionsmengen (Quoten) der Anbieter. Ein **Quotenkartell** soll einer abgestimmten Beschränkung der Produktions- und Angebotsmengen der Beteiligten am Markt dienen, um einen Preisdruck durch Angebotsüberschüsse zu vermeiden.

Ein **Preiskartell** wird langfristig ohne Absprachen über die **Produktionsanteile** kaum fortbestehen. Schwierigkeiten, die Kartellvereinbarungen im Zeitverlauf zu erhalten, sind besonders in weiten Oligopolen bei einer größeren Zahl von Anbietern zu vermuten. Denn mit der Anbieterzahl wächst im allgemeinen die Gefahr verdeckter Preiskonzessionen und verdeckter Produktionserhöhungen – über die zugeteilten Mengen hinausgehend –, um durch **egoistische Strategien** eine individuelle Erhöhung der Umsätze und Gewinne zu Lasten der Konkurrenten zu erreichen. Als längerfristige Folge droht ein Auseinanderbrechen des kollektiven Preis- und Produktionskartells, weil die vereinbarten Kartellpreise von den Mitgliedern unterlaufen werden; insbesondere führen überhöhte individuelle Produktionsmengen der Anbieter dazu, daß schließlich die aggregierten Angebotsmengen die Marktnachfrage zum gegebenen Preis weit übersteigen. Die aggregierten Marktüberschüsse bewirken dann einen Preisdruck, der in Richtung einer Aufgabe des Preiskartells tendiert. Der Fortbestand eines Kartells wird durch einzelwirtschaftliche Interessen und durch Marktungleichgewichte unmöglich gemacht.

Eine geometrische Darstellung von **drei Varianten der Preispolitik** eines Kartells mit bzw. ohne Produktionsquoten liefert die Abb. 7-2. Das Marktgleichgewicht bei einer gegebenen Marktnachfrage und einem gegebenen aggregierten Angebot, das zu einer Preisbildung bei Marktwettbewerb führt, dient zunächst als Vergleichsbasis. Die angenommenen Kartellvereinbarungen der Anbieter des betreffenden Marktes gelten unter c. p.-Annahmen ohne Veränderungen der Produktionsbedingungen und der Marktnachfrage. Eine **erste Möglichkeit** der Kartellvereinbarung entspricht dem gemeinsamen Gewinnmaximum eines Quasi-Monopols. Die Anbieter verhalten sich wie ein aggregiertes Monopol und versuchen, den gewinnmaximalen Preis der COURNOT-Lösung des Monopols zu realisieren. Der Vergleich mit dem aggregierten Angebot beim Marktgleichgewicht zeigt, daß einzelne oder mehrere Anbieter demgegenüber die Produktionsmenge reduzieren müssen und die ver-

Abb. 7-2 Alternative Preiseffekte eines Preiskartells

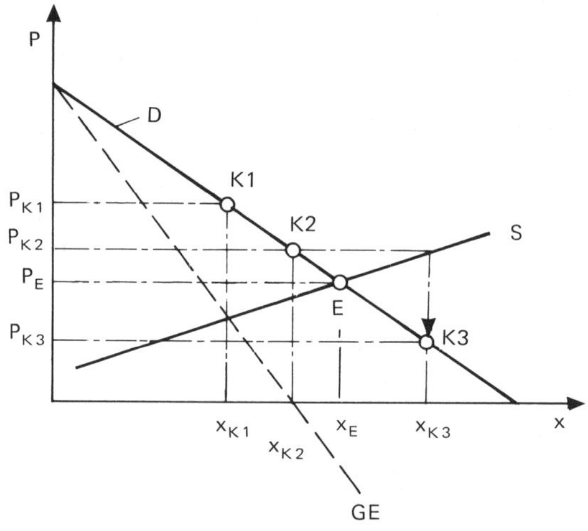

Bei gegebener Marktnachfrage D und gegebenen Marktangebot S würde sich ein Konkurrenzgleichgewicht in E herausbilden. Wenn sich demgegenüber alle Anbieter des Marktes in einem Kartell als Quasi-Monopol vereinigen, kann das Kartell den gemeinsamen gewinnmaximalen Monopolpreis p_{K1} fixieren. Der Kartellpreis p_{K1} liegt deutlich höher als p_E. Ein einfaches Preiskartell K_1 führt jedoch zur Unterbeschäftigung der vorhandenen Betriebe ($x_{K1} < x_E$). Vorstellbar ist deshalb auch eine Strategie der Umsatzmaximierung mit einem Preis p_{K2}. Dieses Preiskartell wird allerdings eine Reihe von Anbietern veranlassen, sich wie Mengenanpasser bei gegebenem Preis zu verhalten. Es kommt daraufhin zu Angebotsüberschüssen, die den Marktpreis letztlich auf p_{K3} herabdrücken können.

fügbaren Kapazitäten nicht auslasten werden. Wegen der vergleichsweise geringen Kapazitätsauslastung bestehen einzelwirtschaftliche Anreize zur Erhöhung der Produktionsmenge. Daher ist zur Absicherung des Preiskartells K_1 ein striktes Produktionskartell erforderlich.

Als **zweite Möglichkeit** wird wegen der skizzierten Kapazitätsprobleme eine Preisvereinbarung angenommen, die ein gemeinsames Umsatzmaximum aller Anbieter anstrebt. Zur Durchsetzung dieser Preisstrategie (K_2) werden entsprechende Absprachen über die Produktionsmengen der Beteiligten getroffen.

Ein Preiskartell, das ein gemeinsames Umsatzmaximum ohne Preisabsprachen zu realisieren versucht, bildet die **dritte Alternative.** Ein fixierter Kartellpreis p_{K2} *ohne* Vereinbarungen der Produktionsmengen wird die individuellen Anbieter veranlassen, sich als gewinnmaximale Mengenanpasser zu verhalten. Das aggregierte Marktangebot wird daraufhin entsprechend der Angebotsfunktion ausgedehnt, so daß es am Markt zu überschüssigen Angebotsmengen oder zu einem Ungleichgewicht kommen wird. Bei gegebener Marktnachfrage kann das Überschußangebot dann nur zu geringeren Marktpreisen unterhalb des Marktgleichgewichts im Ausgangspunkt abgesetzt werden. Ein Preiskartell ohne Preisabsprachen wird folglich längerfristig zu starken Preisanpassungen nach unten zwingen, wenn es zu überschüssigen Produktionsmengen einzelner Anbieter kommt. Zur Erhaltung eines Preiskartells ist daher in der Regel auch ein funktionierendes Quotenkartell als Ergänzung erforderlich.

In diesem Zusammenhang ist an das bekannte **OPEC-Preiskartell** der 70er Jahre zur höheren Fixierung der Rohölpreise an den Weltmärkten zu erinnern. Die Preisvereinbarungen der wichtigen Ölförderländer führten im Verlauf der 70er Jahre zwischen 1973 und 1979/80 zu sprunghaften Preiserhöhungen. Die Preise je Barrel Rohöl stiegen von ca. 3 Dollar (1973) um das zehnfache der Ausgangspreise (bis 1980). Nach der Theorie des kooperativen Oligopols bedarf ein funktionsfähiges Preiskartell ergänzender Vereinbarungen über Produktionsmengen und -quoten. Wegen unterschiedlicher Interessen der OPEC-Länder kam es zunächst nicht zu Quotenabsprachen der Förderländer.

Dennoch hielt das Preiskartell in den 70er Jahren stand. Im Verlauf der 80er Jahre kam es hingegen in der ersten Hälfte zu mäßigen Preisrückgängen, im Jahr 1986 zu massiven Preissenkungen an den Ölmärkten. Die erfolglosen Bemühungen der OPEC-Länder um erneute Preisabsprachen kommentierte eine Wirtschaftszeitung (HANDELSBLATT vom 10. 12. 1986) mit dem Verweis auf die Aussagen der Lehrbücher zur Kartellproblematik: Die Entwicklung des OPEC-Preiskartells bilde ein anschauliches theoretisches Fallbeispiel.

Übung 7-1 Das OPEC-Preiskartell im Verlauf der 70er und der 80er Jahre

Why was OPEC able to raise prices (during the '70s) without setting production quotas?

1. The low elasticity of demand for oil - particulary in the short run - provides OPEC with substantial market power. It can raise price without a sharp short-run reduction in the quantity demanded. Thus, inelastic demand provides a price-fixing cartel with a golden opportunity: By raising price, it can raise total revenue. And there is another advantage of inelastic demand. Because sales hold up well in the face of rising price, there is less temptation for cartel members to squabble over market shares ...
2. Not only was the elasticity low, but the demand curve for oil had also shifted out rapidly during the boom of 1972 and 1973. By the time OPEC began hiking the price, demand was both inelastic and high.

3. At the same time, the OPEC supply of oil was being curtailed - for noneconomic reasons ...

4. Saudi Arabia, the largest producer for the world market, was adjusting its supply in order to control price. Specifically, whenever it appeared that a glut (over-supply) was developing on the world oil market, Saudi Arabia would cut back its own production. This maintained the world oil shortage that kept the price from falling ...

5. The (international) oil companies are ... discouraged from switching between oil supplying countries because oil has special chemical characteristics (sulfur content, etc.). Refineries designed for oil from one source are not always able to use oil for another. (A Case Study: The International Oil Cartel, zit. nach: WONNACOTT/WONNACOTT 1979, S. 484-86).

Analysieren Sie die möglichen Ursachen der *Ölpreisrückgänge in den 80er Jahren* auf der Basis des vorstehenden Textes! Sind die Argumente des vorstehenden Textes zu einer revidierten, inversen Verwendung mit Bezug auf die Ölpreisentwicklung der 80er Jahre geeignet?

7.2.3 Preisführerschaft und paralleles Preisverhalten

In oligopolistischen Märkten lassen sich nicht selten Fälle von **informeller Preisführerschaft** beobachten. Dabei setzen zumeist größere oder marktbeherrschende Unternehmen autonom die Preise fest oder bestimmen über Preisänderungen. Die Preisfixierung seitens des marktbeherrschenden Vorreiters erfolgt in der Erwartung paralleler Preisänderungen durch die anderen Anbieter. Diese Erwartung scheint besonders wahrscheinlich, wenn Kostenänderungen die Anbieter eines Oligopols gleichzeitig und ungefähr in gleichem Ausmaß treffen. Eine Preisführerschaft dieser Art setzt einerseits eine aktive Preispolitik eines marktbeherrschenden oder als „Vorreiter" akzeptierten Unternehmens voraus.

Andererseits müssen die Preisfixierungen des Marktführers über längere Zeit durch parallele Preisänderungen der anderen Anbieter unmittelbar beantwortet werden. Bei dem anderen Teil der Anbieter wird eine defensive Strategie adaptiver Preisanpassungen ohne Absprachen angenommen. Beide Gruppen der Anbieter, der vorlegende Preisführer und die reaktiven Preisanpasser, handeln im Bewußtsein einer informellen Preis- und Reaktionsverbundenheit der Teilnehmer des Oligopolmarktes. Das adaptive Verhalten mag teils aus der überlegenen Marktbeherrschung eines größeren Unternehmens resultieren (**„dominant firm case"**), von dem die anderen Anbieter aus Sorge vor einem ruinösen Preiskampf nicht abweichen mögen. In extremen Fällen der Marktbeherrschung eines Unternehmens kann der Marktführer wie ein Teilmonopol handeln und die Marktanteile der restlichen Anbieter als gegeben betrachten. Preisführerschaften marktbeherrschender Unternehmen sind in der Regel an eine konzentrierte Verteilung der Marktanteile und/oder eine überlegene Finanzmacht des beherrschenden Unternehmens gebunden. Denkbar erscheint auch eine dominante Preispolitik eines Unternehmens mit den relativ günstigsten Kostenbedingungen. Ein kostengünstiger Anbieter wird in der Lage sein, längerfristig das untere Preisniveau zu bestimmen, an dem sich andere Unternehmen zu orientieren haben.

Daneben sind Fälle **wechselnder oder „barometrischer" Preisführerschaften** möglich, wenn die Initiative zu aktivem Preisverhalten wechselt und die jeweils anderen Anbieter der ersten Preisaktion eines Unternehmens folgen. Der Preisführer unter den Anbietern muß nicht generell das größte Unternehmen sein, sondern jeweils ein Unternehmen, das als erstes für „angemessen" gehaltene Preisänderungen vornimmt. Ein paralleles Preisverhalten resultiert hier aus den gemeinsamen Interessen der Oligopolisten, wegen starker wechselseitiger Abhängigkeiten einen risikobehafteten Preiskampf vermeiden zu wollen. Bei ähnlichen Kostenverläufen und „angemessenen" Gewinnlagen bestehen gemeinsame Interessen, gegen Außenseiter und zusätzliche Markteintritte zu kämpfen, jedoch nicht um die jeweils eigenen Marktanteile gegeneinander zu ringen. Der mögliche Aktionsparameter autonomer Preispolitik gilt als eine unsichere „Holzhammermethode" mit starken Risiken für die Verteilung der Marktanteile, welche die eingeführten Unternehmen bei guter oder normaler Marktlage aus Risikogründen scheuen.

Übung 7-2 Beispiele gleichförmigen Preisverhaltens?

Die Preisentwicklung am deutschen Automobilmarkt in den 70er Jahren.

„Die deutschen Automobilhersteller erhöhten im Zeitraum 1970–1976 die Preise beträchtlich. In den Jahren mit schlechter Geschäftslage wie 1974 wurden die Preiserhöhungen mit der hohen Fixkostenbelastung begründet. Obwohl in diesen Jahren die Nachfrage rückläufig war oder stagnierte, wurden die Preise heraufgesetzt. Bei guter Geschäftslage dagegen argumentierten die Automobilhersteller, daß die Übernachfrage Preiserhöhungen erforderlich mache, damit die Lieferfristen abgebaut werden könnten ... Bei Preiserhöhungen ging die Branche ... nach folgendem Muster vor: Ein Konzern kündigte als erster an und die übrigen folgten dann nach. (Im Januar) 1972 machte Ford den Anfang. Im Frühjahr 1973 fiel Opel die Rolle des Vorreiters zu, Anfang 1974 Mercedes, im Frühjahr 1975 Volkswagen und Anfang 1976 war wieder Ford an der Reihe." (MÜLLER/PÖHLMANN 1977, S. 189f.)
Erörtern Sie Beispiele gleichförmigen Preisverhaltens mit aktuellem Zeitbezug!

Das aus der gegenseitigen Abhängigkeit und dem gemeinsamen Interesse an Risikovermeidung resultierende gleichförmige Preisverhalten ohne Absprachen muß aus der **Sicht der Wettbewerbspolitik** von einem abgestimmten kollektiven Preisverhalten unterschieden werden. Das Wettbewerbsgesetz in der BR Deutschland verbietet ein abgestimmtes Preisverhalten, um eine Umgehung des allgemeinen Kartellverbots durch verdeckte oder informelle Verständigungshandlungen der Anbieter zu verhindern (§§ 1, 25, 38 des Gesetzes gegen Wettbewerbsbeschränkungen). Nach dem sog. **Teerfarbenfall** hatten sich im Jahr 1967 Vertreter der führenden europäischen Farbenhersteller zu einer Tagung in Basel getroffen. Sie hatten sich nach den Tagungsprotokollen gegenseitig über die jeweiligen Marktanalysen informiert und nach Ansicht der Wettbewerbsbehörden implizit über das geplante Preisverhalten abgestimmt, so daß im Anschluß an die Tagung auch ohne kartellrechtliche Verträge einheitliche Preisanhebungen vorgenommen wurden. Daraufhin wurde das Wettbewerbsgesetz geändert, um nicht nur *vertragliche* Absprachen zur Wettbewerbsbeschränkung (Kartelle), sondern auch *informelle* Verhaltensabstimmungen zu verbieten.

Wenn die praktische Wettbewerbspolitik ein Verbot **abgestimmten** Preisverhaltens durchsetzen möchte, bedarf es einer exakten Abgrenzung zu einem erlaubten Parallelverhalten im Oligopol (das nicht verboten werden kann). **Paralleles** Preisverhalten resultiert nach der Oligopoltheorie aus dem Bewußtsein der gegenseitigen Abhängigkeit und der Aversion gegen Preiskämpfe und abweichende Preismaßnahmen. In der Situation eines engen Oligopols erscheint eine marktanteilsbezogene Sicherheitsstrategie der Unternehmen nicht unangemessen und nicht ohne eine rationale Begründung zu sein. Dagegen verbietet die Wettbewerbspolitik Preisabstimmungen, die als „aktiv herbeigeführte ex ante-Koordination" des Preisverhaltens von Anbietern umschrieben werden. Die Koordination geschieht durch „aktive Fühlungsnahme, Information und Verständigungshandlungen", die geeignet sind, konkrete Erwartungen über das Preisverhalten anderer Anbieter auszulösen und damit Unsicherheiten über deren Wettbewerbsverhalten abzubauen. Bereits die begriffliche Erläuterung des abgestimmten Preisverhaltens läßt auf Schwierigkeiten der Abgrenzung zum Parallelverhalten im Oligopol schließen. Ein Nachweis verlangt nicht nur die Beobachtung längerfristiger gleichförmiger Preisänderungen, sondern auch den Beleg von informellen Handlungen der gegenseitigen Abstimmung der Anbieter.

7.3 Heterogene Konkurrenz- und Oligopolmärkte

An **heterogenen Märkten** werden ähnliche, nicht identische Produktgruppen angeboten, die sich aus der Sicht der Nachfrage unterscheiden, sich aber wegen ihrer Ähnlichkeit und ihres gemeinsamen Verwendungszwecks leicht substituieren lassen. Heterogene Produkte kennzeichnen zwei Merkmale, technische und fachliche Produktdifferenzen sowie partielle Präferenzen der Nachfrager. Konkurrenzmärkte haben nach der gängigen Abgrenzung der Marktstrukturen viele Anbieter mit jeweils kleinen Marktanteilen. Die Literatur verwendet den Begriff der **monopolistischen (heterogenen) Konkurrenz** zur Abgrenzung vom Polypol, um das Merkmal autonomer preispolitischer Spielräume von Anbietern in heterogenen Märkten hervorzuheben. Entsprechende Marktsituationen sind vorstellbar für **weite Oligopole** mit Produktdifferenzierungen, die eine größere Zahl von Anbietern (im Vergleich zu den engen Oligopolen) haben und bei denen wegen der heterogenen Produkte nur eine begrenzte Interdependenz vorliegt. Da die heterogenen Oligopol- und Konkurrenzmärkte nach dem Kriterium der Anbieterstruktur nicht exakt unterschieden werden, ordnen wir die Konzepte der monopolistischen Konkurrenz hier ohne nähere Unterscheidung den heterogenen Oligopolmärkten zu. Außerdem erfolgt hier eine Zuordnung von verschiedenen Formen des Produktwettbewerbs; denn Oligopolunternehmen tendieren nicht selten zu Verhaltensweisen der Produktdifferenzierung, um durch eine Differenzierung der Präferenzen und der Produkte die oligopolistische Interdependenz der Anbieter zu verringern.

7.3.1 Monopolistische Konkurrenz (heterogene Oligopole)

Der Begriff der monopolistischen Konkurrenz wird mit Vorzug verwendet, um heterogene Marktformen mit einer größeren Zahl von Anbietern (weites Oligopol, Konkurrenz) zu beschreiben. Die Anbieter besitzen durch differenzierte Produkte und/oder Präferenzen der Nachfrage begrenzte „monopolistische" Spielräume einer autonomen Preispolitik entlang einer jeweiligen Preis-Absatz-Funktion. Heterogene Produkte und/oder Präferenzen erlauben den Anbietern Elemente monopolartiger Verhaltensweisen, die in zwei verschiedenen Konzepten dargestellt werden, die Tangenten-Lösung nach CHAMBERLIN und die GUTENBERG-Lösung eines monopolistischen Preisspielraums.

7.3.1.1 Die Variante der Tangenten-Lösung

Vor allem in angelsächsischen Lehrbüchern wird ein Konzept der monopolistischen Konkurrenz verwendet, das von CHAMBERLIN im Jahre 1933 veröffentlicht wurde. CHAMBERLIN unterstellte einen heterogenen Markt mit Produktdifferenzierung, autonomer Preispolitik der Anbieter und unbeschränkten Möglichkeiten des Marktzugangs für potentielle zusätzliche Anbieter. Als Beispiel möge ein freier Markt von

Tankstellen (ohne Beachtung der Markteinflüsse der Mineralölfirmen) gelten. Der Eigentümer einer Tankstelle besitzt durch die örtliche Lage seines Angebots und durch Nachfragepräferenzen einen (geringen) Preisspielraum, der sich im Verlauf einer fallenden Preis-Absatz-Funktion äußert. Die subjektive Preis-Absatz-Funktion spiegelt die konjekturale Nachfrage und die autonome Preisplanung des einzelnen Anbieters. Seine Nachfrage- und Kostenfunktionen gelten als typische einzelwirtschaftliche Bedingungen des Marktes.

Die vergleichbaren Tankstellen eines Ortes bringen in der Ausgangssituation (C_0) günstige Gewinne, da die Abgabepreise des Benzins wesentlich oberhalb der Durchschnittskosten eines typischen Anbieters liegen. Die günstige Gewinnlage der örtlichen Tankstellen veranlaßt zu Marktzugängen neuer zusätzlicher Anbieter. Die Marktzugänge drücken die einzelwirtschaftlichen Preis-Absatz-Funktionen nach links und den Preis nach unten. Diese Entwicklung führt zu schrumpfenden Gewinnen, bis schließlich ein typischer Anbieter des Marktes keine Marktlagengewinne mehr erzielt und der Preis nur noch den Durchschnittskosten (einschließlich der kalkulatorischen Kostenarten) entspricht. Die Tangential-Lösung der einzelwirtschaftlichen Preis-Absatz-Funktion und der Durchschnittskosten stellt nach CHAMBERLIN das langfristige Marktgleichgewicht eines typischen Anbieters in monopolistischer Konkurrenz dar, weil die Aufzehrung der Gewinne nicht zu weiteren Marktzugängen zu den örtlichen Tankstellen veranlassen.

Abb. 7-3 Monopolistische Konkurrenz (Tangentiallösung)

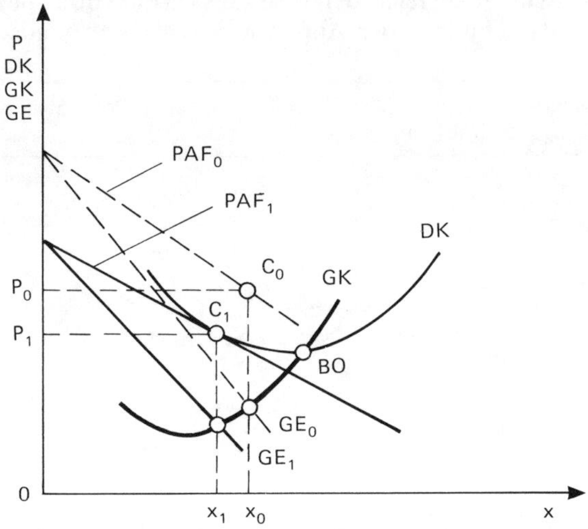

Die kurzfristige Ausgangslage eines typischen autonomen Anbieters eines heterogenen Konkurrenzmarktes (Oligopol-) beschreibt PAF_0 mit C_0 als gewinnbringende Preis-Mengen-Kombination. Durch Marktzugänge zusätzlicher Anbieter verschiebt sich die einzelwirtschaftliche Nachfrage in Richtung PAF_1, so daß ein typischer Anbieter bei gegebenen Kostenverläufen der Grenz- und Durchschnittskosten GK und DK die CHAMBERLINsche Tangentiallösung C_1 links vom Betriebsoptimum BO realisiert. C_1 stellt einerseits ein monopolistisches Gewinnmaximum eines Anbieters dar; die Tangentenlösung impliziert andererseits die Bedingung (p_1 = DK), so daß die Umsatzerlöse lediglich die Kosten (einschließlich der kalkulatorischen Kostenarten) decken.

Das Konzept der Tangentiallösung liefert nach Ansicht von SAMUELSON einen Schlüssel zum Verständnis von Aspekten realwirtschaftlichen Anbieterverhaltens an heterogenen Märkten:

Monopolartige Marktgewinne können im Zeitverlauf abgebaut werden, wenn zusätzliche Anbieter mit differenzierten (neuen) Produkten am Markt auftreten.

Die Tangentenlösung stellt im Vergleich zum Betriebsoptimum eine kostenungünstige Alternative bei betrieblichen Überschußkapazitäten dar. Langfristig besteht aus dieser Sicht ein starkes Interesse der Unternehmen an größeren Absatzmengen (vgl. auch SAMUELSON/NORDHAUS, Bd. 2, 1987[8], S. 178ff.).

Im Vergleich zum Polypol mit homogenen Produkten führt die Produktdifferenzierung zu einer weniger effizienten Produktion und zu höheren Preisen (im Vergleich zu den Grenzkosten der Produktion). Vertreter der CHAMBERLIN-Lösung argumentieren, daß die Produktdifferenzierung offenbar einen höheren Preis bzw. eine Art von Alternativkosten im Vergleich zu einer homogenen Standardproduktion bei polypolistischem Wettbewerb erfordert.

7.3.1.2 GUTENBERGs Konzept des monopolistischen Preisspielraums

Nach GUTENBERG, dem Nestor der deutschen BWL in der Nachkriegszeit, kann ein Anbieter eines heterogenen Marktes mit Produktdifferenzierung nur innerhalb eines Preisintervalls autonome preispolitische Aktionen durchführen. Er nimmt deshalb einen Teilabschnitt der einzelwirtschaftlichen Preis-Absatz-Funktion mit oberen und unteren Preisschwellen als monopolistischen Bereich an.

Der monopolistische Teilbereich der Preis-Absatz-Funktion spiegelt die Effekte von erfolgreichen Bemühungen der Anbieter, durch absatzpolitische Instrumente

Abb. 7-4 GUTENBERGS Konzept einer doppelt geknickten Preis-Absatz-Funktion eines Anbieters an heterogenen Märkten

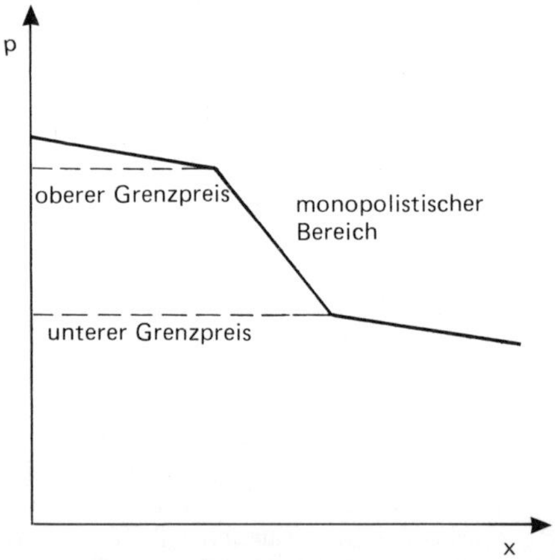

Den monopolistischen Bereich der einzelwirtschaftlichen Preis-Absatz-Funktion kennzeichnet eine geringere Preiselastizität der Nachfrage. Wenn ein wesentlich höherer oder geringerer Preis fixiert wird, folgt eine deutlich stärkere Mengenreaktion der Nachfrage. Die produkt-spezifischen Preisvorstellungen potentieller Käufer werden außerhalb der Schwellenwerte verlassen. Zusätzliche Nachfrager werden mobilisiert oder wandern ab.

Produktpräferenzen und bestimmte Vorstellungen der Produktqualität zu schaffen. Die spezifische Produktart und -qualität wird aus der Sicht eines Kundenkreises mit Preisvorstellungen verknüpft, die zwischen den unteren und oberen Preisschwellen streuen. Bei Überschreiten (Unterschreiten) der Preisschwellen werden die Mengenreaktionen potentieller Kunden stärker, da Gruppen von Nachfragern ab- oder zuwandern. Außerhalb des monopolistischen Bereichs wird die Preiselastizität der Nachfrage deshalb wesentlich größer sein. Diese Überlegungen führen zu einer einzelwirtschaftlichen Preis-Absatz-Funktion mit einem doppelten Knick an der oberen und der unteren Grenze des monopolistischen Bereichs.

Ein Herrenanzug einer bestimmten Stoffqualität und Verarbeitung mag nach der Einschätzung der potentiellen Kunden einer bestimmten Preisklasse zwischen 500 und 600 DM zuzuordnen sein. Wenn der Anbieter einen höheren Preis verlangt, verläßt er die zugehörige Preisklasse dieser Produktqualität. Der Absatz wird stark schrumpfen. Wird der betreffende Anzug hingegen mit einem wesentlich geringeren Preis angeboten, nimmt der Absatz bei hinreichender Qualitätsübersicht der Kunden stark zu.

Übung 7-3 Zur Preisbildung von Bundesautobahntankstellen (BAT)

Betrachtet wird eine lokale BAT mit einer Reihe von Straßentankstellen (ST) in der Umgebung eines Autobahnabschnittes.
Der lokale Markt besteht nach der Abb. aus einer begrenzten Zahl heterogener Anbieter (BAT, ST), die relativ homogene Produktgruppen von Benzin anbieten. Zwischen den Anbietern bestehen räumliche Standortunterschiede (insbesondere im Verhältnis von BAT und ST), welche die maßgeblichen Faktoren der raum- oder entfernungsabhängigen heterogenen Marktform bilden. Die Preistransparenz des Marktes dürfte wegen des Standardcharakters der Preisgruppen und der Häufigkeit des Benzinkaufs sehr hoch sein. Aus der Sicht der Nachfrage bestehen starke Zeitpräferenzen der Autofahrer zugunsten der BAT.
(a) Gilt für eine BAT eine einzelwirtschaftliche Preis-Absatz-Funktion mit einem preispolitischen Spielraum im Vergleich zu den ST der Umgebung?
(b) Wie ist der Preisspielraum zu begründen?
(c) Wovon hängt der Preisspielraum ab? (Anmerkung: Es sei anzunehmen, daß die BAT nicht dem preisbestimmenden Einfluß des Lieferanten unterliegt.) (nach Hesse 1980, S. 123f.)

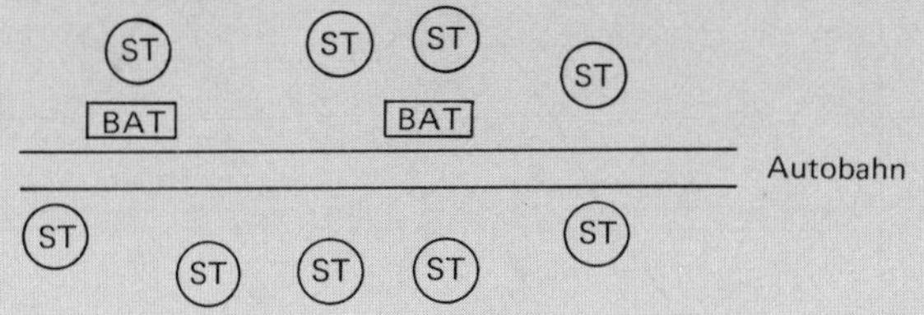

7.3.2 Produktdifferenzierung und absatzpolitisches Verhalten (Nicht-Preiswettbewerb)

An realen Oligopolmärkten läßt sich beobachten, daß ein paralleles oder inflexibles Preisverhalten der Anbieter häufig mit besonderen absatzpolitischen Aktivitäten oder einem stärkeren **Produktwettbewerb** verknüpft ist. Die Reaktionsverbundenheit der Anbieter in engen Oligopolen führt zu einer Art von preispolitischer Zurückhaltung oder zum Gleichschritt der Preise, jedoch zugleich zu einem aktiven Bemühen um Produktdifferenzierung und Formen eines Nicht-Preiswettbewerbs. Ein Produktwettbewerb bietet im Vergleich zu einer autonomen Preisstrategie den prinzipiellen Vorteil einer längerfristigen Ausrichtung und Beeinflussung der Marktanteile. Die Reaktionszeiten der Konkurrenten im Produktwettbewerb sind in der Regel länger als im Preiswettbewerb, da Produktdifferenzierung vorzubereiten und schwieriger nachzuvollziehen ist. Produktpolitik dient primär der längerfristigen Sicherung und Erhöhung der Marktanteile, produktpolitische Maßnahmen dienen der Schaffung von Nachfragepräferenzen und eigenen Marktsegmenten, der Schaffung eigener Spielräume und der längerfristigen Minderung der gegenseitigen Abhängigkeit der Oligopolanbieter. Diese längerfristigen Absatz- und Marktanteilsinteressen führen daher zu einer Bevorzugung von produkt- und absatzpolitischen Bemühungen.

Die Liste möglicher Maßnahmen des Nicht-Preiswettbewerbs ist lang, sie wird in der BWL mit dem Begriff des **absatzpolitischen Instrumentariums** beschrieben. In verschiedenen Formen der Systematik werden hierzu im wesentlichen vier Gruppen von Instrumenten unterschieden,
- Produkt- und Programmpolitik der Anbieter
- Werbung/Kommunikationsmaßnahmen,
- Distributionspolitik (Vertriebssysteme , -formen)
- produktbezogene Dienstleistungen (Kundendienst, Finanzierungsleistungen).

Maßnahmen der **Produktgestaltung**, die hier herausgestellt werden sollen, zielen darauf, die Produkteigenschaften technischer oder ästhetischer Art zu verändern. Denken Sie an die häufigen Formen des Modellwechsels, z. B. der Automobilhersteller. Die Produkte werden technisch weiterentwickelt und differenziert nach Änderungen der Nachfragepräferenzen. Produktdifferenzierung dient darüber hin-

Abb. 7-5 Typischer Verlauf eines Produktzyklus und Marktphasen

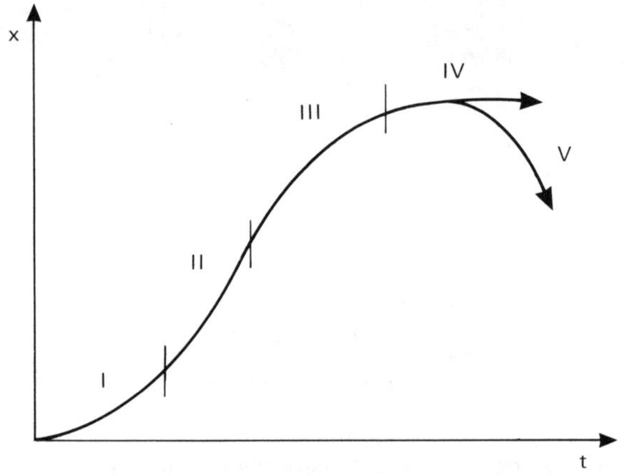

Der Verlauf des Produktabsatzes (x) im Zeitverlauf (t) wird schematisch nach Entwicklungsphasen differenziert:
I = Einführungsphase
II = Expansionsphase
III = Reifungsphase
IV = Sättigungs- (Stagnations-)phase
V = Schrumpfungsphase

aus wesentlich der Aufteilung von Märkten und der Schaffung von vorgezogener Ersatznachfrage. Bei Produkten mit ästhetischen Eigenschaften hat der Modewechsel eine offensichtlich dominierende Bedeutung.

7.3.3 Dynamische Aspekte: Produktzyklus und Marktphasen

Dynamische Merkmale der Produktentwicklung und -differenzierung lassen sich in einer schematischen Form als Verlaufskurven eines Produktzyklus deuten. Das Konzept des **Produktzyklus** soll nicht den Eindruck eines „naturgesetzlichen" Verlaufs vermitteln, es beruht auf typisierten Überlegungen zur Diffusion neuer Produkte am Markt bis zur technischen Ausreifung, bis zur produktspezifischen Sättigung oder gar Schrumpfung des Bedarfs. Referenzgrößen sind spezifische Produkte, nicht größere Produktbereiche. Die einzelnen Phasen des Produktzyklus sind teils Resultate typischer Produktphasen und absatzpolitischer Schwerpunktaktivitäten der Anbieter, teils bilden sie unterschiedliche Voraussetzungen und Bedingungen für die einzelwirtschaftliche Produktion und den Absatz im Zeitverlauf eines Produktes.

In der **Einführungsphase** steht die technische Entwicklung und die absatzpolitische Einführung eines Produkts im Vordergrund. Vielfach hat ein Anbieter eine zeitlich begrenzte, monopolartige Stellung, unterstützt durch Patentrechte und innovative Produktkenntnisse sowie Produktionsmethoden. Die Produktentwicklung hat in dieser Phase Vorrang. Das Produkt ist i. d. R. wegen der hohen Entwicklungskosten bei geringer Nachfrage noch relativ teuer. Die Werbe- und Vertriebsaufwendungen sind hoch, um das Produkt am Markt einzuführen. Die ökonomische Verwertung erscheint noch unsicher.

Die Phase der **Marktexpansion** kennzeichnet einerseits ein erhöhtes Angebot mit weiteren Anbietern am Markt und andererseits eine expansive Marktnachfrage mit größerer Bekanntheit des Produkts und mit einer breiten Erschließung neuer Käuferschichten. Das Produkt und die Produktionsmethoden werden technisch verbessert. Mit einsetzender Massenproduktion und Prozeßinnovationen werden Produktivitätssteigerungen möglich, so daß die Kosten gesenkt werden können, möglicherweise auch die Preise. Mit der Expansionsphase und der steigenden Zahl von Anbietern tendiert die Marktform zu einem heterogenen Oligopol mit Produktdifferenzierung und erheblichen Preisspielräumen der einzelnen Anbieter.

In der **Reifungsphase** werden die Produkte homogener, die Differenzierung reduziert sich auf äußere Formen und Typenvielfalt. Die Absatzexpansion verlangsamt sich. Die Anbieter versuchen durch höhere Werbe- und Vertriebsaufwendungen ihre Marktanteile zu erhöhen; die Aufwendungen steigern jedoch die Gesamtnachfrage nur noch wenig; sie neutralisieren sich teils gegenseitig. Die Marktbedingungen dieser Phase tendieren in Richtung größerer Abhängigkeiten der Anbieter in engen Oligopolen.

In der **Sättigungs-**(Stagnations-)**phase** dominiert der Ersatzbedarf als Motiv der Nachfrage, neue Käuferschichten können nicht mehr erschlossen werden. Die Anbieter neigen bei standardisierten Produkten zu einem Verzicht auf autonome Preisstrategien, Preiserhöhungen werden von allen Anbietern gleichzeitig vorgenommen. Der Kampf um Marktanteile wird ausschließlich mit werbe- und absatzpolitischen Maßnahmen geführt. Die Gewinnsituation typischer Anbieter tendiert in Richtung der Tangentenlösung nach CHAMBERLIN. Die Kapazitäten vieler Anbieter werden nicht mehr ausgelastet. Ein Substitutionswettbewerb durch neue Güter kann schließlich zu einer Schrumpfungsphase am Ende des Produktzyklus führen.

Die dynamischen Überlegungen zur Entwicklung der Marktdiffusion neuer Produkte und der Marktphasen zeigen, daß die zeitliche Produktdifferenzierung an realen Märkten eine Bedeutung hat, die offenbar zugenommen hat. So wird für technologieintensive Branchen (wie Herstellung von EDV) berichtet, daß die Hälfte des Umsatzes auf Produkte entfällt, die erst in den letzten drei Jahren neu eingeführt wurden. Das Tempo der relevanten Produktzyklen an realen Märkten hat offenbar zugenommen. Die dynamischen Überlegungen zur Entwicklung der Marktphasen zeigen ferner, daß die Marktformen keine statischen Bedingungen darstellen. Die Verhaltensweisen der Anbieter ändern sich schwerpunktartig im Zeitverlauf. Auch die Marktstrukturen, gemessen an der Größe und der Zahl der Anbieter, werden sich im Zeitverlauf verändern. Für reale Oligopolmärkte wird man daher kein bestimmtes unveränderbares Modell des Preis- und Wettbewerbsverhaltens erwarten dürfen. Die realen Strukturen und Verhaltensweisen an Oligopolmärkten differieren untereinander und wechseln zudem ihre Merkmale im Zeitverlauf. Die Oligopoltheorie kennzeichnet deshalb eine Vielfalt von Modellen und Verhaltensweisen; sie kann nicht auf ein einzelnes Modellbeispiel - anders als beim Fall des Monopols - reduziert werden.

Kontrollfragen zum siebten Kapitel

(A) Multiple Choice-Fragen

7-1 Um eine Marktform als oligopolistisch bezeichnen zu können,
( ) muß es im relevanten Markt weniger als 20 Anbieter eines Gutes geben;
( ) darf keine Konkurrenz unter den Anbietern bestehen;
( ) muß der Markteintritt für weitere Unternehmen unmöglich sein;
( ) müssen die Anbieter ihre Interdependenz erkennen und zwischen ihnen Konkurrenz bestehen.

7-2 Die Oligopoltheorie unterscheidet „homogene Oligopole“ und „heterogene Oligopole“. Maßgebliche Faktoren der Unterscheidung betreffen
( ) die unterschiedlichen Produktionskosten der Oligopolanbieter;
( ) unterschiedliche Produktpräferenzen der Nachfrager;
( ) unterschiedliche Beschränkungen des Markteintritts;
( ) unterschiedliche Grade der Produktdifferenzierung;
( ) Unterschiede in der Zahl der Oligopolunternehmen.

7-3 Die Anreize zu kooperativen (kollektiven) Verhaltensweisen im Oligopol sind im allgemeinem größer, wenn
( ) es sich um ein homogenes Oligopol handelt;
( ) die Produkte relativ wenig ausgereift und wenig standardisiert sind;
( ) die wechselseitige Abhängigkeit zwischen den Produzenten größer ist;
( ) es sich um ein enges Oligopol handelt;
( ) die Preiselastizität der Nachfrage relativ gering ist.

7-4 Wenn Oligopolisten eine vollständige Kooperation erlaubt wäre, dann würde der Marktpreis
( ) dem Preis bei vollständiger Konkurrenz entsprechen;
( ) zwischen dem Preis bei vollständiger Konkurrenz und dem Preis im Monopol liegen;
( ) dem Preis im Monopol entsprechen;
( ) den Grenzkosten des Marktführers entsprechen;
( ) unterhalb des Marktpreises im nicht-kooperativen Oligopol liegen;
( ) oberhalb des Marktpreises im nicht-kooperativen Oligopol liegen.

(B) Offene Fragen

7-5 Welche Gründe sprechen für eine geknickte Preis-Absatz-Funktion im Oligopol?

7-6 Klären Sie die Begriffe „abgestimmtes" und „gleichförmiges" (paralleles) Preisverhalten! Begründen Sie Tendenzen zu parallelem Preisverhalten im engen Oligopol!

7-7 Größere Anbieter an Oligopolmärkten neigen eher zu Formen eines „Produktwettbewerbs" statt eines aktiven „Preiswettbewerbs". Wie kann die vorstehende These erläutert und begründet werden?

(C) Transferfrage

7-8 Kritiker der Geschäftspolitik der Automobilunternehmen haben geschätzt, daß diese ca. 30 Prozent der Produktionskosten einsparen könnten, wenn sie ihre Produktmodelle für einen Zeitraum von zehn Jahren unverändert ließen. Sie forderten die Automobilkonzerne auf, ihre kostensteigernde Politik der raschen Modellwechsel aufzugeben. Nehmen Sie Stellung!

Lösungshinweise zu den Übungen (im Text)

7-1: Die Argumente des englischsprachigen Textes sind mit Bezug zu den 80er Jahren zu revidieren:

zu 1: Die längerfristigen Preisreaktionen der Nachfrager auf den Ölmärkten waren größer; vor allem durch Substitutionseffekte blieb der Ölverbrauch in den Industrieländern zurückhaltender. Durch negative Mengenreaktionen stiegen die Einnahmen der OPEC-Länder nicht mehr wie in den 70er Jahren.

zu 2: Der Ölverbrauch wurde zudem durch die allgemeine weltwirtschaftliche Entwicklung zu Anfang der 80er Jahre eingeschränkt. Auf der Seite des Angebots wurde die Ölproduktion wesentlich von neuen Förderländern außerhalb der OPEC gesteigert.

zu 3: Auch die politischen Interessen der arabischen Staaten wurden nach dem zweiten arabisch-israelischen Krieg divergenter.

zu 4: Der Marktführer Saudi-Arabien war auf Dauer nicht zu einer ständigen Kompensation seiner Produktion zum Ausgleich der Überproduktion anderer Länder bereit. Es kam zu Angebotsüberschüssen.

zu 5: Die technisch bedingten Restriktionen der Mineralöl-Verarbeitung waren längerfristig ohne Bedeutung.

Im Verlauf der 80er Jahre wurden die Schwierigkeiten des OPEC-Preiskartells daher aus verschiedenen Gründen größer. Die Thesen der Preistheorie zur Kartellproblematik haben sich insoweit durchgesetzt.

7-2: Als Beispiele von Märkten mit relativ gleichförmigem Preisverhalten gelten einige Produktmärkte mit typischen oligopolistischen Anbieterstrukturen, die Märkte für Kaffee, Zigaretten, Mineralölprodukte u. a.

7-3: Der Einfluß von Lieferanten auf die Preispolitik einer BAT ist annahmegemäß zu vernachlässigen. Die Benzinpreise der ST der Umgebung können als untere Preisgrenze der BAT betrachtet werden, oberhalb der ein monopolistischer Preisspielraum im Sinne der GUTENBERG-Lösung besteht. Der monopolistische Preisspielraum hängt wesentlich von den Substitutionsmöglichkeiten der Autobahnfahrer ab. Diese sind geringer, wenn die Entfernungsunterschiede groß sind und eine räumliche Transparenz der Fahrer nicht gegeben ist. Die Preispolitik anderer BAT bestimmt eine obere Preisgrenze, oberhalb der die Autobahnfahrer zur Weiterfahrt oder zur Suche nach ST neigen werden.

Lösungshinweise zu den Kontrollfragen

(A) Multiple Choice-Aufgaben
7-1: (d); 7-2: (b) (d); 7-3: (a) (c) (d); 7-4: (c) (f)

(B) Offene Fragen
7-5: vgl. Textabschnitt 7.2.1; 7-6: vgl. Textabschnitt 7.2.3; 7-7: vgl. Textabschnitt 7.3.2

(C) Transferfrage
7-8: Die Kritiker mögen auf das Beispiel der Volkswagen AG in der Nachkriegszeit verweisen, als der VW Käfer über lange Jahre ein erfolgreiches Standardmodell darstellte. Andererseits wurde argumentiert, VW habe über viele Jahre versäumt, rechtzeitig ein ebenso erfolgversprechendes Nachfolgemodell zu entwickeln. In den Pionierzeiten der Automobilindustrie war Ford in den USA lange Zeit ein Marktführer. Es wird berichtet, daß Ford Marktanteile verloren habe, weil man das erfolgreiche Modell T damals lange Zeit nicht wechseln wollte. Nach der Oligopoltheorie muß die Modellpolitik der Strategie der Produktdifferenzierung zugeordnet werden, die wesentlicher Teil des langfristigen Produktwettbewerbs der Unternehmen eines heterogenen Oligopols bildet.

Literaturhinweise

HARTLEY, K., TISDELL, G.: Micro-Economic Policy, Chicester 1981, S. 219-247 (Chapter 9). Zur Vertiefung der Oligopoltheorie sehr gut geeignet.

LIPSEY, R. G., STEINER, P. O., PURVIS, P. O.: Economics, 8.ed., New York 1987, S. 262-266, 271-76, 281-83 (Chapter 14, 15). Behandelt werden Teilaspekte des monopolistischen Wettbewerbs, des OPEC-Preiskartells und der Produktdifferenzierung; nur in Teilen zur Ergänzung geeignet.

MILLER, R. L.: Economics Today, The Micro view, 5.ed, New York 1985, S. 294-312 (Chapter 12). Eine relativ kompakte Darstellung, die für Anfänger mit englischen Sprachkenntnissen gut geeignet scheint.

SAMUELSON, P. A., NORDHAUS, W. D.: Volkswirtschaftslehre, Grundlagen der Makro- und Mikroökonomie, Bd. 2., 8. übersetzte Auflage, Köln 1987, S. 169-181. Behandelt werden lediglich Teilaspekte der Oligopoltheorie und des monopolistischen Wettbewerbs.

STOBBE, A.: Volkswirtschaftslehre II, Mikroökonomik, Berlin u. a. 1986, S. 419-25, 450-52, 389-91 (Kap. V, Teilabschnitte zu Preis- und Quotenkartell, Produktzyklus und Marktphasen). Die Darstellungen der Oligopoltheorie in den Lehrbüchern erscheint generell wenig standardisiert. STOBBE behandelt mehrere Verhaltenskonzepte des Oligopols sowie das Marktphasenschema; zur Ergänzung in Teilen geeignet.

Zitierte Literatur

HESSE, H. (Hrsg): Arbeitsbuch Angewandte Mikroökonomik, Tübingen 1980

MCCONNELL, C. R.: Volkswirtschaftslehre. Eine problembezogene Grundlegung, Bd. 2, Köln 1975

MÜLLER, U.,/PÖHLMANN, H.: Allgemeine Volkswirtschaftslehre. Einführung und Mikroökonomik. Wiesbaden 1977

WONNACOTT, P./WONNACOTT, R.: Economics, New York 1979

8 Makroökonomische Ex-post-Analyse: Volkswirtschaftliche Gesamtrechnung und Zahlungsbilanz

Inhaltliche Orientierung

Die allgemeine VWL unterscheidet zwischen den Gebieten der Mikro- und Makroökonomie. Mit diesem Kapitel beginnen wir die **makroökonomische Analyse**. Im Zentrum wird das wirtschaftspolitische Problem der Stabilisierung einer Volkswirtschaft stehen. Die Theorie der makroökonomischen Stabilisierungspolitik befaßt sich mit der Erklärung wichtiger wirtschaftspolitischer Größen und Zusammenhänge, der Entwicklung der gesamtwirtschaftlichen Produktion, den Bestimmungsfaktoren der allgemeinen Beschäftigung und der Preisentwicklung sowie der außenwirtschaftlichen Beziehungen.

Innerhalb der Makroökonomie wird zwischen den Teilen der Ex-post- und der Ex-ante-Analyse unterschieden. Letztere, die Ex-ante-Analyse, hat die Hauptaufgabe der Erklärung wirtschaftspolitischer Entwicklungen und Zusammenhänge. Diese Aufgabe steht im Mittelpunkt der Theorie der Stabilisierungspolitik der späteren Kapitel. Die Ex-post-Analyse dieses Abschnitts befaßt sich demgegenüber zunächst mit der empirischen Messung und Beschreibung grundlegender Größen der Stabilisierungspolitik. Das einführende Kapitel zur makroökonomischen Stabilisierungspolitik soll die grundlegenden Informationssysteme vorstellen, die Volkswirtschaftliche Gesamtrechnung (VGR) und die Zahlungsbilanz. Dabei sollen die Messungsmethoden und Begriffe der wichtigsten Größen geklärt werden. Wie wird z. B. das gesamtwirtschaftliche Wachstum der Produktion und des Volkseinkommens ermittelt? In welcher Weise werden die außenwirtschaftlichen Vorgänge empirisch beschrieben? Zugleich sollen empirische Eck-Daten zur Beschreibung der gesamtwirtschaftlichen Entwicklung in der BR Deutschland vorgelegt werden. Unser Ziel: Die grundlegende begriffliche Klärung soll mit einem methodentheoretischen Verständnis von Teilen des gesamtwirtschaftlichen Informations- und Rechnungssystems und einer Analyse ausgewählter empirischer Ergebnisse und Eck-Daten der wirtschaftlichen Entwicklung verknüpft werden.

Im Abschnitt **8.1** werden wir zunächst versuchen, einen einführenden Überblick der gesamtwirtschaftlichen Modellzusammenhänge in Form verschiedener **Kreislaufsysteme** zu liefern. Die Kreislaufsysteme stellen die systematischen Zusammenhänge von gesamtwirtschaftlichen Größen heraus.

Im zweiten Abschnitt **8.2** folgt eine knappe Analyse von Methoden und Daten der VGR zur Ermittlung verschiedener Größen des **Sozialprodukts** und des **Volkseinkommens**. Entsprechend der Klassifikation des Statistischen Bundesamtes lassen sich die Aspekte der Entstehungs-, der Verwendungs- und der Verteilungsseite der VGR unterscheiden.

Im dritten Teil (**8.3**) konzentrieren wir uns auf ein spezielles Rechnungssystem zur Erfassung der außenwirtschaftlichen Beziehungen, die **Zahlungsbilanz**.

8.1 Kreislaufkonzepte

Den Bereich der **Makroökonomie** kennzeichnet eine **gesamtwirtschaftliche Betrachtungsweise**. Das heißt, die Vielzahl und Vielfalt der Wirtschaftsakteure und der wirtschaftlichen Beziehungen einer Volkswirtschaft muß in geeigneter Weise geordnet und nach Gruppen zusammengefaßt werden, um ein überschaubares Bild von relevanten wirtschaftlichen Größen und Zusammenhängen einer Volkswirtschaft zu erhalten. Die aggregierte Betrachtungsweise bezieht sich, soweit quantitative Daten Verwendung finden, beispielhaft auf wirtschaftliche Größen und Entwicklungen der Volkswirtschaft der BR Deutschland. Die **Ex-post-Analyse** dieses Abschnitts beschränkt sich auf die Aufgabe der Beschreibung realisierter Größen vergangener Zeitperioden, wie Konsum, Investitionen, Einkommen u. a. Diese beschreibende Analyse soll einen einführenden Überblick über wichtige Strukturzusammenhänge und Größen der Volkswirtschaft vermitteln. Zugleich sollen Grundlagen für die spätere **Ex-ante-Analyse** gelegt werden, welche die Erklärung gesamtwirtschaftlicher Vorgänge zum Ziel hat.

Wir beschränken uns hier darauf, zwei bedeutsame Teile des gesamtwirtschaftlichen Rechnungswesens zu erläutern: Die **Volkswirtschaftliche Gesamtrechnung** (VGR) liefert quantitativ-statistische Informationen über Größenordnungen und Strukturen der Produktion, des Einkommens und der Ausgaben in einer Volkswirtschaft für bestimmte vergangene Zeitperioden. Ähnlich der Gewinn- und Verlust-Rechnung von Einzelunternehmen werden für eine abgelaufene Zeitperiode die aggregierten Wertschöpfungen (Produktionswerte und Einkommen) der Unternehmen (Betriebe) einer Volkswirtschaft ermittelt. Die organisatorische Durchführung der VGR obliegt in der BR Deutschland dem Statistischen Bundesamt. Die **Zahlungsbilanz** konzentriert sich demgegenüber auf eine systematische Erfassung der güter- und finanzwirtschaftlichen Transaktionen einer Volkswirtschaft mit dem Ausland. Die außenwirtschaftliche Rechnungslegung wird von der Deutschen Bundesbank und dem Statistischem Bundesamt vorgenommen. Wegen der besonderen Bedeutung und der speziellen Ausrichtung der Zahlungsbilanz werden wir diesen Teil des volkswirtschaftlichen Rechnungswesens ausgliedern und getrennt nach der VGR behandeln. Beide Teile des Rechnungswesens beruhen auf einem international abgestimmten System der Erfassung, der Aggregation und der Bewertung wirtschaftlicher Transaktionen (Zahlungsvorgänge) einer Zeitperiode.

Primär dient die VGR der Ermittlung des Sozialprodukts. SAMUELSON/NORDHAUS (Bd. 1, 1987[8], S. 177) definieren im Vorfeld ihrer Analyse zur VGR das **Bruttosozialprodukt** als jene Wertgröße, welche die Vielfalt von Computern, Orangen, Haarschnitten, Maschinen . . ., die in einer Volkswirtschaft während einer Zeitperiode produziert wurden, in Geldeinheiten mißt und bewertet – kurz als Gesamtwert der in einer Volkswirtschaft erstellten Güter und Dienstleistungen einer Zeitperiode. Diese Vorab-Definition läßt auf die Notwendigkeit einer systematischen Klärung schließen. Um die Vielzahl von Gütern, Akteuren und Transaktionen in einer arbeitsteiligen Geldwirtschaft zu reduzieren und zu aggregieren, bedarf es einer sinnvollen Gruppierung von Wirtschaftsakteuren und von Transaktionen zwischen den Akteuren in einem systembezogenen Zusammenhang, der als **Wirtschaftskreislauf** bezeichnet wird.

8.1.1 Begriffliche Klärung

Das **Ordnungsschema** eines Wirtschaftskreislaufs beruht auf zwei Elementen, einer Zusammenfassung

- der Sektoren oder Gruppen von Akteuren mit gleichen (ähnlichen) Funktionen,
- von gleichartigen Transaktionen (Zahlungsvorgängen) zwischen den Gruppen von Wirtschaftsakteuren.

Die **Systematik der Wirtschaftsakteure** unterscheidet zunächst zwei zusammengefaßte Gruppen inländischer Akteure:

- Die inländischen Unternehmen werden zur Gruppe der **Unternehmen** zusammengefaßt, unabhängig von der jeweiligen Rechtsform, den Eigentümern und der Branchenzugehörigkeit der Unternehmen. Unternehmen produzieren nach ihrer Hauptfunktion Güter, sie erwerben hierzu Produktionsfaktoren von Haushalten und Vorleistungen von anderen Unternehmen.
- Die **privaten Haushalte** stellen Faktorleistungen zur Verfügung, sie erhalten aufgrund der Produktionsbeiträge Einkommen, das sie für Konsumgüter verausgaben oder sparen. Zur Gruppe privater Haushalte zählen auch private Organisationen ohne Erwerbscharakter oder sonstige private Vereinigungen.

Ergänzt werden diese zwei Gruppen durch

- die **öffentlichen Haushalte** (Gebietskörperschaften, Haushalte der Sozialversicherungen), die teils ohne direkte Gegenleistung staatliche Dienstleistungen erbringen und Zahlungen ohne direkte Gegenleistung erhalten.
- Desweiteren werden die internationalen Wirtschaftsbeziehungen berücksichtigt. Im Sektor **Ausland** werden nicht-inländische Wirtschaftseinheiten zusammengefaßt.

Zur **Abgrenzung der nationalen Volkswirtschaft vom Ausland** werden zwei verschiedene Konzeptionen verwendet. Nach dem **Inländerkonzept** werden alle Wirtschaftsakteure, die ihren ständigen Wohnsitz oder Betrieb innerhalb der Grenzen der nationalen Volkswirtschaft haben, als Inländer betrachtet. Die Staatsangehörigkeit bleibt grundsätzlich ohne Bedeutung. Ohne Beachtung bleibt auch, ob das Einkommen oder Teile des Einkommens außerhalb der geographischen Grenzen eines Landes erworben wurden. Das Einkommen eines inländischen Grenzgängers, der im Ausland arbeitet, zählt deshalb als Teil des Inländereinkommens. Es zählt nicht zum Inlandseinkommen, dem zweiten Konzept der Abgrenzung. Nach dem **Inlandskonzept** ist der Ort der Einkommenserzielung innerhalb bzw. außerhalb der Grenzen eines Landes maßgeblich.

Die **Systematik der Transaktionen** (Zahlungen) zwischen den aggregierten Gruppen von Wirtschaftsakteuren umfaßt zunächst

- die mit der **Güterproduktion** zusammenhängenden Zahlungsströme für den Kauf von Vorleistungen anderer Unternehmen und den Bezug von Faktorleistungen der Haushalte,
- die **Verwendung** von **Einkommen** für den Kauf von Gütern und Dienstleistungen,
- sowie Änderungen der **Vermögen** von Wirtschaftsakteuren.[1]

Wenn die öffentlichen Haushalte einbezogen werden, müssen unter den Transaktionen insbesondere auch Zahlungen **ohne Gegenleistung** berücksichtigt werden. So erhalten öffentliche Haushalte Einnahmen überwiegend aus der Zahlung von Steuern und Abgaben, auf der Ausgabenseite leisten sie Transfers an Haushalte und

---

[1] Im Rahmen dieser Darstellung der VGR werden Kredittransaktionen der volkswirtschaftlichen Finanzierungsrechnung nicht beachtet.

Subventionen an Unternehmen. Auch staatliche Produktionsleistungen ohne direkte Entgelte sind bei den öffentlichen Haushalten zu berücksichtigen.

Ein **Wirtschaftskreislauf** enthält als periodenbezogene Stromgrößen die Transaktionen zwischen den aggregierten Akteuren, die sich auf bestimmte Zeitperioden (Jahre) beziehen. Die **Stromgrößen** (Transaktionen) verbinden die **Pole** eines Wirtschaftskreislaufs, die vornehmlich die zusammengefaßten Gruppen der verschiedenen Wirtschaftsakteure darstellen. Neben den beiden Elementen, den Polen und den Strömen der Kreislaufschemata, ist das **Merkmal eines geschlossenen Wirtschaftskreislaufs** zu beachten. Hier sind alle Pole direkt oder indirekt miteinander vollständig verbunden. Für jeden Pol gilt die Bedingung:

Wertsumme der Zuströme = Wertsumme der Abströme

Ein **offener Kreislauf**, bei dem die vorstehende Bedingung nicht erfüllt ist, kann formal in einen geschlossenen Kreislauf überführt werden. Die Salden der Zu- und Abflüsse der Pole der Wirtschaftsgruppen müssen über einen zusätzlichen funktionalen Pol ausgeglichen werden. Ein geschlossener Wirtschaftskreislauf kann wegen des Ausgleichs der einzelnen Pole auch in einem **Kontensystem** nach dem bekannten Prinzip der doppelten Buchführung dargestellt werden.

Als **Bewertungsprinzip** gilt, daß die einzelnen Transaktionen mit den jeweiligen **Marktpreisen** bewertet und addiert werden, soweit die Vorgänge über Märkte abgewickelt werden und entsprechende Marktpreise vorliegen. Transaktionen, die nicht über den Markt erfolgen, wie die Herstellung von Maschinen zum Eigenverbrauch oder die Bereitstellung staatlicher Dienstleistungen ohne direktes Entgelt werden zu den **Herstellungs- oder Faktorkosten** bewertet. Nachfolgend wird zunächst ein vereinfachtes Kreislaufmodell einer Volkswirtschaft erläutert, um die Idee und das Prinzip des Wirtschaftskreislaufs unter vereinfachenden Annahmen hervorzuheben.

8.1.2 Vereinfachtes Kreislaufmodell einer geschlossenen Volkswirtschaft ohne staatliche Akteure

Das erste **Modell einer Volkswirtschaft** beruht zunächst auf zwei vereinfachenden Annahmen. Abstrahiert wird von dem Einfluß staatlicher Aktivitäten. Ferner wird der Fall einer geschlossenen Volkswirtschaft ohne außenwirtschaftliche Beziehungen unterstellt. Durch diese beiden Annahmen reduzieren sich die Pole der Wirtschaftsakteure auf zwei Gruppen, die inländischen Unternehmen und die privaten Haushalte. Zwischen den Polen fließen in direkter Form zwei aggregierte Transaktionsströme. Die Unternehmen produzieren Güter für den Endverbrauch, die als Konsumgüter an die Haushalte geliefert werden. Diesem Güterstrom von den Unternehmen an die Haushalte entspricht in umgekehrter Richtung ein Geldstrom in Höhe der Konsumausgaben der Haushalte.

Die Haushalte liefern Faktorleistungen zur Produktion an die Unternehmen und erhalten dafür monetäre Faktoreinkommen. Die Summe der Faktoreinkommen wird als **Volkseinkommen** bezeichnet. Die Abb. 8-1 beschränkt sich auf die Darstellung der monetären Transaktionen, die entsprechenden Güter- oder Faktorströme werden nicht gesondert berücksichtigt.

Der obere Teil des vereinfachten Kreislaufs der monetären Transaktionen zwischen den beiden Polen muß mit Blick auf reale Bedingungen als ein offenes Kreislaufmodell betrachtet werden, da die Konsumausgaben der Haushalte in der Regel dem Volkseinkommen nicht entsprechen werden ($C < Y$). Der Fall eines offenen Kreislaufmodells tritt ein, wenn und soweit die Haushalte Teile der erworbenen Faktoreinkommen sparen. Andererseits werden die Unternehmen nicht nur Kon-

Abb. 8-1 Kreislaufschema einer geschlossenen Volkswirtschaft ohne staatliche Aktivitäten

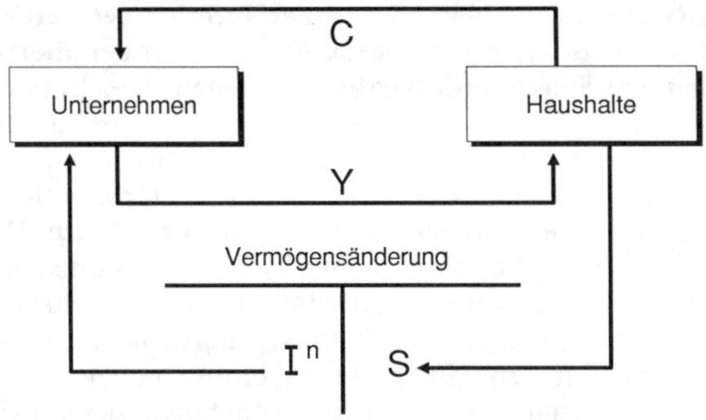

Zur Bedeutung der Symbole:
Y : Einkommen der Haushalte, Volkseinkommen
C : Konsumgüterkäufe der Haushalte
S : Ersparnis der Haushalte
I^n : (Netto-)Investitionen der Unternehmen

sum-, sondern auch Investitionsgüter produzieren. Durch das Hinzufügen eines zusätzlichen Pols, des **Vermögensänderungskontos**, kann der Kreislauf formal als ein geschlossenes System dargestellt werden. Das Vermögensänderungskonto einer geschlossenen Volkswirtschaft erfaßt einerseits den Zuwachs an Sachvermögen in den Unternehmen. Dem entspricht ein monetärer Zustrom an Wertzuwächsen von Produktionsvermögen in den Unternehmen. Andererseits erfolgt ein Zustrom von monetären Finanzierungsmitteln in Höhe der **Ersparnis** der Haushalte. Die rechte Seite des Vermögensänderungskontos zeigt die Mittelherkunft zur gesamtwirtschaftlichen Finanzierung der **Nettoinvestitionen.**

Wenn die Abb. 8-1 einen **geschlossenen Kreislauf** darstellt, muß auf dem Konto der Vermögensänderung die Bedingung „Zuströme gleich Abströme" gelten, also unter den Annahmen des vereinfachten Kreislaufmodells **„Ersparnisse gleich Nettoinvestitionen"**. Die Identität der beiden Seiten des Vermögensänderungskontos führt nicht selten zu Mißverständnissen, weil die Gleichheit ad hoc nicht einsichtig erscheint. Einzelne Lehrbücher (BEISPIELE: MILLER 1985[5], S. 177, FISCHBACH 1987[4], S. 106f.) tragen zusätzlich zur Verwirrung bei, indem sie das Vermögensänderungs-

Übung 8-1 Zur Bedeutung des Begriffs des gesamtwirtschaftlichen Sparens

Das „Sparen" der Haushalte im Rahmen der Makroökonomie entspricht nicht dem gängigen Verständnis von einzelwirtschaftlichen Formen der Bildung von Geld- oder Sparvermögen.
(1) Prüfen Sie kritisch, ob die folgenden Vermögensakte eines Haushalts der gesamtwirtschaftlichen Ersparnis einer bestimmten Zeitperiode zuzurechnen sind!
(11) Ein Haushalt erwirbt Immobilienbesitz aus bestehendem Geldvermögen.
(12) Ein Haushalt kauft Goldmünzen.
(13) Ein Haushalt erhöht seine Spareinlagen bei einer Bank durch Überweisung von seinem Girokonto.
(14) Ein Haushalt kauft Wertpapiere aus dem Einkommen der laufenden Zeitperiode.

(2) Versuchen Sie, den gesamtwirtschaftlichen Begriff des Sparens zu klären!

konto mit dem Bankensystem einer Volkswirtschaft identifizieren. Auch eine „Staatliche Verrechnungsbehörde von Spar- und Investitionsströmen“ (!) läßt sich nicht vorstellen (RITTENBRUCH 1986[5], S. 33). Die **Identität des Vermögensänderungskontos** ergibt sich vielmehr als eine notwendige Folge der **definitorischen Gleichheit** der beiden Größen von Sparen und Nettoinvestitionen: Die Nichtverwendung von produktionsbezogenen Einkommen aus der Sicht der Haushalte entspricht einem Nichtverkauf von Konsumgütern aus der Sicht der Unternehmen. Die Unternehmen müssen in Höhe der Differenz zwischen der Gesamtproduktion und dem Konsumgüterverkauf gewollt oder ungewollt ihr Sachvermögen in Höhe der Nettoinvestitionen erhöht haben. Man mag sich die Nettoinvestitionen ausschließlich als **Lagerinvestitionen** vorstellen. Soweit von Unternehmen produzierte Güter einer abgelaufenen Zeitperiode nicht an Haushalte verkauft wurden, müssen sich (ungewollt) die Lagervorräte in den Unternehmen erhöht haben. Die Erhöhung der Lagervorräte erhöht das Sachvermögen der Unternehmen (bei hinreichender Lagerfähigkeit); die Veränderung des Realvermögens wird als **Nettoinvestition** der Unternehmen definiert.

Der Begriff der **Investitionen** muß realitätsbezogen über das vorerwähnte Beispiel der Lagerinvestitionen hinaus erweitert werden. Dem Verständnis von verschiedenen Investitionsarten soll die folgende Übung dienen.

Übung 8-2 Volkswirtschaftliche Begriffe der Investitionen

<table>
<tr><td colspan="3">Bruttoinvestitionen</td></tr>
<tr><td colspan="2">Nettoinvestitionen</td><td>Abschreibungen</td></tr>
<tr><td>Δ Vorräte</td><td>Nettoanlageinvestitionen</td><td>Abschreibungen</td></tr>
<tr><td>Δ Vorräte</td><td colspan="2">Bruttoanlageinvestitionen incl. selbsterstellter Anlagen</td></tr>
<tr><td>Δ Vorräte</td><td>Ausrüstungsinvestitionen</td><td>Bauinvestitionen</td></tr>
</table>

(1) Erläutern Sie Ihr Verständnis der einzelnen Investitionsbegriffe! (2) Können auch private Haushalte Investitionen nach dem gesamtwirtschaftlichen Rechnungswesen durchführen?

Der vereinfachte Wirtschaftskreislauf mit zwei aggregierten Wirtschaftsakteuren kann auch als **Kontensystem** eines gesamtwirtschaftlichen Rechnungswesens dargestellt werden. Die Vorteile dieser Darstellung liegen darin, daß die verschiedenen Ansätze der VGR zur Berechnung des Sozialprodukts und des Volkseinkommens hier in einer übersichtlichen Struktur erläutert werden können. Das Kontensystem der VGR einer geschlossenen Volkswirtschaft ohne staatliche Akteure - in Analogie zum vorstehenden Kreislaufmodell - basiert auf einer vereinfachten Matrixstruktur: Den beiden aggregierten Akteuren werden jeweils drei Aktivitätskonten zugeordnet, die der Struktur der Transaktionsströme des Kreislaufschemas entsprechen.

Zur weiteren Vereinfachung wird hier analog zu dem vorstehenden Kreislaufschema angenommen, daß die Produktion ausschließlich in den Unternehmen erfolgt; definitionsgemäß können ferner nur Unternehmen Investitionen tätigen. Die Produktion der Haushalte und der privaten Organisationen ohne Erwerbscharakter wird vernachlässigt. Das gesamtwirtschaftliche Produktionskonto nach der vorstehenden Matrix gleicht dann dem Produktionskonto der Unternehmen. Zur Vereinfachung der Einkommenskonten wird unterstellt, daß sich alle Produktions-

Tab. 8-1 Matrixstruktur der Aktivitätskonten des Wirtschaftskreislaufs mit zwei Akteuren

Akteure Aktivitäten	Unternehmen	Haushalte	Gesamtwirtschaft
Produktion	**Produktionskonto der Unternehmen**	Produktionskonto der Haushalte	**gesamtwirtschaftliches Produktionskonto**
Einkommens-verwendung	Einkommenskonto der Unternehmen	**Einkommenskonto der Haushalte**	**gesamtwirtschaftliches Einkommenskonto**
Vermögensän-derung (VÄ)	VÄ-Konto der Unternehmen	VÄ-Konto der Haushalte	**aggregiertes VÄ-Konto**

faktoren im Besitz der Haushalte befinden und daß alle Faktoreinkommen einschließlich der Unternehmensgewinne an Haushalte fließen. Von der Besonderheit unverteilter, einbehaltener Gewinne von Unternehmen in der Rechtsform der Kapitalgesellschaften wird hier abgesehen.[2] Zudem beschränken wir uns auf das gesamtwirtschaftliche Vermögensänderungskonto. Das Kontenschema der Matrix kann unter diesen Annahmen auf eine übersichtliche Struktur von drei Aktivitätskonten zurückgeführt werden.

Das **Produktionskonto** der Unternehmen summiert auf der Habenseite die Werte der Güterproduktion (einschließlich der Dienstleistungen) einer Zeitperiode, auf der Sollseite die Kosten bzw. die Wertschöpfung der periodenbezogenen Produktion. Das Buchungsschema kann als eine Summe von Gewinn- und Verlust-Rechnungen eines Jahres, aggregiert über die Unternehmen einer Volkswirtschaft, betrachtet werden. Die Habenseite weist die Summe der Produktionswerte der Unternehmen aus; addiert werden die periodischen Umsatzerlöse für die produzierten Investitions- und Konsumgüter, im Unternehmen verbliebene produzierte Güter werden zu Herstellungskosten bewertet. Aus der aggregierten Betrachtungsweise folgt, daß Vorprodukte (Vorleistungen) von Unternehmen vorheriger Produktionsstufen zur Vermeidung von Doppelzählungen abgezogen werden müssen. Die Bruttoproduktionswerte der Habenseite enthalten auch die Bruttoinvestitionen. Um das periodenbezogene Nettoergebnis der Produktionstätigkeit zu ermitteln, müssen nutzungsbedingte Wertminderungen der Produktionsanlagen, die Abschreibungen, abgezogen werden. Der Saldo des Produktionskontos mißt das Nettoergebnis der Produktion, die Wertschöpfung. Die Wertschöpfung hat aus der Sicht der Unternehmen den Charakter von Faktorkosten und Gewinnen, aus der Sicht der Haushalte und Faktorbesitzer den Charakter von Faktoreinkommen.

Wertschöpfung = Summe der (Bruttoproduktionswerte
minus Vorleistungen
minus Abschreibungen); oder
Wertschöpfung = Summe der Faktoreinkommen.

[2] Die Gewinne von Kapitalgesellschaften (Unternehmen mit eigener Rechtspersönlichkeit) werden teils in Form von Beteiligungsanteilen, Dividenden u. a. an die Eigentümer verteilt, teils als unverteilte Gewinne einbehalten. Die unverteilten Gewinne bilden nach der Logik der VGR ein verfügbares Einkommen der Unternehmen, das nicht für Konsumgüter verwendet wird; sie entsprechen einer Ersparnis der Unternehmen.

Abb. 8-2 Grundschema des Kontensystems der VGR (bezogen auf das vereinfachte Kreislaufmodell)

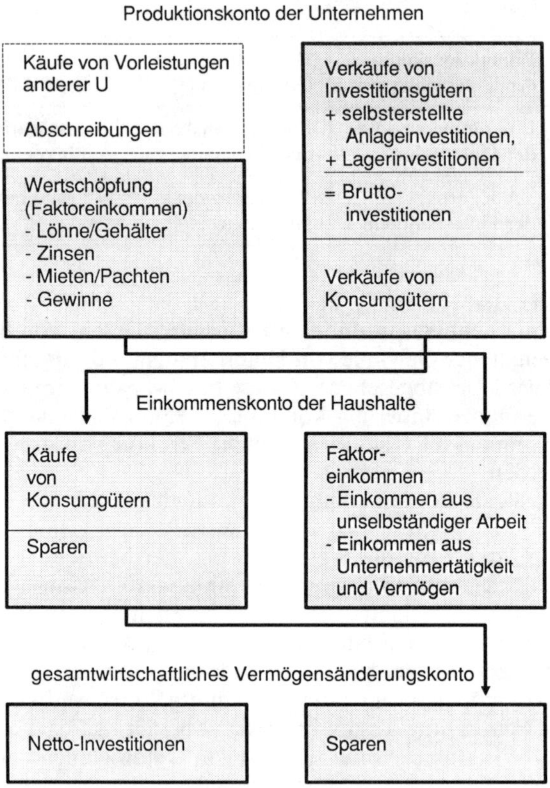

Auf dem Produktionskonto wird die Wertschöpfung als Saldo ausgewiesen. Als entsprechender Gegenposten erscheinen die Faktoreinkommen auf dem Einkommenskonto. Die Faktoreinkommen werden auf der Verwendungsseite für Käufe von Konsumgütern ausgegeben oder gespart und als Sparen für die Vermögensänderung eingesetzt.

Das **Produktionskonto** dient zur Ermittlung des **Sozialprodukts** einer Volkswirtschaft des vereinfachten Kreislaufmodells. Die Darstellung des Produktionskontos zeigt, daß die Ermittlung des Sozialprodukts der modellhaften Volkswirtschaft einerseits nach den Bruttoproduktionswerten möglich ist, andererseits nach der Wertschöpfungsmethode. Die erste Methode addiert die Markt- bzw. Produktionswerte der Güter, die zweite Methode addiert die Faktorkosten bzw. die Faktoreinkommen der Produktion.

Das **Einkommenskonto** des Kreislaufmodells bezieht sich annahmegemäß auf die Haushalte. Auf der Habenseite erfolgt die Gegenbuchung der Wertschöpfungsbeträge oder der Faktoreinkommen, die sich nach Kategorien der **Einkommensverteilung** unterscheiden lassen. Die Einkommen aus unselbständiger Tätigkeit entsprechen der Summe von Löhnen und Gehältern; die Einkommen aus Unternehmertätigkeit und Vermögen erfassen verschiedene kapitalbezogene Einkommen und die

Unternehmensgewinne. Die Habenseite des Einkommenskontos zeigt die Einkommensquellen der Haushalte, die Sollseite die **Einkommensverwendung**. Die Faktoreinkommen können aus der Sicht der Haushalte für den Kauf von Konsumgütern verwendet oder gespart werden. Die Nichtverwendung von Faktoreinkommen wurde oben als Ersparnis definiert.

Das aggregierte **Vermögensänderungskonto** war bereits im vereinfachten Modellkreislauf enthalten, um das Prinzip eines geschlossenen Wirtschaftskreislaufs aufzuzeigen. Das System der Aktivitätskonten macht deutlich, daß die Nettoinvestitionen auf dem Vermögensänderungskonto eine Gegenbuchung zum Produktionskonto der Unternehmen darstellen, die Ersparnis der Haushalte eine Gegenbuchung zum Einkommenskonto bildet. Die Ex-post-Identität der beiden Seiten des Vermögensänderungskontos folgt dann aus den Beziehungen und Definitionen des Systems der VGR.

Bruttoproduktionswerte
- Vorleistungen
- Abschreibungen

= Wertschöpfung = Konsum + Nettoinvestition
(vgl. das Produktionskonto)

= Volkseinkommen = Konsum + Sparen
(vgl. das Einkommenskonto)

Die Identität des Vermögensänderungskonto „Nettoinvestition gleich Ersparnis" ergibt sich - unter vereinfachenden Annahmen - zwingend aus den Systemdefinitionen der VGR, wenn die Wertschöpfung dem Volkseinkommen gleichzusetzen ist.

8.1.3 Kreislaufanalyse für eine offene Volkswirtschaft mit staatlicher Aktivität

Wie werden die Milliarden öffentlicher Ausgaben in die VGR einbezogen? Wird die Produktion öffentlicher Güter berücksichtigt? Welche Beachtung erfahren Umverteilungsmaßnahmen durch staatliche Transferleistungen? Was besagt die These eines exzessiven Anstiegs des Staatsverbrauchs? Um diese Fragen zu beantworten, muß die Gruppierung der inländischen Wirtschaftsakteure um einen aggregierten **Sektor Staat** erweitert werden. Die Zusammenfassung bedeutet nicht, daß ein einheitlicher zentraler Akteur des Staates unterstellt wird. Es handelt sich lediglich um eine methodische Aggregation der verschiedenen Gebietskörperschaften von Bund, Ländern, Gemeinden und von verschiedenen Sozialversicherungen. Die im Eigentum staatlicher Organisationen befindlichen Unternehmen zählen nicht zum Sektor Staat. Die Existenz staatlicher Akteure führt innerhalb des volkswirtschaftlichen Kreislaufs im wesentlichen zu drei verschiedenen Arten von Transaktionsströmen:

- Auf der **Einnahmenseite** erhält der Sektor Staat als Zahlungen ohne direkte Gegenleistungen **Steuern** und **Abgaben**. Direkte Steuern werden von Haushalten oder Unternehmen in Abhängigkeit von dem Einkommen (dem Vermögen) erhoben; auch die Beiträge zu den Sozialversicherungen werden zu den direkten Steuern (Abgaben) gerechnet. Indirekte Steuern werden in der Regel von den Unternehmen gezahlt, sie dürfen als Kostensteuern vor der steuerlichen Gewinnermittlung abgezogen werden. Nach der begrifflichen Intention sollen die Unternehmen diese Steuern in höheren Marktpreisen überwälzen können und durch die Überwälzung sollen indirekt die Käufer belastet werden.

Unter den staatlichen **Ausgaben** lassen sich im wesentlichen zwei Kategorien von Zahlungen unterscheiden:

- Von Unternehmen werden Güter bezogen und von Haushalten Faktorleistungen erworben, um **öffentliche Güter** und **staatliche Dienstleistungen** zu erbringen, also um Beiträge zur gesamtwirtschaftlichen Güterproduktion zu liefern.
- Zur Umverteilung von Einkommen, zur Unterstützung an Bedürftige werden **Transferzahlungen** an Haushalte geleistet. An Unternehmen werden **Subventionen** gezahlt, die verschiedenen Zwecken der Einflußnahme auf unternehmerische Entscheidungen dienen sollen.

Die Wirkungen der staatlichen Aktivitäten sollen zunächst in einem analogen System von drei Aktivitätskonten des staatlichen Sektors erläutert werden. Das **Produktionskonto der öffentlichen Haushalte** hat nur in formaler Hinsicht eine parallele Struktur zum entsprechenden Konto der Unternehmen. Auf der Habenseite werden Dienstleistungen des staatlichen Sektors ausgewiesen, die - mit einigen, hier vernachlässigten Ausnahmen von gebührenpflichtigen Leistungen - zum weit überwiegenden Teil ohne Entgelt angeboten werden. Bereits in den ersten Kapiteln dieses Buches wurde der Begriff der öffentlichen (meritorischen) Güter vorgestellt, öffentliche Sicherheitsleistungen, Nutzungen von Verkehrswegen, Brücken, Ausbildungsmöglichkeiten u. a. Diese Güter werden vom staatlichen Sektor mittels kostenintensiver Bauten und Infrastrukturen, mittels der beamteten und nicht-beamteten Arbeitskräfte sowie mittels gekaufter Vorleistungen (Verbrauchsmittel) produziert. Auf der Sollseite des Produktionskontos erscheinen daher Vorleistungen, Abschreibungen und die staatliche Wertschöpfung. Diese Kostenfaktoren bestimmen zugleich die rechnerische Bewertung der unentgeltlichen Dienstleistungen auf der Habenseite. Da die öffentlichen Dienstleistungen nicht über Märkte verkauft werden, bezeichnen viele Autoren diese auch als staatlichen Konsum. Damit wird offenbar angenommen, daß der Staat zugleich der Konsument der von Unternehmen und Haushalten bezogenen öffentlichen Güter und Dienstleistungen sei. Diese Annahme verdeckt allerdings den produktiven Charakter von öffentlichen Dienstleistungen nach der Systemlogik der VGR. Der staatliche Konsum wird lediglich nach Kostenfaktoren bemessen; hierzu gehören als Komponenten

- Löhne und Gehälter für Staatsbedienstete,
- Verbrauch von Vorleistungen sowie militärische Aufwendungen (auch für militärische Anlagen),
- Abschreibungen (häufig vereinfachend als Ausgaben für den laufenden Unterhalt berechnet) u. a.

Als Definition gilt die Beziehung:

$$\begin{aligned}\text{Staatsverbrauch} = \; & \text{Käufe von Vorleistungen} \\ & + \text{Abschreibungen} \\ & + \text{Löhne/Gehälter der Staatsbediensteten.}\end{aligned}$$

Das **Einkommenskonto** des Staates zeigt dessen Einnahmen auf der Habenseite sowie andererseits die Verwendung der Einnahmen. Den weitaus größten Teil der Einnahmen bilden Steuern einschließlich der Abgaben an staatliche Organisationen. Desweiteren beziehen öffentliche Haushalte aus dem Eigentum an Unternehmen sowie aus Kapitalanlagen Faktoreinkommen in Form von Gewinnen und Zinsen. Diese Faktoreinkommen des Staates gehören zu den Einkommen aus Unternehmertätigkeit und Vermögen. Ein relativ geringer Anteil von Gebühreneinnahmen wird in der tabellarischen Darstellung nicht berücksichtigt.

Die unentgeltlichen Dienstleistungen, die zu Faktorkosten bewertet wurden, erscheinen als Gegenposten auf der Sollseite des Einkommenskontos. Die VGR umgeht damit die Schwierigkeit einer exakten Zurechnung der Dienstleistungen auf Unternehmen und Haushalte sowie einer Zurechnung der Faktorkosten auf einzelne Arten von öffentlichen Dienstleistungen. Stattdessen wird unterstellt, daß der staatliche Sektor die von ihm produzierten Dienstleistungen im Rahmen seiner Einkommensverwendung selbst verbraucht. Dieser Verzicht auf eine exakte Zurechnung führt zur Gegenbuchung als Staatsverbrauch oder staatlicher Konsum. Im Rahmen der Umverteilung werden Transferzahlungen an Haushalte geleistet, die Gegenbuchung erscheint folglich auf dem Einkommenskonto der Haushalte. Bei den gezahlten Subventionen erfolgt die Gegenbuchung auf dem Produktionskonto der Unternehmen. Die Ersparnis des Staates ergibt sich als Saldo zwischen den Einnahmen und den übrigen Komponenten der Ausgabenseite.

Abb. 8-3 Aktivitätskonten des Staates

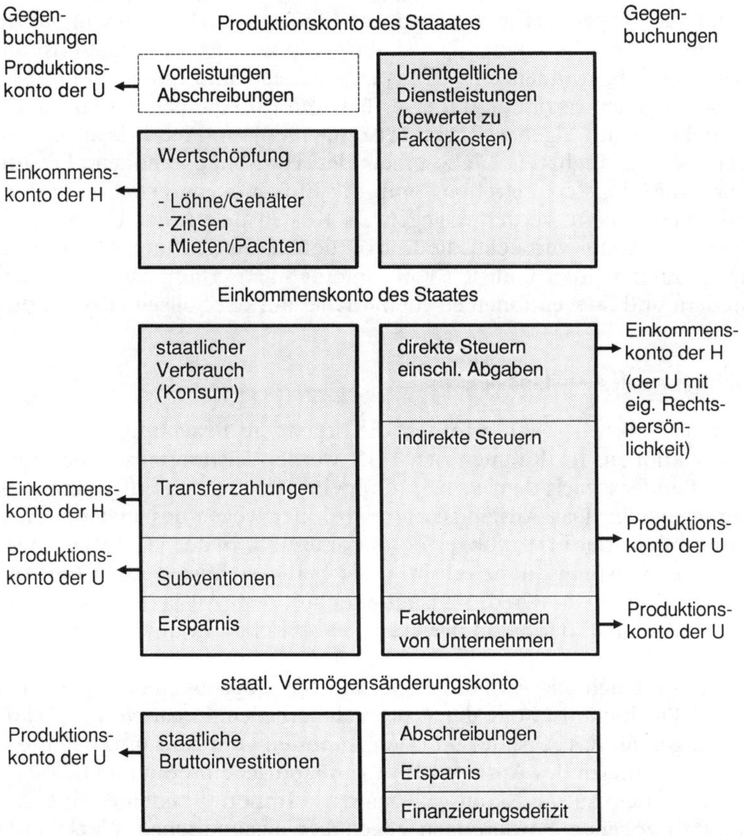

Das System der aggregierten Aktivitätskonten des staatlichen Sektors läßt sich analog in Form dreier Konten gliedern. Wir unterscheiden in einer isolierten Analyse wiederum ein Produktions-, Einkommens- und Vermögensänderungskonto.

Ersparnis des Staates = Staatseinnahmen
— staatlicher Verbrauch
— Transfers - Subventionen

Ersparnis und Abschreibungen des Staates werden auf dem **Vermögensänderungskonto** als Gegenbuchung geführt. Auf der anderen Seite bilden die Bruttoanlageinvestitionen des Staates eine Gegenbuchung zum Produktionskonto der Unternehmen. Bei isolierter Betrachtungsweise des Vermögensänderungskontos des staatlichen Sektors wird eine Ex-post-Identität im Regelfall nicht gegeben sein. Wenn die Werte der staatlichen Nettoinvestitionen die staatliche Ersparnis übersteigen, muß ein **Finanzierungsdefizit** des Staates vorliegen, ein Finanzierungsdefizit des Staates absorbiert somit Finanzierungsmittel aus der Ersparnis anderer Wirtschaftsakteure.

Die zuvor isolierte Analyse der staatlichen Aktivitäten bedarf schließlich einer Verknüpfung mit dem Kontensystem der Unternehmen und der privaten Haushalte nach einem System doppelter Buchungen, soweit die **Gegenbuchungen** nicht bereits im isolierten System enthalten sind. Die jeweiligen Konten der Gegenbuchungen sind an den Rändern der Abb. 8-3 vermerkt. Bei der nochmaligen Durchsicht von Abb. 8-3 mag den Leser verwundern, warum die Gegenbuchungen von Steuern teils auf dem Einkommenskonto der Haushalte, teils auf dem Produktionskonto der Unternehmen erfolgen (analog zu Transferzahlungen und Subventionen). Direkte Steuern und Abgaben vermindern die verfügbaren Einkommen der Haushalte (und der Unternehmen mit eigener Rechtspersönlichkeit), während Transferzahlungen andererseits die verfügbaren Einkommen der Haushalte erhöhen. Die direkten Steuern und die Transfers betreffen somit die Einkommensverwendung der Haushalte. Indirekte Steuern werden dagegen als Kostensteuern der Unternehmen auf dem Produktionskonto verbucht, die Subventionen werden umgekehrt als kostensenkende Maßnahmen zu Gunsten von Unternehmen erfaßt. Der Saldo aus indirekten Steuern und Subventionen erscheint daher auf der Sollseite des Produktionskontos.

Berücksichtigung des **Auslandskontos**:

Eine offene Volkswirtschaft erfordert die besondere Beachtung außenwirtschaftlicher Transaktionen. Im Rahmen der VGR werden leistungsbezogene Transaktionen mit Ausländern nach dem Prinzip doppelter Buchungen auf einem Auslandskonto gegengebucht. Das Auslandskonto wird hier wegen des späteren Abschnitts zur Zahlungsbilanz nur in verkürzter Form dargestellt. In der VGR werden lediglich die Ströme der Leistungsbilanz erfaßt, nicht berücksichtigt werden (anders als in der Zahlungsbilanz) reine Kredittransaktionen mit dem Ausland. Desweiteren wird hier *angenommen*, daß der Saldo der Transfers zwischen In- und Ausländern gleich Null sei.

Dann reduziert sich das Auslandskonto auf die Gegenbuchung zweier Handelsströme vom Produktionskonto der Unternehmen, den **Exporten** von Waren und Dienstleistungen an das Ausland und den Importen vom Ausland. **Importe** werden dabei als Vorleistungen des Auslands für die inländische Produktion betrachtet. Ein positiver Saldo des Auslandskontos (Exporte - Importe) bedeutet eine Zunahme von leistungsbezogenen Forderungen gegenüber ausländischen Wirtschaftseinheiten (positiver **Außenbeitrag**). Das Vermögen des Inlands steigt unter diesen Annahmen in Höhe des Exportüberschusses der Inländer. Die Gegenbuchung des Saldos (Exporte - Importe) erfolgt auf dem gesamtwirtschaftlichen Vermögensänderungskonto neben den Nettoinvestitionen. Denn in Höhe eines Exportüberschusses ste-

Abb. 8-4 Schema eines Auslandskontos

Die Darstellung zeigt ein vereinfachtes isoliertes Auslandskonto bei Annahme eines positiven Außenbeitrags.

Abb. 8-5 Kreislauf einer offenen Volkswirtschaft mit staatlicher Aktivität

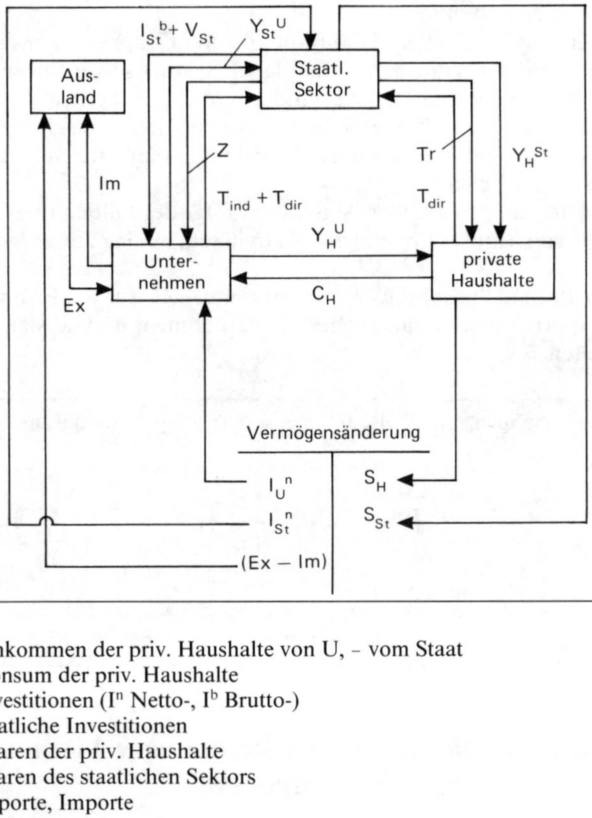

Legende:

Y_H^U, Y_H^{St}	Einkommen der priv. Haushalte von U, – vom Staat
C_H	Konsum der priv. Haushalte
I	Investitionen (I^n Netto-, I^b Brutto-)
I_{St}	staatliche Investitionen
S_H	Sparen der priv. Haushalte
S_{St}	Sparen des staatlichen Sektors
Ex, Im	Exporte, Importe
T_{dir}	direkte Steuern
T_{ind}	indirekte Steuern
Tr	Transferzahlungen
Z	Subventionen
V_{St}	Vorleistungskäufe des Staates
Y_{St}^U	Einkommen des Staates (von U)

hen den inländischen Haushalten wie bei positiven Nettoinvestitionen Teile der Güterproduktion des Inlands nicht als Verbrauchsgüter zur Verfügung; beide Größen dienen einer güterwirtschaftlichen Vermögensbildung aus der Sicht der Volkswirtschaft des Inlandes. In einer offenen Volkswirtschaft ändert sich daher die oben herausgestellte Ex-post-Identität der gesamtwirtschaftlichen Vermögensänderung:

Private Nettoinvestitionen plus staatliche Nettoinvestitionen plus (Exporte - Importe) gleich Sparen privater und öffentlicher Haushalte.

Die Kontendarstellung mag den Leser zu sehr verleiten, isolierte Aspekte der Transaktionen aus der Sicht aggregierter Akteure hervorzuheben. Die makroökonomischen Transaktionsströme zwischen den Gruppen der Akteure bzw. zwischen den verschiedenen Konten lassen sich nur schwer übersehen. Um nun die makroökonomischen Zusammenhänge stärker zu betonen, läßt sich ein erweitertes Schema des Wirtschaftskreislaufs einer offenen Volkswirtschaft mit staatlichen Aktivitäten verwenden (Abb. 8-5). Das Kreislaufschema beschreibt eine differenzierte, zunächst etwas verwirrende Struktur von Transaktionsströmen. Das Schema beruht auf folgender Systemlogik:

- Unterschieden werden fünf Kreislaufpole für drei Gruppen inländischer Akteure (Unternehmen, private Haushalte, staatlicher Sektor) sowie für zwei Funktionskonten (Vermögensänderungs-, Auslandskonto). Die beiden Funktionskonten bewirken, daß aus einem offenen System zwischen drei aggregierten inländischen Akteuren insgesamt ein geschlossenes Kreislaufsystem entsteht, analog zum vereinfachten Kreislaufschema.
- Die Berücksichtigung staatlicher Aktivitäten folgt der Gliederungssystematik der drei Gruppen von Transaktionen bzw. Aktivitäten, analog zur obigen Kontendarstellung.
- Die Außenwirtschaftsbeziehungen konzentrieren sich auf die Handelsströme von Ex- und Importen von inländischen Unternehmen und ausländischen Wirtschaftseinheiten.

Übung 8-3 Zahlungsbeispiel zum Kreislauf einer offenen Volkswirtschaft mit staatlicher Aktivität

$C_H = 1400$	$T_{ind} = 200$	$C_{St} = 300$	$T_{dir} = 350$
$I^n{}_U = 200$	$Z = 50$	$I^n{}_{St} = 150$	$Tr = 100$
$Ex = 500$	$Y_{St}{}^U = 0$	$Im = 400$	$V_{St} = 0$

Die vorstehenden Zahlenangaben in Geldeinheiten beschreiben den Wirtschaftskreislauf einer hypothetischen Volkswirtschaft.

Berechnen Sie die Höhe der privaten und staatlichen Ersparnisse!

8.2 Sozialprodukt und Volkseinkommen: Methoden und Ergebnisse

Der vorherige Abschnitt diente zunächst einer schematischen Übersicht der Strukturzusammenhänge von makroökonomischen Kreislaufsystemen. Die Kreislaufschemata zeigten, welche relevanten Akteure bzw. welche Sektoren in der makroökonomischen Analyse zusammengefaßt werden und welche Arten von Transaktionen zwischen den Akteuren die Wertgrößen der gesamtwirtschaftlichen Produktion und der Wertschöpfung bestimmen. Die VGR basiert auf der Kreislaufanalyse, um die Strömungsgrößen vergangener Zeitperioden quantitativ zu ermitteln und zu messen. Die Ex-post-Werte des Inlands-, des Sozialprodukts und des Volkseinkommens eines Landes sollen im Rahmen der VGR erfaßt werden.

Die Ergebnisse der VGR werden vielfach in der wirtschaftspolitischen Praxis verwendet, um Diagnosen über die Konjunkturlage und das wirtschaftliche Wachstum der Volkswirtschaft zu liefern. Wirtschaftspolitische Maßnahmen werden nicht selten mit dem Hinweis auf quantitative Entwicklungen des Sozialprodukts erwogen oder abgelehnt. Das Volkseinkommen gilt in verteilungspolitischen Auseinandersetzungen als allgemeine Basisgröße der Einkommensverteilung eines Landes. Zudem liefert die VGR das grundlegende empirische Material für die gesamtwirtschaftliche Strukturanalysen wie den Anteil des Staates oder anderer Sektoren an der Gesamtproduktion. Die Ergebnisse der VGR bilden die wichtigste **empirische Grundlage** der Konjunktur- und Wirtschaftspolitik eines Landes.

8.2.1 Die Entstehungsseite der Volkswirtschaftlichen Gesamtrechnung: Begriffe und Strukturen des Inlandprodukts

Die Produktion oder die Wertschöpfung einer Volkswirtschaft in einer Zeitperiode kann an verschiedenen Konten bzw. Schnittstellen eines geschlossenen Wirtschaftskreislaufs gemessen werden, an der Entstehungsseite der Produktion, aus der Sicht der Güterverwendung (-ausgaben) und aus der Sicht der Verteilungsseite der Wertschöpfung. Das Schema eines geschlossenen Kreislaufs der Strömungswerte legt nahe, daß die drei verschiedenen Methoden unterschiedliche Aspekte und Strukturen der Ex-post-Werte der volkswirtschaftlichen Produktion aufzeigen, die in einem System miteinander verbunden sind.

Um den Aspekt der **Entstehungsseite** darzustellen, konzentrieren wir uns zunächst auf die Zusammenfassung der sektoralen Produktionskonten. Nach der Systemlogik der VGR sind sektorale Produktionskonten für die drei inländischen Gruppen der Wirtschaftsakteure vorzustellen. Zwei der sektoralen Produktionskonten wurden in vornehmlich isolierter Form bereits vorgestellt. Diese Analyse ist im nächsten Schritt für die drei inländischen Sektoren mit Berücksichtigung des Auslandskontos zu erweitern. Um die Größenrelationen der Produktionswerte der Sektoren nach der amtlichen Statistik einzubeziehen, werden quantitative Produktionswerte eines Basisjahres in zusammengefaßter Form ausgewiesen.

Auf dem **Produktionskonto** der **Unternehmen** wird die Summe der **Bruttoproduktionswerte**, bewertet zu Marktpreisen (bzw. Herstellkosten bei nicht verkauften Produktionsgütern) ausgewiesen. Um Doppelzählungen zu vermeiden, sind die Aufwendungen für fremdbezogene Vorleistungen, einschließlich importierter Vorleistungen, abzuziehen. Der hohe Anteil der Vorleistungen in Relation zu den Bruttoproduktionswerten ist ein Ausdruck der volkswirtschaftlichen Verflechtung der in- und ausländischen Produzenten. Mit einem höheren Anteil der Vorleistungen steigt der Grad arbeitsteiliger Produktion in einer Volkswirtschaft. Nach Abzug der Vorleistungen von den Produktionswerten der Unternehmen ergibt sich die Größe der Bruttowertschöpfung des gesamten Unternehmenssektors. Zur Ermittlung der **Nettowertschöpfung** sind die Abschreibungen als rechnerische produktionsbedingte Wertverluste des Anlagevermögens abzuziehen. Desweiteren sind indirekte Steuern der Unternehmen (saldiert um die Subventionen) als Kostensteuern zur Ermittlung der Nettogröße der Wertschöpfung abzuziehen.

Der Beitrag des **Staates** zur gesamtwirtschaftlichen Wertschöpfung leitet sich wegen des Prinzips der Kostenbewertung der staatlichen Dienstleistungen überwie-

Abb. 8-6 Produktionswerte der Unternehmen[1], privaten Haushalte und des Staates, BR Deutschland, 1985 (Mrd. DM)

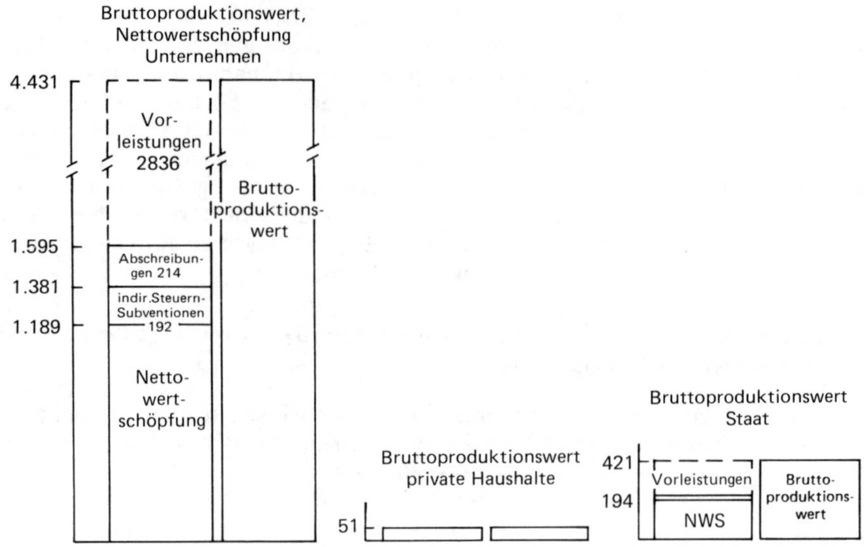

Die Größenordnungen der Säulen der Bruttoproduktionswerte bzw. der Nettowertschöpfungen (NWS) markieren die Relationen der Produktionswerte der drei inländischen Sektoren; die Zahlenwerte der Abb. heben die quantitative Bedeutung der Unternehmen als dominierenden Produktionssektor der Volkswirtschaft hervor.
Quelle: Statistisches Jahrbuch für die BR Deutschland 1987, Abschn. 23: VGR, S. 540 ff.
[1]) einschl. der Ausgaben für nicht abzugsfähige Umsatzsteuer und Einfuhrabgaben

gend aus den Personalaufwendungen der öffentlichen Haushalte (neben den bezogenen Vorleistungen und Sachaufwendungen) ab; zu berücksichtigen ist, daß öffentliche Unternehmen nicht zum staatlichen Sektor gezählt werden.

Vergleichsweise gering wird der Produktionsbeitrag der **privaten Haushalte** (einschließlich der Organisationen ohne Erwerbscharakter) bemessen. Offenbar wird die Haushaltsproduktion ohne Entgelt nicht von der VGR erfaßt, weil wegen fehlender Kostenrechnungen und Marktpreise eine Bewertung der Haushaltsproduktion aus der Sicht der amtlichen Statistik unsicher erscheint.

Nach den relativen Größen der Produktionskonten der drei Gruppen von Wirtschaftsakteuren liegt eine weitere Zusammenfassung nahe: Die Volkswirtschaft kann als ein aggregierter Betrieb betrachtet werden, in dem ein komplexes Bündel von Gütern unterschiedlicher Verwendungsarten während einer Zeitperiode produziert wird. Das **gesamtwirtschaftliche Produktionskonto** dient der Ermittlung der Expost-Werte des in einer Volkswirtschaft produzierten Güterbündels. Die Zusammenfassung der Bruttoproduktionswerte der drei Gruppen abzüglich der Vorleistungen, die Summe der Bruttowertschöpfungen, wird als **Bruttoinlandsprodukt** zu Marktpreisen definiert. Dieser Begriff des Bruttoinlandsprodukts gilt als eine Basisgröße der Entstehungsseite der Güterproduktion. Als zweite Basisgröße des nationalen Produktionskontos wird der Begriff des **Bruttosozialprodukts** zu Marktpreisen verwendet. Die beiden Produktionsbegriffe der VGR unterscheiden sich lediglich geringfügig durch eine unterschiedliche Abgrenzung der Wertschöpfung nach dem **Inlands-** bzw. dem **Inländerkonzept.**

Summe der Bruttoproduktionswerte
\- Vorleistungen

Bruttoinlandsprodukt (zu Marktpreisen)
± Saldo der Inlandseinkommen von Ausländern und Auslandseinkommen von Inländern

---

Bruttosozialprodukt (zu Marktpreisen)

Die ergänzende Bezeichnung **„zu Marktpreisen"** verweist auf das überwiegende Bewertungsprinzip der Entstehungsseite der VGR. Davon zu unterscheiden ist ein dritter Produktionsbegriff, die Summe der Nettowertschöpfung oder das **Nettosozialprodukt zu Faktorkosten**, die Basisgröße der Verteilungsseite der VGR:

Bruttosozialprodukt (zu Marktpreisen)
\- Abschreibungen
\- (indirekte Steuern - Subventionen)

Nettosozialprodukt zu Faktorkosten (Summe der Nettowertschöpfung)

Die verschiedene Produktionsbegriffe erscheinen in der folgenden Abb. 8-7 auf der Sollseite des gesamtwirtschaftlichen Produktionskontos. Die Abbildung verdeutlicht zugleich die relative Größenordnung der Produktionsbegriffe in der BR Deutschland.

- Empirische Strukturentwicklung des Bruttoinlandsprodukts nach drei Wirtschaftsbereichen

Die empirischen Daten der Entwicklung des Bruttoinlandsprodukts in der BR Deutschland nach der Methode der Entstehungsseite der VGR können verwendet werden, um ein bekanntes Theorem der Strukturentwicklung von Wirtschaftsbereichen zu belegen. Gemäß der Drei-Sektoren-Hypothese werden die Sektoren der Volkswirtschaft nach drei Wirtschaftsbereichen gegliedert:

- Zum **Primärsektor** der Wirtschaft zählen Land-, Forstwirtschaft, Fischerei.
- Den **Sekundärsektor** bildet das warenproduzierende Gewerbe (Energie-/Wasserversorgung/Bergbau; industrielle und handwerkliche Betriebe des Verarbeitenden Gewerbes und des Baugewerbes).
- Zum **Tertiärsektor** werden Handel und Verkehr, Dienstleistungsunternehmen, der staatliche Sektor und private Haushalte (einschl. privater Organisationen ohne Erwerbscharakter) zusammengefaßt.

Das Drei-Sektoren-Theorem behauptet eine allgemeine Entwicklung der Produktionsanteile der drei Wirtschaftsbereiche in den westlichen Industrieländern. In einer frühen Primärphase der Entwicklung hatte der Produktionsbeitrag des Primärsektors zunächst dominiert. Im Verlauf der Industrialisierung der Industrieländer wurde der Sekundärsektor zum größten und wichtigsten Wirtschaftsbereich. In einer tertiären Phase dominiert schließlich der tertiäre Sektor der Dienstleistungen. Zur Begründung wurde einerseits auf Faktoren der Nachfrageseite, andererseits auf angebotsseitige Einflußfaktoren verwiesen.

Abb. 8-7 Gesamtwirtschaftliches Produktionskonto

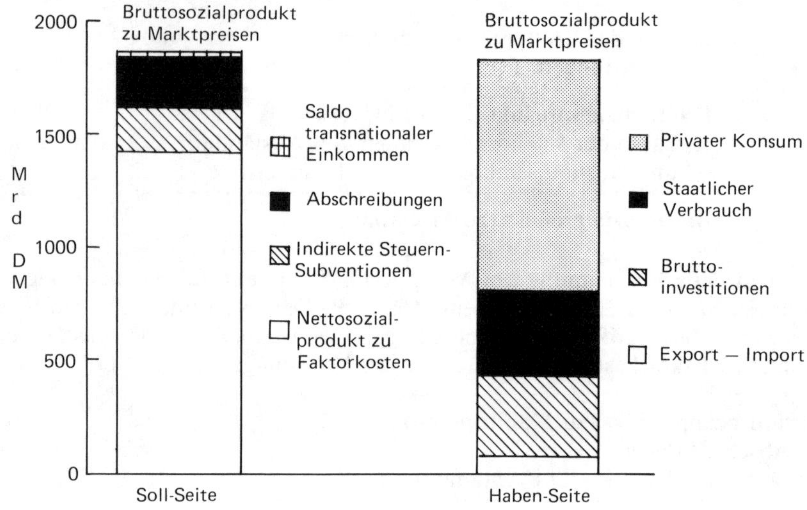

Die Soll-Seite des gesamtwirtschaftlichen Produktionskontos zeigt die Größen des Bruttosozialprodukts zu Marktpreisen und des Nettosozialprodukts zu Faktorkosten (Daten von 1985); die Haben-Seite enthält die Komponenten der Verwendungsseite des Bruttosozialprodukts zu Marktpreisen.

Tab. 8-2 Beiträge der Wirtschaftsbereiche zum Bruttoinlandprodukt, BR Deutschland 1960–85 (Anteile in Prozent des jeweiligen Bruttoinlandsprodukts in lfd. Preisen)

Sektoren	1960	1970	1980	1985	1990
Land- und Forstwirtschaft Fischerei	5,9	3,3	2,1	1,7	
Warenproduzierendes Gewerbe	53,1	49,4	42,7	41,1	
Handel und Verkehr	18,5	15,3	15,3	15,0	
Dienstleistungsunternehmen	13,6	16,9	22,7	26,3	
Staat	7,1	9,3	11,6	11,3	
Private HH (incl. private Organisationen ohne Erwerbscharakter)	1,7	1,5	1,8	2,0	
abzüglich Korrekturposten zuzüglich	−1,7	−2,7	−3,6	−4,6	
nicht aufzugliedernde Posten	+1,8	+7,0	+7,4	+7,2	
Bruttoinlandsprodukt	100	100	100	100	100

Quelle: Statistisches Jahrbuch für die BR Deutschland 1987, Tab. 25.3, S. 548 f.

Übung 8-4 Drei-Sektoren-Theorem

(1) Ergänzen Sie die analogen Produktionsanteile der Wirtschaftsbereiche in der BR Deutschland für ein aktuelles Jahr! Verwenden Sie ein aktuelles Statistisches Jahrbuch!
(2) Prüfen und interpretieren Sie die empirische Strukturentwicklung der Wirtschaftsbereiche in der BR Deutschland im Vergleich zu den allgemeinen Aussagen der Drei-Sektoren-Hypothese!
(3) Welche Gründe sprechen nach Ihrer Ansicht für die empirische Strukturentwicklung der Wirtschaftsbereiche?

- **Reales Bruttosozialprodukt**

Um das wirtschaftliche Wachstum einer Volkswirtschaft zu messen, wird die zeitliche Entwicklung des Bruttosozialprodukts (BSP) häufig als empirischer Indikator verwendet. Soll das BSP in dieser Weise als Indikator eines gewachsenen Güterbündels dienen, muß der Wertmaßstab der Preise von Periode zu Periode konstant bleiben. Der Ausweis des nominellen BSP zu laufenden Preisen erfüllt diese Bedingung des konstanten, vergleichbaren Wertmaßstabs nicht, wenn die Preise von Periode zu Periode steigen. Bei Preisinflation dehnt sich der Wertmaßstab der Marktpreise aus, so daß ein nominelles Wachstum des BSP analytisch aus zwei Komponenten besteht, einer preislichen Inflations- und einer mengenbezogenen Wachstumskomponente. Bei allgemeinen Preisänderungen fallen daher die Entwicklung des **nominellen BSP** zu laufenden Preisen und die Wachstumskomponente auseinander. Um das wirtschaftliche Wachstum zu ermitteln, muß ein **Preisindex** - bezogen auf das Güterbündel des BSP - zur rechnerischen Bereinigung der Preisinflation verwendet werden. Der rechnerische Wachstumsindikator wird als reales (preisbereinigtes) BSP bezeichnet. Das reale BSP beschreibt die preisbereinigte zeitliche Entwicklung des Sozialprodukts, ausgedrückt im Preisniveau eines Basisjahres.

Tab. 8-3 Nominelles und reales Bruttosozialprodukt in der BR Deutschland, 1960-85 (Mrd. DM)

	1960	1970	1980	1985	
(n)BSP	303,0	675,7	1485,2	1949,0	
Preisindex[1]	41,4	59,6	100,0	123,3	
(r)BSP[2]	731,7	1134,0	1485,2	1580,8	

[1] Preisindex des BSP (1980 = 100)
[2] $(r)BSP^t = ((n)BSP^t \cdot 100) / Preisindex^t$
Quelle: Statistisches Jahrbuch für die BR Deutschland 1987, S. 545

Ein optischer Vergleich der mittelfristigen Entwicklung des nominellen und realen BSP im Zeitraum 1980-85 zeigt, daß die Entwicklung der Nominalwerte zu überwiegenden Teilen inflationär gewesen ist; das reale Wachstum der Produktion in der BR Deutschland war erheblich bescheidener als die mittelfristige Dynamik des BSP zu laufenden Preisen.[3]

[3] Die Unterscheidung zwischen nominellen und realen Größen bezieht sich nicht nur auf das Sozialprodukt, sondern auch auf andere wirtschaftsstatistische Größen.

Abb. 8-8 Mittelfristige Zeitreihe des nominellen und realen Bruttosozialprodukts in der BR Deutschland, 1980-85

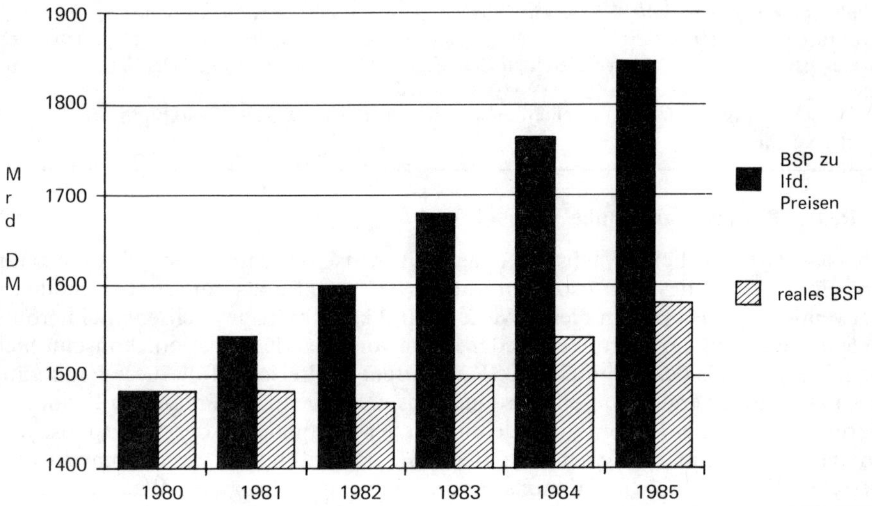

Die Entwicklung des nominellen BSP überzeichnet bei steigendem Preisniveau die Entwicklung des realen BSP.

8.2.2 Die Verwendungsseite

Aus der Sicht der Entstehungsseite wurde das Sozialprodukt über das Inlandsprodukt der Wirtschaftsbereiche ermittelt. Aus der Sicht der Güterverwendung wird das Sozialprodukt nach der Habenseite des gesamtwirtschaftlichen Produktionskontos bestimmt:

$$\begin{aligned} \text{BSP zu Marktpreisen} = \; & \text{privater Verbrauch} \\ & + \text{staatlicher Verbrauch} \\ & + \text{Bruttoinvestitionen} \\ & + (\text{Exporte} - \text{Importe}) \\ BSP_M = \; & C_H + C_{St} + I^b + (Ex - Im) \end{aligned}$$

Die Verwendungsrechnung summiert die Verkäufe von Gütern an private Haushalte, die Investitionen der Unternehmen, einschließlich der selbsterstellten Anlagen und Änderungen der Lagerbestände, sowie die Verbrauchsausgaben des Staates zur inländischen Endverwendung. Fügt man die Exporte hinzu, erhält man die gesamtwirtschaftliche Endverwendung der Güter, die auch als Endnachfrage bezeichnet wird. Da das gesamtwirtschaftliche Produktionskonto bereits vorgestellt wurde, beschränken wir uns auf eine empirische Analyse der Verwendungsstrukturen des BSP.

8.2.3 Die Verteilungsrechnung

Die Basisgröße der Verteilungsseite der VGR bildet das **Volkseinkommen**. Der Begriff des Volkseinkommens wurde bereits eingeführt: Diese Größe wurde unter den Produktionsbegriffen als Summe der Nettowertschöpfung (Faktoreinkommen)

Tab. 8-4 Verwendungsstrukturen des Bruttosozialproduktes (in laufenden Preisen) BR Deutschland, 1960–85 (Anteile in Prozent)

	1960	1970	1980	1985	
priv. Verbrauch	56,7	54,6	56,6	56,4	
staatl. Verbrauch	13,4	15,7	20,0	19,8	
zivile Zwecke	10,3	12,8	17,3	17,1	
Verteidigung	3,1	2,9	2,7	2,7	
Bruttoinvestitionen	27,3	27,6	23,6	19,6	
Ausrüstungen	9,0	9,8	8,6	8,3	
Bauten	15,3	15,7	14,0	11,1	
Vorräte	+3,0	+2,1	+1,0	0,5	
Exporte	20,0	22,6	28,4	35,0	
- Importe	−17,4	−20,5	−28,6	−31,1	
BSP_M	100,0	100,0	100,0	100,0	

Übung 8-5 Analyse der empirischen Verwendungsstrukturen in der BR Deutschland

(1) Ergänzen Sie die analogen Daten eines aktuellen Jahres!
(2) Analysieren Sie die empirischen Verwendungsstrukturen (Ausgabenstrukturen) der vorstehenden Tabelle! Beachten Sie dabei die folgenden Thesen:
(21) Die Zeitreihe des Anteils der Konsumausgaben der privaten Haushalte liefert keine Hinweise auf Sättigungserscheinungen des Konsums.
(22) Der Staat und das Ausland haben in der Vergangenheit wesentlich zur Dynamik des BSP in der BR Deutschland beigetragen.
(23) Die Entwicklung der Investitionsquote läßt auf eine „Investitionslücke“ in den 80er Jahren schließen.

Tab. 8-5 Empirische Verteilungsstrukturen des Volkseinkommens in der BR Deutschland, 1960–85 (Anteile in Prozent)

Einkommensarten	1960	1970	1980	1985	
Bruttoeinkommen aus unselbständiger Arbeit	60,1	68,0	73,5	69,7	
Bruttoeinkommen aus Unternehmertätigkeit und Vermögen	39,9	32,0	26,5	30,3	
- kalkulatorischer Unternehmerlohn	17,8	13,5	10,6	10,2	
- Vermögenseinkommen der privaten Haushalte	3,3	5,1	6,0	7,4	
- Vermögenseinkommen des Staates	0,9	0,4	−1,0	−1,4	
- Gewinneinkommen	17,9	13,0	10,0	14,1	
Arbeitseinkommen (Summe der Zeilen 1 und 3: Bruttoeinkommen aus unselbständiger Arbeit + Unternehmerlohn)	77,9	81,5	84,1	80,0	

Quelle: SVR, JG 1987/88, Tab. 21

oder als Nettosozialprodukt zu Faktorkosten definiert. Ausgehend vom Bruttosozialprodukt zu Marktpreisen müssen zwei Größen abgezogen werden,
- Abschreibungen,
- (indirekte Steuern minus Subventionen),

um von der Güterproduktion zur Basisgröße der Verteilung der produktionsbezogenen Einkommen zu kommen. Die Abschreibungen und die indirekten Steuern stehen wegen des notwendigen Vorwegabzugs bei der Ermittlung der Wertschöpfung nicht als Einkommen für die Verteilung zur Verfügung.

Die Verteilungsrechnung unterscheidet zwei aggregierte Einkommensarten des Volkseinkommens,
- das **Bruttoeinkommen aus unselbstständiger Arbeit** (Bruttolohn- und -gehaltssumme und Sozialbeiträge der Arbeitgeber),
- das **Bruttoeinkommen aus Unternehmertätigkeit und Vermögen**.

Die zweite Einkommensart enthält diverse Vermögenseinkommen der Haushalte und des Staates (Zinsen, Mieten, Pachten), verteilte und unverteilte Gewinne der Unternehmen sowie einen kalkulatorischen Unternehmerlohn.

Die vorstehende Tabelle 8-5 liefert in der ersten Zeile der Einkommensdaten einen gesamtwirtschaftlichen Indikator der Lohn- und Verteilungspolitik, die **Bruttolohnquote**. Dieser Indikator wird ergänzt durch die **Arbeitseinkommensquote** (Zeile 7), die den Anteil des kalkulatorischen Unternehmerlohns zur Lohnquote addiert.

$$\text{Arbeitseinkommensquote} = \frac{\text{Arbeitseinkommen}}{\text{Volkseinkommen}} \cdot 100$$

$$\text{Arbeitseinkommensquote} = \frac{\dfrac{\text{Bruttoeinkommen aus unselbständiger Arbeit}}{\text{erwerbstätige Arbeitnehmer}} \cdot \text{Erwerbstätige}}{\text{Volkseinkommen}} \cdot 100$$

$$\text{Arbeitseinkommensquote} = \frac{\text{Pro-Kopf-Lohneinkommen je erwerbstät. Arbeitnehmer}}{\text{Pro-Kopf-Volkseinkommen je Erwerbstätigen}} \cdot 100$$

Der Begriff **Arbeitseinkommen** erweitert somit die Einkommen aus Arbeitnehmertätigkeiten um einen kalkulatorischen Unternehmerlohn. Die Definitionsgleichungen lassen erkennen, daß diese Komponente der zweiten Einkommensart rechnerisch ermittelt wird, indem den Selbständigen (einschließlich mithelfender Familienangehöriger) ein Arbeitseinkommen in Höhe des durchschnittlichen Bruttolohneinkommens der beschäftigten Arbeitnehmer zugerechnet wird. Aus der dritten Gleichung wird ferner ersichtlich, daß die Entwicklung der Arbeitseinkommensquote im Zeitverlauf die relativen Änderungen der durchschnittlichen Bruttolohneinkommen je beschäftigten Arbeitnehmer und des durchschnittlichen Volkseinkommens je Erwerbstätigen vergleicht.

$$\frac{\text{Volkseinkommen}}{\text{Erwerbstätige}} =$$

$$\frac{\text{Lohneinkommen} + (\text{Unternehmerlohn} + \text{Vermögens-/Gewinn-Einkommen})}{\text{beschäftigte Arbeitnehmer} + \text{Selbstständige}}$$

Steigen im Zeitverlauf die durchschnittlichen Vermögens- und Gewinneinkommen je Selbständigen stärker als die durchschnittlichen Bruttolohneinkommen, muß die Arbeitseinkommensquote sinken. Bei einem Anstieg der Quote sind die durchschnittlichen Bruttolöhne je beschäftigten Arbeitnehmer relativ stärker gewachsen als die durchschnittlichen Vermögens- und Gewinneinkommen.

Die Arbeitseinkommensquote wird der Lohnquote als Verteilungsindikator vorgezogen, weil die Entwicklung der Lohnquote in der BR Deutschland durch den rückläufigen Anteil von Selbständigen in den 60er/70er Jahren verzerrt wurde. Wenn beispielsweise ein Rechtsanwalt seine Kanzlei oder ein Landwirt seinen Betrieb aufgibt und beide als Arbeitnehmer in Unternehmen tätig werden, steigt durch den Wechsel des Erwerbsstatus die Lohnquote. Die Arbeitseinkommensquote wird hingegen durch Veränderungen in der Struktur der Erwerbstätigen bei durchschnittlichen Pro-Kopf-Einkommen nicht beeinflußt. Der relative Rückgang des kalkulatorischen Unternehmerlohns spiegelt den relativen Rückgang der Selbständigen (einschließlich mithelfender Familienangehörigen). Die Arbeiteinkommensquote liefert insofern im Vergleich zur Lohnquote einen bereinigten Verteilungsindikator, der die Entwicklung der Lohn- und der Gesamteinkommen, einschließlich aller Vermögenseinkünfte und Gewinne, vergleicht. Trotz weiterer Vorbehalte, aber mangels besserer Alternativen besitzt dieser Indikator Akzeptanz als ein globales Richtmaß der Lohn- und Verteilungspolitik.

Abb. 8-9 Die zeitliche Entwicklung der Arbeitseinkommensquote in der BR Deutschland, 1960-87

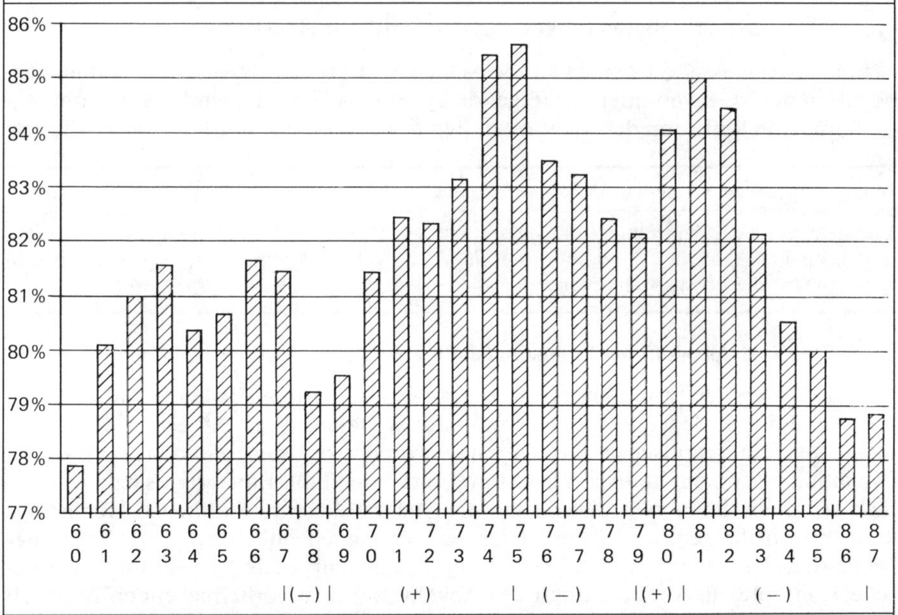

Als Phasen expansiver Lohnpolitik lassen sich die Zeiträume 1969-1974/75 sowie 1980-1981 erkennen; in den Zeiträumen 1967-1968, 1975-1979 sowie 1982-1986 verblieb die Lohnpolitik hingegen deutlich restriktiv.

Die zeitliche Entwicklung der Arbeitseinkommensquote im Zeitraum 1960–87 zeigt in deutlicher Weise verschiedene Phasen der Lohnpolitik in der BR Deutschland. Ein Anstieg der Quote dokumentiert Phasen *expansiver* Lohnpolitik; ein hohes Niveau der Quoten die unmittelbaren globalen Verteilungseffekte am Ende dieser Phasen. Umgekehrt läßt ein Rückgang der Quote auf Phasen *restriktiver* Lohnpolitik, wie im Zeitraum 1983–86, schließen.

8.2.4 Übersicht: Die Produktions- und Einkommensbegriffe

In diesem Abschnitt sollen die verschiedenen Begriffe der VGR zur Ermittlung der Produktions- und der Einkommensgrößen zusammengefaßt werden. Zuvor ist noch ein weiterer Begriff zu erläutern, der später im Rahmen der makroökonomischen Konsumtheorie von Bedeutung sein wird: Das **„verfügbare Einkommen der privaten Haushalte"** ist die Basisgröße der Einkommensverwendung dieser Gruppe. Welcher Teil des Volkseinkommens steht den Haushalten zur Verfügung? Vom Volkseinkommen sind Komponenten abzuziehen, die nicht an die Haushalte fließen, die unverteilten Gewinne der Unternehmen (mit eigener Rechtspersönlichkeit) und die Vermögenseinkommen des Staates, gezahlt von den Unternehmen. Außerdem sind die staatlichen Umverteilungsströme der Transfers und der direkten Steuern zu berücksichtigen:

Volkseinkommen
− unverteilte Gewinne
− staatl. Vermögenseinkommen
+ Transferzahlungen
− direkte Steuern

= Verfügbares Einkommen der privaten Haushalte

Eine abschließende Übersicht zu verschiedenen Produktions- und Einkommensbegriffen der VGR vermittelt die folgende Systematik. Sie soll dem Leser in kompakter Form eine Reflexion der wichtigsten Begriffe und ihrer Einordnung ermöglichen.

Übung 8-6 Zahlenbeispiel zum Kreislaufschema

Ermitteln Sie nach dem obigen Zahlenbeispiel zum Kreislauf einer offenen Volkswirtschaft mit staatlicher Aktivität (Übung 8-3) die Höhe des Volkseinkommens und des verfügbaren Einkommens der privaten Haushalte!

8.2.5 Das Sozialprodukt als Wohlstandsindikator?

Die Methoden der Ermittlung des Sozialprodukts, die Interpretation und die wirtschaftspolitische Bedeutung der Sozialprodukt-Daten, diese Aspekte sind zunehmend Teil einer kritischen Diskussion geworden, die sich mit den Stichworten „quantitatives vs. qualitatives Wachstum" verbinden läßt. Eine grundsätzliche Zieldiskussion um die Notwendigkeit und die Qualität des wirtschaftlichen Wachstums kann hier nicht geführt werden. Hier geht es ausschließlich um eine Kritik der Methoden der Ermittlung und Bewertung des Sozialprodukts sowie um methodische Konzepte zur Veränderung oder Abkehr von dem vorherrschenden Maßstab des Sozialprodukts. Die Notwendigkeit einer **kritischen Methodendiskussion** wird dem Leser bewußt werden, wenn er die folgenden Thesen liest:

Ein Teil des Sozialprodukts wird dazu benutzt, Schäden zu kompensieren, die nicht aufträten, wenn das Sozialprodukt nicht so hoch wäre.

Abb. 8-10 Produktions- und Einkommensbegriffe der VGR

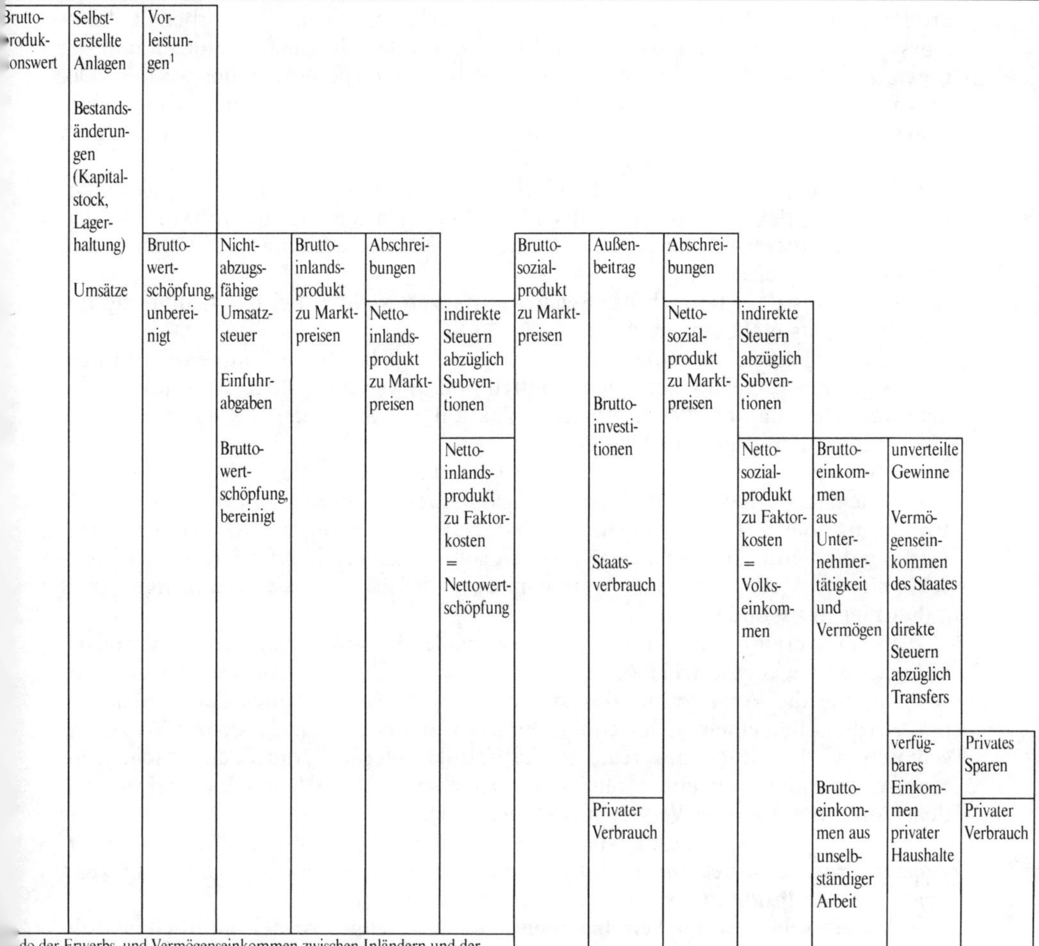

do der Erwerbs- und Vermögenseinkommen zwischen Inländern und der igen Welt

ncl. Unterstellte Entgelte für Bankdienstleistungen

ie Systematik ordnet wichtige Begriffe der VGR nach deren definitorischen Bezügen, ohne die uantitativen Größenrelationen wiederzuspiegeln.

Das Sozialprodukt steigt, wenn die Zahl der Verkehrsunfälle mit Sachschäden zunimmt; es steigt, wenn der Gesundheitszustand der Bevölkerung sich verschlechtert und medizinische Dienstleistungen vermehrt in Anspruch genommen werden. Es steigt auch, wenn mehr Müllberge produziert und beseitigt werden müssen (STOBBE 1984[6], S. 149).

Zunächst eine begriffliche Vormerkung: Der **Wohlstand** (die Wohlfahrt) eines Landes bezeichnet ein Maß des gesamtwirtschaftlichen Lebensstandards, der Güterversorgung und des Nutzens der Güter. Dabei ist der Begriff der wirtschaftlichen Güter weit zu fassen; er bezieht die über Märkte bezogenen Güter und Nicht-Markt-Güter ein. Die Problematik der Bewertung des Nutzens der Güter soll hier nicht näher erörtert werden. Unter bestimmten Bedingungen mögen die Preise oder analoge Werte zugleich als Maße einer Nutzenbewertung dienen. Dann gilt der Grundsatz: Je höher der Wert der verfügbaren Güter einer Volkswirtschaft ist, desto größer wird der allgemeine wirtschaftliche Wohlstand sein. Als Vorbehalt dieser Aussage ist hinzuzufügen, daß die Probleme der unterschiedlichen Nutzen und der unterschiedlichen Verteilung des Sozialprodukts nicht berücksichtigt werden. Der so formulierte Grundsatz verlangt allerdings, daß die produzierten Güter einer Volkswirtschaft vollständig einbezogen und daß andererseits auch Schäden oder Minderungen von Gütern erfaßt werden.

Hier setzt der **erste** Teil der methodischen Kritik am Sozialprodukt ein; diese Kritik behauptet, daß produzierte Güter als Aktivposten des Produktionskontos nicht erfaßt, daß andererseits auch Abzugsposten von Wertminderungen an Gütern nicht berücksichtigt werden:

- Güter aus dem Bereich der **Schattenwirtschaft** werden bei der Ermittlung des Sozialprodukts nicht eingerechnet.

-- Unentgeltliche Eigenleistungen der privaten Haushalte könnten im Prinzip mittels geeigneter Schätzmethoden ermittelt und bewertet werden. Die amtliche Statistik verzichtet darauf, die Haushaltsproduktion einzubeziehen; sie verweist auf die Unsicherheit derartiger Schätzungen.

-- Schwieriger zu ermitteln sind die Produktionswerte der Schwarzarbeit und der verdeckten Schattenwirtschaft, da diese Arbeiten oder Umsätze der amtlichen Ermittlung bewußt hinterzogen werden. Die vorliegenden Schätzungen zum Umfang der verdeckten Schattenwirtschaft sind ungenau, sie differieren nach unterschiedlichen Methoden. Das Argument der Unsicherheit der Schätzungen trifft daher hier in besonderer Weise zu.

- Im Zeitverlauf hat sich die **Arbeitszeit** vieler Personen verringert, die **Freizeit** vieler ist gestiegen. Da freie Zeit ein ökonomisches Gut mit positivem Nutzen darstellt, müßte die Veränderung des immateriellen Verbrauchsgutes Zeit berücksichtigt werden. Bei einem Querschnittsvergleich zwischen verschiedenen Volkswirtschaften wird vielfach das reale Sozialprodukt oder das durchschnittliche Pro-Kopf-Einkommen verwendet, ohne die unterschiedlichen Arbeits- und Freizeiten in den Ländern mit in den Vergleich einzubeziehen.

Die Nicht-Berücksichtigung von ökonomischen Gütern, unentgeltlichen und verdeckten Produktionsleistungen, führt insoweit zu einer erheblichen Unterschätzung der effektiven Produktionswerte durch das Sozialprodukt.

- Andererseits werden **Verminderungen von Umweltgütern** bei natürlichen Rohstoffen, durch Raubbau an Wäldern, durch Luft- und Wasserverschmutzung bei der Berechnung des Sozialprodukts überwiegend vernachlässigt, obwohl die sozialen Kosten der Umwelteffekte häufig den Charakter von Vorleistungen der Produktion haben. Die höhere „Produktion" von Abfällen kann hingegen zu höheren Faktorkosten führen, die im Fall einer staatlichen Beseitigung ohne (höheres) Entgelt wegen des Kostenprinzips der Bewertung beim staatlichen Verbrauch das Sozialprodukt rechnerisch erhöhen würden. Insgesamt dürfte das Sozialprodukt durch vernachlässigte Umwelteffekte der Produktion erheblich überschätzt werden.

Eine **zweite** Gruppe von kritischen Argumenten zu den Methoden der VGR bezieht sich auf Mängel der Einordnung und Bewertung von berücksichtigten Aktivitäten:

- Aufwendungen zur Beseitigung von Umweltschäden können als **Umweltinvestitionen** bewertet werden, die somit das Sozialprodukt erhöhen, obwohl sie aus anderer Perspektive Maßnahmen zur Erhaltung von Umweltgütern darstellen. Wenn etwa ein Kohlekraftwerk Luftfilter einbaut, wird das Unternehmen diese Aufwendungen als Investitionen werten. Die Filter dienen aber primär dazu, Verluste an Umweltgütern zu verringern.

- Die Bewertung staatlicher Leistungen erfolgt im Rahmen des staatlichen Verbrauchs zu Faktorkosten; die Leistungen werden als Endprodukte angenommen, bewertet zu Input-Kosten. Teile der **staatliche Leistungen** haben jedoch den Charakter von Vorleistungen. Von KUZNETZ, einem Nobelpreisträger, wurden Vorschläge entwickelt, staatliche Leistungen, die den Unternehmen unentgeltlich zufließen, als Vorleistungen einzustufen und zu bewerten, ebenso Teile der Staatsausgaben zur allgemeinen inneren und äußeren Sicherheit. Soweit die realen Vorleistungen an Unternehmen als solche nicht abgegrenzt werden, sondern als Staatsverbrauch zur Endproduktion zählen, führt die VGR-Methode zur Doppelzählung von Outputwerten. Andere Teile des staatlichen Verbrauchs müßten der Nutzung durch private Haushalte zugerechnet werden.

Schließlich: Die Aufwendungen der Haushalte für Fahrten zum Arbeitsplatz werden zu den Konsumausgaben gezählt, obwohl sie zwingende **Vorleistungen für die Erwerbsarbeit** darstellen und eher negative Wohlstandseffekte der Urbanisierung darstellen. Durch die Definition der Verwendungsseite, die nur zwischen Konsum und Ersparnis der Haushalte unterscheidet, werden sämtliche Ausgaben der privaten Haushalte als Käufe von Konsumgütern gedeutet. Diese Methode führt offenbar zu Fehldeutungen. Auch die Ausgaben der Haushalte müßten differenzierter klassifiziert und zugeordnet werden.

Die Vorschläge zur **Reform** der VGR tendieren in zwei Richtungen, eindimensionale Korrekturkonzepte empfehlen eine Modifikation des Sozialprodukts, mehrdimensionale Indikatorenkonzepte neigen dagegen eher zu alternativen Ansätzen. Ein Korrekturkonzept, das **Wohlfahrtsmaß von TOBIN und NORDHAUS**, soll hier beispielhaft vorgestellt werden. Die beiden Autoren haben quantitative Modifikationen für die Sozialprodukt-Statistik in den USA für einen längerfristigen Zeitraum ab 1929 vorgelegt. Ihre Korrekturen dienten teils der Vermeidung von Doppelzählungen und fälschlichen Zuordnungen (Bewertungen):

- Ausgaben des Staates, die nach Meinung der Autoren als instrumentelle Notwendigkeiten oder allgemeine Vorleistungen zur Durchführung der volkswirtschaftlichen Produktion galten, wurden abgerechnet (Ausgaben für Polizeiaufgaben, allgemeine Ordnung und Sicherheit, Feuerwehr, Müllabfuhr u. a.)
- Staatliche und private Ausgaben für Ausbildung und Gesundheit wurden als Investitionen in Humankapital berücksichtigt.
- Private Ausgaben für dauerhafte Konsumgüter wurden als Investitionen in privates Vermögen bewertet; nur die Abschreibungen auf private Vermögensgüter wurden dem privaten Verbrauch zugeordnet.
- Nachteile einer zunehmenden Verstädterung der Produktion und der Erwerbsarbeit (längere Fahrzeiten zum Arbeitsplatz u. a.) wurden als Vorleistungen der Haushalte betrachtet und abgerechnet. Dabei wurden empirische Lohndifferenzen zwischen Stadt- und Landregionen als implizite Prämie der urbanen Nachteile bewertet. Desweiteren haben NORDHAUS und TOBIN zusätzliche Aktivposten berücksichtigt, die von der VGR nicht einbezogen werden.
- (Zusätzliche) Freizeit wurde in Geldeinheiten bewertet, die Zunahme an Freizeit als positiver Wohlfahrtseffekt hinzugerechnet.
- Produktionswerte unentgeltlicher Haushaltstätigkeit wurden zu vergleichbaren Löhnen kalkuliert und addiert.

Die Korrekturen führten insgesamt zu erheblichen Niveaueffekten, das errechnete Wohlfahrtsmaß (für das Jahr 1965, USA) erreichte fast den doppelten Wert des realen Bruttosozialprodukts. Das jahresdurchschnittliche Wachstum des Wohlstands war hingegen geringer.

Übung 8-7 Zur Korrektur des Sozialprodukts

(1) Vergleichen Sie die Korrekturansätze nach NORDHAUS/TOBIN mit den vorstehenden, methodenkritischen Bemerkungen zur VGR! Welche Übereinstimmungen bzw. Abweichungen erkennen Sie? (2) Wie beurteilen Sie die Schätzergebnisse von NORDHAUS/TOBIN?

Befürworter von **Indikatoren**-Systemen formulieren eine grundsätzliche Kritik am Sozialprodukt und an Korrekturkonzepten: Die Wohlfahrt einer Volkswirtschaft lasse sich nicht durch eine Größe, auch nicht durch einen grob korrigierten Maßstab erfassen. Sie fordern stattdessen mehrdimensionale Informationssysteme für verschiedene Zielbereiche der „Lebensqualität". Die relevanten Zielbereiche sollen aus einer inhaltlichen Konkretisierung des Begriffs **Lebensqualität** abgeleitet werden, da ein Mehr an Lebensqualität als oberste Zielsetzung gilt. Eine grundlegende Schwierigkeit liegt aber darin begründet, daß man schwerlich zu einer übereinstimmenden Auslegung der Inhalte von Lebensqualität kommt. Die inhaltliche Bedeutung von Lebensqualität wandelt sich, die konkreten Prioritäten in verschiedenen Nationen und bei verschiedenen Personen unterscheiden sich. Trotz dieser grundlegenden Schwierigkeiten hat die Organisation der OECD-Länder Konzepte (Vorschläge) für ein international einheitliches **System sozialer Indikatoren** vorgelegt.

Die OECD formulierte acht Hauptzielbereiche (primary goal areas) als Ansatzpunkte eines mehrdimensionalen Indikatorensystems:

(1) Gesundheit,
(2) Entwicklung der Persönlichkeit durch Lernen und Ausbildung,
(3) Erwerbstätigkeit und Qualität des Arbeitslebens,
(4) Freizeit und Zeiteinteilung,
(5) Wirtschaftliche Situation und Kaufkraft,
(6) Physische Umwelt,
(7) Persönliche Sicherheit,
(8) Soziale Beteiligungschancen.

Für jeden Hauptteilbereich wurden Untergliederungen von gesellschaftlichen Zielen formuliert, für die jeweils Indikatoren (meßbare Größen) vorgeschlagen wurden. Für den Hauptbereich Gesundheit beispielsweise wurden als Indikatoren ausgewählt die Rate der Säuglingssterblichkeit, die Lebenserwartung, die Quoten von Ärzten, Pflegepersonal und Krankenhausbetten in Relation zur Bevölkerung. Die Indikatoren sollen international vergleichbare Informationssysteme liefern; sie sollen Leistungsergebnisse (Outputs) messen, nicht Kosten (Inputs).

Umstritten bleibt die Beschränkung auf die genannten Hauptziele und deren Gliederungen. Ein Auswahlproblem besteht erkennbar bei den konkreten Meßgrößen. Jede Auswahl impliziert eine Bewertung. Auch der Anspruch, Outputs zu messen, führt zu Bewertungsproblemen. Der selbstgesetzte Anspruch konnte nicht erfüllt werden, da bereits das vorgenannte Beispiel des Gesundheitsbereichs Input-Größen enthält. Die Zielbereiche und Indikatoren stehen nebeneinander. Um zu einer übergreifenden Wertung der Lebensqualität zu gelangen, muß eine Gewichtung von Indikatoren und Zielbereichen vorgenommen werden. Denn nur mittels einer Gewichtung der verschiedenen Bereiche kann das oberste Ziel der Lebensqualität konkreter beschrieben werden. Ansonsten würde man sich auf eine reine Addition von wichtigen wirtschafts- und gesellschaftspolitischen Zielen beschränken. Die Zielbeziehungen und Prioritäten blieben unbeachtet. Ohne Prioritäten könnten Lösungsvorschläge und Maßnahmen zur Erreichung von Zielen nicht entwickelt werden. Soziale Indikatoren liefern dann lediglich eine komplexe Sammlung von statistischen Informationen. Nur für ausgewählte Teilbereiche wird auf der Basis ausgewählter Indikatoren ein inhaltlich eingeschränkter internationaler Vergleich möglich.

Die methodenkritische Diskussion hat erhebliche Mängel des eindimensionalen Maßstabs des Bruttosozialprodukts aufgezeigt, insbesondere wenn erweiterte Fragestellungen des wirtschaftlichen Wohlstands und der Lebensqualität eines Landes untersucht werden sollen. Die VGR hat einen begrenzten Zuschnitt als gesamtwirtschaftliches Informationssystem zur Grundlegung der Stabilisierungspolitik und als Rahmen für verteilungspolitische Fragen. Die produktionswirtschaftliche Entwicklung wird relativ zuverlässig für den Unternehmenssektor ermittelt, weniger befriedigend für die Sektoren der privaten und öffentlichen Haushalte.

8.3 Die Zahlungsbilanz

In einer offenen Volkswirtschaft liefert die Zahlungsbilanz, ein spezieller Teil des gesamtwirtschaftlichen Rechnungswesens, wichtige Informationen für die Stabilisierungspolitik. Die BR Deutschland ist über verschiedene Transaktionen eng mit dem internationalen Leistungs- und Kapitalverkehr verknüpft. Die wirtschaftliche Entwicklung des Inlands, die Preis- und Beschäftigungsentwicklung, insbesondere auch die Dynamik der Kapitalmärkte und die Effekte der Geldpolitik sind in starkem Maße abhängig von außenwirtschaftlichen Faktoren. Die **Zahlungsbilanz** eines Landes erfaßt in systematischer Form die wirtschaftlichen Transaktionen einer Zeitperiode zwischen In- und Ausländern. Als **Inländer** gelten natürliche Personen mit ständigem Wohnsitz im Inland (ohne Beachtung der jeweiligen Staatsangehörigkeit) sowie Wirtschaftseinheiten und rechtlich unselbständige Zweigbetriebe, die den Schwerpunkt ihrer Tätigkeit im Inland haben. Der Begriff der Zahlungsbilanz mag mißverständlich erscheinen, denn anders als in den Unternehmensbilanzen erscheinen in der Zahlungsbilanz nicht Bestandsgrößen, sondern **Strömungsgrößen** eines vergangenen Zeitraums, z. B. nicht ein Bestand an Auslandsvermögen, sondern Veränderungen von Forderungen zwischen In- und Ausländern.

Die **Struktur** der Zahlungsbilanz soll zunächst unter vereinfachenden Annahmen (nur Leistungs- und Kapitalverkehr mit entsprechenden Gegenleistungen) erläutert werden. Die Zahlungsbilanz eines Landes kann im Prinzip als vereinfachtes System von zwei Konten dargestellt werden.

Die **Leistungsbilanz** erfaßt die Ströme des Warenverkehrs und der Dienstleistungen; die **Kapitalverkehrsbilanz** die Änderungen von Forderungen und Verbindlichkeiten zwischen Akteuren des In- und Auslands.

Unterschieden werden folgende Arten von Transaktionen:

- Verkäufe und Käufe von Waren und Dienstleistungen an/von Ausländer(n) gegen zusätzliche Forderungen/Verbindlichkeiten,
- reine Finanztransaktionen zwischen In- und Ausländern, z. B. Käufe ausländischer Wertpapiere durch inländische Banken.

Diese Transaktionen werden in der Leistungs- und Kapitalverkehrsbilanz nach einem System der doppelten Buchhaltung erfaßt: Transaktionen, die aus der Sicht der Inländer zu **Zahlungseingängen** führen, werden auf der **Soll-Seite** der Konten erfaßt. Transaktionen, die - für sich betrachtet - mit **Zahlungsausgängen** verbunden sind, werden auf der **Habenseite** der Konten der Zahlungsbilanz verbucht.

Abb. 8-11 Vereinfachtes Kontensystem einer Zahlungsbilanz

Leistungsbilanz

Soll		Haben	
Exporte von Waren und Leistungen	120	Importe von Waren und Leistungen	100
		Saldo Exportüberschuß	20

Kapitalverkehrsbilanz

Soll		Haben	
Verbindlichkeiten aus Importen	+ 100	Forderungen aus Exporten	+ 120
		Δ ausl. Wertpapiere	+ 50
		Δ Bankguthaben	- 50
Saldo Kapitalexport	20		

Angenommen wird eine vereinfachte Zahlungsbilanz eines Landes mit nur zwei Teilbilanzen, mit einer Leistungs- und Kapitalverkehrsbilanz.

Das Kontenschema zeigt hypothetische Transaktionen einer Zeitperiode: Inländische Unternehmen haben im Wert von 120 Geldeinheiten (GE) Waren und Dienstleistungen exportiert, entsprechend haben sich die Guthaben der Exporteure bei ausländischen Banken erhöht. Die Importe betrugen 100 GE, die Verbindlichkeiten gegenüber dem Ausland erhöhten sich um diesen Betrag in der Gegenrechnung. Die inländischen Verkäufe oder Käufe von Waren und Dienstleistungen erscheinen auf der Soll- bzw. Habenseite der **Leistungsbilanz**. In der Gegenrechnung zum Waren- und Dienstleistungsverkehr werden zusätzliche Forderungen/Verbindlichkeiten in der **Kapitalverkehrsbilanz** verbucht. Daneben werden **reine Finanztransaktionen** zwischen In- und Ausländern angenommen. Inländische Banken haben im Tausch gegen kurzfristige Guthaben im Ausland Wertpapiere erworben, die den Inhabern langfristige Forderungen auf ausländisches Vermögen verbriefen. Die angenommenen Finanztransaktionen tangieren nur die Kapitalverkehrsbilanz, da ein Tausch zwischen kurz- und langfristigen Forderungen stattfand. Unter der Annahme, alle Transaktionen dieser Art zwischen In- und Ausländern während einer bestimmten Zeitperiode seien erfaßt, ergibt die Leistungsbilanz einen Exportüberschuß als Saldo des Leistungsverkehrs. Dem Saldo der Leistungsbilanz muß nach dem Buchungssystem ein wertgleicher Saldo auf der Gegenseite der Kapitalverkehrsbilanz entsprechen. Der angenommene **Exportüberschuß** führt zu einer Nettozunahme der Auslandsforderungen, einem **Kapitalexport,** in gleicher Höhe. Eine vollständige Zahlungsbilanz muß daher nach den Buchungsprinzipien immer ausgeglichen sein. Salden können sich nur in den Teilbeziehungen ergeben.

- **Teilbilanzen der Leistungsbilanz**

Um den Leistungsverkehr mit dem Ausland differenzierter auszuweisen, wird die zusammengefaßte Leistungsbilanz im Rahmen der amtlichen Statistik in drei Teilbilanzen zerlegt.

Abb. 8-12 Struktur der Leistungsbilanz

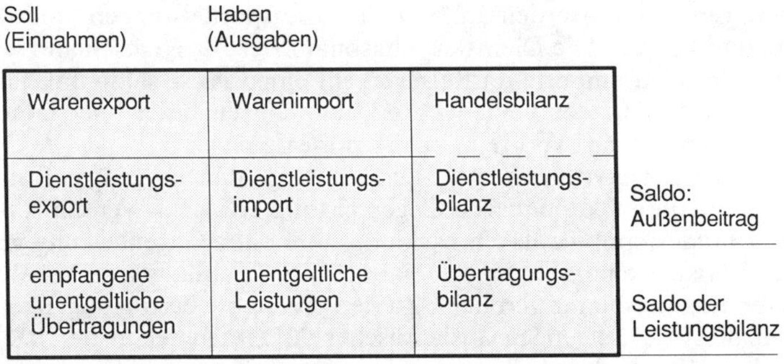

Die statistisch ausgewiesene Leistungsbilanz besteht aus drei Teilbilanzen. Die Handels- und Dienstleistungsbilanz erfassen die internationalen Güterströme, deren Saldo dem Außenbeitrag eines Landes entspricht. Die Übertragungsbilanz enthält internationale Transferleistungen. Die Salden der drei Teilbilanzen bestimmen zusammengefaßt den Saldo der Leistungsbilanz.

In der **Handelsbilanz** werden Ex- und Importe von Waren ausgewiesen. Wegen der Transportkosten sind unterschiedliche Bewertungsverfahren möglich:

- Die Exporte enthalten zusätzlich zum Warenwert die Beladekosten auf ein Transportmittel (free on board; **fob-Werte**).
- Die Importe werden i. d. R. zu **cif-Werten** (costs, insurance, freight) erfaßt. Hierbei werden zu den fob-Werten noch die Fracht- und Versicherungskosten bis zur Landesgrenze addiert.

Die Handelsbilanz der BR Deutschland hat im Verlauf der 80er Jahre regelmäßig mit jährlichen Exportüberschüssen abgeschlossen, die im Zeitraum 1984-87 stark expandierten (**„aktive Handelsbilanz“**). Nach Ländergruppen dominierte der Außenhandel mit EG-Ländern (1985: Einfuhr-Anteil 48,6%, Ausfuhr-Anteil 47,5%), insbesondere mit Frankreich und mit den Niederlanden. Über 80% des Außenhandels der BR Deutschland erfolgte im Warenverkehr mit westlichen Industrieländern. Nach Produktgruppen wurden auf der Exportseite besonders Investitionsgüter (Maschinenbau-, Elektronik-Produkte, Straßenfahrzeuge) sowie Grundstoff- und Produktionsgüter (Chemische Produkte) vor Verbrauchsgütern gehandelt. Auf der Importseite wurden Rohstoffe und Zwischenprodukte neben Fertigprodukten gehandelt, Grundstoff- und Produktionsgüter in größerem Umfang neben Investitionsgütern.

Die **Dienstleistungsbilanz** enthält - analog zur Handelsbilanz - die Einnahmen aus Exporten von Dienstleistungen und die Ausgaben für Dienstleistungsimporte.

Übung 8-8 Aktuelle Daten zur Außenhandelsstruktur der BR Deutschland

Ermitteln Sie aktuelle Zahlen zur Struktur des Außenhandels der BR Deutschland nach Länder- und Warengruppen! Als Quellenmaterial mögen das Statistische Jahrbuch der BR Deutschland, aktuelle Ausgabe, und/oder die Monatsberichte der Deutschen Bundesbank dienen.

Als Dienstleistungsimporte zählen besonders die Ausgaben von Inländern für Auslandsreisen sowie Ausgaben für ausländische Lizenzen und Patente. Unter den Dienstleistungsexporten werden inländische Transportleistungen und Kapitalerträge im Ausland erfaßt. Die Dienstleistungsbilanz der BR Deutschland weist in der Regel wegen der Nettoimporte im Reiseverkehr einen Passivsaldo auf. Die Zusammenfassung der Salden der beiden ersten Teilbilanzen bezeichnet man auch als Höhe des **Außenbeitrags** (Exporte minus Importe).

In der Bilanz der **Übertragungen** werden alle Gegenbuchungen zu Transaktionen ausgewiesen, die ohne ökonomische Gegenleistung erfolgen. Werden z. B. Maschinen aus der Bundesrepublik als Entwicklungshilfe ohne Gegenleistung geliefert, so wird dieser Vorgang einerseits in der Handelsbilanz, andererseits auf der Habenseite der Übertragungsbilanz verbucht. Zu den privaten Übertragungen an das Ausland zählen die Überweisungen ausländischer Arbeitnehmer in der BR Deutschland, zu den öffentlichen Übertragungen vor allem die Überweisungen an internationale Organisationen, insbesondere die Nettobeiträge zum EG-Haushalt.

Tab. 8-6 Hauptposten der Leistungsbilanz der BR Deutschland, 1980–88 (Mrd. DM)

	1980	1985	1988	
1. Außenhandel				
Ausfuhr (fob) Einfuhr (cif)	350,3 341,4	537,2 463,8	567,8 439,8	
Saldo des Warenhandels Ergänzungen	+8,9 −0,5	+73,4 −1,3	+128,0 −0,3	
2. Dienstleistungen				
Einnahmen Ausgaben	90,3 100,4	144,3 138,9	152,3 162,8	
Saldo darunter Reiseverkehr	−10,1 −22,5	+5,4 −23,7	−10,5 −29,1	
3. Übertragungen				
Saldo darunter Überweisungen ausländischer Arbeitskräfte Leistungen an die EG	−23,5 −8,1 −4,1	−29,1 −8,0 −8,3	−32,0 −7,4 −13,0	
Saldo der Leistungsbilanz	−25,1	+48,3	+85,2	

Quelle: Deutsche Bundesbank, Statistische Beihefte, Reihe 3, 1989

- **Teilbilanzen des Kapitalverkehrs**

In der **Kapitalverkehrsbilanz** werden Transaktionen ausgewiesen, welche Höhe und Struktur von Forderungen und Verbindlichkeiten zwischen Inländern und Ausländern verändern. Eine Erhöhung von Forderungen bezeichnet man als **Kapitalexport**, da es in diesem Fall zu einem Abfluß von „Kapital“, im Sinne von Geld, ins

Abb. 8-13 Struktur der Kapitalverkehrsbilanz

Soll	Haben	
langfr. Kapitalimport (+ Δ Auslandsverbindlichkeiten Laufzeit > ein Jahr)	langfr. Kapitalexport (+ Δ Auslandsforderungen mit Laufzeit > ein Jahr)	lang- und kurzfr. Kapitalverkehr
kurzfr. Kapitalimport (Laufzeit geringer als ein Jahr)	kurzfr. Kapitalexport (Laufzeit geringer als ein Jahr)	
Δ Auslands-verbindlichkeiten der Bundesbank	Δ Auslands-forderungen der der Bundesbank	Devisenbilanz (Netto-Auslands-position der Bundesbank)

Als Teilbilanzen der internationalen Kapitaltransaktionen werden die Bilanzen der kurz- und langfristigen Kapitalverkehrs und die Devisenbilanz unterschieden.

Ausland kommt. Buchungen dieser Art von Transaktionen erfolgen auf der Habenseite der Kapitalverkehrsbilanz. Der Begriff **Kapitalimport** beschreibt hingegen den Erwerb von Forderungen von Ausländern an das Inland (Zunahme inländischer Verbindlichkeiten). Dadurch kommt es zu einem Zufluß von Geld vom Ausland, der auf der Sollseite erfaßt wird. Unterschieden werden von der Bundesbank die **Bilanzen des kurzfristigen und langfristigen Kapitalverkehrs** nach der Fristigkeit der Auslandsforderungen und -verbindlichkeiten. Die Abgrenzung orientiert sich an der vereinbarten Laufzeit. Zum langfristigen Kapitalverkehr zählen in der Regel Forderungen/Verbindlichkeiten mit einer Laufzeit von mehr als einem Jahr.

Aus der Sicht der Bundesbank erscheint es zweckmäßig, die Veränderungen der eigenen Währungsreserven aus der Kapitalverkehrsbilanz auszugliedern. Die Veränderungen der Auslandsforderungen und -verbindlichkeiten der Zentralbank werden in der **Devisenbilanz** der Bundesbank erfaßt, in der die Änderung der Netto-Auslandsposition der Bundesbank als Saldo ausgewiesen wird. Der eingeführte Begriff der Devisenbilanz kann zu Mißverständnissen veranlassen. Denn Devisen bezeichnen allgemein Geldforderungen von Inländern, die auf ausländische Währungseinheiten lauten. Devisenforderungen werden auch von inländischen Banken und Produktionsunternehmen gehalten. Die Devisenbilanz bezieht sich allein auf Auslandsforderungen und -verbindlichkeiten der Bundesbank; auch andere Währungsforderungen der Bundesbank (Δ Geldbestände) werden einbezogen.

Die **langfristige Kapitalverkehrsbilanz** der BR Deutschland zeigte im Verlauf der 80er Jahre eine Tendenz zu größeren Kapitalexporten, besonders einen Anstieg der Käufe ausländischer Wertpapiere. Auch Ausländer erhöhten ihre Netto-Käufe inländischer Wertpapiere. Der internationale **Kapitalverkehr** mit **Wertpapieren** zwischen In- und Ausländern hat sich expansiv entwickelt. Daneben sind inländische **Direktinvestitionen** im Ausland von größerer Bedeutung, d. h. der Erwerb von Beteiligungen an ausländischen Unternehmen. Umgekehrt fanden Beteiligungserwerbungen des Auslands an deutschen Unternehmen kaum statt. Die langfristigen **Kreditbeziehungen** zwischen In- und Ausländern tendierten zu einem leichten Passivsaldo.

Übung 8-9 Das Buchungssystem der Zahlungsbilanzstatistik mit 6 Teilkonten des Leistungs- und des Kapitalverkehrs

Dem Verständnis der Gesamtstruktur und der Buchungsprinzipien der Zahlungsbilanz soll diese Übung dienen. Buchen Sie die folgenden angenommenen Transaktionen in ein Kontenschema der Zahlungsbilanz:
(1) Inländische Exporteure liefern Waren im Wert von 100 Geldeinheiten (GE) ins Ausland. Die Waren werden teils mittels Gutschriften auf ausländische Bankkonten in Höhe von 40 GE gezahlt. Die so erworbenen Devisen werden an die Bundesbank verkauft. Den Rest der Forderung kreditieren Exporteure.
(2) Inländische Unternehmen importieren Waren im Wert von 70 GE und erhalten einen kurzfristigen Handelskredit.
(3) Unternehmen des Inlands liefern im Auftrag einer Hilfsorganisation Güter als unentgeltliche Leistungen an ein Entwicklungsland im Wert von 5 GE.
(4) Inländer geben an Reisekosten 10 GE im Ausland aus. Die Reisedevisen werden mittelbar über Banken von der Bundesbank erworben.
(5) Inländische Banken erwerben Auslandsanleihen im Wert von 25 GE; die Auslandsguthaben der Verkaufsbanken werden entsprechend erhöht.

Verwenden Sie ein Kontensystem der Zahlungsbilanz des Inlands nach dem folgenden Muster!

Kontenschema der Zahlungsbilanz

Soll	Haben	Soll	Haben
Handelsbilanz		langfristiger Kapitalverkehr	
Dienstleistungsbilanz		kurzfristiger Kapitalverkehr	
Übertragungsbilanz		Devisenbilanz	

Wesentlich stärker als der langfristige Kapitalverkehr hat der **kurzfristige** Kapitalverkehr zum Anstieg des Kapitalexports der BR Deutschland beigetragen. Der kurzfristige Kapitalverkehr wird getrennt nach Kreditinstituten, Produktionsunternehmen und der öffentlichen Hand ausgewiesen. Den Anstieg des kurzfristigen Kapitalexports haben allein die privaten Akteure bewirkt. Im kurzfristigen Kapitalverkehr schlagen sich insbesondere Kreditvorgänge im Zusammenhang mit dem internationalen Handel sowie kurzfristige Geldanlagen im Ausland nieder. Zu erwarten ist, daß Überschüsse der Leistungsbilanz bei inländischen Akteuren zu einer Expansion an internationaler Liquidität führen, die in der Bilanz des kurzfristigen Kapitalverkehrs als Saldo des Kapitalexports erscheint.

Tab. 8-7 Hauptposten der Kapitalbilanz in der BR Deutschland, 1980–88 (MRD. DM)

	1980	1985	1988	
1. langfr. Kapitalverkehr				
(a) dtsche. Anlagen im Ausland (Zunahmen: −)	−28,1	−61,7	−96,3	
Direktinvestitionen	−7,3	−14,1	−18,3	
ausl. Wertpapiere	−7,7	−31,5	−72,8	
Kredite an Ausländer	−11,1	−13,1	−2,5	
(b) ausl. Anlagen im Inland (Zunahme: +)	+33,9	+48,8	+11,4	
Direktinvestitionen	+0,8	+1,7	+2,9	
inl. Wertpapiere	+23,4	+38,3	+7,7	
Kredite an Inländer	+9,9	+8,9	+1,0	
Saldo zu 1.	+5,8	−12,9	−84,9	
2. kurzfristiger Kapitalverkehr (Netto-Kapitalexport −; Netto-Kapitalimport +) darunter				
Kreditinstitute	−8,9	−27,7	−20,1	
Wirtschaftsunternehmen/Privatpersonen	+2,2	−14,1	−18,1	
öffentliche Hand	+0,4	+0,1	+2,3	
Saldo zu 2.	−6,2	−41,7	−36,0	
3. Netto-Auslandsaktiva der Bundesbank	−25,7	−1,3	−32,5	
3.1 Ausgleichsposten zur Auslandsposition	+2,1	−3,1	+2,2	
4. Statistisch nicht aufgliederbare Transaktionen	−2,4	+8,1	+1,0	

Quelle: Deutsche Bundesbank, Statistische Beihefte, Reihe 3, 1989

Zum kurzfristigen Kapitalverkehr gehört prinzipiell auch die Veränderung der Währungsreserven der Bundesbank, die in der Devisenbilanz getrennt ausgewiesen wird. Sie wird daher auch als Veränderung der Netto-Auslandsposition der Bundesbank bezeichnet. Die Auslandsaktiva der Bundesbank ändern sich teils in Abhängigkeit von dem internationalen Leistungsverkehr, teils in Abhängigkeit von währungspolitischen Interventionen der Notenbank.

Zur Ergänzung der Devisenbilanz enthält die amtliche Zahlungsbilanz einen **Ausgleichsposten** zur Auslandsposition der Bundesbank. Dieser Posten erfaßt Bewertungsänderungen der Auslandsaktiva und -verbindlichkeiten der Bundesbank durch Änderungen der Devisenkurse sowie Zuweisungen von internationalen Forderungen durch den Währungsfonds.

Die amtliche Zahlungsbilanz entspricht im Aufbau den zusammengefaßten Strukturen der Leistungs- und der Kapitalbilanz der vorstehenden Tabellen. Zum Saldenausgleich wird in der statistischen Praxis ein **Restposten nicht aufgliederbarer Transaktionen** benötigt, da beide Seiten von Transaktionen des Leistungs- und Kapitalverkehrs nicht gleichzeitig und nicht vollständig erfaßt werden können. Die Meldungen der Exporteure enthalten keine Angaben über Finanzierungsvorgänge. Die Meldungen der Banken zu den Finanzierungsvorgängen mit Ausländern lassen Zusammenhänge mit Ex- oder Importen der Bankkunden nicht erkennen.

Einen grafischen Überblick zur langfristigen Entwicklung der Salden der zusammengefaßten Teilbilanzen aus der Sicht der BR Deutschland liefert schließlich die Abb. 8-14. Die Länge der Säulen beschreibt die Höhe der jährlichen Salden der Teile der Zahlungsbilanz in positiver sowie in negativer Richtung. Die Abbildung zeigt, daß die Salden der Leistungsbilanz überwiegend positiv waren. Auffällig erscheint eine vorübergehende Passivierung der Leistungs- und der Devisenbilanz um das Jahr 1980. Dieser Phase folgten im Zeitraum 1984–88 höhere Leistungsbilanz-Überschüsse mit entgegengerichteten Salden des Kapitalexports. Die Entwicklung der Kapitalbilanzsalden läßt gegenläufige Zusammenhänge zu den Salden der Leistungsbilanz vermuten.

Abb. 8-14 Zusammengefaßte Salden der Zahlungsbilanz in der BR Deutschland (Mrd. DM), 1971–88

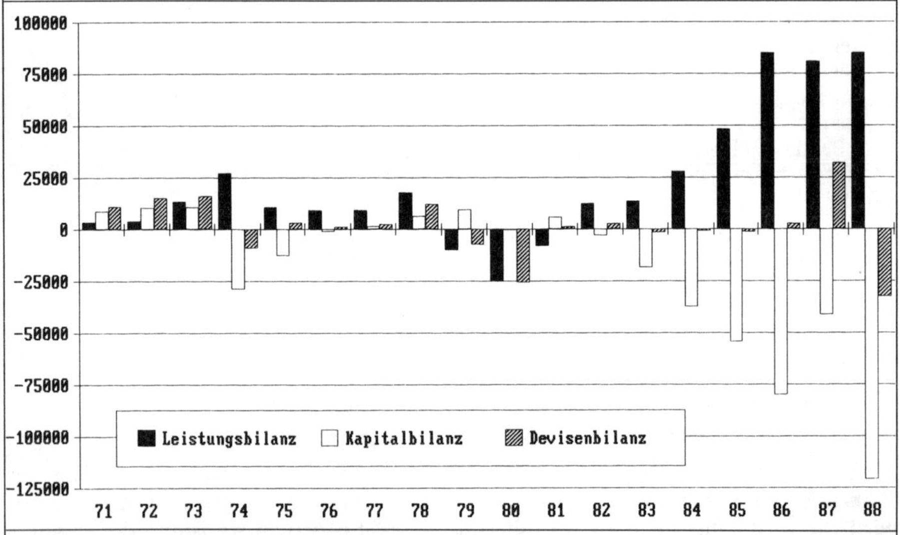

Quelle: Monatsberichte der Deutschen Bundesbank 1989

Übung 8-10 Zur Entwicklung der Zahlungsbilanz in der BR Deutschland

Diskutieren Sie die Gründe der Entwicklung der Zahlungsbilanzsalden der BR Deutschland im Verlauf der 80er Jahre! Konzentrieren Sie sich zunächst auf die Entwicklung der Leistungsbilanzsalden!

Kontrollfragen zum achten Kapitel

(A) Multiple Choice-Fragen

8-1 Zum Staatsverbrauch zählen folgende Ausgaben der öffentlichen Haushalte,
( ) Subventionen an die Landwirtschaft;
( ) Ausgaben für Dienstfahrzeuge der Polizei;
( ) Leistungen aus der Sozialversicherung;
( ) Beamtengehälter;
( ) Bafög-Zahlungen;
( ) Rückzahlung von Staatskrediten.

8-2 Das Volkseinkommen ist gleich
( ) dem Nettosozialprodukt zu Faktorkosten;
( ) dem Bruttosozialprodukt abzüglich der indirekten Steuern, abzüglich der Abschreibungen, zuzüglich der Subventionen;
( ) der Summe der Inlandseinkommen von Inländern und Ausländern;
( ) der Summe der Inlands- und Auslandseinkommen von Inländern.

8-3 Das BSP bildet ein unzuverlässiges Maß der gesamtwirtschaftlichen Wohlfahrt, weil
( ) Investitionen der privaten Haushalte in Höhe der Ausgaben für dauerhafte Konsumgüter nicht erfaßt werden;
( ) Käufe ausländischer Unternehmen nicht einbezogen werden;
( ) externe Effekte nicht beachtet werden;
( ) indirekte Steuern nicht einbezogen werden.

8-4 Transfereinkommen sind Einkommen,
( ) die aus dem Verkehrssektor fließen;
( ) die beim grenzüberschreitenden Verkehr entstehen;
( ) die ohne Gegenleistung an private Haushalte gezahlt werden;
( ) die den Staatsbediensteten in Form von Bezügen und Beihilfen zufließen.

8-5 Die Aussage „Die Zahlungsbilanz eines Landes ist ausgeglichen" bedeutet, daß
( ) der Export von Gütern gleich dem Import von Gütern ist;
( ) die Zahlungsströme des Kapitalverkehrs zwischen inländischen und ausländischen Banken sich ausgleichen;
( ) statistisch ungeklärte Restposten in der Zahlungsbilanz nicht auftreten;
( ) der Saldo der Leistungsbilanz dem Saldo der Kapitalbilanz entspricht.

(B) Offene Fragen

8-6 Erläutern Sie die Ex post-Identität des Vermögensänderungskontos einer offenen Volkswirtschaft mit Staat!
8-7 Welche Unterschiede bestehen zwischen dem Bruttosozialprodukt zu Marktpreisen und dem Nettosozialprodukt zu Faktorkosten? Erläutern Sie die Unterschiede!
8-8 Welche Vorgänge bezeichnet der Begriff „Kapitalexporte"?

(C) Transferfrage

8-9 Zitat: „Der hohe Überschuß in der deutschen Leistungsbilanz (der Jahre 1984–88) ist Ausdruck der Tatsache, daß in der (deutschen) Wirtschaft mehr Güter produziert als investiert und verbraucht (wurden), oder anders gewendet, daß die Investitionsvorhaben hinter der gesamtwirtschaftlichen Ersparnis (zurückblieben)." (SVR, Jahresgutachten 1988/89, TZ 231). Nehmen Sie Stellung zu diesem Satz!

Lösungshinweise zu den Übungen (im Text)

8-1: (11) Der Erwerb von Immobilien bildet eine einzelwirtschaftliche Realinvestition, die in der Regel mit einer Vermögensumschichtung verbunden ist.
(12) Der Kauf von Goldmünzen kann mit einer einzelwirtschaftlichen Ersparnisbildung gekoppelt sein, sofern der Kauf aus dem laufenden Einkommen finanziert wird.
(13) Es handelt sich um einen Akt der Umschichtung des Geldvermögens.
(14) Der Vorgang stellt einen Akt der Vermögensbildung aus dem laufendem Einkommen dar, zugleich eine Form einzelwirtschaflicher Ersparnis.
(2) Der Begriff des Sparens nach der VGR wird in aggregierter Betrachtungsweise (für die Gesamtheit einer Gruppe von Wirtschaftsakteuren) nach einem negativ formulierten Kriterium definiert. **Sparen** bedeutet demnach eine Nichtverwendung von Teilen des periodenbezogenen Einkommens aller Haushalte für Käufe von Konsumgütern. Die aggregierte Bildung von (Geld-) Vermögen ist ein Reflex der Nichtverwendung von Einkommen.

8-2: (1) Zitat aus den Erläuterungen von Begriffen der VGR durch den Sachverständigenrat (SVR):
„Die **Bruttoinvestitionen** setzen sich aus den Anlageinvestitionen (Ausrüstungen und Bauten) und der Vorratsveränderung zusammen.
Die **Anlageinvestitionen** umfassen die Käufe neuer Anlagen sowie von gebrauchten Anlagen und Land nach Abzug der Verkäufe von gebrauchten Anlagen und Land. Als Anlagen werden in diesem Zusammenhang alle dauerhaften reproduzierbaren Produktionsmittel angesehen, mit Ausnahme dauerhafter militärischer Güter und derjenigen dauerhaften Güter, die in den privaten Verbrauch eingehen. Als dauerhaft gelten diejenigen Produktionsmittel, deren Nutzungsdauer mehr als ein Jahr beträgt und die normalerweise aktiviert und abgeschrieben werden; ausgenommen sind geringwertige Güter.
Die Anlageinvestitionen werden unterteilt in **Ausrüstungsinvestitionen** (Maschinen und maschinelle Anlagen, Fahrzeuge usw.) und **Bauinvestitionen** (Wohngebäude, Verwaltungsgebäude, gewerbliche Bauten, Straßen, Brücken, Wasserwege usw.).
Die **Vorratsveränderung** wird anhand von Bestandsangaben für Vorräte berechnet, die zunächst auf eine konstante Preisbasis (1980) umgerechnet werden. Die Differenz zwischen Anfangs- und Endbeständen wird anschließend mit jahresdurchschnittlichen Preisen bewertet." (Bundestagsdrucksache 11/3478, S. 227f.)
(2) Grundsätzlich werden private Investitionen von Unternehmen, nicht von Haushalten getätigt. Eine Ausnahme bilden die **Wohnungsbauinvestitionen** privater Haushalte.

8.3: (1) Die Höhe des Staatsverbrauchs wird in dem Zahlenbeispiel vorgegeben: $C_{St} = 300 = Y_H^{St} + V_{St} + D$. Dann muß gelten: $S_{St} = T_{dir} + T_{ind} - (C_{St} + Z + Tr)$. Durch Einsetzen der Werte erhält man: $S_{St} = 100$ Geldeinheiten.
(2) Nach der Darstellung des Vermögensänderungskontos gilt: $S_H + S_{St} = I_U^n + I_{St}^n + (Ex - Im)$. Man erhält: $S_H = 350$ Geldeinheiten.

8-4: (1) Vgl. das aktuelle Statistische Jahrbuch.
(2) Gemessen an den Beiträgen der drei Wirtschaftsbereiche zum Bruttoinlandsprodukt in der BR Deutschland hat der Sekundärsektor im Verlauf der 70er Jahre den höchsten Anteil erreicht. Demnach hat die BR Deutschland eine Phase der tertiären Nachindustrialisierung erreicht. Die Tendenz steigender Produktionsanteile gilt allerdings nicht über alle Teilbereiche des heterogenen Tertiärsektors.
(3) Eine größere (steigende) Einkommenselastizität der Nachfrage (größer als Eins, größer als in der Vergangenheit) bedeutet, daß mit steigendem Volkseinkommen die geplanten Ausgaben für Käufe von Dienstleistungen steigen. Der Produktionsanteil der Dienstleistungen ist in den Industieländern vor allem aufgrund der größer gewordenen Arbeitsteilung und Differenzierung der Produktion von Gütern und Leistungen gestiegen.

8-5: (1) Vgl. das aktuelle Statistische Jahrbuch.
(21) Die Quote der privaten Ausgaben für Konsumgüterkäufe (um 55/56 Prozent des BSP) zeigt deren (quantitative) Bedeutung als Komponente der gesamtwirtschaftlichen Endnach-

frage. Die längerfristige Entwicklung dieser Quote in der BR Deutschland läßt auf eine relativ stetige Entwicklung der Konsumgüterausgaben schließen; globale Sättigungserscheinungen des Konsums sind nicht erkennbar.
(22) Die empirische Entwicklung der Staatsquote der Verbrauchsausgaben (in Relation zum BSP) spiegelt vor allem eine expansive Entwicklung der Beschäftigung und der Personalausgaben des Staates im Zeitraum 1960-80.
Die Entwicklung der Exportquote (und der Import-) zeigt den Trend einer stark gewachsenen außenwirtschaftlichen Verflechtung der BR Deutschland im Analysezeitraum.
(23) Die Quote der Bruttoinvestitionen in den 80er Jahren im Vergleich zu der Quote der 60er Jahre gilt nach Ansicht vieler als globaler Beleg einer relativen „Investitionslücke", der These eines relativen Mangels an Investitionsnachfrage oder -bereitschaft in der BR Deutschland. Die Tabelle läßt erkennen, daß der relative Rückgang weniger die Ausrüstungen, sondern mehr die Bauinvestitionen betraf.

8-6: Der Lösungsweg ergibt sich aus den Gleichungen:
$NSP_F = C_H + C_{St} + I_U^n + I_{St}^n + (Ex - Im) - (T_{ind} - Z)$ und
$Y_v = NSP_F - T_r - T_{dir}$
Lösungen: Volkseinkommen = NSP_F = 2000 Geldeinheiten;
verfügbares Einkommen der privaten Haushalte = Y_v = 1750 Geldeinheiten.

8-7: (1) Die Korrekturansätze orientieren sich an den beiden Gruppen der methodenkritischen Argumente.
Die Korrekturen der Ausgaben des Staatsverbrauchs (gemäß VGR) versuchen eine differenzierte funktionale Zuordnung nach allgemeinen Vorleistungen und Investitionen. Ähnlich werden auch Teile der privaten Konsumausgaben (gemäß VGR) ausgegliedert und nach Funktionen differenziert. Soweit NORDHAUS/TOBIN eine Zuordnung zu Vorleistungen vornehmen, werden diese Ausgaben vom Sozialprodukt abgezogen. Die Autoren folgen hier Argumenten aus der zweiten Gruppe der Methodenkritik.
Die Zurechnungen beziehen sich auf die erste Gruppe der kritischen Bemerkungen. Der Vergleich läßt erkennen, daß NORDHAUS/TOBIN die schattenwirtschaftlichen Tätigkeiten unvollständig erfassen und daß sie negative Umwelteffekte kaum berücksichtigen. Z. Z. der Veröffentlichung (1972) wurden diese aktuelleren Aspekte kaum beachtet.
(2) Die quantitativen Schätzergebnisse sollten nicht überbewertet werden. Die Ergebnisse sind stark abhängig von den verwendeten Schätz- und Korrekturmethoden. Andere Verfahren hätten die Ergebnisse verändert.
Die Niveauunterschiede zum offiziellen Bruttosozialprodukt (BSP) beruhen besonders auf der Zurechnung der Freizeitwerte und der Einbeziehung der Haushaltstätigkeit. Die Wachstumsdifferenzen zum Zuwachs des realen BSP lassen auf eine verringerte Dynamik der nach Abzug von Vorleistungen verbliebenen (Staats-)Ausgaben schließen.

8-8: Aktuelle Zahlen zur Außenhandelsstruktur der BR Deutschland nach Ländergruppen finden Sie jeweils im Februar-Heft der Monatsberichte der Deutschen Bundesbank, lfde. Jgge. (Textbeiträge mit stat. Tabellen: Die Zahlungsbilanz der Bundesrepublik im Jahre ...). Die Außenhandelsstruktur nach Produktgruppen wird vom Statistischen Bundesamt ausgewiesen, vgl. hierzu das aktuelle Statistische Jahrbuch für die BR Deutschland, Kap. 8, Außenhandel.

8-9: Kontenschema der Zahlungsbilanz

Soll	Haben	Soll	Haben
Handelsbilanz		langfristiger Kapitalverkehr	
(1) Warenexporte 100 (3) Warenexporte 5	(2) Warenimporte 70 Saldo 35	Saldo 25	(5) + Δ Auslandsforderungen 25
Dienstleistungsbilanz		kurzfristiger Kapitalverkehr	
Saldo 10	(4) Dienstleistungsimporte 10	(2) + Δ Auslandsverbindlichkeiten 70 (5) + Δ Auslandsverbindlichkeiten 25	(1) + Δ Auslandsforderungen 60 Saldo 35
Übertragungsbilanz		Devisenbilanz	
Saldo 5	(3) Geleistete Übertragungen 5	Saldo 30	(1) + Δ Auslandsforderungen 40 (4) – Δ Auslandsforderungen –10

8-10: Die vorübergehende Passivierung der Leistungsbilanz um 1980 war vor allem durch die Verdopplung der Preise für Rohölimporte im Verlauf des Jahres 1979 bedingt. Der geringere Überschuß der Exporte in der Handelsbilanz um 1980 reichte nicht aus, die Defizite der Dienstleistungs- und Übertragungsbilanz zu kompensieren. Die Passivierung der Leistungsbilanz führte an den Devisenmärkten zu Kursverlusten der DM, denen die Bundesbank durch Devisenverkäufe (DM-Käufe) entgegenzuwirken versuchte.
Nach 1982 setzte ein Umschwung zu einer Phase steigender und ungewöhnlich hoher Leistungsbilanzüberschüsse ein. Gründe dieser Entwicklung waren zunächst die Änderungen der Devisenkurse, die Expansion des Welthandels bei günstiger Konjunkturentwicklung in wichtigen Industrieländern sowie sinkende Importpreise und Rohölpreise ab 1985. Die aus der DM-Aufwertung seit 1985 resultierende Verschlechterung der Exportchancen wirkte sich kurzfristig nicht stärker negativ aus.

Lösungshinweise zu den Kontrollfragen

(A) Multiple Choice-Aufgaben
8-1: (b) (d); 8-2: (a) (b) (d); 8-3: (c); 8-4: (c); 8-5: (d)

(B) Offene Fragen
8-6: vgl. Textabschnitt 8.1.3; 8-7: vgl. Textabschnitt 8.2.1, 8.2.4; 8-8: vgl. Textabschnitt 8.3

(C) Transferfrage
8-9: Das Zitat kann als verbale Formulierung der Identität des Vermögensänderungskontos (vgl. auch Frage 8-6) gedeutet werden. Der Satz beschreibt lediglich eine definitorische Umformulierung der empirischen Feststellung von Leistungsbilanzüberschüssen.

Literaturhinweise

BLÜMLE, G. und PATZIG, W.: Grundzüge der Makroökonomie, Freiburg 1988 (Teil 1: Ex post-Analyse, S. 31-76; Teil 2: Abschnitt 2.2.5.1, S. 233-248). Teile zur Kreislaufanalyse, zur VGR und zur Zahlungsbilanz mit empirischen Darstellungen; zur weiterführenden Lektüre geeignet.

BRÜMMERHOFF, D.: Gesamtwirtschaftliches Rechnungswesen, 2. Aufl. Köln, 1982 (Kap. 1-3, S. 13-43; Kap. 13, S. 95-105; Kap. 19, S. 172-186; Kap. 25, S. 248-53). Ausgewählte Kapitel eines speziellen Lehrbuchs zum Rechnungswesen: Kreislaufanalyse, VGR, Zahlungsbilanz, Sozialprodukt als Wohlstandsindikator; umfassende Darstellung mit Aufgaben, zur Vertiefung gut geeignet.

HASLINGER, F.: Volkswirtschaftliche Gesamtrechnung, 4. Aufl., München, Wien 1986 (Kap. 1, S. 1-60, Kap. 2, S. 61-85, Kap. 3.4, S. 120-131; Kap. 7, S. 187-248). Lehrbuch zur VGR; ausgewählte Kapitel: Kreislaufanalyse, VGR, Zahlungsbilanz, Sozialprodukt als Wohlstandsindikator; umfassende Darstellung mit Aufgaben, in der auch die Methodenkritik des Sozialprodukts ausführlich behandelt wird.

RITTENBRUCH, K.: Makroökonomie, 5. Aufl., München, Wien 1988 (Kap. 2, 3, 4.2; S. 22-71, S. 79-87). Ex post-Analyse; Teil eines einführenden Lehrbuchs zur Makroökonomie; zur Ergänzung gut geeignet.

STOBBE, A.: Volkswirtschaftslehre I, Volkswirtschaftliches Rechnungswesen, 6. Aufl., Berlin, Heidelberg u. a. 1984 (Kap. 3, S. 85-138, Kap. 5, S. 195-221) Ausgewählte Kapitel eines speziellen Lehrbuchs: Kreislaufanalyse, VGR, Zahlungsbilanz; zur Vertiefung gut geeignet.

WOLL, A.: Allgemeine Volkswirtschaftslehre, 9. Aufl., München 1987 (13. Kap., S. 313-328; 22. Kap., S. 557-562). Sehr knappe Darstellung der drei Berechnungsarten des Sozialprodukts und der Zahlungsbilanz.

Zitierte Literatur

DEUTSCHE BUNDESBANK: Statistische Beihefte zu den Monatsberichten der Deutschen Bundesbank, Reihe 3: Zahlungsbilanzstatistik, Jg. 1989

FISCHBACH, R.: Volkswirtschaftslehre. Einführung und Grundlagen, 4. Aufl., München/Wien 1987

MILLER, R. L.: Economics Today. The Micro View, 5. ed., New York 1985

Monatsberichte der DEUTSCHEN BUNDESBANK, 41. Jg (1989)

SAMUELSON, P. A./NORDHAUS, W. D.: Volkswirtschaftslehre. Grundlagen der Makro- und Mikroökonomie, Bd. 1, 8. Aufl. Köln 1987

Statistisches Jahrbuch für die Bundesrepublik Deutschland 1987 (1988), hrsg. vom STATISTISCHEN BUNDESAMT, Stuttgart 1987 (1988)

SVR (Sachverständigenrat zur Begutachtung der gesamtwirtschaftlichen Entwicklung), Jahresgutachten 1988/89, Bundestagsdrucksache 11/3478

9 Ziele und Probleme der Stabilisierungspolitik

Inhaltliche Orientierung

In den makroökonomischen Kapiteln steht das Problem der wirtschaftspolitischen Stabilisierung im Vordergrund. Die makroökonomische Theorie der Stabilisierungspolitik soll dazu beitragen, grundlegende Ansätze zur **Erklärung** von Stabilisierungsproblemen und zur **Diagnose** möglicher wirtschaftspolitischer Maßnahmen aufzuzeigen. Bevor wir uns den theoretischen Erklärungsansätzen in den folgenden Kapiteln zuwenden, sollen im vorliegenden neunten Kapitel die **wirtschaftspolitischen Grundlagen** mit ausgeprägten empirischen Bezügen zur realen Problemlage in der BR Deutschland behandelt werden.

Welches sind die relevanten Ziele der Stabilisierungspolitik? Welche Aufgaben und Probleme waren in der Entwicklung der letzten Jahre von besonderer Bedeutung? Im Vordergrund standen und stehen Probleme der Konjunktur, der Außenwirtschaft, der Inflation und der Beschäftigungspolitik.

Erste Antworten zur Konkretisierung der Ziele der Stabilisierungspolitik liefern gesetzliche Formulierungen und amtliche Zielprojektionen der Bundesregierung. Die amtlichen Zielwerte der mittelfristigen Zielprojektionen werden zunächst in Form einer Soll-Ist-Analyse mit den realisierten Eckwerten der wirtschaftlichen Entwicklung verglichen (**9.1**). Diese Soll-Ist-Analyse erlaubt, Anspruch und Realisierung der Stabilisierungsziele gegenüber zu stellen.

Sodann werden verschiedene einzelne Zielbereiche nacheinander untersucht,

- die Verstetigung von Konjunkturschwankungen (**9.2**),
- das außenwirtschaftliche Gleichgewicht (**9.3**),
- das Ziel Preisstabilität (**9.4**) und
- die Verminderung von Arbeitslosigkeit (**9.5**).

Gefragt wird dabei jeweils nach relevanten Zielgrößen, nach der geeigneten Messung von empirischen Indikatoren und den Zielproblemen im Verlauf der realen Wirtschaftsentwicklung der BR Deutschland.

Im abschließenden Teil wird ein prominentes Beispiel eines Zielkonflikts auf der Basis der modifizierten Phillips-Kurve (**9.6**) behandelt, der Zielkonflikt zwischen Preisstabilität und hoher Beschäftigung.

9.1 Gesetzliche Stabilisierungsziele

Dieses Lehrbuch behandelt die wirtschaftspolitischen Aufgaben der gesamtwirtschaftlichen Stabilisierung als makroökonomisches Kernproblem. Was bedeutet Stabilisierungspolitik? Welches sind die Aufgaben und Ziele der makroökonomischen Stabilisierungspolitik? Vor einer theoretischen Diagnose möglicher Maßnahmen sollten nach der allgemeinen Theorie einer rationalen Wirtschaftspolitik im ersten Schritt der Analyse die grundlegenden Probleme und die Ziele der Stabilisierungspolitik vorgestellt werden. Die Analyse der **Stabilisierungsziele** erfolgt in diesem Abschnitt mit Bezug auf deren gesetzliche Definition und die wirtschaftliche Entwicklung in der BR Deutschland.

Die gesamtwirtschaftliche Entwicklung einer Volkswirtschaft verläuft i. d. R. nicht stetig und gleichmäßig, sondern in wechselhaften Schwankungen mit Perioden steigender Preise, mit Unterbeschäftigung und außenwirtschaftlichen Problemen. Maßnahmen zur wirtschaftspolitischen Stabilisierung werden daher in vielen Staaten als gesetzliche Aufgaben der politischen Akteure postuliert. In Großbritannien fordert ein WHITE PAPER (bereits aus dem Jahre 1944) die Regierung auf „to an active use of policy instruments to pursue high employment, low inflation, economic growth and a sustainable external balance". In den USA wurde eine beschäftigungspolitische Verpflichtung durch den EMPLOYMENT ACT von 1946 bestimmt. In der BR Deutschland verpflichtet Artikel 109 des Grundgesetzes den Bund und die Länder, durch ihre Maßnahmen zum „gesamtwirtschaftlichen Gleichgewicht" beizutragen. Der Begriff des gesamtwirtschaftlichen Gleichgewichts stammt aus der makroökonomischen Theorie; er bedarf für die Wirtschaftspolitik einer Konkretisierung. Hierzu formuliert der § 1 des Stabilitäts- und Wachstumsgesetzes (aus dem Jahre 1967):

„Bund und Länder haben bei ihren wirtschafts- und finanzpolitischen Maßnahmen die Erfordernisse des gesamtwirtschaftlichen Gleichgewichts zu beachten. Die Maßnahmen sind so zu treffen, daß sie im Rahmen der marktwirtschaftlichen Ordnung gleichzeitig zur Stabilität des Preisniveaus, zu einem hohen Beschäftigungsstand und außenwirtschaftlichem Gleichgewicht bei stetigem und angemessenem Wirtschaftswachstum beitragen." Das Stabilitäts- und Wachstumsgesetz differenziert somit den Gleichgewichtsbegriff nach vier Einzelzielen, die unter der gebotenen Bedingung marktkonformer Maßnahmen gleichzeitig erreicht werden sollen. Wegen der Schwierigkeiten einer gleichzeitigen Realisierung der vier Ziele werden diese auch als „magisches Zielviereck der Stabilisierungspolitik" bezeichnet.[1]

Mit der Bezeichnung des Zielvierecks sind die Stabilisierungsziele allerdings noch nicht hinreichend operationalisiert (konkretisiert). Um wirtschaftspolitische **Ziele** zu **operationalisieren**, sind drei Schritte erforderlich:

- Erstens sind den jeweiligen Zielbegriffen maßgebliche **Indikatoren** der Ziele zuzuordnen, welche die relevanten Größen zur Messung der Zielwerte und der Zielabweichungen vorgeben. Beispiel: Ein bestimmter Preisindex (der Lebenshaltung) kann als Indikator des Ziels Preisstabilität gelten.
- Zweitens sind die angestrebten Zielwerte möglichst exakt zu bestimmen, d. h. es sind möglichst quantitative Werte der Indikatoren als angestrebte Zielgrößen zu formulieren. Beispiel: Das Ziel Preisstabilität mag als erreicht gelten, wenn der betreffende Preisindex jährlich um weniger als 2% zunimmt (**quantitative** Operationalisierung).
- Drittens ist anzugeben, innerhalb welcher Zeitperioden die jeweiligen Ziele zu erreichen sind (**zeitliche** Operationalisierung).

Eine dementsprechende Operationalisierung aus amtlicher Sicht erfolgt in einer jährlich revidierten Form im Rahmen der mittelfristigen **Zielprojektionen** der Finanz- bzw. der Jahreswirtschaftsberichte der Bundesregierung. Das Stabilitäts- und Wachstumsgesetz verpflichtet die jeweilige Regierung zur Vorlage wirtschaftspolitischer Orientierungsdaten, die als quantitative Zielprojektionen teils für die kurzfristigen Zeiträume eines Jahres, teils für mittelfristige Zeiträume (5-Jahres-

[1] Das Gesetz zur Bildung eines Sachverständigenrates (zur Begutachtung der gesamtwirtschaftlichen Entwicklung) vom Jahr 1983 enthält eine entsprechende Formulierung der Stabilisierungsziele. Zusätzlich soll die ‚Verteilung von Einkommen und Vermögen' beachtet werden. Das Bundesbankgesetz verpflichtet die Deutsche Bundesbank primär zur Aufgabe der ‚Sicherung der Währung', zugleich soll sie die allgemeine Wirtschaftspolitik der Bundesregierung unterstützen; also sind die oben genannten Stabilisierungsziele auch für die Bundesbank maßgeblich (vgl. §§ 3, 12 Bundesbankgesetz).

Zeiträume) vorgelegt werden. Vornehmlich die mittelfristigen Zielprojektionen werden hier als operationalisierte Zielwerte der Bundesregierung interpretiert, da die mittelfristigen Zielprojektionen weniger als die kurzfristigen Zielwerte von der Ausgangslage bestimmt sein mögen.

Tab. 9-1 Operationalisierte Stabilisierungsziele der Bundesregierung nach der mittelfristigen Zielprojektion 1988-1992

Ziele	Indikatoren	quantitative Zielvorgabe
Preisniveaustabilität	jährlicher Anstieg des Preisindex des BSP	+ (1,5-2) %
hoher Beschäftigungsstand	jährliche Zunahme der Erwerbstätigen	+ 0,5 %
stetiges Wirtschaftswachstum	jährliche Veränderungsrate des realen BSP	+(2-2,5) %
außenwirtschaftliches Gleichgewicht	Quote des Außenbeitrags zum BSP	3 % (1992)

Quelle: Finanzbericht 1989, S. 50f.

Die Zielwerte der Projektion 1988-92 lassen sich vor dem Hintergrund der entsprechenden Zielprojektionen in der Vergangenheit beurteilen, um den Zeitbezug und die Veränderungen der amtlichen Zieldefinitionen im Zeitverlauf aufzuzeigen. Die Zielprojektionen der Vergangenheit können zugleich Grundlage eines **Soll-Ist-Vergleichs** bilden, um das **Anspruchsniveau** der Zielsetzungen einerseits und die **Realisierung** von Eckwerten andererseits im Zeitverlauf aufzuzeigen. Der Vergleich von Zielprojektionen und Ist-Werten der Indikatoren ermöglicht Hinweise auf Probleme und Schwierigkeiten der Stabilisierungspolitik in der BR Deutschland.

Die von der Bundesregierung angestrebten Werte für das Ziel **Preisstabilität** haben in Phasen zunehmender Preisinflation eine Relativierung erfahren; die Zielwerte wurden nach oben revidiert. Die realisierte Entwicklung der Preisindizes läßt Problem-Phasen zunehmender Inflationsraten in der BR Deutschland in der ersten Hälfte der 70er Jahre sowie um 1980 erkennen. Trotz relativierter Zielwerte waren die Diskrepanzen beim Ziel Preisstabilität in diesen Phasen relativ größer. Nach 1985 verlief die Preisentwicklung dagegen vergleichsweise günstig unterhalb der mittelfristigen Zielwerte. Nach den Zielprojektionen bis Anfang der 90er Jahre hielt die Bundesregierung einen jährlichen Preisanstieg beim Preisindex für das Bruttosozialprodukt im Bereich zwischen plus 1,5 bis plus 2,5 Prozent je Jahr für vereinbar mit dem Ziel einer **relativen** Preisstabilität. Beim **Beschäftigungsziel** wurde die gesamtwirtschaftliche Arbeitslosenquote als Indikator verwendet. Gemessen an diesem Indikator der Arbeitslosenquote wurden bis Anfang der 70er Jahre anspruchsvolle Zielsetzungen eines hohen Beschäftigungsstandes formuliert. Ab der Mitte der 70er Jahre wurden auch beim Beschäftigungsziel **Relativierungen** in Anpassung an die Entwicklung der Arbeitslosigkeit vorgenommen. Dennoch wurde in diesem Zeitraum das angepaßte Beschäftigungsziel der Bundesregierung nicht erreicht. Seit dem Beginn der 80er Jahre wurden demgegenüber die **Zielabweichungen** stärker, da die Arbeitslosenquote stark anstieg und auf einem hoben Niveau verblieb. Die Bun-

Abb. 9-1 Vergleich von mittelfristigen Zielprojektionen (Soll-Werten) und Ist-Werten der Stabilisierungsziele, BR Deutschland, 1967–87

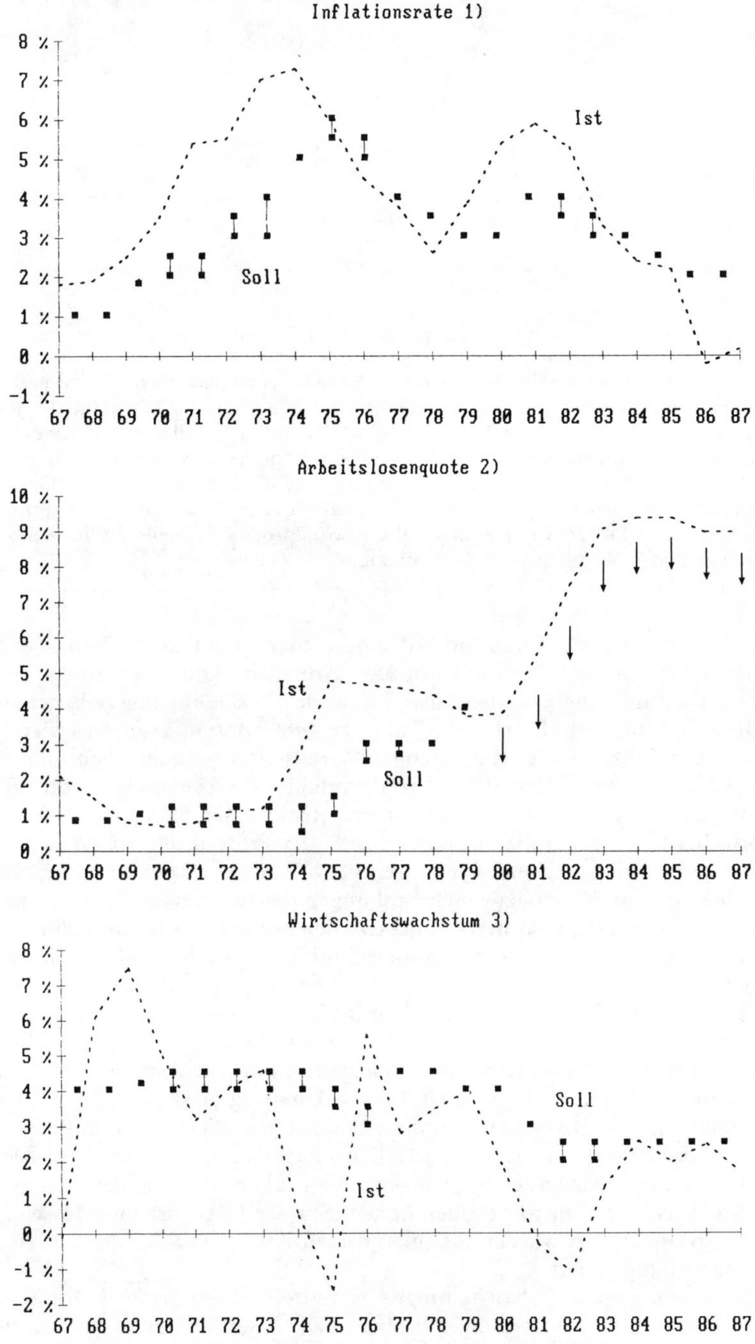

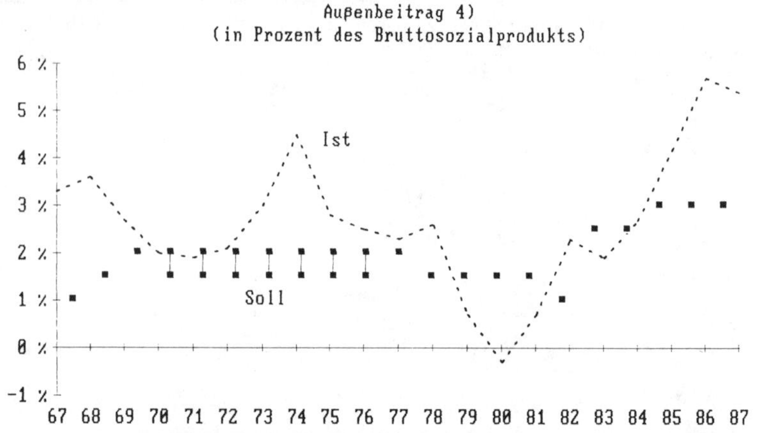

Verglichen werden die jeweiligen *Soll-Werte* der Stabilisierungsziele nach den mittelfristigen Zielprojektionen der Bundesregierung (Quelle: Jahreswirtschaftsberichte der Bundesregierung (1967–72) bzw. Finanzberichte (1973–87)) und die jährlichen *Ist-Werte* der Zielindikatoren: [1] Veränderungsrate des Preisindex des privaten Verbrauchs für Sollwerte von 1967–72; für Sollwerte 1973–82: Veränderungsrate des Preisindex des Sozialprodukts; [2] Registrierte Arbeitslosenquote; [3] Veränderungsrate des realen Bruttosozialprodukts; [4] Außenbeitrag in Prozent des jeweiligen Bruttosozialprodukts (Quelle der Ist-werte: SVR, Jahresgutachten 1988/89, Statistischer Anhang).

desregierung verzichtete daraufhin auf eine exakte quantitative Formulierung des Beschäftigungsziels, der Zielindikator der Arbeitslosenquote wurde aufgegeben. Stattdessen wurde lediglich eine Ausrichtung des Beschäftigungsziels genannt, die Beschäftigung sollte erhöht bzw. die Zahl der Arbeitslosen gesenkt werden.

Als Indikator für das Ziel eines **stetigen Wirtschaftswachstums** dient die jährliche Veränderungsrate des realen Bruttosozialprodukts. Im Zeitvergleich zum früheren Jahrzehnt wurde hier in den 80er Jahren eine **Rücknahme** der wachstumsbezogenen Zielwerte bis zu einer Größenordnung von 2–2,5 Prozent des realen Bruttosozialprodukts vorgenommen. Zieldiskrepanzen beim Wachstumsziel traten besonders im Zusammenhang mit Krisen bzw. Schwankungen der Konjunkturentwicklung auf.

Für das Ziel eines **außenwirtschaftlichen Gleichgewichts** wurden positive Quoten des Außenbeitrags (Exporte minus Importe) als Zielwerte formuliert. Die Leitlinien des außenwirtschaftlichen Ziels zeigen relativ geringe Veränderungen; als mittelfristiges Ziel galt eine Quote des Außenbeitrags in Höhe von 2–3 Prozent des Bruttosozialprodukts. Die Formulierung des Ziels orientiert sich ausschließlich am Saldo der Güterströme der Zahlungsbilanz; finanzwirtschaftliche Aspekte der Außenwirtschaft bleiben dabei unberücksichtigt. Da die Übertragungsbilanz der BR Deutschland regelmäßig passive Salden aufwies, basierte die Zielsetzung auf der Vorstellung eines tendenziellen Ausgleichs der Leistungsbilanz. Im Verlauf der 80er Jahre zeigte die realisierte Entwicklung demgegenüber erhebliche **Zielabweichungen**.

Die Analysen der Zielprojektionen lassen sich wie folgt **zusammenfassen**:

Die Zielprojektionen wurden als operationalisierte Stabilisierungsziele der Bundesregierung interpretiert.

Gemessen an diesen Zielvorstellungen waren einzelne oder mehrere Zieldiskrepanzen (Instabilitäten) ein ständiges Problem. Die Instabilitäten in der BR Deutschland haben im Verlauf der 70er und der frühen 80er Jahre eher zugenommen. Die quantitativen Zielwerte der Bundesregierung wurden im Zeitverlauf angepaßt; die Ziele wurden somit relativiert.

Anschließend werden empirische Grundlagen sowie spezielle Problemaspekte der einzelnen Zielbereiche differenziert behandelt. Als relevante Ziele der Stabilisierungspolitik gelten

- eine Verstetigung des Wirtschaftswachstums,
- das Vermeiden außenwirtschaftlicher Instabilitäten,
- die Sicherung von Preisstabilität und
- die Verminderung von Arbeitslosigkeit.

9.2 Konjunkturen der Wirtschaftsentwicklung

Bereits die Bibel verweist darauf, daß es in der Wirtschaftsentwicklung des Altertums offenbar einen Konjunkturwechsel zwischen guten und schlechten Zeiten gab: Den sieben mageren Jahren sollten sieben fette Jahre des Überflusses folgen. Auch die Wirtschaftsentwicklung der BR Deutschland (und anderer Länder) verlief nicht stetig, sondern in mehrjährigen, unregelmäßigen Schwankungen. Obwohl keine strenge Abfolge von Schwankungen anzunehmen ist, beruhen die Begriffe der Konjunkturanalysen vielfach auf der Vorstellung eines idealtypischen Konjunkturzyklus.

Die Zielsetzung eines stetigen Wirtschaftswachstums orientiert sich in der konjunkturpolitischen Perspektive vor allem an dem Indikator der Auslastung des gesamtwirtschaftlichen Produktionspotentials. Das Wachstum des **Produktionspotentials** beschreibt die zeitliche Entwicklung des realen Bruttoinlandsprodukts (Bruttosozialprodukts) bei voller Auslastung der Produktionsfaktoren einer Volkswirtschaft. Ausgehend von einem Basisjahr mit hoher Auslastung der Produktionskapazitäten wird eine Trendentwicklung eines potentiellen Bruttoinlandsprodukts aus der aggregierten Entwicklung des Produktionskapitals abgeleitet. Die Auslastungsquoten des Produktionspotentials lassen sich dann aus der Relation der realisierten Ist-Werte und der potentiellen Werte des Bruttoinlandsprodukts bei Annahme einer hohen Auslastung der Produktionskapazitäten wie im Basisjahr bestimmen.

Das idealtypische Schema eines **Konjunkturzyklus** wird durch den Ablauf von vier Phasen beschrieben: Die **Phase eines Konjunkturaufschwungs** folgt nach der Überwindung einer vorherigen Konjunkturkrise. Die Auslastungsquoten des Produktionspotentials nehmen zu; das Wachstum des Sozialprodukts beschleunigt sich. Mit der beschleunigten Zunahme der Produktion nehmen in der Regel die Arbeitsproduktivität und die Gewinne der Unternehmen zu. Das Vertrauen in die wirtschaftliche Entwicklung eines Landes wendet sich in positiver Richtung.

In der **Boomphase** wird die Normalauslastung überschritten. In verschiedenen Sektoren werden Produktionsengpässe erreicht; die Zuwachsraten der Produktion werden allgemein geringer. Die Gefahr von Kosten- und Preissteigerungen wird in dieser Konjunkturphase relativ größer als in der frühen Aufschwungphase.

Nach einem oberen Wendepunkt folgt die **Phase des Konjunkturabschwungs** mit sinkender Kapazitätsauslastung.

Die **Rezession** kennzeichnet dann die Phase der Unterauslastung der Kapazitäten. Die Nachfrage bleibt offenbar deutlich hinter den Produktionsmöglichkeiten zurück. Der geringen Auslastung folgt häufig eine negative Entwicklung der

Abb. 9-2 Idealtypischer Verlauf des Konjunkturzyklus in Auslastungsschwankungen des gesamtwirtschaftlichen Produktionspotentials

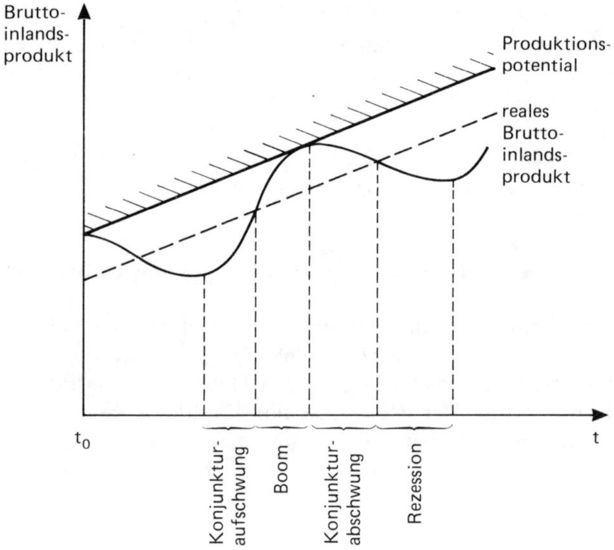

t_0 bezeichnet ein angenommenes *Basisjahr* der Zeitreihe t mit einer hohen Auslastung der Produktionskapazitäten. Der linear angenommene Trend des Produktionspotentials entspricht einem *potentiellen* Bruttoinlandsprodukt im Zeitverlauf über t bei Annahme einer fortgesetzt hohen Auslastung wie im Basisjahr. Für die zeitliche Entwicklung des *realisierten* Bruttoinlandsprodukts wurden idealtypische regelmäßige Produktionszyklen unterstellt.

Die verschobene Trendlinie des Produktionspotentials kennzeichnet die durchschnittliche Auslastung (Normalauslastung) über dem gesamten Konjunkturzyklus.

Beschäftigung und eine steigende Arbeitslosigkeit. Bei geringer Kapazitätsauslastung verstärkt sich regelmäßig der Kostendruck in der Wirtschaft.

Die Länge des Konjunkturzyklus erfaßt den Zeitraum zwischen zwei oberen (oder unteren) Wendepunkten der Konjunkturentwicklung. Die Amplitude der Konjunktur mißt die prozentuale Abweichung der Produktion zwischen dem unteren und dem oberen Wendepunkt.

Die Konjunkturen der Realität entsprechen nicht der Symmetrie von Sinus-Kurven. In der Regel dauert der Aufschwung länger als die Abschwungperioden, in der sich die Entwicklung zur Rezession beschleunigt. Der Sachverständigenrat (SVR) schätzt den Trend des Produktionspotentials, ausgehend vom Basisjahr 1970, durch eine Fortschreibung des Produktionskapitals.

Als vereinfachter Indikator der gesamtwirtschaftlichen Konjunkturentwicklung wird häufig der Zyklus der jährlichen Veränderungsraten des realen Bruttoinlandsprodukts oder Bruttosozialprodukts verwendet. Das Meßkonzept unterstellt, daß die Schwankungen der Konjunktur sich in zyklischen Veränderungen des Wirtschaftswachstums (**Wachstumszyklen**) niederschlagen. Eine aufwendige Schätzung des Produktionspotentials kann unterbleiben, die Deutung der Konjunkturschwankungen erfolgt aus den Abweichungen vom Trend der Wachstumsraten der gesamt-

Übung 9-1 Analyse der Konjunkturentwicklung in der BR Deutschland, 1970–88

Analysieren Sie die Konjunkturentwicklung in der BR Deutschland auf der Basis der Schätzungen des SVR zur Zeitreihe des gesamtwirtschaftlichen Produktionspotentials und dessen Auslastungsgrades! Erläutern und interpretieren Sie hierzu die beiden folgenden Abb. des SVR!

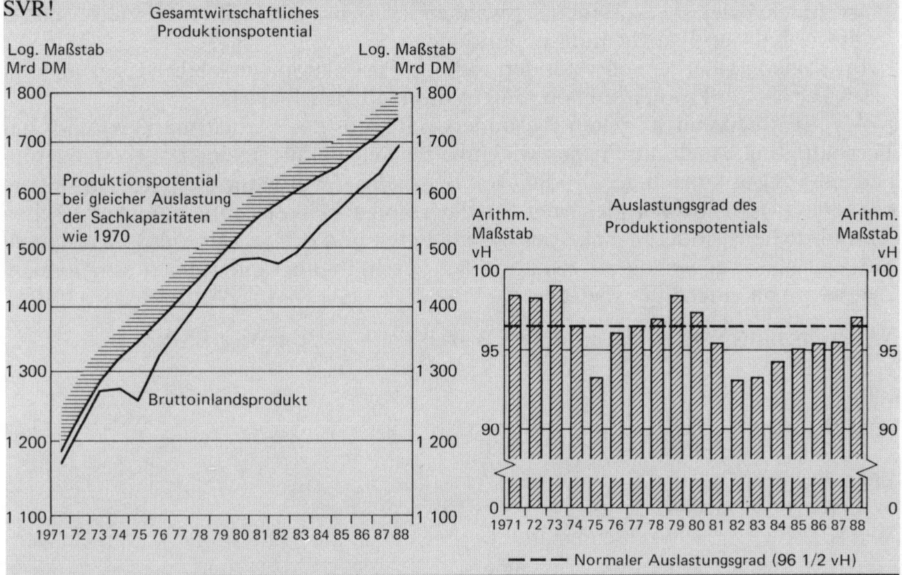

Quelle: SVR, JG 1988/89, Abb. 13

wirtschaftlichen Produktion. Obwohl die Konjunkturen der Auslastung des Produktionspotentials nicht exakt mit der Deutung der Wachstumszyklen übereinstimmen[2], beruhen beide Indikatoren bei Annahme eines gegebenen Produktionspotentials auf der zeitlichen Entwicklung von preisbereinigten Größen der VGR; insofern besteht eine gemeinsame Ausrichtung an der Zeitreihe der gesamtwirtschaftlichen Produktionswerte.

Die einzelnen Phasen der Konjunktur schlagen sich nicht nur in der Zeitreihe der gesamtwirtschaftlichen Produktion nieder. Die Konjunkturforschung verwendet auch mehrdimensionale Indikatoren und verschiedene Zeitreihen wirtschaftlicher Größen. Sie unterscheidet dabei drei Gruppen von Indikatoren nach den regelmäßigen zeitlichen Abständen der einzelnen Schwankungen.

Die **Frühindikatoren** kennzeichnet in der Regel ein zeitlicher Vorlauf zur Reihe der Produktion und der Geschäftstätigkeit. Hierzu zählen Auftragseingänge, Lagerhaltung, Geschäftserwartungen u. a. Wegen des zeitlichen Vorlaufs dienen die Frühindikatoren in besonderer Weise als Grundlagen für Prognosen des weiteren Konjunkturverlaufs.

---

[2] Das Wachstumsratenkonzept führt in der Regel zu abweichenden Zuordnungen von Aufschwungperioden, wenn nach einer Krise die jährlichen Raten des Wirtschaftswachstums und der Arbeitsproduktivität stark zunehmen, die Auslastung jedoch noch unterhalb der Normallinie verbleibt. Ähnliche Abweichungen können sich mit umgekehrtem Vorzeichen am oberen Wendepunkt der Auslastung ergeben.

Präsenzindikatoren betreffen Zeitreihen der Produktion, der Kapazitätsauslastung und der Produktivität. Die Konjunkturforschung hat hierzu einige Differenzierungen und Regelmäßigkeiten beobachtet:

- Die Produktion von Investitionsgütern schwankt im allgemeinen stärker als die Produktion von Konsumgütern.
- Im Bereich der Investitionen schwanken die Vorratsinvestitionen relativ stärker als die Bau- und Ausrüstungsinvestitionen.
- Im Konsumgüterbereich verändert sich die Produktion langlebiger Konsumgüter stärker als die Produktion von Gütern des täglichen Bedarfs.

Als **Spätindikatoren** gelten besonders Größen des Arbeitsmarktes und der Beschäftigung. Auch die Preisentwicklung reagiert im allgemeinen mit Verzögerungen auf Schwankungen der Produktion. Beispielhaft wurde für die BR Deutschland die folgende **Regressionsgleichung** für die empirischen Zusammenhänge zwischen der (jährlichen) Änderungsrate der Beschäftigten und des Sozialproduktes ermittelt. Sie zeigt teils eine verzögerte Reaktion der Beschäftigungsänderungen bis zu einem Zeitraum von einer Jahresperiode:

$$\text{W Erwerbstätige}_t = \underset{(-4{,}25)}{-383} + \underset{(3{,}44)}{73{,}45} \cdot \text{W (r) BSP}_t + \underset{(2{,}08)}{44{,}36} \cdot \text{W (r) BSP}_{t-1}$$

$R^2 = 0{,}495$
DW = 0,79 (t-Werte in Klammern)

Legende:
W Erwerbstätige = Änderungssrate der Erwerbstätigen
$W\,(r)\,BSP_t$ = Wachstumsrate des preisbereinigten BSP in der laufenden Zeitperiode
$W\,(r)\,BSP_{t-1}$ = Wachstumsrate des preisbereinigten BSP in der Vorperiode
(Zur Bedeutung der Testwerte der Regressionsgleichung R^2, DW und der t-Werte vgl. den Anhang „Erläuterungen zur Schätzung von Regressionsfunktionen" nach dem 12. Kapitel.)

Die Veränderung der Beschäftigtenzahl erfolgte somit im Untersuchungszeitraum nicht synchron zum Wachstumszyklus, sondern mit einer teilweisen **Verzögerungsphase** bis zu einer Jahresperiode. Die Gleichung zeigt jedoch, daß die Konjunktur des Sozialprodukts erhebliche **Beschäftigungseffekte** zur Folge hatte. Die empirischen Ergebnisse lassen schließen, daß in der Anfangsphase des Konjunkturaufschwungs nicht unmittelbar Neueinstellungen folgten. Erst im weiteren Verlauf der Konjunktur erhöhte sich die Beschäftigung mit der Zunahme der Produktion.

9.3 Außenwirtschaft und Instabilitäten

Allgemein läßt sich der Begriff des **außenwirtschaftlichen Gleichgewichts** auch als Voraussetzung (Vorziel) deuten, um binnenwirtschaftliche Ziele, insbesondere das Beschäftigungsziel und die Preisstabilität, zu realisieren. Eine solche Begriffsbestimmung bedeutet nicht, daß inländische Stabilisierungsprobleme auf „Kosten" des Auslandes gelöst werden sollten oder könnten, z. B. die Bekämpfung von inländischer Arbeitslosigkeit durch Beschränkungen der Importe und höhere Subventionen der Exporte. Die Folge einer egoistischen nationalen „beggar my neighbour policy" wären Abwehrmaßnahmen des Auslands und die Gefahr weiterer Eskalationen von Gegenmaßnahmen. Zu erinnern ist an die Erfahrung des sog. Abwertungswettlaufs verschiedener Länder zu Anfang der 30er Jahre, der in kurzer Zeit zu einer massiven Abnahme des internationalen Handels geführt hatte. Gemeint ist eine **außenwirtschaftliche Absicherung** vor externen Instabilitätsursachen. Durch die Außenwirtschaft sollen möglichst keine oder geringe negative Auswirkungen auf die Stabilitätsziele des Inlands eintreten.

Die weiter oben vorgestellte **Zieldefinition** der Bundesregierung orientiert sich demgegenüber an einer Quote des Außenbeitrags. Die Bundesregierung hält einen positiven Außenbeitrag in Höhe eines prozentualen Anteils am Bruttosozialprodukt für notwendig, um ein außenwirtschaftliches Gleichgewicht zu erreichen. Diese Saldendefinition des Gleichgewichts bezieht sich auf Teilbilanzen der Zahlungsbilanz. Zur Begründung wird darauf verwiesen, daß ein positiver Außenbeitrag wegen der Tendenz passiver Übertragungssalden erforderlich sei. Diese Zieldefinition richtet sich aus an der Vorstellung eines tendenziellen Ausgleichs der Leistungsbilanz. Führt ein Ausgleich der Leistungsbilanz zu einer außenwirtschaftlichen Absicherung bzw. zu einem „Gleichgewicht"?

9.3.1 Devisenmarktsysteme

Um die Frage zu beantworten, ist nach den Konsequenzen eines Leistungsbilanzüberschusses oder -defizits zu fragen. Die prinzipiellen Effekte unterscheiden sich in Abhängigkeit von den herrschenden Devisenmarktsystemen und den internationalen Währungsvereinbarungen. **Devisen** (d. h. geldnahe Forderungen von Inländern in ausländischen Währungseinheiten) werden an Börsenmärkten oder im Telefonverkehr zwischen den Devisenabteilungen der Banken gehandelt. Inländische Exporteure, die Gutschriften bei ausländischen Banken als Bezahlung ihrer Lieferungen erhalten haben, werden Devisenforderungen anbieten. Umgekehrt werden Devisen nachgefragt u. a. von inländischen Importeuren, die ihre Rechnung in ausländischer Währung bezahlen müssen. Ein Überschuß der Leistungsbilanz führt demnach zu einem Angebotsüberschuß an Devisen; eine passive Leistungsbilanz umgekehrt zu einem Nachfrageüberschuß am **Devisenmarkt**. Die prinzipiellen Effekte beider Ungleichgewichte unterscheiden sich in Abhängigkeit vom herrschenden Devisenmarktsystem. Um die Grundlagen aufzuzeigen, wird zunächst angenommen, daß Devisen nicht über längere Zeit als Guthaben gehalten werden, sondern daß Devisen ausschließlich nachgefragt werden, weil sie für Käufe von ausländischen Gütern und Dienstleistungen benötigt werden. Andererseits wird angenommen, daß Devisen ausschließlich angeboten werden, wenn Inländer Güter und Dienstleistungen ins Ausland verkauft und dafür Devisenforderungen erhalten haben. Des weiteren werden normal verlaufende Funktionen des Devisenangebots und der -nachfrage angenommen.

Ein **System flexibler Devisenkurse** (Wechselkurse) bedeutet, daß sich der Kurs wie ein Marktpreis durch Ausgleich von Angebot und Nachfrage von Devisen ohne Interventionen der Währungsbehörde bildet. Ein Leistungsbilanzüberschuß in t_1 würde im Vergleich zu einem Ausgleich der Leistungsbilanz in t_0 eine Rechtsverschiebung der Angebotskurve an Devisenforderungen bewirken. Der Devisenkurs (Wechselkurs) würde fallen; die ausländische Währung würde also abgewertet.

Zur **Terminologie**: Der Begriff des Devisenkurses wird hier in Übereinstimmung mit dem Begriff des Wechselkurses verwendet. Der Devisenkurs von Dollarforderungen entspricht einem Preis der ausländischen Währungseinheit, des Dollar, in inländischen Währungseinheiten, dem Verhältnis von DM zu Dollar. Eine **Abwertung** des Dollar-Devisenkurses entspricht dann umgekehrt einer **Aufwertung** des

DM-Kurses, des Außenwerts der DM nach dem Sprachgebrauch der Deutschen Bundesbank. Der Sprachgebrauch der Ausdrücke Auf- und Abwertung in der währungspolitischen Debatte kann sehr verwirrend sein, wenn die Begriffe des Devisen- und des DM-Kurses nicht ausdrücklich unterschieden werden.

Ein **System fixer Devisenkurse** (Wechselkurse) verpflichtet dagegen die Währungsbehörde, den Devisenkurs in Höhe fixierter, international abgestimmter Leitkurse zu halten. Bei einem Angebotsüberschuß an Devisen, verursacht durch Leistungsbilanzüberschüsse, muß dann die Währungsbehörde als zusätzlicher Nachfrager auf dem Devisenmarkt auftreten, so daß sich die Nachfragekurve nach rechts verschiebt und ein Kursverfall verhindert wird. Die Zentralbank hat dann zusätzliche Devisen gegen inländische Geldeinheiten aufzunehmen. Um die notwendigen **Interventionen der Notenbank** einzuschränken, werden die fixierten Devisenkurse durch geringe Bandbreiten modifiziert (gestrichelte Graden um die Leitkurse). Die Zentralbanken sind verpflichtet, durch An- und Verkauf von Devisen den Marktkurs der Devisen innerhalb des Bandes zu halten. Nur in größeren Zeitabständen sind bei anhaltenden Ungleichgewichten der Leistungsbilanz nach internationaler Abstimmung Änderungen der Währungskurse möglich.

Leistungsbilanzüberschüsse führen somit in einem System fixer Devisenkurse zur Verpflichtung der Zentralbank, Devisen aufzunehmen und die eigene Währung auszuweiten. Die inländische Geldmenge erhöht sich ceteris paribus durch externe Überschüsse, die binnenwirtschaftliche Stabilisierung kann dadurch wesentlich beeinflußt werden. **Leistungsbilanzdefizite** andererseits führen zu einer wachsenden Auslandsverschuldung. In einem System flexibler Devisenkurse ohne Interventionen führen Leistungsbilanzdefizite zur Abwertung der Inlandswährung. Die Importe werden verteuert, dadurch kann ein Prozeß importierter Inflation in Gang

Abb. 9-3 Flexibles und fixes Devisenkurssystem

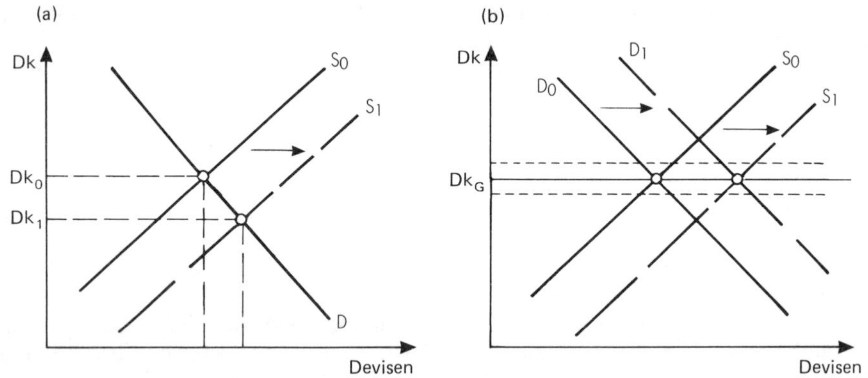

Abb. (a) stellt ein System *flexibler* Devisenkurse (Dk) ohne Interventionen der Zentralbank dar. Nach einem Marktausgleich in t_0 führt ein Leistungsbilanzüberschuß in t_1 zu einer Erhöhung des Devisenangebots und zu einer Abwertung des Dk bzw. einer Aufwertung der heimischen Währung.
Abb. (b) beschreibt ein System *fixer* Leitkurse mit Bandbreiten um Dk_G. Das erhöhte Devisenangebot in t_1 muß die Zentralbank nun durch eine Erhöhung der Nachfrage in t_1 ausgleichen. Die Zentralbank muß zusätzliche Devisen gegen eigene Währungseinheiten aufnehmen.

gesetzt werden. Umgekehrt führen Leistungsbilanzüberschüsse zu einer Abwertung des Devisenkurses bzw. zu einer Aufwertung des DM-Kurses.

Bis zum Jahr 1973 herrschte ein **internationales Währungssystem** mit festen Leitkursen und geringen Bandbreiten vor. In den 70er Jahren erfolgte dann eine Statutenänderung des **Internationalen Währungsfonds**, da das Vertrauen in den Dollar als Devisenwährung schwand, die Inflation international zunahm und die Leistungsbilanzen der Industrieländer vor allem durch die erste Ölpreiswelle zu größeren Ungleichgewichten tendierten. Ein einheitliches Währungssystem mit fixierten Leitkursen war nach 1973 nicht mehr möglich. Es wurde ein **gemischtes** Währungssystem mit teils flexiblen, teils festen Devisenkursen sowie kurzfristigen Interventionen der Zentralbanken an den Devisenmärkten vereinbart. Da freischwankende Währungen die angestrebte Integration Europas erschweren würden, entschlossen sich einige Länder der Europäischen Gemeinschaft zu einem Währungsblock mit festen Leitkursen, die nur im Fall größerer Ungleichgewichte angepaßt wurden. Aus dem Währungsblock entstand 1979 das **Europäische Währungssystem** mit fixierten, jedoch in Zeitabständen anpassungsfähigen Leitkursen. Das Europäische Währungssystem wurde durch eine währungspolitische Zusammenarbeit ergänzt. Gegenüber dem Dollar schwankten die Währungen der EG-Länder im Block (Block-Floating).

Die oben angegebene **Zieldefinition** der Bundesregierung orientiert sich an einem Ausgleich der Devisenmärkte in Abhängigkeit vom Güter- und Leistungsverkehr. Das amtliche Zielkonzept vernachlässigt Devisenströme, die von Finanztransaktionen ausgehen. Offenbar wird mit diesem Zielkonzept unterstellt, daß die Devisenmärkte trotz der **Finanztransaktionen** letztlich von den Salden des Leistungsverkehrs bestimmt werden. Demgegenüber hat die faktische Entwicklung an den Devisen-

Abb. 9-4 Entwicklung des Außenwertes der DM (des DM-Kurses) gegenüber dem Dollar und gegenüber den Währungen der am Europäischen Währungssystem (EWS) beteiligten Länder

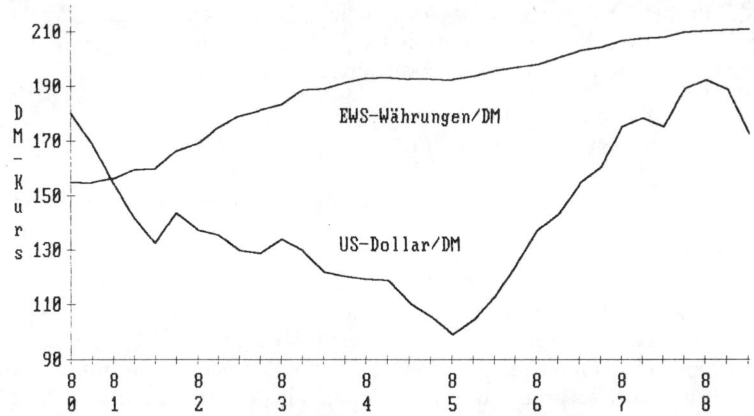

Die Entwicklung des Dollar-/DM-Kurses im Verlauf der 80er Jahre zeigt starke Schwankungen mit einer vorherrschenden Tendenz von Abwertungen der DM in der ersten Hälfte, von Aufwertungen in der zweiten Hälfte der 80er Jahre. Die längerfristige Entwicklung der DM-Kurse innerhalb des Europäischen Währungssystems war hingegen durch eine relativ stetige Tendenz von Aufwertungen bestimmt.

märkten in den 80er Jahren zu der gegenteiligen Erfahrung beigetragen. Immerhin werden die Devisenmärkte nach Schätzungen zu 80–90 Prozent durch Finanztransaktionen bestimmt. Allein das Volumen der Devisenmarktströme durch Finanztransaktionen dürfte eine Zielvorstellung, die sich ausschließlich am Leistungsverkehr orientiert, in Frage stellen.

Die Abb. 9-4 zeigt starke Schwankungen des DM-Kurses im Verhältnis zum Dollar in den 80er Jahren. Zu einem Ausgleich der Devisenmärkte bei stabilen Wechsel- oder Devisenkursen kam es augenscheinlich nicht. Vor allem die Finanztransaktionen sorgten für **Instabilitäten der Devisenkurse**. Zu beachten bleibt, daß eine reine Marktflexibilität der Devisenkurse ohne Interventionen der Zentralbanken nicht gegeben war. Die Zentralbanken waren bemüht, durch ihre Eingriffe die Devisenkurse zu stabilisieren; sie verfolgten somit auch das Ziel stabilisierter Devisenkurse, die sie bei massiven Finanztransaktionen allerdings nur schwer erreichen konnten. Welche Folgen resultieren aus instabilen Devisenkursen für den internationalen Handels- und Dienstleistungsverkehr?

Übung 9-2 Außenwirtschaftliches Gleichgewicht

Interpretieren und klären Sie die Bedeutung der Zielformulierungen „Ausgleich der Zahlungsbilanz" und „Außenwirtschaftliches Gleichgewicht"!

9.3.2 Instabile Devisenkurse und Leistungsbilanzreaktionen

Die realen Devisenkurse werden auch als Indikatoren für die internationale Preis-Wettbewerbsfähigkeit der inländischen Wirtschaft verwendet. Die **preisliche Wettbewerbsfähigkeit** eines Landes wird durch die relativen Preise der in- und ausländischen Anbieter bestimmt. Ein Land gewinnt an preislicher Wettbewerbsfähigkeit, wenn die Preise seiner Güter in DM-Einheiten relativ zu den vergleichbaren Preisen ausländischer Anbieter – umgerechnet in DM-Einheiten – zurückgehen. Die Güter eines Landes, das an internationaler Wettbewerbsfähigkeit gewinnt, werden relativ zu den in anderen Ländern produzierten Gütern billiger.

$$\begin{matrix}\text{Preisliche Wettbewerbsfähigkeit} \\ \text{(realer Devisenkurs)}\end{matrix} = \frac{P_A \cdot Dk}{P}$$

Zur Definition: P = Preise der von inländischen Anbietern produzierten Güter – ausgedrückt durch den BSP-Preisindex; P_A = Preise ausländischer Güter in Dollarwährung, ausgedrückt durch einen ausländischen BSP-Preisindex; Dk = Devisenkurs (Preis der ausländischen Währungseinheit – z. B. des Dollar – in DM).

Das Produkt aus dem Devisenkurs Dk und dem Auslandspreisniveau P_A gibt an, wie teuer die Auslandsgüter aus der Sicht der Inländer in DM-Einheiten sind. Die Preise ausländischer Güter (gemessen in DM) werden verglichen mit dem inländischen Preisniveau. Die preisliche Wettbewerbsfähigkeit des Inlandes steigt, wenn die Preise der Auslandsgüter (gemessen in DM) relativ zu den DM-Preisen der Inlandsgüter steigen. Ein steigender Devisenkurs (oder eine Abwertung des DM-Kurses) führt gemäß der Definitionsformel zu einer Verteuerung der Preise ausländischer Güter (gemessen in DM), ebenso eine vergleichsweise stärkere Preisinflation im Ausland. Je größer der Zähler im Vergleich zum Nenner der vorstehenden Formel ist, desto ungünstiger sind die relativen Preise des Auslands, umgerechnet in

DM-Einheiten, desto ungünstiger die relativen Preise aus der Sicht ausländischer Konkurrenten im Inland.

Änderungen der Devisenkurse beeinflussen die preisliche Wettbewerbsfähigkeit der Länder und folglich die internationalen Leistungsströme. Eine Verbesserung der Preis-Wettbewerbsfähigkeit eines Landes wird tendenziell die Exportchancen des Landes auf den Weltmärkten verbessern und die preislichen Vorteile der Importe am Binnenmarkt verringern. Umgekehrte Reaktionen der Leistungsbilanz sind im Falle einer Verschlechterung der Preis-Wettbewerbsfähigkeit eines Landes wahrscheinlich. Zu erwarten ist daher ceteris paribus ein positiver Zusammenhang zwischen der Preis-Wettbewerbsfähigkeit und dem Außenbeitrag eines Landes.

Abb. 9-5 Preis-Wettbewerbsfähigkeit und Außenbeitrag

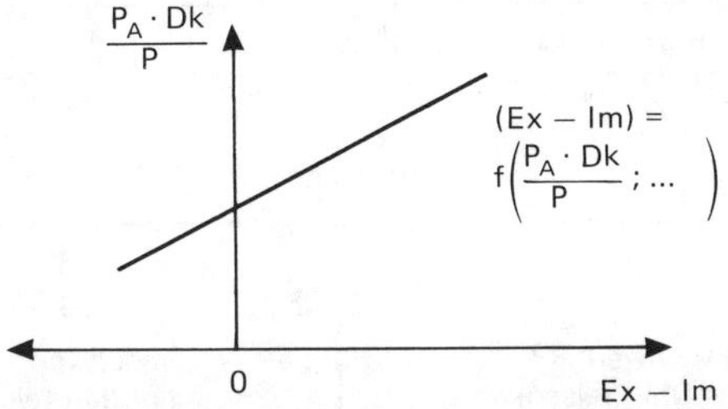

Das Schaubild zeigt eine Tendenz zu einem Importüberschuß (passivem Außenbeitrag) bei geringer Preis-Wettbewerbsfähigkeit. Andererseits ist ceteris paribus bei günstiger Preis-Wettbewerbsfähigkeit eine Tendenz zu einem Exportüberschuß wahrscheinlich.

Das vorstehende Schaubild ermöglicht eine vereinfachte Analyse der Wirkungen von veränderten Währungskursen auf die Handels- und Dienstleistungsbilanzen. Starke Schwankungen der Devisenkurse, wie im Verlauf der 80er Jahre, werden nachhaltig die Preis-Wettbewerbsfähigkeit der Länder verändern. **Abwertungen** der inländischen Währung entsprechen einer Senkung der Devisenkurse, sie führen zu einer Verbesserung der relativen Preise aus der Sicht des Inlands und folglich zu einer tendenziellen Aktivierung der Leistungsbilanz. Eine **Aufwertung** der inländischen Währung führt hingegen umgekehrt zu einem Verlust an internationaler Wettbewerbsfähigkeit und in der Tendenz zu Importüberschüssen des Inlandes.

- **Kurzfristige Reaktionen**

Dem vorstehenden Muster der Leistungsbilanz-Reaktionen entsprechen die kurzfristigen Entwicklungen der außenwirtschaftlichen Salden verschiedener Länder im Leistungsverkehr nicht. Trotz der Aufwertungen der DM bzw. der Abwertungen des Dollar im Zeitraum 1985-87 steigerten sich die Leistungsbilanzüberschüsse der BR Deutschland noch; umgekehrt vergrößerten sich die großen Leistungsbilanzdefizite in den USA trotz der Dollar-Abwertungen bis 1987 und konnten dann nur schwer verringert werden. Diese **atypische Entwicklung der Leistungsbilanzen** im Zeitraum 1985-87 hatte ihre Ursachen in zeitlichen Verschiebungen der Preis- und Mengeneffekte von Devisenkursänderungen, neben weiteren Unterschieden der in- und ausländischen Endnachfrage.

Um die abweichenden **kurzfristigen** Wirkungen zu verdeutlichen, werden die Import- und Exportwerte (des Inlands) nach dem folgenden Schema jeweils in eine **Mengen- und Preiskomponente** zerlegt; letztere wird in inländischen Preisen (DM-Preisen) ausgedrückt. Das Wirkungsschema zeigt, daß veränderte Devisenkurse (die Aufwertungen der DM in 1985–87) auf der Einfuhrseite kurzfristig die Importpreise in DM verringerten und daher bei gegebenen Importmengen die Importwerte senkten. Die Mengeneffekte der verschlechterten Preiswettbewerbsfähigkeit dürften erst mit längerfristigen Verzögerungen eintreten. Bei längerfristigen Mengeneffekten auf der Exportseite und kurzfristigen Preiseffekten auf der Importseite trat kurzfristig eine atypische Reaktion des Außenbeitragssaldos ein: Die Importwerte des Aufwertungslandes reduzierten sich durch die kurzfristigen Preiseffekte, während die Exportwerte erst längerfristig reagierten.

Abb. 9-6 Kurzfristige atypische Leistungsbilanzeffekte

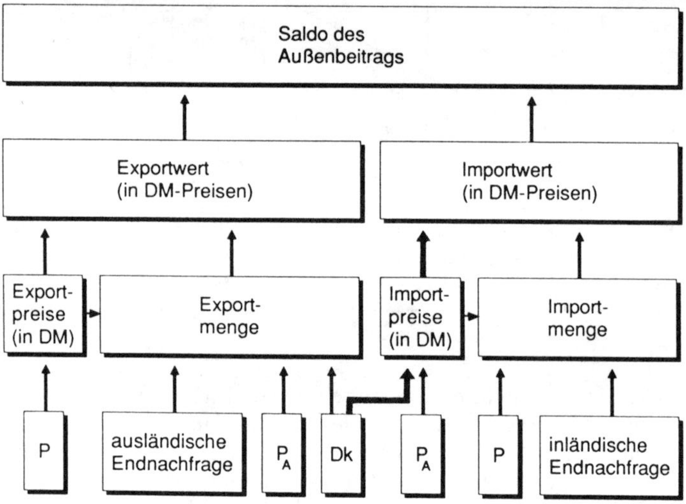

Das Schema differenziert die verschiedenen Einflußfaktoren der Import- und Exportwerte jeweils nach der Mengen- und Preiskomponente. Die Änderungen der Devisenkurse beeinflussen demnach (kurzfristig) über die Preiskomponente die Importwerte, (längerfristig) über die Mengenkomponenten die Im- und Exportwerte der Leistungsbilanz des Inlands.

Aus der **Sicht eines Abwertungslandes** (USA) lassen sich die Wirkungseffekte analog in umgekehrter Weise darstellen. Die Abwertungen führten kurzfristig zu einem Anstieg der Importpreise in Dollar, folglich zu einem Anstieg der Importwerte in der US-Leistungsbilanz, während die Exportwerte erst mit Verzögerung reagierten. Instabile Devisenkurse beeinflussen somit nicht nur reine Finanztransaktionen des internationalen Kapitalverkehrs, sondern auch in erheblichem Umfang die Ströme und Salden der Leistungsbilanzen; sie haben kurzfristig auf der Importseite starke Preiseffekte für die Binnenwirtschaft.

9.4 Das Problem der Inflation

Inflation gilt vielen als Hauptbegriff der Instabilität. Die deutsche Bevölkerung mußte zweimal bittere Erfahrungen mit größeren Inflationen und Wertverlusten machen. Zu Beginn der 20er Jahre hatte sich der Preisanstieg durch die Kriegsausgaben und die Folgelasten des Krieges zu einer Hyperinflation entwickelt. Ein zweites Mal mußten größere Wertverluste des Geldvermögens mit der Währungsreform in 1948 hingenommen werden. Die negativen Erfahrungen führten nach übereinstimmender Ansicht vieler Autoren zu einer besonderen Sensibilität in Deutschland gegenüber dem Problem der Preisinflation. Viele befürchten, Inflation führe zu einer Zerrüttung des Geldwerts mit höchst negativen Folgen für die gesellschaftliche Ordnung.

Demgegenüber herrscht offenbar in Südamerika teils eine andere Einstellung zur Inflation. In Brasilien mit einer jährlichen Inflation von über 1000 Prozent Kaufkraftverlust der Landeswährung reagierten die Taxifahrer mit Humor und in eigener Werbung auf die Frage: „Wie läßt sich eine Hyperinflation definieren?" Antwort: „Wenn es billiger wird, ein Taxi zu nehmen als mit dem Bus zu fahren, weil das Taxi erst bei der Ankunft bezahlt werden muß, die Busfahrt hingegen schon beim Einstieg in den Bus." Diese ungewöhnliche Definition läßt schließen, daß der Zeitpunkt und die Art des Ausgabenverhaltens der Käufer von einer beschleunigten Inflation beeinflußt werden. Mit dem Blick auf vergleichsweise mäßige, schleichende Inflationsprozesse in europäischen Ländern bedarf es aber offenbar einer begrifflichen Differenzierung.

9.4.1 Definition und Inflationsarten

Inflation bildet ein **makroökonomisches Problem**, nicht jede beliebige Preissteigerung von einzelnen Gütern wird als Inflation bezeichnet. Einzelwirtschaftliche Preissteigerungen können Bestandteil eines allgemeinen Inflationsprozesses bilden, per se läßt sich aus der Beobachtung von höheren Preisen einzelner Güter jedoch nicht auf eine inflationäre Entwicklung schließen. Veränderungen von Einzelpreisen sind in einer Marktwirtschaft im Prinzip notwendig, um die relativen Knappheiten an den einzelnen Märkten anzuzeigen. Als makroökonomisches Problem bezieht sich Inflation auf eine allgemeine Entwicklung sinkender Kaufkraft von Geldeinheiten: Verbraucher (Haushalte) können mit einer bestimmten Anzahl von Währungseinheiten im Durchschnitt aller Güter weniger kaufen als zuvor, weil die Kaufkraft des Geldes gesunken ist. Inflation bezieht sich demnach auf allgemeine **Kaufkraftverluste** aus der Sicht der Einkommensverwendung der privaten Haushalte oder - noch allgemeiner - aus der Sicht der Einkommensverwendungsseite der gesamtwirtschaftlichen Produktion.

Ein zweites Kriterium bezieht sich auf das Merkmal eines fortgesetzten oder **nachhaltigen Preisanstiegs**. In zeitlicher Dimension werden mit diesem begrifflichen Merkmal Preissteigerungen temporärer Art ausgeschlossen. Einmalige Preiserhöhungen, z. B. durch Erhöhungen von Kostensteuern, oder vorübergehende, durch Saisoneinflüsse bedingte Preissteigerungen gelten für sich genommen nicht als Inflation.

Nach dem Tempo der allgemeinen Preisentwicklungen lassen sich verschiedene Arten der Inflation begrifflich unterscheiden. Der Begriff der **Hyperinflation** wurde oben angesprochen; er bezeichnet extreme, pathologische Formen der Inflation mit einer Zerrüttung der Kaufkraft einer Währung. Im Extrembeispiel der deutschen

Hyperinflation der Jahre 1922/23 stieg der allgemeine Preisindex der Lebenshaltung vom Wert 53,9 (Juli 1922, Basis: 1913 = 1) auf den Wert 1242×10^9 (Dez. 1923). Für einen Dollar waren am Ende des Jahres 1918 ca. 8 Mark zu zahlen; im Dez. 1920 waren 73 Mark, im Dez. 1922 ca. 800 und Ende 1923 rund 4,2 Billionen Mark zu zahlen (SCHERF 1978, S. 161).

Als **galoppierende Inflation** werden starke Kaufkraftverluste bei jährlichen Inflationsraten von zwei oder drei Stellen bezeichnet, die sich zudem mit einer Tendenz der Beschleunigung entwickeln. Die untere Grenze unterscheidet sich nach der Position des Autors, so daß eine quantitative Abgrenzung nicht exakt vorzunehmen ist. Inflationen mit starken, zunehmenden Kaufkraftverlusten führen offenbar zu Verhaltensreaktionen. Da der Wert des Geldes rasch abnimmt, wird die Wertaufbewahrung in Geld stark eingeschränkt, die Finanzmärkte des Inflationslandes verkümmern, Güter werden auf Vorrat gekauft und gehortet, Sachwerte werden gegenüber Geldvermögen bevorzugt. Verträge werden eher kurzfristig abgeschlossen oder es werden Indexklauseln vereinbart, die eine gleitende Anpassung von Nominalwerten an die realisierten Preissteigerungen vorsehen.

Fortgesetzte jährliche Preissteigerungsraten unterhalb von 10 oder auch unterhalb von 5 Prozent werden als **schleichende Inflation** klassifiziert. Trotz unterschiedlicher quantitativer Abgrenzung wird vielfach ergänzend angenommen, daß eine schleichende Inflationsrate im Zeitverlauf relativ gleichmäßig ohne Tendenz zur Beschleunigung und Selbstverstärkung verbleibt. Eine Beschleunigungstendenz führt zur Gefahr der galoppierenden Inflation. Phasen, in denen sich die allgemeinen Preissteigerungsraten beschleunigen, gelten daher als wirtschaftspolitisches Problem im unscharfen Grenzbereich zwischen schleichender und galoppierender Inflation.

Übung 9-3 Zum Begriff der schleichenden Inflation

Ein Inflationsprozeß mit zweistelligen Jahresraten könnte in einigen südeuropäischen Ländern (z. B. Griechenland, Italien, Spanien) als schleichende Inflation eingestuft werden (nach BLÜMLE/PATZIG 1988, S. 484).

„Die Erfahrung aus der Vergangenheit lehrt, daß es ein Irrtum wäre zu glauben, der Wirtschaftspolitik fiele es leichter, den Anstieg des gesamtwirtschaftlichen Preisniveaus (in der BR Deutschland) - hat er sich erst einmal beschleunigt - auf 3 Prozent oder 4 Prozent zu begrenzen, als ihn von vornherein in größerer Nähe zum Stabilitätsziel zu halten.“ (SVR, JG 1988/89, TZ 226).

Klären Sie den Begriff der schleichenden Inflation mit Bezug zu den beiden vorstehenden Textauszügen!

9.4.2 Messungsprobleme

Die Messung der durchschnittlichen Preissteigerungen verbrauchter oder produzierter Güter erfolgt jeweils durch einen Vorjahresvergleich ausgewählter Preisindizes, des Preisindex der privaten Lebenshaltung der Haushalte, des Index der industriellen Erzeugerpreise oder des Preisindex für das Bruttosozialprodukt. Wegen der kurzfristigen Verfügbarkeit und des breiten Zuschnitts für die Gruppe der Haushalte steht der Preisindex der Lebenshaltung als Indikator der Inflation der Verbraucherpreise allgemein im Vordergrund des Interesses.

Preisindizes liefern statistische Informationen über gewichtete Preisniveaus eines umfangreichen Güterkorbs im Vergleich zu einem Basisjahr. Das **Basisjahr** erhält den Ausgangswert 100, der Preisindex des laufenden Monats oder Jahres zeigt die kumulierte relative Preisentwicklung gegenüber dem Basisjahr. Als Gewichtungsfaktoren der verschiedenen Einzelpreise werden beim Index der **privaten Lebenshaltung** die Anteile einer Vielzahl von Gütern im **Warenkorb** eines typischen Haushalts eines Basisjahres verwendet. Der Preisindex für die private Lebenshaltung beruht also auf der laufenden Beobachtung von Einzelpreisen vieler Verbrauchsgüter, die nach einem gegebenen Warenkorb eines typischen Haushalts gewichtet und aggregiert werden. Da die Gewichtung (der Warenkorb) einer Basisperiode über längere Zeiträume aus Gründen der Vergleichbarkeit beibehalten wird, werden die Lebenshaltungskosten nach dem **LASPEYRES-Verfahren** berechnet. Bei einem sogenannten PAASCHE-Index würde man für das Berichtsjahr hingegen jeweils den Warenkorb neu ermitteln und die Gewichtungsfaktoren des jeweiligen Berichtsjahres verwenden. Der Rechenaufwand wäre höher, die historischen Zeitreihen der Indizes müßten nach den aktuellen Warenkörben jeweils umgerechnet werden.

Die Verwendung des Warenkorbs einer Basisperiode nach LASPEYRES wird deshalb generell wegen des geringeren Aufwands vorgezogen. Allerdings führt der Bezug zum Basisjahr zu einem Warenkorb, der im Zeitablauf stärker veralten wird. Es ist anzunehmen, daß die Verwendung des Basisjahr-Warenkorbs zu einer (geringen) Überschätzung der tatsächlichen Preisinflationsrate führen wird. Wenn nämlich die Haushalte auf höhere Preise im Sinne der mikroökonomischen Theorie mit Substitutionsverhalten reagieren, werden Güter mit überproportionalen Preissteigerungen im Warenkorb der Basisperiode vergleichsweise stärker als in aktuellen Warenkörben vertreten sein. Um diese zeit- und reaktionsbedingten Verzerrungen zu verringern, sind die Statistiker daher nach mehrjährigen Zeiträumen zu einer **Revision** des früheren Warenkorbs gezwungen. Die Indexreihen werden dadurch mit Bezug auf den veränderten Warenkorb eines aktuelleren Basisjahres revidiert.

Auch **Qualitätsveränderungen** der Güter und **neue Produkte** erfordern Revisionen des Warenkorbs im Zeitverlauf. Durch Qualitätsverbesserungen und Produktinnovationen verändert sich die reale Struktur des Warenkorbs. Die Vergleichbarkeit der Preise ähnlicher oder differenzierter Produkte ist dann nicht mehr exakt gegeben. Nimmt man an, daß qualitative Innovationen insgesamt zu einer Produktverbesserung beitragen, dann führen Indexprobleme auch in dieser Hinsicht zu einer **Überschätzung** der tatsächlichen Preisentwicklung. Die Überschätzungen beim Preisindex für die private Lebenshaltung werden in einer Größenordnung von ca. 1–2 Prozent veranschlagt. Der SACHVERSTÄNDIGENRAT formulierte als Folgerung für das Ziel der Preisstabilität: „Gewiß wäre es überspitzt, wollte man Geldstabilität mit einer Steigerungsrate von Null beim Preisniveau gleichsetzen. Jeder Preisindex ist unscharf ... Deshalb sollte man eine Preissteigerungsrate von jährlich 1–1½ v. H. nicht ohne weiteres schon als Inflation deuten." (SVR, JG 1988/89, TZ 224).

Ein weiteres Problem der Preisindizes bildet der sog. Preisüberhang. Die Veröffentlichung in Vorjahresraten führt gerade in Phasen einer Veränderung der monatlichen Preisinflation zu einem verzögerten Ausweis. Eine Beschleunigungsphase der monatlichen Preisentwicklung wird dadurch verspätet ausgewiesen. Hinzu kommt, daß die Einkommensverwendung der Haushalte eine Endstufe der volkswirtschaftlichen Produktion darstellt. Auch aus diesem Grunde muß die Zeitreihe des Preisindex der privaten Lebenshaltung als **Spätindikator** mit zeitverzögerter Information eingeschätzt werden. Die Preisindizes der **industriellen Erzeugerpreise** beschreiben die Preisentwicklung aus der Sicht der industriellen Produktionsunternehmen. Dieser Index liefert für einen Teilbereich der Volkswirtschaft Erzeugerpreise auf einer früheren Stufe der Produktion. Zu erwarten ist daher, daß die Entwicklung der industriellen Erzeugerpreise partielle, frühzeitige Preisinformationen aus der Sicht der Unternehmen liefert, die sich in Teilen im späteren Verlauf des Preisindex der Lebenshaltung niederschlagen. Eine Regression mit verzögerten Größen zeigt die zeitbezogenen empirischen Zusammenhänge der Preisindizes für die BR Deutschland.

$$\text{W Preisindex der Lebenshaltung}_t = \underset{(7{,}72)}{1{,}87} + \underset{(6{,}59)}{0{,}39} \cdot \text{W Erzeugerpreisindex}_t + \underset{(2{,}73)}{0{,}17} \cdot \text{W Erzeugerpreisindex}_{t-1}$$

$R^2 = 0{,}82$ (Angabe der t-Werte in Klammern)
DW = 1,30
(Zur Bedeutung der Testwerte der Regressionsgleichung R^2, DW und der t-Werte vgl. den Anhang „Erläuterungen zur Schätzung von Regressionsfunktionen" nach dem 12. Kapitel.)

Die Regressionsergebnisse (hier wurden aus Vereinfachungsgründen lediglich Jahreswerte der Indexzeitreihen verwendet) zeigen zeitliche Zusammenhänge der Preisindexreihen im Sinne eines Vorlaufs der Erzeugerpreise. Die Zeitreihe der

Übung 9-4 Empirische Analyse der Preisentwicklung in der BR Deutschland über drei Jahrzehnte

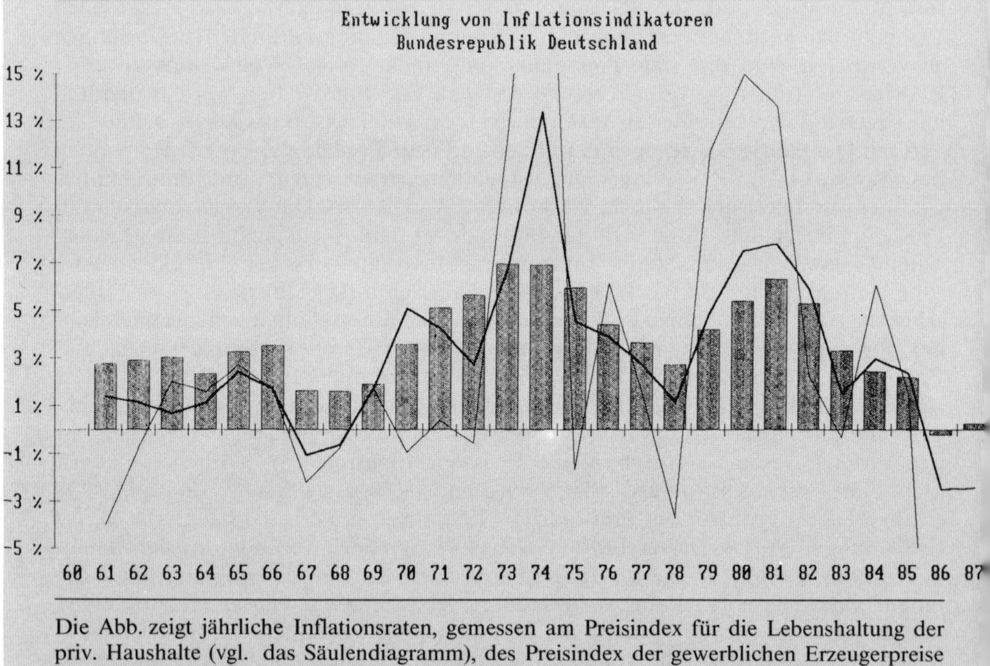

Die Abb. zeigt jährliche Inflationsraten, gemessen am Preisindex für die Lebenshaltung der priv. Haushalte (vgl. das Säulendiagramm), des Preisindex der gewerblichen Erzeugerpreise (vgl. die fettgedruckte Linie) sowie des Index der Importpreise (vgl. die dünne Linie). Die instabile Entwicklung der Importpreise überschreitet in 1974 (Anstieg: + 26,6%), in 1986 und 1987 (Rückgänge in 1986: - 18,9%; in 1987: - 6,5%) die Bandbreiten der Skalierung.
Beschreiben Sie die Preisentwicklung in der BR Deutschland auf der Basis der vorstehenden Abbildung.

gewerblichen Erzeugerpreise signalisierte Ende 1988 mit einer Zunahme um 3 Prozent gegenüber dem Vorjahr somit eine partielle Abkehr der Lebenshaltungspreise von der (vorübergehenden) Stabilisierungsphase in der zweiten Hälfte der 80er Jahre.

9.4.3 Wirtschaftspolitische Nachteile durch eine schleichende Inflation?

Die längerfristige Preisentwicklung in der BR Deutschland kennzeichnet - mit Ausnahme der Jahre 1986/87 - ein mäßiger Anstieg des Preisindex der privaten Lebenshaltung mit Beschleunigungsphasen in der ersten Hälfte der 70er Jahre und im Zeitraum 1979-82, die teils durch die binnenwirtschaftliche Konjunktur, teils durch importierte Preisfaktoren bestimmt waren. Welche Konsequenzen sind aus der bisherigen Preisinflation für die Formulierung des Ziels der Preisstabilisierung zu ziehen? Die Auffassungen zu dieser Frage unterscheiden sich in Abhängigkeit von dem Urteil über die Nachteile einer mäßigen Inflation.

Die Vertreter einer **relativen Zieldefinition** von **Preisstabilität** argumentieren: Eine schleichende Inflation gilt nicht als ein größeres wirtschaftspolitisches Problem, wenn man von den Phasen der Beschleunigung absieht. Preise (und Löhne) verhalten sich asymmetrisch im Zeitverlauf. Auch auf Einzelmärkten sind die Anpassungen in der Regel unterschiedlich: Nach oben erfolgen Preissteigerungen relativ schnell und stärker, nach unten dagegen nur mit Verzögerungen und nur im Fall einer starken Rezession. Diese Asymmetrie bewirkt einen harten Kern von mäßigen Preissteigerungen, die sich nur durch außergewöhnliche Kostensenkungen oder Rezessionen verhindern lassen. Eine konjunkturelle Preisinstabilität wird dann als diejenige Preisinflation verstanden, die den strukturellen Kern einer bestimmten Rate übersteigt. Ferner: Die BR Deutschland bewegt sich am Ende eines internatio-

Tab. 9-2 Internationale Übersicht der Verbraucherpreise[3]

Land	1974-1986	1986	1987	1988	
BR Deutschland	+ 3,7	−0,5	+0,6	+1,5	
Frankreich	+ 9,4	+2,7	+3,2	+2,5	
Großbritannien	+10,9	+3,8	+3,5	+4,5	
Italien	+14,7	+5,9	+4,8	+5	
Belgien	+ 6,3	+1,1	+1,6	+1	
Niederlande	+ 5,0	+0,3	−0,4	+0,5	
Spanien	+14,7	+8,8	+5,3	+5	
Schweiz	+ 3,4	+0,3	+1,5	+2	
Österreich	+ 5,2	+2,0	+0,9	+2	
Vereinigte Staaten	+ 6,3	+2,4	+4,5	+4,5	
Japan	+ 4,7	+0,5	−0,1	+0	

Quelle: SVR, JG 1988/89, Tab. 3

[3] Deflator des privaten Verbrauchs; jahresdurchschnittliche Veränderungsraten bzw. deren geometrisches Mittel im mehrjährigen Zeitraum.

nalen Geleitzugs der Inflationsentwicklungen. Außenwirtschaftliche Probleme (bei festen oder nicht frei beweglichen Wechselkursen) mögen aus den internationalen Abweichungen der Inflationsraten resultieren.

Eine relative Preisstabilität wird dann als erreicht angesehen, wenn die inländische Preisentwicklung nicht stärker als im Durchschnitt der wichtigen Außenhandelspartner steigt.

Für eine Zieldefinition relativer Preisstabilität spricht auch das Argument stetiger Inflationserwartungen bei einer realisierten schleichenden Preisinflation in der Vergangenheit. Schätzen alle Wirtschaftseinheiten die stetige Inflationsrate richtig ein, können die Inflationseffekte ohne systematische Nachteile einer Seite der Vertragspartner in Preis-, Lohn- und Kreditverträgen einbezogen werden. Die Nominalzinsen enthalten dann zwei Komponenten, den Realzins und die erwartete Inflationsrate; die Nominallöhne enthalten analog den Reallohn und die antizipierte Inflation.

Wenn sich allerdings die **effektiven Inflationsraten** im Vergleich zur **erwarteten** Inflation beschleunigen, treten unerwünschte **Verteilungseffekte** und inflationsbedingte **Verhaltensänderungen** ein.

Schuldner festverzinslicher Kredite erzielen Vorteile gegenüber den Gläubigern, da sie in realer Betrachtungsweise mit höherer Inflationsrate weniger zurückzahlen müssen.

Bezieher fester, kontraktbestimmter Einkommen (Rentner, Lohn- und Gehaltsempfänger) müssen für die Vertragsdauer reale Kaufkraftminderungen hinnehmen. Besitzer von Geldvermögen werden benachteiligt im Vergleich zu Besitzern von verkäuflichen Sachvermögen, deren Preise unerwartet stärker steigen.

Mit den unerwarteten Preissteigerungen steigt in der Regel auch die Streuung der einzelwirtschaftlichen Preise. Dadurch wird die Transparenz der Käufer und der Investoren erschwert.

Wirtschaftliche Entscheidungen, insbesondere mit längerfristigen Bindungen, werden durch größere Unsicherheiten beeinflußt. Die Risiken von Fehlentscheidungen mit längerfristigen Folgen steigen. Folglich werden die Entscheidungen kurzfristiger ausgerichtet und spezielle Inflationsklauseln werden zum Risikoschutz eingeführt.

Die inflationären Verteilungseffekte und die Unsicherheiten tendieren insgesamt zu Verhaltensreaktionen der Betroffenen, welche die Preisinflation verstärken und weiter beschleunigen. Wenn nämlich zu geringe Inflationserwartungen zu einzelwirtschaftlichen Nachteilen führen, werden die Inflationserwartungen stärker nach oben gerichtet sein, so daß die Reaktionen zu einer weiteren Dynamik der effektiven Preisinflation nach oben führen. Wirkt die Wirtschaftspolitik zu spät und zu wenig dem Prozeß der **inflationären Selbstverstärkung** entgegen, drohen später härtere Eingriffe mit Rezessions- und Beschäftigungskrisen.

9.5 Arbeitslosigkeit als wirtschaftspolitisches Problem

9.5.1 Arbeitslosenquote: Definition und Messung

Analog zum Verfahren, das Ziel Preisstabilität am Indikator des Problems der Inflationsrate zu operationalisieren, wird das Beschäftigungsziel vielfach am **Problemindikator** der Quote der Arbeitslosen gemessen. Daneben wird auch die Zunahme der Erwerbstätigen oder die Beschäftigtenquote als Zielindikator verwendet.

Abb. 9-7 Gruppen der Wohnbevölkerung nach dem Erwerbsstatus (Zahlenangaben für die BR Deutschland, 1987)

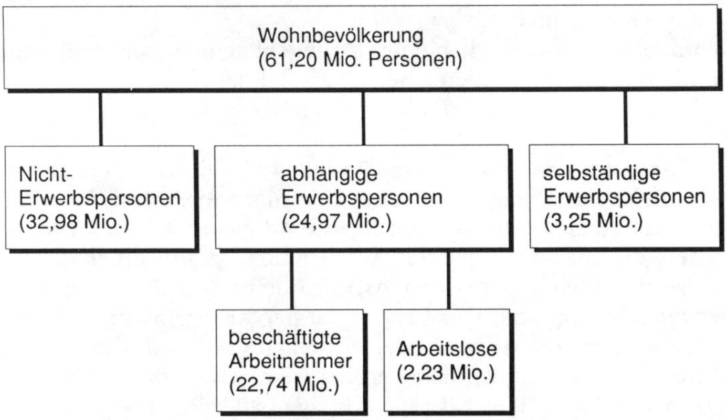

Die Definition der Arbeitslosenquote verwendet Größen der Wohn- bzw. Erwerbsbevölkerung. Das Schema differenziert Gruppen der Wohnbevölkerung nach Erwerbsstatus-Merkmalen und bezeichnet deren quantitativen Umfang (am Beispiel des Jahres 1987).

Die **Arbeitslosenquote** (AQ) mißt die Relation der bei den Arbeitsämtern registrierten Arbeitslosen in Relation zu den abhängigen Erwerbspersonen.

$$AQ = \frac{\text{registrierte Arbeitslose}}{\text{abhängige Erwerbspersonen}}$$

Die Nennergröße soll nach dem Meßkonzept den Gesamtumfang der Arbeitsanbieter erfassen. Als Arbeitsanbieter gelten dabei sowohl Personen, die beschäftigt sind, als auch Personen, die einen Arbeitsplatz suchen. Selbständige Erwerbspersonen bleiben unberücksichtigt.[4] Die **abhängigen Erwerbspersonen** bilden eine Untergruppe der Wohnbevölkerung einer Volkswirtschaft nach dem Kriterium des Erwerbsstatus, die Summe von beschäftigten Arbeitnehmern und Arbeitslosen.

Zur Messung der Zählergröße der **Arbeitslosen** werden die arbeitssuchenden Personen in den Vermittlungsdateien der Arbeitsämter ausgezählt. Nach den Kriterien der Arbeitsmarktstatistik müssen registrierte Arbeitslose

- Personen **im erwerbsfähigen Alter** sein,
- als **arbeitssuchende Arbeitnehmer** bei der Arbeitsverwaltung **registriert** sein,
- z. Z. des Erhebungszeitpunkts **ohne Erwerbsarbeit** sein (von Kurzzeit-Tätigkeiten abgesehen) und
- zur Arbeitsaufnahme **unmittelbar zur Verfügung** stehen.

In negativer Abgrenzung zählen somit die folgenden ausgewählten Gruppen **nicht** zu den registrierten Arbeitslosen:

- arbeitsunfähig erkrankte Personen,
- Personen in Arbeitsbeschaffungsmaßnahmen,

---

[4] Die Selbständigen bleiben aus Vergleichsgründen unberücksichtigt, da selbständige Erwerbspersonen nach den Kriterien der Arbeitsmarktstatistik nicht als registrierte Arbeitslose gezählt werden können.

- Personen, die aus einer Vollzeitbeschäftigung den Arbeitsplatz wechseln wollen,
- Schüler und Studenten, die sich für einen späteren Ferienjob bewerben wollen,
- Personen, die ausschließlich eine kurzzeitige Beschäftigung (unterhalb der Sozialversicherungsgrenze) suchen,
- Arbeitnehmer, die ausschließlich einen Arbeitsplatz in einem bestimmten Betrieb suchen und Arbeitsplätze anderer Betriebe ablehnen.

Die **Kritik** an der Statistik der registrierten Arbeitslosen läßt sich unter zwei gegensätzlichen Aspekten zusammenfassen:

Einerseits führt die **„versteckte Arbeitslosigkeit“** (stille Reserve) zu einer Unterschätzung der Arbeitslosenzahlen. Hierzu zählen Personen ohne Beschäftigung, die einen Arbeitsplatz suchen oder bei günstigerer Arbeitsmarktlage einen Arbeitsplatz suchen würden, die aber nicht bei den Arbeitsämtern registriert sind. Da die finanziellen Anreize zur Meldung bei den Arbeitsämtern von den Ansprüchen an die Arbeitslosenversicherung oder von Leistungen der Arbeitslosenhilfe abhängig sind, dürfte der Anteil nicht registrierter oder versteckter Arbeitslosigkeit bei Personengruppen ohne finanzielle Ansprüche größer sein. Der Umfang der potentiellen Erwerbspersonen bei günstiger Arbeitsmarktlage (stille Reserve) läßt sich nur überschlägig schätzen. Zu vermuten ist ein höherer Anteil von potentiellen Arbeitssuchenden unter den weiblichen Nicht-Erwerbspersonen im erwerbsfähigen Alter.

Andererseits führt eine **„unechte Arbeitslosigkeit“** von registrierten Arbeitslosen, die ausschließlich finanzielle Transferleistungen in Anspruch nehmen wollen, aber realiter keinen Arbeitsplatz suchen, zu einer Überschätzung der Arbeitslosen. Der Tatbestand unechter Arbeitslosigkeit läßt sich bei geringen Stellenangeboten nur schwer verifizieren. Schätzungen lassen einen Umfang von 10–20 Prozent der registrierten Arbeitslosen vermuten.

In der quantitativen Abwägung zwischen den Schätzungen der versteckten und der unechten Arbeitslosigkeit ist eher eine Unterschätzung der tatsächlichen und der potentiellen Arbeitssuchenden von derzeitigen Nicht-Erwerbspersonen zu vermuten. Demnach wird die Zahl der registrierten Arbeitslosen eine gesamtwirtschaftliche Arbeitsplatz-Lücke eher unterschätzen.

Die **längerfristige Entwicklung** der registrierten Arbeitslosigkeit in der BR Deutschland zeigte einen schubartigen Anstieg im Verlauf zweier Konjunkturkrisen in den Jahren 1974/75 und 1981–83. Seither stagnierte die jahresdurchschnittliche Quote der Arbeitslosen für längere Zeit um etwa 9 Prozent.

Die jahresdurchschnittlichen **Zugänge** zur Arbeitslosigkeit blieben im Verlauf der 80er Jahre höher als zuvor. Umgekehrt nahmen die jährlichen Zugänge an gemeldeten offenen Stellen bei den Arbeitsämtern deutlich ab. Nicht nur die Zeitreihe der Arbeitslosen, auch die Entwicklung der Neuzugänge an offenen Stellen zeigte somit eine **verschlechterte Arbeitsmarktlage** im Verlauf der 80er Jahre.

Die Zahl der Beschäftigten hatte im Verlauf der beiden Konjunkturkrisen der 70er und 80er Jahre jeweils um ca. 1 Mio. Personen abgenommen. In den darauf folgenden Phasen nahm die Beschäftigtenzahl nur leicht zu, nicht ausreichend genug, um die Arbeitslosenzahl bei vermehrten Arbeitskräfteanbietern unmittelbar zu senken. Die Quote der Beschäftigten zur Wohnbevölkerung sank bis zur Mitte der 80er Jahre auf ein - auch in Vergleich zu anderen Industrieländern - sehr niedriges Niveau. Die Arbeitsmarkt-Indikatoren in der BR Deutschland verweisen insgesamt für die 80er Jahre auf eine kumulierte **Arbeitsplatzlücke**, einen Mangel an Arbeitsplätzen im Vergleich zu den Stellensuchenden.

Tab. 9-3 Entwicklung von gesamtwirtschaftlichen Arbeitsmarktindikatoren, BR Deutschland, 1960–88

Jahr	1960	1970	1980	1985	1986	1987	1988
Arbeitslosenquote (in vH)	1,3	0,7	3,7	9,7	9,0	8,9	8,9
Arbeitslose (in Tsd.)	271	149	889	2304	2228	2229	2250
Zugänge an Arbeitslosen (in Tsd.)	2148[1]	1296	3084	3750	3637	3726	3669
Offene Stellen (in Tsd.)	465	795	308	110	154	171	195
Zugänge an offenen Stellen (in Tsd.)	3360[1]	3038	1709	1553	1841	1823	1934
Erwerbstätige (Beschäftigte in Mio.)	26,25	26,67	26,33	25,54	25,80	25,99	26,13
Beschäftigtenquote[2] (in vH)	47,4	44,0	42,8	41,9	42,2	42,5	42,6

[1] Werte des Jahres 1961; [2] Erwerbstätige in Relation zur Wohnbevölkerung
Quelle: ANBA (Allgemeine Nachrichten der Bundesanstalt für Arbeit) 1988/1989

9.5.2 Zur Struktur der Arbeitslosigkeit: Drei allgemeine Beobachtungen

Die öffentliche Diskussion zur Arbeitslosigkeit stellt die empirische Entwicklung der gesamtwirtschaftlichen Arbeitslosenquote (AQ) in den Vordergrund. Diese auf einen Indikator beschränkte Betrachtungsweise soll nunmehr um drei Aussagen erweitert werden, die **generelle Beobachtungen** zur Struktur der Arbeitslosigkeit zusammenfassen.

Die **erste** empirische Aussage: Eine Mehrheit von Personen, die im Verlauf eines Jahres arbeitslos werden, verbleibt trotz hoher resistenter Arbeitslosigkeit im allgemeinen nur relativ kurzfristig in der Arbeitslosigkeit.

Um diese Aussage zu erläutern, ist analytisch zwischen den **Bestandsgrößen** der Arbeitslosen im Durchschnitt eines Jahres und den **Bewegungsgrößen** (Strom-) zu unterscheiden, den Zu- und Abgängen in bzw. aus der Arbeitslosigkeit. Diese Unterscheidung wird in der Abb. 9-8 verdeutlicht.

Abb. 9-8 Bestands- vs. Bewegungsgrößen der Arbeitslosigkeit, BR Deutschland, Jahr 1985 als Beispiel

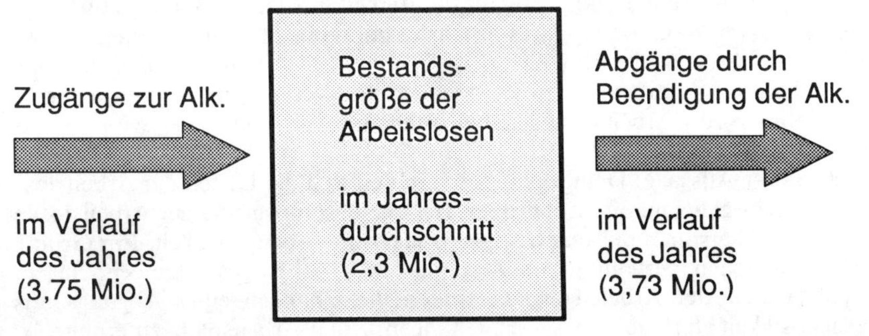

Die jahresdurchschnittliche Bestandsgröße der Arbeitslosen unterliegt starker Fluktuation durch größere Bewegungsströme der Zugänge und Abgänge von Arbeitslosen.

Zwischen den Bestands- und den Bewegungsgrößen der Arbeitslosen (Alo) besteht eine definitorische Beziehung:

$$\text{Änderung der Bestandsgröße der Alo} = \text{Zugänge von Alo} - \text{Abgänge von Alo}$$

Wenn sich im Verlauf der 80er Jahre nach der Konjunkturkrise 1981-83 die Zahl der Alo nur wenig verändert hat, müssen demnach die Bewegungsgrößen in diesem Zeitraum etwa gleich groß gewesen sein:

Zugänge von Alo = Abgänge von Alo

Obwohl die Bestandsgrößen der Arbeitslosen im Zeitraum 1983-88 Jahr für Jahr relativ unverändert blieben (stationäre Bestandsgrößen), lassen die Stromgrößen auf eine stetige Bewegung des Arbeitsmarktes, ein Kommen und Gehen von Arbeitslosen, schließen. Bei stationären Bestandsgrößen gelten die folgenden Beziehungen:

$$\begin{aligned} \text{Bestandsgröße} &= \text{Zugänge} \cdot \text{Verweildauer} \\ \text{Alo} &= \text{Zugänge von Alo} \cdot \text{Arbeitslosendauer} \end{aligned}$$

Die letzte Beziehung kann mit Bezug zu den abhängigen Erwerbspersonen (EP_{ab}) umformuliert werden:

$$\frac{\text{Alo}}{EP_{ab}} = AQ = \frac{\text{Zugänge von Alo}}{EP_{ab}} \cdot \text{Arbeitslosendauer}$$

$$AQ = \begin{matrix}\text{Zugangshäufigkeit} \\ \text{zu den Alo}\end{matrix} \cdot \text{Arbeitslosendauer der Alo}$$

Die Größen auf der rechten Seite der vorstehenden Gleichung müssen als Durchschnittswerte der Arbeitslosen bzw. der abh. Erwerbspersonen interpretiert werden. Die durchschnittliche **Arbeitslosendauer** (vom Zeitpunkt des Zugangs bis zum Abgang aus den Vermittlungsdateien der Arbeitsämter) betrug trotz hoher Arbeitslosigkeit in diesem Zeitraum nur knapp 29 Wochen. Aus der Kenntnis der mittleren Arbeitslosendauer und der AQ folgt ein rechnerisches Risiko, arbeitslos zu werden (Risiko der Betroffenheit oder Zugangshäufigkeit, im Jahr 1985). Das durchschnittliche **Risiko**, im Verlauf des Jahres **arbeitslos zu werden**, betrug bei einer AQ von 9,3 Prozent 16,7 Prozent der abh. Erwerbspersonen. Bei Annahme einer gleichen Verteilung des Risikos, arbeitslos zu werden, wäre im Verlauf eines Jahres jeder sechste Arbeitnehmer von Arbeitslosigkeit betroffen und für eine Dauer von 29 Wochen arbeitslos geworden.

Eine **zweite** Aussage: Demgegenüber verteilen sich die Lasten der Arbeitslosigkeit faktisch nicht gleichmäßig. Ein großer Teil der Bestandsgröße der Arbeitslosen verteilt sich auf Personen mit **langfristiger Dauer** von Arbeitslosigkeit. Ein Grund liegt in der ungleichen Verteilung von Abgangs- oder Arbeitsplatzchancen; mit zunehmender Dauer der Arbeitslosigkeit sinken die Chancen eines Abgangs aus der Arbeitslosigkeit stark ab; sinken die Chancen, einen Arbeitsplatz zu erhalten.

Der Anteil von Personen mit einer Arbeitslosendauer von mehr als einem Jahr lag in der zweiten Hälfte der 80er Jahre bei fast einem Drittel des Arbeitslosenbestands. Die Anteile der **Langfrist-Arbeitslosigkeit** sind im Zeitverlauf gestiegen. Die

Langfrist-Arbeitslosigkeit ist zu einem größeren Strukturproblem des Arbeitsmarktes geworden.

Die **dritte** Aussage: Zwischen verschiedenen Personengruppen von Arbeitnehmern bestehen erhebliche Unterschiede der **gruppenspezifischen Quoten** der Arbeitslosigkeit (AQ_i). Die gesamtwirtschaftliche AQ entspricht einer gewichteten Summe der gruppenspezifischen AQ_i von Personengruppen.

$$\text{gesamtwirtschaftliche AQ} = \text{Summe } (Alo_i/EP_{ab\,(i)} \cdot EP_{ab\,(i)}/EP_{ab})$$

i = verschiedene Personengruppen der Erwerbspersonen

Unterschiedliche gruppenspezifische AQ_i lassen auf **Strukturprobleme** des Arbeitsmarktes schließen. Zu den **Risikogruppen** mit überproportionaler AQ_i zählen Personengruppen

- ohne abgeschlossene Berufsausbildung,
- mit höherem Alter,
- mit gesundheitlichen Einschränkungen,
- in bestimmten Sektoren und Regionen.

Die genannten Risikomerkmale überschneiden sich teilweise bei betroffenen Arbeitslosen. Die Verteilung der Arbeitslosigkeit in den Industrieländern erscheint allgemein als konzentriertes Problem. Aus den konzentrierten Strukturproblemen läßt sich auf die Notwendigkeit gezielter arbeitsmarktpolitischer Maßnahmen neben einer geeigneten Stabilisierungspolitik schließen. Die Fragestellung der Makroökonomie bezieht sich ausschließlich auf eine Klärung geeigneter Maßnahmen der Stabilisierungspolitik.

Übung 9-5 Beispiel zur Struktur der Bewegungs- und Bestandsgrößen der Arbeitslosigkeit

Ein **Zahlenbeispiel** soll verdeutlichen, daß zwischen der ersten und der zweiten empirischen Aussage zur Arbeitslosigkeit im vorstehenden Text kein Widerspruch bestehen muß.
Angenommen wird, die Zahl der abh. Erwerbspersonen betrage 100 (Millionen) Personen. Jeden Monat werden 5 (Mio.) Personen neu arbeitslos. Davon seien 4 (Mio.) Personen jeweils nur kurzfristig, genau einen Monat ohne Arbeit und 1 (Mio.) Person(en) werde jeweils 12 Monate lang arbeitslos sein. Die Volkswirtschaft befinde sich in einem stationären Zustand, so daß sich die Bewegungs- und Bestandsgrößen von Monat zu Monat nicht verändern. (Nach Dornbusch/Fischer 1985, S. 495f.)
Fragen:
Wieviele Personen sind am Ende eines Monats arbeitslos, wenn vereinfachend angenommen wird, daß die Zugänge von Arbeitslosen jeweils am Beginn eines Monats erfolgen?
Wieviel Monate beträgt die mittlere Dauer der Arbeitslosigkeit?
Welchen Anteil hat die Langfrist-Arbeitslosigkeit am Bestand der Arbeitslosen zum Ende eines Monats?

9.5.3 Strukturbedingte vs. konjunkturelle Arbeitslosigkeit

In der Literatur werden verschiedene Komponenten der Arbeitslosigkeit nach unterschiedlichen Ursachen differenziert. Zu den strukturbedingten **Arten der Arbeitslosigkeit** zählen wir die saisonale, die friktionelle und die strukturelle Arbeitslosigkeit. Diese verschiedenen Arten sind von der konjunkturellen Arbeitslosigkeit abzugrenzen. Die Trennung der einzelnen Komponenten erscheint nicht einfach.

- **Saisonale** Arbeitslosigkeit

Saisonale Faktoren (Klimawechsel, Mode-, Ferientermine) im Verlauf eines Jahres bewirken jahreszeitliche Produktions- und Auslastungsschwankungen, vor allen in Branchen mit starken Klimaeinflüssen (Landwirtschaft, Weinbau, Baugewerbe, Tourismus und Fremdenverkehr). Die Produktionsschwankungen im Jahresverlauf führen zu Entlassungen und Einstellungen mit zwischenzeitlichen kurzfristigen Zyklen überproportionaler Arbeitslosigkeit. Das Ausmaß saisonaler Zyklen der Arbeitslosigkeit hängt u. a. von der Branchenstruktur einer Volkswirtschaft ab. Deshalb wird diese Art allgemein der strukturbedingten Arbeitslosigkeit zugeordnet.

- **Friktionelle** Arbeitslosigkeit

Die friktionelle Arbeitslosigkeit hat ihre Ursachen in der zwischenbetrieblichen Fluktuation von Arbeitnehmern und in der vorübergehenden Suche nach einem Arbeitsplatz. Zwischenbetriebliche Wechsel können mit kurzzeitigen Phasen der Arbeitslosigkeit verbunden sein, wenn die Beendigung einer Beschäftigung und der Beginn der neuen Erwerbstätigkeit nicht unmittelbar aufeinander folgen. Im allgemeinen wird ergänzend angenommen, daß die friktionelle Arbeitslosigkeit von kurzfristiger Dauer ist und daß ein kurzfristiger Prozeß der Arbeitsplatzsuche nicht als arbeitsmarktpolitisches Problem gilt. Da die betriebliche Fluktuation und der Erfolg der Arbeitsplatzsuche von der gesamtwirtschaftlichen Arbeitsmarktlage nicht unabhängig sind, bleibt die exakte Abgrenzung zur konjunkturbedingten Arbeitslosigkeit problematisch.

- **Strukturelle** Arbeitslosigkeit

Diese Art der Arbeitslosigkeit läßt begrifflich unmittelbar auf strukturbedingte Ursachen schließen. Strukturelle Arbeitslosigkeit hat ihre Ursachen in abweichenden Strukturmerkmalen der betrieblichen Arbeitsnachfrage einerseits und der arbeitsuchenden Arbeitnehmer andererseits. Ihre Zunahme kann durch Strukturwandel auf Seiten der Arbeitsnachfrage (Änderungen der Arbeitsplätze und der Anforderungen an den Arbeitsplätzen) sowie durch Strukturwandel auf Seiten der Arbeitskräfte (Änderungen der Ausbildungsmerkmale, der Altersstrukturen) bedingt sein. Strukturelle Arbeitslosigkeit gilt - anders als die friktionelle A. - als arbeitsmarktpolitisches Problem, da die beiderseitige Anpassungsfähigkeit von Betrieben und Arbeitskräften beschränkt ist. Bei massivem Strukturwandel einzelner Arbeitsmärkte ist eine Zunahme struktureller Arbeitslosigkeit deshalb mit einem Anstieg der längerfristigen Arbeitslosigkeit verknüpft. Technologische Arbeitslosigkeit gilt begrifflich als ein Spezialfall der strukturellen Arbeitslosigkeit.

Von den strukturbedingten Arten ist im besonderen die konjunkturbedingte Komponente der Arbeitslosigkeit zu unterscheiden.

- **Konjunkturelle** Arbeitslosigkeit

Diese Komponente der Arbeitslosigkeit steht als makroökonomisches Problem im Mittelpunkt der folgenden Darstellung. Als Ursachen gelten konjunkturelle Schwankungen der gesamtwirtschaftlichen Produktion, da Unterauslastungen der Kapazitäten und Rezessionen mit einem geringeren Niveau der Beschäftigung in der Gesamtwirtschaft verknüpft sind. Die konjunkturelle Komponente wird deshalb auch als niveaubedingte Arbeitslosigkeit im Zusammenhang mit dem Verlauf von Konjunktur und Wirtschaftswachstum bezeichnet. Da konjunkturelle und strukturbedingte Faktoren der Arbeitslosigkeit nicht zweifelsfrei zu trennen sind, kann der Umfang der konjunkturellen Komponente nicht exakt bestimmt werden. Einfache ökonometrische Verfahren erlauben lediglich grobe Hinweise zur Größenordnung der konjunkturellen Komponente, wenn die empirischen Zusammenhänge zwischen makroökonomischen Zeitreihen unverändert wie im Untersuchungszeitraum gültig wären. Um diese Zusammenhänge zu erfassen, können die sog. OKUN- und VERDOORN-Beziehungen zwischen Niveauschwankungen der gesamtwirtschaftlichen Produktion, der Beschäftigung und der Arbeitslosigkeit lediglich als einfache Schätzverfahren zur Veranschaulichung dienen.

Die OKUN-Beziehung wird besonders in den amerikanischen Lehrbüchern zur Beschreibung der empirischen Zusammenhänge zwischen den Veränderungsraten des Sozialprodukts und der AQ zitiert. OKUN, ein bekannter amerikanischer Wirtschaftsforscher, hatte eine einfache Faustregel der empirischen Zusammenhänge zwischen den beiden Größen für den Zeitraum der 50er und 60er Jahre in den USA entwickelt. Nach OKUN war anzunehmen, daß in den USA ein im Trend um 2,5 Prozent höheres Wirtschaftswachstum erforderlich war, um die gesamtwirtschaftliche AQ um einen Prozentsatz zu senken. Für die BR Deutschland wurde für den Zeitraum 1960-87 die folgende OKUN-Gleichung geschätzt:

$$AQ_t - AQ_{t-1} = \underset{(7{,}06)}{1{,}20} - \underset{(-6{,}70)}{0{,}299} \cdot W(r)BSP_t$$

$R^2 = 0{,}64$ (t-Werte in Klammern)
$DW = 1{,}015$

W (r) BSP = jährliche Wachstumsrate des preisbereinigten (realen) BSP
(Zur Bedeutung der Testwerte der Regressionsgleichung R^2, DW und der t-Werte vgl. den Anhang „Erläuterungen zur Schätzung von Regressionsfunktionen" nach dem 12. Kapitel.)

Diese Einfach-Regression nach OKUN führt offenbar zu dem Ergebnis, daß eine Forcierung des Wirtschaftswachstums in der BR Deutschland die Entwicklung der gesamtwirtschaftlichen Arbeitslosigkeit nicht in größerem Umfang reduzieren konnte. Einen Beleg für den Charakter der Arbeitslosigkeit einer strukturbedingten, nicht-konjunkturellen Art kann dieses Ergebnis allerdings nicht liefern. Denn die Gleichung kann auch so interpretiert werden: Bei einem jährlichen Wirtschaftswachstum von Null wäre die AQ in der BR Deutschland im Untersuchungszeitraum pro Jahr um gut einen Prozentpunkt gestiegen. Dieser Anstieg der Arbeitslosigkeit wäre offenbar Folge der hier nicht berücksichtigten Entwicklung der Arbeitsanbieter (des Anstiegs der Erwerbspersonen im Untersuchungszeitraum) gewesen. Die OKUN-Beziehung kann wegen der gesamtwirtschaftlichen Entwicklung der Erwerbspersonen kaum zur Schätzung einer konjunkturellen Arbeitslosigkeit in der BR Deutschland verwendet werden.

Demgegenüber läßt die Abb. 9-9 auf empirische Zusammenhänge zwischen den Wachstumszyklen in der BR Deutschland und den jährlichen Änderungsraten der Beschäftigten schließen; die Zusammenhänge waren insbesondere in Zeiten wirtschaftlicher Rezessionen sehr ausgeprägt. Wäre die Rezession zu Anfang der 80er Jahre vermieden oder wirksam bekämpft worden, hätte die Zahl der Arbeitslosen etwa um eine Mio. Personen geringer sein können. Im weiteren Verlauf der Wachstumszyklen waren erst mehrjährige Aufschwungphasen zur Expansion der Beschäftigten erforderlich. Im Anschluß an die Konjunkturkrise der 80er Jahre wurde das gesamtwirtschaftliche Arbeitplatz-Defizit zunächst kaum beseitigt. Hätte die Aufschwungphase hingegen über einen mehrjährigen Zeitraum verstärkt werden können, dann hätten zusätzliche Erwerbspersonen in das Beschäftigungssystem integriert werden können. Über das Ausmaß der möglichen Reduktion der registrierten

Abb. 9-9 Empirische Entwicklungszusammenhänge zwischen Wachstumszyklen und Erwerbstätigen, BR Deutschland, 1961-87

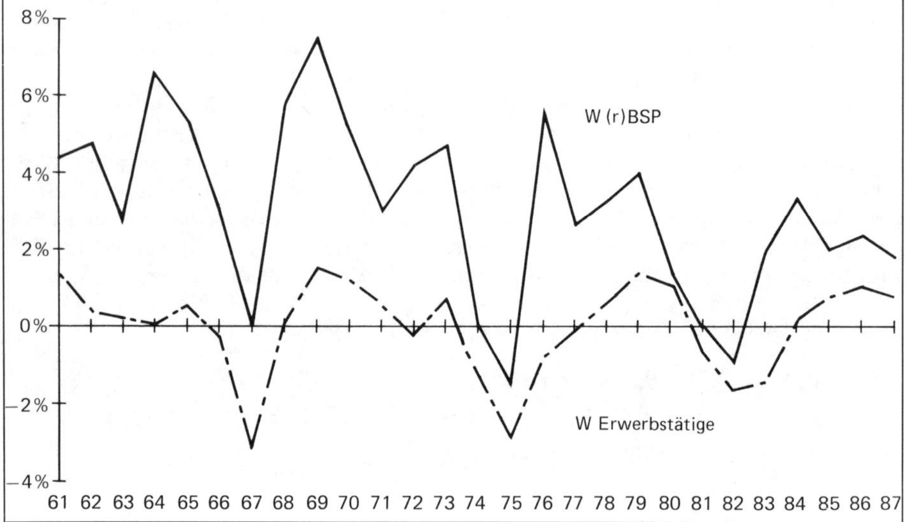

Der Verlauf der Wachstumszyklen (W (r)BSP) und der jährlichen Änderungsraten der Beschäftigten (W Erwerbstätige) demonstriert die empirischen Zusammenhänge der beiden Zeitreihen.

Arbeitslosigkeit können allerdings keine exakten Ausweise vorgenommen werden. Die größer gewordenen Anteile der Langfrist-Arbeitslosigkeit deuten darauf hin, daß die strukturbedingten Probleme der Arbeitslosigkeit gewachsen sind. Eine gesamtwirtschaftliche Beschäftigungspolitik kann folglich kein *alleiniges* Mittel zur Bekämpfung der Arbeitslosigkeit sein.

9.6 Zielkonflikte zwischen Stabilisierungszielen am Beispiel der PHILLIPS-Kurve

Die Stabilisierungsziele wurden bisher isoliert betrachtet, ohne die Beziehungen zwischen den verschiedenen Zielen zu berücksichtigen. Ein Beispiel eines Zielkonflikts zwischen den beiden Zielen der Preisstabilität und der möglichst hohen Beschäftigung soll abschließend in diesem Abschnitt vorgestellt werden. Grundlage der Analyse ist die PHILLIPS-Kurve in ihrer modifizierten Form. Zunächst soll der Begriff eines wirtschaftspolitischen Zielkonflikts kurz erläutert werden. Es folgt eine kurzgefaßte Darstellung der modifizierten PHILLIPS-Kurve und ihrer empirischen Merkmale.

Der Zielkatalog des Stabilitätsgesetzes läßt das Problem möglicher Konflikte zwischen den vier genannten Stabilisierungszielen unbeachtet. Das Gesetz verlangt, die Stabilisierungsziele sollten möglichst gleichzeitig erreicht werden. **Zielkonflikte** liegen vor, wenn das gleichzeitige Erreichen von Zielen durch gegenläufige oder konkurrierende Beziehungen zwischen den Zielen erschwert wird. Bei einer günstigen

Realisierung eines Ziels kann die Gefahr von verstärkten Fehlentwicklungen bei anderen Zielen bestehen, so daß eine wirtschaftspolitische Abwägung zwischen den Zielen erforderlich sein kann.

Das grundsätzliche wirtschaftspolitische Problem der möglichen Zielkonflikte soll hier an einem prominenten Beispiel aufgezeigt werden.

Die ursprüngliche PHILLIPS-Kurve war Resultat empirischer Zeitreihen-Untersuchungen eines negativen Zusammenhangs zwischen den jährlichen Lohnsteigerungen in einer Volkswirtschaft und der AQ. Bei geringer AQ wurden höhere Steigerungen des durchschnittlichen Nominallohns beobachtet, bei hoher AQ vergleichsweise geringere Lohnveränderungen. Die Beobachtungen wurden zu einer monotonen PHILLIPS-Kurve mit negativer Steigung statistisch ausgewertet. In der Folgezeit wurde dann eine modifizierte PHILLIPS-Kurve entwickelt, in der die Lohnänderungen durch die Raten der Preisentwicklung ersetzt wurden.

(1) PHILLIPS-Kurve: W $\text{Nominallohn}_t = f(AQ_t)$
(2) modifizierte Form: W $\text{Preisniveau}_t = f(AQ_t)$

Für beide Gleichungen wurde eine negative Steigung behauptet. Demnach war die Inflationsrate niedriger, je höher die AQ war; die Inflationsrate war höher bei geringer AQ. Die zweite Gleichung war offenbar ein Ausdruck eines Zielkonflikts zwischen den Stabilisierungszielen einer möglichst hohen Beschäftigung und der Preisstabilität. Die vorherrschenden wirtschaftspolitischen Konzepte der 60er, teils der 70er Jahre orientierten sich an der Vorstellung eines entsprechenden Konflikts

Abb. 9-10 Die modifizierte PHILLIPS-Kurve

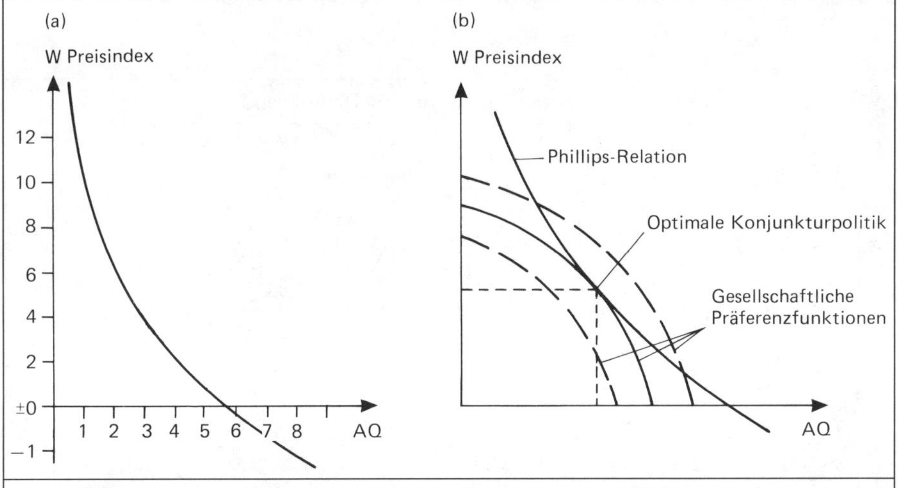

(a) Das linke Schaubild zeigt einen typischen Verlauf einer modifizierten PHILLIPS-Kurve, die einen negativen empirischen Zusammenhang zwischen der AQ und der Inflationsrate in einer Volkswirtschaft beschreibt.
(b) Das rechte Schaubild drückt in formaler Darstellung eine wirtschaftspolitische Abwägung zwischen den beiden Stabilisierungszielen bei Annahme konkaver gesellschaftlicher Indifferenzlinien der Zielkombination aus. Formal läßt sich eine optimale Konfliktlösung entsprechend dem Tangentialpunkt vorstellen.

mit der Folgerung, daß die wirtschaftspolitischen Akteure eine Abwägung zwischen den Zielen nach gesellschaftlichen oder politischen Präferenzen vorzunehmen hätten.

Für einen negativen Anstieg einer modifizierten PHILLIPS-Kurve wurden verschiedene Erklärungsansätze entwickelt:

- Die AQ wurde als gesamtwirtschaftlicher Indikator eines heterogenen Arbeitsmarktes betrachtet. Die Beziehung (1) wurde als Ausdruck der Reaktionen der Lohnpolitik auf die Lage des Arbeitsmarktes interpretiert. Die Raten der Preisentwicklung und der Lohnänderungen wurden unter vereinfachenden Annahmen zur lohnabhängigen Preiskalkulation miteinander verknüpft.
- In einer offenen Volkswirtschaft mit fixierten Devisenkursen, wie nach dem Währungssystem bis zu Anfang der 70er Jahre, wirkten Leistungsbilanzüberschüsse expansiv auf die Arbeitsnachfrage und die Beschäftigung. Zugleich wurde die Inflationsrate des Inlands erhöht. Bei einem Rückgang der Exportnachfrage und einer Umkehrung des Leistungsbilanzsaldos tendierten die Preiseffekte der Außenwirtschaft eher in eine gegenteilige Richtung.

Eine empirische PHILLIPS-Kurve ließ sich für BR Deutschland und andere Industrieländer in den 60er Jahren verifizieren. Seit der ersten Hälfte der 70er Jahre nahmen sowohl die Inflationsraten als auch die AQ zu. Eine Rechtsverschiebung der Zielkombinationen im Koordinatensystem trat ein, nach 1980 verschärfte sich die Zielproblematik im Sinne einer weiteren Rechtsverschiebung der Kurve. Dieser „Shift“ wurde als **Stagflation** bezeichnet, eine Kombination von steigender Inflationsrate und hoher (höherer) AQ. Im weiteren Verlauf der 80er Jahre trat eine (vorübergehende) Phase rückläufiger Preisentwicklungen bei hoher AQ ein.

Im Verlauf der 70er und 80er Jahre erwies sich die empirische PHILLIPS-Kurve offenbar als instabil. Die PHILLIPS-Relation konnte und kann daher nicht mehr als

Abb. 9-11 Empirische PHILLIPS-Beziehung für die BR Deutschland

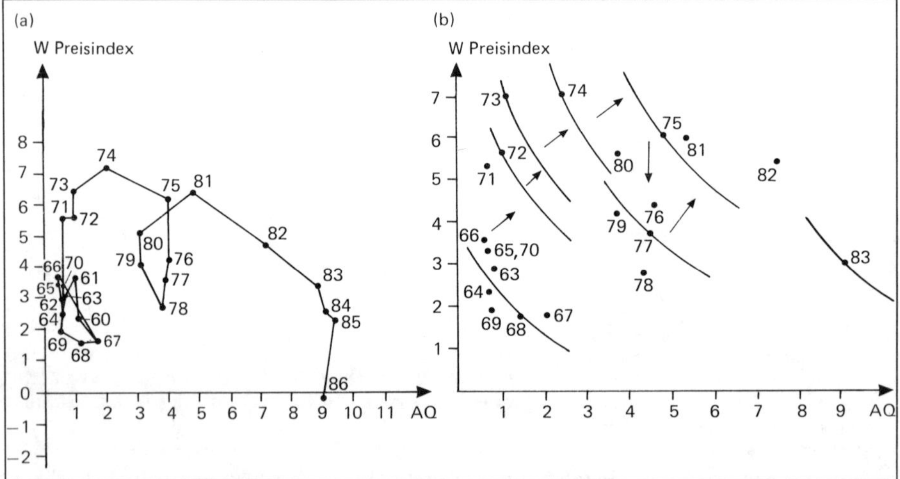

Die empirische Entwicklung der Kombinationen von Inflationsraten und AQ zeigt deutliche shift-Effekte der kurzfristigen PHILLIPS-Kurven-Beziehungen.

längerfristig gültiges Konzept für einfache Zielabwägungen zwischen dem Beschäftigungsziel und der (relativen) Preisstabilität gelten. Sie kann lediglich als eine kurzfristig gültige Relation der Ziele betrachtet werden, deren Konflikte sich längerfristig quasi-automatisch verstärken, wenn die Beschäftigungspolitik kurzfristig forciert wird oder deren Konflikte sich unter den gegebenen Bedingungen international verursachter Stagflationen wie in den 70er/80er Jahren verstärken. Damit wird angedeutet, daß die Gründe der Instabilitäten der PHILLIPS-Kurve und deren Indikationen in den Wirtschaftswissenschaften umstritten sind. Die Schule der Monetaristen (MILTON FRIEDMAN u. a.) betonen die Bedeutung der Inflationserwartungen in einer erweiterten PHILLIPS-Beziehung; sie lehnen wegen der Dynamik der Inflationserwartungen eine expansive Beschäftigungspolitik staatlicher Akteure ab. Die Schule der Keynesianer sieht die Ursachen der Instabilitäten hingegen mehr in den international bedingten Kostenstörungen der beiden Jahrzehnte; die Stabilitätspolitik hätte bessere Möglichkeiten gehabt, auf diese Störungen zu reagieren.

Kontrollfragen zum neunten Kapitel

(A) Multiple Choice-Fragen

9-1 Zu den registrierten Arbeitslosen der amtlichen Statistik der Bundesanstalt für Arbeit zählen
( ) Rentner, die eine Teilzeit-Stelle suchen;
( ) unechte Arbeitslose;
( ) Personen in Arbeitsbeschaffungsmaßnahmen, die von den Arbeitsämtern gefördert werden;
( ) Personen der stillen Reserve;
( ) nicht-erwerbstätige Personen, die erst im nächsten Jahr einen Arbeitsplatz suchen, sich aber frühzeitig als Arbeitssuchende melden wollen.

9-2 Welche der folgenden Aussagen zur Preisdynamik sind zutreffend?
( ) Basisjahr und Berichtsjahr eines Preisindex dürfen sich nicht allzu weit entfernen, um die Aussagefähigkeit des Preisindex nicht einzuschränken.
( ) Qualitätsverbesserungen führen zu Unterschätzungen der faktischen Preisentwicklung durch amtliche Preisindizes.
( ) Bei jeder Inflation profitieren die Schuldner zulasten der Gläubiger.
( ) Inflationserwartungen können den Prozeß der zukünftigen Preisentwicklung destabilisieren.

9-3 Welche Wirkungen treten nach einer Abwertung der DM ein?
( ) Die Preise der Importgüter steigen.
( ) Die Nachfrage nach Importgütern nimmt zu.
( ) Die Preise der Importgüter sinken.
( ) Die internationale Preis-Wettbewerbsfähigkeit der inländischen Exporteure wird verschlechtert.

9-4 Zu den Konjunkturindikatoren:
( ) Für die Konjunkturdiagnose sind die Frühindikatoren von höchster Bedeutung.
( ) Die Arbeitslosenquote ist ein Spätindikator.
( ) Preisindikatoren sind typische Präsensindikatoren.
( ) Die Schwankungen der Konjunktur schlagen sich in unstetigen Raten des preisbereinigten Sozialprodukts nieder.

9-5 Stagflation bedeutet,
( ) daß die Inflationsrate stagniert;
( ) daß eine hohe Beschäftigung durch Inkaufnahme von Inflation erreicht werden kann;
( ) daß Unterbeschäftigung mit (steigender) Inflation eintritt;
( ) daß die PHILLIPS-Kurve sich nach links verschiebt.

(B) Offene Fragen

9-6 Erläutern Sie die (längerfristigen) Wirkungen einer Aufwertung der DM auf die internationale Wettbewerbsfähigkeit und die Handelsbilanzentwicklung des Inlands!

9-7 „It is often argued that the true unemployment figure for the United States (and for the FRG) is much higher than the officially reported figure. What are possible sources of „hidden unemployment"? On the other side, are there reasons for expecting some exaggeration of the number of people reported as unemployed?" (LIPSEY/STEINER/PURVIS 1987[8], S. 730). Erläutern Sie die Thesen!

9-8 Welche Aussagen liefern empirische PHILLIPS-Kurven? Wie lassen sich deren längerfristige Instabilitäten begründen?

(C) Transferfrage

9-9 Die Arbeitslosenquote war bei den Arbeitnehmern ohne Berufsausbildungsabschluß mit ca. 17% nahezu doppelt so hoch wie bei den Erwerbspersonen insgesamt; die durchschnittliche Dauer der Arbeitslosigkeit war mit ca. 15 Monaten wesentlich länger als im allgemeinen (nach Angaben der Bundesanstalt für Arbeit, Bezug zum Jahr 1986).
Liefern die vorstehenden Angaben Belege für eine konjunkturelle oder strukturbedingte Arbeitslosigkeit?

Lösungshinweise zu den Übungen (im Text)

9-1: Die linke Seite der Abb. zeigt den vom SVR geschätzten Trend des gesamtwirtschaftlichen Produktionspotentials auf der Basis einer angenommenen Vollauslastung der Produktionskapazitäten im Jahr 1970 (Annahme: BIP_{1970} = Produktionspotential 1970) und einer Fortschreibung des Produktionskapitals in der BR Deutschland im Zeitraum 1971-1988. Der Auslastungsgrad des Produktionspotentials im Jahr t (vgl. die rechte Seite der Abb.) entspricht der Quote des realen Bruttoinlandsprodukts in t zum geschätzten potentiellen Bruttoinlandsprodukt bei Vollauslastung des Produktionskapitals in t.

Die Abb. des gesamtwirtschaftlichen Auslastungsgrades vermittelt einen grafischen Eindruck der Konjunkturschwankungen der letzten zwei Jahrzehnte: Deutlich werden die Rezessionen der Jahre 1975 und 1982/83. Die Jahre 1970, 1973, 1979 und 1988 markieren Boomjahre mit hohem Niveau der Kapazitätsauslastungen. Nach 1973 vollzog sich der Weg in die Rezession 1975 relativ schnell. Die folgende Aufschwungperiode konnte die Rezession nur längerfristig bis 1979 überwinden. Um 1980 setzte eine Abschwungphase ein, die zur Krise um 1982/83 führte. Im Verlauf der 80er Jahre erhöhte sich die Auslastung des Produktionspotentials nur mäßig; erst 1988 wurde die längerfristige Normalauslastung des Produktionspotentials überschritten.

9-2: Die Zielformulierung „Ausgleich der Zahlungsbilanz“ kann sich nicht auf das Gesamtsystem der Zahlungsbilanzkonten beziehen, sondern nur auf Teilbilanzen. Die amtliche Zielkonzeption bezieht sich auf einen Ausgleich der Leistungsbilanz.

Die Formulierung des „außenwirtschaftlichen Gleichgewichts“ kann auch als umfassenderes Ziel im Sinne von außenwirtschaftlicher Absicherung verstanden werden. Gemeint ist eine Absicherung binnenwirtschaftlicher Stabilisierungsziele vor außenwirtschaftlich verursachten Instabilitäten. Aus dieser Perspektive erscheint das vorstehende, auf die Leistungsbilanz bezogene Zielkonzept als zu eng. Eine Stabilisierung der Devisenkurse müßte eingeschlossen werden.

9-3: Der Begriff der schleichenden Inflation kann nicht ohne Bezug zu den unterschiedlichen nationalen Erfahrungen der Preisinflation umschrieben werden. Die nationalen Inflationserfahrungen prägen unterschiedliche Befürchtungen einer sich beschleunigenden oder galoppierenden Inflation.

Vor dem Hintergrund der nationalen Inflationsraten der Vergangenheit werden zweistellige Raten der Preisinflation in südeuropäischen Ländern nicht ungewöhnlich erscheinen, während in der BR Deutschland teils die negativen Erfahrungen der Hyperinflationen nachwirken, teils die jüngeren Inflationserfahrungen anders geprägt sind.

Wenn die subjektiven Erwartungen einer Beschleunigung der Preisinflation als das relevante Problemkriterium der Instabilität gelten, ist demnach eine unterschiedliche nationale Problemdefinition der Preisinflation notwendig.

9-4: Die längerfristige Preisentwicklung in der BR Deutschland, gemessen am Preisindex für die Lebenshaltung der priv. Haushalte (vgl. das Säulendiagramm), zeigt im Untersuchungszeitraum 1961-1987 einen ständigen Anstieg im Sinne einer schleichenden Inflation - mit Ausnahme der Jahre 1986/87. Zwei markante Wellen von Preissteigerungen mit den Gefahren von Beschleunigungsphasen prägten den Verlauf im Zeitraum 1970-74 (Höhepunkt 1973/74) und im Zeitraum 1979-81 (Höhepunkt 1981). In 1986/87 herrschte eine außergewöhnliche Phase der Preisstabilisierung.

Die Schwankungen der Raten der gewerblichen Erzeugerpreise waren stärker ausgeprägt; ein Vorlauf der Erzeugerpreise war 1969/70 und 1980/81 zu beobachten. Die Wellen der Raten der Erzeugerpreise verliefen teils stärker parallel zur Entwicklung der Importpreise, deren Raten besonders unstetig zu- bzw. abnahmen.

9-5: Am Ende eines Monats sind nach den Annahmen des Beispiels jeweils 16 Personen arbeitslos. Die Arbeitslosenquote beträgt 16 Prozent. Im Durchschnitt verbleibt ein Arbeitsloser 3,2 Monate lang arbeitslos. Der Anteil der Langfrist-Arbeitslosigkeit (ein Jahr arbeitslos und länger) am Bestand der Arbeitslosen liegt jeweils bei 75 Prozent.

Lösungshinweise zu den Kontrollfragen

(A) Multiple Choice-Aufgaben

9-1: (b); 9-2: (a) (d); 9-3: (a); 9-4: (a) (b) (d); 9-5: (c)

(B) Offene Fragen

9-6: vgl. Textabschnitt 9.3.1 u. 9.3.2; 9-7: vgl. Textabschnitt 9.5.1; 9-8: vgl. Textabschnitt 9.6

(C) Transferfrage

9-9: Lesen Sie zunächst die Erläuterungen der verschiedenen Arten oder Komponenten der Arbeitslosigkeit im Textabschnitt 9.5.3 noch einmal. Ein Teil der überproportionalen Arbeitslosigkeit der Gruppe der Arbeitnehmer ohne Berufsausbildungsabschluß kann der konjunkturellen Komponente zugeordnet werden, wenn die gruppenspezifischen AQ sich relativ stärker mit konjunkturbedingten Auslastungsänderungen verändern als die allgemeine AQ. Ungelernte Arbeitnehmer werden überproportional von einer Konjunkturkrise betroffen.

Andererseits spricht die Kombination der beiden Merkmale (hohe gruppenspezifische AQ und überprop. Dauer der Alk.) für die gleichzeitige Annahme strukturbedingter Faktoren der Arbeitslosigkeit. Ungelernte Arbeitnehmer werden zugleich überproportional vom Strukturwandel betroffen.

Literaturhinweise

BLÜMLE, G./PATZIG, W.: Grundzüge der Makroökonomie, Freiburg 1988 (S. 302-306: Messung und Arten der Arbeitslosigkeit, S. 412-419: Messung von Konjunkturschwankungen, -phasen, S. 483-489: Definition und Messung der Inflation, Ziel Preisniveaustabilität, S. 500-504: PHILLIPS-Kurve). Ausgewählte Teile eines Lehrbuchs zur Makroökonomie; zur Ergänzung geeignet.

HARDES, H. D./RAHMEYER, F./SCHMID A., unter Mitarbeit von STADLER, M.: Volkswirtschaftslehre. Eine problemorientierte Einführung, 16. Aufl., Tübingen 1988 (S. 72-97, 125-128, 377-386: Zielanalyse zur Stabilisierungspolitik, Reformen des Weltwährungssystems.) Zur Ergänzung geeignet.

KROMPHARDT, J.: Arbeitslosigkeit und Inflation. Eine Einführung in die makroökonomischen Kontroversen, Göttingen 1987, S. 18-53. Konzentration auf die beiden wichtigen Ziele der binnenwirtschaftlichen Stabilisierungspolitik, Messung und Begründung der Ziele Preisstabilität und Vollbeschäftigung.

LIPSEY, R./STEINER, P. O./PURVIS, D. O.: Economics, 8. ed., New York 1987 (S. 682-728: Inflation und Arbeitslosigkeit, PHILLIPS-Kurve). Zur Ergänzung geeignet.

PÄTZOLD, J.: Stabilisierungspolitik. Grundlagen der nachfrage- und angebotsorientierten Wirtschaftspolitik, Bern, Stuttgart 1985 (S. 18-82: Problem- und Zielanalyse zur Stabilisierungspolitik). Umfassendere Darstellung, insbesondere der binnenwirtschaftlichen Stabilisierungsziele; geeignet zur Ergänzung.

STOBBE, A.: Gesamtwirtschaftliche Theorie, Berlin u. a. 1975 (S. 379-405: Problem- und Zielanalyse zur gesamtwirtschaftlichen Stabilisierungspolitik).

WESTPHAL, U.: Makroökonomik: Theorie, Empirie und Politikanalyse, Berlin u. a. 1988 (S. 8-14, 330-348: Lehrbuch zur makroökonomischen Stabilisierungspolitik; knappe Analyse zu Konjunkturphasen, Inflation und zum Ziel des außenwirtschaftlichen Gleichgewichts).

Zitierte Literatur

ALLGEMEINE NACHRICHTEN DER BUNDESANSTALT FÜR ARBEIT (ANBA), 1988

BUNDESMINISTERIUM DER FINANZEN (Hrsg.): Finanzberichte, 1973-1988

DORNBUSCH, R., FISCHER, S.: Makroökonomik, 3. Aufl., München, Wien 1985

JAHRESWIRTSCHAFTSBERICHTE DER BUNDESREGIERUNG: 1967-1972;

SCHERF, H.: Inflation, in: Handwörterbuch der Wirtschaftswissenschaft (HdWW), 4. Bd., Stuttgart u. a. 1978, S. 159-184

SVR, Jahresgutachten 1988/89

10 Analyse des Gütermarktes als Baustein von Theorien der Stabilisierungspolitik

Inhaltliche Orientierung

Nach der Ex-post-Analyse zur Ermittlung des Sozialprodukts und des Volkseinkommens sowie nach der Zielanalyse zur Stabilisierungspolitik folgt nunmehr der Schritt zur **Diagnose** gesamtwirtschaftlicher Zielprobleme. Produktionsschwankungen, Beschäftigungsprobleme und inflationäre Entwicklungen bedürfen theoretischer Erklärungen, um prinzipielle Ansatzpunkte für Maßnahmen der Stabilisierungspolitik abzuleiten und zu diskutieren. Im Vordergrund der folgenden **Ex-ante-Analyse** dieses Abschnitts steht das gesamtwirtschaftliche **System des Gütermarktes**, der zunächst in isolierter Form ohne expliziten Bezug zu anderen Marktsystemen vorgestellt wird. Als Hauptprobleme der Diagnose in keynesianischer Sicht gelten konjunkturelle Rezessionen und gesamtwirtschaftliche Beschäftigungsprobleme. Aus der partiellen Sicht des Gütermarktes soll die prinzipielle Eignung staatlicher **Finanzpolitik** vorzugsweise aus der Sicht der KEYNESschen Theorie des Gütermarktgleichgewichts analysiert und diskutiert werden.

Im einführenden Teilabschnitt erfolgt zunächst eine differenzierende Einordnung des Theoriekonzepts nach KEYNES (**10.1**).

Im zweiten Abschnitt werden dann die beiden Hauptkomponenten der volkswirtschaftlichen Güternachfrage untersucht. Gefragt wird in theoretischer und empirischer Analyse nach wichtigen Faktoren der geplanten **Konsumnachfrage** der Haushalte (**10.2.1**) und der geplanten **Investitionsausgaben** der Unternehmen (**10.2.2**).

Im dritten Teilabschnitt soll die **Gleichgewichtstheorie** des vereinfachten **Gütermarktes** vorgestellt werden (**10.3.1**). Sodann liefert die keynesianische **Multiplikatortheorie** des Gütermarktes (**10.3.2**) die Grundlagen staatlicher Fiskalpolitik. Im Schlußteil dieses Abschnitts werden schließlich einige **fiskalpolitische Konsequenzen** aus der theoretischen Perspektive betrachtet, die Forderungen zur Abkehr von staatlicher Parallelpolitik, nach expansiver staatlicher Ausgabenpolitik und die Analyse von Maßnahmen der Steuerreform des Jahres 1990 (**10.3.3**).

10.1 Makroökonomische Gleichgewichtsmodelle und kontroverse Paradigmen

10.1.1 Einführende Übersicht

Die Notwendigkeit theoretischer Analysen zu einer systematischen Grundlegung von geeigneten Maßnahmen zur Stabilisierungspolitik ist allgemein unbestritten. Um mögliche Ansatzpunkte für wirtschaftspolitische Maßnahmen bei gesamtwirtschaftlichen Problemen von Produktionsschwankungen und mangelnder Beschäftigung (sowie von Inflation) aufzuzeigen, ist eine systematische Diagnose der Ursache-Wirkungs-Zusammenhänge erforderlich. Dieses Erfordernis einer umfassenden Diagnose auf der Basis von Theoriesystemen ist unbestritten, wenngleich die Theorien unterschiedlich sind und verschiedenen Denkrichtungen (**Paradigmen**) der Wirtschaftswissenschaften folgen.

Die Begriffe der **nachfrage**- und der **angebotsorientierten Wirtschaftspolitik** dürften einzelnen Lesern aus der wirtschaftspolitischen Tagesdiskussion bekannt sein; sie verweisen auf unterschiedliche Akzente und Ansatzpunkte von Maßnahmen zur wirtschaftspolitischen Stabilisierung (Verstetigung der Konjunktur u. a.). Die beiden Begriffe sind vorzugsweise mit verschiedenen Paradigmen der Makroökonomie verknüpft. Nachfrageorientierte Maßnahmen der Stabilisierungspolitik sind primär mit dem Theoriesystem des Keynesianismus verbunden. Der **Keynesianismus** bezeichnet ein grundlegendes makroökonomisches Modell von wirtschaftswissenschaftlichen Interpreten des Buches von J. M. KEYNES „The General Theory of Employment, Interest und Money" (1936). Obwohl die wirtschaftspolitischen Empfehlungen der Keynesianer[1] keineswegs unstrittig sind, empfiehlt es sich nach unserer Ansicht aus Gründen der inhaltlichen und didaktischen Konsistenz, **ein** Theoriesystem der Makroökonomie zunächst in den Vordergrund zu stellen. Gegenpositionen und kritische Einwände sollen dabei nicht verschwiegen werden. Das bevorzugte Theoriesystem des Keynesianismus soll stufen- bzw. abschnittsweise als partielles und totales Gleichgewicht über wichtige gesamtwirtschaftliche Märkte dargestellt werden. Neben der notwendigen **modelltheoretischen Grundlegung** sollen **empirische Bezüge** und **wirtschaftspolitische Implikationen** besonders berücksichtigt werden.

Das Gleichgewichtskonzept der keynesianischen Interpreten basiert auf der Vorstellung eines Gleichgewichts von Ex-ante-Größen des gesamtwirtschaftlichen Kreislaufs. **Ex-ante-Größen** werden als **geplante** Größen definiert - im Gegensatz zu **Ex-post-Größen**, die realisierte Größen vergangener Zeiträume beschreiben. Geplante Größen relevanter Akteure lösen Verhalten und Reaktionen der Akteure aus. Als relevante Akteure gelten in der makroökonomischen Analyse aggregierte Gruppen von Wirtschaftseinheiten, deren grundlegende Struktur in der Ex-post-Analyse bereits entwickelt wurde. In einem vereinfachenden **Modell einer geschlossenen Volkswirtschaft ohne Staat** werden lediglich zwei Gruppen von Akteuren betrachtet:

Unternehmen

- produzieren Güter,
- verwenden finanzielle Mittel für Investitionen,
- fragen Arbeitskräfte nach.

Haushalte

- verbrauchen Konsumgüter,
- bilden Ersparnisse und
- bieten ihre Arbeitskraft an.

Die **Modelle einer Volkswirtschaft mit Staat** haben zudem Einflüsse staatlicher Akteure zu berücksichtigen; sie haben insbesondere die möglichen Effekte finanz- und geldpolitischer Maßnahmen hervorzuheben. In **offenen Volkswirtschaften** werden die wirtschaftspolitischen Maßnahmen und Effekte durch die außenwirtschaftlichen Beziehungen beeinflußt.

Der **Begriff des gesamtwirtschaftlichen Gleichgewichts** basiert auf der Vorstellung einer Übereinstimmung der aggregierten Ex-ante-Größen der Angebots- und der Nachfrageseite von Makro-Märkten. Wenn die geplanten Größen der aggregierten Märkte übereinstimmen, können beide Marktseiten die Ex-ante-Größen realisieren.

[1] Vertreter der vorherrschenden Schule der KEYNES-Interpreten waren (sind) z. B. HICKS, HANSEN, KLEIN, MODIGLIANI, PATINKIN, SAMUELSON, TOBIN u. a.

Die aggregierten Märkte tendieren dann nicht zu endogenen Veränderungen (statisches Gleichgewicht). Die Effekte wirtschaftspolitischer Maßnahmen werden vorzugsweise im Rahmen komparativ-statischer Analysen untersucht. Hierbei werden exogene Änderungen wirtschaftspolitischer Parametergrößen angenommen. Gefragt wird nach einem neuen Gleichgewicht aufgrund der veränderten Größen, ohne den Zeitraum der Anpassungen zu beachten. Die komparativen Änderungen der beiden statischen Gleichgewichte sollen Aussagen über Veränderungsrichtungen oder qualitative Effekte der Maßnahmen ermöglichen. Wegen beträchtlicher Unsicherheiten werden quantitative Aussagen zu den Effekten wirtschaftspolitischer Maßnahmen nicht angestrebt.

Nach der makroökonomischen Theorie des Keynesianismus kann eine Volkswirtschaft analytisch als ein zusammenhängendes System von mehreren aggregierten Märkten betrachtet werden:

Am **Gütermarkt** wird das aggregierte Produktionsvolumen von Seiten der Unternehmen (und des Staates) als den Akteuren des Güterangebots und von Seiten der geplanten Güternachfrage bestimmt. Die Komponenten der Verwendungsseite des Kreislaufs - als geplante Größen der Akteure interpretiert - bestimmen die Höhe der geplanten Güternachfrage,

- die Konsumnachfrage der privaten Haushalte (C_H),
- die Investitionsnachfrage der privaten Unternehmen (I_{pr}),
- geplante Ausgaben des Staates (A_{St}),
- der Saldo des Außenbeitrages (Ex - Im).

Am **Geldmarkt** werden das Geldangebot des Bankensystems und die Geldnachfrage von Nicht-Banken gegenübergestellt. Die Funktion des Geldes und die Einflußmöglichkeiten der Geldpolitik werden aus der Sicht verschiedener Paradigmen unterschiedlich beurteilt. Keynesianer heben die Interdependenz von Güter- und Geldmärkten hervor.

Der **Arbeitsmarkt** gilt als relevanter Faktormarkt, der besonders zur Analyse von Beschäftigungsproblemen einbezogen werden muß (bei Annahme eines gegebenen Bestandes an Kapital).

In **kurzfristiger Analyse** wird der Zeithorizont eingeschränkt; längerfristige Überlegungen und Effekte werden vernachlässigt. Eine exakte Fixierung des Zeithorizonts oder eine exakte Abgrenzung zwischen kurz- und langfristiger Analyse unterbleibt vielfach. In einer pragmatischen Differenzierung können kurzfristige Analysen den Zeiträumen innerhalb eines Konjunkturzyklus zugeordnet werden, längerfristige Analysen betreffen dagegen Zeiträume, die über die normale Dauer eines Konjunkturzyklus hinausgehen.

Der Begriff des Gleichgewichts in der makroökonomischen Theorie bedarf einer Differenzierung: Ein **totales Gleichgewicht** verlangt als Bedingung ein allgemeines Gleichgewicht über alle drei Marktsysteme. Bei **partieller Analyse** des Gütermarktes wird in isolierter Betrachtungsweise allein nach den Bedingungen eines güterwirtschaftlichen Gleichgewichts gefragt, ohne die Beziehungen zu den anderen Marktsystemen zu beachten. Die wirtschaftspolitische Bedeutung der Makro-Märkte unterscheidet sich zwischen den grundlegenden Paradigmen. Da sich KEYNES ausdrücklich gegen Varianten des (neo-)klassischen Paradigmas wandte, sollen zunächst wesentliche Teile dieses Theoriesystems vorgestellt werden.

10.1.2 Elemente des (neo-)klassischen Theoriesystems

Ungeachtet der Verschiedenheiten und Varianten der frühen klassischen und neoklassischen Ökonomen[2] lassen sich drei grundlegende Theorieelemente zur Kennzeichnung dieses Paradigmas hervorheben:

Ein **flexibler Preismechanismus** führt nach dem klassischen Leitbild der „unsichtbaren Hand des Marktes" zu einer effektiven Koordination der geplanten Größen der verschiedenen Wirtschaftsakteure. Preisänderungen bewirken einzel- wie gesamtwirtschaftlich eine Tendenz zum Marktgleichgewicht. Letztlich tendiere eine reine Marktwirtschaft auf allen Märkten zum allgemeinen Gleichgewicht als einem „Gravitationszentrum" der Entwicklung. Das Postulat des allgemeinen Gleichgewichts gilt auch für den Arbeitsmarkt. Flexible Löhne nach oben und nach unten führen zu einer Vollbeschäftigung, bei der unfreiwillige Arbeitslosigkeit zum herrschenden Lohnsatz ausgeschlossen wird. Unter flexiblen Bedingungen des Arbeitsmarktes realisiert die Angebotsseite ein Maximum an rentabler Produktion.

Ein zweites Element der (neo-)klassischen Theorie wird als **SAYsches Theorem** bezeichnet. „Jedes Angebot schafft sich selbst seine Nachfrage" (SAY), denn eine geplante und realisierte Ausweitung der Produktion erbringt zusätzliche Faktoreinkommen, welche die Güternachfrage erhöhen. Zusätzliche Produktion führt demnach zu zusätzlichen Faktoreinkommen und zusätzlicher Güternachfrage in gleicher Höhe. Zur Begründung haben klassische Ökonomen wie J. St. MILL auf Prinzipien der reinen Tauschwirtschaft verwiesen, in der Verkäufer (Anbieter) und Käufer (Nachfrager) Angebot und Nachfrage von Gütern simultan planen. „Die Mittel eines jeden, die Erzeugnisse anderer (in einer Tauschwirtschaft) zu bezahlen, bestehen aus den Erzeugnissen, die er selbst besitzt. Alle Verkäufer sind unvermeidlich logischerweise Käufer ... Demnach erweist sich ein allgemeines Überangebot oder ein Übermaß an Waren insgesamt über die Nachfrage als unmöglich" (MILL 1924, nach: FELDERER/HOMBURG 1984, S. 85). Die Übereinstimmung von Verkäufen und Käufen gilt in der Tauschwirtschaft, jedoch **nicht** zwingend in einer arbeitsteiligen **Geldwirtschaft**. Folglich sind für eine Geldwirtschaft zusätzliche Annahmen zur Funktion des Geldes und zur Einkommensverwendung erforderlich, um das SAYsche Theorem als eine theoretische Aussage mit Bezug zur arbeitsteiligen Geldwirtschaft zu begründen.

Nach der klassischen Lehre des Geldes wurden Formen des Warengeldes (Gold u. a. Edelmetalle) als Zahlungsmittel in einer arbeitsteiligen Geldwirtschaft verwendet. **Geld** dient ausschließlich als Zahlungsmittel, nicht als eine liquide Form der Vermögensanlage. Liquides Geldvermögen zu halten, erschien klassischen Ökonomen wegen des Zinsverlustes als irrational. Die **klassische Quantitätstheorie** des Geldes prägte das Bild vom „Geldschleier" der allein das Preisniveau und die Nominalwerte der Güter - in Geldeinheiten ausgedrückt - durch die Menge des umlaufenden Geldes beeinflußt, jedoch nicht die Preisrelationen oder die realen Werte der Güter. Das Bild vom Geldschleier steht für eine analytische Trennung (Dichotomie) zwischen realwirtschaftlichen Vorgängen und dem monetären Sektor

[2] KEYNES bezeichnete die Ökonomen vor Erscheinen der „General Theory" als klassische Ökonomen. Die theoriegeschichtliche Abgrenzung unterscheidet zwischen der klassischen Lehre von Autoren der Mitte des 18. und 19. Jahrhunderts (SMITH, RICARDO, SAY, MILL) und der neoklassischen, primär mikroökonomisch ausgerichtetenTheorie von Autoren in (nach) der zweiten Hälfte des 19. Jahrhunderts (MARSHALL, WICKSELL, PIGOU u. a.). Die Bezeichnung eines (neo-)klassischen Paradigmas soll lediglich auf die unterschiedlichen Abgrenzungen verweisen.

der Geldmenge und der Geldeinheiten. Geld dient demnach wesentlich zur Erleichterung der Tauschwirtschaft, ohne die realwirtschaftlichen Vorgänge zu beeinflussen: „Nicht mit Geld werden Güter in Wirklichkeit gekauft... Es kann, wenn man der Sache auf den Grund geht, in der Wirtschaft nicht Bedeutungsloseres geben als Geld; ..." (Mill 1924, zitiert nach: Felderer/Homburg 1984, S. 79). Diese Vorstellungen der klassischen Quantitätstheorie entsprachen somit einer Voraussetzung des Sayschen Theorems.

Eine weitere Annahme betrifft die Funktion des **flexiblen Zinsmechanismus**. Der Zins dient den Sparern als Anreiz zur Vermögensbildung, andererseits aus der Sicht von Investoren (und Akteuren mit Finanzierungslücken) als Preis der Verwendung von Mitteln anderer Akteure. Gleicht der Zinsmechanismus als Gleichgewichtspreis des Kapitalmarktes die Nichtverwendung von Faktoreinkommen (Sparen) und die geplante Verwendung von Finanzierungsmitteln anderer Akteure (Unternehmen, Staat, Ausland) aus, dann muß das Saysche Theorem für den Ausgleich von Nachfrage und Angebot am Gütermarkt gelten.

Die Übersicht 10-1 verdeutlicht, daß das neoklassische Theoriesystem der Bestimmung der gesamtwirtschaftlichen Produktion und Beschäftigung im Kern ein **angebotsorientiertes Konzept** darstellt. Im Zentrum dieses (neo-)klassischen Konzepts steht das Postulat der (Lohn-) Flexibilität des Arbeitsmarktes als Voraussetzung rentabler, günstiger Produktionsbedingungen der Unternehmen. Diese Theoriekonzeption findet in der aktuellen Diskussion angebotsorientierter Wirtschaftspolitik offenbar eine Fortsetzung, da die Flexibilisierungspostulate der jüngeren Zeit gleichfalls primär auf den Arbeitsmarkt ausgerichtet sind. Insofern lassen sich theoretische wie wirtschaftspolitische „Konstanten" erkennen. Die neueren Konzepte angebotsorientierter Wirtschaftspolitik gehen andererseits über den (neo-)

Abb. 10-1 Übersicht zum (neo-)klassischen Paradigma

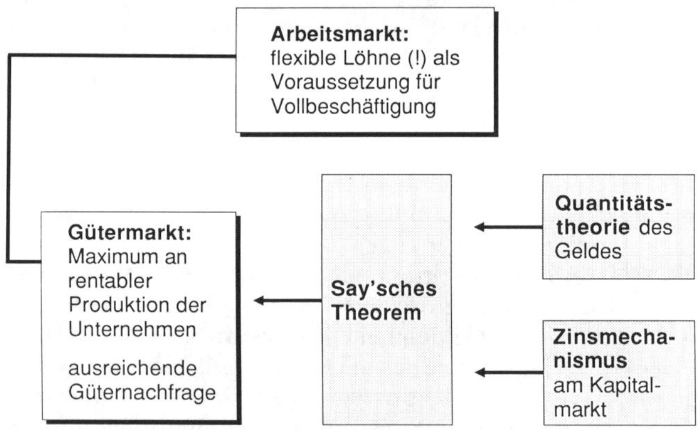

Das Schaubild bezeichnet wichtige Bausteine des (neo-)klassischen Theoriesystems: Im Vordergrund steht der Arbeitsmarkt in Verbindung mit der Produktionsseite des Gütermarktes. Flexible Löhne und Preise gelten als wirksame Mechanismen des Gleichgewichts der Märkte. Nach dem Sayschen Theorem bestehen keine grundlegenden Defizite auf Seiten der Güternachfrage. Die Quantitätstheorie betont die Funktion des Geldes als Zahlungsmittel. Güterwirtschaftliche und monetäre Bereiche einer Volkswirtschaft können dadurch getrennt werden.

klassischen Kern hinaus, da die Forderungen sich nicht auf Lohn-Flexibilität beschränken; außerdem werden längerfristige Aspekte stärker beachtet als in der neoklassischen Gleichgewichtsanalyse.

10.1.3 Das Keynesianische Paradigma

Die historischen Erfahrungen der Weltwirtschaftskrise der 20er/30er Jahre veranlaßten KEYNES und die Keynesianer zu einer Revision des klassischen Grundverständnisses der gesamtwirtschaftlichen Zusammenhänge. Die im Vergleich zur klassischen Theorie paradoxen Erfahrungen dauerhafter hoher Arbeitslosigkeit führten im Prinzip zu einer Umkehrung des SAYschen Theorems. Die Verwendungsseite des Güterkreislaufs - interpretiert als Komponenten der Güternachfrage - trat stärker ins Zentrum des Keynesianischen Theoriesystems. Der Gütermarkt und die **effektive Nachfrage** bilden den strategischen Teil dieser Theorie - anders als im orthodoxen Theoriesystem. Die Produktion wird von seiten der Nachfrage des Gütermarktes bestimmt. Die Nachfrage schafft sich ihr Angebot, nicht umgekehrt, wie es das SAYsche Theorem behauptet hatte.

Als wesentliche Abweichungen des Systems der Keynesianer werden vier verhaltensbezogene oder institutionelle Theorieelemente hervorgehoben:
- die KEYNESsche Theorie der Konsumfunktion,
- eine modifizierte Investitionstheorie, die zwar neoklassisch ausgerichtet ist, aber den Einfluß der Unsicherheit der Erwartungen betont,
- eine modifizierte Theorie der Geldnachfrage, die das Liquiditätsmotiv der Geldhaltung berücksichtigt,
- sowie die Annahme durch Institutionen oder Marktstrukturen bedingter Starrheiten von Löhnen und Preisen.

Bei mangelnder effektiver Nachfrage wird es möglich, niveaubedingte oder konjunkturelle Arbeitslosigkeit zu erklären. Weil die **Güternachfrage** in der Situation

Abb. 10-2 Übersicht zum keynesianischen System

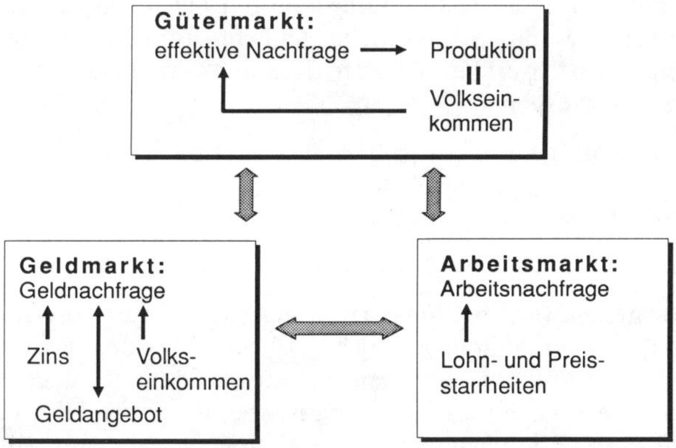

Im Zentrum des keynesianischen Theoriesystems steht die Gütermarktnachfrage als Bestimmungsfaktor der Produktion und des Volkseinkommens. Lohn- und Preisstarrheiten beeinflussen die Arbeitsnachfrage. Geldangebot und -nachfrage haben Effekte auf den Güter- und den Arbeitsmarkt. Die drei Marktsysteme hängen wechselseitig voneinander ab.

einer Rezession zu **gering** ist, wird wenig produziert; weil wenig produziert wird, entsteht ein geringeres Einkommen (als bei Vollbeschäftigung oder voller Kapazitätsauslastung); daraufhin wird weniger nachgefragt. Diese Wirkungskette mangelnder Nachfrage wird durch Investoren kaum durchbrochen werden, wenn die einzelwirtschaftlichen Investitionspläne durch unsichere Ertragserwartungen belastet werden. Die Ketteneffekte mangelnder Güternachfrage verlangen eine aktive Wirtschaftspolitik des Staates zur Erhöhung der effektiven Nachfrage. Wegen der Dominanz der nachfrageorientierten Probleme und der diesbezüglichen Maßnahmen wird das Theoriesystem nach KEYNES auch als grundlegender **Ansatz einer nachfrageorientierten Wirtschaftspolitik** eingeordnet.

Das Keynesianische Paradigma war Grundlage der Stabilisierungspolitik der 60er und 70er Jahre. Es prägte gesetzliche Regelungen des **Stabilitäts- und Wachstumsgesetzes** in der BR Deutschland sowie das wirtschaftspolitische Konzept der **Globalsteuerung**. Die Globalsteuerung erwies sich allerdings in der Bekämpfung der Krisen der 70er und der 80er Jahre als nicht erfolgreich. Das Problem der Stagflation im Verlauf der 70er Jahre und der ersten Hälfte der 80er Jahre führte zu einer Renaissance der angebotsorientierten Wirtschaftspolitik in vielen Industrieländern. Nicht zuletzt das programmatische Konzept der Reagan-Administration in den USA (**„Reagonomics“**) trug zu einem Bedeutungswechsel der Paradigmen in der Stabilisierungspolitik bei.

10.2 Komponenten der Güternachfrage

Im System des Keynesianismus hat die Güternachfrage eine dominante Bedeutung für die kurzfristige Wirtschaftsentwicklung. Aus dieser Sicht besteht eine primäre Aufgabe der gesamtwirtschaftlichen Theorie in der Erklärung wichtiger Komponenten der Güternachfrage, darunter besonders der Komponenten der geplanten Konsum- und Investitionsausgaben. Die Staatsausgaben werden als exogen betrachtet, da sie durch politische Verfahren entschieden werden. Der Außenbeitrag wird wegen seiner speziellen Bestimmungsfaktoren hier nicht einbezogen. Im Vordergrund stehen die gesamtwirtschaftliche Konsum- und Investitionstheorie: Welche Bestimmungsfaktoren erklären kurzfristige Schwankungen der privaten Konsum- und Investitionsausgaben?

$$\text{Güternachfrage} = C_H(\ldots?) + I_{pr}(\ldots?) + A_{St} + (Ex - Im)$$

10.2.1 Konsum- und Sparverhalten der privaten Haushalte

10.2.1.1 Struktur und Entwicklung der privaten Konsumausgaben

Der **Begriff des gesamtwirtschaftlichen Konsums** meint die Konsumausgaben der privaten Haushalte in der Abgrenzung der VGR. Die Messung des Konsums erfolgt nach einem ausgaben-, nicht nach einem nutzungsorientierten Konzept. Der Kauf dauerhafter Konsumgüter gilt als Konsumausgabe der laufenden Zeitperiode; verzichtet wird auf eine periodengerechte Zuordnung der Nutzung von dauerhaften Konsumgütern, wie private Kraftfahrzeuge, Haushaltsgeräte etc. Eine Ausnahme wird lediglich beim Wohnungseigentum vorgenommen. Der Erwerb von Wohnungen, z. B. der Neubau eines Eigenheims, wird als Investition des Unternehmenssektors „Wohnungswirtschaft“ betrachtet, nur der Gebrauch oder die Eigennutzung der Wohnung (kalkulatorische Miete) zählt zum Verbrauch der privaten Haushalte.

In dieser Abgrenzung bildet der Konsum (Verbrauch) der privaten Haushalte (incl. privater Organisationen ohne Erwerbscharakter) die größte Komponente der gesamtwirtschaftlichen Ausgaben. In der BR Deutschland hatte der private Konsum regelmäßig einen Anteil von mehr als 50 Prozent des BSP. Aus dem quantitativen Umfang der privaten Konsumausgaben läßt sich auf deren konjunkturpolitische Bedeutung schließen. Anhaltspunkte für einen längerfristigen Rückgang oder eine Stagnation der aggregierten Konsumnachfrage läßt die empirische Entwicklung der Verwendungsstrukturen des BSP nicht erkennen.

Stagnationserscheinungen sind hingegen bei einzelnen Güter- oder Haushaltsgruppen zu beobachten. So sind die Anteile der privaten Ausgaben für bestimmte Gütergruppen im Zeitverlauf deutlich zurückgegangen, insbesondere der Ausgaben für Nahrungsmittel sowie Kleidung/Schuhe. Die Beobachtungen entsprechen mikroökonomischen Gesetzen der Statistiker ENGEL und SCHWABE, die diese Gütergruppen teils dem wirtschaftlichen **Grundbedarf** der Haushalte zuordneten; die beobachteten Entwicklungen lassen auf eine relativ **geringe Einkommenselastizität** der Nachfrage mit Bezug auf diese Gütergruppen schließen. Auf der anderen Seite sind die Ausgaben der Haushalte für Energiebedarf/Wohnungsmiete (Ausnahme: 1985), für Verkehrs-/Nachrichtengüter sowie für Unterhaltung/Freizeit relativ stärker gestiegen.

Tab. 10-1 Struktur der Konsumausgaben der privaten Haushalte, BR Deutschland, 1960–85

	1960	1970	1980	1985	
Nahrungsmittel, Tabakwaren	33,7	25,3	20,7	20,1	
Bekleidung, Schuhe	10,5	8,7	8,2	7,7	
Wohnungsmiete, Heizung, Energiebedarf	11,7	13,8	16,2	10,1	
Güter der Haushaltsführung	10,4	8,6	8,5	7,9	
Gesundheits-, Körperpflege	4,4	3,9	3,9	4,2	
Güter für Verkehr und Nachrichtenübermittlung	8,2	11,9	12,6	13,3	
Güter für Bildung, Unterhaltung, Freizeit, pers. Ausstattung	11,7	12,3	13,8	14,2	
Sonstiges	0,8	1,7	3,3	2,1	
priv. Verbrauch	91,4	86,2	87,2	88,6	
Sparen (ohne nicht entnommene Gewinne)	8,6	13,8	12,8	11,4	
verfügbares Einkommen (ohne nicht entnommene Gewinne)	100	100	100	100	

Quelle: STATISTISCHES BUNDESAMT, Fachserie 18, Reihe 1.2, 1989, Tab. 2.6

Besonderes Interesse erfahren vielfach die Ausgaben der Haushalte für **langlebige Gebrauchsgüter**, die in der Tabelle nicht gesondert ausgewiesen werden. Allgemein wird vermutet, daß ein wachsender Lebensstandard der Haushalte dazu führen wird, höherwertige langlebige Gebrauchsgüter vermehrt zu kaufen, zumal die Ausgaben für Grundbedürfnisse relativ sinken werden. Nach den Informationen der amtlichen Verbrauchsstichproben sind die jährlichen Ausgaben der privaten Haushalte für Käufe langlebiger Gebrauchsgüter in der BR Deutschland im

Verlauf von 20 Jahren kontinuierlich auf das 5½fache der Ausgaben von 1962/63 gestiegen; die Gesamtausgaben der Haushalte für den privaten Verbrauch auf das 3½fache der damaligen Gesamtaufwendungen. Innerhalb der Ausgaben für Gebrauchsgüter sind jedoch beträchtliche Verschiebungen zu beobachten. Die Anteile der Ausgaben für Gebrauchsgüter der Haushaltsführung (Möbel, Elektrogeräte) reduzierten sich erheblich, während die relativen Ausgaben für private Kraftfahrzeuge in der Vergangenheit stark gestiegen sind.

Tab. 10-2 Ausgaben privater Haushalte für langlebige Gebrauchsgüter, BR Deutschland, Ergebnisse der Einkommens- und Verbrauchsstichproben 1962/63-83; Durchschnittswerte

	1962/63	1969	1973	1978	1983
jährliche Ausgaben für den priv. Verbrauch (DM)	8.907	13.980	19.643	26.380	31.600
Ausgaben für langlebige Gebrauchsgüter (Anteil in %)	8,5	11,7	13,2	14,8	13,1
darunter Gebrauchsgüter der Haushaltsführung	4,4	5,7	5,7	5,4	4,6
des Verkehrs	2,6	4,1	4,9	6,7	6,0
Bildung/Unterhaltung	1,2	1,4	2,0	2,1	1,8
Persönliche Ausstattung	0,3	0,5	0,6	0,6	0,7

Quelle: WIRTSCHAFT UND STATISTIK, 11/1987, S. 885

Im Querschnitt von Haushaltsgruppen lassen sich unterschiedliche Muster des Konsumverhaltens beobachten. Die gruppenspezifischen Anteile der Konsumausgaben (zum verfügbaren Einkommen) liefern hierfür zusammengefaßte empirische Belege. Mit größerem Haushaltseinkommen sinken die spezifischen Konsumquoten, umgekehrt nehmen die spezifischen Sparquoten zu.

Tab. 10-3 Querschnitt der Konsumquoten priv. Haushalte nach Einkommensgruppen, BR Deutschland, 1983

	Einkommensgruppen der Haushalte							
monatlich verfügbares Einkommen[1]	unter 800	800 – 1200	1200 – 1400	3000 – 3500	3500 – 4000	4000 – 5000	5000 – 10000	10000 – 25000
gruppenspezifische Konsumquoten	112,9	96,5	90,4	81,1	79,9	75,2	67,0	46,1

[1] Der Begriff des verfügbaren Einkommens der Einkommens- und Verbrauchsstichproben weicht von dem Einkommensbegriff der VGR ab.
Quelle: Wirtschaft und Statistik 7/1987, S. 584

Analoge Informationen liefern empirische **Einkommenselastizitäten** der Konsumausgaben, die im Querschnitt nach unterschiedlichen Höhen der Haushaltseinkommen (des Jahres 1983) berechnet wurden. Steigen die Ausgabenänderungen relativ stärker als die Einkommensänderungen (im Vergleich von Haushaltsgruppen), liegt die Einkommenselastizität über dem Wert von Eins. Im umgekehrten Fall unterproportionaler Änderungen der Konsumausgaben, bleibt der Elastizitätskoeffizient geringer als Eins. Abb. 10-3 zeigt, daß die Einkommenselastizitäten der privaten Konsumausgaben im Querschnitt der Einkommensgruppen im unelastischen Bereich liegen. Der Verlauf der Konsum-Einkommens-Elastizität entspricht den Aussagen zur Veränderung der gruppenspezifischen Konsumquoten im Vergleich zwischen **Einkommensgruppen**. Die Ausgaben für langlebige Gebrauchsgüter zeigen hingegen - mit Ausnahme des Kaufs von Fernsehgeräten - für untere bis gehobene Einkommensgruppen abweichende Einkommenselastizitäten im elastischen Bereich. Nach der Abb. 10-3 haben untere/mittlere Einkommensgruppen in den 80er Jahren mit einem vergleichsweise höheren Einkommen ihre Ausgaben für Gebrauchsgüter, besonders für private Kraftfahrzeuge, überproportional erhöht. Für die Haushalte der höheren Einkommensgruppen galten offenbar andere Feststellungen; auch die Ausgaben für Gebrauchsgüter, einschließlich der für Kraftfahrzeuge, sind bei höheren Vergleichseinkommen unterproportional gestiegen. Der latente Bedarf an langlebigen Gebrauchsgütern war offenbar bei Haushalten mit geringem bis mittlerem Einkommen erheblich höher; während umgekehrt bei den höheren Einkommensgruppen der relative Bedarf an Kraftfahrzeugen und Gebrauchsgütern sich den Elastizitäten für die gesamten Konsumausgaben näherte. Für höhere Einkommensschichten näherte sich das Ausgabenverhalten für langle-

Abb. 10-3 Empirische Konsum-Einkommens-Elastizitäten im Querschnittsvergleich zwischen Einkommensgruppen der priv. Haushalte, BR Deutschland, 1983

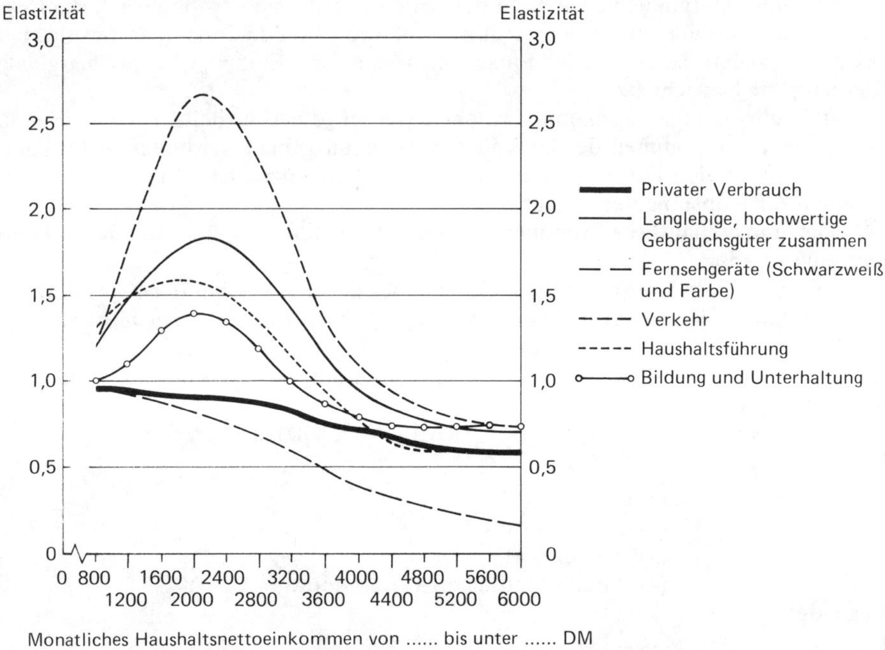

Quelle: WIRTSCHAFT UND STATISTIK, 11/1987, S. 844

bige Gebrauchsgüter in Abhängigkeit vom Einkommen eher dem allgemeinen Konsumverhalten dieser Gruppen.

10.2.1.2 Keynes' Theorie der Konsumfunktion

Die **KEYNESsche Hypothese des Konsumverhaltens** läßt sich als eine aggregierte Konsumfunktion über die Gesamtheit der privaten Haushalte formulieren. Aus einer Vielzahl möglicher Bestimmungsfaktoren des Konsums wird das aggregierte Einkommen der privaten Haushalte als Determinante hervorgehoben. Die geplanten Konsumausgaben der privaten Haushalte hängen nach KEYNES' absoluter Einkommenshypothese hauptsächlich vom Einkommensniveau der Volkswirtschaft ab. Die makroökonomische Konsumhypothese leitete KEYNES im wesentlichen aus den eigenen Beobachtungen des einzelwirtschaftlichen Verhaltens ab, die zu einem „fundamentalpsychologischen Gesetz des Konsumverhaltens" verallgemeinert wurden: „... (people) are disposed, as a rule and on average, to increase their consumption as their income increases, but not as much as the increase in their income" (KEYNES 1936, S. 96). Diese allgemeine Formulierung läßt sich in mehreren Einzelaussagen zur **Konsumfunktion** umschreiben:

- Die privaten Haushalte planen die Höhe ihrer Konsumausgaben primär in Abhängigkeit von ihrem Einkommensniveau. Daher besteht ein stabiler positiver Zusammenhang zwischen den preisbereinigten Konsumausgaben der Haushalte und dem realen Niveau des aggregierten Einkommens. Als relevante Einkommensgrößen können das **Volkseinkommen** oder – wegen des unmittelbaren Bezugs zu den Haushalten – das **verfügbare Einkommen** der privaten Haushalte Verwendung finden.
- Bei einer marginalen Erhöhung der realen Einkommen erhöhen sich die (realen) Konsumausgaben um einen geringeren Betrag. Die Zunahme des Konsums bei einer marginalen Zunahme des Einkommens um eine Einheit wird als **marginale Konsumquote** bezeichnet.
- Bei sehr geringen Einkommenshöhen werden die Haushalte entsparen, d. h. mehr als das Einkommen der laufenden Periode ausgeben. Bei höherem Einkommensniveau werden die Haushalte hingegen sparen oder nicht das gesamte Einkommen für Konsumgüter verwenden.
- Die **durchschnittliche Konsumquote** nimmt folglich mit steigendem Einkommensniveau ab.
- Die marginale Konsumquote bleibt in einer **linearen** Version der Konsumfunktion konstant in Höhe zwischen den Werten Null und Eins. In einer **nicht-linearen Version** nimmt die marginale Konsumquote mit steigendem Einkommen ab. In beiden Versionen bleibt die marginale Konsumquote unterhalb der durchschnittlichen Konsumquote.

Die vorstehenden Aussagen lassen sich in einer analytischen und graphischen Form der Darstellung erläutern.

$$(1)\ C = f(Y)$$
$$(2)\ C = C_0 + c \cdot Y$$
$$(3)\ c = dC / dY$$
$$(4)\ \text{durchschnittliche Konsumquote} = C / Y$$

Legende:
C: (reale) Konsumausgaben
Y: (reales) Volkseinkommen
(oder Y_v: reales verfügbares Einkommen der priv. Haushalte als Einkommensgröße)

c: marginale Konsumquote
C_0: autonomer Konsum

Als wichtiger Parameter ist die **marginale Konsumquote** hervorzuheben. Sie entspricht der Steigung der KEYNESschen Konsumfunktion. Ein stabiler Parameter der marginalen Konsumquote im Zeitverlauf würde Prognosen der geplanten Konsumausgaben wesentlich erleichtern, die ihrerseits die größte Komponente der gesamtwirtschaftlichen Ausgaben darstellen. In wirtschaftspolitischer Hinsicht ist der Parameter der marginalen Konsumquote für die spätere Multiplikatoranalyse von Bedeutung.

Die Größe des **autonomen Konsums** in gesamtwirtschaftlicher Sicht zu interpretieren, bereitet Schwierigkeiten. Versuche, die Größe des autonomen Konsums als Mindestbedarf eines Existenzminimums zu interpretieren, mögen bei einer einzelwirtschaftlichen Betrachtungsweise von Konsumfunktionen sinnvoll sein, jedoch kaum bei einer makroökonomischen Funktion. Denn eine Volkswirtschaft mit einem aggregierten Haushaltseinkommen von Null stellt lediglich einen analytischen Grenzfall dar.

Abb. 10-4 Die Konsumfunktion nach KEYNES

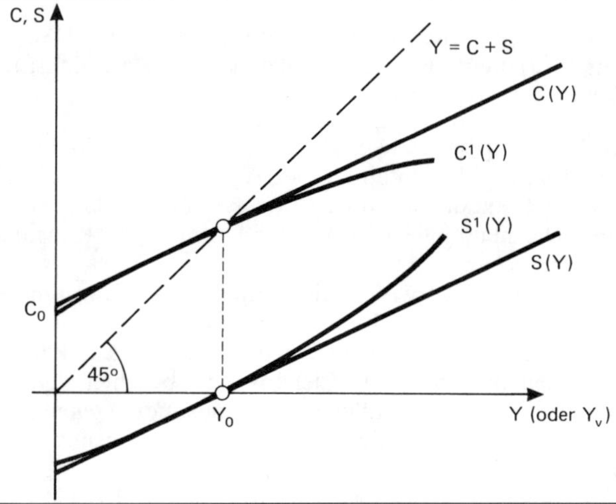

Auf der Ordinate werden die geplanten realen Konsumausgaben und Ersparnisse, auf der Abzisse das Volkseinkommen Y (oder das verfügbare Einkommen der priv. Haushalte Y_v) abgetragen. Eine lineare Version der Konsumfunktion beschreibt C (Y), eine nicht-lineare Version C^1 (Y). S (Y) und S^1 (Y) stellen die analogen Sparfunktionen dar.

Übung 10-1 Zur Sparfunktion

KEYNES' Theorie der Konsumfunktion impliziert zugleich eine komplementäre Theorie der Sparfunktion.
Zeigen Sie die Gültigkeit des vorstehenden Satzes und beschreiben Sie die Aussagen der KEYNESschen Sparfunktion.

10.2.1.3 Empirische Konsumfunktionen

Die Zeitreihen der privaten Konsumausgaben und des aggregierten Einkommens der privaten Haushalte können zu empirischen Konsumfunktionen im Sinne der Hypothesen von KEYNES verwendet werden. Ex-ante-Größen (geplante Konsumausgaben) können allerdings kaum exakt gemessen werden. Nur unter dem Vorbehalt, daß die geplanten den realisierten Ausgaben der Haushalte in der Vergangenheit entsprachen, lassen sich empirische Konsumfunktionen im Sinne der Theorie interpretieren. Unter diesem Vorbehalt richtet sich das Interesse besonders auf den empirischen Parameter der marginalen Konsumquote und dessen zeitliche Stabilität. Statt des Volkseinkommens wurde die Zeitreihe der realen verfügbaren Einkommen der privaten Haushalte (ohne nicht entnommene Gewinne der Unternehmen) als Bestimmungsfaktor der realen (preisbereinigten) Konsumausgaben geprüft. Als Konsumfunktion für die BR Deutschland im längerfristigen Zeitraum 1960–87 wurde auf der Basis von Jahresdaten die folgende Regressionsgleichung ermittelt:

$$C = \underset{(1{,}94)}{14{,}34} + \underset{(91{,}17)}{0{,}86} \cdot Y_v$$

$R^2 = 0{,}997$
$DW = 0{,}43$ (t-Werte in Klammern)

(Zur Bedeutung der Testwerte der Regressionsgleichung R^2, DW und der t-Werte vgl. den Anhang „Erläuterungen zur Schätzung von Regressionsfunktionen" nach dem 12. Kapitel.)

Nach dieser Schätzung hatte die marginale Konsumquote in der BR Deutschland eine Größe von 0,86, lag also unterhalb des Wertes von Eins. Allerdings verlief die empirische Konsumfunktion fast durch den Nullpunkt des Einkommens-Ausgaben-Diagramms. Die marginale und die durchschnittliche Konsumquote entsprachen sich näherungsweise.

Dieses empirische Ergebnis widerspricht offenbar der Konsumtheorie von KEYNES. Von einer Reihe von methodischen Einwänden gegen die empirische Schätzung (mangelnde Unabhängigkeit der beiden Zeitreihen, Autokorrelation der Residuen u. a.) abgesehen, muß besonders der Einwand beachtet werden, daß KEYNES' Konsumtheorie primär nicht einen längerfristigen, sondern einen kurzfristigen Zeitraum betraf. Analoge Schätzgleichungen empirischer Konsumfunktionen könnten daher für kurzfristige Zeiträume ermittelt werden, wenn man die Ansprüche an die statistische Schätzqualität durch eine geringere Zahl von Beobachtungswerten reduziert.

Zeitraum 1969–75:

$$C = \underset{(3{,}43)}{46{,}85} + \underset{(44{,}49)}{0{,}797} \cdot Y_v$$

$R^2 = 0{,}997$
$DW = 2{,}27$ (t - Werte in Klammern)

Zeitraum 1977–82:

$$C = \underset{(2{,}71)}{102{,}91} + \underset{(18{,}85)}{0{,}763} \cdot Y_v$$

$R^2 = 0{,}989$
$DW = 2{,}08$ (t - Werte in Klammern)

Im Vorfeld der Konjunkturkrisen 1974/75 und 1981/82 in der BR Deutschland war die marginale Konsumquote somit geringer als im längerfristigen Zeitraum. Kurzfristig waren die Konsumquoten im Vorfeld der Krisen geringer oder - in anderer Formulierung - die Sparquoten waren vor bzw. in Zeiten wirtschaftlicher Rezessionen vergleichsweise höher. Dieses Ergebnis - trotz der notwendigen ökonometrischen Vorbehalte - entspricht der Konsumtheorie von KEYNES. Vor und während konjunktureller Krisen verhalten sich die Haushalte hinsichtlich ihrer Ausgaben für Konsumgüter zurückhaltender, die allgemeine Sparquote steigt an. Da erhöhtes Sparen der Haushalte gesamtwirtschaftlich verringerte Ausgaben bzw. verringerte Güternachfrage bedeutet, tragen die Haushalte zu einer Rezession bei, sofern diese mit einem Mangel an Güternachfrage verknüpft ist.

10.2.1.4 Alternative Konsumhypothesen

Die Diskrepanzen zwischen den kurz- und längerfristigen Parametern der empirischen Konsumfunktion wurden bereits in den 40er Jahren erkannt. Kurzfristige Konsumfunktionen verschieben sich offenbar im Zeitverlauf. Die empirischen Erkenntnisse führten zu ergänzenden oder alternativen Hypothesen des Konsumverhaltens.

Die **Hypothese des relativen Einkommens** wurde von DUESENBERRY und MODIGLIANI entwickelt. DUESENBERRY meinte, der Konsum hänge wesentlich von der Stellung eines Haushalts in der Einkommenspyramide ab, vom relativen Einkommen im Vergleich zu anderen Haushalten. Die jeweils höherliegenden Einkommensgruppen üben Demonstrationseffekte durch ihre Verhaltensmuster auf darunterliegende Einkommensgruppen aus. Steigt das Einkommen einer Haushaltsgruppe, wird diese sich am Konsumverhalten der nächsthöheren Gruppe orientieren. Nehmen zugleich auch die Einkommen der anderen Gruppen zu, werden die übergeordneten Gruppen wieder die alten Konsum-Relationen herstellen. Dadurch kommt es zu einem „Hochschaukeln“ der kurzfristigen Konsumquoten, welche die längerfristige Entwicklung der Konsumausgaben erhöhen. Die Hypothese des relativen Einkommens erklärt die oben aufgezeigten Diskrepanzen durch entsprechende Anpassungsprozesse des Konsumverhaltens.

Desweiteren folgt aus der relativen Einkommenshypothese ein sog. **Sperrklinkeneffekt** nach unten. Wenn sich die Haushalte an gewisse Konsumstandards gewöhnt haben, werden sie bei sinkendem Einkommen kaum bereit sein, unmittelbar ihre Konsumansprüche zu senken. Das Konsumverhalten ist folglich kaum reversibel, wenn das Einkommen gegenüber früheren Zeiträumen zurückbleibt.

Die **Habit-Persistence-Hypothese** übernimmt den Gedanken des Sperrklinkeneffekts; sie betrachtet den Konsum einer Zeitperiode nicht nur in Abhängigkeit von Einkommensgrößen, sondern auch in Abhängigkeit vom Konsum früherer Zeitperioden.

Die **Hypothese des „permanenten Einkommens“** (FRIEDMAN) betont im Gegensatz zu KEYNES die längerfristige Bestimmung des Konsums in Abhängigkeit vom permanenten Einkommen, eines erwarteten Durchschnittswertes gegenwärtiger und zukünftiger Einkommensströme. Der Einfluß kurzfristiger Einkommensschwankungen (transitorischer Einkommen) auf das Konsumverhalten sei vergleichsweise gering.

Die **Lebenszyklus-Hypothese** hebt das Lebensalter von Personen und die Bevölkerungsstruktur als Faktoren des Konsumverhaltens hervor. In der ersten Lebensphase bis zum (vorläufigen) Ende der Ausbildung wird entspart; in der zweiten

Abb. 10-5 Lebenszyklus-Hypothese des Konsumverhaltens

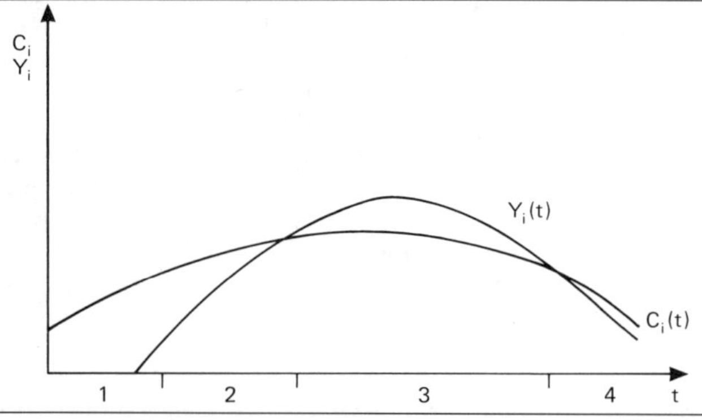

Y_i stellt eine typisierte Form der Lebenseinkommenskurve dar, C_i einen typisierten Verlauf von Konsumausgaben über vier Lebensphasen einer Person:
1 Erziehungs-/Ausbildungsphase
2 frühe Erwerbsphase
3 Hauptphase der Erwerbstätigkeit
4 Ruhestandsphase

Phase der eigenständigen Haushaltsbildung können die Ausgaben gleichfalls zunächst höher als das Einkommen sein. In der mittleren Lebensphase (Phase 3) werden dagegen zumeist Rücklagen gebildet. In der Ruhestandsphase (Phase 4) werde mit geringerem Einkommen weniger konsumiert, aber auch weniger gespart bzw. entspart. Bei erheblichen Unterschieden der Konsumquoten nach Phasen des Lebenszyklus werden deshalb die gesamtwirtschaftlichen Konsumausgaben von der Bevölkerungsstruktur abhängig sein.

Weitere **Nicht-Einkommens-Faktoren** beeinflussen die Höhe der Konsumausgaben. Neben objektiven Faktoren, z. B. die Höhe der Vermögen, werden subjektive Faktoren, insbesondere sozialkulturelle Faktoren, das Konsum- bzw. Sparverhalten der Haushalte bestimmen. Im internationalen Vergleich zeigen sich erhebliche Unterschiede der Konsumfunktion, so beträgt die Sparquote in Japan ca. 20 Prozent, in den USA hingegen 5–7 Prozent des aggregierten Haushaltseinkommens. KEYNES leugnete die verschiedenen shift-Faktoren der Konsumfunktionen nicht; er hielt das aggregierte Einkommen lediglich für einen bedeutsamen Erklärungsfaktor der kurzfristigen Entwicklung des Konsums.

10.2.2 Investitionen der Unternehmen

Der Begriff der Investitionen wurde oben bereits vorgestellt; es genügt daher eine kurze Erinnerung. Die **gesamtwirtschaftlichen Bruttoinvestitionen** dienen der Erweiterung, der Modernisierung oder dem Ersatz von Produktionskapazitäten. Gemeint sind ausschließlich Sachinvestitionen, die nach den Investitionsobjekten als Bau-, Ausrüstungs- und Lagerinvestitionen unterschieden werden.

10.2.2.1 Empirische Zeitreihen

Die **gesamtwirtschaftliche Investitionsquote** mißt den Anteil der Bruttoinvestitionen am BSP (jeweils in preisbereinigten Größen). Diese Investitionsquote gilt als wichtige wirtschaftspolitische Schlüsselgröße, die vielfach als Indikator der Dynamik von Produktionskapazitäten und der volkswirtschaftlichen Modernisierung angesehen wird. In dieser Interpretation wird häufig die **These einer relativen „Investitionslücke"** in der BR Deutschland behauptet, ein relativer Mangel an wirtschaftlicher Dynamik und Modernisierung durch relativ geringere Bruttoinvestitionen im Vergleich zu den 60er Jahren. Die Zeitreihe der gesamtwirtschaftlichen Investitionsquote scheint eine solche Investitionslücke insgesamt zu bestätigen.

Eine Differenzierung der Investitionsquoten liefert ein genaueres Bild der empirischen Entwicklung. **Staatliche Investitionen** haben überwiegend den Charakter von Bau- oder Infrastrukturausgaben; ihr Anteil im längerfristigen Vergleich war rückläufig. Bei den **privaten Bruttoinvestitionen** wird man die Ausgaben für den Wohnungsbau gesondert betrachten, da diese Investitionen überwiegend von privaten Haushalten getätigt werden, die nach der statistischen Konvention dem Sektor Wohnungswirtschaft zugerechnet werden. Die Quote der **Wohnungsbauinvestitionen** hat sich im Verlauf von drei Jahrzehnten in der BR Deutschland fast halbiert.

Bei den **Unternehmensinvestitionen** (ohne Wohnungsbau) konzentriert sich der relative Rückgang auf die **Vorratsinvestitionen** und die unternehmerischen Bau- und Erweiterungsinvestitionen. Mit Bezug auf die Zeitreihe der unternehmerischen **Ausrüstungsinvestitionen** kann die These einer allgemeinen Investitionslücke in der BR Deutschland nicht generalisiert werden. Da die Unternehmen als Hauptakteure der Investitionen gelten, beschränken wir uns im folgenden Teil auf die Komponente der unternehmerischen Investitionen (ohne Wohnungsbau).

Die stabilisierungspolitische Bedeutung der Investitionen, speziell der Unternehmensinvestitionen, ergibt sich weniger aus dem quantitativen Umfang dieser Ausgabenkomponente, sondern vor allem aus deren Schwankungsintensität im Konjunk-

Tab. 10-4 Entwicklung der Investitionsquoten in der BR Deutschland, 1960–87 (Bruttoinvestitionen (in Preisen von 1980) in Relation zum BSP (in Preisen von 1980)

	1960	1965	1970	1975	1980	1985	1987	
(1) Ausrüstungen der Unternehmen	7,09	7,81	8,71	6,95	8,21	7,95	8,26	
(2) Bauten der Unternehmen	15,48	14,30	12,29	10,33	10,83	9,53	9,30	
(21) darunter Wohnungsbau	9,75	9,21	7,53	6,50	6,77	5,61	5,27	
(3) Vorratsveränderungen	2,31	1,85	2,15	−0,60	0,93	−0,06	0,6	
(4) Unternehmensinvestitionen (4) = (1) - (3)	24,88	23,96	23,15	16,68	19,97	17,42	18,16	
(4), ohne Wohnungsbau	15,14	14,75	15,62	10,18	13,20	11,81	12,89	
(5) staatliche Ausrüstungen	0,22	0,31	0,29	0,35	0,37	0,32	0,34	
(6) staatliche Bauten	3,15	4,56	4,46	3,93	3,21	2,17	2,26	
(7) staatliche Investitionen (7) = (5) + (6)	3,37	4,87	4,75	4,28	3,58	2,49	2,60	
(8) Bruttoinvestitionen (8) = (4) + (7)	28,26	28,83	27,89	20,97	23,54	19,91	20,76	

Quelle: SVR, JG 1988/89, Statistischer Anhang, Tab. 31*

turverlauf. In der folgenden Abb. 10-6 werden die Entwicklungsraten des (preisbereinigten) BSP und der (preisbereinigten) Unternehmensinvestitionen miteinander verglichen. Der Vergleich läßt zwei empirische Merkmale erkennen: Eine deutlich höhere Schwankungsbreite der Änderungsrate der Investitionen im Konjunkturverlauf sowie ein zeitlicher Vorlauf der Investitionsschwankungen, insbesondere in Zeiten von Wirtschaftskrisen (vgl. die Jahre 1974, 1981). Die beiden empirischen Merkmale führen zu der Folgerung, daß die Investitionen eine konjunkturpolitische Schlüsselgröße bilden.

Abb. 10-6 Schwankungen der Unternehmensinvestitionen (ohne Wohnungsbau) im Vergleich zum BSP, BR Deutschland, 1960/61-87 (jeweils jährliche Änderungsraten der preisbereinigten Größen)

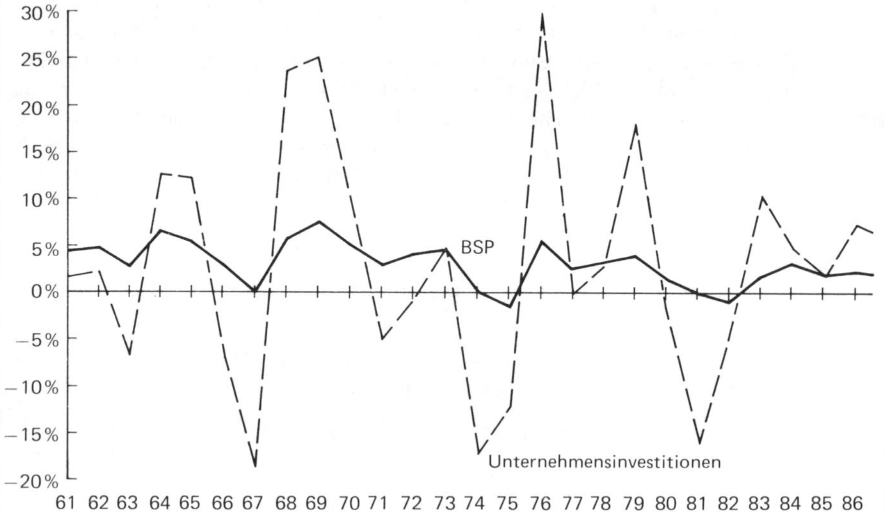

Die größeren relativen Schwankungen der Unternehmensinvestitionen lassen in einzelnen Wendepunkten der Entwicklung einen zeitlichen Vorlauf erkennen.

10.2.2.2 Investitionsschwankungen und das Akzeleratorprinzip

Die gesamtwirtschaftliche Investitionstheorie befaßt sich mit der Erklärung der zeitlichen Entwicklung der geplanten privaten Investitionen; zunächst folgt ein spezieller Theorieansatz, der die empirisch beobachteten überproportionalen Schwankungen der Investitionsausgaben zu erklären versucht. Eine mögliche Erklärung kann das Akzeleratorprinzip (in vereinfachter Form) liefern.

Die Hypothese des **Akzeleratorprinzips** unterstellt eine funktionale Beziehung zwischen dem **Niveau** der realen Investitionsausgaben und den (erwarteten) **Änderungen** der Produktion. Diese funktionale Beziehung läßt sich auf der Basis eines gegebenen optimalen **Kapitalkoeffizienten** ableiten. Damit wird angenommen, daß eine bestimmte Input-Output-Relation zwischen dem Einsatz an Kapital und der realen Produktionsmenge einer Volkswirtschaft bestehe. Der optimale Kapitalkoeffizient (kk) habe einen Wert größer als Eins (z. B. kk = 2). Unter dieser Annahme folgt, daß eine Input-Output-Funktion gemäß Gleichung (1) eine vereinfachte Investitionsfunktion gemäß (3) impliziert:

$$(1)\ K^{(t)} = kk \cdot Y^{(t)}$$

$$\begin{aligned}(2)\ I^{n(t)} &= K^{(t)} - K^{(t-1)}\\ &= kk \cdot Y^{(t)} - kk \cdot Y^{(t-1)}\\ &= kk \cdot \Delta Y^{(t)}\end{aligned}$$

$$\begin{aligned}(3)\ I^{b(t)} &= I^{n\,(t)} + AB^{(t)}\\ &= kk \cdot \Delta Y^{(t)} + AB^{(t)}\end{aligned}$$

Legende:
$K^{(t)}$ = Bestand des realen Produktionskapitals in (t)
$Y^{(t)}$ = reales BSP in (t)
kk = Kapitalkoeffizient
$I^{(t)}$ = reale Investitionsausgaben in (t)
b brutto, n netto
AB = Abschreibungen
(t) = laufende Zeitperiode
(t – 1) = Vorperiode

Der Parameter kk, der volkswirtschaftliche Kapitalkoeffizient, wird hierbei auch als Akzelerator bezeichnet; denn bei einem Kapitalkoeffizienten von größer als Eins schwanken die durch Produktionsänderungen induzierten Investitionsausgaben überproportional. Je mehr produziert werden soll, umso größer wird der notwendige Kapitaleinsatz sein, um so größer werden die Investitionen sein. Die geplanten Ausgaben für Maschinen und andere Produktionskapazitäten sind demnach abhängig von der (erwarteten) Änderung des Produktionsvolumens. Eine überproportionale Schwankungsbreite von Investitionen ergibt sich bei einer angenommenen Größe des Kapitalkoeffizienten von größer als Eins. Ein entsprechender positiver Zusammenhang zwischen erwarteten Produktionsänderungen und Unternehmensinvestitionen ist vor allem für Ausgaben vorstellbar, die der Erweite-

Tab. 10-5 Induzierte Schwankungen der Investitionen nach dem Akzeleratorprinzip[1]

Zeitperiode (1)	Produktion (2)	Optimaler Kapitalbestand (3)	Vorhandener Kapitalbestand (4)	reale Nettoinvestitionen (5)	reale Bruttoinvestitionen[2] (6)
1	200	400	400	0	20
2	210	420	420	20	40
3	220	440	440	20	40
4	250	500	500	60	80
5	270	540	540	40	60
6	260	520	520	–20	0
7	256	512	512	–8	12
8	250	500	500	–12	8
9	230	460	480	–20	0
10	200	400	460	–20	0

[1] Sämtliche Größen der Tabelle gelten als reale (preisbereinigte) Größen.
[2] Die Abschreibungen betragen konstant 20 GE je Periode.

Abb. 10-7 Kalkulierte Ausgaben-Einnahmen-Ströme eines PC-Geräts

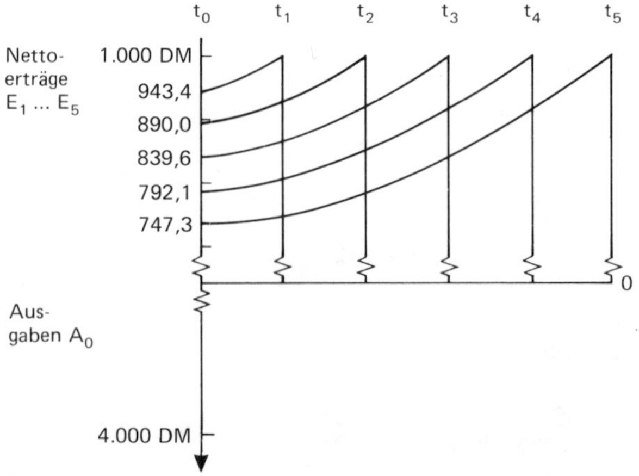

Annahmen:
Ausgaben: $A_0 = 4000$ DM jährliche Nettoerträge: 1000 DM
Nutzungsdauer: 5 Jahre (realer) Marktzinssatz: $i = 6\%$ p. a.
Aus diesen Annahmen folgt ein Gegenwartswert der Nettoerträge in Höhe von 4.212,40 DM.

rung der Produktionskapazitäten unmittelbar dienen. Das vorstehende Tabellenbeispiel unterstellt einen Kapitalkoeffizienten in Höhe von Zwei bei einer angenommenen Zeitreihe des erwarteten Produktionsvolumens über zehn Zeitperioden (vgl. Spalte 2).

Das Tabellenbeispiel liefert zwei Ergebnisse, die den empirischen Beobachtungen entsprechen:
- Eine überproportionale Schwankungsbreite der Ausgaben in der Zeitreihe der Bruttoinvestitionen,
- einen zeitlichen Vorlauf des Investitionszyklus im Vergleich zum Produktionszyklus; denn die *Veränderungsgröße* des Produktionsvolumens (Δ Y) hat frühere Wendepunkte der Entwicklungsreihe als die entsprechende *Niveaugröße*.

Übung 10-2 Zur Relevanz des Akzeleratorprinzips

Begründen und erläutern Sie die folgenden Aussagen zur Relevanz des Akzeleratorprinzips!
(1) Die Wirkungsweise des Akzeleratorprinzips im Bereich negativer Bruttoinvestitionen wird durch die Höhe der Abschreibungen begrenzt.
(2) Die Aussagen beschränken sich auf eine Komponente der Investitionen, die Erweiterungsinvestitionen bei hoher Kapazitätsauslastung. Andere Motive der Investitionen bleiben unbeachtet.
(3) Das vereinfachte Akzeleratorprinzip vernachlässigt Anpassungsverzögerungen beim Kapitalbestand. Nachteilig erscheint besonders die mangelnde Beachtung des langfristigen Horizonts von Investitionsentscheidungen.

10.2.2.3 Neoklassische (keynesianische) Investitionshypothesen

Bei der Erklärung von Investitionen vermischen sich die Ansätze der beiden Paradigmen. KEYNES' theoretische Überlegungen betreffen die Frage der Zinselastizität von Investitionen und den Einfluß unsicherer Erwartungen; sie basieren jedoch zunächst auf neoklassischen Ansätzen der Investitionstheorie.

Aus neoklassischer Sicht gilt die **einzelwirtschaftliche Rentabilität** als entscheidendes Kriterium der Investitionsentscheidungen von Unternehmen. Ein Investitionsprojekt wird in der Regel nur vorgenommen, wenn es aus der Sicht des Unternehmens rentabel erscheint.

Jeder einzelwirtschaftliche Akteur steht bei einer Investitionsentscheidung vor einem **Wahlproblem**: Eine Möglichkeit besteht darin, verfügbare Finanzierungsmittel am Kapitalmarkt anzulegen und relativ risikolose Wertpapiere zu erwerben. Eine risikobehaftete Sachinvestition als Alternative muß im Prinzip zumindest eine erwartete Rendite in Höhe des realen Zinssatzes einer risikolosen Finanzinvestition am Kapitalmarkt erbringen. Denn der Akteur steht bei Annahme verfügbarer Finanzierungsmittel generell vor der Alternative einer Finanzanlage ohne Risiko (Kauf festverzinslicher Wertpapiere) oder einer Sachinvestition (Kauf einer Maschine etc.). Die Finanzinvestition erbringt den realen Zinssatz des Kapitalmarktes (i) als Mindestrendite. Diese finanzwirtschaftliche Mindestrendite ist mit der realen Rendite einer geplanten Sachinvestition zu vergleichen. Nur wenn eine risikobehaftete Sachinvestition eine höhere Rendite als der reale Marktzinssatz der Finanzinvestition erwarten läßt, wird die Entscheidung zugunsten einer Sachinvestition positiv ausfallen. Als Voraussetzung einer Investition bei gegebenen Ertragserwartungen gilt daher die folgende Entscheidungsregel:

erwartete Rendite
der Investition ≥ realer Marktzinssatz
$r_e \geq i$

Die Ermittlung der Rendite eines Investitionsprojekts bei gegebenen Ertragserwartungen soll an einem **Beispiel** veranschaulicht werden. Angenommen sei, Sie planen die **Eröffnung** eines **Schreibbüros** als Ein-Personen-Unternehmen. Sie erwägen den **Kauf eines PC-Gerätes** mit Anschaffungskosten in Höhe von 4000 DM (= A_0), die zum Zeitpunkt t_0 zu zahlen sind. Sie kalkulieren jährliche Nettoerträge in Höhe von 1000 DM bei einer Nutzungsdauer des Gerätes über fünf Jahre.[3] Die erwarteten zukünftigen Nettoerträge müssen im Rahmen einer Investitionskalkulation abdiskontiert werden, denn 1000 DM in t_1 entsprechen aus ökonomischer Sicht einem geringeren Betrag in der Gegenwart (t_0). Die Notwendigkeit, Erträge zukünftiger Zeitperioden abzudiskontieren, folgt aus einer Umkehrung des Vorgangs einer Anlagefinanzierung am Kapitalmarkt von der Gegenwart in die Zukunft.

1000 DM in der Gegenwart entsprechen:

$$1000 \text{ DM } (1 + i)^1 \text{ in } t_1$$
$$\vdots$$
$$1000 \text{ DM } (1 + i)^5 \text{ in } t_5$$

[3] Aus Vereinfachungsgründen sei ferner angenommen, daß die Erträge jeweils zum Ende der Jahresperioden anfallen.

In Umkehrung der Zinsrechnung gilt für einen rückwärts gerichteten Wertvergleich:

$$1000\ \text{DM in } t_1 \quad 1000\ \text{DM}/(1+i)^1 \text{ in } t_0$$
$$\vdots$$
$$1000\ \text{DM in } t_5 \quad 1000\ \text{DM}/(1+i)^5 \text{ in } t_0$$

Die erwartete **Rendite** einer Investition (r_e) gleicht dem internen Diskontierungsfaktor, bei dem der (reale) Barwert der Nettoerträge rechnerisch exakt der Höhe der Anschaffungskosten entspricht (interner Zinsfuß oder Grenzleistungsfähigkeit der Investition). Wenn demgegenüber nach den Annahmen des Beispiels der (reale) Barwert der kalkulierten Nettoerträge des PC-Geräts die Anschaffungskosten in der Gegenwart übersteigt, muß die obige Entscheidungsregel eines rentablen Investitionsprojekts erfüllt sein (r_e größer als i). Der Kauf des PC-Geräts erscheint unter den angenommenen Bedingungen **rentabel** im Vergleich zu einer entsprechenden Finanzanlage, wenn man einen realen Marktzins von 6 Prozent p. a. am Kapitalmarkt unterstellt. Das Beispiel des PC-Geräts kann nach neoklassischer Ansicht verallgemeinert werden. Bei gegebenen Ertragserwartungen bildet das mikroökonomische Rentabilitätskalkül das allgemeine Prinzip privater Investitionsentscheidungen. Einzelwirtschaftliche Rentabilität im Vergleich zu einer Finanzanlage am Kapitalmarkt gilt als rationale Voraussetzung oder Entscheidungsregel einzelwirtschaftlicher Planungen von Sachinvestitionen.

Aus der mikroökonomischen Entscheidungsregel folgt eine makroökonomische **Hypothese zinsabhängiger Investitionen**, wenn sich alle Investoren grundsätzlich nach dem Rentabilitätskalkül verhalten. Die Unternehmen werden unter alternativen Investitionsprojekten bevorzugt die Projekte mit höherer Rendite realisieren. Diese Verhaltensweise führt im Prinzip zu einer Rangreihe von Investitionsprojekten nach der Rendite, beginnend mit Sachinvestitionen höherer Rendite. Bei einer konsistenten Rangreihe der aggregierten Investitionen muß dann die Rendite der Investitionen („Grenzleistungsfähigkeit" nach KEYNES) mit steigender Zahl von Investitionsprojekten sinken. Nach der neoklassischen Verhaltenslogik werden die Investitionsprojekte durchgeführt, deren erwartete Rendite (r_e) über dem realen Kapitalmarktzins (i) liegt.

$$\text{Investitionen} = I(r_e, i); \quad \text{mit der Entscheidungsregel: } r_e \geq i$$

Aus der Maxime der Entscheidungsregel folgt eine **inverse** Beziehung zwischen der Höhe der geplanten Investitionsausgaben und dem realen Kapitalmarktzins. Die neoklassische Investitionshypothese führt zu einer zinsabhängigen Investitionsfunktion bei gegeben Ertragserwartungen. Bei höheren Kapitalmarktzinsen werden die Investoren weniger Sachinvestitionen tätigen. Die zinsabhängige Investitionsfunktion hat daher eine negative Steigung.

$$\text{geplante Investitionen} = I(i); \quad \text{mit } dI/di < 0$$

Die Überlegungen von KEYNES basieren auf der vorstehenden neoklassischen Investitionsfunktion; er betont demgegenüber besonders den instabilen Charakter der Investitionsfunktion. Einerseits unterliegen Investitionsentscheidungen nach KEYNES teils deterministischen Zusammenhängen: „Sozial-ökonomische Entscheidungen der Investoren verlaufen nicht völlig chaotisch"! Andererseits dürfen die Ansprüche einer deterministischen Investitionsfunktion nach KEYNES nicht zu hoch gesetzt werden; die Investitionsfunktion habe einen instabilen Charakter. Die vorstehende Version der neoklassischen Investitionshypothese hatte den Einfluß unsi-

Abb. 10-8 Zinsabhängige Investitionen

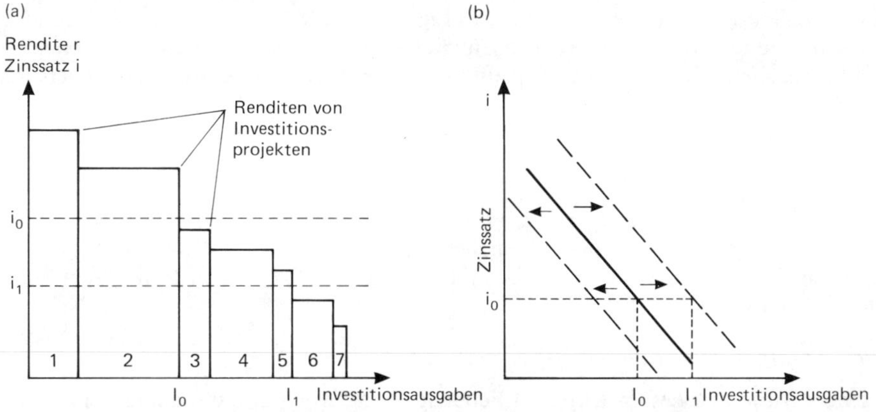

(a) beschreibt ein Schema einer Rangreihe von Investitionsprojekten 1 ... 7, geordnet nach der Höhe der jeweiligen Rendite. Die mikroökonomische Entscheidungsregel der Investoren impliziert bei gegebenem (realem) Marktzins eine bestimmte Höhe der aggregierten Investitionsausgaben.
(b) stellt eine zinsabhängige Investitionsfunktion I(i) dar, vereinfacht in einer linearen Form. KEYNES' Annahme unsicherer Erwartungen führt zu exogenen „shifts" der Investitionsfunktion.

cherer Erwartungen der Investoren durch die Annahme gegebener Ertragserwartungen wegdefiniert.

KEYNES hebt besonders die Bedeutung unsicherer, schwankender Erwartungen hervor; die Bedeutung des sozialpsychologischen Investitionsklimas zwischen Wellen von Optimismus und Pessimismus der Investoren. Sozialpsychologisch oder objektiv bedingte Änderungen der Erwartungen wirken formal als „shift"-Faktoren der Investitionsfunktion: Optimistische Ertrags- und Zukunftserwartungen bewirken eine Verschiebung der Investitionsfunktion nach rechts, pessimistische Erwartungen eine Verschiebung nach links. Aus dieser Sicht erscheint die neoklassische Investitionsfunktion bei Annahme gegebener Ertragserwartungen als eine vereinfachte ceteris-paribus-Analyse, um die deterministischen Zusammenhänge der Investitionsfunktion zunächst zu isolieren. Nach KEYNES bilden die Investitionen demgegenüber eine instabile, nicht besonders deterministische Funktion.

Aus KEYNES' Überlegungen läßt sich folgern, daß die zinsinduzierte Investitionsfunktion relativ indeterminiert sein wird. Die Zinselastizität der Investitionsfunktion wird relativ skeptisch eingeschätzt, insbesondere in „shift"-Phasen der Investitionsfunktion. Nach Unternehmensbefragungen bejahte nur eine Minderheit von befragten Unternehmen einen signifikanten Einfluß von unterschiedlichen Kapitalmarktzinsen. Insbesondere Großunternehmen bevorzugen mittelfristige Investitionspläne, die relativ unabhängig von der jeweiligen Zinshöhe realisiert werden. Eher ist ein Einfluß von Kapitalmarktzinsen bei sehr langfristigen Bauinvestitionen zu erwarten, da mit der Länge des Zeithorizonts der Investitionen der Einfluß der Zinssätze als Diskontierungsfaktor bedeutsamer werden wird.

Empirische Investitionsfunktionen lassen sich nur unter dem einschränkenden Vorbehalt ermitteln, daß die geplanten Investitionsausgaben der Unternehmen in der jeweiligen Zeitperiode realisiert wurden. Als abhängige Variable wurde die Entwicklung der Unternehmensinvestitionen, ohne Wohnungsbau, in der BR Deutschland im Zeitraum 1960-87 gewählt (in Preisen von 1980). Neben einer Zeittrendvariablen (Trend) wurde die Realzinsentwicklung als Bestimmungsfaktor nach der neoklassischen Zinshypothese geprüft. Die empirische Funktion zeigt neben den nicht-spezifizierten Trendfaktoren einen negativen Einfluß des Realzinses:

$$I = 127{,}67 + \underset{(9{,}40)}{3{,}75} \cdot \text{Trend} - \underset{(-3{,}18)}{6{,}72} \cdot i$$

$R^2 = 0{,}79$

$DW = 1{,}63$ (t-Werte in Klammern)

(Zur Bedeutung der Testwerte der Regressionsgleichung R^2, DW und der t-Werte vgl. den Anhang „Erläuterungen zur Schätzung von Regressionsfunktionen" nach dem 12. Kapitel.)

10.2.2.4 Ergänzende (alternative) Hypothesen

Weitere Varianten gesamtwirtschaftlicher Investitionshypothesen haben teils ergänzenden, teils alternativen Charakter.

Hypothesen einkommensabhängiger Investitionen lassen sich einerseits aus Finanzierungsüberlegungen, andererseits aus der Anpassung von Ertragserwartungen ableiten. Die Finanzierungsüberlegungen betonen, daß Zinskosten als Indikator von Finanzierungsbedingungen weniger relevant erscheinen, sondern eher die liquiden Finanzierungsmittel, die den Unternehmen nach Abzug der notwendigen Dividendenzahlungen oder Gewinnausschüttungen intern verbleiben. Unter der Annahme, daß die Dividenden der Unternehmen relativ stetig und ertragsunabhängig gestaltet werden, sind die internen Finanzierungsmittel der Unternehmen stark abhängig von der Höhe der laufenden Gewinne.

geplante Investitionen	= I (interne Finanzmittel)
interne Finanzmittel	= F (Unternehmensgewinne)
Wenn: Unternehmensgewinne	= G (Volkseinkommen)
Dann gilt: Investitionen	= I_1 (Unternehmensgewinne) oder
	I_2 (Volkseinkommen)

Eine weitere Begründung einkommensinduzierter Investitionen folgt aus einer positiven Verknüpfung von optimistischen Gewinnerwartungen der Unternehmen und den Unternehmensgewinnen der laufenden Perioden. Wenn die laufenden Unternehmensgewinne günstig sind, werden auch die Ertragsgewinne für die Zukunft günstig beeinflußt. Bei einer positiven Verknüpfung der Unternehmensgewinne und des Volkseinkommens folgt daraus eine Abhängigkeit der Investitionen vom laufenden Volkseinkommen.

geplante Investitionen	= I_3 (Ertragserwartungen)
Wenn: Ertragserwartungen	= E_e (Volkseinkommen)
Dann gilt: Investitionen	= I_4 (Volkseinkommen)

Eine vereinfachende Gegenhypothese nimmt **autonome** (oder exogene) **Investitionen** an. Die Annahme autonomer Investitionen besagt, daß die Investitionen von einer Vielzahl weiterer exogener Faktoren abhängig sein mögen, jedoch nicht vorrangig vom Volkseinkommen. Die Investitionen werden nicht primär als einkommensabhängige Größe betrachtet. Diese Annahme wird häufig in einfachen Multiplikatormodellen des Gütermarktes verwendet, die im folgenden Abschnitt behandelt werden.

Übung 10-3 Investitionen und Konjunktur

Die folgenden Textauszüge aus Gutachten des SVR analysieren die Entwicklung der privaten Investitionen in der BR Deutschland:
(a) zur Zeit einer Rezession (im Jahre 1981),
(b) zur Zeit eines Investitionsaufschwungs (im Jahre 1985).
Ordnen Sie die jeweiligen Aussagen nach den vorstehenden Ansätzen der Investitionstheorien!

(a) Rezession: „Weniger Licht als Schatten bei den Investitionen" (1981)
„Zu einer Belebung der Investitionstätigkeit, wie sie für mehr konjunkturellen Schwung, vor allem aber für mehr Wachstumsdynamik notwendig gewesen wäre, ist es nicht gekommen; im Gegenteil, im Verlauf des Jahres war ein deutlicher Rückgang der Investitionen zu verzeichnen, wenn auch kein so ausgeprägter, wie sonst in konjunkturellen Schwächephasen. Zwar hatte sich schon im letzten Jahr gezeigt, daß der Zwang, Energie zu sparen, kostengünstiger zu produzieren und verbesserte Produkte auf den Markt zu bringen, viele Unternehmen davon abhielt, ihre Investitionen so wie früher zu kürzen, wenn die Auslastung der vorhandenen Kapazitäten sank; auch in diesem Jahr war das nicht grundlegend anders. Auf der anderen Seite änderte sich aber auch wenig, was Anlaß (zur Besserung) hätte sein können, ... Die Absatzerwartungen blieben unsicher, die Ertragserwartungen gedämpft, und überdies ließ der weitere Zinsanstieg offenbar für mehr und mehr Investoren ein Zuwarten vorteilhafter erscheinen, sofern nicht schon die Höhe der Finanzierungskosten sie zu Abstrichen an ihren Investitionsplänen zwang." (SVR, JG 1981/82, TZ 94)

(b) Investitionsaufschwung (1984/85)
„Wägt man die Argumente, die für und die gegen einen kräftigen Investitionsaufschwung sprechen, sorgfältig gegeneinander ab, dann finden sich derzeit die meisten auf der Habenseite. ... Diese sind:

- Die deutliche Verbesserung der Erträge. Sie ist nicht nur die Basis für eine höhere Eigenfinanzierung, sondern erleichtert auch, wegen des gestiegenen Marktwertes der Unternehmen, die Fremdfinanzierung.
- Die positiven Absatzerwartungen insbesondere im Exportgeschäft: Darin kommt zum Ausdruck, daß die Mehrzahl der Unternehmen auf eine weitere Kräftigung der Konjunktur setzt.
- Die wieder höhere Kapazitätsauslastung: Sie nähert sich in nicht wenigen Bereichen, freilich auch als Folge eines schwachen Kapazitätswachstums, der Normalauslastung. Dies läßt erwarten, daß mehr Unternehmen als in den letzten Jahren eine Erweiterung ihrer Anlagen ins Auge fassen.
- Die wachsende Bereitschaft zur Modernisierung: Sie tritt immer mehr an die Stelle der Rationalisierung, dem bislang vorherrschenden Investitionsmotiv." (SVR, JG 1984/85, TZ 266)

10.3 Gütermarktgleichgewicht und staatliche Fiskalpolitik

Die Komponenten der **Güternachfrage** bilden nach KEYNES den strategischen Ansatz zur Bestimmung der gesamtwirtschaftlichen Produktion und des Volkseinkommens im Rahmen einer isolierten Analyse des gesamtwirtschaftlichen Gütermarktes, in der zunächst die Zusammenhänge zu weiteren Märkten vernachlässigt werden. Die makroökonomische Analyse ist wegen der Vielfalt der Akteure und der Komplexität realer Volkswirtschaften zu modelltheoretischen Vereinfachungen gezwungen. Neben der Aggregation von Akteuren und Transaktionen erfolgt eine Konzentration auf grundlegende Theoriekonzepte.

Im ersten Schritt der Analyse werden **zwei Modellvarianten** der keynesianischen

Gleichgewichtstheorie des gesamtwirtschaftlichen Gütermarktes erläutert. Das vereinfachte **Einkommen-Ausgaben-Modell** bei **Annahme autonomer Investitionen** bildet eine Basis der grundlegenden Multiplikatortheorie des Gütermarktes. Die Variante des **IS-Modells** bei **Annahme zinsinduzierter Investitionen** führt später zum erweiterten Mehr-Märkte-System. Diese Varianten keynesianischer Modelle des Gütermarktes werden kurz von den klassischen Modellvorstellungen abgegrenzt. Im zweiten Schritt folgen die Grundlagen der **Multiplikatortheorie** des Gütermarktes, die im wesentlichen auf der Basis von KEYNES' Konsumhypothese entwickelt wurden. Die Multiplikatortheorie bildet schließlich die konzeptionelle Grundlage der **staatlichen Fiskalpolitik** im dritten Teilabschnitt.

Die keynesianische Theorie der Stabilisierung betrachtet eine Rezession mit erheblicher konjunktureller Arbeitslosigkeit als **Hauptproblem**. Gefragt wird nach den möglichen Effekten von Maßnahmen der Fiskalpolitik (und später der Geldpolitik), damit das Volkseinkommen erhöht und konjunkturelle Arbeitslosigkeit verringert werden kann. Um die möglichen Effekte von wirtschaftspolitischen Maßnahmen aufzuzeigen, bedarf es vereinfachter Modelle, die komplexe Realitäten auf prinzipiell bedeutsame Zusammenhänge reduzieren. Schließlich sollten die vereinfachten Modelle trotz der notwendigen Abstraktion nicht ohne reale Anwendungsbezüge verbleiben. Zur Vereinfachung werden zunächst nur zwei Gruppen von Wirtschaftsakteuren des Gütermarktes berücksichtigt, die privaten Haushalte und die Unternehmen. I. d. R. wird zunächst der Fall einer Volkswirtschaft ohne Staat und außenwirtschaftliche Beziehungen unterstellt. Wegen des vorrangigen Bezugs zur Rezession wird das Problem der Inflation zurückgestellt; angenommen wird zunächst ein konstantes Preisniveau. Sofern nicht ausdrücklich vermerkt, werden generell preisbereinigte Größen des Gütermarktes einbezogen.

10.3.1 Grundlagen: Modell des Gütermarktgleichgewichts nach KEYNES

10.3.1.1 Vereinfachtes Einkommen-Ausgaben-Modell bei Annahme autonomer Investitionen

Die Idee des Gütermarktgleichgewichts soll hier eingangs unter der vereinfachenden Annahme einer Volkswirtschaft ohne staatliche Akteure und Außenhandel aufgegriffen werden. Nach KEYNES gilt die **gesamtwirtschaftliche Nachfrage** als strategische Größe, welche die Produktion und das Volkseinkommen bestimmt. Das Volkseinkommen bezeichnet die Summe der Faktoreinkommen (Wertschöpfung) aus der Produktion einer Wirtschaftsperiode. Die privaten Haushalte verwenden Teile des Volkseinkommens zur Nachfrage nach Konsumgütern. Soweit die **Haushalte sparen**, werden Teile des Volkseinkommens dem Güterkreislauf als wirksame Nachfrage entzogen. Ohne zusätzliche Nachfrage anderer Akteure wäre die Nachfrage in der Regel geringer als die Produktion und das Volkseinkommen. Im Gleichgewicht müssen daher diese Entzugseffekte durch zusätzliche **Nachfrage** anderer Akteure, die geplanten Investitionsausgaben der **Unternehmen**, ausgeglichen werden, damit der Wertschöpfung aus der laufenden Produktion trotz der Entzugseffekte eine ausreichende aggregierte Nachfrage gegenübersteht. Wenn die aggregierte Nachfrage der verschiedenen Akteure dem Volkseinkommen aus der laufenden Produktion entspricht, kann die Güterproduktion abgesetzt und die geplante aggregierte Nachfrage realisiert werden. Der Güterkreislauf kann ohne größere Änderungen fortgesetzt werden. Dieser globale Ausgleich zwischen den aggregierten Einkommen und den geplanten Ausgaben verschiedener Akteure in einer Wirtschaftsperiode bildet den Kern des makroökonomischen **Gleichgewichtskonzepts** im Einkommen-Ausgaben-Modell des Gütermarktes.

Eine Variante des Modells konzentriert sich auf die KEYNESsche Hypothese des Konsumverhaltens, um die grundlegende Diagnose eines Rezessionsgleichgewichts (**deflatorische Lücke**) in vereinfachter Form herauszuarbeiten. Die Höhe der **Investitionen** wird als **autonom** angenommen, d. h. die geplanten Investitionen seien unabhängig vom Volkseinkommen. Unter den Annahmen einer geschlossenen Volkswirtschaft mit zwei Gruppen von Wirtschaftsakteuren läßt sich das stark vereinfachte System des Gütermarktgleichgewichts in drei Gleichungen darstellen. Die Güternachfrage besteht aus den Komponenten der Konsumnachfrage und der autonomen Investitionen. Die Bedingung des Gleichgewichts verlangt einen Ausgleich der Faktoreinkommen aus der laufenden Produktion und der aggregierten Güternachfrage.

Abb. 10-9 Gleichgewichts-Volkseinkommen bei autonomen Investitionen

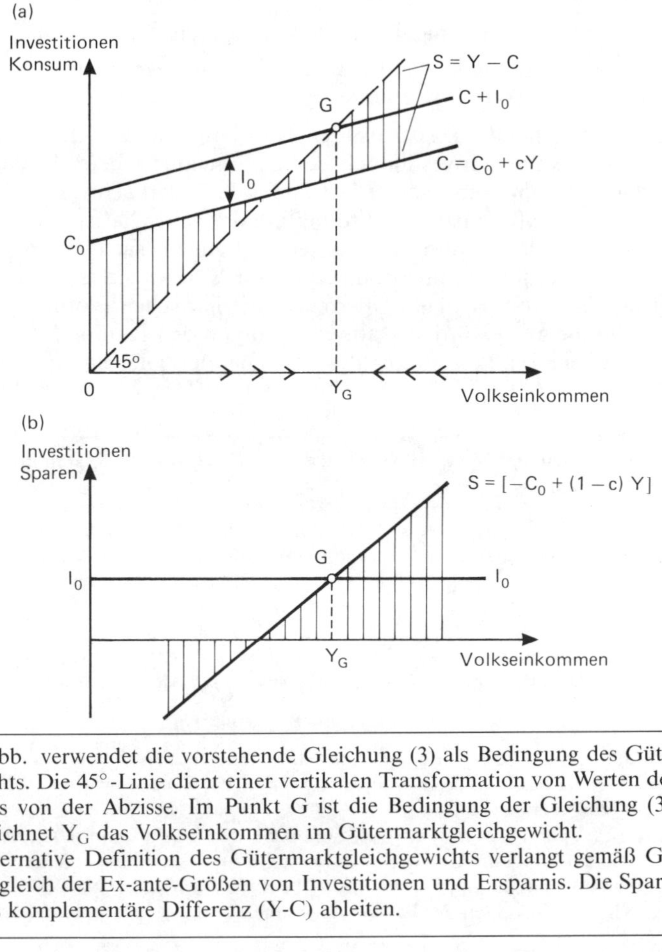

(a) Diese Abb. verwendet die vorstehende Gleichung (3) als Bedingung des Gütermarktgleichgewichts. Die 45°-Linie dient einer vertikalen Transformation von Werten des Volkseinkommens von der Abzisse. Im Punkt G ist die Bedingung der Gleichung (3) erfüllt. Daher bezeichnet Y_G das Volkseinkommen im Gütermarktgleichgewicht.

(b) Eine alternative Definition des Gütermarktgleichgewichts verlangt gemäß Gleichung (6) den Ausgleich der Ex-ante-Größen von Investitionen und Ersparnis. Die Sparfunktion läßt sich als komplementäre Differenz (Y-C) ableiten.

(1) $C = C_0 + c \cdot Y$ (KEYNES' Konsumhypothese)
(2) $I = I_0$ (Hypothese autonomer Investitionen)
(3) $Y = C + I$ (Bedingung des Gütermarktgleichgewichts einer geschlossenen Volkswirtschaft ohne Staat)

Die Gleichungen (1) und (2) können in Gleichung (3) eingesetzt werden, um die analytische Lösung des Gleichgewichts-Volkseinkommens zu bestimmen. Die Lösung zeigt, daß die Höhe des Gleichgewichts-Volkseinkommens vom Parameter der Konsumfunktion (1-c) abhängt.

(3.1) $Y = C_0 + c \cdot Y + I_0$
(4) $Y = (1/1\text{-}c) \cdot (C_0 + I_0)$ (Bestimmung des Gleichgewichtsvolkseinkommens)

Aus der Sicht der privaten Haushalte gilt auch die Definitionsgleichung (5). Die Bedingung des **Gütermarktgleichgewichts** (3) kann unter den vereinfachenden Annahmen auch als Ausgleich der geplanten Investitionen der Unternehmen und der geplanten Ersparnis der Haushalte formuliert werden.

(5) $Y = C + S$

Aus (5) und (3) folgt:

(6) $I = S$ (alternative Bedingung des Gütermarktgleichgewichts)

Die alternativen Bedingungen des Gütermarktgleichgewichts werden in grafischer Form durch die Abb. 10-9 erläutert.

Übersteigt die geplante Ersparnis der Haushalte unter den vereinfachenden Annahmen die geplanten Investitionen der Unternehmen, herrscht demgegenüber ein **Ungleichgewicht** am Gütermarkt: Die laufende Güternachfrage würde geringer sein als die Wertschöpfung bzw. die Produktion der Wirtschaftsperiode. Die Produzenten würden die Produktion nicht absetzen können, sie müßten die Lagerbestände unfreiwillig erhöhen (Situation rechts von Y_G). Andererseits kann bei geringer Ersparnis (links von Y_G) eine Übernachfrage herrschen. Vorhandene Lagerbestände der Unternehmen würden - abweichend von den Planungen - abgebaut. Testen Sie nunmehr Ihr Verständnis des vorstehenden Gleichgewichtsbegriffs mittels Übung 10-4!

Übung 10-4 Ex ante-Ungleichgewicht versus Ex post-Gleichheit von Sparen und Investieren - ein logischer Widerspruch?

Wie zuvor wird eine Volkswirtschaft ohne Staat und Außenwirtschaft angenommen. Nach der Ex ante-Analyse herrscht ein Ungleichgewicht am Gütermarkt, wenn die geplante Ersparnis der Haushalte von den geplanten Investitionen der Unternehmen abweicht:

$$I_{ex\ ante} <> S_{ex\ ante}$$

Für dieselbe Volkswirtschaft gilt nach der Ex post-Rechnung der VGR für vergangene Zeitperioden immer die definitionsartige Identität des Vermögensänderungskontos:

$$I_{ex\ post} = S_{ex\ post}$$

Hierzu ein Zitat: „Wenn (die VGR) die Spar- und Investitionstätigkeit mißt, werden (diese Größen) einander jederzeit, während einer Rezession ebenso wie während einer Hochkonjunktur, genau entsprechen.
Aber die *tatsächlich vorgenommenen* Investitionen werden sich oft von den *geplanten* Investitionen unterscheiden, wenn die Unternehmen feststellen, daß sich ihre geplanten Umsätze nicht mit ihrer geplanten Produktion decken ..." (SAMUELSON/NORDHAUS 1987[8], Bd. 1, S. 254).
Besteht zwischen den Aussagen der Ex post-Gleichheit und des Ex ante-Ungleichgewichts ein logischer Widerspruch?

10.3.1.2 KEYNES' Diagnose der deflationären Lücke versus klassische Modellvorstellungen

Das stark vereinfachende Einkommen-Ausgaben-Modell des Gütermarktes mag dazu dienen, die prinzipielle Bedeutung der KEYNESschen Konsumfunktion zur Diagnose einer Rezession mit konjunktureller Unterbeschäftigung im Unterschied zu klassischen Modellvorstellungen hervorzuheben.

Nach KEYNES besteht im Fall einer Rezession eine unzureichende Güternachfrage (**Nachfragelücke**), um das Produktionspotential einer Volkswirtschaft auszulasten oder eine konjunkturelle Arbeitslosigkeit zu verringern. Bei einem Rezessionsgleichgewicht ($Y_G < Y_{Pot}$) führt eine Nachfragelücke im Vergleich zur Auslastung des **Produktionspotentials** zur Unterauslastung bzw. zu konjunktureller Arbeitslosigkeit. Weil die Güternachfrage zu gering ist, verbleiben die Produktion und das Volkseinkommen zu gering. Folglich bleibt auch die Konsumnachfrage der Haushalte bei gegebener Konsumfunktion zu gering. Auch die (autonomen) Investitionen führen nicht zu einer endogenen Beseitigung der Krise. Bei mangelnder Auslastung der Kapazitäten sind eher negative Effekte einer zurückhaltenden Investitionsneigung zu vermuten, so daß eine Tendenz zu einer verstärkten und sich vergrößernden Nachfragelücke bei einer massiven Krise vermutet werden kann. Der Mangel an Güternachfrage wird nach KEYNES andauern (oder sich gar verstärken), wenn die Komponenten der Güternachfrage vom Volkseinkommen abhängen oder unabhängig davon verbleiben. Die Nachfragelücke (deflationäre Lücke) gilt als Schlüsselfaktor einer keynesianischen Sicht konjunkturbedingter Arbeitslosigkeit und einer rezessionsbedingten Unterauslastung.

Im prinzipiellen Gegensatz dazu stehen die **klassischen Modellvorstellungen** nach dem **SAYschen Theorem**. In einer Volkswirtschaft ohne Staat und Außenwirtschaft würde das Gleichgewicht des Gütermarktes nach diesem Theorem durch den Zins- und Preismechanismus automatisch realisiert, wenn KEYNES' Konsumhypothese durch eine **klassische Sparfunktion** ersetzt werden könnte. Zugleich wird die Hypothese **zinsinduzierter Investitionen** eingeführt. Sparen bedeutet nach Ansicht der Klassiker den Verzicht auf gegenwärtigen Konsum zugunsten zukünftiger Konsummöglichkeiten. Höhere (reale) Zinsen bedeuten höhere Opportunitätskosten des Gegenwartskonsums bzw. höhere Möglichkeiten zukünftigen Konsums. Mit höheren Zinsen wird daher nach klassischer Ansicht die Sparbereitschaft steigen. Wenn höhere Realzinsen andererseits die Investitionsbereitschaft senken, führt der Zins- und Preismechanismus endogen zum Gleichgewicht. Eine Nachfragelücke im Sinne eines fortdauernden Ungleichgewichts zwischen Sparen und Investieren erscheint folglich nach der klassischen Lehre unmöglich. Jedes Angebot am Gütermarkt schafft sich die erforderlich Nachfrage.

Klassisches Systemgleichgewicht
von Sparen und Investieren

(1) $S = S(i)$ mit $dS/di > 0$
(2) $I = I(i)$ mit $dI/di < 0$
(3) $S(i) = I(i)$ Gleichgewicht

Abb. 10-10 Nachfragelücke? KEYNES versus klassische Lehre

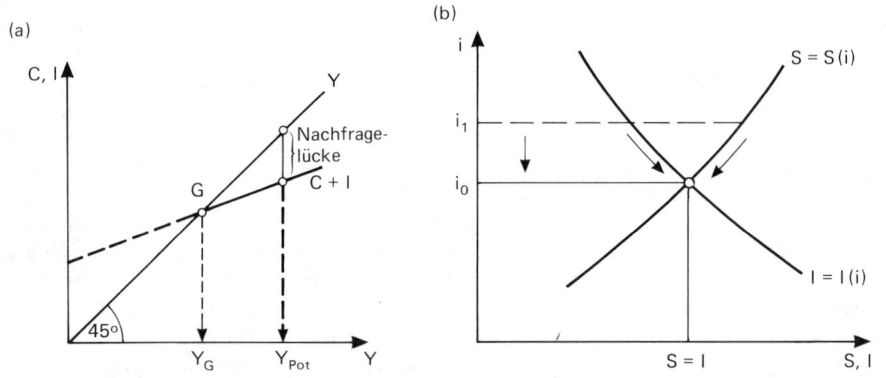

(a) KEYNES' deflatorische Lücke: Wenn das Gleichgewichts-Volkseinkommen Y_G geringer als das potentielle Volkseinkommen Y_{Pot} bei voller Auslastung der Produktionsfaktoren bleibt, reicht die Güternachfrage nicht aus, um alle Faktoren entsprechend Y_{Pot} zu beschäftigen.

(b) Nach der klassischen Lehre führt ein vorübergehender Mangel an Güternachfrage ($S > I$) zu einer Senkung des realen Zinssatzes und zum Ausgleich des Gütermarktes. Jedes Güterangebot schafft sich über Änderungen des Realzinssatzes eine ausreichende Güternachfrage.

10.3.1.3 Einkommen-Ausgaben-Modell des Gütermarktes bei zinsabhängigen Investitionen

Diese Variante des keynesianischen Gütermarktes soll hier kurz als Alternative zum klassischen IS-Modell eingeführt werden. Im Vergleich zum vorstehenden KEYNES-Modell wird lediglich die Hypothese autonomer Investitionen abgeändert, übernommen wird die neoklassische **Hypothese zinsabhängiger Investitionen**. Das Modell des Gütermarktes läßt sich wiederum als System von drei Gleichungen darstellen:

(1)	$S = S(Y)$	(KEYNES' Konsumhypothese, formuliert als Sparfunktion)
(2)	$I = I(i)$	(Hypothese zinsabhängiger Investitionen)
(3)	$S(Y) = I(i)$	(Gütermarkt-Gleichgewicht)

Die analytische Darstellung zeigt, daß diese Variante des Gütermarktmodells *drei* Gleichungen mit *vier* variablen Größen enthält. Das System führt somit nicht zu einer bestimmten Lösung des Gleichgewichts am Gütermarkt. Das partielle Gütermarktgleichgewicht erlaubt verschiedene IS-Lösungen, die vom Volkseinkommen und vom Realzinssatz abhängen.

Diese Variante der IS-Gleichgewichte liefert einen keynesianischen Ansatz des Gütermarktes im Rahmen des makroökonomischen Gesamtmodells. Der Ansatz wird später im makroökonomischen Gesamtmodell mehrerer Marktsysteme wieder aufgegriffen. Hier mag die Variante zunächst als ein knapper **Exkurs** betrachtet werden.

10.3.2 Grundlagen der Multiplikatortheorie

10.3.2.1 Das Prinzip des Multiplikators

Wir kehren zurück zur ersten Variante des Einkommen-Ausgaben-Modells und zur Annahme einer deflationären Lücke. Nunmehr sollen die Auswirkungen von Änderungen der (autonomen) Güternachfrage untersucht werden. Angenommen wird, daß eine Welle von Produktinnovationen das Investitionsklima verändert und die Unternehmen zu einer **dauerhaften Erhöhung** der **Investitionsausgaben** veranlaßt werden. Wie reagieren die Produktion und das Volkseinkommen?

Hierzu ein vereinfachtes Beispiel einer Volkswirtschaft (ohne Staat und Außenwirtschaft) mit gegebenen Funktionen der Nachfragekomponenten (in Mrd. DM):

(1) $C = 100 + 0{,}8 \cdot Y$ (Konsumfunktion)
(2) $I_0 = 100$ (autonome Investition)

Die Bedingung des Gütermarktgleichgewichts

(3) $Y = C + I$

führt zur Höhe des Volkseinkommens im Ausgangsgleichgewicht von 1000 (Mrd. DM). Das potentielle Volkseinkommen sei nicht erreicht (deflatorische Lücke).

Das veränderte Investitionsklima durch die angestrebten Produktinnovationen führt annahmegemäß im Beispiel zu einer dauerhaften Erhöhung der autonomen Investitionen:

(2.1) $I_0 = 150$

Die Gleichungen (1) und (21) können dann in (3) eingesetzt werden, um das neue Gleichgewicht zu ermitteln.

(3.1) $Y = 100 + 0{,}8 \cdot Y + 150$

Nach Gleichung (31) kann das Volkseinkommen im neuen Gleichgewicht bestimmt werden:

(3.2) $Y = (1 / (1-0{,}8)) \cdot 250 = 1250$

Das analytische Ergebnis bedarf einer näheren Betrachtung:

- Der Anstieg der autonomen Investitionsausgaben erhöht das Gleichgewichtsniveau der Produktion und des Volkseinkommens. Die Zunahme des Volkseinkommens (im Beispiel: + 250 Mrd. DM) beträgt ein Vielfaches des Anstiegs der autonomen Investitionen (+ 50 Mrd. DM).
- Der Parameter der Konsumfunktion, die marginale Konsumquote (im Beispiel 0,8), bestimmt gemäß Gleichung (3.2) über die Höhe des neuen Gleichgewichts. Wäre die Konsumquote (c) höher bzw. die Sparquote (1-c) niedriger als im Beispiel gewesen, hätte sich das Volkseinkommen in neuen Gleichgewichten stärker erhöht. Der Parameter der Konsumfunktion nach Keynes bestimmt offenbar über die Höhe der Einkommenseffekte einer Änderung der autonomen Investitionen.

Wie können diese Ergebnisse bzw. Effekte erklärt werden? Zur Erläuterung mag das bekannte Einkommen-Ausgaben-Diagramm dienen.

Die Einkommenseffekte einer Zunahme autonomer Investitionen lassen sich als Ergebnis eines **mehrstufigen Multiplikatorprozesses** deuten. Die primäre Erhöhung der Investitionen hat zunächst eine entsprechende Zunahme der Produktion und des Volkseinkommens zur Folge (im Beispiel: + 50 Mrd. DM), die als **Primäreffekt** der Erhöhung der autonomen Nachfrage bezeichnet wird. Dieser Primäreffekt

Abb. 10-11 Einkommenseffekte von Änderungen der autonomen Nettoinvestitionen

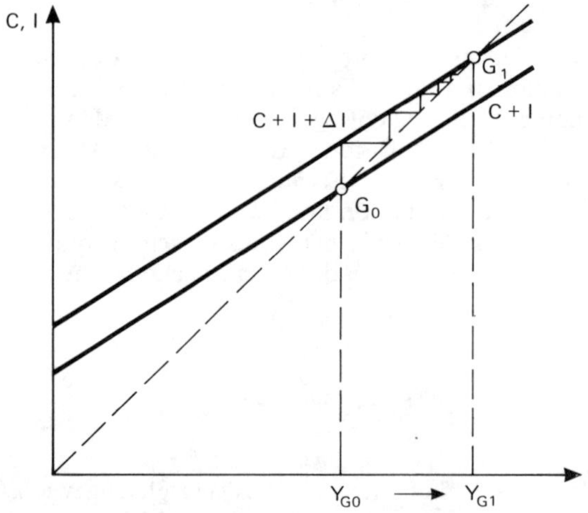

Y_{G0} entspricht dem Gleichgewichtsniveau in der Ausgangssituation einer angenommenen deflationären Lücke bei der Gesamtnachfrage (C + I). Die Erhöhung der autonomen Investitionen ΔI verschiebt die aggregierte Nachfrage nach oben. Das neue Gleichgewicht Y_{G1} wird über einen stufenartigen Expansionsprozeß über die primären und sekundären Einkommenseffekte erreicht.

induziert über die einkommensabhängige Konsumnachfrage weitere **nachfolgende Nachfrageeffekte**. Bei einer angenommenen marginalen Konsumquote von 0,8 im vorstehenden Beispiel führt der Primäreffekt zu einer weiteren induzierten Konsumnachfrage in Höhe von + 40 Mrd. DM, die Ersparnis erhöht sich um 10 Mrd.

Abb. 10-12 Schematische Darstellung des Multiplikatorprozesses

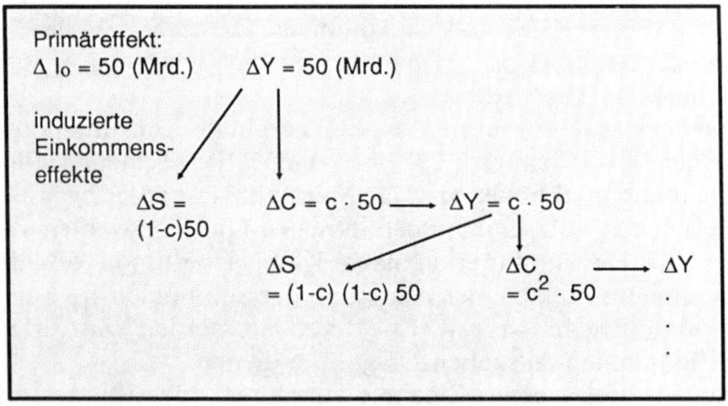

Dem Primäreffekt der Erhöhung der autonomen Investitionen folgen im Rahmen weiterer Produktions- und Einkommensperioden induzierte Einkommenseffekte, die einen expansiven Multiplikatorprozeß mit abnehmenden Einkommenseffekten fortsetzen.

DM. Die zusätzliche Konsumnachfrage hat gleichfalls einen **induzierten Einkommenseffekt** zur Folge, das Volkseinkommen erhöht sich zusätzlich um 40 Mrd. DM. Aus den sekundären Einkommenserhöhungen resultieren **weitere Expansionseffekte** in folgenden Kreisläufen. In der dritten Stufe des Expansionsprozesses folgt eine weitere induzierte Erhöhung der Konsumnachfrage in Höhe von 0,8 (0,8 · 50 Mrd. DM); zudem erhöht sich die Ersparnis nach der angenommenen Konsumfunktion um (1-0,8) ((1-0,8) · 50 Mrd. DM).

Der Expansionsprozeß der induzierten Nachfrage- und Einkommenseffekte schaukelt sich weiter mit abnehmender Wirkung fort, da die Haushalte jeweils einen Teil der zusätzlichen Einkommen nicht für zusätzliche Ausgaben verwenden, sondern höhere Ersparnisse bilden. Die höheren **Ersparnisse** werden dem Einkommen-Ausgaben-Kreislauf entzogen, zusätzliche Einkommen werden insoweit nicht als zusätzliche Nachfrage wirksam. Die (zusätzlichen) Ersparnisse führen zu **„Sikker**-Effekten" im Expansionsprozeß, bis dieser im neuen Gleichgewicht zu einem Ende gelangt. Eine größere marginale Konsumquote (oder eine geringere marginale Sparquote) würde die Sickerverluste verringern und die induzierten Einkommenseffekte steigern. Die Multiplikatorwirkung autonomer Nachfrageänderungen im neuen Gleichgewicht würde erhöht.

Die **Multiplikatoreffekte** resultieren somit aus der Kumulation des Primäreffektes autonomer Änderungen der Güternachfrage und nachfolgenden induzierten Nachfrageeffekten aus der Einkommensabhängigkeit von Teilen der Güternachfrage. Die kumulierten induzierten Nachfrageeffekte führen insgesamt zum Multiplikatorprinzip eines **vielfachen** Einkommenseffekts im Vergleich zur primären Ausgabenerhöhung.

10.3.2.2 Ableitung des Investitionsmultiplikators

Das Beispiel des **Investitionsmultiplikators** bedarf einer Verallgemeinerung. Das Gleichgewichts-Volkseinkommen im Einkommen-Ausgaben-Modell mit autonomen Investitionen wurde oben gemäß Gleichung (4) bestimmt.

(4) $Y_{G,0} = (1/(1-c)) \cdot (C_0 + I_0)$

Die autonomen Komponenten der Güternachfrage sowie der Parameter der Konsumfunktion (1-c) sind die Bestimmungsfaktoren des gleichgewichtigen Volkseinkommens. Bei Annahme autonomer Änderungen der Investitionen gilt analog:

(4.1) $Y_{G,1} = (1/(1-c)) \cdot (C_0 + I_0 + \Delta I_0)$

Der expansive Einkommenseffekt läßt sich aus der Differenz der beiden Gleichungen ableiten.

(4.2) $Y_{G,1} - Y_{G,0} = \underbrace{(1/(1-c))}_{\text{Multiplikator}} \cdot \underbrace{(\Delta I_0)}_{\text{Primäreffekt}}$

Die Höhe des **Investitionsmultiplikators** im vereinfachten Einkommen-Ausgaben-Modell nach KEYNES hängt vom Parameter der einkommensabhängigen Konsumnachfrage bzw. von der marginalen Sparquote ab. Je größer die Sparneigung im vereinfachten Kreislaufmodell einer Volkswirtschaft ist, desto größer sind die Sikkerverluste, umso geringer wird der Multiplikatoreffekt von autonomen Nachfrageänderungen.

Bei einer höheren marginalen Konsumquote (geringere Sparneigung) wird der **Investitionsmultiplikator größer** sein.

Nach der Algebra der formalen Lösung sollte der ökonomische Sinngehalt des expansiven Investitionsmultiplikators kurz reflektiert werden. Unterstellt war eine **deflatorische Lücke** als Ausgangssituation einer Volkswirtschaft. Die deflationäre Lücke beruht nach KEYNES auf einem Defizit an gesamtwirtschaftlicher Nachfrage. Wenn in dieser Situation eine dauerhafte Erhöhung der Investitionen durch eine günstige Beeinflussung des Investitionsklimas gelingen würde, könnten expansive Einkommenseffekte im Güterkreislauf von Produktion, Einkommen und weiteren Konsumausgaben induziert werden. Ein expansiver Multiplikatorprozeß mit höherer Güternachfrage, höherer Auslastung und Beschäftigung könnte eingeleitet werden. Aus *gesamtwirtschaftlicher* Sicht wäre eine Erhöhung der Investitionsausgaben sinnvoll, obwohl aus *einzelwirtschaftlicher* Sicht im Falle einer deflationären Lücke das Investitionsverhalten eher zurückhaltend sein dürfte.

Übung 10-5 Verständnisfragen zum Investitionsmultiplikator

(a) Das vereinfachte Einkommen-Ausgaben-Modell soll ergänzt werden durch eine Komponente einkommensabhängiger Investitionen. Als Investitionsfunktion gelte:

$$I = I_0 + I_1 (Y)$$

Wird durch die einkommensabhängige Investitionsfunktion der Multiplikatorprozeß beeinflußt ?

(b) Die Annahme einer geschlossenen Volkswirtschaft soll vorübergehend aufgehoben werden, um autonome Exporte sowie einkommensabhängige Importe eines kleinen Landes mit hoher Importquote einzuführen. Die Gleichgewichtsbedingung lautet:

$$Y_G = C(Y) + I(Y) + Ex - Im(Y)$$

Wie schätzen Sie die Höhe des Investitionsmultiplikator im Vergleich zum vereinfachten Fall einer geschlossenen Volkswirtschaft ein?

10.3.2.3 Multiplikatoreffekte in einer Volkswirtschaft mit staatlicher Fiskalpolitik

Nunmehr sollen neben privaten Haushalten und Unternehmen Institutionen eines zusammengefaßten Sektors **Staat** in einer geschlossenen Volkswirtschaft berücksichtigt werden. Wir fragen nach den prinzipiellen Einflußmöglichkeiten öffentlicher Haushalte im gesamtwirtschaftlichen Kreislauf. Angenommen wird erneut eine **deflationäre Lücke** als Ausgangssituation. Kann der Sektor Staat mit den Mitteln der **Finanzpolitik** (Fiskalpolitik) das Volkseinkommen verändern?

Die Einführung des Staates erfordert eine Erweiterung des Kreislaufmodells um die Ausgaben- und Einnahmeseite öffentlicher Haushalte. Im Rahmen der Ex ante-Analyse müssen analog zur Verwendungsseite des erweiterten Kreislaufmodells die geplanten Staatsausgaben als zusätzliche Komponente der Güternachfrage einer Volkswirtschaft einbezogen werden. Damit sind in einer **geschlossenen Volkswirtschaft mit staatlicher Aktivität** zumindest drei **Komponenten der Güternachfrage** zu berücksichtigen:

- die private Konsumnachfrage (C),
- die geplanten Investitionsausgaben der privaten Unternehmen (I) und
- die Ausgaben des Staates für Verbrauchsgüter, Arbeitnehmer des Staates und öffentliche Investitionen (A_{St}).

Zur Endnachfrage zählen ausschließlich die staatlichen Ausgaben für Güter und Dienste; diese Ausgaben seien autonom, d. h. unabhängig von der Höhe des Volkseinkommens. Nicht unmittelbar zur Endnachfrage zählen die **Umverteilungsausgaben** des Staates, die **Transferzahlungen** erhöhen das verfügbare Einkommen der Haushalte. Das verfügbare Einkommen der privaten Haushalte wird andererseits durch direkte **Steuerzahlungen** gemindert. Mit der Einführung des Staates muß somit zwischen dem Volkseinkommen und dem **verfügbaren Einkommen** unterschieden werden. Das verfügbare Einkommen der privaten Haushalte erscheint als relevante Einkommensgröße in der Konsumfunktion.

Verfügbares Einkommen der privaten Haushalte:

$Y_v = Y - T_{dir} + Tr$

T_{dir} direkte Steuern
Tr Transferzahlungen

Die Bedingung des Gleichgewichts-Volkseinkommens lautet dann:

$Y = C(Y - T_{dir} + Tr) + I_0 + A_{St}$

Die oben entwickelte Algebra des Multiplikators kann analog verwendet werden, um den vereinfachten Einkommenseffekt einer autonomen Änderung der Staatsausgaben oder der Steuern zu ermitteln. Zur Vereinfachung wird zunächst angenommen, daß die Höhe der direkten Steuern unabhängig von der Höhe des Volkseinkommens sei. Dann errechnet sich der **Staatsausgabenmultiplikator** in derselben Weise wie der Investitionsmultiplikator. Eine Erhöhung der Staatsausgaben wirkt wie eine Erhöhung der autonomen Investitionen im Einkommen-Ausgaben-Diagramm.

$\Delta Y = (1/(1\text{-}c)) \cdot \Delta A_{St}$

Eine autonome Erhöhung der Staatsausgaben kann nach dem Multiplikatorprinzip in der Situation einer deflationären Lücke ähnliche expansive Einkommenseffekte bewirken wie eine Erhöhung der privaten Investitionen. Da die privaten Investoren aus einzelwirtschaftlicher Sicht bei einer geringen Auslastung der Produktionskapazitäten kaum zu höheren Investitionen neigen werden, fordern die Keynesianer im Kern gemäß den Grundlagen des Multiplikatorprinzips eine **aktive Fiskalpolitik** des Staates, um eine deflationäre Lücke aus gesamtwirtschaftlicher Sicht zu bekämpfen.

Statt einer Erhöhung der Staatsausgaben kann der Staat c. p. auch die **Steuern senken**, um dadurch das verfügbare Einkommen der privaten Haushalte zu erhöhen und die einkommensabhängige Konsumnachfrage zu steigern. Steuersenkungen können nach der Multiplikatortheorie auf indirektem Wege eine Expansion der Güternachfrage bewirken. Der Ausdruck des vereinfachten Steuermultiplikators unterscheidet sich formal nur im Vorzeichen und im Primäreffekt der Expansion. Beträgt die marginale Konsumquote 0,8, führt eine Senkung der direkten Steuern um 10 Mrd. DM zu einem Primäreffekt der Nachfrageerhöhung von (c·10 Mrd. DM), dem weitere induzierte Einkommenseffekte folgen können.

$\Delta Y = (-\, 1/(1\text{-}c)) \cdot (c \cdot \Delta T_{dir})$

Der vereinfachte **Steuermultiplikator** unterscheidet sich formal nur wegen des abweichenden Primäreffekts vom Multiplikator der Staatsausgaben. Bei hinreichender Stabilität der einkommensabhängigen Nachfrage kann ein Multiplikatorprozeß auch über Steuersenkungen bei gegebenen Staatsausgaben induziert werden. Im Prinzip kann eine fiskalpolitische Steuerung der gesamtwirtschaftlichen Nachfrage über die Ausgaben- oder die Einnahmenseite der staatlichen Haushalte bewirkt werden. Die multiplikativen Einkommenseffekte sind ähnlich - mit Ausnahme des Primäreffektes der Nachfrageänderung.

Im Rahmen der bisherigen Multiplikatoranalyse wurde das Steuersystem stark vereinfachend als System einer **Pauschalsteuer** angenommen, deren Höhe vom Volkseinkommen unabhängig sei. Da direkte Steuern zu einem großen Teil vom Einkommen der Haushalte abhängig sind, müßte eine **Einkommensteuer** statt einer Pauschalsteuer angenommen werden. Bei Annahme einer proportionalen Einkommensteuer verändern sich die (direkten) Steuereinnahmen linear zur Entwicklung des Volkseinkommens in Abhängigkeit vom Steuersatz der Einkommensteuer (tax_{Tdir}). Der Einkommensteuersatz verringert die marginale Ausgabenneigung der Haushalte in der Konsumfunktion nach KEYNES:

$$C = C_0 + c \cdot (Y - tax_{Tdir} \cdot Y + Tr)$$

Die marginale Konsumneigung wird durch die Annahme einer proportionalen Einkommensteuer verringert. Folglich wird der Ausgabenmultiplikator geringer als im System der Pauschalsteuer sein.

Übung 10-6 Staatsausgabenmultiplikator einer Volkswirtschaft mit linear-proportionaler Einkommensteuer (ohne Außenwirtschaft)

Der Gütermarkt wird durch folgende Gleichungen beschrieben (Mrd. DM):

$C = 50 + 0{,}8 \cdot Y_v$ $\quad I_0 = 110$
$A_{St} = 200$ $\quad T_{dir} = 0{,}2\ Y$
$Tr = 0$ $\quad T_{ind} = 0$

(1) Berechnen Sie das Volkseinkommen und den Budgetsaldo des Staates im Gütermarktgleichgewicht!

(2) Die Staatsausgaben A_{St} werden c. p. auf 220 Mrd. DM erhöht. Erläutern Sie den Multiplikatoreffekt!

10.3.3 Staatliche Fiskalpolitik und Multiplikatortheorie

10.3.3.1 Abkehr von der Parallelpolitik

Als Prinzip der **Parallelpolitik** gilt die Forderung nach einem ständigen Budgetausgleich in der staatlichen Finanzwirtschaft. Die staatliche **Ausgabenplanung** muß sich dann strikt an der **Entwicklung der Steuereinnahmen** orientieren. Bei Annahme eines einkommensabhängigen Steuersystems werden die Steuereinnahmen mit dem konjunkturellen Verlauf des Volkseinkommens schwanken. Das Prinzip der Parallelpolitik führt dann zu der Verpflichtung, z. Z. einer *Rezession* bei geringer werdenden Steuereinnahmen die Ausgaben zu beschränken. Umgekehrt können die Ausgaben in der *Boomphase* stärker expandieren, weil sich die Steuereinnahmen in Abhängigkeit von der Entwicklung des Volkseinkommens günstig entwickeln.

Parallelpolitik: $\Delta A_{St} = \Delta T_{dir}$; $T_{dir} = T_{dir}(Y)$;
dann folgt: $\Delta A_{St} = f(\Delta Y)$

Hierzu schreiben englische Autoren: „Not so long ago people generally accepted, ... that a prudent government should always balance its budget. This argument is based on an analogy with what seems prudent behavior for the individual household. It is a foolish household whose current expenditure consistently exceeds its current revenue so that it goes steadily further into debt. From this common sense observation some people argue that if avoiding an ever-rising debt is good for the individual, it must also be good for the nation. But the paradox of thrift suggests that the analogy between the government and the household may be misleading." (LIPSEY/STEINER/PURVIS, 1987[7], S. 587)

Eine Analogie zwischen einzelwirtschaftlichem Sparen und staatlicher Parallelpolitik in der Zeit der Rezession besteht nicht. In einer Rezession sollen die staatlichen Ausgaben nach Ansicht des Keynesianismus nicht gekürzt werden, wenn es - bedingt durch die Konjunkturentwicklung - zu steuerlichen Mindereinnahmen des Staates kommt. Eine kurzfristige Verschuldung öffentlicher Haushalte in der Rezession ist demnach begründet. In der Ablehnung einer strikten Parallelpolitik des Staates besteht heute weitgehend Einigkeit, da eine Parallelpolitik zu einer Verstärkung der Konjunkturzyklen im Sinne der Multiplikatortheorie beitragen würde. In der Boomphase würden die staatlichen Ausgaben erhöht, umgekehrt in der Rezession verringert. Eine Parallelpolitik hätte daher **prozyklische Wirkungen**.

Trotz der wissenschaftlichen Abkehr von der Parallelpolitik bestehen in der Praxis Probleme prozyklischer Finanzpolitik. Vor allem die **kommunale Finanzpolitik** neigt nicht selten zu einer parallelpolitischen Gestaltung ihrer Haushalte. Hierzu tragen das kommunale Steuersystem und das Haushaltsrecht wesentlich bei.

Die Gewerbesteuer als Hauptquelle der kommunalen Steuereinnahmen in der BR Deutschland führt einerseits zu einer starken Konjunkturabhängigkeit der Steuereinnahmen. Das kommunale Haushaltsrecht zwingt andererseits viele Gemeinden zur bevorzugten Finanzierung der laufenden Ausgaben aus den Steuereinnahmen. Die Investitionsausgaben in den kommunalen Vermögenshaushalten neigen daher häufig zu prozyklischen Entwicklungen. Investitionslücken und Finanzierungsprobleme bestehen vor allem in **Gemeinden** (Bundesländern) **mit Strukturproblemen**, die die Ausgabenseite der betreffenden Gemeinden besonders belasten. Die Finanzprobleme der Kommunen, besonders von Kommunen in strukturschwachen Gebieten, werden in Abhängigkeit von der Konjunktur gemildert oder wesentlich verstärkt.

10.3.3.2 Die Steuerreform 1990 aus der Sicht der Multiplikatortheorie

Kernstück der Steuerreform 1990 war (ist) eine Senkung des Steuertarifs der Einkommenssteuer. Den alten Steuertarif (Tarif 81) kennzeichnete ein starker Anstieg der **Steuerprogression** zwischen 18 Tsd. und 60 Tsd. DM Jahreseinkommen (für Ledige). Die steuerliche Belastung des Einkommenszuwachses (Grenzbelastung) in diesem Bereich der Einkommen verlief stark progressiv. Ein Mehrverdienst wurde bei 60 Tsd. DM Jahreseinkommen mit 50,4 Prozent Einkommensteuer belastet. Mit der Steuerreform 1990 (Tarif 90) wurde der progressive **Anstieg des Steuertarifs vermindert** (Einführung eines linear-progressiven Steuertarifs); zugleich wurde der Grundfreibetrag der Einkommensteuer angehoben, der Eingangstarif im Bereich niedriger Einkommen wurde gesenkt, ebenso der Spitzentarif im Bereich höherer Einkommen. Insgesamt errechnete die Bundesregierung eine **Steuerentlastung** um ca. 39 Mrd. DM[4], die überwiegend durch die Reduktion des progressiven Steuertarifs der Einkommensteuer bestimmt wurde.

---

[4] Weitere kompensatorische Maßnahmen, wie die vorherige Erhöhung der Verbrauchssteuern in 1989, bleiben hier unbeachtet.

Wie wirkt eine **Reduktion des Grenzsteuersatzes** der Einkommensteuer aus der Sicht der Multiplikatortheorie? Wenn der marginale Steuertarif der Einkommensteuer (tax'_{Tdir}) verringert wird, steigt die **Ausgabenneigung** der privaten Haushalte mit Bezug zum Volkseinkommen in den eckigen Klammern der folgenden Konsumfunktion. Eine Steuertarifsenkung wirkt daher nach dem Multiplikatorprinzip wie eine Erhöhung der Konsumneigung.

$$C = C_0 + [c\,(1 - tax'_{Tdir})] \cdot Y$$

Die **Konsumfunktion** im Einkommen-Ausgaben-Diagramm verlief somit **nach der Steuerreform** steiler als in den 80er Jahren; bei gegebenen autonomen Investitionen und Staatsausgaben wurde dann die aggregierte Ausgabenfunktion parallel zur Konsumfunktion verändert. Die Steuerreform 1990 führte zu einem expansiven Einkommenseffekt nach der Multiplikatortheorie. Aus konjunkturpolitischer Sicht war die Steuerreform 1990 daher eine Expansionsmaßnahme staatlicher Fiskalpolitik.

Abb. 10-13 Multiplikatoreffekte der Steuerreform 1990

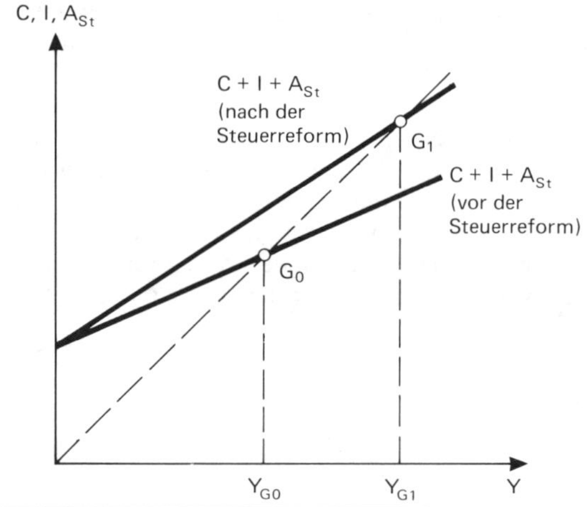

Eine Senkung des (marginalen) Steuertarifs durch die Steuerreform 1990 bewirkte eine Drehung der Ausgabenfunktion nach oben, sie wirkte wie eine Erhöhung der (marginalen) Konsumneigung mit einem expansiven Einkommenseffekt in Richtung Y_{G1}. (Zur Vereinfachung wurde eine proportionale Tarifreduktion dargestellt.)

10.3.3.3 Modell und Realität des Multiplikators

Das Multiplikator**prinzip** wurde im Rahmen eines vereinfachten Gütermarkt-Modells dargestellt. Kann das vereinfachte Modell Grundlagen für eine aktive Fiskalpolitik in der Realität liefern? Um eine exakte gesamtwirtschaftliche Steuerung der Nachfrage zu ermöglichen, müßte die relevante Größe des Multiplikatoreffektes ermittelt werden. Hierzu einige kritische Überlegungen:

- Die Höhe des Multiplikators wird nach der postkeynesianischen Theorie von der marginalen Konsumneigung der Haushalte bestimmt. KEYNES' Theorie der

Konsumfunktion bildet den wichtigsten Baustein des vereinfachten Gütermarktmodells.

Die Multiplikatoreffekte hängen somit besonders von der Relevanz und der zeitlichen Stabilität der Konsumfunktion nach KEYNES ab. Kritiker (FRIEDMAN u. a.) bezweifeln die zeitliche Stabilität der Konsumfunktion.

- Vernachlässigt wurde auch der wichtige Bereich der Außenwirtschaft. Die **Exporte** bilden eine Komponente der Gesamtnachfrage, die überwiegend als eine exogene Größe betrachtet werden. Wenn die Exporte durch Faktoren des Auslandes beeinflußt werden, schwindet die Autonomie und die Wirksamkeit der binnenwirtschaftlichen Nachfragesteuerung.

Die **Importe** werden teils durch Außeneinflüsse, teils durch die Entwicklung der Inlandsnachfrage bestimmt sein. Soweit die Importe durch das inländische Volkseinkommen beeinflußt werden, treten zusätzliche „Sickerverluste" im Verlauf binnenwirtschaftlicher Multiplikatorprozesse auf. Die Höhe des binnenwirtschaftlichen Multiplikators wird folglich durch Importe reduziert.

- Andererseits vernachlässigt das vereinfachte Modell den wahrscheinlichen Fall **einkommensinduzierter Investitionen**. Die Höhe des Multiplikators wird durch einkommensinduzierte Investitionen eher verstärkt.

Schließlich ist zu erinnern, daß die bisherige Analyse sich ausschließlich auf den gesamtwirtschaftlichen Gütermarkt bezieht. Einflüsse des **Geldmarktes**, z. B. geldmarktinduzierte Wirkungen des Zinssatzes auf die Investitionen, wurden nicht beachtet.

Diese Überlegungen bedeuten nach unserer Ansicht nicht, daß das Multiplikatorprinzip gänzlich in Frage zu stellen ist. Sie bedeuten nicht, daß staatliche Finanzpolitik in einer wirtschaftlichen Rezession mit konjunktureller Arbeitslosigkeit gänzlich unwirksam bleibt. Es ist vielmehr anzunehmen, daß die Höhe des Multiplikators kaum exakt kalkuliert werden kann, so daß eine **exakte Globalsteuerung** der gesamtwirtschaftlichen Nachfrage nicht möglich erscheint. Das Ausmaß und die Höhe des Multiplikators hängen von den jeweiligen Bedingungen der wirtschaftlichen Situation ab. Um die reale Wirkung des Multiplikators in einer Situation abzuschätzen, bedarf es einer komplexen Diagnose der konkreten Bedingungen.

Übung 10-7 Diagnose und Programm einer Arbeitsgruppe „Alternative Wirtschaftspolitik": Forderung eines großdimensionierten Beschäftigungsprogramms

Diagnose: „Es ist ... keinesfalls damit zu rechnen, daß das Problem der Massenarbeitslosigkeit sich ... von selbst erledigt. Es wird als drückendes Problem weiter bestehen und sich mit großer Wahrscheinlichkeit mittelfristig sogar verschärfen ...

Nachfragemangel als Hintergrund der Dauerarbeitslosigkeit ist im wesentlichen ein Verteilungsproblem: Potentiellen Nachfragern mit dringendem Bedarf fehlt die Kaufkraft, und die Schichten mit höherem Einkommen sparen einen erheblichen Teil ihrer Einnahmen.

... Wirksame Beschäftigungsprogramme sind unter den gegenwärtigen Bedingungen Nachfrageprogramme."

Maßnahmen: „Aus diesen Gründen schlagen wir im folgenden ‚Sofortmaßnahmen für zwei Millionen Arbeitsplätze' vor. Sie bestehen aus der Kombination eines relativ groß dimensionierten öffentlichen Beschäftigungsprogramms mit einer energischen Arbeitszeitverkürzung ...

Das ... Kernstück der vorgeschlagenen Sofortmaßnahmen ist ein großdimensioniertes, den Betrag von gut 100 Milliarden DM in zwei Jahren umfassendes, öffentliches Ausgabenprogramm. Es soll einen erheblichen - in der Größenordnung von 800 Tsd. Arbeitsplätzen liegenden - Beitrag zur schnellen Verminderung der Arbeitslosigkeit leisten und durch die vorran-

gige Plazierung der Mittel in den Bereichen der kommunalen und regionalen Versorgung die von uns seit langem geforderte sozial gerechte und ökologisch sinnvolle Umstrukturierung der Wirtschaft einleiten."
(Quelle: Arbeitsgruppe Alternative Wirtschaftspolitik, 1986, S. 235 ff.)
Prüfen Sie die Diagnose und das Programm der Gruppe „Alternative Wirtschaftspolitik" mit Bezug zur postkeynesianischen Multiplikatortheorie!

Kontrollfragen zum zehnten Kapitel

(A) Multiple Choice-Fragen

10-1 Gütermarktgleichgewicht herrscht
( ) wenn ex post Güterangebot und Güternachfrage übereinstimmen;
( ) in einer geschlossenen Volkswirtschaft, wenn das Volkseinkommen ex post gleich der Summe aus Konsum und Investition ist;
( ) in einer geschlossenen Volkswirtschaft, wenn die geplante Ersparnis mit der geplanten Investition übereinstimmt;
( ) in einer offenen Volkswirtschaft, wenn das geplante Nettosozialprodukt und die geplanten Importe mit der Summe des geplanten Konsums, der geplanten Investitionen und des Exports übereinstimmen.

10-2 Spar- und Konsumquoten
( ) Als durchschnittliche Konsumquote bezeichnet man das Verhältnis von Konsumänderung zu Volkseinkommensänderung.
( ) Als durchschnittliche Sparquote bezeichnet man das Verhältnis von durchschnittlicher Ersparnis zum Volkseinkommen.
( ) Den Anteil der Konsumgüterausgaben am Volkseinkommen bezeichnet man als marginale Konsumquote.
( ) Durchschnittliche Konsum- und Sparquote sowie marginale Konsum- und Sparquote ergänzen sich definitionsgemäß jeweils zu 1.

10-3 Die Akzeleratortheorie besagt, daß
( ) die Investition abhängig ist von der Veränderungsrate des Volkseinkommens;
( ) die Investition abhängig ist von der Höhe des Volkseinkommens;
( ) das Volkseinkommen abhängig ist von der Höhe der Investition;
( ) die Investition abhängig ist von Veränderungen des Zinssatzes.

10-4 Welche der folgenden Faktoren haben c. p. einen expansiven Effekt auf das Volkseinkommen?
( ) zunehmender autonomer Konsum
( ) zunehmende Investitionen
( ) zunehmende Steuern
( ) zunehmender autonomer Import
( ) zunehmender staatlicher Konsum
( ) zunehmende Exporte
( ) zunehmende Transferzahlungen

10-5 Multiplikatoranalyse:
( ) Der Wert des Investitionsmultiplikators hängt von der Steigung der Sparfunktion ab.
( ) Der Wert des Investitionsmultiplikators hängt von der Steigung der Konsumfunktion ab.
( ) Bei einer dauerhaften Investitionserhöhung nimmt das Volkseinkommen auch längerfristig ständig zu.
( ) Der Wert des Investitionsmultiplikators hängt bei einem einkommensabhängigen Steuersystem von Art und Höhe des Steuertarifs ab.

(B) Offene Fragen (Aufgabenstellungen)

10-6 „Das fundamentale psychologische Gesetz, auf das wir uns sowohl a priori aufgrund unserer Kenntnis des menschlichen Wesens als auch aufgrund unserer Erfahrungen verlassen können, lautet, daß die Menschen im allgemeinen und im Durchschnitt geneigt sind, ihre Konsumausgaben zu erhöhen, wenn ihr Einkommen steigt, aber nicht im Umfang der Einkommenssteigerung". (J. M. KEYNES)
Erläutern Sie den vorstehenden Satz mit Bezug auf wichtige Parameter und Einflußgrößen der Konsumfunktion!

10-7 Klären Sie die folgenden Begriffe der Investitionstheorie:
- Zinselastizität der Investitionen,
- autonome Investitionen,
- Investitionsrendite,
- einkommensinduzierte Investitionen!

10-8 Erläutern Sie die Bedeutung und die konjunkturellen Effekte der finanzwirtschaftlichen Parallelpolitik!

10-9 Begründen Sie, warum die Art des Steuersystems die Höhe der Multiplikatoreffekte von exogenen Nachfrageänderungen beeinflußt!

(C) Transferfrage

10-10 „Entscheidungen der wirtschaftenden Menschen werden nicht nur von den objektiven Rahmenbedingungen, sondern auch durch das atmosphärische Umfeld bestimmt. Deshalb darf die Wirtschaftspolitik keine Zweifel über ihren Kurs aufkommen lassen, weil das Entstehen von Unsicherheit die Initiative lähmt. Tatsächlich ist solche Unsicherheit entstanden. Entscheidungen über die Steuerreform wurden in mehreren Etappen getroffen, geraume Zeit blieb unklar, welche Steuervergünstigungen aufgehoben werden sollten. Besonders aus diesem letzten Grund dürfte ein großer Teil der stimulierenden Wirkungen, die man von ... einer so großen Steuerreform erwarten ... (könnte, ausbleiben)." (SVR 1987/88, TZ 280)
Erörtern und zeigen Sie die im Zitat angesprochenen Wirkungseffekte mit Bezug auf das KEYNESsche System des Gütermarktes!

Lösungshinweise zu den Übungen (im Text)

10-1: Die Unterschiede zwischen Y, dem (realen) Volkseinkommen, und Y_v, dem (realen) verfügbaren Einkommen der privaten Haushalte, seien vernachlässigt.
Es gilt definitionsgemäß:

$$Y_v = C + S$$
$$S = Y_v - C$$

Bei gegebener Konsumfunktion $C(Y_v)$ ist die Sparfunktion aus der Differenz des Konsums zum Einkommen mitbestimmt. In der Abb. 10-1 läßt sich daher die komplementäre Sparfunktion durch die Verwendung der 45°-Linie des Diagramms ableiten. Die 45°-Linie beschreibt das Einkommen in der vertikalen Dimension.

Die KEYNESsche Sparfunktion unterstellt ein Entsparen bei einem geringen Einkommensniveau. Mit steigendem Einkommensniveau nimmt das geplante Sparen der Haushalte zu. Die marginale Sparquote liegt zwischen Null und Eins, sie ergänzt die marginale Konsumquote jeweils zum Wert Eins.
marginale Sparquote + marginale Konsumquote = 1;
durchschnittliche Sparquote + durchschnittliche Konsumquote = 1.

10-2: (1) Negative Investitionen sind in wirtschaftlicher Sicht nur bis zur Höhe der Abschreibungen vorstellbar, da lediglich die Ersatzinvestitionen unterbleiben können (Annahme: Lagerinvestitionen = 0).
(2) Ein Blick auf die reale Entwicklung der Investitionen zeigt, daß auch in Zeiten wirtschaftlicher Rezessionen noch Investitionen getätigt werden. Der Ansatz des Akzelerators kann somit keine umfassende Erklärung der realen Entwicklung aller Investitionen liefern. Weitere Motive von Investitionen - Rationalisierungs- und Modernisierungsinvestitionen - bleiben unbeachtet.
(3) Die Annahme sofortiger Anpassungen der Produktionskapazitäten ohne Verzögerungen stellt eine grobe Vereinfachung der Akzeleratoridee dar. Wegen der langfristigen Dauer der Nutzung der Kapazitäten ist eine längerfristige Ausrichtung der Investitionsentscheidungen wahrscheinlich.

10-3:
(a) 1981: Die Argumente des Textes lassen sich vereinfacht in einem Schema der angesprochenen Faktoren der Investitionsnachfrage ordnen. Das Schema zeigt, daß die Faktoren nur z. T. den vorstehenden Investitionshypothesen zuzuordnen sind.

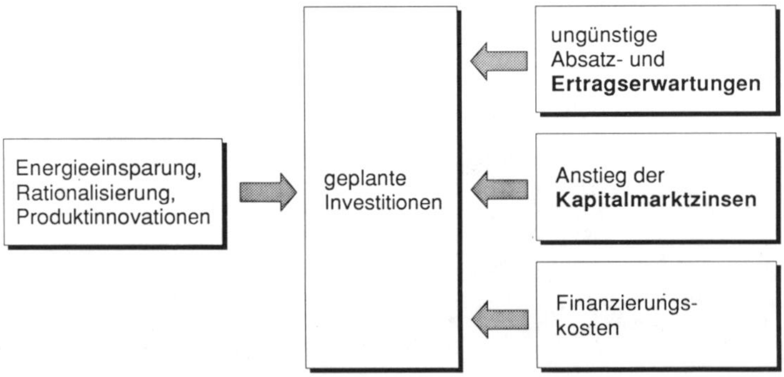

(b) 1984/85: Analog lassen sich die Argumente für diese Jahre schematisch ordnen:

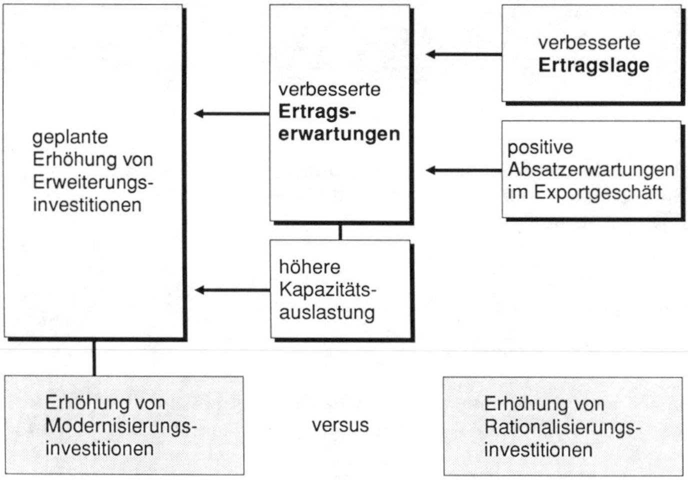

Die Analysen des SVR orientieren sich teils an der theoretischen Basis der neoklassischen Investitionstheorie; zudem werden weitere Investitionsmotive berücksichtigt.

10-4: Die Ex post-Gleichheit von I und S folgt im vereinfachten Fall einer Volkswirtschaft mit nur zwei Gruppen von Wirtschaftsakteuren definitionsgemäß aus der Identität des Vermögensänderungskontos:

$Y = C + I$ (Verwendungsseite der VGR)

$Y = C + S$ (Einkommenskonto der priv. HH)

$I_{ex\ post} = S_{ex\ post}$ (Vermögensänderungskonto)

Diese Identität gilt ex post immer, auch bei einem Ungleichgewicht der Ex ante-Größen:

$I_{gepl.} <> S_{gepl.}$ (Ex ante-Ungleichgewicht)

Bei einem Ex ante-Ungleichgewicht lassen sich die geplanten Größen nicht vollständig realisieren. Angenommen wird, es komme im Fall eines Ungleichgewichts zu ungeplanten Lagerinvestitionen der Unternehmen oder zu ungeplantem Lagerabbau.

$I_{gepl.} <> I_{ex\ post}$

$I_{ex\ post} = I_{gepl.} + I_{ungepl.}$

Dann führt ein Ex ante-Ungleichgewicht im Fall zu geringer Güternachfrage zu ungeplanten Lagerinvestitionen, im Fall einer Übernachfrage zu Lagerabbau (negativen Lagerinvestitionen). Die Ex post-Identität von I und S bildet also keinen logischen Widerspruch zu einem Ex ante-Ungleichgewicht des Gütermarktes.

10-5: (a) Die Variante der einkommensabhängigen Investitionshypothese wird c. p. den Multiplikator erhöhen, weil die induzierten Einkommenseffekte größer werden. Neben dem einkommensabhängigen Parameter der Konsumfunktion würde ein weiterer Parameter der Investitionsfunktion die Ausgabenneigung bei höheren Einkommen beeinflussen.

(b) Die Annahme einer einkommensabhängigen Importfunktion bedeutet, daß neben dem Sparen weitere Sickerverluste des Multiplikatorprozesses aus inländischer Sicht eintreten. Teile der induzierten Einkommenseffekte werden dem inländischen Kreislauf entzogen und ins Ausland fließen. Der inländische Multiplikator wird dadurch geringer, besonders in einem kleineren Land mit hoher Importquote.

10-6:

zu (1):

$$Y = C(Y_v) + I_0 + A_{St}$$
$$Y = 50 + 0{,}8 \cdot (Y - 0{,}2 \cdot Y) + 110 + 200$$
$$Y \cdot (1 - 0{,}8 \cdot (1 - 0{,}2)) = 360$$
$$Y = \frac{360}{1 - 0{,}8 \cdot (1 - 0{,}2)}$$
$$Y_{G,0} = 1000$$
$$\text{Budgetsaldo} = \text{Ausgaben}_{St} - \text{Einnahmen}_{St}$$
$$\text{Budgetsaldo} = 200 - 0{,}2 \cdot 1000$$
$$\text{Budgetsaldo} = 0$$

zu (2):

$$Y_{G,1} = 1055{,}56$$
$$\text{Ausgabenmultiplikator} = \Delta Y / \Delta A_{St} = 2{,}78$$
$$\text{Ausgabenmultiplikator} = \frac{1}{1 - 0{,}8 \cdot (1 - 0{,}2)}$$

Durch Annahme einer Einkommenssteuer wird der Multiplikatoreffekt der Ausgabenänderung verringert, da die marginale Ausgabenneigung der Haushalte kleiner wird als der Parameter c.

10-7: Die *Diagnose* der Arbeitsgruppe „Alternative Wirtschaftspolitik" beruht auf der Annahme einer mittel- bis langfristigen Fortdauer hoher gesamtwirtschaftlicher Arbeitslosigkeit als Folge eines längerfristigen Nachfragemangels. Der Nachfragemangel wird auf der Basis einer nicht-linearen Variante der Konsumfunktion nach KEYNES (im Querschnitt nach Einkommensgruppen) begründet.
Kritik: Die Diagnose vernachlässigt die Unterscheidung konjunktureller und mittelfristiger Nachfrageprobleme. Argumente der Querschnittsanalyse können nicht unbesehen für mittelfristige Zeitreihenanalysen Verwendung finden. Der Verweis auf die Konsumnachfrage vernachlässigt die Analyse weiterer Nachfragekomponenten (I, A_{St}, Ex-Im).
Das *Programm* enthält zwei Schwerpunkte, ein großdimensioniertes Ausgabenprogramm und ein Programm zur beschleunigten Verkürzung der Wochenarbeitszeiten.
Kritik: Mögliche negative Effekte eines mittel- und langfristigen Anstiegs der Staatsverschuldung auf die
- Investitionen und die
- internationalen Kapitalmärkte

werden vernachlässigt.
Ebenso werden die Kosteneffekte der Arbeitszeitverkürzung vernachlässigt. Dem Programm und der Diagnose mangelt es insgesamt an einer Abgrenzung konjunktureller Arbeitslosigkeit.

Lösungshinweise zu den Kontrollfragen

(A) Multiple Choice-Aufgaben
10-1: (c) (d); 10-2: (b) (d); 10-3: (a); 10-4: (a) (b) (e) (f) (g); 10-5: (a) (b) (d);

(B) Offene Fragen
10-6: vgl. Textabschnitt 10.2.1.2; 10-7: vgl. Textabschnitt 10.2.2.3; 10-8: vgl. Textabschnitt 10.3.3.1; 10-9: vgl. Textabschnitt 10.3.3.2

(C) Transferfrage

10-10: KEYNES berücksichtigt den Aspekt der Unsicherheit besonders im Rahmen der Investitionsfunktion. Größere Unsicherheiten aus der Sicht von Investoren bewirken Verschiebungen der zinsinduzierten oder autonomen Investitionen nach unten, da die Investitionsbereitschaft sinkt. Ein solcher shift-Effekt hat nach dem Textauszug stärker expansiven Multiplikatoreffekten der Steuerreform zumindest teilweise entgegen gestanden. Die Expansionseffekte der Steuerreform wurden dadurch vermindert oder zum Teil kompensiert.

Ähnliche Kompensationseffekte wären eingetreten, wenn durch größere Unsicherheiten die Konsumneigung der Haushalte verringert bzw. die Sparneigung erhöht worden wäre.

Literaturhinweise

BLÜMLE, G./PATZIG, W.: Grundzüge der Makroökonomie, Freiburg 1988, S. 84-141, 152-174, 389-407. Sehr ausführliche Darstellung des KEYNESschen Gütermarktmodells, der Komponenten der Güternachfrage, der Multiplikatoreffekte und der Rolle des Staates im Güterkreislauf; zur Vertiefung geeignet.

DORNBUSCH, R./FISCHER, S.: Makroökonomik, 3. Aufl., München-Wien 1985, S. 59-100 (3.Kap.). Gleichgewichtsanalyse des Gütermarktes, Multiplikatortheorie, Grundlagen der Fiskalpolitik; zur Vertiefung geeignet.

FELDERER, B./HOMBURG, St.: Makroökonomik und neue Makroökonomik, Berlin u. a. 1984, S. 97-119 (Kap. V, § 30-§ 36). Konzentrierte Darstellung wichtiger Elemente der keynesianischen Theorie des Gütermarktes; zur Ergänzung geeignet.

MILLER, R. L.: Economics Today, The Macro View, 5. ed., New York 1985, S. 221-283. (Chapter 11-13). Konsum- und Investitionstheorie, Elementare Theorie des Gütermarktgleichgewichts und des Multiplikators, Grundlagen der Fiskalpolitik; gut geeignete, einführende Analyse.

RITTENBRUCH, K.: Makroökonomie, 5. Aufl., München-Wien 1986, S. 99-181 (6. und 7. Kap.). Breite Darstellung des keynesianischen Gütermarktmodells, zur Ergänzung gut geeignet.

SIEBKE, J./THIEME, H. J.: Einkommen, Beschäftigung, Preisniveau, in: Vahlens Kompendium der Wirtschaftstheorie und Wirtschaftspolitik, Bd. 1, 3. Aufl., München 1988, S. 87-112. Übersichtliche Analyse des KEYNESschen Gütermarktmodells mit Varianten der Konsum- und Investitionsfunktionen und der Multiplikatortheorie.

STOBBE, A.: Gesamtwirtschaftliche Theorie, Berlin u. a. 1975, S. 40-58, 66-74, 125-170 (2. Kap., Teile I, II, IV; 3. Kap.). Konsum-, Investitionsfunktion, Multiplikatortheorie; zur Vertiefung.

Zitierte Literatur

ARBEITSGRUPPE ALTERNATIVE WIRTSCHAFTSPOLITIK: Memorandum '86, Köln 1986

KEYNES, J. M.: The General Theory of Employment, Interest und Money, London 1936; in deutscher Übersetzung: KEYNES, J. M.: Allgemeine Theorie der Beschäftigung, des Zinses und des Geldes, München u. a. 1936

LIPSEY, R. G./STEINER, P. O./PURVIS, D. D.: Economics, 8. ed., New York 1987

MILL, J. S.: Grundsätze der politischen Ökonomie, 2. Bde, Jena 1924

SAMUELSON, P. A./NORDHAUS, W. D.: Volkswirtschaftslehre. Grundlagen der Makro- und Mikroökonomie, Bd. 1, 8. Aufl., Köln 1987

STATISTISCHES BUNDESAMT (Hrsg.): Fachserie 18, Volkswirtschaftliche Gesamtrechnungen, Reihe 1.2, Stuttgart/Mainz 1988 SVR, Jahresgutachten 1981/82; 1987/88; 1988/89

WIRTSCHAFT UND STATISTIK (hrsg. vom Statistischen Bundesamt), Jg. 1987

11 Gesamtwirtschaftlicher Geldmarkt und kombinierte Güter- und Geldmarktanalyse

Inhaltliche Orientierung

Im Vordergrund dieses Kapitels steht die Analyse des Einflußes monetärer Größen, des Geldes und des Zinssatzes, auf die Gesamtwirtschaft. Wir beginnen im ersten Abschnitt mit einer grundlegenden Einführung in **Arten und Funktionen des Geldes**. Es folgen verschiedene Abgrenzungen von **Geldmengenbegriffen**, denen in Kontroversen der Geldtheorie und Geldpolitik große Bedeutung zukommt. Das Geldangebot einer Volkswirtschaft wird durch den **finanziellen Sektor** (Bankensektor) geschaffen; wir wollen deshalb den **institutionellen Aufbau** des Bankensystems in der Bundesrepublik und die **Aufgaben der Deutschen Bundesbank** vorstellen (**11.1**).

Der zweite Abschnitt dient der Einführung in grundlegende Aspekte der **Theorie des Geldangebots** einer Volkswirtschaft und stellt die **Instrumente der Geldpolitik** vor. Im Vordergrund der Analyse steht die Erklärung der Geldentstehung und der Höhe des nominalen Geldangebots. Besondere Bedeutung kommt hierbei der multiplen **Giralgeldschöpfung** des Geschäftsbankensystems zu, welche sich auf Grundlage der von der Zentralbank bereitgestellten Geldmenge vollzieht. Die Analyse zeigt, daß die Zentralbank bei der Steuerung des gesamtwirtschaftlichen Geldangebots das Verhalten der Banken und der privaten „Nichtbanken" (Haushalte und Unternehmen) berücksichtigen muß (**11.2**).

Die Funktionen des Geldes und die gesamtwirtschaftlichen Einflußmöglichkeiten der Geldpolitik werden aus der Sicht verschiedener **Theorien der Geldnachfrage** unterschiedlich beurteilt. Nach der **klassischen Quantitätstheorie** wird Geld ausschließlich zur Abwicklung wirtschaftlicher Transaktionen nachgefragt und somit die Funktion des Geldes als Zahlungsmittel hervorgehoben. Geld und Geldpolitik haben aus der Sicht der klassischen Nationalökonomie keinerlei Einfluß auf den realwirtschaftlichen Bereich; sie beeinflussen ausschließlich die Höhe des gesamtwirtschaftlichen Preisniveaus. Die **KEYNESsche Liquiditätspräferenztheorie** modifiziert die klassische Theorie der Geldnachfrage. Geld dient in keynesianischer Sicht nicht nur als Zahlungsmittel, sondern auch als liquide Form der Vermögensanlage. Neben einem **Transaktionsmotiv** wird auch ein **Spekulationsmotiv** als maßgebliche Einflußgröße für die Höhe der Geldhaltung berücksichtigt (**11.3**).

Im vierten Teilabschnitt erfolgt zunächst die Vorstellung der keynesianischen Gleichgewichtstheorie des **isolierten Geldmarktes**. Durch das Zusammenwirken von Geldangebot und Geldnachfrage wird die Höhe des Zinssatzes bestimmt. Der Zinssatz wird als wesentliches Element der Übertragung monetärer Impulse in den güterwirtschaftlichen Bereich gesehen, während in umgekehrter Richtung das Gleichgewicht am Geldmarkt vom Volkseinkommen beeinflußt wird. Das HICKSsche IS-LM-Modell dient der **kombinierten Gütermarkt-Geldmarkt-Analyse** und liefert die Grundlagen zur Beurteilung der Wirksamkeit von Geld- und Fiskalpolitik in einer konjunkturellen Rezession. Das Modell bedarf **außenwirtschaftlicher Modifikationen**. Abschließend werden einige **wirtschaftspolitische Folgerungen** aus der theoretischen Analyse gezogen (**11.4**).

11.1 Grundlagen: Geld und finanzieller Sektor

11.1.1 Funktionen des Geldes

Was ist Geld? Im Lauf der Geschichte sind bereits die unterschiedlichsten Güter als Geld verwendet worden (Abb. 11-1). Alle Formen des Geldes haben jeweils bestimmte grundlegende Geldfunktionen erfüllt und besaßen einige grundlegende Eigenschaften, durch die sie als Geld akzeptiert wurden.

Abb. 11-1 Verschiedene Formen des Geldes, insb. des Warengeldes

Ton	Salz
Kaurimuscheln	Bier
Muschelperlenschnüre	Gold
Walzähne	Bronze
Vieh	Papier
Sklaven	Spielkarten
Tee	Staatsschuldtitel
Wolle	Bankverbindlichkeiten

Quelle: WYKOFF 1979, S. 216

Ein Gut, das als Geld dient, sollte zumindest vier Eigenschaften besitzen:

(1) Knappheit: Kleine Einheiten des Gutes sollten bereits einen hohen Tauschwert haben, so daß dessen Transport wenig Mühe und Kosten verursacht.

(2) Teilbarkeit: Eine hinreichende Teilbarkeit des Gutes gewährleistet, daß es im Austausch gegen Güter mit den unterschiedlichsten Preisen verwendet werden kann.

(3) Gleichwertigkeit: Niemand wird eine geringerwertige Geldeinheit annehmen, wenn er auch eine höherwertige erhalten kann.

(4) Haltbarkeit: Das Gut sollte im Zeitablauf seinen Wert, seine Kaufkraft, behalten und auch später noch gegen andere Güter eintauschbar sein.

Übung 11-1 Zigaretten im Kriegsgefangenenlager

In Lagern von Kriegsgefangenen wurden Zigaretten zum allgemein akzeptierten Geld. Warum Zigaretten? Warum nicht Fleisch- oder Gemüsekonserven, die doch für die Gefangenen lebensnotwendiger waren?

Die vorgenannten Eigenschaften von Geldgütern stehen in engem Zusammenhang mit den **drei ökonomischen Funktionen**, die Geld im allgemeinen zu erfüllen hat: Geld dient als Zahlungsmittel, als Recheneinheit und als Mittel der Wertaufbewahrung.

Geld als Zahlungsmittel

Die Zahlungsmittelfunktion ist in einer arbeitsteiligen Wirtschaft von zentraler Bedeutung.

In einer **Naturaltauschwirtschaft** wird ein Gut gegen ein anderes getauscht (‚Ware gegen Ware'). Voraussetzung für diesen Naturaltausch ist eine **doppelte Koinzidenz der Wünsche** der Tauschwilligen: Beide müssen genau das Gut produzieren und anbieten, welches der andere benötigt. Beim Naturaltausch entstehen deshalb hohe Kosten

- um einen Tauschpartner zu finden,
- um das Gut bis zu einer Tauschgelegenheit zu lagern,
- durch den Transport des Gutes.

Ursache für den hohen Aufwand ist die Zahl der Austauschbeziehungen (ATB); sie steigt exponentiell mit der Zahl der gehandelten Güter (x). Es gilt:

$$ATB := \frac{x \cdot (x-1)}{2}$$

Tauschvorgänge werden durch Geld erheblich erleichtert. Geld ermöglicht den Handel mit arbeitsteilig produzierten Gütern bereits bei einer **einfachen Koinzidenz** der Wünsche der Tauschwilligen. Beide müssen nur zur Hergabe des angebotenen und zum Erwerb des gewünschten Gutes mittels Geld bereit sein (‚Ware gegen Geld gegen Ware'). Geld als **universelles Tauschgut** bietet so die Möglichkeit, Informations-, Lager- und Transportkosten zu senken. Die Zahl der möglichen Austauschrelationen (ATB) wird durch Geld erheblich verringert:

$$ATB := x - 1$$

Übung 11-2 Tauschrelationen in einer Naturaltausch- und in einer Geldwirtschaft

Wie hoch ist die Zahl der denkbaren Tauschrelationen
(a) in einer Naturaltauschwirtschaft
(b) in einer Geldwirtschaft
mit 1000 gehandelten Gütern?

Der Besitz von Geld sichert **Liquidität**, eine von Zeit und Ort unabhängige Zahlungsbereitschaft und -fähigkeit. Die Zahlungsmittelfunktion beruht auf der allgemeinen, weitverbreiteten Bereitschaft, Geld als Wertversprechen oder Wertgegenstand anzunehmen.

Geld als Wertaufbewahrungsmittel

Die Wertaufbewahrungsfunktion ist erfüllt, wenn das Geld auch nach einer zeitlichen Veränderung seine Funktion als Zahlungsmittel und Wertträger behält. Die Tauschkette kann in zwei Vorgänge ‚Ware gegen Geld' und ‚Geld gegen Ware' zerlegt werden, wenn und weil Geld seine Wertaufbewahrungsfunktion erfüllt. Warengeld muß z. B. über längere Zeiträume seinen Tauschwert behalten, damit es als Vermögensform akzeptiert wird. Bei galoppierender Inflation kann die Wertaufbewahrungsfunktion nicht mehr erfüllt werden, die Annahmebereitschaft sinkt, folglich schwindet auch die Zahlungsmittelfunktion.

Geld als allgemeine Recheneinheit

Die Rechenmittelfunktion ist erfüllt, wenn das Geld als Wertmaßstab dient und somit der Wert aller anderen Güter in Geldeinheiten ausgedrückt werden kann.

11.1.2 Geldarten

Während historische Geldarten häufig **Warengeld** mit einem entsprechenden substanziellen, stofflichen Gebrauchswert waren, sind heutige Zahlungsmittel meist **Kreditgeld** mit sehr geringem Warenwert. Kreditgeld besitzt den Vorteil geringer Lager- und Transportkosten, ist nahezu beliebig teilbar und haltbar. Die Eignung als Zahlungs- und Wertaufbewahrungsmittel beruht nicht auf irgendeinem stofflichen Wert des Geldes oder, wie in der Entstehungsgeschichte der Banknoten, auf einer Umtauschbarkeit gegen Gold. Entscheidend ist vielmehr das **Vertrauen auf die Funktionsfähigkeit** des Kreditgeldsystems. Dieses Vertrauen beruht auf der **allgemeinen Akzeptanz und Annahmebereitschaft** der unterwertigen Zahlungsmittel.

Moderne Volkswirtschaften sind durch ein **Mischgeldsystem** gekennzeichnet: Zwei Geldarten dienen als Zahlungsmittel, das Zentralbankgeld und das Giralgeld.

Zentralbankgeld wird von der Notenbank einer Volkswirtschaft in Form von Münzen, Banknoten und Zentralbankgeldeinlagen bereitgestellt. Für alle diese Zahlungsmittel besteht ein **gesetzlicher Annahmezwang**, d. h. kein inländischer Gläubiger darf sich weigern, von einem Schuldner Zentralbankgeld zur Tilgung der Verbindlichkeit anzunehmen.

Münzen verkörperten früher lange Zeit den Wert des in ihnen enthaltenen Metalls, sind heute jedoch nahezu stoffwertlos und haben nur noch den aufgeprägten Nominalwert. Das Ausgaberecht für Münzen liegt in der Bundesrepublik bei der Bundesregierung und nicht wie beim übrigen Zentralbankgeld bei der Deutschen Bundesbank. **Banknoten** sind stoffwertloses Papiergeld. Zusammen mit den Münzen bilden sie das **Bargeld** einer Volkswirtschaft. **Zentralbankgeldeinlagen** sind aufgrund eines Buchungsvorganges (**Buchgeld**) entstandene Guthaben eines Wirtschaftssubjekts bei der Notenbank. Eine Umwandlung in Bargeld ist jederzeit (‚auf Sicht') möglich. Zentralbankgeldeinlagen werden deshalb auch als **Sichtguthaben** bezeichnet.

Auch beim **Giralgeld** handelt es sich um stoffwertloses Buchgeld. Als Giralgeld werden die Sichtguthaben von Wirtschaftssubjekten bei den Geschäftsbanken bezeichnet (**Bankengeld**). Hier garantieren die Geschäftsbanken die jederzeitige Umwandlung in Bargeld. Im Rahmen des bargeldlosen Zahlungsverkehrs kann Giralgeld durch Überweisungen oder Schecks auch auf andere Wirtschaftssubjekte übertragen werden. Obwohl das Giralgeld keinem gesetzlichen Annahmezwang unterliegt, ist es zum quantitativ bedeutsamsten Zahlungsmittel geworden.

Neben diesen Geldarten gibt es eine Reihe von Vermögensobjekten, die schnell und mit geringen Kosten in Geld umgewandelt werden können. Zu diesen geldnahen Forderungen gehören die **Termineinlagen** (‚**Quasigeld**') und die **Spareinlagen mit gesetzlicher Kündigungsfrist**.

Im internationalen Zahlungsverkehr werden Devisen und Sorten verwendet. **Devisen** sind Sichtguthaben von Inländern bei ausländischen Banken. Als **Sorten** bezeichnet man die ausländischen Münzen und Banknoten im Besitz von Inländern. **Gold** schließlich dient heute überwiegend als Wertaufbewahrungsmittel. Als Zahlungsmittel wird es fast nur noch im internationalen Zahlungsverkehr der Zentralbanken eingesetzt.

Die **Entwicklung der Zahlungsmittel** ist durch eine zunehmende Erleichterung und Beschleunigung des Zahlungsverkehrs gekennzeichnet (Abb. 11-2). Vom Warengeld in seinen vielfältigen Erscheinungsformen über das unterwertige Kreditgeld bis hin zu den modernen Formen des ‚Elektronic Cash', bei dem Zahlungsvorgänge ohne gegenständlichen Überweisungsträger erfolgen, werden die Lager-, Transport- und Informationskosten des Geldes immer mehr verringert.

Übung 11-3 Auf dem Weg in die bargeldlose Gesellschaft?

„In recent years a tremendous technological change has taken place in our monetary system and in financial markets in general. It is now possible in many cities to have funds electronically transferred from a checking account to a local retailer. An **electronic funds transfer system (EFTS)** has been developed. An electronic funds transfer system is a checkless money transfer system in which sums of money are transferred from one account to another by means of electronic signals. In this way, individual bank accounts are automatically credited and/or debited. Paper bills, currency, and checks are not involved. An EFTS allows people (1) to make deposits or withdrawals using computer terminals located in stores, and (2) to transfer funds (equal to the value of purchases) from their own accounts to the store's account by using a computer terminal located at check-out counters. ...

Electronic transfer systems almost completely eliminate the problem of **float** in the banking system. Float occurs when a check has been used and value received without a check having been collected, that is, without the checking account of the person who wrote the check having been debited for the amount of the check. Float can occur, for example, when you write a check and receive goods in return, but the store receiving the check does not get credited and your account does not get debited until two or three days later. Float occurs any time there is an excess of payments over and above the deposits actually in the banking system. For example, people often write checks for purchases on a Friday, planning to put sufficent funds into their checking account on Monday. With the EFTS, this won't work.

Currently there are about 35 billion checks written a year. All of these checks have to be cleared; that is, all of them have to be sent to different banking institutions so that some accounts can be credited and some accounts can be debited. An EFTS eliminates the physical necessity of having paper flow throughout the banking system. Thus the use of electronic banking will reduce the overall cost of banking and transactions.

Clearly, an EFTS reduces the need to hold coins and paper currency, and it cuts down the use of physical check writing. Because of this, some people maintain that electronic banking eliminates the need for money. They feel that in the future, we will have a cashless society, with all or most transactions handled by an EFTS.

We will not, however, end up with a cashless, moneyless society. Only the form of money will change; the total money supply will still be the same. Though its components may be different, money is here to stay!" (MILLER 1985[3], S. 314)

Welche Vorteile hat die beschriebene Form des bargeldlosen Zahlens? Wird Geld als Zahlungsmittel zunehmend überflüssig?

11.1.3 Geldmengenbegriffe

Wirtschaftstheorie und -politik benötigen genaue Definitionen von Geldmengenaggregaten, um die Entwicklung des gesamtwirtschaftlichen Geldmarktes und die Wirkung der geldpolitischen Instrumente beschreiben, erklären und prognostizieren zu können. Die Vielfalt der verwendeten Geldmengenbegriffe beruht teils auf unterschiedlichen Abgrenzungen der nachfragewirksamen Liquidität in einer Volkswirtschaft, teils auf unterschiedlichen Vorstellungen von relevanten geldpolitischen Steuerungsgrößen.

Eine häufig verwendete Definition der Geldmenge umfaßt den Bargeldumlauf und die Sichtguthaben bei Banken (Giralgeld), da diese beiden Geldarten allgemein akzeptierte Zahlungsmittel darstellen. Aus ökonomischer Sicht kommt es auf den Bestand an Bar- und Giralgeld an, der für die Nachfrage nach Gütern, Dienstleistungen oder Finanzaktiva genutzt wird. Die Kassenbestände von Kreditinstituten, Sichteinlagen von Ausländern bei inländischen Banken und die Sichtguthaben der öffentlichen Haushalte bei der Zentralbank werden nicht zur **nachfragewirksamen**

Abb. 11-2 Entwicklung von Zahlungsverkehr und Zahlungsmitteln

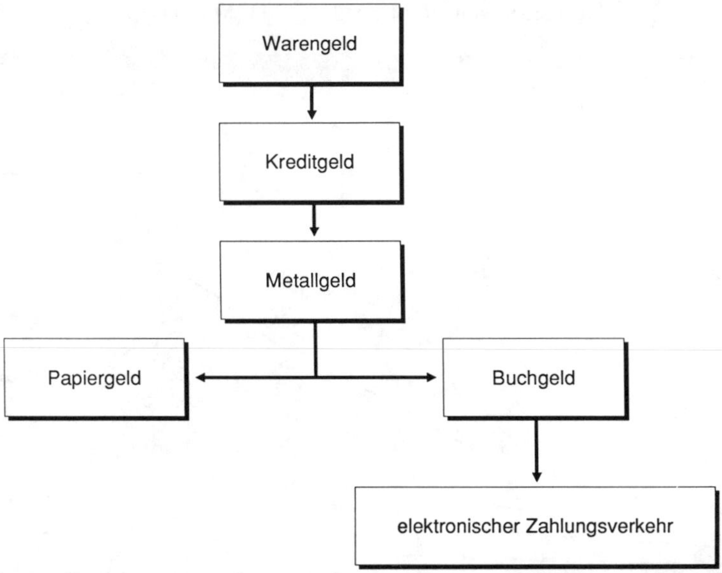

Geldmenge gerechnet. Die **Geldmenge M1** ist deshalb unter den genannten Einschränkungen als Summe aus Bargeldumlauf und Sichteinlagen der Inländer definiert. Das Symbol M für die Geldmengenaggregate stammt vom englischen ‚Money' (Abb. 11-3).

Die Geldmenge M1 berücksichtigt allerdings nicht, daß insbesondere Unternehmen Termineinlagen kurzfristig liquidieren, also in Bargeld oder Sichteinlagen umwandeln, und so das Nachfragepotential vergrößern können. Die Geldmenge

Abb. 11-3 Geldmengenbegriffe M1, M2 und M3

	Bargeldumlauf (- Kassenbestände der Kreditinstitute)
+	Sichteinlagen inländischer Nichtbanken (- Zentralbankeinlagen öffentlicher Haushalte)
:=	Geldmenge M1
+	Termingelder inländischer Nichtbanken mit Befristung bis unter vier Jahren
:=	Geldmenge M2
+	Spareinlagen inländischer Nichtbanken mit gesetzlicher Kündigungsfrist
:=	Geldmenge M3

Abb. 11-4 Entwicklung der Geldmengenaggregate in der BR Deutschland 1960–1988

(a) Bargeldumlauf, M1, M2 und M3 (Mrd. DM)

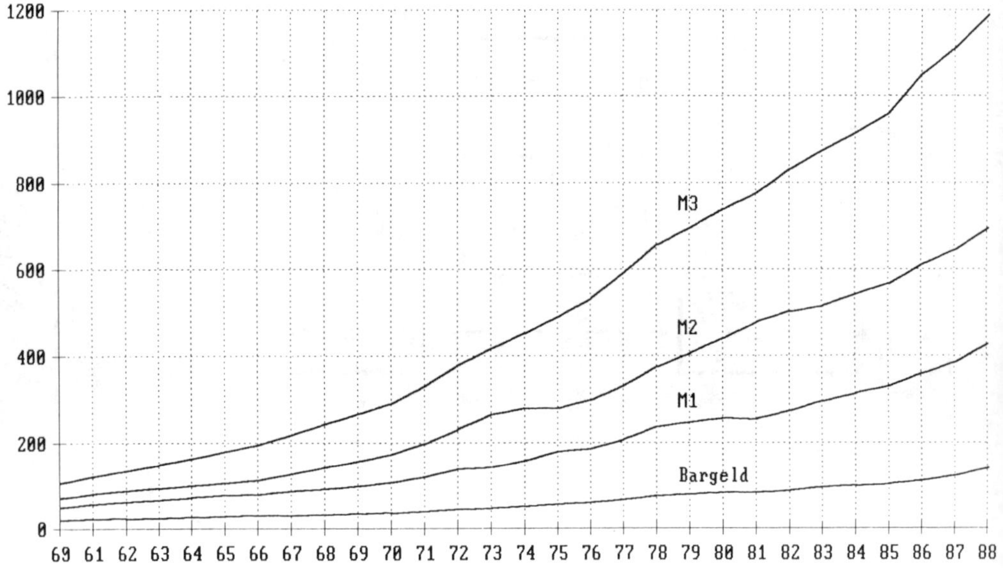

(b) Bargeld, Sicht-, Termin-, und Spareinlagen
(prozentuale Anteile an der Geldmenge M3)

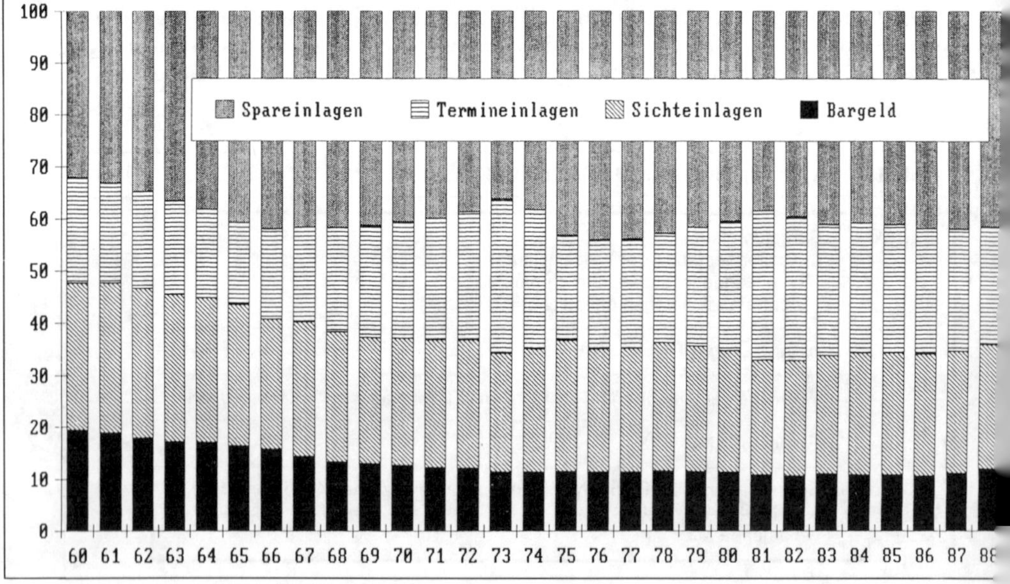

Übung 11-4 Analyse der Entwicklung der Geldmengen in der BRD

(a) Analysieren Sie die Entwicklung der Geldmengenaggregate!
(b) Welche Gründe vermuten Sie für die variierende Zusammensetzung von M3?

M2 bezieht deshalb das Quasigeld, die Termineinlagen mit einer Laufzeit unter vier Jahren, ein.

Auch die Spareinlagen der Haushalte und Unternehmen können teilweise kurzfristig in Liquidität umgewandelt werden. Bei gesetzlicher Kündigungsfrist kann jederzeit über 2000 DM binnen 30 Tagen und innerhalb von drei Monaten nach Kündigung über das gesamte Guthaben verfügt werden. Deshalb wird auch ein dritter erweiterter Geldmengenbegriff **M3** verwendet.

Im Rahmen der Geldpolitik sind weitere Geldmengenbegriffe (Abb. 11-5) gebildet worden, die zentrale Bedeutung für zwei geldpolitische Strategien, das **Liquiditätssaldokonzept** und das **monetaristischen Geldbasiskonzept**, haben.

Wie wir später sehen werden, ist die Kreditvergabe der Geschäftsbanken durch die Verfügbarkeit über Zentralbankgeld (Liquidität) begrenzt. Der **Liquiditätssaldo** gibt an, wieviel Zentralbankgeld den Kreditinstituten maximal zur Verfügung steht.

Ein Teil der Liquiditätsreserven der Geschäftsbanken sind in den **Mindestreserven** gebunden. Dies sind zinslose Guthaben bei der Zentralbank, die von Geschäftsbanken in Höhe bestimmter, festgelegter Prozentsätze (**Mindestreservesätze**) ihrer Sicht-, Termin- und Spareinlagen zwangsweise unterhalten werden müssen. Auf das Mindestreservesoll werden die Bargeldbestände bei den Geschäftsbanken angerechnet. Die Mindestreserven dienen nicht nur als Sicherheit für die Einlagen, sondern werden von der Zentralbank auch als geldpolitisches Instrument genutzt.

Abb. 11-5 Übersicht zu den Geldmengenaggregaten

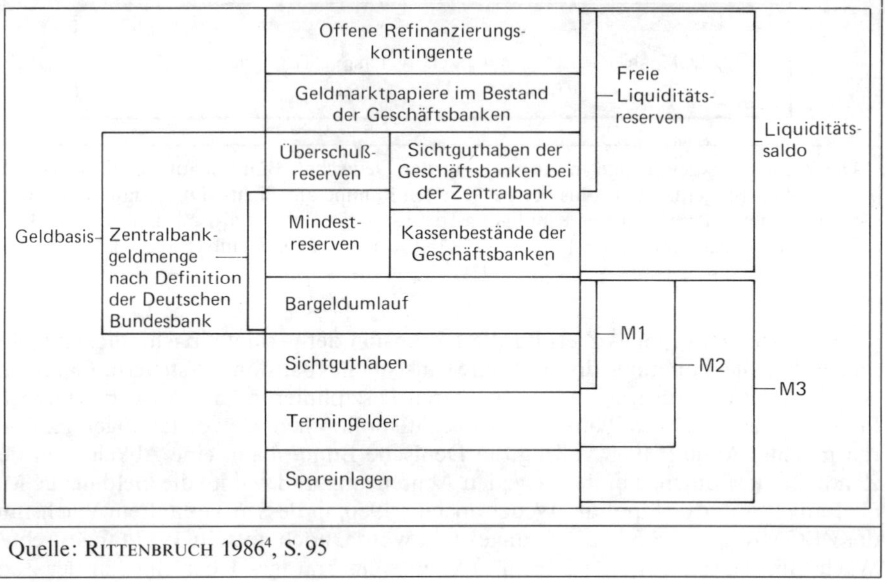

Quelle: Rittenbruch 1986[4], S. 95

Neben diesen gebundenen Reserven verfügen die Banken auch über **freie Liquiditätsreserven**. Zentralbankguthaben, die über das Mindestreservesoll hinausgehen, werden als **Überschußreserven** bezeichnet. Den Geschäftsbanken stehen noch drei weitere Wege zur **Refinanzierung**, das heißt: zur Beschaffung von Zentralbankgeld, offen. Sie können bei der Notenbank (im Rahmen der ihnen zugeteilten Lombard- und Diskontkontingente) Zentralbankgeld durch das Diskontieren von Handelswechseln, die Verpfändung bestimmter Wertpapiere und den Verkauf zentralbankfähiger Geldmarktpapiere erhalten. Addiert man die Mindestreserven und die freien Liquiditätsreserven, so erhält man den **Liquiditätssaldo**.

Während der Liquiditätssaldo das **potentielle Zentralbankgeld** kennzeichnet, bezieht sich die **Geldbasis** auf das **aktuelle Zentralbankgeld**. Sie ist gleich der Summe von Bargeldumlauf und Sichtguthaben der Geschäftsbanken bei der Zentralbank. Die Geldbasis bildet die Grundlage der Geldschöpfungsmöglichkeiten der Geschäftsbanken und wird vor allem von den neoklassischen Geldtheoretikern, den **Monetaristen**, als geeignete Größe zur Steuerung des gesamtwirtschaftlichen Geldangebots angesehen. Synonym zu Geldbasis wird häufig der Begriff der **Zentralbankgeldmenge** verwendet.

Schließlich hat die Deutsche Bundesbank, die Zentralbank der Bundesrepublik, einen weiteren Geldmengenbegriff eingeführt und diesen ab 1975 ihrer geldpolitischen Zielprojektion zugrundegelegt (Abb. 11-6). Die **Zentralbankgeldmenge in der Definition der Deutschen Bundesbank** umfaßt die Mindestreserven und den Bargeldumlauf bei Nichtbanken. Da die Mindestreserven zu konstanten Mindestreservesätzen in dieses Geldmengenaggregat eingehen, gibt diese Größe Auskunft über die monetäre Expansion an Zentralbankgeld ohne Beachtung der Effekte eigenverantwortlicher Entscheidungen über Mindestreserveränderungen.

Abb. 11-6 Zentralbankgeldmenge in der Definition der Deutschen Bundesbank

$$ZBGM_{DBBk} = BG + mrs_1 \cdot D + mrs_2 \cdot TE + mrs_3 \cdot SE$$

Die Zentralbankgeldmenge in Abgrenzung der Deutschen Bundesbank ($ZBGM_{DBBk}$) ist gleich dem Bargeldumlauf plus der gewichteten Summe aus Sicht- (D), Termin- (TE) und Spareinlagen mit gesetzlicher Kündigungsfrist (SE). Gewichtet wird mit konstanten Mindestreservesätzen von Januar 1974 ($mrs_1 := 16,6\%$, $mrs_2 := 12,4\%$, $mrs_3 := 8,1\%$).

Die Bekanntgabe eines Ziels für die Expansion der gesamtwirtschaftlichen Geldmenge hat die Funktion, die monetäre Ausgabenexpansion zu steuern. Geldmengenziele sind ein Ausdruck einer monetären Disziplinierung der Ausgabenentwicklung, mit der die Zentralbank ihre wirtschaftspolitischen Zielvorstellungen realisieren möchte. Anfang 1988 vollzog die Deutsche Bundesbank eine Abkehr von der Zentralbankgeldmenge in ihrer eigenen Abgrenzung und wählte die Geldmenge M3 als Indikator der Geldpolitik. Weder im Jahr 1986, in dessen Verlauf ein Wachstum der $ZBGM_{DBBk}$ von 3,5 bis 5,5% angestrebt wurde, noch im Jahr 1987 (angestrebtes Wachstum der $ZBGM_{DBBk}$: 3 bis 6%) konnte ein kräftiges Überschießen der Zentralbankgeldmenge über den jeweiligen Zielkorridor hinaus verhindert werden. Die daraufhin einsetzende Kritik bezeichnete die geldpolitischen Vorgaben der Deutschen Bundesbank als zunehmend unglaubwürdig und sah verstärkte Inflationsgefahren für die Zukunft heraufziehen.

Die Bundesbank reagierte mit einem Indikatorwechsel: 1988 sollte nunmehr die Geldmenge M3 sich in einem Zielkorridor von 3 bis 6% entwickeln. Als Begründung verwies sie vor allem auf eine ungewöhnlich rasche Ausweitung des Bargeldumlaufs im Jahr 1987. Da der Indikator $ZBGM_{DBBk}$ als größten Bestandteil (gut 50%) den Bargeldumlauf enthält (Abb. 11-7), sei die monetäre Expansion überzeichnet worden. Aber auch der neue Indikator M3 ist nicht unproblematisch: Hier haben die Spareinlagen mit gesetzlicher Kündigungsfrist den größten Anteil (gut 40%). Die quantitative Entwicklung der Spareinlagen kann von Entscheidungen über die Anlage des Geldvermögens beeinflußt werden. Wird nun vermehrt Geldkapital (z. B. Sparbriefe) aufgelöst und in Spareinlagen wieder angelegt, so steigt auch M3. Die tatsächliche monetäre Expansion in der Bundesrepublik wird dann wiederum nicht unverzerrt widergespiegelt.

11.1.4 Der finanzielle Sektor in der Bundesrepublik

11.1.4.1 Aufgaben des Bankensystems und der Deutschen Bundesbank

Gesamtwirtschaftlich kann man
- **Überschußsektoren** (z. B. die privaten Haushalte insgesamt), bei denen die Einnahmen die Ausgaben übersteigen, und
- **Defizitsektoren** (z. B. die Unternehmen und den Staat insgesamt), bei denen die Ausgaben größer als die Einnahmen sind, unterscheiden.

Abb. 11-7 Geldpolitische Indikatoren der Deutschen Bundesbank

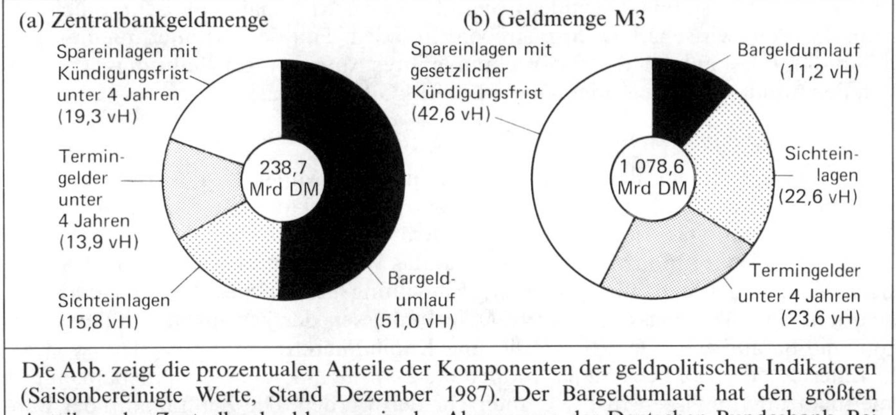

Die Abb. zeigt die prozentualen Anteile der Komponenten der geldpolitischen Indikatoren (Saisonbereinigte Werte, Stand Dezember 1987). Der Bargeldumlauf hat den größten Anteil an der Zentralbankgeldmenge in der Abgrenzung der Deutschen Bundesbank. Bei dem neuen geldpolitischen Indikator der Deutschen Bundesbank dominieren die Spareinlagen mit gesetzlicher Kündigungsfrist.
Quelle: SVR, JG 1988/89, Schaubild 17

Der **finanzielle Sektor**, vor allem das Bankensystem, bietet den Überschußsektoren Geldanlagemöglichkeiten (z. B. Sicht-, Termin- und Spareinlagen) und den Defizitsektoren Finanzierungsmöglichkeiten (z. B. Darlehen und Kredite). Im gesamtwirtschaftlichen Finanzierungsprozeß erfüllt der finanzielle Sektor dabei wichtige Transformationsfunktionen. Er wandelt die meist niedrigeren und kürzerfristig angebotenen Geldbeträge in hohe und längerfristig nachgefragte Kredite um (**Betrags- und Fristentransformation**). Der finanzielle Sektor ermöglicht ferner eine Minimierung des Ausfallrisikos einzelner Kredite durch die Verteilung des Risikos auf den Gesamtbestand der finanziellen Mittel (**Risikotransformation**).

Diese Vorgänge der Anlage bzw. der Nachfrage finanzieller Mittel beim finanziellen Sektor werden als **indirekte externe Finanzierung** bezeichnet. Dies ist die volkswirtschaftlich bedeutendste Finanzierungsform. Zwei weitere Wege der Finanzierung ohne den finanziellen Sektor stehen den Defizitsektoren zur Verfügung. Beispiele für eine **direkte externe Finanzierung** sind die Ausgabe von Aktien und Wertpapieren und die Gewährung von Krediten durch Privatpersonen. Bei der **internen Finanzierung** schließlich kommt es zu einer Umverteilung finanzieller Mittel innerhalb der Defizitsektoren (z. B. durch die Umverteilung nicht ausgeschütteter Gewinne).

Der **Deutschen Bundesbank** kommen besondere Aufgaben zu. Sie hat gemäß dem Bundesbankgesetz (BBkG § 3) den Geldumlauf und die Kreditversorgung zu regeln. Sie ist zuständig für eine hinreichende Versorgung der Volkswirtschaft mit Zentralbankgeld. Für die Kreditinstitute hat sie als „Bank der Banken" zu fungieren. Ihr obliegt ferner die Abwicklung des Zahlungsverkehrs im Inland und mit dem Ausland. Schließlich ist sie Träger der Geld- und Kreditpolitik.

Alle Aufgaben der Deutschen Bundesbank sind an dem **Ziel der Sicherung der Währung** orientiert. Dieses Ziel erlaubt verschiedene Interpretationen: Einmal könnte nur die Geldwertstabilität gemeint sein. Eine strikte Preisniveaustabilisierung könnte jedoch gleichzeitig zu Unterbeschäftigung führen. Eine zweite Interpretation schließt zusätzlich zur binnenwirtschaftlichen Geldwertstabilisierung die außenwirtschaftliche Stabilisierung des Wechselkurses mit ein. Eine dritte Interpretation bezieht weitere wirtschaftspolitische Ziele mit ein: Nicht nur Preisniveau- und Wechselkursstabilität, sondern die allgemeine wirtschaftspolitische Stabilisierung der Volkswirtschaft sei anzustreben. In jedem Fall der Zielinterpretation gilt, daß die Bundesbank bei der Wahrnehmung ihrer Aufgaben zur Währungssicherung von der Bundesregierung unabhängig ist (BBkG § 12 Satz 2).

11.1.4.2 Institutioneller Aufbau des Bankensystems

Institutioneller Träger der Vermittlung finanzieller Mittel ist das **Bankensystem**. Daneben existieren zur Sicherung des finanziellen Sektors ein Aufsichts- und ein Verbandssystem. Das **Aufsichtssystem**, zu dem die Deutsche Bundesbank, die Bundesaufsichtsämter für das Kreditwesen und das Versicherungswesen sowie das Bundeskartellamt gehören, überwacht die Einhaltung gesetzlicher Normen und Vorschriften. Das **Verbandssystem** vertritt die Interessen der jeweiligen Mitgliedsinstitute und berät diese in Geld-, Kredit- und Kapitalmarktfragen.

Innerhalb des Bankensystems können die Zentralbank, die Geschäftsbanken und die finanzintermediären Institute unterschieden werden. Die Zentralbank der Bundesrepublik ist die **Deutsche Bundesbank**, zu der auch die elf regionalen Landeszentralbanken gerechnet werden.

Geschäftsbanken (oder synonym: **Kreditinstitute**) sind im juristischen Sinn Unternehmen, die im Kreditwesengesetz (KWG § 1 Abs. 1) aufgelistete Bankgeschäfte

Abb. 11-8 Institutioneller Aufbau des finanziellen Sektors in der Bundesrepublik

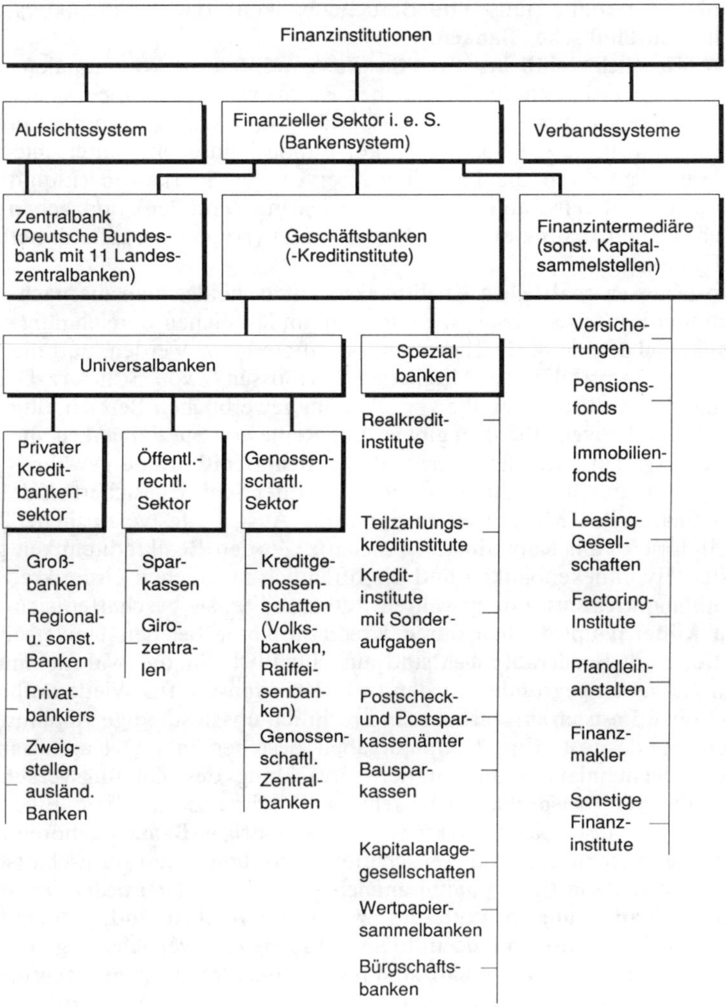

Quelle: GRUNWALD 1979, S. 125

betreiben. Bei den Geschäftsbanken werden Universalbanken und Spezialbanken unterschieden. **Universalbanken** führen alle üblichen Bankgeschäfte (außer dem Hypothekenbankgeschäft und der Ausgabe von Banknoten) durch. Nach der rechtlichen Stellung wird ein privater Kreditbankensektor, ein öffentlich-rechtlicher Sparkassensektor und ein genossenschaftlicher Bankensektor unterschieden.

Die einzelnen Institute des privaten Kreditbankensektors konkurrieren nicht nur mit den anderen Bankengruppen, sondern im Gegensatz zum öffentlich-rechtlichen Sektor auch untereinander (Institutswettbewerb). Zu den **privaten Kreditbanken** gehören die Großbanken (z. B. DEUTSCHE BANK, DRESDNER BANK, COMMERZBANK), die überregional mit einem großen Filialnetz tätig sind, die Regional- und sonstigen Kreditbanken (Spezial-, Haus- und Branchenbanken), die Privatbankiers und die Zweigstellen ausländischer Banken.

Bei den **öffentlich-rechtlichen Kreditinstituten** werden die kommunalen Sparkassen, die als Körperschaften des öffentlichen Rechts von Kommunen, Gemeindeverbänden oder Kreisen getragen werden (Gewährsträgerschaft), und die Girozentralen, die Zentralinstitute der Sparkassen auf Bundeslandsebene, unterschieden. Die Girozentralen verwahren die Liquiditätsreserven der Sparkassen (Liquiditätszentren), verrechnen deren Zahlungsverkehr (Clearing-Zentralen) und geben Kredithilfe durch Refinanzierung auf dem Kapitalmarkt (Hypothekenpfandbriefe, Kommunalobligationen).

Bei den **genossenschaftlichen Kreditbanken** unterscheidet man die nach RAIFFEISEN benannten Raiffeisenkassen, die vor allem im ländlichen Bereich tätig sind und deren Bankgeschäfte stark durch Warengeschäfte ergänzt werden, und die auf den Gedanken der Selbsthilfe der Mitglieder („Genossen") von SCHULTZ-DELITZSCH zurückgehenden Volksbanken, die vor allem im gewerblichen Bereich tätig sind.

Neben diesen Universalbanken gibt es eine Reihe von **Spezialbanken**, die sich auf besondere Aufgaben spezialisiert haben. Die **Realkreditinstitute** gewähren langfristige Kredite, die durch Gebäude, Grundstücke oder Schiffe gesichert sind. Die notwendigen finanziellen Mittel werden durch die Ausgabe festverzinslicher Wertpapiere (Pfandbriefe) am Kapitalmarkt beschafft. Zu den Realkreditbanken gehören die privaten Hypothekenbanken und die öffentlich-rechtlichen Grundkreditanstalten. **Teilzahlungskreditinstitute** gewähren Ratenkredite; sie beschaffen sich die notwendigen Mittel hauptsächlich durch Kreditaufnahme bei den Universalbanken. **Kreditinstitute mit Sonderaufgaben** sind ausschließlich für die Wahrnehmung von speziellen Aufgaben gegründet worden (z. B. Kreditanstalt für Wiederaufbau). Die **Postscheck- und Postsparkassenämter** sind rechtlich unselbständige Abteilungen der Deutschen Bundespost. Ihre Hauptaufgaben bestehen in der Kapitalsammlung (Spargelder, Sichteinlagen) und in der Abwicklung des Zahlungsverkehrs. Die Hauptaufgabe der **Bausparkassen** besteht in der Finanzierung von Eigenheimen nach dem Prinzip des Sparerkollektivs. Zu den **sonstigen Banken** gehören z. B. die Kapitalanlage- oder Investmentgesellschaften, Wertpapier- und Bürgschaftsbanken.

Die Gruppe der **sonstigen Kapitalsammelstellen** (**Finanzintermediäre**) schließlich umfaßt alle Finanzierungsinstitute, die zwar keine Banken sind, jedoch Umfang und Richtung der Geldströme beeinflußen können (z. B. Versicherungen und Pensionsfonds). Die Finanzintermediäre sind nicht der geldpolitischen Steuerung durch die Deutsche Bundesbank unterworfen und können somit deren Geld- und Kreditpolitik stören.

11.2 Das Geldangebot des Bankensystems

Das (nominale) Geldangebot (M^S) einer Volkswirtschaft wird durch das Bankensystem (Zentralbank und Geschäftsbanken) geschaffen. Die Zentralbank stellt Zentralbankgeld (ZBG) in Form von Banknoten und Zentralbankgeldeinlagen bereit und die Geschäftsbanken schaffen Giralgeld (D) in Form von Sichtguthaben für die Nichtbanken.

$$M^S = M^S\,(ZBG, D)$$

Grundlage der Giralgeldschöpfung ist die Kreditgewährung der Geschäftsbanken an die Nichtbanken. Die Geldangebotstheorie versucht, die Bestimmungsgründe des Geldangebots, insbesondere die Einflußmöglichkeiten der Zentralbank auf die Giralgeldschöpfung, zu analysieren und eine fundierte Grundlage für die geldpolitische Steuerung des gesamtwirtschaftlichen Geldangebots zu liefern.

11.2.1 Quellen des Geldangebots und „Konsolidierte Bilanz" des Bankensystems

Die **Konsolidierte Bilanz des Bankensystems** faßt die Bilanz der Zentralbank und der Geschäftsbanken zusammen. Durch die buchungstechnische Konsolidierung heben sich Forderungen und Verbindlichkeiten zwischen den Banken gegenseitig auf; es werden ausschließlich Transaktionen des Bankensystems mit den Nichtbanken ausgewiesen.

Die Aktivseite der Konsolidierten Bilanz (Abb. 11-9) gibt Auskunft über die Entstehung finanzieller Mittel, die Passivseite informiert über deren Verwendung. Die wichtigsten (aggregierten) Positionen der Konsolidierten Bilanz sind auf der **Aktivseite** die Kreditgewährung an inländische Nichtbanken (Kr) und die Nettoposition gegenüber dem Ausland (NP_A). Letztere ist bestimmt durch die Differenz von Krediten an das Ausland und Einlagen des Auslands. Auf der **Passivseite** sind die Geldmenge M3 und das Geldkapital inländischer Nichtbanken (GK) (z. B. längerfristige Einlagen, Pfandbriefe, Eigenkapital der Banken) zu unterscheiden.

Der Saldo der Konsolidierten Bilanz ist immer gleich Null, d. h. diese Bilanz muß stets ausgeglichen sein. Es gilt deshalb folgende Bilanzidentität:

$$Kr + NP_A = M3 + GK$$

Eine Umformung dieser Identitätsgleichung erlaubt die Unterscheidung von drei Quellen des Geldangebots; sie zeigt, daß es aktiv- und passivseitige Geldschöpfung gibt:

$$M3 = Kr + NP_A - GK$$

Unter ceteris paribus-Bedingungen steigt die Geldmenge M3,

- wenn Zentralbank und Geschäftsbanken **Aktivgeschäfte** mit den Nichtbanken tätigen: Sowohl eine Kreditgewährung an inländische Nichtbanken (Kr steigt) als auch eine Kreditgewährung an das Ausland (NP_A steigt) haben einen expansiven Effekt auf das Geldangebot.

Abb. 11-9 Aggregierte Positionen der Konsolidierten Bilanz des Bankensystems

Aktivseite	Passivseite
Kreditgewährung des Bankensystems an inländische Nichtbanken	Geldmenge M3
Nettoposition gegenüber dem Ausland	Geldkapital inländischer Nichtbanken

- wenn im **Passivgeschäft** des Bankensystems eine Umwandlung von Geldkapital in Komponenten von M3 (Bargeldumlauf, Sichtguthaben, Termineinlagen, Spareinlagen mit gesetzlicher Kündigungsfrist) stattfindet. Diese Umwandlung ist abhängig von den Liquiditätspräferenzen der inländischen Nichtbanken, auf die die Zentralbank nur sehr geringen Einfluß hat.

Wichtigste Quelle der Geldentstehung ist die Kreditgewährung des Bankensystems an die Nichtbanken; Geldpolitik ist damit in erster Linie Kreditpolitik. Wir können festhalten: Die Zentralbank bestimmt das Geldangebot durch die eigene Kreditgewährung und durch Einflußnahme auf die Kreditgewährung der Geschäftsbanken. Dabei hat sie das Verhalten von Nichtbanken, welches sich in wechselnden Präferenzen für Geldkapital äußern kann, zu berücksichtigen.

11.2.2 Zentralbankgeldversorgung, Bankenliquidität und Geldbasis

Geschäftsbanken sind nur dann zahlungsfähig (liquide), wenn sie über **Zentralbankgeld** verfügen können. Ein Bedarf an Zentralbankgeld besteht sowohl im Aktiv- als auch im Passivgeschäft der Geschäftsbanken. Die Gewährung neuer Kredite (**Aktivgeschäft**) kann zur Auszahlung von Bargeld und zum Kauf von Devisen durch private Nichtbanken sowie zu Zahlungen an öffentliche Haushalte führen, die verpflichtet sind, ihre Einlagen bei der Zentralbank und nicht bei den Geschäftsbanken zu halten. Im **Passivgeschäft** besteht für Einlagen von Nichtbanken (mit einer Laufzeit unter vier Jahren) die Verpflichtung, zinslose Guthaben bei der Zentralbank zu unterhalten. Diese werden als **Mindestreserven** bezeichnet und sind der Höhe nach durch die von der Zentralbank festgelegten Prozentsätze (Mindestreservesätze) auf die reservepflichtigen Einlagen bestimmt. Neue Einlagen (Erhöhung der Sichtguthaben, der kurzfristigen Termingelder, des Sparens mit gesetzlicher Kündigungsfrist usw.) führen zu einer Erhöhung des Mindestreservesolls und verringern so die Bankenliquidität.

Die **Liquidität** der Geschäftsbanken erfordert Zentralbankgeld; dieser Bedarf ist ein entscheidender Ansatzpunkt der Geldpolitik. Die Zentralbank kann das gesamtwirtschaftliche Geldangebot mittelbar durch Variation der Liquiditätsversorgung der Geschäftsbanken beeinflußen. Diese Zentralbankgeldversorgung erfolgt, indem die Zentralbank über die Geschäftsbanken mit dem Nichtbankensektor Kredittransaktionen tätigt und mit selbstgeschaffenem Zentralbankgeld zahlt.

Die Geldschaffungsmöglichkeiten der Zentralbank sind dabei theoretisch unbegrenzt, da sie mit Forderungen auf sich selbst zahlt. Die **Geldversorgung der Zentralbank** ist an keine Deckungsvorschriften, wie z. B. an die Verpflichtung zum Umtausch von Zentralbankgeld in Gold oder Devisen, gebunden. Die Zentralbank der Bundesrepublik, die Deutsche Bundesbank, hat ihre Geldversorgung jedoch an dem gesetzlichen Auftrag zur Sicherung der Währung zu orientieren.

In der Bilanz der Zentralbank (Abb. 11-10) spiegelt sich die Bereitstellung von Zentralbankgeld als Ausweitung des **Aktivgeschäfts** wieder. Drei Wege oder Komponenten der Zentralbankgeldversorgung sind erkennbar: Wenn die Zentralbank Devisen oder Sonderziehungsrechte (Kredite an das Ausland) ankauft, zahlt sie mit Zentralbankgeld und ihre Währungsreserven (WR) steigen (außenwirtschaftliche Komponente). Gewährt die Zentralbank dem Staat Kassenkredite, kauft sie von der Bundesregierung, bei der das Münzregal liegt, Münzen oder überträgt sie ihren Gewinn („Ausschüttung des Bundesbankgewinns"), so stellt sie dem Staat jeweils Zentralbankgeld bereit. Diese fiskalische Komponente äußert sich in einer Zunahme der Nettoposition der Zentralbank gegenüber Nichtbanken (NP_{NB}).

Diese umfaßt hier die Kredite an den Staat abzüglich der Einlagen von öffentlichen Haushalten und privaten Nichtbanken. Schließlich gewährt die Zentralbank den Geschäftsbanken im Rahmen der Refinanzierungskomponente Rediskont- und Lombardkredite für eingereichte Wechsel oder verpfändete Wertpapiere. Durch diese Kredite verlängert sich die Position Refinanzierung (RF) in der Zentralbankbilanz.

Da jede Zunahme der Aktivposten der Zentralbankbilanz mit der Schaffung von Zentralbankgeld verbunden ist, spricht man auch von einer „Monetisierung der Aktiva". Umgekehrt führt jede Verringerung einer der Aktivpositionen zu einer Vernichtung von Zentralbankgeld.

Abb. 11-10 Bilanz der Zentralbank

Aktivseite	Passivseite
Währungsreserven (WR)	Bargeldumlauf (BG)
	Mindestreserven (MR)
Nettoposition gegenüber Nichtbanken (NP_{NB})	Überschußreserven (ÜR)
Refinanzierung (RF)	Geldmarktpapiere im Bestand der Geschäftsbanken (GMP)

Die Aktivseite der vereinfachten Zentralbankbilanz gibt Auskunft über die Bereitstellung von Zentralbankgeld, die Passivseite informiert über dessen Verwendung.

Die Zentralbankgeldversorgung schlägt sich auf der **Passivseite** der Zentralbankbilanz als Zunahme des (aktuellen) Zentralbankgeldes oder des potentiellen Zentralbankgeldes nieder. Das **aktuelle** Zentralbankgeld umfaßt den Bargeldumlauf (BG) bei inländischen Nichtbanken sowie die Mindestreserven (MR) und Überschußreserven (ÜR) der Geschäftsbanken. Zum **potentiellen** Zentralbankgeld gehören die zentralbankfähigen Geldmarktpapiere (GMP) im Bestand der Geschäftsbanken. Diese können jederzeit an die Zentralbank zurückgegeben und gegen Zentralbankgeld eingetauscht werden.

Als Grundlage der Steuerung des gesamtwirtschaftlichen Geldangebots können der Zentralbank zwei Größen dienen: die **Geldbasis** oder die **Bankenliquidität** (Freie Liquiditätsreserve; Liquiditätssaldo). Beide Größen können zwei konträren geldpolitischen Konzepten zugeordnet werden. Die Geldbasis hat zentrale Bedeutung für den Monetarismus, die Bankenliquidität ist grundlegendes Element des eher keynesianisch orientierten Konzepts der potentialorientierten Kreditpolitik. Die **Aktivseite** der Zentralbankbilanz gibt Auskunft über die Entstehung von Geldbasis und Liquiditätssaldo, die **Passivseite** über deren Verwendung. Wir wollen einige Gemeinsamkeiten und Unterschiede zwischen beiden Größen durch Umgruppierung der Positionen der Zentralbankbilanz verdeutlichen (Abb. 11-11):

- Wenn die Zentralbank die Währungsreserven oder die Nettoposition gegenüber Nichtbanken erhöht, dann steigen sowohl Geldbasis als auch Liquiditätssaldo.

- Beim Verkauf von Geldmarktpapieren sinkt die Geldbasis, während der Liquiditätssaldo gleich bleibt.
- Bei einem Anstieg des Bargeldumlaufs steigt die Geldbasis, während der Liquiditätssaldo sinkt.
- Im Liquiditätssaldokonzept werden Bruttorediskontkontingente (BRF) und Offene Rediskontkontingente (ORF) nicht als saldierte Refinanzierung (RF) wie im Geldbasiskonzept ausgewiesen, um den Einfluß von Zentralbank und Geschäftsbanken deutlich zu machen. Die Höhe der BRF wird von der Zentralbank bestimmt, die Höhe der ORF von den Geschäftsbanken.

Abgesehen von den unterschiedlichen Effekten des Bargeldumlaufs sind die beiden Konzepte der Steuerung des Geldangebots sehr ähnlich. Der Hauptunterschied besteht darin, daß die Geldbasis sich nur auf das **aktuelle** Zentralbankgeld bezieht, während im Liquiditätssaldo auch das **potentielle** Zentralbankgeld berücksichtigt wird. Beschließt die Zentralbank, Geldmarktpapiere nicht mehr jederzeit vor Fälligkeit zurückzukaufen und offene Rediskontkontingente nicht mehr zuzulassen, so kann sie gleichzeitig Geldbasis und Liquiditätssaldo steuern. Die Wahl eines der beiden Konzepte ist also abhängig von der institutionellen Ausgestaltung der Geldpolitik.

Abb. 11-11 Entstehung und Verwendung von Geldbasis und Liquiditätssaldo

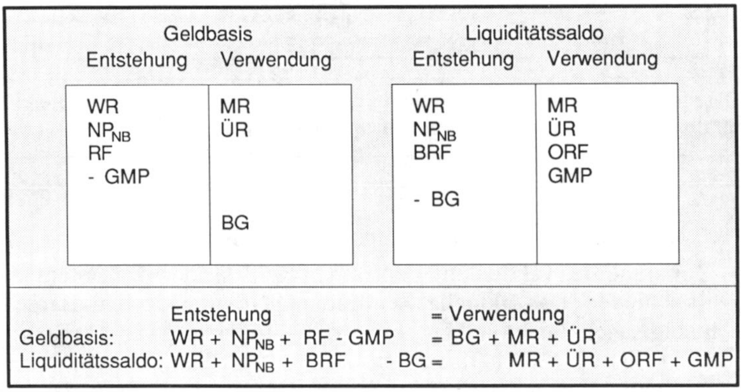

11.2.3 Bankenliquidität und Giralgeldschöpfung

Das gesamtwirtschaftliche Geldangebot (M^S) setzt sich aus dem Zentralbankgeld (ZBG) und dem Giralgeld (D) zusammen:

$$M^S = ZBG + D$$

Als **Giralgeld** werden die Sichtguthaben von Nichtbanken bei den Geschäftsbanken bezeichnet. Das Giralgeld wird von den Geschäftsbanken durch Aktiv- oder Passivgeschäfte mit den Nichtbanken geschaffen. Im **Aktivgeschäft** erwerben („monetisieren") die Geschäftsbanken Vermögensaktiva der Nichtbanken. Sie vergeben in der Hauptsache Kredite, kaufen aber auch z. B. Devisen, Grundstücke und Gebäude. Die Kreditinstitute zahlen mit Forderungen gegen sich selbst: Sie erhöhen die Sichtguthaben der Nichtbanken, die mit Scheck oder Überweisung darüber verfügen können. Im **Passivgeschäft** nehmen die Geschäftsbanken Bargeld, Überweisungen und Schecks entgegen. Die Nichtbanken erhalten dafür Sichtguthaben. Auch bei diesen Geschäften steigt also die Giralgeldmenge.

Die Geschäftsbanken können zwar Giralgeld schaffen, aber kein Zentralbankgeld. Eine einzelne Geschäftsbank ist deshalb stets mit einem Liquiditätsproblem konfrontiert, da sie Zentralbankgeld benötigt, wenn die Sichtguthaben in Bargeld umgetauscht oder per Scheck oder Überweisung abgerufen werden. Auch zur Erfüllung des Mindestreservesolls benötigt sie Zentralbankgeld. Sie kann deshalb aktivseitige **Giralgeldschöpfung** maximal nur bis zur Höhe ihrer Überschußreserven betreiben. Vorausgesetzt ist hier, daß die einzelne Geschäftsbank sich kein zusätzliches Zentralbankgeld durch Umwandlung von potentiellem Zentralbankgeld (Rückgabe von Geldmarktpapieren, Ausnutzung Offener Rediskontkontingente) beschaffen kann und daß Geschäftsumfang und Zweigstellennetz der Bank nicht so groß sind, daß ausgezahltes Bargeld als Einzahlung wieder zurückfließt oder überwiesenes Zentralbankgeld nur zwischen den Konten der Bank, aber nicht zu anderen Kreditinstituten transferiert wird.

Diese enge Begrenzung der Geldschöpfung gilt für eine einzelne Geschäftsbank, nicht jedoch für das Geschäftsbankensystem als Ganzes. Das Geschäftsbankensystem ist in der Lage, eine Menge an Giralgeld zu schaffen, die den Umfang seiner Überschußreserven um ein Vielfaches übertrifft.

Um diesen Prozeß der **multiplen** Giralgeldschöpfung zu analysieren, wollen wir annehmen, daß kein potentielles Zentralbankgeld verfügbar ist. Die Bankenliquidität ist somit auf die Überschußreserven beschränkt, weitere freie Liquiditätsreserven existieren nicht. Grundlage der Betrachtung ist die **Bilanz der Geschäftsbanken** (Abb. 11-12).

Der Prozeß der **aktiven Giralgeldschöpfung** beginnt damit, daß vorhandene Überschußreserven (ÜR) vollständig für die Gewährung zusätzlicher Kredite an Nichtbanken (ΔKr) verwendet werden:

(1) $\Delta Kr = ÜR$

Danach sind die Überschußreserven gleich Null:

(2) $ÜR = 0$

Abb. 11-12 Bilanz der Geschäftsbanken

Aktivseite	Passivseite
Mindestreserven (MR)	Sichtguthaben (D)
Überschußreserven (ÜR)	
Kredite an Nichtbanken (Kr)	Andere Einlagen

Die Abb. zeigt die vereinfachte Bilanz des Geschäftsbankensystems unter der Annahme, daß die freien Liquiditätsreserven gleich den Überschußreserven sind.

Das relative Ausmaß des Bargeldverkehrs hängt von den Zahlungsgewohnheiten des Nichtbankensektors einer Volkswirtschaft ab: Der Bargeldumlauf (ΔBG) nimmt dann um einen bestimmten Prozentsatz (Barabflußquote b) der Kredite zu:

(3) $\Delta BG = b \cdot \Delta Kr$

Der Restbetrag der zusätzlichen Kredite führt zu neuen, zusätzlichen Einlagen (ΔE):

(4) $\Delta E = \Delta Kr - \Delta BG$

In Abhängigkeit von den Präferenzen der Nichtbanken für Sichtguthaben oder andere Einlagen nimmt die Giralgeldmenge (ΔD) um einen bestimmten Prozentsatz (Liquiditätsneigung n) zu:

(5) $\Delta D = n \cdot \Delta E$

Die zusätzlichen Einlagen sind mindestreservepflichtig: Die Mindestreserven nehmen um einen bestimmten Prozentsatz (Mindestreservesatz mrs) zu:

(6) $\Delta MR = mrs \cdot \Delta E$

Der verbleibende Betrag der zusätzlichen Einlagen führt zu neuen Überschußreserven:

(7) $ÜR = \Delta E - \Delta MR$

Die ursprünglich vollständig verausgabten **Überschußreserven** der Geschäftsbanken sind somit nach einer Kredit- und Einlagenexpansion, mit der auch die Giralgeldmenge erhöht wurde, wieder teilweise verfügbar. Der Prozeß kann von neuem beginnen und sich solange wiederholen, bis die ursprünglichen Überschußreserven vollständig im **Bargeldumlauf** (Verlust an Zentralbankgeld durch Barabhebungen im Zuge der Kreditexpansion) und in der **Mindestreserve** (Verlust an Zentralbankgeld durch Erfüllung des Mindestreservesolls im Zuge der Einlagenexpansion) aufgegangen sind. Das Ergebnis des Prozeßes ist eine vielfache (multiple) Erhöhung der **Kredite**, der **Einlagen** und des **Giralgeldes** gegenüber den ursprünglichen Überschußreserven. Die im Prozeß der multiplen Giralgeldschöpfung maximal mögliche zusätzliche Kreditgewährung (ΔKr_{max}) und Einlagenexpansion (ΔE_{max}) ist von **Multiplikatoren** (m_{Kr}, m_E: Kredit- bzw. Einlagenschöpfungsmultiplikator) abhängig, deren Höhe von der **Barabflußquote** b und dem **Mindestreservesatz** mrs bestimmt wird[1]:

$$\Delta Kr_{max} = m_{Kr} \cdot ÜR \text{ mit } m_{Kr} = \frac{1}{b + mrs \cdot (1-b)}$$

$$\Delta E_{max} = m_E \cdot ÜR \text{ mit } m_E = \frac{1-b}{b + mrs \cdot (1-b)}$$

Der Multiplikator (m_D) der maximal möglichen Giralgeldschöpfung (ΔD_{max}) ist zusätzlich noch von der **Liquiditätsneigung** n der Nichtbanken abhängig:

$$\Delta D_{max} = m_D \cdot ÜR \text{ mit } m_D = \frac{n \cdot (1-b)}{b + mrs \cdot (1-b)}$$

---

[1] Zur Ableitung der Multiplikatoren im Prozeß der multiplen Giralgeldschöpfung vgl. den mathematischen Anhang zu diesem Kapitel

Übung 11-5 Multiple Giralgeldschöpfung

In der Ausgangssitutation verfügt ein Geschäftsbankensystem annahmegemäß über Überschußreserven von 8 Mrd. DM. Bei der Kreditgewährung muß mit einer Barabhebung von 10% gerechnet werden. Der Mindestreservesatz beträgt 20% der Einlagen. Die Nichtbanken verzichten auf andere Einlagenformen und halten nur Sichtguthaben.
(a) Wie hoch sind die maximalen Kredit-, Einlagen- und Giralgeldschöpfungsmöglichkeiten?
(b) Nehmen wir an, daß die Ausgangssituation in die Vorweihnachtszeit fällt und der Bedarf an Bargeld auf 30% der Kredite steigt. Wie ändert sich die Höhe der Multiplikatoren?
(c) Was kann die Zentralbank tun, damit sich der erhöhte weihnachtliche Bargeldbedarf nicht auf die Giralgeldschöpfung auswirkt?

Zu fragen bleibt nach dem Erklärungswert des Modells für die tatsächliche Giralgeldschöpfung durch die Geschäftsbanken, denn bisher sind nur Maximalwerte bestimmt worden. Das Modell der multiplen Giralgeldschöpfung setzt voraus, daß alle Geschäftsbanken bereit sind, ihre gesamten Überschußreserven für die Kreditexpansion zu verwenden. Dies ist in der Realität nicht der Fall, da dies für eine Geschäftsbank eine völlige Abhängigkeit von der Zentralbank **(Liquiditätsüberlegungen)** und den Verzicht auf flexible Reaktionen bei unerwarteten oder zukünftig günstigeren Ertragsmöglichkeiten **(Rentabilitätsüberlegungen)** bedeuten würde. Eine realistische Theorie des Geschäftsbankenverhaltens muß deshalb davon ausgehen, daß stets **freie Liquiditätsreserven** (FLR) als bestimmter Prozentsatz (freie Liquiditätsquote l) der Einlagen gehalten werden. Die freie Liquiditätsquote l wird umso niedriger sein, je höher der Marktzinssatz (i) für Kredite und je niedriger der Diskontsatz (d), der Zinssatz, zu dem die Zentralbank Zentralbankgeld bereitstellt, ist.

$$FLR = l(i,d) \cdot E$$

Die freie Liquiditätsquote wirkt auf den Multiplikator der Giralgeldschöpfung (m_D) wie ein zusätzlicher (oder erhöhter) Mindestreservesatz:

$$\Delta D_{max} = m_D \cdot \dot{U}R \text{ mit } m_D = \frac{n \cdot (1-b)}{b + (mrs + l(i,d)) \cdot (1-b)}$$

Wir wollen abschließend nach der **Steuerbarkeit** des gesamtwirtschaftlichen Geldangebots M^S durch die Zentralbank fragen:

$$M^S = M^S(\, m(mrs,d,b,n,l,i),\, ZBG)$$

Das **Geldangebot** M^S ist aus Sicht einer liquiditätstheoretischen Analyse abhängig vom Giralgeldschöpfungsmultiplikator und dem verfügbaren Zentralbankgeld. Während die Zentralbank direkten Einfluß auf das Zentralbankgeld hat, gilt dies jedoch nur für zwei Bestimmungsfaktoren des Multiplikators, den Mindestreserve- und den Diskontsatz (mrs, d). Über die freie Liquiditätsquote entscheiden dagegen die Geschäftsbanken. Sehr geringen Einfluß hat die Zentralbank auch auf die Präferenzen der Nichtbanken für Bargeld (b) und für Sichtguthaben (n). Diese dürften eher von den Marktzinssätzen (i) für verschiedene Einlagenformen abhängig sein. Insgesamt folgt aus der liquiditätstheoretischen Analyse, daß die Zentralbank das Geldangebot nicht autonom und mechanistisch steuern kann. Ihr fällt die Aufgabe zu, eine Vielzahl von veränderlichen Verhaltens- und Markteinflüssen zu berücksichtigen und bei unerwünschten Entwicklungen bei der Geldentstehung und Geldvernichtung diskretionär gegenzusteuern.

Übung 11-6 Zentralbankgeldversorgung und Kreditschöpfung der Geschäftsbanken

Die Zentralbank entschließt sich zum Kauf von festverzinslichen Wertpapieren im Gesamtwert von 100 Mio. DM vom Nichtbankensektor über das Geschäftsbankensystem. Es sei angenommen, sämtliche Wertpapiere des Nichtbankensektors werden in Bankendepots gehalten und der Mindestreservesatz betrage 20%.

(a) Zeigen Sie die Effekte des Kaufs in den Bilanzen der Zentralbank und der Geschäftsbanken!

Bilanz der Zentralbank		Bilanz der Geschäftsbanken	

(b) Angenommen, die Nichtbanken benötigten kein zusätzliches Bargeld und hielten nur Sichtguthaben. Um welchen Betrag können die Geschäftsbanken maximal zusätzliche Kredite vergeben?

11.2.4 Geldbasis und Geldmenge

Im Rahmen der monetaristischen Geldangebotstheorie wird die **Geldbasis** (B) als geeignete Größe für eine strikte Kontrolle der Geldmenge (M) durch die Zentralbank angesehen. Geldbasis und Geldmenge sind in diesem Konzept durch einen Geldmengenmultiplikator (m) verknüpft:

$$(1)\ M = m \cdot B$$

Die Geldbasis wird von der Verwendungsseite betrachtet. Sie umfaßt die Summe aus Bargeldumlauf (BG) und die Zentralbankeinlagen der Geschäftsbanken. Unter der Annahme, daß die Geschäftsbanken keine Überschußreserven halten, entsprechen die Zentralbankeinlagen den Mindestreserven:

$(2)\ B = BG + MR$

Die **Geldmenge** umfaßt den Bargeldumlauf und die Sichtguthaben der Nichtbanken bei den Geschäftsbanken (D). Sie ist damit identisch mit der Geldmenge M1, d. h. Termin- und Spareinlagen werden nicht berücksichtigt:

$(3)\ M = BG + D$

Das Mindestreservesoll steht in einem bestimmten Verhältnis (Mindestreservesatz mrs) zu den Sichtguthaben:

$(4)\ MR = mrs \cdot D$

Die Nichtbanken halten Bargeld in einem konstanten Verhältnis (k) zum Giralgeld:

$(5)\ BG = k \cdot D$

Aus diesen Annahmen läßt sich der konstante Geldangebotsmultiplikator bestimmen[2]:

$$m = \frac{1+k}{mrs+k}$$

[2] Zur Ableitung des Geldangebotsmultiplikators vgl. den mathematischen Anhang zu diesem Kapitel

Die Geldmenge M ist c. p um so größer, je kleiner der Mindestreservesatz mrs und je weniger Bargeld im Verhältnis zu den Sichtguthaben die Nichtbanken halten. Nach diesem Modell kann die Zentralbank die Geldmenge über die Geldbasis steuern, wenn mrs und k konstant bleiben.

Abgesehen davon, daß unvorhersehbare Änderungen der Zahlungsgewohnheiten der Nichtbanken (k) eintreten können, sind in den Annahmen des Modells einige problematische Ausgrenzungen vorgenommen worden. Nicht berücksichtigt wurde das Geschäftsbankenverhalten, das sich in der Bildung von Überschußreserven aus Rentabilitäts- und Liquiditätsüberlegungen äußern kann. Besteht diese Möglichkeit, müßte die Zentralbank den Mindestreservesatz auf Eins erhöhen, um eine strikte Kontrolle über die Geldmenge zu behalten. Geldbasis und Geldmenge würden identisch, die Geschäftsbanken erhielten eine reine Vermittlungsfunktion zugewiesen. Das Geldbasiskonzept ist hinsichtlich der institutionellen Bedingungen vor allem auf die USA bezogen; eine Übertragbarkeit auf die Bundesrepublik ist nicht ohne weiteres möglich, da nur das aktuelle, nicht aber das potentielle Zentralbankgeld berücksichtigt wird. Auch die enge Abgrenzung der Geldmenge als M1 ist problematisch. Es kann in Abhängigkeit vom Nichtbankenverhalten zu passivseitiger Geldschöpfung kommen, indem Termin- und Spareinlagen in Sichtguthaben umgewandelt werden. Es ist zwar ohne weiteres möglich, ähnliche Multiplikatoren für erweiterte Geldmengenaggregate (M2, M3) abzuleiten, jedoch werden unvorhergesehene Verhaltensänderungen dann immer wahrscheinlicher. So ist etwa das Verhältnis von Sichtguthaben zu Termin- und Spareinlagen eher von fluktuierenden Entwicklungen der Zinssätze und nicht wie k von relativ konstanten Zahlungssitten abhängig.

Insgesamt gilt auch für das **Geldbasiskonzept**, daß bei einer Annäherung des Modells an tatsächliche Verhältnisse eine strikte, mechanistische Kontrolle des gesamtwirtschaftlichen Geldangebots durch die Zentralbank nicht gegeben ist. Nur unter Berücksichtigung des Verhaltens von Geschäftsbanken und Nichtbanken kann eine **geldpolitische Steuerung** der Geldmengenaggregate gelingen.

11.2.5 Geldpolitisches Instrumentarium der Zentralbank

Die Zentralbanken in den westlichen Industrieländern verfügen über eine Reihe von kreditpolitischen Instrumenten zur Beeinflußung des gesamtwirtschaftlichen Geldangebots. Letztlich zielen fast alle diese Instrumente darauf ab, den Umfang und die Verwendung der liquiden Mittel der Geschäftsbanken (freie Liquiditätsreserve, Liquiditätssaldo) und damit die Möglichkeiten der Giralgeldschöpfung zu beschränken oder zu erweitern.

Das **geldpolitische Instrumentarium** (Abb. 11-13) läßt sich nach der Art der Eingriffe in den Wettbewerb der Geschäftsbanken differenzieren (direkte und indirekte Kreditpolitik). In einem marktwirtschaftlichen Geld- und Kreditsystem reguliert die Notenbank die Zentralbankgeldversorgung zur Erreichung gesamtwirtschaftlicher Ziele. Die optimale Kreditversorgung des Nichtbankensektors erfolgt dagegen durch den Wettbewerb der Geschäftsbanken untereinander. In extremen Krisensituationen kann die Zentralbank die Kontrolle über die Entstehung des Zentralbankgeldes verlieren. Als letztes Mittel kann sie dann nur noch die Verwendung des Zentralbankgeldes durch direkte Einflußnahme auf die Geschäftsbanken mittels einer **Kreditplafondierung** steuern (**direkte Kreditpolitik**). Die Zentralbank legt mit diesem Instrument Obergrenzen für die Kreditgewährung der Geschäftsbanken an die Nichtbanken fest und erzwingt so einen Kreditstop oder eine Kreditrück-

Abb. 11-13 Geldpolitische Einflußmöglichkeiten der Zentralbank

Direkte Kreditpolitik	Indirekte Kreditpolitik		
Administrative Eingriffe in die Kreditwährung der Banken	Einfluß auf die Verwendung liquider Mittel der Banken	Einfluß auf den Umfang liquider Mittel der Banken	Einfluß auf das Verhalten von Investoren und Konsumenten
Kredit-plafondierung	Mindestreserve-politik Offenmarktpolitik in Geldmarkt-titeln mit Banken Refinanzierungs-politik	Offenmarktpolitik mit Nichtbanken Offenmarktpolitik in langfristigen Wertpapieren mit Banken Einlagen-Schulden-politik Refinanzierungs-kontingentpolitik Sonderlombard-kredite Wechsel- und Wertpapier-pensionsgeschäfte Devisenpensions-geschäfte Devisenswap-geschäfte	Zinspolitik

Die Übersicht über die kreditpolitischen Instrumente der Zentralbank differenziert nach Art der Eingriffe in den Wettbewerb sowie nach den Einflußmöglichkeiten auf Umfang oder Verwendung der Bankenliquidität und das Verhalten von Nichtbanken (nach: KÖHLER, 1977[2], S. 230).

führung. In der Bundesrepublik existiert anders als in vielen westeuropäischen Ländern keine gesetzliche Grundlage für eine direkte Kreditpolitik; die Kreditplafondierung gehört deshalb nicht zu den Instrumenten der Deutschen Bundesbank.

Mit den Instrumenten der **indirekten Kreditpolitik** nimmt die Zentralbank Einfluß auf die liquiden Mittel der Geschäftsbanken und auf das Verhalten der Nichtbanken. Die Verwendung liquider Mittel wird durch die Mindestreservepolitik, die Offenmarktpolitik in Geldmarkttiteln mit Banken und die Refinanzierungspolitik beeinflußt.

Durch die **Mindestreservepolitik** wird die Höhe der zinslosen Zwangsguthaben der Geschäftsbanken bei der Zentralbank beeinflußt. Diese Mindestreserven werden als bestimmter Prozentsatz der Nichtbankeneinlagen bei den Geschäftsbanken berechnet. Durch Variation dieser Mindestreservesätze vermindert oder erhöht die Zentralbank die freien Liquiditätsreserven der Geschäftsbanken und damit die Möglichkeiten der Kreditgewährung und Giralgeldschöpfung.

Mit der **Offenmarktpolitik** werden die Bedingungen für den Kauf und Verkauf von Wertpapieren gegen Zentralbankgeld durch die Zentralbank verändert. Sie dient vor allem der Regulierung des Geldmarktes, an dem Zentralbank und Geschäftsbanken Geldmarktpapiere handeln (und der nicht identisch ist mit dem Geldmarkt makroökonomischer Modelle). Kapitalmarktinterventionen der Zentralbank durch den Handel mit langfristigen Wertpapieren sind eher die Ausnahme. **Geldmarktpapiere** werden differenziert nach der Laufzeit (Schatzwechsel, unverzinsliche Schatzanweisungen (U-Schätze) und verzinsliche Schatzanweisungen (Kommunalobligationen)), nach den Emittenden (öffentliche Stelle: Finanzierungspapiere, DBBk (Bund): Liquiditäts- und Mobilisierungspapiere) und nach Art der Geldmarktregulierung (mit Deckungszusage: Rücknahme vor Fälligkeitstermin, ohne Deckungszusage: Rücknahme erst bei Fälligkeit). Will die Zentralbank den Bestand an Zentralbankgeld bei den Geschäftsbanken verringern, so bietet sie hohe Abgabesätze an, damit ein Anreiz für den Kauf der Wertpapiere geschaffen wird.

Mit der **Refinanzierungspolitik** (Diskont- und Lombardpolitik) wird die Zentralbankgeldbeschaffung der Geschäftsbanken bei der Zentralbank geregelt. Bei der **Diskontpolitik** bestimmt die Zentralbank Konditionen für das Einreichen von Wechseln. Sie legt Rediskontkontingente für die einzelnen Geschäftsbanken fest und bestimmt mit dem Diskontsatz den Preis für den Ankauf von Wechseln. Bei der **Lombardpolitik** bestimmt die Zentralbank die Konditionen für ihre Kreditgewährung an die Geschäftsbanken gegen die Verpfändung von Wertpapieren. Die Deutsche Bundesbank hat eine früher mögliche regelmäßige Lombardierung im Rahmen eines Lombardspielraums zeitweise durch unregelmäßige **Sonderlombardkredite** ersetzt. Mit den Refinanzierungskontingenten beeinflußt die Zentralbank den Umfang, mit den Refinanzierungssätzen die Verwendung der freien Liquiditätsreserven der Geschäftsbanken.

Zur Refinanzierung werden auch die **Pensionsgeschäfte in Wechseln und Wertpapieren** gerechnet. Die Zentralbank läßt sich dabei für die Hergabe von Zentralbankgeld Wechsel und Wertpapiere für einen kurzfristigen Zeitraum mit einer Verpflichtung zur Rücknahme von den Geschäftsbanken übereignen.

Unter der **Einlagen-Schulden-Politik** ist die geldpolitische Steuerung der Kreditgewährung der Zentralbank an den öffentlichen Sektor und der Einlagen des öffentlichen Sektors bei der Zentralbank zu verstehen. Die Einlagenpolitik kennzeichnet die Verpflichtung von Bund, Ländern, Lastenausgleichsfonds und ERP-Sondervermögen, liquide Mittel auf unverzinslichen Bundesbankkonten zu halten. Abweichungen von dieser Verpflichtung sind zustimmungspflichtig. Für die Kreditgewährung an die öffentlichen Haushalte bestehen in der Bundesrepublik restriktive gesetzliche Grundlagen. Kurzfristige Kassenkredite für vorübergehenden ungedeckten Auszahlungsbedarf kann die Deutsche Bundesbank Bund, Ländern, Bundesbahn, Bundespost, Lastenausgleichsfonds und ERP-Sondervermögen nur bis zu einer Höhe von insgesamt zehn Mrd. DM gewähren. Für den Umfang der liquiden Mittel der Geschäftsbanken ist die Entwicklung des Saldos von Krediten der Zentralbank an öffentliche Haushalte und Einlagen der öffentlichen Haushalte bei der Zentralbank maßgeblich.

Auch die **Devisenkurspolitik** (Devisenswap- und Devisenpensionsgeschäfte) beeinflussen das verfügbare Zentralbankgeld der Geschäftsbanken. Zu diesen Geschäften kommt es bei Interventionen der Zentralbank an den Kassa- und Terminmärkten für Devisen zur Kurssicherung. Je nach Wechselkurssystem tritt die Zentralbank als Anbieter/Nachfrager von Devisen oder als Anbieter/Nachfrager von Zentralbankgeld auf. Bei **Devisenswapgeschäften** werden Devisen am Kassamarkt zum Tageskurs erworben (oder verkauft) und gleichzeitig am Terminmarkt zu einem erwarteten Kurs wieder verkauft (oder erworben). Bei **Devisenpensionsgeschäften** überträgt die Zentralbank den Geschäftsbanken gegen Verzinsung einen zeitlich befristeten Herausgabeanspruch auf Devisen.

Mit der indirekten Kreditpolitik nimmt die Zentralbank schließlich auch Einfluß auf Konsumenten und Investoren. Sofern Konsum- und Investitionsausgaben zinselastisch sind, kann die Zentralbank mit der **Zinspolitik** auf das Verhalten von Nichtbanken einwirken.

11.3 Elementare Theorien der Geldnachfrage

Die Geldnachfrage einer Volkswirtschaft entsteht durch den Wunsch des privaten Sektors (Unternehmen und private Haushalte), eine bestimmte Menge an Geld als Kasse zu halten. Die Geldnachfragetheorie (Kassenhaltungstheorie) analysiert die Bestimmungsgründe der Geldnachfrage.

11.3.1 Geldnachfrage zu Transaktionszwecken und klassische Quantitätstheorie

Geld dient in einer arbeitsteiligen Volkswirtschaft als universelles **Tauschmittel**. Geld wird benötigt, um wirtschaftliche Transaktionen, wie den Kauf von Gütern und Dienstleistungen oder die Zahlung von Einkommen, durchführen zu können. Dieser Bedarf an Geld wird als **Geldnachfrage zu Transaktionszwecken** bezeichnet. Welche Faktoren sind entscheidend für die Höhe der Transaktionskasse?

Dies wollen wir an mit einem einfachen Modell (Abb. 11-14) demonstrieren. Wir wollen annehmen, daß die Unternehmen Einkommenszahlungen jeweils am Monatsanfang leisten und die privaten Haushalte das gesamte Einkommen kontinuierlich im Laufe eines Monats für Güter und Dienstleistungen wieder verausgaben. Ihr Geldbestand nimmt deshalb während des Monats stetig ab, während der Kassenbestand der Unternehmen spiegelbildlich zunimmt und am Monatsende bei Annahme eines geschlossenen Kreislaufs wieder die notwendige Höhe für die Einkommenszahlungen erreicht (Abb. 11-14a).

Welche Folgerungen können wir aus diesem Modell ziehen?

(1) Die Notwendigkeit, einen bestimmten Geldbetrag als Kasse zu halten, ergibt sich aus der **unvollständigen zeitlichen Synchronisation** von Zahlungsströmen. Würden die privaten Haushalte immer gleichzeitig mit dem Erhalt der Einkommenszahlungen alle Konsumgüterkäufe tätigen oder würden umgekehrt alle Unternehmen immer, wenn sie Konsumgüter verkaufen, auch Einkommenszahlungen leisten, wäre kein Geld notwendig. Transaktionskasse wird benötigt, um die zeitlichen Abstände zwischen Zahlungseingängen und Zahlungsausgängen zu überbrücken.

(2) Die **aggregierte Geldnachfrage** von Unternehmen und Haushalten zu Transaktionszwecken entspricht der Höhe der Einkommenszahlungen. Im Monatsdurchschnitt ist die Kassenhaltung bei Unternehmen und Haushalten jeweils halb so hoch wie die Einkommenszahlungen. Die gesamte Nachfrage nach Transaktionskasse entspricht deshalb an jedem Tag des Monats genau der Höhe des Einkommens. Obwohl der Kassenbestand bei Unternehmen und Haushalten täglich variiert, bleibt doch die Geldnachfrage insgesamt konstant.

(3) Die **Geldnachfrage zu Transaktionszwecken** variiert mit der **Höhe der Einkommenszahlungen**. Jede Einkommenserhöhung führt in unserem Modell notwendig zu einer proportionalen Erhöhung des Kassenbestandes bei Unternehmen und Haushalten und damit zu einer Erhöhung der gesamten Geldnachfrage.

Abb. 11-14 Transaktionskasse von Haushalten und Unternehmen

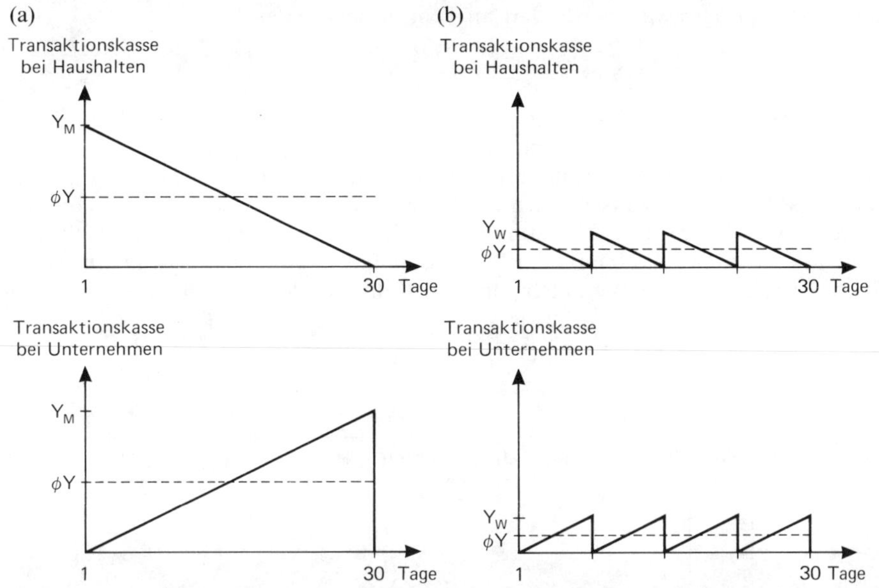

Abb. (a) zeigt die spiegelbildliche Entwicklung der Kassenbestände bei Haushalten und Unternehmen. Das Einkommen Y_M wird in einem Monatsbetrag gezahlt. $\varnothing Y$ bezeichnet die Höhe der Kassenhaltung im Monatsdurchschnitt.
Abb. (b) zeigt die Folgen eines Übergangs zu wöchentlichen Zahlungen des Einkommens ($Y_M = Y_W \cdot 4$). Die Kassenhaltung während des Monats $\varnothing Y$ sinkt bei Unternehmen und Haushalten auf ein Viertel des ursprünglichen Wertes.

(4) Die Höhe der Geldnachfrage zu Transaktionszwecken ist abhängig von der **Häufigkeit der Einkommenszahlungen** während einer Zeitperiode (Abb. 11-14b). Wird statt eines Monatseinkommens viermal ein Wochenlohn ausgezahlt werden, so bleibt zwar das Monatseinkommen konstant, der Bedarf an Transaktionskasse bei Unternehmen und Haushalten sinkt jedoch auf die Höhe der Wochenlöhne. Warum? Jede Geldeinheit befindet sich nun während des Monats viermal in den Händen der Haushalte und der Unternehmen und kann viermal für Einkommenszahlungen und den Kauf von Gütern und Dienstleistungen verwendet werden.

Wir wollen unser Modell über den Zusammenhang von Transaktionskasse und Einkommenszahlungen verallgemeinern. Unter der Annahme, daß eine stabile Beziehung zwischen dem Transaktionsvolumen einer Volkswirtschaft und dem Volkseinkommen besteht, ist die Geldnachfrage zu Transaktionszwecken (L_T) von der Höhe des Volkseinkommens (Y) abhängig.

$$L_T = L_T(Y)$$

Ein Bestand an Geld wird in einer bestimmten Zeitperiode **mehrmals** für Transaktionszwecke (oder zur Finanzierung des Volkseinkommens) verwendet. Diese

Transaktionshäufigkeit des Geldes wird auch als **Geldumlaufgeschwindigkeit** (v) bezeichnet. Je größer die Umlaufgeschwindigkeit des Geldes im Einkommenskreislauf, desto geringer wird der Bedarf an Transaktionskasse.

$$L_T = \frac{1}{v} \cdot Y$$

Die Umlaufgeschwindigkeit des Geldes ist abhängig von den „Zahlungssitten", wie etwa dem Rhythmus der Lohn- und Gehaltszahlungen in einer Volkswirtschaft. Diese relativ beständigen institutionellen Bedingungen führen dazu, daß die Geldnachfrage zu Transaktionszwecken relativ proportional mit dem Volkseinkommen variiert (Abb. 11-15). In der Bestimmungsgleichung der Nachfrage nach Transaktionskasse wird deshalb häufig ein Proportionalitätsfaktor, der **Kassenhaltungskoeffizient** k, aufgeführt. Dieser entspricht dem Kehrwert der Geldumlaufgeschwindigkeit.

$$L_T = k \cdot Y$$

Abb. 11-15 Geldnachfrage zu Transaktionszwecken

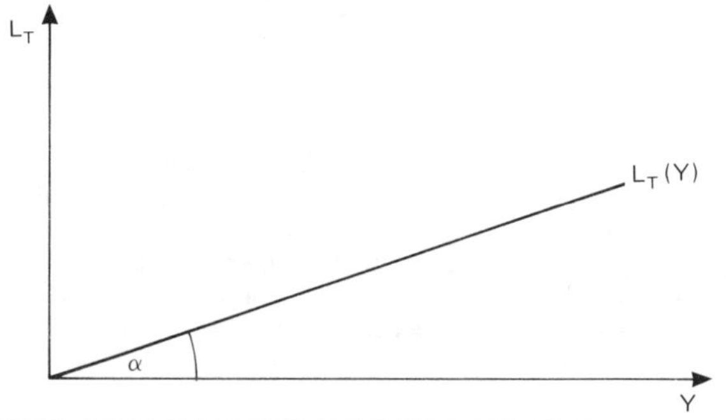

Die Geldnachfrage zu Transaktionszwecken (L_T) variiert mit dem Volkseinkommen (Y) und hat eine positive Steigung ($dL_T/dY > 0$). Die Steigung der L_T-Kurve (tg α) gleicht dem Kassenhaltungskoeffizienten k.

Die Kassenhaltungsfunktion L_T bildet ein wichtiges Element der **klassischen Quantitätstheorie des Geldes**. Die grundlegenden Elemente dieser Theorie können mit wenigen Gleichungen formal beschrieben werden. Nach klassischer Auffassung ist die gesamtwirtschaftliche Geldnachfrage (L) nur vom Wert des Transaktionsvolumens, gemessen am nominalen Volkseinkommen, abhängig. Das nominale Volkseinkommen ist gleich dem realem Volkseinkommen (Y_r) multipliziert mit dem Preisniveau (P).

(1) $L = k \cdot Y_r \cdot P$ (Geldnachfrage)

Die Höhe des gesamtwirtschaftlichen Geldangebots (M) wird von der staatlichen Zentralbank bestimmt und ist damit eine exogene, nicht vom Verhalten der privaten Wirtschaftssubjekte beeinflußbare Größe.

(2) $M = \overline{M}$ (Geldangebot)

Die Bedingung für ein Gleichgewicht ist die Übereinstimmung von Geldangebot und Geldnachfrage.

(3) $M = L$ (Gleichgewichtsbedingung)

Aus den ersten drei Gleichungen folgt eine grundlegende Beziehung zwischen Geldangebot, realem Volkseinkommen und dem Preisniveau.

(4) $\overline{M} = k \cdot Y_r \cdot P$

Da der Kassenhaltungskoeffizient k dem Kehrwert der Geldumlaufgeschwindigkeit ($k = 1/v$) entspricht, ergibt sich eine weitere Identitätsgleichung.

$\overline{M} \cdot v = Y_r \cdot P$ (**Klassische Quantitätsgleichung**)

Die klassischen Nationalökonomen nahmen nun erstens an, daß die **Umlaufgeschwindigkeit des Geldes v konstant** sei. Zweitens sei aufgrund des SAYschen Theorems Vollbeschäftigung gewährleistet und damit auch das **reale Volkseinkommen Y_r** eine **bestimmte** Größe. Unter diesen beiden Annahmen variieren Geldmenge und Preisniveau proportional und gleichgerichtet. Erhöhungen der Geldmenge durch die Zentralbank führen zu proportionalen Erhöhungen des Preisniveaus und damit zu Inflation. Aus der tautologischen Quantitätsgleichung wird durch die beiden Annahmen eine **Erklärung** (Theorie) des gesamtwirtschaftlichen **Preisniveaus**.

Übung 11-7 Geldmenge M1 und nominales Volkseinkommen in der Bundesrepublik Deutschland, 1960–1988 (Mrd. DM, logarithmische Skala)

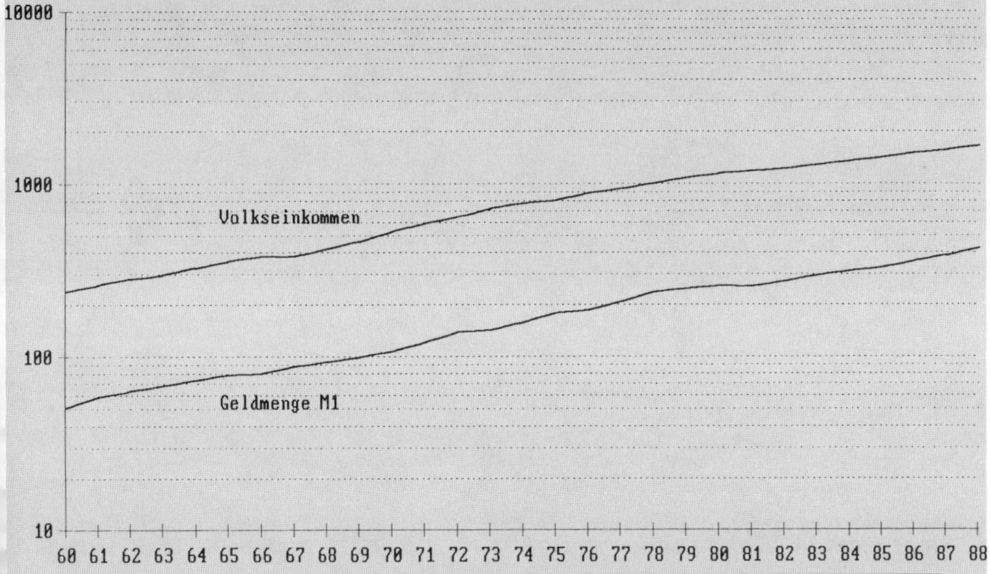

Versuchen Sie eine Interpretation der abgebildeten langfristigen Entwicklungen der Geldmenge M1 und des nominalen Volkseinkommens im Sinne der Quantitätstheorie!

In der **Quantitätstheorie** kommen grundlegende Thesen der klassischen Nationalökonomen zum Ausdruck:

(1) Geld ist ein Gut, dessen Nutzen ausschließlich auf der **Tauschmittelfunktion** beruht und das deshalb zur Erleichterung der güterwirtschaftlichen Transaktionen verwendet wird.

(2) Die güterwirtschaftlichen Transaktionen werden bestimmt von realen Austauschverhältnissen (relativen Preisen). Auf diese realen Vorgänge hat die Geldmenge keinen Einfluß (**Neutralität des Geldes**). Geld wirkt wie ein „Schleier", der die güterwirtschaftlichen Transaktionen überdeckt, ohne sie zu verändern.

(3) Der monetäre, geldwirtschaftliche Bereich ist streng getrennt vom realen, güterwirtschaftlichen Bereich einer Volkswirtschaft (**klassische Dichotomie**). Die Geldmenge wirkt ausschließlich im monetären Bereich: Sie bestimmt die Höhe des gesamtwirtschaftlichen Preisniveaus.

Die Quantitätstheorie ist Gegenstand vielfältiger **Kritik**. Von den Keynesianern werden die grundlegenden Annahmen der Klassiker angezweifelt. Sie betonen, daß weder das reale Volkseinkommen noch die Umlaufgeschwindigkeit des Geldes konstant seien. Die grundlegenden Mängel der Quantitätstheorie entstehen nach ihrer Ansicht aus einer unvollständigen Analyse der gesamtwirtschaftlichen Geldnachfrage. Die Nachfrage nach Geld sei nicht nur durch die Tauschmittelfunktion und das Transaktionsmotiv, sondern auch durch die Wertaufbewahrungsfunktion des Geldes und ein zinsabhängiges Spekulationsmotiv bestimmt.

Übung 11-8 Umlaufgeschwindigkeit der Geldmenge M1 und Umlaufsrendite festverzinslicher Wertpapiere in der Bundesrepublik Deutschland, 1960–1988

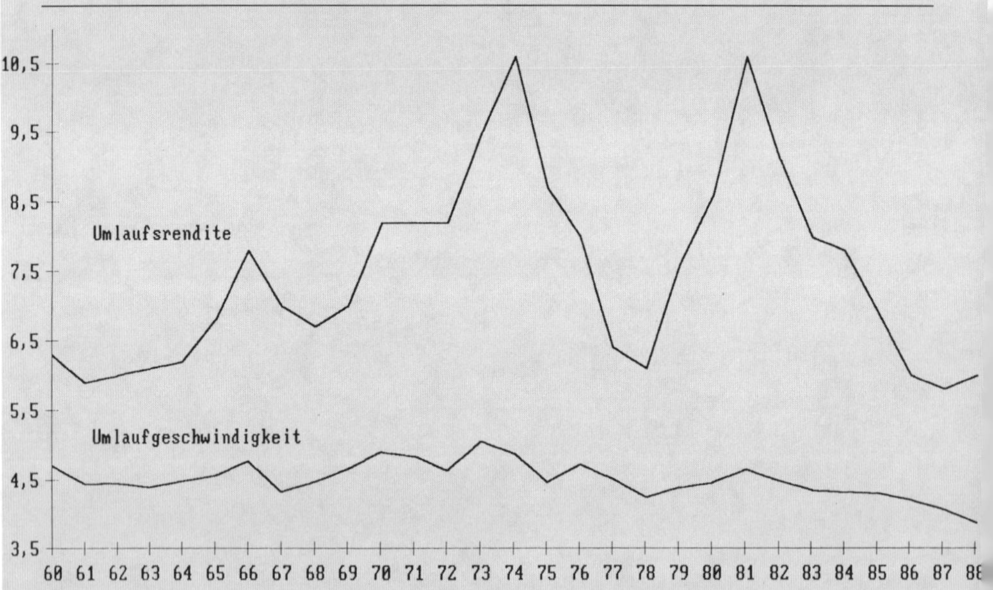

Versuchen Sie, die Abbildungen als Belege für die keynesianische Kritik an der klassischen Quantitätstheorie zu interpretieren!

11.3.2 Geldnachfrage zu Spekulationszwecken und keynesianische Liquititätspräferenztheorie

Geld kann nicht nur als Zahlungsmittel, sondern auch als Mittel der Wertaufbewahrung verwendet werden. In seiner **Funktion als Wertaufbewahrungsmittel** konkurriert Geld jedoch mit anderen Vermögensaktiva, da diese ihrem Besitzer einen Ertrag erbringen. Langlebige Konsumgüter spenden einen Nutzen. Grundstücke, Gebäude und Maschinen können zu Erträgen aus Vermietung, Verpachtung oder der Nutzung in der Produktion führen. Anleihen und Pfandbriefe führen zu Zinseinnahmen, Aktienbesitz zu Dividenden.

Für die klassischen Nationalökonomen war es deshalb unvorstellbar, daß rational handelnde Wirtschaftssubjekte zu einer Geldhaltung über den Bedarf an Transaktionskasse hinaus bereit sein sollten. Dies hätte nach ihrer Ansicht einen Verzicht auf sichere Erträge bedeutet und wäre deshalb nicht mit den Grundannahmen der Gewinn- und Nutzenmaximierung vereinbar.

Tatsächlich kann es jedoch für Unternehmen und private Haushalte unter dem Einfluß von Erwartungen (**Spekulation**) über die zukünftige Ertrags- und Preisentwicklung von Vermögensaktiva rational sein, zinslose Geldhaltung einer ertragsbringenden Anlage in anderen Vermögenswerten vorzuziehen. Es war KEYNES, der als erster dieses **Spekulationsmotiv der Geldnachfrage** analysierte.

Um das Grundprinzip zu erläutern, wollen wir einige Vereinfachungen einführen. Wie KEYNES wollen wir unterstellen, daß es für ein Wirtschaftssubjekt nur **zwei** alternative Möglichkeiten der **Vermögensanlage**, der Übertragung von Kaufkraft in die Zukunft, gibt: **Geldhaltung** oder Erwerb von bei Bedarf veräußerbaren, festverzinslichen **Wertpapieren** mit unendlich langer Laufzeit. Bei einer rationalen Entscheidung muß ein Wirtschaftssubjekt die Vor- und Nachteile der beiden Vermögensanlageformen abwägen. Einerseits erbringen Wertpapiere Zinserträge, während Geld zinslos gehalten werden muß. Andererseits ist die Geldhaltung risikolos, während bei der Veräußerung von Wertpapieren mit Verlusten gerechnet werden muß, da der Wertpapierkurs sinken kann. Von entscheidender Bedeutung für diese Abwägung ist somit das Verhältnis von (sicherem) Zinsertrag und (erwarteter) Entwicklung des Wertpapierkurses.

Welche Beziehung besteht zwischen Zins und Kurs eines im Umlauf befindlichen Wertpapiers? Für ein **festverzinsliches Wertpapier** zahlt der Emittent einen stets gleichbleibenden, festen jährlichen Zins (Bsp.: 8 DM). Relevant für den Erwerb eines bestimmten Wertpapiers ist nicht allein die absolute Höhe des Zinses, sondern die Höhe des Zinses in Relation zum Wertpapierkurs, der zum Zeitpunkt des Kaufs zu zahlen ist. Diese Relation wird als **effektiver Zinssatz** bezeichnet.

$$\text{effektiver Zinssatz} = \frac{\text{Zins}}{\text{Wertpapierkurs}}$$

Bei einem hohen Wertpapierkurs (150 DM) ist der effektive Zinssatz niedrig (8 DM/150 DM = 0,053 = 5,3 Prozent), bei einem niedrigen Wertpapierkurs (50 DM) ist der effektive Zinssatz hoch (8 DM / 50 DM = 0,16 = 16 Prozent). Bei gegebenem Zins besteht also zwischen **effektivem Zinssatz** und **Kurs** eines Wertpapiers eine **inverse Beziehung**.

Jedes Wirtschaftssubjekt besitzt nun eine bestimmte Erwartung über die Höhe des längerfristigen, „normalen" Wertpapierkurses und damit eine Erwartung über einen längerfristig **„normalen" effektiven Zinssatz**.

Liegt der aktuelle Zinssatz über dem erwarteten normalen Zinssatz, so wird das

Wirtschaftssubjekt mit Senkungen des Zinssatzes und Erhöhungen des Wertpapierkurses rechnen. In dieser Situation ist eine Vermögensanlage in Wertpapieren der Geldhaltung eindeutig vorzuziehen, da neben einem sicheren Zins auch Kursgewinne zu erwarten sind.

Liegt der aktuelle Zinssatz dagegen unter dem erwarteten normalen Zinssatz, so wird das Wirtschaftssubjekt mit Erhöhungen des Zinssatzes und Senkungen des Wertpapierkurses rechnen. In dieser Situation ist die Geldhaltung der Anlage des Vermögens in Wertpapieren vorzuziehen, da Kursverluste zu erwarten sind.

Als Ergebnis von Spekulationen über die Entwicklung von Zinssatz und Wertpapierkursen bei der Vermögensanlage kann sich also eine über das Transaktionsmotiv hinausgehende Kassenhaltung ergeben. Der auf spekulativen Erwartungen gründende Teil der volkswirtschaftlichen Geldnachfrage wird als **Spekulationskasse** oder **Geldnachfrage zu Spekulationszwecken** (L_S) bezeichnet.

Die Erwartungen über den normalen Zinssatz sind nicht bei allen Wirtschaftssubjekten gleich. Jedoch werden bei einem sinkenden Zinssatz immer mehr Wirtschaftssubjekte ihr Vermögen in Geld halten wollen, weil der aktuelle Zinssatz ihre Normalvorstellung unterschreitet. Bei gegebenen Erwartungen der Wirtschaftssubjekte ist deshalb die aggregierte Geldnachfrage zu Spekulationszwecken abhängig vom Zinssatz (i).

$$L_S = L_S(i)$$

Keynes war der Meinung, daß es für den Zinssatz eine **Mindesthöhe** (i_{min}) geben könnte, bei der alle Wirtschaftssubjekte nur noch Spekulationskasse halten möchten. Bei dieser sehr niedrigen Höhe des Zinssatzes rechne kaum noch ein Wirtschaftssubjekt mit weiteren Kurssteigerungen der Wertpapiere. In einer solchen Situation ist niemand mehr bereit, Wertpapiere zu kaufen, sondern alle Wirtschaftssubjekte halten Geld, weil sie auf einen Kursrückgang spekulieren. Die Nachfrage nach Spekulationskasse wird unendlich zinselastisch. Diese Situation wird als **Liquiditätsfalle** bezeichnet.

Geld ist in keynesianischer Sicht das Gut mit der höchsten Liquidität. Die Neigung (Präferenz), Geld zu halten, wird nach KEYNES **Liquiditätspräferenztheorie**

Abb. 11-16 Geldnachfrage zu Spekulationszwecken

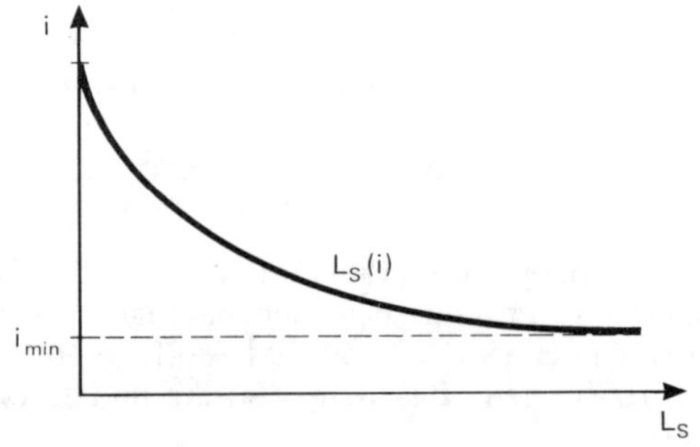

Die Geldnachfrage zu Spekulationszwecken (L_S) variiert mit dem Zinssatz (i) und hat eine negative Steigung ($dL_S/di < 0$). Bei einem Mindestzinssatz (i_{min}) wird die Nachfrage nach Spekulationskasse unendlich zinselastisch.

sowohl von einem Transaktions- als auch von einem Spekulationsmotiv bestimmt. Entsprechend wird die volkswirtschaftliche Geldnachfrage (L) (gesamte Liquiditätspräferenz) als Summe aus Geldnachfrage zu Transaktionszwecken (L_T) und Geldnachfrage zu Spekulationszwecken (L_S) ermittelt. Volkseinkommen **und** Zinssatz werden als entscheidende Einflußfaktoren für die Höhe der Kassenhaltung angesehen.

$$L = L_T(Y) + L_S(i)$$
$$L = L(Y,i)$$

Übung 11-9 Kritische Anmerkungen zur Liquiditätsfalle und zum Spekulationsmotiv der Geldnachfrage

(1) „The classical view that velocity is stable came into direct conflict with Keynesian theory. According to Keynes, if the quantity of money is increased during a depression, velocity will fall. The additional money will get caught in the liquidity trap, and not turn over at all. (It will have a velocity of zero.) But classical economists argued that this conclusion was erroneous; it was the result of Keynesian preoccupation with the speculative motive for holding money, and inadequate attention to the transactions motive. According to classical economists, when people have more money, there is something else they can do besides hold or buy bonds. They can spend it. And, said classical economists, this is exactly what they will do. Even in the depths of a depression, if people get more money, they won't just leave it sitting there. When they spend it, aggregate demand and output increase. In this way, classical economists disagreed with Keynes' argument that a liquidity trap would prevent additional money from being effective during a depression." (WONNACOTT/ WONNACOTT 1982[2], S. 258)

(2) „Sowohl Nicht-Keynesianer als auch Keynesianer erheben Einwände gegen die Liquiditätsfalle und das spekulative Geldnachfragemotiv. Die Idee, daß die Geldnachfrage auf Unsicherheitserwägungen beruht und mit ihr Kapitalwertverluste vermieden werden können, ist überzeugend. Nachdem aber der Spekulant seine Erwartungen gebildet hat, handelt er in der Keynesianischen Theorie so, als wären sie Gewißheit. Er hält den Vermögenswert mit dem höchsten erwarteten Ertrag. Er ist ein Hasardeur, der entweder nur Wertpapiere oder nur Geld hält. Unterschiedliche Zusammensetzungen des Portefeuilles werden nicht erklärt. Ferner ergibt sich die Frage, wie der Spekulant seinen Normalzinssatz ableitet. Beruht der Normalzinssatz auf den früheren Zinssätzen, auf der erwarteten zukünftigen Entwicklung der Zinssätze oder auf anderen Größen? Schließlich ist zu fragen, wie lange die Erwartungen bestehen bleiben, wenn jeder Spekulant mit steigenden Zinssätzen rechnet und nur Geld zu halten versucht, und wenn dann die Zinssätze doch nicht steigen? Wie lange wird die Liquiditätsfalle wirksam sein? Diese und andere Einwände gegen die keynesianische Spekulationsnachfrage führten dazu, daß die keynesianischen Ökonomen die Geldnachfrage unter Unsicherheit immer wieder überprüften." (WYKOFF 1979, S. 241 f.)

Erläutern Sie die Ansatzpunkte und Argumente der beiden kritischen Textauszüge zur Keynesianischen Liquiditätsfalle und Spekulationsnachfrage nach Geld!

11.4 Geldmarktgleichgewicht und kombinierte Gütermarkt-Geldmarkt-Analyse

11.4.1 KEYNES' partielle Geldmarktanalyse und HICKS' LM-Kurve

Auf dem gesamtwirtschaftlichen **Geldmarkt** treffen Geldangebot und Geldnachfrage aufeinander und bestimmen die Höhe des Zinssatzes. Die partielle Geldmarktanalyse untersucht die Stabilität des Gleichgewichts und die Wirkung der

Änderung exogener, nicht am Geldmarkt bestimmter Größen auf den Zinssatz. Der Geldmarkt wird isoliert betrachtet, d. h. Interdependenzen mit anderen Märkten werden zunächst nicht beachtet. Im Rahmen der KEYNESschen Analyse wird das Preisniveau erst durch das simultane Zusammenwirken von gesamtwirtschaftlichem Güter-, Geld- und Arbeitsmarkt bestimmt. Für die isolierte Analyse des Geldmarkts ist das Preisniveau (P) deshalb eine gegebene Größe ($P = \overline{P}$)[3].

Der Geldmarkt befindet sich im **Gleichgewicht**, wenn geplantes Geldangebot (M) und geplante Geldnachfrage (L) übereinstimmen.

$$M = L$$

Im Rahmen der Geldmarktanalyse gilt das **nominale Geldangebot** als exogene Größe, dessen Höhe ausschließlich von der Zentralbank nach geldpolitischen Zielsetzungen gesteuert und damit vorgegeben wird.

$$M = \overline{M}$$

Die geplante **Geldnachfrage** ist gemäß der KEYNESschen Liquiditätspräferenztheorie gleich der Nachfrage nach Transaktions- und Spekulationskasse; somit abhängig vom Volkseinkommen und vom Zinssatz.

$$L = L_T(Y) + L_S(i) = L(Y,i)$$

Auch das Volkseinkommen (Y) ist für den Geldmarkt eine exogene Größe ($\overline{Y}$). Die Höhe des Volkseinkommens wird bei gegebenem Preisniveau auf dem Gütermarkt bestimmt. Eine Übersicht über die Komponenten und Zusammenhänge des isolierten KEYNESschen Geldmarkts liefert Abb. 11-17.

Bei gegebenem Volkseinkommen herrscht **Gleichgewicht** am Geldmarkt, wenn die geplante Geldnachfrage mit dem gegebenen Geldangebot übereinstimmt.

$$\overline{M} = L_T(\overline{Y}) + L_S(i)$$

Auf Gütermärkten sorgt der Preismechanismus für die Sicherstellung eines Gleichgewichts zwischen Güterangebot und Güternachfrage. Auf dem Geldmarkt wird diese Funktion vom **Zinssatz** erfüllt. Der Zinssatz ist nach KEYNES als Preis der Geldhaltung interpretierbar, da Opportunitätskosten durch den Verzicht auf mögliche Zinserträge aus der alternativen Wertpapieranlage entstehen. Veränderungen des Zinssatzes sorgen für die Anreize zur Anpassung der Geldnachfrage an ein gegebenes Geldangebot und damit für die Stabilität des Geldmarktgleichgewichts (Abb. 11-18).

Im keynesianischen Modell kann ein individueller Haushalt oder ein einzelnes Unternehmen Wertpapiere verkaufen, wenn es mehr Kasse halten möchte. Diese einzelwirtschaftliche Transaktion bewirkt lediglich eine Umverteilung vorhandener Bestände an Geld und Wertpapieren, ohne die Höhe dieser Bestände zu verändern.

Was für die einzelwirtschaftliche Ebene gilt, kann jedoch nicht auf die Situation eines gesamtwirtschaftlichen **Geldnachfrageüberschusses** ($i_1 < i_0$) übertragen werden

---

[3] Auf eine besondere sprachliche und formale Berücksichtigung des gegebenen Preisniveaus $\overline{P}$ verzichten wir zunächst. Dies wäre jedoch ohne weiteres möglich. Die Gleichgewichtsbedingung würde dann eine Übereinstimmung von realem Geldangebot und Realkasse fordern:

$$\overline{M}/\overline{P} = L/\overline{P}$$

Die folgende Argumentation wäre stets auf reale Größen (reales Volkseinkommen Y_r, reale Geldnachfrage $L/\overline{P}$, reales exogenes Geldangebot $\overline{M}/\overline{P}$) zu beziehen.

Abb. 11-17 Elemente der KEYNESschen Geldmarktanalyse

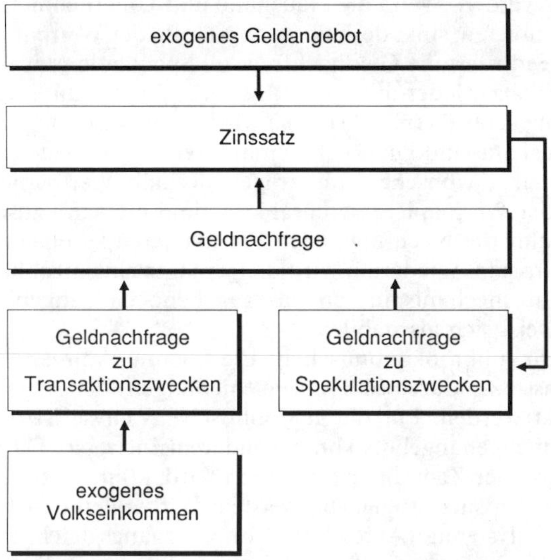

Abb. 11-18 Zinssatz und Gleichgewicht am Geldmarkt

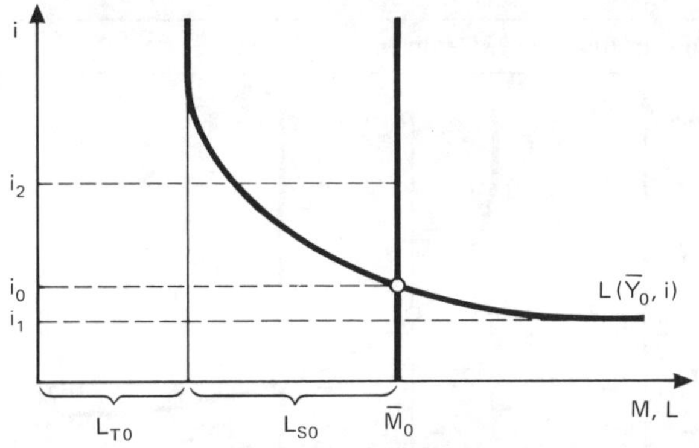

Die gegebene, exogen bestimmte Geldmenge $\overline{M}$ ist als völlig zinsunelastische Geldangebotskurve $\overline{M}_0$ dargestellt. Die Geldnachfragekurve L ergibt sich aus der horizontalen Addition der zinssatzabhängigen Spekulationsnachfrage $L_S(i)$ zum Bedarf an Transaktionskasse L_{T0} bei gegebenem Volkseinkommen $\overline{Y}_0$. Im Schnittpunkt von M und L herrscht Gleichgewicht. Mit der verfügbaren Geldmenge werden sowohl der Transaktionskassenbedarf als auch der zum Gleichgewichtszinssatz i_0 gewünschte Spekulationskassenbedarf L_{S0} befriedigt.

(Abb. 11-18). Die Höhe der Geldnachfrage zu Transaktionszwecken kann sich bei gegebenem Volkseinkommen nicht verändern. Auch die verfügbare Geldmenge kann nicht erhöht werden. Wenn die Haushalte und Unternehmen in ihrer Gesamtheit Wertpapiere anbieten, sinkt deshalb zwangsläufig der Wertpapierkurs. Der Zinssatz steigt an und reduziert die Geldnachfrage zu Spekulationszwecken, bis sie beim Gleichgewichtszinssatz wieder mit der verfügbaren Menge an Geld übereinstimmt.

Auch ein **Geldangebotsüberschuß** ($i_2 > i_0$) wird automatisch wieder zum Gleichgewicht führen: Haushalte und Unternehmen in ihrer Gesamtheit verfügen über mehr Geld als sie zu halten wünschen und fragen deshalb Wertpapiere nach. Da die Menge umlaufender Wertpapiere beschränkt ist und niemand zusätzliche Kasse zu halten wünscht, führt die Nachfrage nach Wertpapieren zu einem steigenden Kurs und sinkendem Zinssatz. Wiederum wird die geplante zinssatzabhängige Geldnachfrage über den Zinsmechanismus an das gegebene Geldangebot angepaßt. Das Gleichgewicht erweist sich als stabil.

In Analogie zur mikroökonomischen Preistheorie können Änderungen des Gleichgewichtszinssatzes durch **Shifts** (Verschiebungen) der Angebots- oder Nachfragekurve bewirkt werden. Für die geldpolitische Analyse ist die Wirkung eines veränderten Geldmengenangebots von besonderem Interesse. Da das Geldangebot annahmegemäß von der Zentralbank gesteuert wird, können so deren Einflußmöglichkeiten auf den Zinssatz offengelegt werden. Wir wollen den Fall der **Erhöhung der Geldmenge** analysieren (Abb. 11-19). Im Ausgangsgleichgewicht halten die Haushalte und Unternehmen die Transaktionskasse L_{T0} und die Spekulationskasse L_{S0}. Nach einer Geldmengenerhöhung ($+\Delta M$) verfügen die Haushalte und Unternehmen über zusätzliches Geld, daß sie bei gegebenem Volkseinkommen $\overline{Y}_0$ und bei dem Zinssatz i_0 nicht halten wollen. Es setzt eine steigende Nachfrage nach Wertpapieren ein, die zu einem steigenden Wertpapierkurs und einem sinkendem Zinssatz führt. Die Geldnachfrage zu Spekulationszwecken nimmt zu. Der Anpassungsprozeß kommt zum Stillstand, wenn der neue Gleichgewichtszinssatz i_1

Abb. 11-19 Zinssatzeffekte einer Geldmengenerhöhung

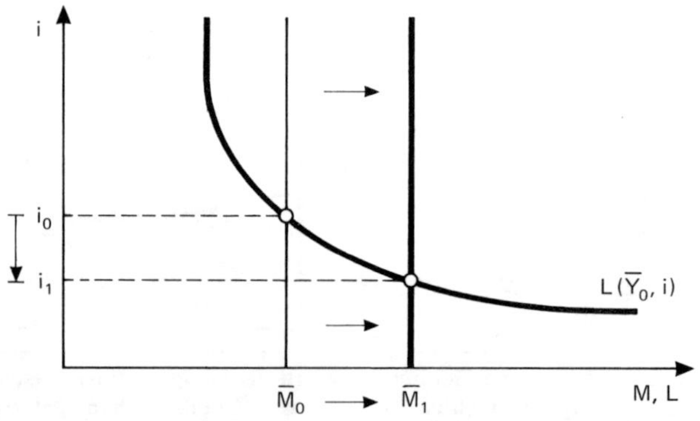

Eine Geldmengenerhöhung ($+\Delta M$) durch die Zentralbank verschiebt die senkrechte Geldangebotskurve $\overline{M}_0$ nach rechts ($\overline{M}_1 = \overline{M}_0 + \Delta M$). Das neue Gleichgewicht bildet sich im Schnittpunkt von $\overline{M}_1$ und L und führt zu einem niedrigeren Gleichgewichtszinssatz ($i_1 < i_0$).

erreicht wird, der durch den Schnittpunkt der Geldnachfragekurve mit der „geshifteten" Geldangebotskurve $\overline{M}_1$ bestimmt ist. Bei diesem Zinssatz wird die gesamte Geldmengenerhöhung geplant in der Spekulationskasse gehalten.

Fazit: Die Zentralbank kann mit einer Geldmengenerhöhung c. p. die Höhe des Zinssatzes verringern. Dies gilt jedoch nicht im Ausnahmebereich der **Liquiditätsfalle**, wo die Geldnachfrage unendlich zinselastisch wird. Jedes zusätzliche Geldangebot verschwindet hier in der Spekulationskasse, ohne auf dem Wertpapiermarkt nachfragewirksam zu werden und damit Veränderungen des Zinssatzes auszulösen.

Die **Zunahme** der zweiten exogenen Größe des KEYNESschen Geldmarktmodells, **des Volkseinkommens** $(+\Delta Y)$, führt c. p. zu einer Rechtsverschiebung der Geldnachfragekurve und zu einem steigenden Zinssatz. Bei gegebenem Geldangebot steigt gegenüber dem Ausgangsgleichgewicht der Bedarf an Transaktionskasse, der durch vermehrte Verkaufsangebote von Wertpapieren erfüllt werden kann. Die zusätzlichen Wertpapierangebote führen zu Kurssenkungen und Zinssatzsteigerungen. Dieser Prozeß endet erst, wenn die erhöhte Geldnachfrage zu Transaktionszwecken durch die Verringerung der Spekulationskasse gedeckt wird.

Abb. 11-20 Zinssatzeffekte einer Zunahme des Volkseinkommens

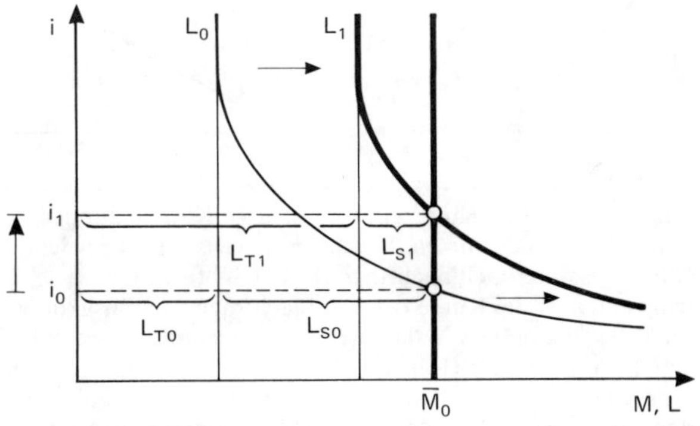

Eine Zunahme des Volkseinkommens $(\overline{Y}_1 = \overline{Y}_0 + \Delta Y)$ führt zu einer Erhöhung der Geldnachfrage nach Transaktionszwecken von $L_{T0}(= L_T(\overline{Y}_0))$ auf L_{T1} $(= L_T(\overline{Y}_1))$. Die gesamte Geldnachfrage verschiebt sich von L_0 $(= L_{T0} + L_S(i))$ nach rechts auf L_1 $(= L_{T1} + L_S(i))$. Das neue Gleichgewicht bildet sich im Schnittpunkt von $\overline{M}_0$ und L_1 und führt zu einem höheren Gleichgewichtszinssatz $(i_1 > i_0)$.

In Analogie zur IS-Kurve des Gütermarktes kann für den Geldmarkt eine LM-Kurve abgeleitet werden (Abb. 11-21). Die **LM-Kurve** beschreibt die geometrischen Kombinationen aller Zinssätze und Einkommenshöhen, bei denen Gleichgewicht zwischen Geldangebot und Geldnachfrage herrscht. Die LM-Kurve dient später als zweiter zentraler Baustein des HICKS-Modells der kombinierten Analyse von Geld- und Gütermarkt.

Die LM-Kurve kann nicht als Verhaltensfunktion interpretiert werden: Weder soll sie aussagen, daß der Zinssatz abhängig vom Volkseinkommen, noch daß das Volkseinkommen vom Zinssatz abhängig ist. Die LM-Kurve symbolisiert lediglich diejenigen Kombinationen von Zinssatz und Volkseinkommen, die als Vorausset-

Abb. 11-21 Grafische Ableitung der LM-Kurve

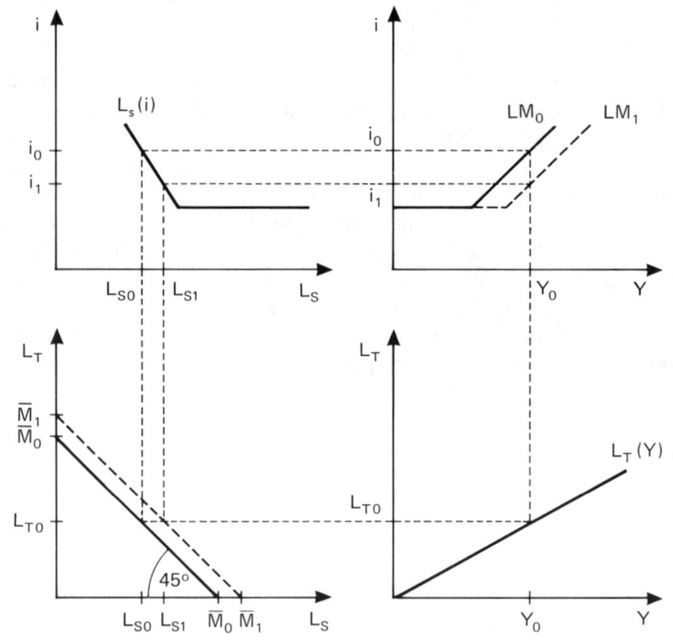

Zur grafischen Ableitung der LM-Kurve sind alternative Kombinationen von Zinssatz (i) und Volkseinkommen (Y) zu bestimmen, bei denen jeweils Gleichgewicht von exogenem Geldangebot ($\overline{M}$) und gesamter Geldnachfrage (L) herrscht.

In der Abb. rechts unten ist die Kurve der Geldnachfrage zu Transaktionszwecken L_T in Abhängigkeit vom Volkseinkommen Y dargestellt. Ausgehend von einer beliebigen Höhe des Volkseinkommens (Y_0) wird die Höhe der Transaktionskasse (L_{T0}) eindeutig bestimmt.

In der Abb. links unten ist die Abhängigkeit der Höhe der Spekulationskasse (L_S) bei gegebenem Geldangebot ($\overline{M}_0$) von der Höhe der Transaktionskasse dargestellt. Die fallende Gerade ergibt sich aus der Bedingung des Geldmarktgleichgewichts ($\overline{M} = L_T + L_S$). Je höher (geringer) L_T bei gegebenem $\overline{M}_0$ ist, desto geringer (höher) die zum Gleichgewicht notwendige Höhe von L_S. Sind $\overline{M}_0$ und L_{T0} gegeben, ist somit auch die Höhe der Spekulationskasse eindeutig bestimmt ($L_{S0} = \overline{M}_0 - L_{T0}$).

In der Abb. links oben ist die Geldnachfrage zu Spekulationszwecken L_S in Abhängigkeit vom Zinssatz dargestellt. Ausgehend von L_{S0} ist der zum Gleichgewicht notwendige Zinssatz i_0 eindeutig bestimmbar.

In der Abb. rechts oben ist durch die Kombination von Y_0 und i_0 ein Punkt bestimmt, bei dem Gleichgewicht auf dem Geldmarkt herrscht. Weitere Gleichgewichtspunkte können auf die gleiche Art und Weise abgeleitet werden, indem andere Höhen des Volkseinkommens als Ausgangspunkt gewählt werden. Die Verbindungslinie aller dieser gleichgewichtigen Y-i-Kombinationen ergibt die LM-Kurve.

Eine Erhöhung des Geldangebots durch die Zentralbank führt zu einer Rechtsverschiebung der LM-Kurve. Die Gerade in der Abb. links unten verschiebt sich durch die Geldmengenerhöhung nach rechts. Ausgehend von L_{T0} steht mehr Geld für Spekulationszwecke zur Verfügung ($L_{S1} > L_{S0}$). Zu L_{S1} gehört jedoch ein niedrigerer Gleichgewichtszinssatz ($i_1 < i_0$). Die Kombination von Y_0 und i_1 in der Abb. rechts oben ergibt einen weiter rechts liegenden Gleichgewichtspunkt.

zung für ein **Geldmarktgleichgewicht** vorliegen müssen. Punkte außerhalb der LM-Kurve stellen deshalb keine Geldmarktgleichgewichte dar. Alle Kombinationen von Zinssatz und Volkseinkommen oberhalb (unterhalb) der LM-Kurve bezeichnen Situationen, in denen die gesamte Geldnachfrage kleiner (größer) als das verfügbare Geldangebot ist.

Im Verlauf der LM-Kurve können sich klassische und keynesianische Annahmen über die Abhängigkeit der Geldnachfrage zu Spekulationszwecken vom Zinssatz widerspiegeln (Abb. 11-22). Die **klassische These** einer zinsunabhängigen Geldnachfrage ist mit einer Situation vereinbar, in der der Zinssatz so weit gestiegen ist, daß nur noch Kurssteigerungen der Wertpapiere erwartet und alle liquiden Mittel für Wertpapierkäufe verwendet werden. Auch ein sinkender Zinssatz wird dann zunächst nicht zum Halten von Spekulationskasse führen. In diesem Bereich verläuft deshalb die LM-Kurve völlig zinsunelastisch. Im Bereich der **keynesianischen Liquiditätsfalle** hat der Zinssatz ein Mindestniveau i_{min} unterschritten, ab dem nur noch sinkende Wertpapierkurse erwartet und deshalb alle liquiden Mittel für Spekulationszwecke gehalten werden. Ab dem Mindestniveau des Zinssatzes verläuft die LM-Kurve deshalb unendlich zinselastisch.

Die keynesianische These eines inversen Zusammenhangs von Zinssatz und Spekulationskasse schließlich spiegelt sich im **Normalbereich der LM-Kurve**. Ein steigender Verlauf der LM-Kurve besagt, daß Geldmarktgleichgewichte bei relativ hohem (niedrigem) Volkseinkommen einen relativ hohen (niedrigen) Zinssatz erfordern: Ein relativ hohes Volkseinkommen führt zu einer entsprechend hohen Geldnachfrage zu Transaktionszwecken. Bei gegebenem Geldangebot ist deshalb für ein Gleichgewicht eine geringe Geldnachfrage zu Spekulationszwecken erforderlich, die aber nur bei einem relativ hohen Zinssatz realisiert wird.

Die KEYNESsche partielle Geldmarktanalyse kennt nur eine Anlageform des finanziellen Vermögens (festverzinsliche Wertpapiere mit unendlich langer Laufzeit) und entsprechend nur einen einzigen, **„repräsentativen“ Zinssatz**. In der Realität existieren jedoch vielfältige Anlageformen mit den verschiedensten Laufzeiten und

Abb. 11-22 Klassische und keynesianische Bereiche der LM-Kurve

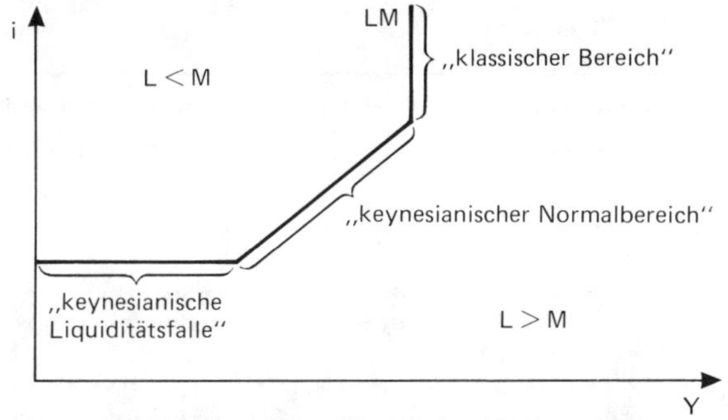

Im klassischen Bereich hat die LM-Kurve einen völlig zinsunelastischen, im Bereich der keynesianischen Liquiditätsfalle einen völlig zinselastischen Verlauf. Im keynesianischen Normalbereich hat die LM-Kurve eine positive Steigung: Niedrige Volkseinkommen erfordern niedrige Zinssätze, hohe Volkseinkommen erfordern hohe Zinssätze, damit Gleichgewicht am Geldmarkt herrscht.

Abb. 11-23 Entwicklung ausgewählter Zinssätze in der BR Deutschland

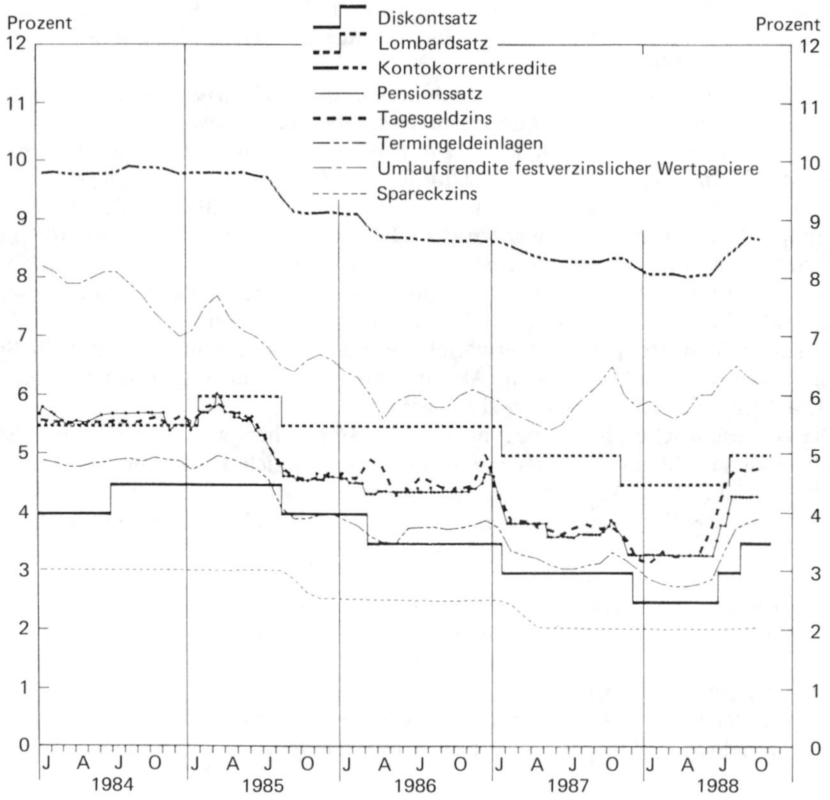

Quelle: SVR, JG 1988/89, Schaubild 23

Übung 11-10 Historischer Tiefstand der Marktzinssätze in der Bundesrepublik

Das Spektrum der Marktzinssätze in der Bundesrepublik näherte sich im Verlauf des Jahres 1987 einem historischen Tiefstand. In ihrem Monatsbericht 6/1987 analysierte die Deutsche Bundesbank diese Entwicklung und deren Effekte wie folgt:

„Am Kapitalmarkt, an dem eine Zeitlang nur die Zinssätze am „kurzen Ende“ wesentlich gesunken waren, kam es schließlich auch bei den Rentenwerten mit längeren Laufzeiten zu Zinssenkungen. Dabei fiel die durchschnittliche Umlaufsrendite festverzinslicher Wertpapiere ... (auf einen historischen Tiefstand).

Das inzwischen sehr niedrige Zinsniveau, bei dem sich der Zinsentgang bei Haltung sehr liquider Mittel stark ermäßigt hat, begünstigt den Aufbau von Geld- und Quasigeldbeständen durch private Haushalte und Unternehmen und bestärkt sie andererseits darin, den Aufbau längerfristiger Anlagen in inländischen festverzinslichen Wertpapieren zu vernachlässigen.“

Erkennen Sie, welche Theorie dem vorstehenden Zitat zugrunde liegt? Erläutern Sie das Zitat vor dem Hintergrund dieser Theorie und erörtern Sie die möglichen Auswirkungen mit Bezug auf die Entwicklung unterschiedlicher Komponenten der Geldmenge (M3, M1)!

eine Vielzahl von Zinssätzen. Die unterschiedlichen Zinssätze auf den monetären Teilmärkten der Realität sind durch zahlreiche institutionelle und marktmäßige Beziehungen miteinander verknüpft. Die **Zinsstruktur**, das Verhältnis der Zinssatzhöhen untereinander zu einem bestimmten Zeitpunkt, verbleibt deshalb in der zeitlichen Entwicklung relativ stabil (Abb. 11-23). Die Annahme eines repräsentativen Zinssatzes im Rahmen der keynesianischen Geldmarktanalyse scheint somit als vereinfachende Annahme der Realität durchaus vertretbar.

11.4.2 Kombiniertes Güter- und Geldmarktgleichgewicht

Die theoretischen Systeme des Güter- und des Geldmarktes wurden bisher in isolierter Analyse behandelt. Dabei wurden die wechselseitigen Beziehungen zwischen güterwirtschaftlichen Nachfrage- und Einkommenseffekten sowie den monetären Zinssätzen oder der Geldmengensteuerung vernachlässigt. KEYNES hatte sich nachdrücklich gegen die klassische Lehre der Spaltung von real- und geldwirtschaftlichen Vorgängen gewendet und die beiderseitigen Interdependenzen hervorgehoben.

Um das Prinzip der wechselseitigen Beziehungen über den Zinsmechanismus herauszustellen, wird im folgenden primär die Variante der zinsinduzierten Investitionshypothese verwendet. Die logische Struktur der Güter- und geldwirtschaftlichen Beziehungen basiert auf zwei Elementen eines Grundlagenmodells, das J. HICKS (1937) zur formalen Interpretation von KEYNES' Theoriesystem entwickelt hatte: Die **IS-Kurve** stellt eine Abbildung von (temporären) Gütermarkt-Gleichgewichten[4] mit der Bedingung „ex ante-Investitionen = ex ante-Sparen" dar. Diese Bedingung definiert Gütermarkt-Gleichgewichte im vereinfachten Fall einer geschlossenen Volkswirtschaft ohne Staat. Die Bedingungen gelten in modifizierter Form auch für den Fall einer offenen Volkswirtschaft mit staatlicher Aktivität. Um die logische Struktur der Güter-Geldmarkt-Beziehungen zu klären, wird der vereinfachte Fall zur theoretischen Grundlegung verwendet. Die Modifikationen einer Volkswirtschaft mit Staat und Außenwirtschaft lassen sich nach der Klärung der elementaren Struktur anfügen. Den analogen Baustein des keynesianischen Geldmarktes liefert eine **LM-Kurve**, die Kombinationen von Geldmarkt-Gleichgewichten darstellt, in denen die Liquiditätspräferenz (gewünschte Geldnachfrage) dem Geldangebot des Bankensystems, der (realen) Geldmenge, entspricht. Das kombinierte Zwei-Märkte-System der keynesianischen Interpreten soll im ersten Schritt der Analyse in seiner logischen Struktur vorgestellt werden.

Im zweiten Schritt soll unmittelbar in anwendungsbezogener Perspektive nach den Effekten von geld- und fiskalpolitischen Maßnahmen in der Situation einer deflationären Lücke gefragt werden. Die folgende Abbildung demonstriert die Ausgangssituation im IS-LM-Diagramm nach J. HICKS. Angenommen wird ein **Rezessionsgleichgewicht** in einer **unterbeschäftigten Volkswirtschaft**. Gefragt wird nach der Effizienz fiskal- und/oder geldpolitischer Maßnahmen in einer angenommenen Rezession. Fiskalpolitische Maßnahmen zielen im Prinzip auf eine direkte Beeinflussung der IS-Kurve des Gütermarktes. Geldpolitische Maßnahmen können andererseits primär die LM-Kurve des Geldmarktes beeinflussen; Einkommensef-

[4] Der Begriff des „temporären" Gleichgewichts verweist auf die einschränkende Annahme *gegebener* Ertragserwartungen der Investoren im Falle eines Gleichgewichts. Das Problem der Unsicherheit kann nur als „shift"-Faktor einer temporären Situation eines Gleichgewichts berücksichtigt werden.

fekte können nach Ansicht der Keynesianer durch Geldpolitik indirekt über den Zinsmechanismus bewirkt werden. Das Grundmodell der IS-LM-Analyse soll schließlich dazu verwendet werden, die Wirksamkeit von geld- und finanzpolitischen Maßnahmen in der Situation einer konjunkturellen Unterbeschäftigung zu diskutieren. Hierbei sollen kontroverse Positionen mit ihren theoretischen Grundlagen deutlich gemacht werden. Die kontroversen Positionen lassen sich stichwortartig mit der Frage nach der Relevanz von „Liquiditäts- und Investitionsfalle" (nach den Argumenten der Keynesianer) und der Relevanz des „crowding out"-Effektes (nach der Ansicht der Monetaristen) verbinden. Zur analytischen Vereinfachung wird ein gegebenes Preisniveau angenommen, in der Ausgangssituation der Rezession möge die Preisentwicklung kaum auf fiskal- oder geldpolitische Maßnahmen reagieren (**Fix-Preis-Modell**).

Abb. 11-24 Ausgangssituation der deflationären Lücke im IS-LM-Diagramm

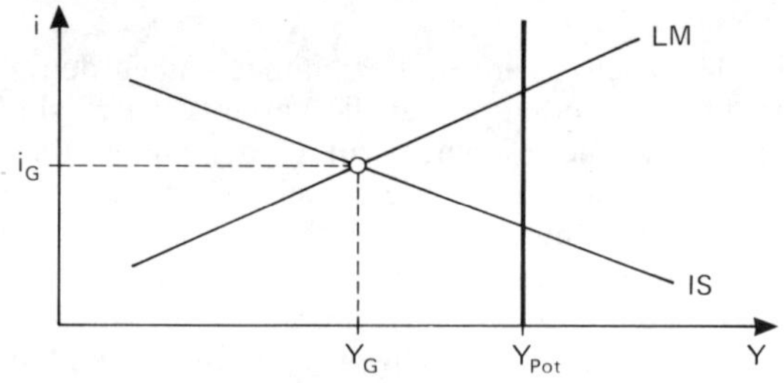

Entlang IS werden mögliche Gütermarkt-Gleichgewichte dargestellt, entlang LM potentielle Gleichgewichte des partiellen Geldmarktes. Das kombinierte Gleichgewicht von Geld- und Gütermarkt (Y_G; i_G) entspricht einer Rezession mit konjunktureller Unterbeschäftigung. Hier wird zunächst ein linearer Verlauf der IS- bzw. LM-Funktionen unterstellt.

11.4.2.1 Zur Struktur des IS-LM-Modells

Die Struktur der Zusammenhänge zwischen Geld- und Gütermarkt soll nunmehr erläutert werden, um die theoretischen Grundlagen für das Verständnis der wirtschaftspolitischen Anwendungsbezüge zu klären. Die Abbildung des Modells nach HICKS (Abb. 11-24) verwendet drei unterschiedliche **Begriffe des Gleichgewichts** einer Volkswirtschaft mit zwei Marktbereichen:

- Ein *partielles* Gleichgewicht am **Geldmarkt** wird realisiert, wenn die Geldnachfrage (Liquiditätspräferenz) dem (realen) Geldangebot gleichkommt. Das System des partiellen Geldmarkt-Gleichgewichts beruht im Prinzip auf drei Gleichungen[5].

(1) (reale) Geldnachfrage: $L = L_T(Y_r) + L_S(i)$
(2) (reales) Geldangebot: $M = \overline{M}$
(3) Geldmarkt-Gleichgewicht: $L = M$

[5] Im Kontext mit dem folgenden Kapitel des 3-Märkte-Modells wird hier die Annahme einer fehlenden Geldillusion in der Verwendung des Geldes berücksichtigt. Bei konstantem Preisniveau ist diese Annahme hier zwar nicht relevant; sie wird es aber später, wenn ein variables Preisniveau angenommen wird. Vgl. Fußnote 3 dieses Kapitels.

Neben der keynesianischen Theorie der Geldnachfrage (Gleichung 1) wird eine perfekte Steuerung der Geldmenge durch die Zentralbank (Gleichung 2) angenommen. Die LM-Funktion der vorstehenden Abbildung beschreibt den geometrischen Verlauf der Gleichung (3) im Diagramm des (realen) Volkseinkommens (Sozialprodukts) und des (realen) Zinssatzes. Bei gegebener Geldmenge hängt das partielle Gleichgewicht von der Höhe des Volkseinkommens und des Zinssatzes in einem positiven Zusammenhang ab. Mit größerem Volkseinkommen wächst die Nachfrage nach Transaktionskasse, zum Ausgleich muß die Nachfrage nach Spekulationskasse sinken. Nach KEYNES' Theorie der Geldnachfrage muß der Zinssatz dann gleichfalls höher sein, damit ein Geldmarkt-Gleichgewicht herrschen kann (vgl. den steigenden Verlauf der LM-Funktion des Geldmarktes in Abb. 11-24).

- Das vereinfachte System des **Gütermarktes** einer geschlossenen Volkswirtschaft mit privaten Haushalten und Unternehmen läßt sich gleichfalls auf drei elementare Gleichungen reduzieren[6]:

(4) Sparfunktion der Haushalte:	$S = Y - C(Y)$	mit positiver Steigung
(5) zinsinduzierte Investition:	$I = I(i)$	mit negativer Steigung
(6) Gütermarkt-Gleichgewicht:	$I = S$	

Die Sparfunktion der privaten Haushalte folgt aus KEYNES' absoluter Einkommenshypothese (Gleichung 4). Die Hypothese zinsinduzierter Investitionen unterstellt bei gegebenen Ertragserwartungen der Investoren einen negativen Zusammenhang zur Höhe des Zinssatzes (Gleichung 5). Gleichung 6 definiert die bekannte Gleichgewichtsbedingung des vereinfachten Gütermarktes. Weil die Hypothesen (der Gleichungen 4, 5) teils einen positiven Bezug zur Höhe des Volkseinkommens, teils einen negativen Bezug zur Höhe des Zinssatzes annehmen, folgt ein negativer Verlauf der IS-Funktion im HICKS-Diagramm. Bei geringerem Volkseinkommen und geringer Ersparnis ist ein hoher Zinssatz erforderlich, damit ein Gleichgewicht ($I = S$) erreicht werden kann. Umgekehrt muß bei hohem Volkseinkommen und hoher Ersparnis der Marktzinssatz geringer sein, damit bei gegebenen Erwartungen hohe Investitionen zum Erreichen des Gütermarkt-Gleichgewichts getätigt werden.

Der Schnittpunkt der LM- und IS-Kurve im HICKS-Diagramm beschreibt ein kombiniertes Gleichgewicht des Zwei-Märkte-Systems von **Geld- und Gütermarkt**

Übung 11-11 Algebra des IS-LM-Modells

Eine Volkswirtschaft (mit Staat, ohne Außenwirtschaft) sei durch folgende Gleichungen beschrieben:

$C = 100 + 0{,}8 \cdot Y_v$

$I = 200 - 1000 \cdot i$

$L = Y - 10.000 \cdot i$

Zu Beginn betragen die Staatsausgaben 550 Geldeinheiten (GE) und die direkten Steuern 500 GE. Das Geldangebot beträgt 900 GE. Weitere Kreislaufgrößen sind nicht zu berücksichtigen.

(a) Erläutern Sie in verbaler Form Ihr Vorgehen zur Bestimmung des Gleichgewichts.

(b) Leiten Sie die Formeln für die IS-Kurve und die LM-Kurve her!

(c) Infolge eines Vertrauensverlustes der Investoren sinken die autonomen Investitionen um 90 GE. Wie ändern sich das Volkseinkommen und der Zinssatz?

[6] Die Gleichungen des Gütermarktes beziehen sich sämtlich auf reale Größen. Dies entspricht der obenstehenden Einführung des Gütermarktsystems.

der Volkswirtschaft. Im kombinierten Gleichgewicht beider Märkte wird bei gegebener Geldmenge ein Zinssatz erreicht, bei dem zugleich die geplanten Investitionen der Unternehmen den Ersparnissen der Haushalte entsprechen.

Für das Verständnis der Modellstruktur des Zwei-Märkte-Systems nach KEYNES erscheinen besonders die wechselseitigen Beziehungen der Einkommens- und Zinseffekte von grundlegender Bedeutung.

Abb. 11-25 Wechselseitige Beziehungen zwischen Güter- und Geldmarkt über Einkommens- und Zinseffekte

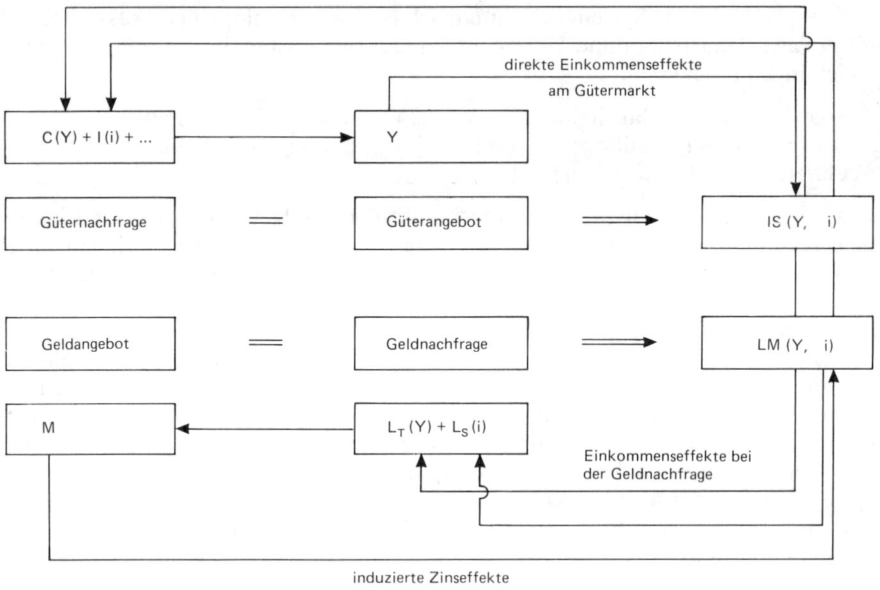

Im Zwei-Märkte-Modell bewirken exogene Änderungen des Volkseinkommens unmittelbare Einkommenseffekte über die Komponenten der Gütermarktnachfrage. Indirekte Wirkungen über den Geldmarkt resultieren durch die einkommensabhängige Nachfrage von Transaktionskasse und induzierte Zinseffekte. Die muliplikativen Einkommenseffekte am Gütermarkt werden durch indirekte Zinseffekte des Geldmarktes beeinflußt. Andererseits können monetäre Maßnahmen direkte Zinseffekte am Geldmarkt bewirken, die indirekte Einkommenseffekte am Gütermarkt zur Folge haben.

Aus der Multiplikatortheorie des Gütermarktes ist der Grundgedanke eines Einkommenseffektes autonomer Nachfrageerhöhungen bekannt. Nimmt man in der Ausgangssituation einer Rezession im IS-LM-Modell eine entsprechende autonome Zunahme der Güternachfrage an, werden das Güterangebot und das Volkseinkommen nach der Multiplikatortheorie steigen. Der Einkommenseffekt des Gütermarktes induziert nunmehr auch einen Zinseffekt am Geldmarkt. Denn mit dem Anstieg des Volkseinkommens steigt die Geldnachfrage des Nichtbanken-Sektors. Im Rahmen der elementaren Geldtheorie wird üblicherweise nur die Geldnachfrage des privaten (Nichtbanken-)Sektors (= Unternehmen und private Haushalte) betrachtet. Für den Staat gelten besondere geldpolitische Einlagenverpflichtungen. Das Ausland wird zunächst aus Vereinfachungsgründen nicht einbezogen. Bei gegebener Geldmenge steht dann weniger Liquidität als Spekulationskasse zur Verfügung. Es müssen Wertpapiere vermehrt angeboten und verkauft werden. Am Geldmarkt wird folglich eine Zinssatzerhöhung eintreten. Der induzierte Effekt der Einkommenserhöhung hat Rückwirkungen über die Investitionsnachfrage auf den Einkommenseffekt des Gütermarktes. Im Normalfall führen die wechselseitigen Zusammenhänge dazu, daß güterwirtschaftliche Einkommenseffekte von monetären Zinssatzerhöhungen begleitet werden. Die multiplikativen Einkommenseffekte des Gütermarktes werden dadurch im Fall zinselastischer Investitionen vermindert.

Einkommensmechanismus mit monetären Zinseffekten
$(+)\,\Delta Y \rightarrow (+)\,\Delta L_T \rightarrow (-)\,\Delta L_S \rightarrow (+)\,\Delta i \rightarrow (-)\,\Delta I$

Aus der Interdependenz der beiden Märkte folgt andererseits, daß monetäre Impulse güterwirtschaftliche Einkommenseffekte induzieren können. Monetäre Maßnahmen mögen am Geldmarkt Zinssenkungen bewirken, die über den Zinseinfluß der Investitionsnachfrage am Gütermarkt positive Einkommenseffekte auslösen können.

Monetärer Zinsmechanismus mit Einkommenseffekten

$$\begin{array}{l}(+)\,\Delta M \rightarrow (-)\,\Delta i \rightarrow (+)\,\Delta I \rightarrow (+)\,\Delta Y \ldots \\ \qquad\qquad\quad\downarrow \\ \qquad\quad (+)\,\Delta L_s\end{array}$$

Zurück zur LM-Gleichgewichtsfunktion des Geldmarktes im HICKS-Diagramm! Angenommen wird ein monetärer Impuls durch das Bankensystem, das eine Erhöhung der Geldmenge durch geldpolitische Maßnahmen bewirke. Auf dem Geldmarkt erhöht sich c. p. das Geldangebot. Bei gegebener Liquiditätsneigung muß der Marktzinssatz sinken, damit eine größere Spekulationskasse gewünscht wird. Oder: Die Nachfrage nach Transaktionskasse muß bei einem höheren Volkseinkommen im Gleichgewicht des Geldmarktes größer werden. Das Erreichen eines neuen Gleichgewichts am Geldmarkt verlangt daher nach einer Expansion des Geldangebots eine Senkung des Zinssatzes und/oder einer Erhöhung des Volkseinkommens. Die LM-Kurve muß sich nach unten und/oder nach rechts verschieben. Eine expansive Geldpolitik verlagert somit die LM-Kurve des Gleichgewichts am Geldmarkt im HICKS-Diagramm nach unten bzw. nach rechts. Von Seiten des Geldmarkts wird eine Änderung des Gesamtgleichgewichts einer Volkswirtschaft bewirkt. Die Volkswirtschaft tendiert durch die Verschiebung der LM-Kurve bei gegebenen Bedingungen des Gütermarktes zu einem negativen Zinseffekt und einem positiven Einkommenseffekt im neuen Gesamtgleichgewicht (bei Annahme linearer Funktionen).

Eine Einordnung expansiver Fiskalpolitik kann analog über die Gleichgewichtsfunktion des Gütermarktes vorgenommen werden, wenn der vereinfachte Modellfall einer Volkswirtschaft ohne staatliche Aktivität revidiert wird. Nach der elementaren Multiplikatortheorie des Gütermarktes bewirkt jede exogene Erhöhung der Nachfragekomponenten einen multiplikativen Einkommenseffekt; entsprechend verschiebt sich die IS-Kurve nach rechts (bei gegebenem Zinssatz). Die IS-Kurve einer Volkswirtschaft mit Staat wird bestimmt durch die Bedingung[7]:

[7] Hier wird zur Vereinfachung zunächst ein Steuersystem mit einer direkten Pauschalsteuer angenommen.

Abb. 11-26 Formale Einordnung von expansiver Geld- und Fiskalpolitik im HICKS-Diagramm

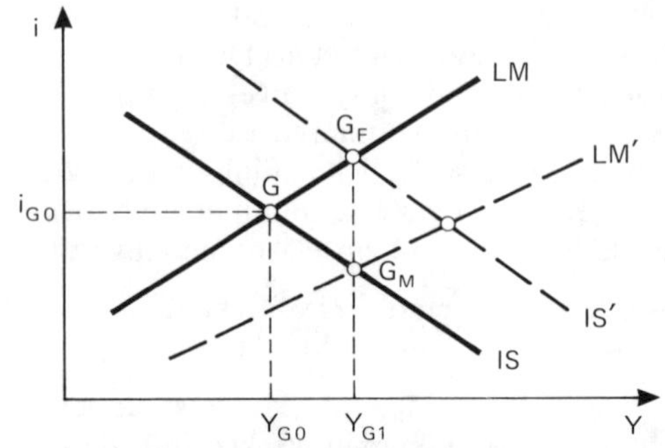

Die Ausgangssituation G kann prinzipiell durch eine expansive Geldpolitik des Bankensystems ($+\Delta M$) beeinflußt werden. C. p. verschiebt sich die LM-Kurve nach unten/rechts, so daß ein neues Gleichgewicht G_M erreicht werden könnte. Alternativ kann eine expansive Fiskalpolitik eine Verschiebung von IS nach oben rechts bewirken, so daß G_F erreicht werden kann.

(6.1) $S(Y - T_{dir}) + T_{dir} = I(i) + A_{St}$

Eine exogene Erhöhung der Staatsausgaben (bei gegebenen Einnahmen des Staates) bewirkt einen Multiplikatoreffekt, analog einer Zunahme der autonomen Investitionen. Die IS-Funktion verschiebt sich im Ausmaß des Multiplikatoreffekts nach rechts.

Eine Senkung der direkten Steuern (bei gegebenen Staatsausgaben) auf der anderen Seite der Gleichung wirkt analog (mit Ausnahme des geringeren Primäreffekts der Steuersenkung). Die IS-Kurve des Gütermarktes verschiebt sich nach rechts im Ausmaß des Gütermarkt-Multiplikators.

Übung 11-12 Veränderung der IS-Kurve durch eine Senkung der marginalen Steuersätze

Unterstellen Sie eine geschlossene Volkswirtschaft mit einer linear-proportionalen Einkommenssteuer. Bei gegebener Ausgabenplanung des Staates wird eine Steuerreform mit einer Senkung der proportionalen Tarife der Einkommenssteuer durchgeführt.
Prüfen Sie die Auswirkungen der Steuerreform auf die IS-Kurve!

Eine expansive Fiskalpolitik über die Ausgaben- oder die Einnahmenseite staatlicher Organisationen verlagert somit im Prinzip die IS-Kurve des Gütermarktgleichgewichts nach rechts. Bei gegebenen Bedingungen des Geldmarktes tendiert die Volkswirtschaft zu einem positiven Einkommenseffekt und einer gleichzeitigen Zinserhöhung im kombinierten Gleichgewicht beider Märkte. Die über den Geldmarkt induzierte Zinserhöhung reduziert bei linearen Funktionen den güterwirtschaftlichen Einkommenseffekt im Vergleich zum isolierten Gütermarkt.

Damit wurde die logische Struktur des IS-LM-Modells der keynesianischen Interpreten dargestellt; zugleich wurden die prinzipiellen Ansatzpunkte der Geld-

oder der Fiskalpolitik in der Situation einer Rezession aufgezeigt. Es folgt nunmehr ein Anwendungstransfer, um die situativen Möglichkeiten der Wirtschaftspolitik in einer Rezession zu erörtern.

11.4.2.2 Die Wirksamkeit von Geld- und Fiskalpolitik in einer konjunkturellen Rezession

Zur Geldpolitik: Argumente der Keynesianer

Die relative Wirksamkeit expansiver Maßnahmen der Geld- und Fiskalpolitik hängt vom Verlauf der LM- und der IS-Funktion im relevanten Bereich des kombinierten Gleichgewichts der beiden Märkte ab. Die Keynesianer beurteilen die Effizienz einer expansiven Geldpolitik z. Z. einer Rezession relativ skeptisch, sie bevorzugen eher expansive Maßnahmen der Fiskalpolitik. Ihre Argumente betreffen zwei Fälle von Verhaltenshypothesen,

- die „Liquiditätsfalle" im KEYNES' Bereich der LM-Funktion oder/und
- die „Investitionsfalle" bei geringer Zinselastizität der Investitionsnachfrage.

Das erste Argument der Liquiditätsfalle unterstellt, bei relativ niedrigem Zinsniveau werde die Geldnachfrage stark zinselastisch. Im Extrem einer vollkommen elastischen Geldnachfrage hat die LM-Kurve einen waagerechten Verlauf im HICKS-Diagramm. Eine expansive Geldpolitik kann im Bereich der **Liquiditätsfalle** keinen Zinseffekt bewirken, da die Neigung zur Geldhaltung in der Situation so stark ausgeprägt ist, daß jede zusätzliche Geldmenge bei einem extrem niedrigen Zinssatz von der Spekulationskasse aufgenommen wird. Da die Geldpolitik im Bereich der Liquiditätsfalle somit zusätzliche Wertpapiernachfrage nicht induzieren

Abb. 11-27 Liquiditäts- und Investitionsfalle - Probleme der Geldpolitik aus keynesianischer Sicht

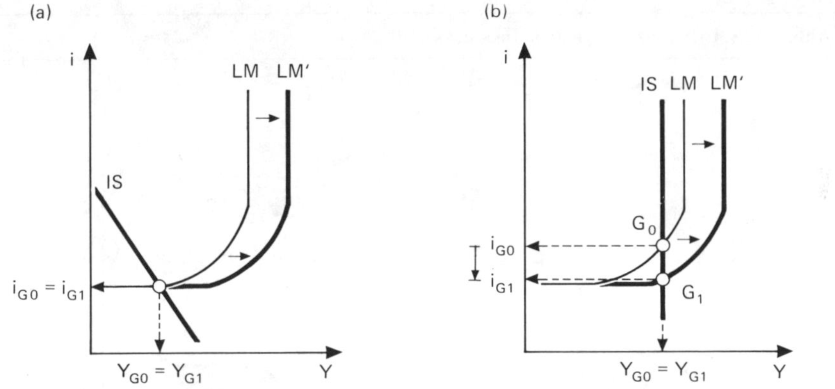

(a) Das kombinierte IS-LM-Gleichgewicht liegt im KEYNESschen Bereich der Liquiditätsfalle. Eine Ausweitung der Geldmenge verschiebt die LM-Kurve, die Verschiebung bewirkt am Geldmarkt keinen Zinseffekt. Geldpolitik bleibt deshalb unwirksam. Weder Zins- noch Einkommenseffekte werden erreicht.
(b) In der Situation der Investitionsfalle hat die IS-Funktion einen senkrechten Verlauf. Verschiebungen der LM-Funktion durch geldpolitische Maßnahmen führen nicht zu Einkommenseffekten am Gütermarkt, weil die Investitionen kaum auf Zinssenkungen reagieren.

kann, bleiben geldpolitische Zinseffekte aus. Der monetäre Zinsmechanismus kann folglich nicht wirksam werden.

Das zweite Argument der **Investitionsfalle** bezieht sich demgegenüber auf den Verlauf der IS-Funktion bzw. der Investitionsfunktion des Gütermarktes. Ist die Zinselastizität der Investitionen sehr gering, muß die IS-Funktion im HICKS-Diagramm sehr steil (im Extrem senkrecht) verlaufen. Folglich könnten monetäre Zinsänderungen kaum güterwirtschaftliche Einkommenseffekte erzielen. Die Kette des monetären Zinsmechanismus könnte bei ungünstigen Ertragserwartungen kaum die Investitionspläne der Unternehmen beeinflussen.

Die beiden Argumente der Liquiditäts- und Investitionsfalle sprechen nach Ansicht der Keynesianer dafür, daß eine expansive Fiskalpolitik zur Bekämpfung einer Rezession bevorzugt werden sollte.

Zur Fiskalpolitik: Die „crowding out"-Debatte

Den Befürwortern der Fiskalpolitik widersprechen Argumente, die unter dem Begriff des „crowding out" zusammengefaßt werden. Diese Einwände, die im Extrem der klassischen Theorie des Geldmarktes nahestehen, behaupten die Unwirksamkeit expansiver Fiskalpolitik. Die Fiskalpolitik führe lediglich zu einer „Verdrängung" privater Investitionen über den Effekt einer Zinserhöhung. Das Ausmaß des **crowding-out-Effekts** im IS-LM-Modell hängt vom Zinseffekt der Fiskalpolitik und der Zinselastizität der privaten Investitionen ab. Hier soll der Zinseffekt bei Annahme einer ausreichenden Zinselastizität der Investitionen in den Vordergrund gestellt werden. Die theoretischen Gegenpositionen lassen sich dann am Verlauf der LM-Kurve demonstrieren. Die Position der Keynesianer verdeutlicht ein kombiniertes IS-LM-Gleichgewicht im Bereich der Liquiditätsfalle; crowding out-Effekte der Fiskalpolitik bleiben aus, weil hier Finanzierungsdefizite der Finanzpolitik nicht zu Zinserhöhungen führen. Dagegen führt eine expansive Fis-

Abb. 11-28 Effizienz expansiver Fiskalpolitik?

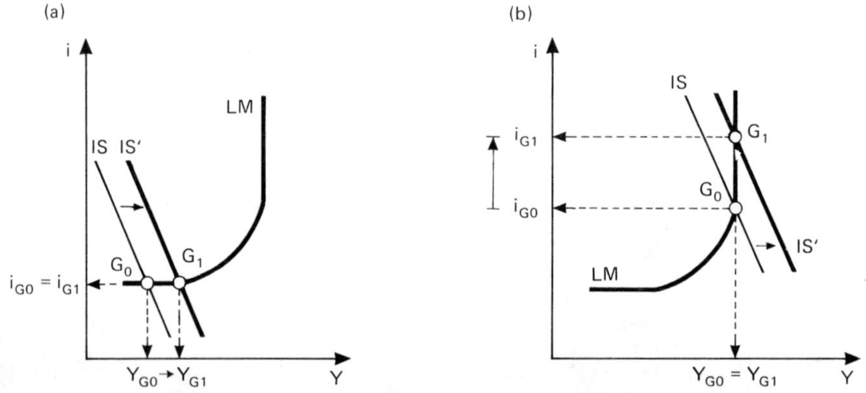

(a) Im KEYNESschen Bereich der LM-Funktion ist eine expansive Fiskalpolitik wirksam, crowding out-Effekte sind zu vernachlässigen.
(b) Crowding out-Effekte einer größeren Kreditnachfrage des Staates bei expansiver Fiskalpolitik führen im klassischen Bereich der LM-Funktion zur Unwirksamkeit der Fiskalpolitik. Expansive Fiskalpolitik hat starke Zinseffekte, die private Investitionen „verdrängen".

kalpolitik mit zusätzlicher Kreditnachfrage des Staates im klassischen Bereich der LM-Kurve zu einer massiven Erhöhung des Zinssatzes. Im klassischen Bereich wird KEYNES' Nachfrage nach Spekulationskasse unbedeutend, freie Liquiditätsreserven einer Volkswirtschaft sind nicht verfügbar. Staatliche Kreditnachfrage durch expansive Fiskalpolitik kann nur zu Lasten privater Investoren erfolgen, deren Kreditnachfrage durch Zinserhöhungen eingeschränkt wird. Bei einem vertikalen Verlauf der LM-Funktion im klassischen Bereich bleibt die Fiskalpolitik daher völlig unwirksam.

Das kombinierte Geld- und Gütermarktmodell leitet somit zu einer **kontroversen Diskussion** um Prinzipien der nachfrageorientierten Konjunkturpolitik. Die unterschiedlichen Positionen lassen sich nach den relevanten Elastizitäten der beiden Funktionen (IS-LM-) des kombinierten Gleichgewichtsmodells ordnen. Welche kontroversen Auffassungen erscheinen nun zutreffend? Welche Art der nachfrageorientierten Konjunkturpolitik sollte bevorzugt werden? Wegen des kontroversen Charakters wird man diese Fragen kaum generell und definitiv beantworten können. Für eine konjunkturelle Rezession mögen empirische Ansätze zumindest hilfreiche Hinweise zur Beurteilung liefern. Die empirischen Erfahrungen deuten auf prozyklische Zusammenhänge zwischen dem Konjunkturverlauf und dem relativen Zinsniveau in der Wirtschaftsentwicklung der BR Deutschland. Als Konjunkturindikatoren wurden die Auslastung des Produktionspotentials nach Schätzungen des SVR (JG 1988/89, TZ 86 ff.) sowie die jährlichen Wachstumsraten des realen BSP verwendet; als Zinssätze die preisbereinigte Emissions- und Umlaufsrendite festverzinslicher Wertpapiere; die relativen Zinssätze wurden jeweils im Vergleich zum Vorjahresstand ermittelt. Die empirischen Korrelationskoeffizienten zeigen für die BR Deutschland im Zeitraum 1972-1987 positive, prozyklische Zusammenhänge:

Tab. 11-1 Empirische Korrelationen (R) zwischen Konjunkturverlauf und relativem Zinssatz, BR Deutschland, 1972-87

	Auslastung des Produktionspotentials	Wachstum des realen BSP
relative Emissionsrendite[1]	+ 0,311	+ 0,313
relative Umlaufsrendite[1]	+ 0,325	+ 0,298

[1] preisbereinigte Größen

Akzeptiert man die prozyklischen Zusammenhänge einerseits und den charakteristischen Verlauf der LM-Funktion im Modell andererseits, folgt aus der Kombination der empirischen Zusammenhänge und der keynesianischen Theorie eine positive Einschätzung fiskalpolitischer Möglichkeiten z.Z. einer Rezession. Denn bei relativ niedrigem Zinsniveau in einer Rezession besteht nach dem theoretischen Verlauf der LM-Funktion eher die begründete Vermutung eines geringeren crowding out-Effekts. Umgekehrt müßte man für eine Boomphase der Konjunktur eine größere Wirksamkeit der Geldpolitik annehmen. Die prozyklischen Zusammenhänge zwischen Konjunkturverlauf und Zinsniveau sprechen in dieser Interpretation für eine relative Wirksamkeit einer aktiven Fiskalpolitik z.Z. einer konjunkturellen Rezession.

Kombination von Fiskal- und Geldpolitik

Darüber hinausgehend empfehlen Keynesianer in der Rezession eine Kombination expansiver Fiskal- und Geldpolitik. Die Fiskalpolitik bewirkt über zusätzliche staatliche Ausgaben oder über Senkungen direkter Steuern (zusätzliche) Haushaltsdefizite. Die fiskalischen Defizite sollten möglichst durch zusätzliche Kredite der Zentralbank finanziert werden. Mit der Verfügung über zusätzliche Kredite der Zentralbank durch staatliche Organisationen erhöht sich nach der Definition die Geldmenge einer Volkswirtschaft. Die expansive Fiskalpolitik wird dann zugleich von einer expansiven Geldpolitik begleitet; die beiden Maßnahmearten nachfrageorientierter Konjunkturpolitik überlagern sich. Im IS-LM-Modell verschieben sich die beiden Gleichgewichtsfunktionen nach rechts. Ein negativer Zins- oder Verdrängungseffekt kann durch diese Kombination in jedem Fall vermieden werden.

Mit dieser Empfehlung zu einer kombinierten Fiskal- und Geldpolitik wird das generelle Problem des geeigneten **„policy mix"** der nachfrageorientierten Wirtschaftspolitik angesprochen. Eine Strategie nachfrageorientierter Wirtschaftspolitik kann durch verschiedene Kombinationen von geld- und fiskalpolitischen Maßnahmen beschrieben werden. Spezifische Ziele der Geldpolitik und Koordinationsprobleme zwischen den Politikbereichen mögen zur Variante einer expansiven Fiskalpolitik und einer eher restriktiven Geldpolitik in den USA im Verlauf der 80er Jahre beigetragen haben.

Übung 11-13 Policy mix der Reaganomics in den USA

Der Begriff „Reaganomics" bezeichnet die wirtschaftspolitische Konzeption der REAGAN-Administration in den USA im Verlauf der 80er Jahre. Diese Wirtschaftspolitik kennzeichnet eine typische Kombination expansiver Finanzpolitik mit einer Zunahme (struktureller) Haushaltsdefizite einerseits und einer Geldpolitik hoher Zinsen andererseits.

Wirtschaftspolitische Kritiker meinten, die Investitionstätigkeit in den USA sei dadurch relativ zur Entwicklung des BSP eingeschränkt worden. Viele Kritiker forderten deshalb einen wirtschaftspolitischen Kurswechsel mit einer Senkung des (strukturellen) Haushaltsdefizits und einer Lockerung der Geldpolitik in den USA. (nach: SAMUELSON/NORDHAUS 1987[8], Bd. 1, S. 574f.)

Erläutern Sie den typischen „policy mix" der Reaganomics und als Alternative den geforderten Kurswechsel im IS-LM-Modell!

11.4.2.3 Außenwirtschaftliche Modifikationen

Um den Realitätsbezug des kombinierten Geld- und Gütermarktmodells zu erhöhen, muß schließlich die vereinfachende Annahme einer geschlossenen Volkswirtschaft aufgegeben werden. Zu fragen ist nach den wesentlichen Ergänzungen und Modifikationen im Fall einer **offenen Volkswirtschaft** mit intensiven internationalen Güter- und Kreditbeziehungen. Bezieht man zunächst ausschließlich güterwirtschaftliche Beziehungen zum Ausland ein, muß für den **Gütermarkt** die relevante Beziehung des Gleichgewichts abgeändert werden:

(6.2) $S(Y\text{-}T_{dir}) + T_{dir} = I(i) + A_{St} + (Ex\text{-}Im)$

Sofern der außenwirtschaftliche Saldo als exogene Größe betrachtet wird, kann die Modifikation durch $\Delta(Ex\text{-}Im)$ analog als eine Verschiebung der IS-Funktion des Gütermarktes vorgenommen werden. Eine Erhöhung von **Exportüberschüssen** wirkt wie eine Rechtsverschiebung der IS-Funktion.

Sofern die **Importe** vom nationalen Volkseinkommen abhängen, ändert sich die Steigung der IS-Funktion. Bei einer Einkommensabhängigkeit der Importe erhöhen sich die Sickerverluste der güterwirtschaftlichen Expansionsprozesse; der Multiplikatoreffekt wird geringer als im Fall einer geschlossenen Volkswirtschaft.

Desweiteren kann eine Exportfunktion in Abhängigkeit von der internationalen Wettbewerbsfähigkeit des Inlands berücksichtigt werden. Die preisliche Wettbewerbsfähigkeit hängt u. a. von der Entwicklung der **Devisenkurse** ab, die nicht allein vom internationalen Güter- und Leistungsverkehr bestimmt werden, sondern in starkem Maße vom **internationalen Kapitalverkehr**. Der internationale Kapitalverkehr wirkt somit auf die IS-Funktion des Gütermarktes ein; zudem in ausgeprägter Weise auf die LM-Funktion des nationalen Geldmarktes. Nettokapitalimporte erhöhen die Liquidität inländischer Geldmärkte, umgekehrt vermindern Kapitalexporte die im Inland verfügbare Liquidität. Seit den Änderungen des Devisenkurssystems in den 70er Jahren wurden die Devisenkurse in stärkerem Maße durch den internationalen Kapitalverkehr beeinflußt. Die Instabilitäten der Devisenkurse und der internationalen Finanzmärkte bewirkten eine Komplizierung der nachfrageorientierten Wirtschaftspolitik. Teils wurden die Möglichkeiten nachfrageorientierter Wirtschaftspolitik begünstigt, teils wurden sie erschwert.

Anfang der 80er Jahre wurde in **Frankreich** eine expansive Finanzpolitik mit steigender Staatsverschuldung initiiert. Die binnenwirtschaftlichen Multiplikatoreffekte wurden durch steigende Importe begrenzt. Die französische Handelsbilanz verzeichnete steigende Importüberschüsse. Die steigende Staatsverschuldung führte zu negativen Reaktionen der Finanzmärkte mit einer Welle der Kapitalflucht (hohe Nettokapitalexporte). Handelsbilanz- und Kapitalbilanzreaktionen zwangen zu mehrfachen Abwertungseffekten. Die wirtschaftspolitischen Bedingungen in Frankreich, hohe Staatsverschuldung, Mangel an Liquidität, Abwertungserwartungen des Franc und Nettokapitalexporte, erzwangen starke Zinssteigerungen und Verdrängungseffekte. Die expansive Finanzpolitik wurde ineffizient (mit inflationären Effekten); sie mußte weitgehend aufgegeben werden.

Die wirtschaftspolitischen Bedingungen in den **USA** z. Z. der ersten REAGAN-Phase zwischen 1980 und 1985 waren eher gegensätzlich: Die Kombination expansiver Finanz- und kontraktiver Geldpolitik führte einerseits zu einer starken Ausweitung der Staatsverschuldung, die bei hohen Kapitalimporten vom Ausland mitfinanziert wurde. Die restriktive Geldpolitik und das erneuerte Vertrauen der internationalen Finanzmärkte in den Dollar leiteten zu Nettokapitalimporten mit Aufwertungstendenzen des Dollar. Die Kombination restriktive Geldpolitik, Kapitalimporte und Dollaraufwertungen erlaubte den USA einen größeren, mittelfristigen Spielraum zu einer expansiven Fiskalpolitik.

Die außenwirtschaftliche Konstellation aus der Sicht der **BR Deutschland** war im Verlauf der 80er Jahre unterschiedlich zu beurteilen. In der ersten Hälfte der 80er Jahre herrschte eine konjunkturelle Rezession, die von Nettokapitalexporten sowie vorübergehenden DM-Abwertungen begleitet war. Die Akzente der nationalen Wirtschaftspolitik wurden nicht in Richtung einer expansiven Fiskalpolitik gesetzt. Vielmehr sollten die Konsolidierung der Haushalte und der Abbau der Neuverschuldung des Staates Vorrang haben. Nach 1985 kam es zu einer Umkehrung der außenwirtschaftlichen Konstellation. Leistungsbilanzüberschüsse, Kapitalimporte und DM-Aufwertungen waren verknüpft mit einer relativ starken Expansion der Geldmenge und Zinssenkungen. Zugleich war die Preisentwicklung durch die ungewöhnlichen Senkungen der Importgüterpreise rückläufig. Die außenwirtschaftlichen und monetären Bedingungen für eine expansive Finanzpolitik waren nach 1985 günstig.

11.4.2.4 Wirtschaftspolitische Folgerungen

Das kombinierte Gleichgewichtsmodell des Geld- und Gütermarktes einer Volkswirtschaft liefert somit Ansatzpunkte zur Beurteilung von Varianten nachfrageorientierter Konjunkturpolitik. Aus der Abhängigkeit der beiden Marktsysteme folgt einerseits eine erweiterte Analyse der expansiven Fiskalpolitik in einer Rezession. Andererseits konnte eine expansive Geldpolitik als Variante der Konjunkturpolitik gegenübergestellt werden. Keynesianische Argumente sprachen zugunsten einer Präferenz der expansiven Fiskalpolitik z. Z. einer Rezession oder zugunsten einer Abstimmung beider Bereiche der expansiven Fiskal- und Geldpolitik in der Rezession. Die Einwendungen der Kritiker der Fiskalpolitik beruhen auf abweichenden Annahmen zu den Elastizitäten der beiden Elemente des Gleichgewichtsmodells. Nach keynesianischer Auffassung kann ein abgestimmter policy mix von expansiver Fiskal- und Geldpolitik Verdrängungseffekte vermeiden. Deshalb wird empfohlen, eine Finanzierung von steigenden Haushaltsdefiziten staatlicher Organisationen solle vornehmlich durch die Zentralbank erfolgen.

Die Berücksichtigung der Außenwirtschaft bei flexiblen Devisenkursen führt zwar zu erheblichen Modifikationen des vereinfachten Grundmodells, nicht aber zu einer generellen Unwirksamkeit der nationalen Fiskal- und Geldpolitik. Eine nachfrageorientierte Konjunkturpolitik wird allerdings durch die außenwirtschaftlichen Entwicklungen komplizierter als im Grundmodell. Die Effizienz der Fiskal- und Geldpolitik wird durch außenwirtschaftliche Bedingungskonstellationen zwar beeinflußt, nicht aber völlig aufgehoben.

Zur Beurteilung des keynesianischen IS-LM-Modells erscheint wichtig, daß die konjunkturelle Perspektive hervorgehoben wird. Das Modell wurde hier ausschließlich zur Diagnose der wirtschaftspolitischen Handlungsmöglichkeiten in einer Rezession verwendet. Nur in soweit kann das Fix-Preis-Modell unter Vernachlässigung von Preiseffekten sinnvollerweise eingesetzt werden. Eine symmetrische Verwendung des Modells für Maßnahmen restriktiver Geld- und Fiskalpolitik z. Z. eines Konjunkturbooms bleibt wegen der dann relevanten Preiseffekte unbefriedigend. Zur Beachtung von Preiseffekten ist eine Erweiterung des Modells erforderlich.

Der konjunkturpolitische Zuschnitt des keynesianischen Fix-Preis-Modells auf die Situation einer Rezession beruht auf einer kurzfristigen Perspektive des Kreislaufmodells. Langfristige Probleme einer steigenden Staatsverschuldung bleiben unbeachtet, ebenso die strukturpolitischen Effekte der nachfrageorientierten Konjunkturpolitik. Expansive Fiskalpolitik über die Ausgabenseite oder die Seite der Steuereinnahmen hat sehr unterschiedliche Struktureffekte, die in den realen wirtschaftspolitischen Auseinandersetzungen vielfach eine größere Bedeutung haben, als es den kurzfristigen Aspekten des makroökonomischen Kreislaufmodells entspricht.

Um die Annahme gegebener Preise des Fix-Preis-Modells aufgeben zu können, bedarf es schließlich einer erweiterten Analyse in einem kombinierten Drei-Märkte-System.

Mathematischer Anhang

Zur Ableitung der Multiplikatoren im Prozeß der multiplen Giralgeldschöpfung der Geschäftsbanken

Der Giralgeldschöpfungsprozeß kommt zum Stillstand, wenn die ursprüngliche Überschußreserve (ÜR) vollständig in zusätzlichen Barauszahlungen und zusätzlichen Mindestreserven aufgegangen ist:

(1) $\ddot{U}R = \Delta BG + \Delta MR$

Der zusätzliche Bargeldumlauf (ΔBG) ist als Prozentsatz (Barabflußquote b) der zusätzlichen Kredite (ΔKr) bestimmt:

(2) $\Delta BG = b \cdot \Delta Kr$

Die zusätzlichen Mindestreserven (ΔMR) sind als Prozentsatz (Mindestreservesatz mrs) der zusätzlichen Einlagen (ΔE) bestimmt:

(3) $\Delta MR = mrs \cdot \Delta E$

Die zusätzlichen Einlagen sind gleich der Differenz aus zusätzlichen Krediten und abgeflossenem Bargeld:

(4) $\Delta E = \Delta Kr - \Delta BG$

Aus (4) und (2) folgt:

(5) $\Delta E = \Delta Kr - b \cdot \Delta Kr$; oder nach Umformung

(5a) $\Delta E = (1 - b) \cdot \Delta Kr$

Aus (1), (2) und (3) folgt:

(6) $\ddot{U}R = b \cdot \Delta Kr + mrs \cdot \Delta E$

Aus (6) und (5a) folgt:

(7) $\ddot{U}R = b \cdot \Delta Kr + mrs \cdot (1 - b) \cdot \Delta Kr$; oder nach Umformung

(7a) $$\Delta Kr = \frac{1}{b + mrs \cdot (1-b)} \cdot \ddot{U}R$$

Aus (7a) und (5a) folgt:

(8) $$\Delta E = \frac{1-b}{b + mrs \cdot (1-b)} \cdot \ddot{U}R$$

Das zusätzliche Giralgeld ist als Prozentsatz (Liquiditätsneigung n) der zusätzlichen Einlagen bestimmt:

(9) $\Delta D = n \cdot \Delta E$

Aus (9) und (8) folgt:

(10) $$\Delta D = \frac{n \cdot (1-b)}{b + mrs \cdot (1-b)} \cdot \ddot{U}R$$

Zur Ableitung des Geldangebotsmultiplikators im Geldbasiskonzept

Der Geldangebotsmultiplikator m bezeichnet das Verhältnis zwischen Geldmenge M und Geldbasis B:

(1) $m = M / B$

Die Geldmenge M entspricht der Summe aus Bargeldumlauf (BG) und Sichtguthaben der Nichtbanken bei den Geschäftsbanken (Giralgeld D)

(2) $M = BG + D$

Die Geldbasis B gleicht der Summe aus Bargeldumlauf und Mindestreserven (MR), wenn keine Überschußreserven ($\ddot{U}R = 0$) vorhanden sind.

(3) $B = BG + MR$

Aus (1) bis (3) folgt:

(4) $$m = \frac{BG + D}{BG + MR}$$

Das Bargeld wird in einem konstanten Verhältnis k zu den Sichtguthaben gehalten:

(5) $BG = k \cdot D$

Die Mindestreserven sind als gegebener Satz mrs der Sichtguthaben zu halten:

(6) $MR = mrs \cdot D$

Aus (4) bis (6) folgt:

$$(7)\ m = \frac{k \cdot D + D}{k \cdot D + mrs \cdot D} = \frac{(k+1) \cdot D}{(k+mrs) \cdot D} = \frac{k+1}{k+mrs}$$

Kontrollfragen zum elften Kapitel

(A) Multiple Choice-Fragen

11-1 Die Verlagerung von 100 DM von einem Girokonto auf ein Sparbuch mit gesetzlicher Kündigungsfrist bedeutet, daß
( ) M1 steigt und M2 steigt;
( ) M1 sinkt und M2 steigt;
( ) M1 sinkt und M2 unverändert bleibt;
( ) M1 sinkt und M2 sinkt.

11-2 Sie lösen einen Scheck über 500 DM bei Ihrer Bank ein und halten das Bargeld als persönliche Reserve. Welcher potentielle Gesamteffekt für das Giralgeldangebot ergibt sich unter Vernachlässigung anderer Einlagenformen und des Bargeldabflußes bei einem Mindestreservesatz von 25 Prozent?
( ) Zunahme um 2500 DM;
( ) Abnahme um 500 DM;
( ) keine Veränderung der Giralgeldmenge;
( ) Abnahme um 2000 DM.

11-3 Welche Maßnahmen der Zentralbank verringern die Geldschöpfungsmöglichkeiten des Geschäftsbankensystems?
( ) Kauf von Wertpapieren der Nichtbanken;
( ) Verkauf von Mobilisierungs- und Liquiditätspapieren;
( ) Erhöhung des Diskontsatzes;
( ) Erhöhung des Mindestreservesatzes;
( ) Erhöhung der Rediskontkontingente;
( ) Gewährung eines Kassenkredits an den Staat.

11-4 Spekulationskasse wird gehalten,
( ) um ungeplante Lagerinvestitionen finanzieren zu können;
( ) um zu einem späteren Zeitpunkt Konsumgüter preiswerter einkaufen zu können;
( ) weil mit einer Kurssenkung von Wertpapieren gerechnet wird;
( ) weil ein Anstieg des Zinssatzes erwartet wird.

11-5 Ein steigendes gesamtwirtschaftliches Geldangebot bei gegebener Geldnachfrage bewirkt im Bereich der KEYNESschen Liquiditätsfalle
( ) ein geringeres Volkseinkommen;
( ) einen niedrigeren Zinssatz;
( ) einen höheren Zinssatz;
( ) eine Erhöhung der Geldbestände.

11-6 Die IS-Kurve verläuft relativ steil, wenn die
( ) Investitionen eine hohe Zinsreagibilität besitzen;
( ) Investitionen eine niedrige Zinsreagibilität besitzen;
( ) Grenzneigung zum Konsum hoch ist;
( ) Grenzneigung zum Konsum niedrig ist.

(B) Offene Fragen

11-7 Beschreiben und erläutern Sie verschiedene Geldarten und Geldfunktionen !

11-8 Klären Sie die Bedeutung unterschiedlicher Geldmengenbegriffe! Aus welchen Gründen werden die Unterscheidungen vorgenommen?

11-9 Erläutern Sie die Aussagen der klassischen Quantitätstheorie!

11-10 Welcher Art nachfrageorientierter Wirtschaftspolitik sollte der Vorzug gegeben werden,
- im Bereich der Liquiditätsfalle,
- im klassischen Bereich der LM-Funktion,
- in der Situation einer Investitionsfalle,
- bei stark zinsabhängigen Investitionen?

(C) Transferfrage

11-11 „Wie viele Einheiten Geld im monetären System auf der Basis einer Einheit Zentralbankgeld geschaffen werden, ist bei gegebenen Mindestreservesätzen von der Neigung zur Bargeldhaltung und von der Entscheidung der Anleger über die Aufteilung ihrer Einlagen auf Sichtdepositen einerseits sowie Termin- und Spardepositen andererseits abhängig. In Zeiten sich stark ändernder Zinsen und Zinserwartungen ändert sich diese Aufteilung, so daß die einzelnen monetären Aggregate nicht in demselben Maße zunehmen wie der Umfang der zu finanzierenden Transaktionen. Bei sinkenden Zinsen nimmt der Anreiz ab, finanzielles Vermögen in verzinslicher Form zu halten. Die Geldkapitalbildung fällt geringer aus, und neben Beständen an Bargeld werden verstärkt Sichteinlagen gehalten. Die Geldmenge M1, die nur die letztgenannten beiden Komponenten umfaßt, nimmt entsprechend zu, während die Geldmenge M2, die zusätzlich Termineinlagen, und die Geldmenge M3, die darüberhinaus auch Spareinlagen mit gesetzlicher Kündigungsfrist einschließt, vergleichsweise wenig expandieren. Das war auch 1986 so." (SVR, JG 1986/87, TZ 113).
Erläutern Sie das vorstehende Zitat und die dort angesprochenen Zusammenhänge!

11-12 Vertreter der amerikanischen Administration haben in 1986/87 die BR Deutschland und andere Handelspartner dazu aufgefordert, daß sie u. a. die Leitzinsen senken und das Geldmengenwachstum weiter beschleunigen sollten, um die gesamtwirtschaftliche Nachfrage zu erhöhen und einen Beitrag zum Abbau der amerikanischen Zahlungsbilanzdefizite zu leisten. Der (deutsche) SACHVERSTÄNDIGENRAT (ZUR BEGUTACHTUNG DER GESAMTWIRTSCHAFTLICHEN ENTWICKLUNG) antwortete darauf (SVR 1986/87, TZ 226): „Die deutsche Geldpolitik dürfte wegen der hohen Liquidität in der Wirtschaft gegenwärtig nicht in der Lage sein, mittels einer Beschleunigung des ohnehin schnellen Geldmengenwachstums eine weitere spürbare Senkung der Zinsen herbeizuführen. Selbst wenn eine geringe Zinssenkung gelänge, würden daraufhin nicht Investitionssteigerungen in einem Umfang eintreten, wie sie für den geforderten Anstieg der Wachstumsrate ... notwendig wären.
Ordnen Sie das Zitat im Rahmen des KEYNES' Systems der makroökonomischen Märkte ein und erläutern Sie das Zitat auf der Basis dieses theoretischen Rahmens!

Lösungshinweise zu den Übungen (im Text)

11-1: In den Kriegsgefangenenlagern waren Zigaretten sehr gefragt und gleichzeitig sehr knapp. Kleine Mengen besaßen bereits einen hohen Tauschwert. Ihr Transport bereitete deshalb weniger Mühe, als es bei Verwendung von Konservendosen als Zahlungsmittel der Fall gewesen wäre. Eine Packung Zigaretten konnte einfach in kleinere, gleichwertige und haltbare Teileinheiten (20 einzelne Zigaretten) zerlegt werden. Diese Eigenschaften boten Konserven nur in eingeschränktem Maße. Nach dem Öffnen verdarben sie schnell und die Unterscheidung von gleichwertigen Teilmengen war kaum möglich.

11-2: In einer Naturaltauschwirtschaft sind bereits bei nur 1000 gehandelten Gütern fast eine halbe Million (499500 = 1000·999/2) Austauschbeziehungen denkbar. Durch die Einführung von Geld wird die Zahl der Tauschrelationen auf 999 (= 1000-1) reduziert.

11-3: Der Textauszug beschreibt eine neue Form des bargeldlosen Zahlungsverkehrs (EFTS) in den USA. Computer-Terminals in Läden und Geschäften erlauben den Kunden, Zahlungen auf elektronischem Weg, durch die direkte Übertragung ihrer Guthaben auf ein anderes Konto, zu tätigen. Bargeld, Schecks oder materielle Überweisungsträger werden nicht mehr benötigt.

Diese neue Form des bargeldlosen Zahlungsverkehrs bietet große Vorteile:

- die zeitlichen Differenzen zwischen dem Ausstellen eines Schecks oder dem Erteilen eines Überweisungsauftrags und der Belastung/Gutschrift auf einem Konto werden erheblich reduziert;
- die Notwendigkeit der Verwendung und des Transports von materiellen Überweisungsträgern (Schecks und Überweisungsformulare) nimmt ab.
- der Zahlungsverkehr wird erleichtert, da die Kunden sich jederzeit über ihren Kontostand informieren können und die Beschaffung von Bargeld und Schecks überflüssig wird.

Insgesamt können so die Kosten des Zahlungsverkehrs gesenkt werden.

Der elektronische Zahlungsverkehr wird die Verwendung von Bargeld (Banknoten und Münzen) reduzieren. Gleichzeitig steigt jedoch die Bedeutung eines anderen Zahlungsmittels, der Sichtguthaben bei den Banken (Giralgeld). Geld wird also auch bei dieser neuen Form des Zahlungsverkehrs keineswegs überflüssig.

11-4: (a) Alle Geldmengenaggregate (Bargeldumlauf, M1, M2, M3) zeigen über den gesamten Zeitraum von 1960-1988 einen expansiven Verlauf. Den größten Anstieg verzeichnete die Geldmenge M3 (von rd. 100 Mrd. DM auf fast 1,2 Billionen DM). Von den Komponenten der Geldmenge M3 expandierten am stärksten die Spareinlagen mit gesetzlicher Kündigungsfrist (= M3-M2). Dies ist ein Ausdruck der steigenden Geldvermögensbildung vor allem der privaten Haushalte. Der Anstieg der Geldmenge M1 ist in erster Linie Ergebnis der Expansion des Giralgeldes (Sichteinlagen = M1-Bargeldumlauf).

(b) Der sinkende Anteil des Bargeldumlaufs verdeutlicht die langfristige Tendenz der abnehmenden Bedeutung des Bargelds als Zahlungsmittel (zugunsten des Giralgelds). Die (kurzfristig) variierenden Anteile der Sicht-, Termin- und Spareinlagen sind vor allem auf die Entwicklung der Zinssätze für Termin- und Spareinlagen zurückzuführen.

11-5: (a) Ermittlung der maximalen Kredit-, Einlagen- und Giralgeldschöpfungsmöglichkeiten

$b = 0{,}1$

$mrs = 0{,}2$

$n = 1$

$ÜR = 8$ (Mrd. DM)

$$m_{Kr} = \frac{1}{b + mrs \cdot (1-b)} = \frac{1}{0{,}1 + 0{,}2 \cdot (1-0{,}1)} = 3{,}57$$

$$m_E = (1-b) \cdot m_{Kr} = (1-0{,}1) \cdot 3{,}57 = 3{,}21$$

$$m_D = n \cdot m_E = 1 \cdot 3{,}21 = 3{,}21$$

$$\Delta Kr_{max} = m_{Kr} \cdot ÜR = 3{,}57 \cdot 8 = 28{,}56 \text{ (Mrd. DM)}$$

$\Delta E_{max} = m_E \cdot ÜR = 3{,}21 \cdot 8 = 25{,}68$ (Mrd. DM)
$\Delta D_{max} = m_D \cdot ÜR = 3{,}21 \cdot 8 = 25{,}68$ (Mrd. DM)
(b) Erhöhung der Barabflußquote b
b = 0,3; mrs, n, ÜR unverändert

$$m_{Kr} = \frac{1}{0{,}3 + 0{,}2 \cdot (1-0{,}3)} = 2{,}27$$

$$m_E = (1-0{,}3) \cdot 2{,}27 = 1{,}59$$

$$m_D = 1 \cdot 1{,}59 = 1{,}59$$

Ein verstärkter Wunsch nach Bargeld führt zu einer Verringerung der Höhe der Multiplikatoren.
(c) Ausgleichsmaßnahmen der Zentralbank
Die Zentralbank kann die Auswirkungen des gestiegenen Bargeldbedarfs entweder durch eine **Senkung des Mindestreservesatzes** mrs oder durch eine **Erhöhung der Überschußreserven** des Bankensystems (Erhöhung der Zentralbankgeldversorgung) oder eine Kombination beider Maßnahmen kompensieren.

11-6: Zentralbankgeldversorgung und Kreditschöpfung der Geschäftsbanken

(a) Die Geschäftsbanken verkaufen die Wertpapiere der Nichtbanken an die Zentralbank. Die Zentralbank bezahlt die Aktiva (Wertpapiere +100), indem sie die Zentralbankguthaben der Geschäftsbanken (Überschußreserven +100) erhöht. Mit der Gutschrift des Erlöses auf den Konten der Nichtbanken (Sichtguthaben +100) erhöht sich das Mindestreservesoll (20% der neuen Sichtguthaben = Mindestreserven +20). Entsprechend verringern sich wieder die Überschußreserven der Geschäftsbanken (Überschußreserven −20). Nach Abschluß des Kaufs stehen den Geschäftsbanken 80 Mio. DM an Zentralbankgeld für zusätzliche Kredite und die Schöpfung von Giralgeld zur Verfügung.

Bilanz der Zentralbank		Bilanz der Geschäftsbanken	
Wertpapiere +100	Überschußreserven +100 Mindestreserven +20 Überschußreserven −20	Überschußreserven +100 Mindestreserven +20 Überschußreserven −20	Sichtguthaben +100

(b) Unter den gemachten Annahmen (Barabflußquote b = 0 und Liquiditätsneigung n = 1) vereinfacht sich der Multiplikator der maximalen Giralgeldschöpfung:

$$m_D = \frac{n \cdot (1-b)}{b + mrs \cdot (1-b)} = \frac{1}{mrs}$$

Bei einem Mindestreservesatz von 20% (mrs = 0,2) und Überschußreserven von 80 Mio. DM (ÜR = 80) ergibt sich eine maximal mögliche Giralgeldschöpfung von ((1/0,2)·80 =) 400 Mio. DM.

11-7: Die Abb. illustriert die Entwicklung der Geldmenge M1 (Bargeldumlauf + Giralgeld) und des nominalen Volkseinkommens in der BR Deutschland für die Jahre von 1960 bis 1988. Die Daten für beide Zeitreihen sind logarithmisch skaliert, so daß gleiche vertikale Abstände gleiche prozentuale Veränderungen repräsentieren. Ein klassischer Nationalökonom würde den auffallend parallelen Verlauf der beiden Kurven als Beleg für eine Kausalbeziehung zwischen Geldmenge M1 und nominalem Volkseinkommen Y ($= Y_r \cdot P$) werten. Ausgehend von einer stabilen, relativ konstanten Umlaufgeschwindigkeit der Geldmenge M1 ($v_{M1} = Y/M1$) und der Quantitätsgleichung ($M1 \cdot v_{M1} = Y$), würde er behaupten, daß eine prozentuale Geldmengenerhöhung immer zu einer gleichhohen prozentualen Erhöhung des nominalen Volkseinkommens führen muß.

Ein Keynesianer würde diese Aussage bestreiten und auf die Möglichkeit einer umgekehrten Kausalbeziehung hinweisen. Das Volkseinkommen kann sich unabhängig von Geldmengenänderungen erhöhen, etwa durch technischen Fortschritt, veränderte Gewinnerwartungen, steigende Staatsausgaben oder Bevölkerungswachstum. Zur Finanzierung des steigenden Volkseinkommens erfolgt eine verstärkte Kreditnachfrage, auf die das Bankensystem mit einer Kreditexpansion reagiert. Ein Prozeß der (multiplen) Giralgeldschöpfung setzt ein. Ein Wachstum der Geldmenge wäre in dieser Sicht durch die Entwicklung der Volkseinkommens bedingt. Die Abb. ist auch mit dieser Interpretation vereinbar.

11-8: Die Abb. zeigt die zeitliche Entwicklung der Umlaufgeschwindigkeit der Geldmenge M1 und der Umlaufsrendite festverzinslicher Wertpapiere in der BR Deutschland für den Zeitraum 1960 bis 1988. Die Umlaufgeschwindigkeit wurde als Quotient von Volkseinkommen und Geldmenge M1 berechnet. Die Umlaufsrendite ist ein in empirischen Analysen häufig verwendeter Zinssatz, dessen Entwicklung als repräsentativ für die Entwicklung einer Vielzahl von Marktzinssätzen in der BR Deutschland gilt.

Ein klassischer Nationalökonom würde darauf hinweisen, daß die Umlaufgeschwindigkeit langfristig relativ stabil verläuft; ein Keynesianer würde dagegen die kurzfristig beobachtbaren Schwankungen betonen. Die kurzfristigen Schwankungen der Umlaufgeschwindigkeit erfolgen mit geringem Zeitvorlauf oder gleichzeitig mit Änderungen des „repräsentativen" Zinssatzes, der Umlaufsrendite. Ein Keynesianer würde daraus folgern, daß die Umlaufgeschwindigkeit kurzfristig auch von der Höhe des Zinssatzes oder von Erwartungen über die zukünftige Höhe des Zinssatzes abhängig ist.

11-9: (1) Der Ansatzpunkt der Kritik der klassischen Nationalökonomen an der Liquiditätsfalle ist die Zahlungsmittelfunktion des Geldes. Die These einer Liquiditätsfalle wird auch für den Fall einer Depression abgelehnt. Wenn Geld alternativ zur Wertaufbewahrungsfunktion als Zahlungs- und Tauschmittel verwendet werden kann, so führt nach ihrer Ansicht eine Erhöhung der Geldmenge zu einer erhöhten Zahlungsbereitschaft der Wirtschaftssubjekte und einer erhöhten monetären Nachfrage. Die Situation einer Liquiditätsfalle kann auch in einer Depression keinen Bestand haben.

(2) Der Textauszug von Wykoff deutet an, daß auch die Keynesianer heute die Bedeutung der Liquiditätsfalle stärker relativieren. Ansatzpunkte und Argumente der Kritik sind:

(a) Unrealistische Entweder-Oder-Entscheidungen der Wirtschaftssubjekte über die Anlage ihres Vermögens in Geld oder Wertpapiere. In der Realität sind die Alternativen der Vermögensanlage sehr viel stärker differenziert. In den Vermögensbeständen (Portefeuilles) der Wirtschaftssubjekte findet man außer Geld und Wertpapieren viele verschiedene Aktiva, die gleichzeitig und in Abhängigkeit von ihrer Ertrags- und Risikostruktur gehalten werden.

(b) Die Unbestimmtheit der Determinanten des erwarteten „normalen" Zinssatzes eines Wertpapiers. Der Normalzinssatz ist zentrales Element der mikroökonomischen Begründung der individuellen Nachfrage nach Spekulationskasse.

(c) Die Unbestimmtheit des Zeithorizonts der Erwartungsbildung. Es wird bezweifelt, daß eine Liquiditätsfalle als dauerhafte, reale wirtschaftspolitische Situation in Frage kommt.

11-10: Dem Zitat der Deutschen Bundesbank kann die keynesianische Theorie der Geldnachfrage zu Spekulationszwecken zugrundegelegt werden. Der historische Tiefstand der Marktzinssätze entspricht im Modell einer Situation mit einem sehr niedrigen Zinssatz und einem entsprechend hohen Wertpapierkurs (Situation der Liquiditätsfalle). Da Unternehmen und private Haushalte mit sinkenden Kursen rechnen, werden sie keine Wertpapiere nachfragen, sondern ihr finanzielles Vermögen liquide halten („Aufbau von Geld- und Quasigeldbeständen"). Die Entwicklung der Geldmengenaggregate M1 und M3 ist abhängig von den Erwartungen über die Bestandsdauer des niedrigen Zinsniveaus. Wird mit einem baldigen Anstieg der Marktzinssätze gerechnet, so werden vor allem Bargeld und Sichtguthaben gehalten (M1 steigt). Wird dagegen erwartet, daß die Zinssätze länger auf dem niedrigen Niveau verharren, so ist mit einem Anstieg der Termin- und Spareinlagen zu rechnen (M3 steigt). Diese sind verzinslich, haben aber einen hohen Liquiditätsgrad und können relativ schnell wieder in Bargeld und Sichtguthaben umgewandelt werden.

11-11: (a) Die angegebenen Verhaltensfunktionen beschreiben ein IS-LM-Modell einer Volkswirtschaft. Die Gleichgewichtsbedingungen des Gütermarktes und des Geldmarktes werden verwendet, um die beiden Modellelemente, die IS- und die LM-Funktion, zu berechnen. Aus diesen beiden Funktionen läßt sich dann das kombinierte Geld- und Gütermarktgleichgewicht bestimmen.

(b) Herleitung der Formeln:

(1) IS-Funktion:

$I(i) + A_{St} = S(Y - T_{dir}) + T_{dir}$

$200 - 1000 \cdot i + 550 = -100 + 0{,}2 \cdot (Y - 500) + 500$

$Y = 2250 - 5000 \cdot i$

(2) LM-Funktion:

$M = L$

$900 = Y - 10000 \cdot i$

$Y = 900 + 10000 \cdot i$

(3) Kombiniertes Gleichgewicht:

$IS = LM$

$2250 - 5000 \cdot i = 900 + 10000 \cdot i$

$i_{G0} = 9\%$

$Y_{G0} = 1800$

$C = 1140$

$I = 110$

(c) Änderung der autonomen Investitionen

IS'-Funktion:

$110 - 1000 \cdot i + 550 = -100 + 0{,}2 \cdot (Y - 500) + 500$

$Y = 1800 - 5000 \cdot i$

LM-Funktion wie oben

kombiniertes Gleichgewicht:

$1800 - 5000 \cdot i = 900 + 10000 \cdot i$

$i_{G1} = 6\%$

$Y_{G1} = 1500$

11-12: Die Senkung des marginalen Steuersatzes der Einkommenssteuer erhöht c. p. die marginale Ausgabenneigung der privaten Haushalte. Die Funktion der aggregierten Nachfrage der Volkswirtschaft dreht sich mit einer größeren Ausgabenneigung nach oben. Im Hicks-Diagramm dreht sich die IS-Funktion des Gütermarktes nach rechts. Die IS-Funktion verläuft flacher. Ein positiver Einkommenseffekt ist zu erwarten.

11-13: Der policy mix der REAGAN-Regierung in den USA entspricht einerseits einer Rechtsverschiebung der IS-Funktion, andererseits einer Linksverschiebung der LM-Funktion. Diese Wirtschaftspolitik führte zu expansiven Einkommenseffekten bei hohen Zinssätzen.

Die Kritiker forderten demgegenüber eine expansive Geldpolitik bei einer restriktiven Fiskalpolitik, um das Haushaltsdefizit und die Zinssätze in den USA zu senken.

Lösungshinweise zu den Kontrollfragen

(A) Multiple Choice-Aufgaben

11-1: (d); 11-2: (d); 11-3: (b)(c)(d); 11-4: (c)(d); 11-5: (d); 11-6: (b)(d)

(B) Offene Fragen

11-7: vgl. Textabschnitte 11.1.1 und 11.1.2; 11-8: vgl. Textabschnitt 11.1.3; 11-9: vgl. Textabschnitt 11.3.1; 11-10: vgl. Textabschnitt 11.4.2.2

(C) Transferfrage

11-11: Der SVR erklärt die im Jahr 1986 beobachtete Entwicklung der Geldmengenaggregate M1, M2 und M3. Während M1 relativ stark expandierte, nahmen M2 und M3 nur relativ wenig zu. Als Ursache wird der Einfluß zinsabhängiger Vermögensentscheidungen der Nichtbanken auf den Geldangebotsprozeß genannt.

Die Geldmenge M1 umfaßt den Bargeldumlauf und die Sichtguthaben der Nichtbanken bei den Geschäftsbanken ($M1 = BG + D$). Für die Entwicklung der Sichtguthaben und des Bargeldumlaufs ist der Prozeß der (multiplen) Giralgeldschöpfung maßgeblich, der sich auf der Basis des verfügbaren (aktuellen oder potentiellen) Zentralbankgeldes (Freie Liquiditäts- oder Überschußreserven) im Geschäftsbankensystem vollzieht. Die Höhe der (maximalen) Giralgeldschöpfung ist von einem Multiplikator abhängig:

$$m_D = \frac{n \cdot (1\text{-}b)}{b + mrs \cdot (1\text{-}b)}$$

Bei gegebenem Mindestreservesatz mrs (und unverändertem Bankenverhalten) führt der Wunsch der Nichtbanken nach mehr Bargeld zu einer Erhöhung der Barabzugsquote b ($= \Delta BG / \Delta Kr$). Der Wunsch nach mehr Sichtguthaben hat eine Erhöhung der Liquiditätsneigung n ($= \Delta D / \Delta E$) und einen relativ geringeren Anteil anderer Anlageformen (Termin-, Sichteinlagen und Geldkapital) an den Einlagen zur Folge. Entsprechend nehmen der Wert des Multiplikators, die Giralgeldschöpfung und der Bargeldumlauf zu.

Die vom SVR genannten Ursachen des veränderten Verhaltens der Nichtbanken können im Sinne der keynesianischen Liquiditätspräferenztheorie interpretiert werden. Ein (sinkender) Zinssatz und Änderungen der Zinserwartungen (des langfristig erwarteten Normalzinssatzes) führen zu einem starken Anstieg der Geldnachfrage zu Spekulationszwekken. Finanzielles Vermögen wird dann nicht in verzinslichen, zeitlich gebundenen Anlageformen (Termin-, Spareinlagen, Geldkapital), sondern möglichst liquide (als Bargeld und Sichtguthaben) gehalten. 1986 lag eine solche Situation vor. Für die Entwicklung der gesamten Geldnachfrage war nicht mehr nur der steigende Umfang finanzieller Transaktionen (Geldnachfrage zu Transaktionszwecken) maßgeblich, sondern die veränderte und verstärkte Geldnachfrage aus dem Vermögensanlagemotiv. Das Zitat verdeutlicht die praktischen Probleme der wirtschaftspolitischen Steuerung des Geldangebots und die Problematik der impliziten Annahme der Unabhängigkeit von Geldangebot und Geldnachfrage im Rahmen der Geldmarktanalyse.

11-12: Der SVR argumentiert im Rahmen des IS-LM-Systems und prüft die situationsbezogene Wirksamkeit einer (stärker) expansiven Geldpolitik. Der erste Satz des Zitats behauptet, daß die Situation einer Liquiditätsfalle am Geldmarkt gegeben sei. Der zweite Satz nimmt eine geringe Zinselastizität der Investitionen an. Die beiden keynesianischen Argumente wurden vom SVR verwendet, um eine geringe Wirksamkeit expansiver Geldpolitik in der damaligen Situation zu begründen.

Literaturhinweise

BLÜMLE, G./PATZIG, W.: Grundzüge der Makroökonomie, Freiburg 1988 (S. 210-231 IS-LM-Darstellung). Formale Darstellung des keynesianischen Modells, zur Vertiefung geeignet.

DICKERTMANN, D./DILLER, K. D.: Grundlagen und Grundbegriffe der Volks- und Finanzwirtschaft, Brilon 1986 (S. 35-37: Grundsachverhalt der Geldwirtschaft; S. 165-200: Institutionelle und instrumentelle Grundlagen des Geldwesens; S. 143-154: Der Geldmarkt). Zur Ergänzung gut geeignet.

DORNBUSCH, R./FISCHER, S.: Makroökonomik, 3.Aufl., München/Wien 1985 (S. 107-176, 4. und 5.Kap.: Geld, Zins und Einkommen; die Fiskalpolitik, der Verdrängungseffekt und der Policy-Mix). Sehr ausführliche Darstellung des IS-LM-Modells und der Anwendungsbezüge; nur zur Vertiefung.

ISSING, O: Einführung in die Geldpolitik, München 1981 (Teil B: Das Instrumentarium der Geldpolitik). Standardlehrbuch zur Geldpolitik. Zur Vertiefung gut geeignet.

ISSING, O: Einführung in die Geldtheorie, 4.Aufl., München 1981 (II. Die Nachfrage nach Geld; III. Das Geldangebot). Standardlehrbuch zur Geldtheorie. Zur Vertiefung gut geeignet.

GRUNWALD J.-G.: Die Struktur der deutschen Kreditwirtschaft; in: WiSt, 8. Jg. (1979), S. 124-128. Kompakte Übersicht zum institutionellen Aufbau des finanziellen Sektors in der BR Deutschland. Zur Ergänzung geeignet.

KÖHLER, C.: Geldwirtschaft, Bd. 1: Geldversorgung und Kreditpolitik, 2.Aufl., Berlin 1977, S. 81-133 (C. Liquidität). Ausführliche liquiditätstheoretische Analyse des Geldangebots. Nur zur Vertiefung.

RITTENBRUCH, K.: Makroökonomie, 5.Aufl., München/Wien 1986 (5.Kap.: Das Geld; 8.Kap.: Der Geldmarkt; 9.Kap.: Das Gesamtgleichgewicht auf dem Güter- und Geldmarkt). Grundlegende Analyse von Geldangebot, Geldnachfrage, Gleichgewicht am Geldmarkt und der Struktur des IS-LM-Modells; zur Ergänzung gut geeignet.

SIEBKE, J./THIEME, H. J.: Einkommen, Beschäftigung, Preisniveau, in: Vahlens Kompendium der Wirtschaftstheorie und Wirtschaftspolitik, Band 1, 3.Aufl., München 1988 (S. 117-136: Gleichgewicht auf Güter- und Geldmarkt). Zur Vertiefung geeignet.

Zitierte Literatur

MILLER, R. L.: Economics Today. The Macro View, 5.ed., New York 1985

MONATSBERICHTE DER DEUTSCHEN BUNDESBANK, div. Jge.

SAMUELSON, P. A./NORDHAUS, W. D.: Volkswirtschaftslehre. Grundlagen der Makro- und Mikroökonomie, Bd. 1, 8.Aufl., Köln 1987

SVR: Jahresgutachten, div. Jge.

WONNACOTT, P./ WONNACOTT, R.: Economics, 2.ed., Auckland u. a. 1982

WYKOFF, F. C.: Theorie und Politik der Makroökonomie, Wiesbaden 1979

12 Zusammenwirken von Güter-, Geld- und Arbeitsmarkt: Nachfrage- und angebotsorientierte Konzepte der Stabilisierung

Inhaltliche Orientierung

Das nachfrageorientierte Modell der IS-LM-Analyse bedarf einer zusätzlichen Berücksichtigung des gesamtwirtschaftlichen Angebots aus der Sicht der Unternehmen. Hierzu ist eine Erweiterung des nachfrageorientierten Zwei-Märkte-Modells erforderlich. Zudem muß die bisherige Annahme eines gegebenen Preisniveaus im IS-LM-Modell mit dem Blick auf die realen Probleme der Stabilisierungspolitik aufgegeben werden. Wir werden daher zunächst die Struktur des gesamtwirtschaftlichen Systems dreier Märkte erläutern (**12.1**).

Im Mittelpunkt der angebotsorientierten Überlegungen stehen die Bestimmungsfaktoren der Preis-Kosten-Relation. Die Analyse der Kostenfaktoren wird zur Vereinfachung konzentriert auf die Arbeitskosten. Deren Bestimmung erfolgt im Drei-Märkte-Modell über den Arbeitsmarkt (**12.2**). Zur theoretischen Analyse des gesamtwirtschaftlichen Arbeitsmarktes liefert der Keynesianismus lediglich einige Modifikationen der neoklassischen Vorstellungen des Arbeitsmarktes, die als theoretische Basis dienen.

Die Berücksichtigung des Arbeitsmarktes im Drei-Märkte-System soll zunächst dazu verwendet werden, um die umstrittene Diagnose konjunktureller Arbeitslosigkeit in der Unterscheidung zwischen klassischer und keynesianischer Arbeitslosigkeit zu klären. Diese konzeptionelle Unterscheidung wird mit den jeweiligen beschäftigungspolitischen Optionen verknüpft (**12.3**).

Es folgt eine Analyse zur Erklärung von Problemen der Inflation und Stagflation im Rahmen des gesamtwirtschaftlichen Systems sowie der konzeptionellen Grundlagen angebotsorientierter Stabilisierungspolitik (**12.4**). Abschließend soll ein Bezug zur wirtschaftspolitischen Grundsatzdebatte um Konzepte der nachfrage- bzw. angebotsorientierten Wirtschaftspolitik hergestellt werden (**12.5**).

12.1 Erweiterung des Systems der Märkte: Bezug zur Angebotsseite der gesamtwirtschaftlichen Produktion

Das keynesianische IS-LM-Modell des kombinierten Geld- und Gütermarktes diente vornehmlich der theoretischen Grundlegung einer nachfrageorientierten Beschäftigungspolitik. Unterstellt wurde ein gegebenes Preisniveau (**Fix-Preis-Modell**); demgegenüber machen Änderungen des Preisniveaus in der Realität einen wesentlichen Teil der wirtschaftspolitischen Probleme aus, folglich hat das Fix-Preis-Modell nur einen eingeschränkten Erklärungswert. Im IS-LM-Diagramm können nicht gleichzeitig Preise und Mengen variiert werden.

Das Kreislauf-Modell im Hicks-Diagramm vernachlässigt die Angebotsseite der Produktion. Die Seite der Güternachfrage gilt als dominierender Impuls der wirtschaftlichen Entwicklung. Angenommen wurde, daß sich die Angebotsseite der Produktion jeweils unverzüglich der mengenmäßigen Nachfrage anpaßt.

Desweiteren blieb der Arbeitsmarkt außer Betracht, obwohl die Einflußnahme auf die gesamtwirtschaftliche Beschäftigung mit den Mitteln von Fiskal- und Geldpolitik das eigentliche Kernproblem des IS-LM-Modells bildete.

Aus den vorgenannten Gründen ist im abschließenden Teil eine **Erweiterung des makroökonomischen Grundlagenmodells** erforderlich. Die modellbezogene Betrachtungsweise soll dem Verständnis strategischer Bestimmungsfaktoren wirtschaftspolitischer Schlüsselgrößen einer Volkswirtschaft und gesamtwirtschaftlicher Handlungskonzepte dienen. Gefragt wird nach den Bestimmungsfaktoren wichtiger **Schlüsselgrößen der Konjunktur**, der Produktionsentwicklung, der Beschäftigung bzw. der konjunkturellen Arbeitslosigkeit und des Preisniveaus.

Wer die wirtschaftspolitische Praxis beobachtet, erlebt eine Vielzahl (teils) widersprüchlicher Äußerungen zur Konjunktur. Diagnose und Rezepte sind in den parteipolitischen Lagern verschieden; sie wechseln zudem in Abhängigkeit von der Situation. Politikvertreter streiten sich in der wirtschaftspolitischen Praxis nicht selten über den Kurs zur Bekämpfung von Inflation und/oder Arbeitslosigkeit. Die früheren Konzepte der 60er und 70er Jahre setzten den Akzent auf nachfrageorientierte Maßnahmen. Seither haben sich die Auffassungen vielfach in Richtung einer angebotsorientierten Wirtschaftspolitik verschoben. Welche wirtschaftspolitische Ratio steckt hinter der beobachtbaren Vielfalt von verbalen Argumenten und wirtschaftspolitischen Richtungswechseln? Um die verbalen Argumente und die realen Entscheidungen einordnen zu können, bedarf es eines erweiterten **politikorientierten Drei-Märkte-Modells einer Volkswirtschaft**. Die Modellanalyse verlangt einerseits, die reale Komplexität der Volkswirtschaft stark auf wesentliche Zusammenhänge und strategische Verhaltensweisen zu reduzieren. Andererseits werden durch eine erweiterte Modellanalyse wechselseitige Abhängigkeiten der Märkte hervorgehoben.

Aus keynesianischer Sicht steht die Analyse des Gütermarktes nach wie vor im Vordergrund. Die an den wirtschaftspolitischen Optionen orientierte Ausrichtung des erweiterten Modells wird aus den wechselseitigen Zusammenhängen der gesamtwirtschaftlichen Güternachfrage und des Güterangebots abgeleitet. Die Güternachfrage stand - bei gegebenem Preisniveau - im Kreislaufmodell des Güter- und Geldmarktes im Mittelpunkt. Das kombinierte IS-LM-Modell der Güternachfrage kann insoweit fortgeführt werden. Die Annahme eines variablen Preisniveaus ist allerdings zu berücksichtigen.

Ein geplantes Güterangebot setzt neben einer entsprechenden Güternachfrage eine im Prinzip rentable Güterproduktion aus betrieblicher Sicht voraus. Betriebliche Produktionsverluste führen auch in kurzfristiger makroökonomischer Sicht zu einem Rückgang der Produktionsmenge und des Güterangebots. Die **gesamtwirtschaftliche Preis-Kosten-Relation** dient deshalb als eine strategische Größe der Angebotsentscheidungen der Unternehmen neben der Güternachfrage.

Dieser prinzipielle Ansatz des Güterangebots wird im Drei-Märkte-Modell unmittelbar mit dem **Arbeitsmarkt** verknüpft. Am Arbeitsmarkt wird einerseits das Beschäftigungsvolumen in Abhängigkeit von der betrieblichen Arbeitskräftenachfrage bestimmt. Soll die betriebliche Beschäftigung von Arbeitskräften bei konjunktureller Arbeitslosigkeit gesteigert werden, bedarf es einer gesamtwirtschaftlichen Erhöhung der betrieblichen Nachfrage nach Arbeitskräften. Die betriebliche Arbeitsnachfrage bildet die entscheidende Restriktion konjunktureller Beschäftigungsprobleme.

In analytischer Form gilt das folgende Gleichungssystem (bei Annahme einer geschlossenen Volkswirtschaft) zur Bestimmung des Produktionsvolumens (Y_r), des

Abb. 12-1 Keynesianisches Drei-Märkte-Modell

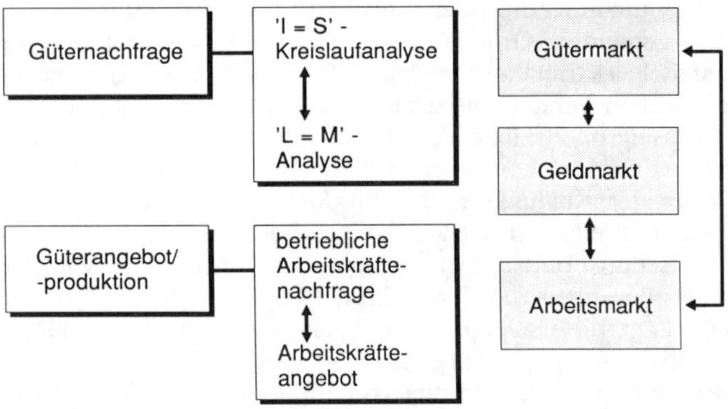

Im gesamtwirtschaftlichen Drei-Märkte-System bestimmen einerseits Kreislaufzusammenhänge von *Güter- und Geldmarkt* die Güternachfrage bei variablem Preisniveau (erweiterte IS-LM-Analyse). Andererseits wird das Güterangebot über den *Arbeitsmarkt* und Preis-Kosten-Beziehungen erklärt.

realen Zinssatzes (i), des Preisniveaus (P) und des Beschäftigungsvolumens (N). Bei gegebener Geldmenge ($\overline{M}$) hängt die **Güternachfrage** (Y_r^D) im kombinierten Gleichgewicht des Güterkreislaufs und des Geldmarktes (IS = LM) vom gesamtwirtschaftlichen Preisniveau ab.

Das **Güterangebot** der Unternehmen bestimmt sich andererseits aus den Bedingungen einer kurzfristigen Produktionsfunktion und der Arbeitskräftenachfrage. Die Arbeitsnachfrage bzw. das Güterangebot hängt von der rentablen Preis-Kosten-Relation aus der Sicht der Unternehmen ab; bei der Beachtung der Kosten werden vornehmlich die Lohnkosten berücksichtigt. Die Unternehmen betrachten die Flexibilität der Nominallöhne als asymmetrisch. Nach unten gelten die Nominallöhne trotz konjunktureller Arbeitslosigkeit als inflexibel (Annahme: $\overline{w}$). Das Drei-Märkte-System kann nach Keynes zu einem Gleichgewicht des Gütermarktes trotz konjunktureller Unterbeschäftigung führen.

(1) $I(i) = S(Y_r)$		***Güternachfrage*** im kombinierten IS-LM-System
(2) $M/P = L(Y_r, i)$		
$\quad \rightarrow Y_r^D(P)$		
$\quad \rightarrow Y_r^S(P, w)$		***Güterangebot***
(3.1) $Y_r = Y_r(N^D)$		Y_r = Produktion
(3.2) $N^D = N^D(w_r, Y_r)$		N^D = Arbeitskräftenachfrage
(3.3) $\overline{w} = w_r \cdot P$		w_r = Reallohn
		$\overline{w}$ = starrer Nominallohn nach unten

Das vorstehende Modell wird teils auch als **„neoklassische Synthese"** des keynesianischen Modells bezeichnet, weil das IS-LM-Konzept mit neoklassischen Konzepten des Güterangebots bzw. des Gütermarktes verknüpft wird. Die Problemperspektive des vorstehenden Modells der **Nominallohnstarrheit** betrifft vornehmlich Fragen der Beschäftigungspolitik. Je nach der Zuordnung von „klassischer oder keynesianischer Arbeitslosigkeit“ kommen eher Maßnahmen angebots- oder nachfrageorientierter Beschäftigungspolitik in Betracht, um eine konjunkturelle Unterbeschäftigung zu verringern.

Die Hypothese der Nominallohnstarrheit kann nur für den Fall der gesamtwirtschaftlichen Unterbeschäftigung angenommen werden. Bei einem höheren Beschäftigungsstand und bei Arbeitskräftemangel auf einzelnen Teilarbeitsmärkten werden vielmehr die Nominallöhne steigen. Die **Flexibilität** der Nominallöhne wird daher als **asymmetrisch** angenommen: Nach unten gelten die Nominallöhne bei deflationärer Arbeitslosigkeit aus keynesianischer Sicht als starr, nach oben werden die Nominallöhne hingegen steigen, wenn die Beschäftigung einer Volkswirtschaft eine bestimmte Schwelle übersteigt. Die Unternehmen der Volkswirtschaft werden bei höherer Beschäftigung und partiellen Engpässen an Arbeitskräften erwarten, daß die Nominallöhne steigen. Der Druck von Nominallohnänderungen nach oben wird sich dann in einer Volkswirtschaft durchsetzen.

Folglich wechseln die Lohn- und Preisflexibilitäten jenseits einer deflationären Beschäftigtenschwelle aus der Sicht des Güterangebots. Bei höherem Beschäftigungsstand werden die Nominallöhne sich nach oben verändern; die Preise des Güterangebots werden von der kalkulierten Entwicklung der Lohnkosten (einschl. der Gehälter) in den Unternehmen sowie von der geplanten Beschäftigungs- und Gütermenge abhängen.

Die Unternehmen, die Akteure der Seite des Güterangebots, müssen erwarten, daß Restriktionen des Arbeitsangebots (Mangel an geeigneten Arbeitskräften) das potentielle Güterangebot beeinflussen. Je höher die geplante Güterproduktion sein wird, desto stärker werden die Restriktionen des Arbeitskräfteangebots sein. Das verfügbare Arbeitskräfteangebot wird zu einer Determinante des geplanten Güterangebots und der Preisbestimmung.

Die Höhe des Preisniveaus hängt aus der Sicht der Unternehmen besonders von der erwarteten Entwicklung der Lohnkosten bzw. der Nominallöhne ab. Die Unternehmen erwarten allgemein, daß der Lohnanpassungsdruck nach oben mit der Höhe der geplanten Güterproduktion steigt. Ferner werden sich die Nominallöhne bei günstiger Beschäftigungslage an dem erwarteten zukünftigen Preisniveau orientieren und die erwarteten Kaufkraftverluste der Lohneinkommen durch höhere Nominallohnsteigerungen auszugleichen versuchen. Um die erwarteten Kaufkraftverluste durch ein höheres zukünftiges Preisniveau auszugleichen, werden sich die nominalen Lohnforderungen daher an den Preiserwartungen ausrichten. Die Hypothesen des Lohnverhaltens wechseln somit zur Annahme von Lohnanpassungen nach oben, die sich an der realen Kaufkraft der Lohneinkommen oder dem Reallohn orientieren. Zusätzlich führt eine höhere Arbeitsnachfrage bei höherer geplanter Güterproduktion zu einem größeren Lohndruck in einer Volkswirtschaft. In formalisierter Hinsicht wechseln die keynesianischen Hypothesen der Lohn- und Preisbestimmung:

	$P = P(Y_r, w)$	Preisbestimmung aus der Sicht des **Güterangebots**
	$\uparrow$	
(3.1’)	$Y_r = Y_r(N^S)$	Produktionsvolumen
(3.2’)	$N^S = N^S(w/P_e)$	Arbeitsangebot
		P_e = erwartetes Preisniveau
(3.3’)	$w = P_e + w(Y_r)$	an Preiserwartungen und an der geplanten Güterproduktion orientierter Nominallohn

Die Hypothesen der asymmetrischen Lohn- und Preisflexibilität nach unten und nach oben stehen im Zentrum der keynesianischen Sicht des Güterangebots. Diese Hypothesen unterstellen im Kern einen Wechsel der Lohn- und Preisdeterminanten in Abhängigkeit von der Beschäftigungslage. Bei konjunktureller Unterbeschäftigung gilt die Hypothese einer Nominallohnstarrheit nach unten. Jenseits einer Beschäftigungsschwelle ändern sich dann die Zusammenhänge von Löhnen und Beschäftigung, so daß sich die Löhne nach oben in Abhängigkeit vom erwarteten Preisniveau und des geplanten Produktionsvolumens (oder der geplanten Beschäftigung) verändern. Die Zusammenhänge von Löhnen und Beschäftigung nach oben determinieren aus der Sicht der Unternehmen die **Preisbestimmung** auf **Seiten des Güterangebots**. Folglich steht der **Arbeitsmarkt** im Zentrum der angebotsseitigen Preisfaktoren.

12.2 Der neoklassische Arbeitsmarkt und keynesianische Modifikationen

KEYNES' Hypothesen „asymmetrischer Nominallohnflexibilität" lassen sich als Modifikationen der neoklassischen Vorstellungen des gesamtwirtschaftlichen Arbeitsmarktes deuten. Die Modellvorstellungen eines neoklassischen Arbeitsmarktes mögen daher als ein **Referenzkonzept** gelten. Zur Vereinfachung wird eine Ausgrenzung friktioneller und strukturbezogener Merkmale des Arbeitsmarktes unterstellt; angenommen wird ein **homogener Arbeitsmarkt**, der heterogene Merkmale der Arbeitskräfte und der Berufsqualifikationen vernachlässigt. Es soll eine ausschließliche Konzentration auf konjunkturelle Beschäftigungsschwankungen erfolgen.

12.2.1 Die Arbeitsnachfrage

Die Verknüpfung des Güterangebots und der Arbeitsnachfrage der Unternehmen im Rahmen der neoklassischen Synthese beruht auf zwei Modellelementen,

- der Annahme einer kurzfristigen **Produktionsfunktion**, einer Beziehung zwischen dem Produktionsvolumen und dem Arbeitseinsatz bei gegebenen technischen Bedingungen und gegebener Kapitalausstattung,
- der Annahme eines **inversen Zusammenhangs** zwischen dem Lohnniveau und dem geplanten Einsatz von Arbeitskräften.

Das Referenzkonzept unterstellt eine nicht-lineare Produktionsfunktion mit abnehmenden Grenzprodukten der Arbeit. Der Begriff der Produktionsfunktion und das Ertragsgesetz sind aus den mikroökonomischen Teilen bekannt. Die mikroökonomischen Vorstellungen der ertragsgesetzlichen Produktionsfunktion werden im Rahmen der neoklassischen Synthese in analoger Form für die Gesamtwirtschaft übertragen. Die Produktionsfunktion liefert eine Beziehung zwischen dem kurzfristig variablen Produktionsfaktor, der Beschäftigung von Arbeitskräften, und dem möglichen Produktionsvolumen. Nach ertragsgesetzlichen Vorstellungen wird angenommen, daß die marginalen Produktionsveränderungen bei zusätzlichen Arbeitskräften geringer werden. Fortgesetzte Erhöhungen des Einsatzes von Arbeitskräften mindern demnach die Grenzproduktivität der Arbeit.

Bei Annahme einer gegebenen Normal-Arbeitszeit der Beschäftigten werden Unternehmen nach dem Prinzip der Gewinnmaximierung zusätzliche Arbeitskräfte einstellen, solange die betriebliche Wertschöpfung der Beschäftigten die Grenzkosten der Arbeitskräfte übersteigen. Die reale Wertschöpfung zusätzlicher Arbeitskräfte entspricht der Grenzproduktivität der Arbeit, die aus der Steigung der ertragsgesetzlichen Produktionsfunktion abzuleiten ist. Die realen Grenzkosten der Arbeit gleichen dem preisbereinigten Bruttolohn einer zusätzlichen Arbeitskraft. Vereinfachend wird angenommen, daß der preisbereinigte Bruttolohn vom einzelwirtschaftlichen Beschäftigungsverhalten unabhängig sei. Dann folgt bei gewinnmaximalem Verhalten der Betriebe eine inverse Beziehung zwischen der geplanten Beschäftigung und der Höhe der preisbereinigten Lohnkosten. Die **gewinnmaximale Arbeitsnachfrage** entspricht bei alternativen Höhen der realen Lohnkosten dem abnehmenden Verlauf des Grenzprodukts der Arbeit.

Abb. 12-2 Ertragsgesetzliche Produktionsfunktion und gewinnmaximale Arbeitsnachfrage

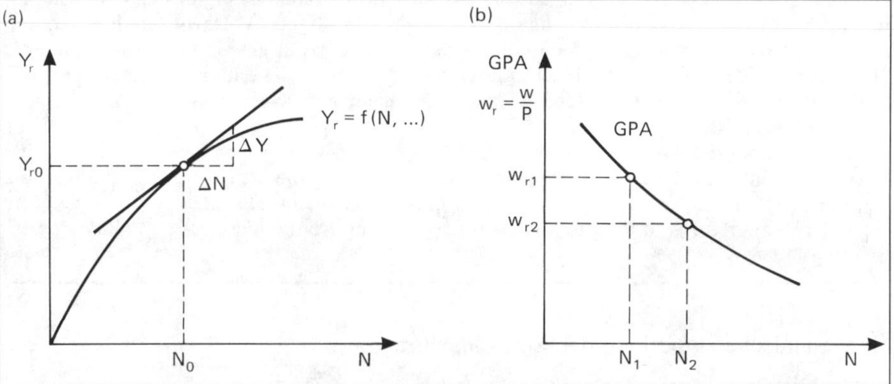

(a) Die kurzfristige Produktionsfunktion nach dem Ertragsgesetz zeigt eine funktionale Beziehung zwischen dem Einsatz an Arbeitskräften (N) und dem Produktionsvolumen (Y_r) bei gegebener Kapitalausstattung und Produktionstechnik. Die Steigung einer ertragsgesetzlichen Produktionsfunktion entspricht dem Grenzprodukt der Arbeit (GPA).
(b) Aus der Annahme einer ertragsgesetzlichen Produktionsfunktion folgt ein inverser Verlauf des GPA mit steigender Beschäftigung. Die gewinnmaximale Arbeitsnachfrage in Abhängigkeit von den preisbereinigten Lohnkosten gleicht bei Abwesenheit von Marktmacht dem Verlauf der GPA.

Die keynesianischen Modifikationen zur neoklassischen Hypothese des inversen Zusammenhangs der Arbeitsnachfrage werden in der Literatur nicht eindeutig formuliert. Viele keynesianische Autoren neigen gleichfalls zur Annahme eines inversen Zusammenhangs zwischen geplanter Beschäftigung und der Höhe der realen Lohnkosten. Außenwirtschaftliche Faktoren und mittelfristige Substitutionseffekte sprechen für die Annahme inverser Zusammenhänge. Andererseits wird die neoklassische Produktionsfunktion aus einer sehr kurzfristigen Perspektive abgelehnt, weil die ertragsgesetzlichen Ausgangsüberlegungen bei geringer Auslastung der Produktionskapazitäten nicht akzeptiert werden. Auch die wechselseitigen Beziehungen zur Güternachfrage, insbesondere in der Rezession, sprechen dafür, die Absatzerwartungen der Unternehmen oder das Vorhandensein ausreichender Güternachfrage als ein zweites Argument in einer keynesianischen Funktion der Arbeitsnachfrage zu verwenden.

Übung 12-1 Zur kritischen Reflexion der neoklassischen Hypothese der Arbeitsnachfrage

Prüfen Sie jeweils die folgenden Textauszüge bezüglich ihrer Übereinstimmung mit der vorstehenden neoklassischen Hypothese der Arbeitsnachfrage!

(1) „... wieviel Produktion und Beschäftigung in einer Volkswirtschaft lohnend ist, richtet sich bei gegebenen Preisen nach deren Kosten, nach den Kosten im Verhältnis zu dem, was die zu produzierenden Güter denen wert sind, die sie kaufen sollen, seien es inländische oder ausländische Kunden." (SVR, JG 1983/84, TZ 347)

(2) „Über die tendenzielle Veränderung, die sich im Verhältnis zwischen Lohnhöhe und Beschäftigung bei Berücksichtigung der außenwirtschaftlichen Beziehungen ergibt, herrscht unter Ökonomen weitgehende Einigkeit: Die Karten werden dadurch zugunsten derjenigen gemischt, die die inverse Beziehung zwischen Reallohnsatz und Beschäftigung betonen ... Unter einem Regime fixer Wechselkurse führen - so die gängige Argumentation - starke Lohnerhöhungen zu Preiserhöhungen und damit zur Verschlechterung der Wettbewerbsfähigkeit inländischer Anbieter auf Inlands- wie auf Auslandsmärkten. Es ergibt sich ein Leistungsbilanzdefizit mit negativen Beschäftigungseffekten ... In offenen Volkswirtschaften (kommt) es als Folge (relativ stärkerer) Lohnerhöhungen zu Kapitalexporten. Unter einem Regime flexibler Wechselkurse (ist) eine Abwertungstendenz die Folge; die dadurch ausgelösten Preissteigerungen (werden) den Reallohn wieder ... reduzieren." (KALMBACH 1985, S. 374f. unter Bezugnahme zu KEYNES)

(3) „... the labor demand curve relating the real wages of workers and the firms employment decision might slope upwards over some range. Essentially, the idea is that ... the marginal revenue product of labor increases with the level of employment. This may be because of physical increasing returns in the production process arising from fixed costs .... (BLANCHARD/SUMMERS 1988, S. 185)

Keynesianische Hypothese der Arbeitsnachfrage:

$$N^D = N^D(w_r, Y_r^D)$$

Legende:

N^D = Arbeitsnachfrage
w_r = Reallohn
Y_r^D = reale Güternachfrage

12.2.2 Das Arbeitsangebot

Die neoklassische Theorie des Arbeitsangebots leitet individuelle Wahlentscheidungen zwischen Erwerbsarbeit, Arbeitszeit und Nicht-Erwerbstätigkeit aus der mikroökonomischen Haushaltstheorie ab. Als maßgebliches Motiv der individuellen Erwerbsentscheidung gilt die reale Kaufkraft des erzielbaren Einkommens. Ein Anstieg des realen Lohnes führt zu zwei mikroökonomischen Effekten,

- zu einem wohlstanderhöhenden **Einkommenseffekt**, der für sich zur Minderung der Erwerbsneigung führt;
- zu einem **Substitutionseffekt**, der die Opportunitätskosten der Nicht-Erwerbsarbeit erhöht und folglich die Erwerbsneigung steigert.

Der Nettoeffekt hängt von der Dominanz des Einkommens- oder Substitutionseffekts ab. Die neoklassische Theorie neigt zur Annahme größerer Substitutionseffekte für die aggregierte Funktion des Arbeitsangebots, zur Annahme einer positiven Steigung der Angebotsfunktion in Abhängigkeit vom Reallohn (**Normalverlauf des Arbeitsangebots**).

Andere Autoren verweisen dagegen auf inverse Wohlstandseffekte, steigende Präferenzen für mehr Freizeit und kürzere Arbeitszeiten. Die personenbezogene

Erwerbsbeteiligung hängt von der Höhe der Arbeitslosigkeit bzw. der Verfügbarkeit von Arbeitsmöglichkeiten ab. Die **Zusatzarbeiter-Hypothese** behauptet demgegenüber, daß bei Arbeitslosigkeit eines Haushaltsmitglieds die Erwerbsneigung anderer Haushaltspersonen sich erhöht, um das Haushaltseinkommen zu sichern. Wenn der Zusatzarbeitereffekt dominiert, ergeben sich gleichfalls inverse Angebotseffekte. Die gestiegene Komplexität der Haushaltsentscheidungen zwischen personeller Erwerbsbeteiligung und individueller Wahl der Arbeitszeiten wird von der Hypothese der normalen Angebotsreaktion nur selten explizit beachtet. Neben dem Lohneinkommen sind weitere Faktoren (Nicht-Erwerbseinkommen u. a.) des Arbeitsangebots zu berücksichtigen. Die erweiterte Theorie der individuellen Entscheidungen des Arbeitsangebots führt insgesamt nicht zu einer eindeutigen Hypothese; vielmehr sind eine Vielzahl von Differenzierungen notwendig. Die neoklassische Funktion des Arbeitsangebots erscheint aus dieser Sicht als eine grobe „a priori"-Hypothese.

Die **keynesianische** Nominallohnhypothese setzt sich von der Interpretation des individuellen Arbeitsangebots ab. Das **kollektive Arbeitsangebot** bezieht sich auf nominale Verhandlungslöhne zwischen Gewerkschaften und Verbänden (Unternehmen) in Abhängigkeit von der (erwarteten) Beschäftigung: „Labor supply ... refers to the set of ... nominal wage decisions resulting from bargaining between unions and firms ..." (BLANCHARD/SUMMERS 1988, S. 184). Bevorzugt wird der Aspekt der **nominalen** Lohnbestimmung, weil in den Verhandlungen nur Nominallöhne ausgehandelt werden, nicht Reallöhne. Das Preisniveau bildet kein unmittelbares Ergebnis von Lohnverhandlungen, sondern wird im Gesamtzusammenhang der Märkte bestimmt. Die Annahme von **Mindestlöhnen** unterstellt, daß sich die lohnpolitischen Akteure weigern werden, Kürzungen der Geldlöhne bei konjunktureller Arbeitslosigkeit hinzunehmen; das kollektive Nominінallohnverhalten mag insoweit der Hypothese starrer Nominallöhne nach unten entsprechen. Kürzungen der Reallöhne durch Preisniveauerhöhungen sind hingegen möglich. Die auf den Nominallohn fixierte Mindestlohnhypothese läßt auf ein Verhalten auf Seiten der Anbieter schließen, das von einer **Geldillusion** geprägt ist.

Geldillusion kann zwar auch bei konjunktureller Arbeitskräfteknappheit möglich sein. Da die Marktmacht des Arbeitsangebotes bei günstigerer Arbeitsmarktlage steigt, wird im Falle eines Nachfrageüberschusses am Arbeitsmarkt angenommen, daß die Akteure des Arbeitsangebots die erwarteten Preisniveauänderungen in die Lohnforderungen schon aus verteilungspolitischen Gründen einbeziehen werden. Die keynesianischen Hypothesen der Lohnbestimmung wechseln somit in Abhängigkeit von der Arbeitsmarktlage.

Keynesianische Hypothesen des **Arbeitsangebots**:

$w = \overline{w}$ bei Angebotsüberschuß am Arbeitsmarkt
$w = w(P_e, Y_r)$ bei Nachfrageüberschuß am Arbeitsmarkt

Wir kommen wieder zurück zum **neoklassischen** Referenzkonzept:

Das neoklassische Referenzmodell führt zu einem X-förmigen Standarddiagramm des Arbeitsmarktes (vgl. Abb. 12-4) mit inverser Arbeitsnachfrage und steigendem Arbeitsangebot in Abhängigkeit vom Reallohn. Das Diagramm ergibt ein stabiles Gleichgewicht des Arbeitsmarktes mit einem marktbestimmten realen Lohnniveau und einer optimalen Beschäftigungsmenge aus der Sicht der Unternehmen. Bei einer von den realen Lohnkosten bestimmten optimalen Beschäftigungsmenge wird über eine gegebene Produktionsfunktion zugleich das neoklassische Güterangebot fixiert. Das neoklassische Referenzmodell des friktionslosen Arbeitsmarktes führt zu einer **(neu)klassischen Renaissance.**

Die reale Produktion wird vom Arbeitsmarkt her determiniert; lediglich das Preisniveau kann durch nachfrageorientierte geld- oder fiskalpolitische Maßnahmen beeinflußt werden. Das friktionslose neoklassische Gesamtkonzept führt somit zurück zu klassischen Vorstellungen, nach denen das realwirtschaftliche Güterangebot einer Volkswirtschaft vom Arbeitsmarkt bestimmt wird und monetäre Vorgänge das reale Güterangebot unbeeinflußt lassen. Aus rein (neo-)klassischer Sicht steht der Arbeitsmarkt im Zentrum der Bestimmungsfaktoren des realen Güterangebots. Die Nachfrageseite des Güter- und Geldmarktes bestimmt lediglich das Preisniveau und somit die monetären Vorgänge.

Abb. 12-3 Das neoklassische Konzept der realwirtschaftlichen Dominanz des Arbeitsmarktes: Ein schematischer Überblick

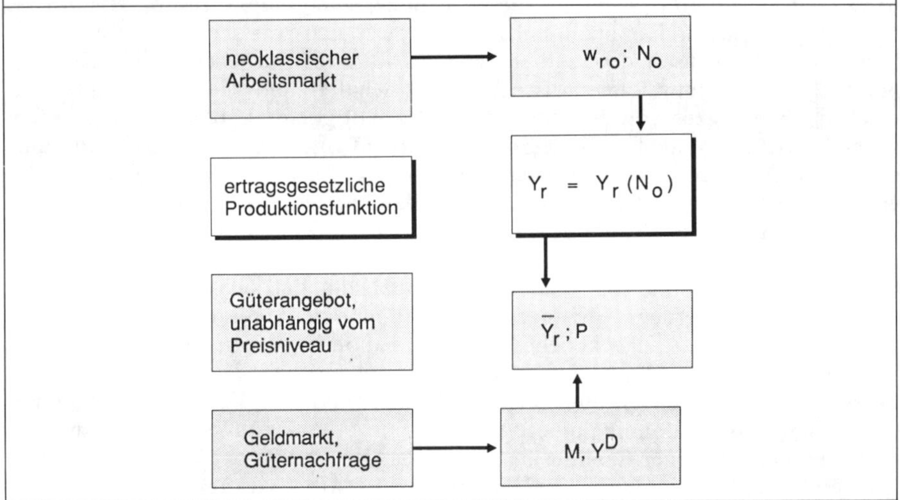

Das Schema demonstriert eine Dichotomie zwischen der realwirtschaftlichen Seite des Güterangebots und den monetären bzw. nachfrageseitigen Bestimmungsfaktoren des Preisniveaus.

12.3 Konjunkturelle Arbeitslosigkeit und wirtschaftspolitische Optionen

Zur Erklärung von konjunktureller Arbeitslosigkeit haben sich eine Vielzahl von Autoren im Rahmen der Debatte um „keynesianische oder klassische Arbeitslosigkeit" geäußert. In der professionellen Zunft der Wirtschaftswissenschaftler herrscht hierzu ein beständiger Meinungsstreit. Viele Ökonomen sind der Ansicht, daß dauerhafte Arbeitslosigkeit vor allem ein Problem zu hoher Löhne oder fehlender Anpassungsflexibilität des makroökonomischen Lohnniveaus sei. Sie fordern die Lohnpolitik zu größerer Zurückhaltung auf, teils fordern sie Lohnsenkungen im Interesse der Arbeitslosen. Andere Autoren warnen vor einer Strategie von Lohnsenkungen; das Hauptproblem konjunktureller Arbeitslosigkeit sei eine unzureichende Güternachfrage z. Z. der Rezession. Das Risiko von Lohnsenkungen sei unvertretbar, da im Falle einer Rezession die Risiken der Beschäftigung dadurch verstärkt würden.

Abb. 12-4 Das gesamtwirtschaftliche Güterangebot nach dem neoklassischen Referenzmodell

(a) Diagramm des neoklassischen Arbeitsmarktmodells

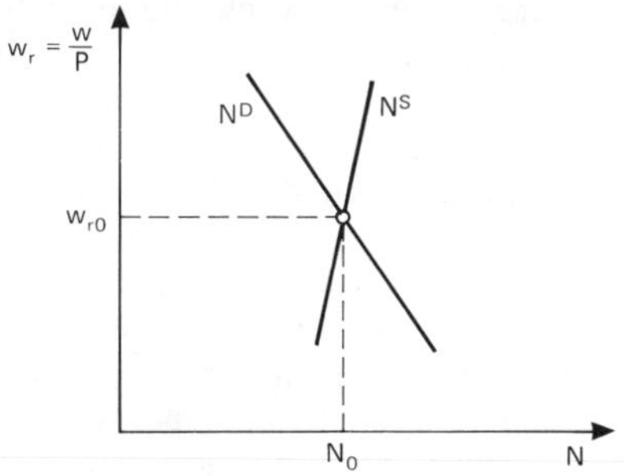

(b) Bestimmung des gesamtwirtschaftlichen Güterangebots

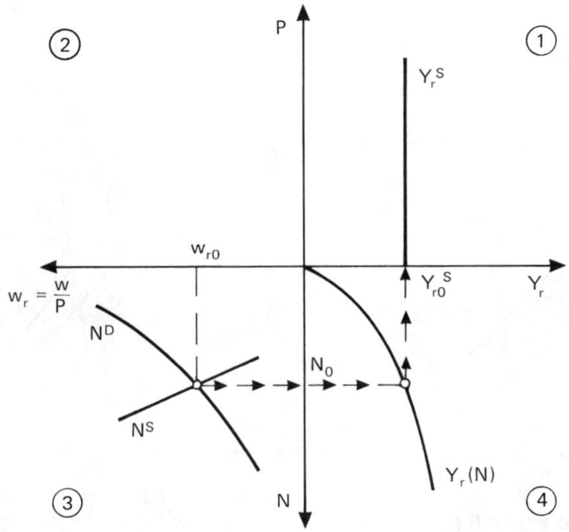

(a) Das X-förmige Standard-Diagramm des neoklassischen Arbeitsmarktes führt zu einer stabilen Gleichgewichts-Kombination der Beschäftigung (N_0) und des Reallohns (w_{ro}).
(b) Das obige Diagramm des neoklassischen Arbeitsmarktmodells wird in das Feld 3 des unteren Diagramms übertragen. Bei Annahme einer ertragsgesetzlichen Produktionsfunktion ($Y_r(N)$) in Feld 4 läßt sich das gesamtwirtschaftliche Güterangebot in Feld 1 ableiten: Das Güterangebot der Unternehmen (Y_r^S) wird von N_0, der Beschäftigung im Gleichgewicht des neoklassischen Arbeitsmarktes, determiniert, unabhängig von der Höhe des Preisniveaus.

Wir fragen im folgenden, ob das keynesianische System geeignet ist, die unterschiedlichen Positionen zu den beschäftigungspolitischen Optionen zu klären. Welcher der umstrittenen Positionen würden die keynesianischen Interpreten beitreten? Die Konzepte der klassischen und der keynesianischen Arbeitslosigkeit sollen geklärt werden, um die beschäftigungspolitischen Optionen aufzuzeigen.

Das neoklassische Referenzmodell führt im Fall von allgemeiner Unterbeschäftigung prinzipiell lediglich zu einem möglichen Erklärungsansatz: Konjunkturelle Arbeitslosigkeit kann nur als **Angebotsüberschuß** am gesamtwirtschaftlichen Arbeitsmarkt gedeutet werden, bei dem die **kürzere Marktseite** - die Arbeitsnachfrage - die entscheidende Restriktion der höheren Beschäftigung bildet. Um die Beschäftigung zu erhöhen oder die konjunkturelle Arbeitslosigkeit zu vermindern, muß der Reallohn gesenkt werden. Aus neoklassischer Sicht hat eine konjunkturelle Arbeitslosigkeit daher **eine** entscheidende Ursache, ein überhöhtes Niveau der **Reallöhne** im Vergleich zum Arbeitsmarktgleichgewicht.

Die Keynesianer folgen teils dieser neoklassischen Diagnose im **Modell der Mindestlohn-Arbeitslosigkeit**. Sie folgen allerdings nicht der alleinigen Strategie lohnpolitischer Zurückhaltung. Der isolierte Arbeitsmarkt mit der keynesianischen Hypothese eines nominalen Mindestlohnniveaus deutet im Nominallohn-Diagramm auch auf Möglichkeiten **nachfrageorientierter Beschäftigungspolitik**. Als Voraussetzung gilt, daß die Arbeitsanbieter der Geldillusion unterliegen und Reallohnsenkungen über ein steigendes Preisniveau zulassen.

Abb. 12-5 Klassische Arbeitslosigkeit im Reallohn- und Nominallohndiagramm des Arbeitsmarktes

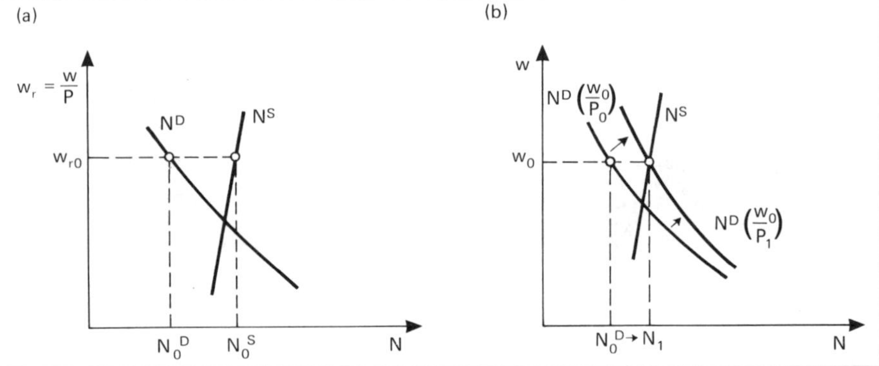

(a) Die konjunkturelle Arbeitslosigkeit eines (neo-)klassischen Arbeitsmarktes entspricht einem Angebotsüberschuß (N^S-N^D) mit der *notwendigen* Ursache eines überhöhten Reallohnniveaus (w_{r0}).

(b) Das Nominallohn-Diagramm verdeutlicht, daß aus der Diagnose von (a) die Notwendigkeit einer Nominallohnsenkung nicht gefolgert werden kann. Bei *Geldillusion* der Arbeitsanbieter kann die notwendige Reallohnsenkung (bei klassischer Arbeitslosigkeit) durch eine Erhöhung des Preisniveaus erreicht werden, wodurch die Arbeitsnachfrage N^D im Nominallohn-Diagramm sich nach rechts oben verschiebt.

Der Begriff der **klassischen** (reallohnbedingten) **Arbeitslosigkeit** ist nicht an das reine (neo-)klassische System der Märkte gebunden. Die Keynesianer sehen auch bei klassischer Mindestlohn-Arbeitslosigkeit Optionen einer nachfrageorientierten Beschäftigungspolitik neben der Lohn- bzw. Einkommenspolitik. Um die möglichen beschäftigungspolitischen Optionen bei Mindestlohn-Arbeitslosigkeit zu zeigen, bedarf es einer Analyse der Zusammenhänge im Drei-Märkte-System. Die Analyse hierzu erfolgt in zwei Schritten der grafischen Ableitung einer gesamtwirtschaftlichen Angebots- und Nachfragefunktion. Die Kernthese der Keynesianer zur klassischen Arbeitslosigkeit lautet: Bei Annahme von Geldillusion der Arbeitsanbieter verläuft das aggregierte Güterangebot in einem bestimmten Bereich preiselastisch; anders als es im neoklassischen Referenzsystem angenommen wird. Bei einem preiselastischen Verlauf der aggregierten Güterangebotsfunktion bleiben Möglichkeiten zu einer nachfrageorientierten Beschäftigungspolitik.

12.3.1 Aggregierte Angebotsfunktion im Fall von Mindestlohn-Arbeitslosigkeit

Die Deduktion des **gesamtwirtschaftlichen Güterangebots** erfolgt aus der Verknüpfung der keynesianischen Hypothese eines nominalen Mindestlohns, der betrieblichen Arbeitsnachfrage und einer Produktionsfunktion. Die beiden letzten Elemente werden aus der neoklassischen Theorie der Arbeitsnachfrage übernommen und in einer Gleichung zusammengefaßt.

$$\overline{w} = w_r \cdot P$$

$$Y_r^S = Y_r^S(N^D(w_r))$$

$\overline{w}$ = Mindestlohn
w_r = Reallohn
P = Preisniveau
N^D = Arbeitsnachfrage
Y_r^S = Güterangebot

$$\rightarrow \boxed{Y_r^S = Y_r^S(P)} \quad \text{aggregiertes Güterangebot}$$

Abb. 12-6 Mindestlohn-Arbeitslosigkeit und Gütermarkt

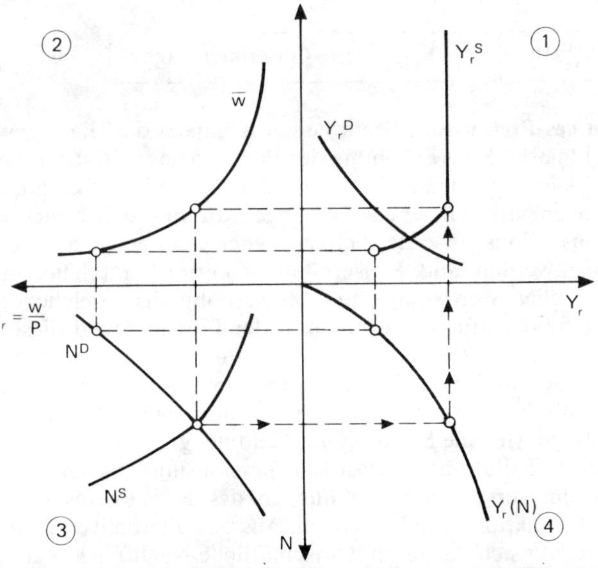

Im Feld 1 wird der Gütermarkt mit den Funktionen des aggregierten Güterangebots Y_r^S und der aggregierten Güternachfrage Y_r^D dargestellt. Die Kurve des Güterangebots läßt sich aus der Annahme eines gegebenen Nominallohns ($\overline{w}$) in Feld 2, einem Angebotsüberschuß am Arbeitsmarkt in Feld 3 und einer Produktionsfunktion in Feld 4 ableiten.

Das vorstehende Gleichungssystem zeigt, daß das **Güterangebot** über die betriebliche Arbeitsnachfrage vom **Reallohn** abhängt. Bei **konjunktureller Arbeitslosigkeit** muß am Arbeitsmarkt ein **Angebotsüberschuß** (N^D-N^S) herrschen, so daß die betriebliche Arbeitsnachfrage als die kürzere Marktseite die Beschäftigung bestimmt. Aus der Kombination der beiden ersten Gleichungen folgt das betriebliche Güterangebot in Abhängigkeit von der Preis-Lohnkosten-Relation; bei gegebenem Nominallohn ($\overline{w}$) wird daher das Güterangebot in Abhängigkeit vom Preisniveau bestimmt.

Eine entsprechende grafische Ableitung des aggregierten Güterangebots verwendet ein Diagramm mit vier Feldern: In Feld 3 wird ein Angebotsüberschuß entlang einer neoklassischen Arbeitsnachfrage dargestellt; die Nominallohnhypothese erscheint als Hyperbel-Funktion in Feld 2; eine ertragsgesetzliche Produktionsfunktion in Feld 4. Aus der Kombination der drei Elemente (Felder der Grafik) läßt sich im Bereich der Unterbeschäftigung ein preiselastischer Verlauf des Güterangebots im Feld 1 der Abb. 12-6 ableiten.

12.3.2 Die gesamtwirtschaftliche Nachfragefunktion

Die Ableitung einer aggregierten Nachfragefunktion im Drei-Märkte-System kann hier in stark gekürzter Form erfolgen, da es sich um eine erweiterte **IS-LM-Analyse mit variablem Preisniveau** handelt. In den Gleichungen des kombinierten Gleichgewichts der Güternachfrage und des Geldmarktes erscheinen preisbereinigte Größen mit Ausnahme der exogenen, durch die Zentralbank gesteuerten Geldmenge ($\overline{M}$).

$I(i) = S(i)$ Kreislaufgleichgewicht der Güternachfrage

$\overline{M}/P = L(Y_r, i)$ Geldmarktgleichgewicht

→ $Y_r^D = Y_r^D(P)$ aggregierte Güternachfrage

Änderungen des Preisniveaus beeinflussen demnach die Gleichgewichtskombinationen am Geldmarkt. Eine Erhöhung des Preisniveaus z. B. senkt die Kaufkraft der Transaktionskasse; c. p. wird mehr Transaktionskasse benötigt, um ein bestimmtes Gütervolumen umzusetzen. Preiserhöhungen führen daher zu einem größeren Bedarf an Transaktionskasse, der bei gegebener Geldmenge aus der Spekulationskasse abgezogen werden muß. Preiserhöhungen erfordern folglich im Regelfall den Verkauf zusätzlicher Wertpapiere und Zinserhöhungen, welche die Investitionsnachfrage negativ beeinflussen können. In der Literatur wird diese Wirkungskette als **„KEYNES-Effekt"** bezeichnet. Diese Wirkungskette hängt in Analogie zu den Effekten der Geldpolitik von der Höhe der Zinselastizität der Geld- und Investitionsnachfrage ab. Nach KEYNES wirkt eine Erhöhung des Preisniveaus bei zinselastischer Nachfrage wie eine Senkung der Geldmenge.

Die möglichen Fälle eines „Elastizitätspessimismus" lassen wir hier zunächst unbeachtet. Dann verschieben Erhöhungen des Preisniveaus über den KEYNES-Effekt[1] die LM-Funktion nach links oben. Aus den alternativen Kombinationen der Gleichgewichte läßt sich die gesamtwirtschaftliche Nachfragefunktion $Y_r^D(P)$ ableiten.

---

[1] Eine abweichende Wirkungskette von Preisänderungen auf die Güternachfrage unterstellt der PIGOU-Effekt, der die KEYNESsche Konsumhypothese verändert und die Konsumnachfrage in Abhängigkeit von Realvermögen bzw. von der Realkasse betrachtet.

Abb. 12-7 Gesamtwirtschaftliche Nachfrage in Abhängigkeit vom Preisniveau

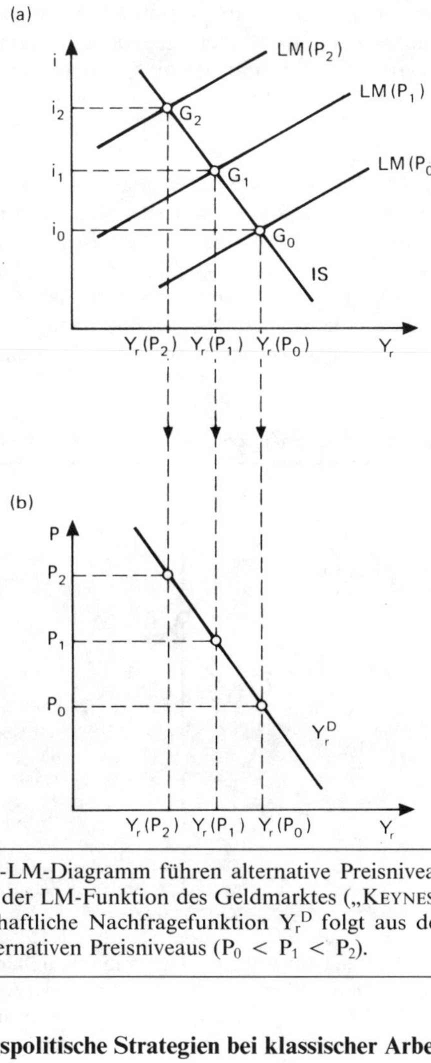

(a) Im erweiterten IS-LM-Diagramm führen alternative Preisniveaus ($P_0 < P_1 < P_2$) zu Linksverschiebungen der LM-Funktion des Geldmarktes („KEYNES-Effekt").
(b) Die gesamtwirtschaftliche Nachfragefunktion Y_r^D folgt aus dem erweiterten IS-LM-Diagramm (a) bei alternativen Preisniveaus ($P_0 < P_1 < P_2$).

12.3.3 Beschäftigungspolitische Strategien bei klassischer Arbeitslosigkeit

Die zuvor grafisch beschriebenen Funktionen des aggregierten Gütermarktes im Drei-Märkte-System können nunmehr verwendet werden, um die **wirtschaftspolitischen Optionen** im Fall von Mindestlohn-Arbeitslosigkeit abzuleiten. Die Darstellung mag sich auf das Gütermarkt-Diagramm konzentrieren. In der Ausgangssituation muß die aggregierte Nachfragefunktion die Angebotsfunktion annahmegemäß im preiselastischen Bereich schneiden. Zwar herrscht ein Gleichgewicht am *Güter- und Geldmarkt*; am Arbeitsmarkt besteht jedoch ein Angebotsüberschuß (konjunkturelle Arbeitslosigkeit). Das Diagramm zeigt, daß prinzipiell zwei wirtschaftspolitische Optionen zur Beseitigung dieser konjunkturellen Arbeitslosigkeit möglich sind:

- Die wirtschaftspolitischen Akteure können versuchen, durch expansive Fiskal- und/oder Geldpolitik die IS- bzw. die LM-Kurve nach rechts zu verschieben. Die aggregierte Nachfrage verschiebt sich dann gleichfalls nach rechts. Eine **nachfrageorientierte Beschäftigungspolitik** muß bei gegebenem Lohnniveau von einer Zunahme des Preisniveaus begleitet sein, damit die betriebliche Arbeitsnachfrage über eine **rückläufige Lohn-Preis-Relation** gesteigert wird. Die Preiseffekte einer nachfrageorientierten Beschäftigungspolitik dürfen nicht umgehend zu entsprechenden Lohnerhöhungen führen. Expansive Beschäftigungspolitik muß daher im Prinzip von einer zurückhaltenden Lohnpolitik begleitet sein.
- Die zweite Option betrifft ausschließlich die Lohnpolitik und erfordert eine Senkung der Nominallöhne. Eine solche Strategie führt über eine **Senkung der Arbeitskosten** zu einer Verschiebung der aggregierten Angebotsfunktion nach unten. Dadurch muß das Preisniveau gesenkt werden; über den KEYNES-Effekt müssen Nachfragewirkungen ermöglicht werden. Wegen des Bezugs zur Angebotsfunktion wird die zweite Option einer **angebotsorientierten Beschäftigungspolitik** zugerechnet.

Abb. 12-8 Wirtschaftspolitische Optionen bei Mindestlohn-Arbeitslosigkeit

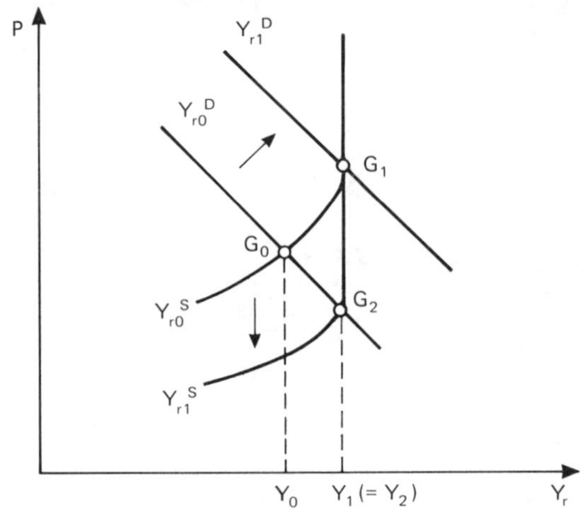

Angenommen wird eine Ausgangssituation G_0 mit konjunktureller Unterbeschäftigung. Die beschäftigungspolitische Option expansiver Fiskal- und/oder Geldpolitik wird durch die Bewegung von G_0 zu G_1 beschrieben, die Option der angebotsorientierten Beschäftigungspolitik durch die Bewegung von G_0 zu G_2.

Beide Optionen der Beschäftigungspolitik sind aus modelltheoretischer Sicht zunächst nicht zu verwerfen. Klassische Arbeitslosigkeit im Sinne einer Mindestlohn-Arbeitslosigkeit im keynesianischen System verlangt nicht notwendig oder nicht ausschließlich eine Strategie der Nominallohnsenkung. Dieses **Konzept klassischer Arbeitslosigkeit** unterstellt am Arbeitsmarkt einen nominalen Mindestlohn; die Hypothese der Nominallohnstarrheit bildet ein zentrales Element des gesamtwirtschaftlichen Drei-Märkte-Systems. Die Fixierung des Nominallohns muß im Gesamtsystem jedoch eine Flexibilität des Preisniveaus nicht ausschließen.

Wenn hingegen das **Lohn- und Preisniveau** in einer Volkswirtschaft mit Unterbeschäftigung fixiert sind, somit der Reallohn inflexibel wird, dann muß das neoklassische Referenzsystem Anwendung finden. Dann werden Strategien angebotsorientierter Beschäftigungspolitik zur Notwendigkeit.

Übung 12-2 Warum sind die Löhne nicht flexibel?

„Das allzu vereinfachte Bild von den „starren Löhnen" wirkt vielleicht wenig plausibel: Warum sinken die Löhne nicht, wenn sich die Arbeitsmärkte in einer kritischen Phase befinden? ...

Die wichtigste Ursache für die mangelnde Flexibilität ist wahrscheinlich die Tatsache, daß das Verfahren der Lohnfestsetzung und ihrer Neuaushandlung sehr kostspielig ist. Es ist einfach unmöglich, daß Personalchefs für jeden neuen Arbeitnehmer einen neuen Lohnsatz und neue betriebliche Sonderleistungen vereinbaren und jedesmal, wenn ein neuer Arbeitnehmer eingestellt wird, alte Vereinbarungen umgestoßen und das Gerechtigkeitsverständnis in Frage gestellt wird. Die Kosten solcher Verfahren sind so hoch, daß die Unternehmen in der Regel Löhne nur einmal im Jahr ändern beziehungsweise ... (kollektive Tarifverträge vereinbaren).

In gewerkschaftlich organisierten Wirtschaftsbereichen werden Lohnsätze in der Regel im Rahmen von Verträgen mit mehrjähriger Laufzeit (in den USA u. a.) vereinbart. Gewerkschaftlich organisierte Arbeitnehmer sträuben sich gegen Lohnkürzungen, selbst wenn ein Drittel der Gewerkschaftsmitglieder arbeitslos oder vorübergehend freigesetzt ist." (Quelle: SAMUELSON/NORDHAUS, 1987[8], Bd. 1, S. 340)

Erörtern Sie mögliche Gründe der mangelnden Flexibilität von Nominallöhnen!

12.3.4 Keynesianische Arbeitslosigkeit

Die Diskussion um die Rolle der Lohnpolitik im Rahmen einer beschäftigungsorientierten Wirtschaftspolitik mag nicht selten dazu führen, daß die Akzente der keynesianischen Betrachtungsweise konjunktureller Arbeitslosigkeit übersehen werden. Der Begriff der keynesianischen Arbeitslosigkeit ist daher gesondert abzugrenzen, da die entscheidenden Ursachen nicht auf dem Arbeitsmarkt vermutet werden, sondern eher im Bereich der Güternachfrage, einschließlich der Geld- und Finanzmärkte, einzuordnen sind. Nicht den Fall der Mindestlohn-Arbeitslosigkeit, sondern eine durch mangelnde Nachfrage und pessimistische Absatzerwartungen bewirkte Unterbeschäftigung bezeichnet der **Begriff der keynesianischen Arbeitslosigkeit**, um das originäre Verständnis der konjunkturellen Arbeitslosigkeit aus der Perspektive von KEYNES hervorzuheben.

Die keynesianische Arbeitsnachfrage enthält nach einer früheren Formulierung zwei Bestimmungsfaktoren, den Reallohn und die Güternachfrage. Bei keynesianischer Arbeitslosigkeit liegt die entscheidende Ursache einer zu geringen Arbeitsnachfrage *nicht* beim Reallohn (wie beim Fall klassischer Arbeitslosigkeit), sondern auf Seiten der **Güternachfrage**:

$$N^D = N^D(w_r\,,\; Y_r{}^D)$$

Bestimmungsfaktor „klassischer Arbeitslosigkeit" (w_r) — Bestimmungsfaktor „keynesianischer Arbeitslosigkeit" ($Y_r{}^D$)

Im Fall keynesianischer Arbeitslosigkeit sind wesentliche **Elemente des IS-LM-Modells** zu übernehmen, die keynesianischen Fälle des Elastizitätspessimismus bei einer tiefgehenden Rezession. In den Bereichen der **Liquiditäts-** bzw. **Investitionsfalle** bleibt der KEYNES-Effekt veränderter Preisniveaus ohne Auswirkungen auf die aggregierte Güternachfrage; die Güternachfrage erhält einen völlig preisunelastischen Verlauf.

Auf der **Angebotsseite** des Gütermarktes wird der Verlauf der betrieblichen Arbeitsnachfrage vom Gütermarkt her eingeschränkt. Die Arbeitsnachfrage muß eine von der Güternachfrage determinierte Knickstelle erhalten (vgl. Feld 3 der Abb. 12-9); die gesamtwirtschaftliche Angebotsfunktion neigt dann zu einem horizontalen Verlauf. Bei preisunelastischem Verlauf der Güternachfrage einerseits und einem (nahezu) horizontalen Verlauf des Güterangebots andererseits (vgl. Feld 1) werden die Produktion und die Beschäftigung von der geringen Güternachfrage determiniert. Änderungen der Reallöhne vermögen dann die betriebliche Arbeitsnachfrage im relevanten Bereich nicht zu beeinflussen.

Abb. 12-9 Unzureichende Güternachfrage und keynesianische Arbeitslosigkeit

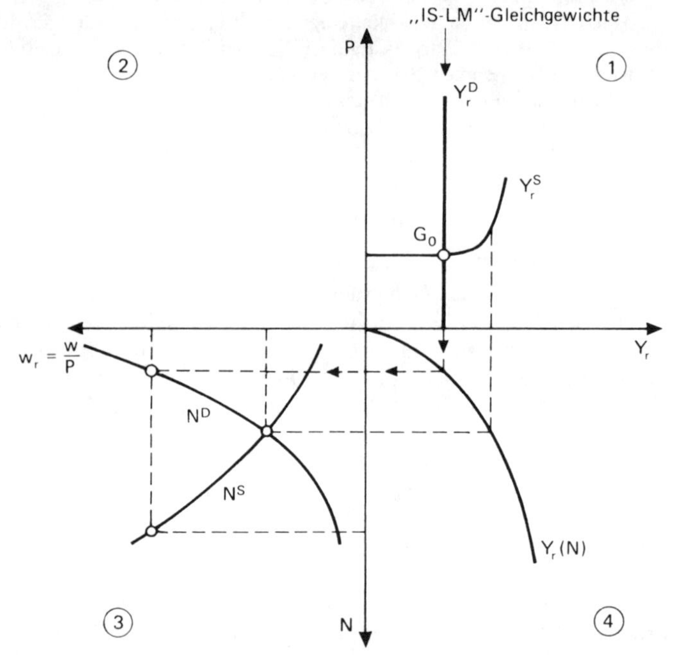

Eine im Vergleich zum Arbeitsmarktangebot und Produktionspotential der Betriebe zu geringe Güternachfrage Y_r^D bestimmt bei Unterbeschäftigung und geringer Kapazitätsauslastung ein gesamtwirtschaftliches Gleichgewicht am Gütermarkt G_0. Die Liquiditäts- und Investitionsfalle führen zu einem preisunelastischen Verlauf der aggregierten Güternachfrage.

Die entscheidende **Ursache** keynesianischer Arbeitslosigkeit liegt im IS-LM-System begründet, nicht im Niveau der Reallöhne. In der gesamtwirtschaftlichen Situation einer Liquiditätsfalle sind die Zinssätze der Geld- bzw. Finanzmärkte durch die Liquiditätsneigung nach unten nicht ausreichend flexibel. Die Liquiditätsneigung wird zur entscheidenden Barriere der Beschäftigung. Im Bereich der Investitionsfalle bildet die Unsicherheit oder der Pessimismus der Investoren das wesentliche Hindernis. In Analogie zur IS-LM-Analyse läßt sich folgern, daß bei keynesianischer Arbeitslosigkeit die **beschäftigungspolitischen Optionen** auf die Nachfrageseite beschränkt sind. Eine **Kombination von expansiver Fiskal- und Geldpolitik** erscheint im besonderen als wirtschaftspolitische Strategie erforderlich.

KEYNES lehnte **Nominallohnsenkungen** als Mittel der Beschäftigungspolitik ausdrücklich ab. Diese Ablehnung kann bei einer Diagnose keynesianischer Arbeitslosigkeit und einem sehr elastischen Verlauf der Funktion des Güterangebots im Drei-Märkte-System begründet werden. Ein sehr elastisches Güterangebot erscheint bei einer tiefen Rezession (Depression) mit Unterbeschäftigung und Unterauslastung der Produktionskapazitäten als wahrscheinlich. Auch die Fälle erheblicher Unsicherheit und des Elastizitätspessimismus können in einer tiefen Rezession nach Ansicht der Keynesianer als wahrscheinlich gelten. KEYNES meinte, Lohnniveausenkungen seien eher kontraproduktiv; sie seien eher geeignet, die Unsicherheit der Anbieter zu erhöhen, statt in einer Depression den Absatzpessimismus zu verringern.

Im mittleren, noch preiselastischen Bereich der aggregierten Angebotsfunktion mögen auch die Keynesianer zur Option einer zurückhaltenden Lohnpolitik neigen, zumindest als Teil eines „policy mix" in Verbindung mit einer nachfrageorientierten

Abb. 12-10 Zur Wirksamkeit nachfrageorientierter Beschäftigungspolitik in Abhängigkeit vom Verlauf der gesamtwirtschaftlichen Angebotsfunktion

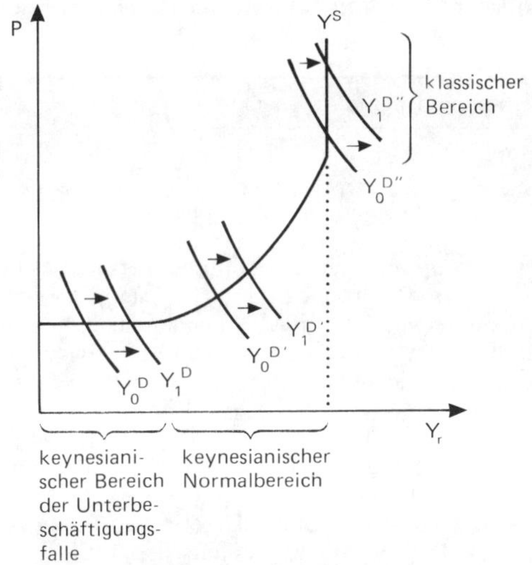

Die möglichen Bereiche der Angebotsfunktion lassen sich nach den Paradigmen zuordnen. Im *keynesianischen* Bereich der Angebotsfunktion sind Strategien nachfrageorientierter Beschäftigungspolitik sehr wirksam. Im *preiselastischen* Bereich der Angebotsfunktion bei Mindestlohn-Arbeitslosigkeit kann eine Nachfrageexpansion zu Preis- und Beschäftigungseffekten führen. Im *klassischen* Bereich der Angebotsfunktion (klassische Arbeitslosigkeit bei fehlender Geldillusion der Akteure) wird eine nachfrageorientierte Wirtschaftspolitik zur Einflußnahme auf die Beschäftigung unwirksam.

Beschäftigungspolitik. Die Keynesianer nehmen an, daß auch im **Bereich klassischer Arbeitslosigkeit** noch nachfrageorientierte Optionen der Beschäftigungspolitik verbleiben, weil die Akteure des Arbeitsangebots stärker auf die Fixierung der Nominallöhne ausgerichtet sein mögen. Die Diagnose klassischer Arbeitslosigkeit mag wegen der begrifflichen Formulierung verwirrend sein; in theoretischer Hinsicht leitet sie zu einem Mix der Paradigmen.

Den beschäftigungspolitischen Folgerungen der Keynesianer wird seit den 70er Jahren von anderer Seite heftig widersprochen. So meinte z. B. der SVR: „... solange gravierende Beschäftigungsprobleme bestehen, die als dauerhaft gelten müssen - und dieses Marktsignal ist seit langem unstreitig -, (ist) davon auszugehen, daß die Reallöhne im Verhältnis zur Produktivität der Arbeit auf gefährdeten oder auf neu zu schaffenden Arbeitsplätzen zu hoch sind, zumindest in großen Bereichen. Und, worauf es noch mehr ankommt: Daß unter solchen Bedingungen Zurückhaltung bei Lohnsteigerungen in jedem Fall hilfreich ist. Unumgänglich sogar, ..., wenn andere Möglichkeiten der beschleunigten Kostensenkung ausgeschöpft sind" (SVR, JG 1983/84, TZ 349).

Das Zitat läßt auf eine abweichende Diagnose klassischer Arbeitslosigkeit im **preisunelastischen Bereich** der gesamtwirtschaftlichen **Angebotsfunktion** schließen. Expansive Geld- oder Fiskalpolitik bewirken im Regelfall eine Rechtsverschiebung der gesamtwirtschaftlichen Nachfragefunktion; bei Schnittstellen im preisunelastischen Bereich der Angebotsfunktion resultieren aus expansiven Nachfrageshifts allein Preiserhöhungen, kaum reale Beschäftigungseffekte (vgl. Abb. 12-10). Die Diagnose klassischer Arbeitslosigkeit führt bei fehlender Geldillusion am Arbeitsmarkt unmittelbar zum (neo-)klassischen Paradigma. Der preisunelastische Bereich der Angebotsfunktion wird daher als **klassischer Bereich** bezeichnet.

Übung 12-3 „Eurosklerose" und rigide Arbeitsmärkte?

„The diagnosis for Europe's disease can be called Eurosclerosis ... labour market institutions are one factor ...
The jobless rate in the European Community, which had been only two per cent in the 1960s, doubled in the 1970s ...
Whatever laymen, interest groups or economists of other persuasions may choose to depict as exogenous causes for this unemployment - from higher energy costs to changes in demography or some features of technological advance - I maintain that the chief cause is to be found in the labour market itself: the level and the structure of wages have become too rigid to allow a proper adjustment to the new conditions. Europe's labour market fails to clear.
While the U. S. and Japan showed a sufficient downward flexibility of real wages, Europe's unions were strong enough to resist the cuts required for maintaining employment, independent of whether or not wage indexation was practised. The consequence of this wage rigidity is striking." (GIERSCH 1985, S. 4ff.)
Ordnen Sie die vorstehenden Thesen zur „Eurosklerose" den Positionen nach Abb. 12-10 zu! Grenzen Sie die Thesen von der Diagnose keynesianischer Arbeitslosigkeit ab!

Die klassische Strategie der Einkommenspolitik ist demgegenüber einer **angebotsorientierten Beschäftigungspolitik** zuzuordnen. Durch eine Senkung vornehmlich der Lohnkosten soll ein shift der Güterangebotsfunktion nach unten erreicht werden. Die Wirksamkeit dieser klassischen Einkommenspolitik hängt in analoger Argumentation im Drei-Märkte-System von der **Reallohnelastizität** der betrieblichen **Arbeitsnachfrage** einerseits und der **Zinselastizität** der **Güternachfrage** andererseits ab. Wenn die Reallohnelastizität der betrieblichen Arbeitsnachfrage gering bleibt, sind stärkere Lohnsenkungen erforderlich, um geringe Beschäftigungseffekte zu erzielen. Des weiteren ist eine positive Einschätzung des KEYNES- oder Realkasseneffektes auf der Nachfrageseite erforderlich. KEYNES und die Vertreter des Keynesianismus neigen zu einer von der Konjunktursituation abhängigen Einschätzung geringer Größenordnungen der beiden Elastizitäten (keynesianischer **„Elastizitätspessimismus“**!). In Situationen einer Rezession oder gar einer Depression werden Maßnahmen nachfrageorientierter Beschäftigungspolitik bevorzugt und ein „policy mix“ im Prinzip für wirksamer gehalten.

Fraglich erscheint allerdings, ob die Beschäftigungspolitik in der Praxis den Ansprüchen des Keynesianismus gewachsen ist. Die wirtschaftspolitischen Akteure haben in der BR Deutschland (in ähnlicher Weise auch in anderen Ländern) zwar eine Verpflichtung zu einer aktiven Konjunkturpolitik (vgl. Art. 109 des Grundgesetzes); sie verfügen auch über eine Reihe von finanz- und geldpolitischen Instrumenten. Dennoch sind die **praktischen Probleme** einer Konjunkturpolitik im Sinne des Keynesianismus erheblich.

Prinzipielle Probleme einer Situations- und Wirkungsanalyse erwachsen aus den angesprochenen Schwierigkeiten der theoretischen Diagnose, insbesondere aus den unterschiedlichen Grundsatzpositionen der Paradigmen. Die Beschäftigungsentwicklung gilt zudem als ein Spätindikator der Konjunktur. Indikator- und Diagnoseprobleme machen „recognition“-Verzögerungen wahrscheinlich. **„Recognition lags“** bezeichnen Zeitverzögerungen, die durch Diskrepanzen zwischen einer aktuellen Problemlage und dem Erkennen von wirtschaftspolitischem Handlungsbedarf entstehen.

Weitere Verzögerungen sind durch **„decision lags“** wahrscheinlich, zumal wenn verschiedene Akteure in die wirtschaftspolitischen Entscheidungen einbezogen werden müssen. Je ausgeprägter ein föderativer Staatsaufbau mit getrennten Befugnissen zwischen Regierungen und Parlamenten organisiert ist, um so größer werden die Probleme der wirtschaftspolitischen Koordination. In der BR Deutschland sind die Gemeinden als primäre Träger der öffentlichen Investitionen nur unzureichend in die konjunkturpolitische Koordination eingebunden. Mögliche Konflikte können aus der Autonomie der Geldpolitik gemäß § 3 Bundesbankgesetz sowie der Autonomie der Einkommenspolitik nach Art. 9, Abs. 3 des Grundgesetzes resultieren. Zu vermuten ist, daß die Entscheidungsverzögerungen bei der Geldpolitik weniger groß sein mögen als bei fiskalpolitischen Maßnahmen der Steuer- und Ausgabenpolitik.

Folgt man der keynesianischen Einschätzung der Wirkungen der Geldpolitik in der Rezession, ist anzunehmen, daß eine dritte Gruppe von Verzögerungen bei der Geldpolitik größer sein mag. **„Operational lags“** bezeichnen Verzögerungen zwischen der Durchführung oder dem Beschluß einer Maßnahme und ihrer Wirkung auf die Konjunktur und die relevanten Entscheidungen von Haushalten und Unternehmen. Wenn etwa Investitionsentscheidungen der Unternehmen eher mittelfristig ausgerichtet sind, werden die Unternehmen keineswegs rasch auf geldpolitische Zinsänderungen reagieren.

Die spezifische Bedeutung des Reaktionsverhaltens der Haushalte und Unternehmen wurde im Rahmen der Multiplikatortheorie deutlich. Umstrittene temporäre Maßnahmen dürften eher Ausweichreaktionen oder geringe Erwartungsänderungen der Wirtschaftssubjekte bewirken. Strategische Ausrichtung und konzeptionelle Klarheit der Maßnahmen sind erforderlich, um die Effizienz der Stabilisierungspolitik zu stärken. Durch **außenwirtschaftliche Abhängigkeiten** mögen sich prinzipiell die Strategieprobleme der Beschäftigungspolitik vergrößern. Eine internationale Abstimmung wird dadurch notwendiger. Beschäftigungspolitische Maßnahmen werden nicht generell hinfällig.

12.4 Inflation, Angebotsschocks und angebotsorientierte Wirtschaftspolitik

12.4.1 Nachfrageseitige Inflation

Das Konzept eines **inflationären Nachfrage-Überschusses** unterstellt im Rahmen einer kurzfristigen Analyse zunächst ein **Überschießen der Güternachfrage** im Vergleich zum Angebotspotential einer Volkswirtschaft bei normaler Auslastung der Kapazitäten. Die gesamtwirtschaftliche Situation läßt sich als ein allgemeiner konjunktureller Nachfrage-Überschuß im Bereich des Angebotspotentials einer Volkswirtschaft beschreiben.

Die aggregierte Angebotsfunktion wird bei sehr hoher Auslastung der Produktionskapazitäten und sehr hoher Beschäftigtenquote wegen zunehmender Produktionskosten relativ steil verlaufen. Die kalkulierten Materialkosten der Unternehmen werden sich erhöhen, bedingt durch **Knappheiten des Angebots** und durch **höhere Input-Preise**.

Die Lohnkosten dürften sich erhöhen wegen geringerer Arbeitsproduktivitäten, wegen notwendiger Überstundenzuschläge und wegen höherer Lohnforderungen der Akteure des Arbeitsangebots. Vereinfachend sei eine bestimmte Relation von kalkulierten Preisen und den Produktionskosten je Output-Einheit angenommen. Die folgende Analyse der Produktionskosten in Abhängigkeit vom geplanten Output konzentriert sich zunächst auf die Lohnkosten.

$$P = P\left(\frac{w \cdot N}{Y_r}, \ldots\right)$$

Die kalkulierten **Lohnkosten je Output-Einheit** werden vom Nominallohn (w) und der Arbeitsproduktivität je Beschäftigten (Y_r/N) bestimmt. Bei Arbeitskräfteknappheit und Überschießen der Güternachfrage mögen die Nominallohnforderungen der Arbeitsanbieter durchgesetzt werden können. Die Lohnforderungen werden sich nach oben (stärker) der Produktion bzw. der Arbeitsmarktlage anpassen (asymmetrische Lohnanpassung nach oben) und erwartete Kaufkraftverluste durch allgemeine Preissteigerungen auszugleichen versuchen.

$$w = w(P_e, Y_r); \quad \text{wenn } Y_r^D \geq Y_{r,\,Pot}$$

Die Kosteneffekte der Nominallohnanpassung nach oben bei Überschießen des normal ausgelasteten Produktionspotentials werden zudem durch Überstundenzuschläge und geringere Arbeitsproduktivitäten verstärkt.

$$\begin{array}{l}\text{Arbeitskosten}\\ \text{(je Outputeinheit)}\end{array} = \frac{w \cdot N}{Y_r} = AK(Y_r) + w(P_e)$$

$$\text{wenn } Y_r^D \geq Y_{r,\,Pot}$$

Bei einem angenommenen Anstieg der Arbeitskosten (je Outputeinheit) bei überschießender Güternachfrage und -produktion resultiert ein **nachfrageinduzierter**

Preisanstieg (bzw. eine Inflation). Daraufhin werden die Nominallohnforderungen zusätzlich erhöht, um die erwarteten Kaufkraftverluste auszugleichen. Die asymmetrische Lohnhypothese bei überschießender Güternachfrage führt dann über die Preiskomponente der Lohnfunktion zu **induzierten** shifts der Angebotsfunktion mit weiteren Kosten- und Preiseffekten. Der Preisanstieg bzw. der Inflationsprozeß, der durch eine überschießende Güternachfrage eingeleitet wurde, setzt sich dann auf der Angebotsseite der Volkswirtschaft fort.

Abb. 12-11 Nachfrageinflation mit induziertem Shift der Angebotsfunktion

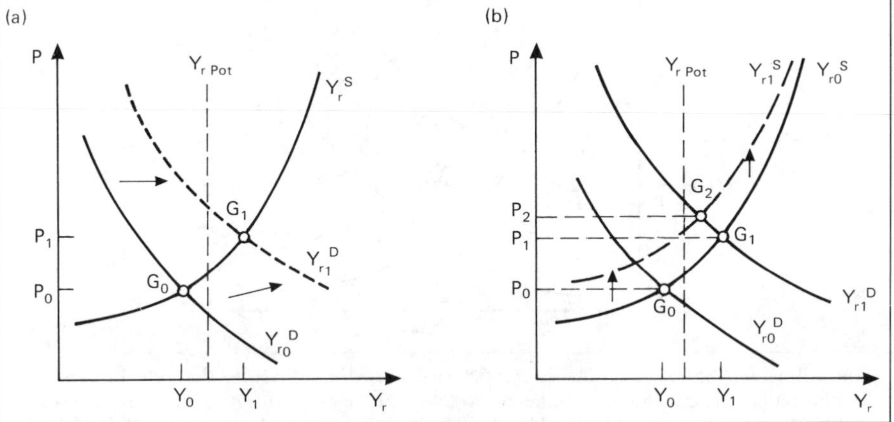

(a) Ein Überschießen der Güternachfrage (im Vergleich zum Produktionspotential bei Normalauslastung) führt zu einer Bewegung von G_0 nach G_1 mit positiven Preis- und Mengeneffekten.
(b) Preis- oder Inflationseffekte induzieren über die Preiskomponente der Lohnforderungen einen shift der Angebotsfunktion mit weiteren Preis- oder Inflationseffekten.

12.4.2 Kosteninflation mit geldpolitischer Anpassung

Inflationäre Entwicklungen stellen sich dem Beobachter nicht selten als wiederkehrende, sich gegenseitig beeinflussende Prozesse von Lohn- und Preissteigerungen dar (**„Lohn-Preis-Spirale"**). Im Schaubild der aggregierten Angebots- und Nachfragefunktion lassen sich entsprechende Lohn- und Preissteigerungen als wiederkehrende Kombinationen kosteninduzierter Schübe der Angebotsfunktion mit monetärer Anpassungspolitik darstellen.

Angenommen werden zeitlich aufeinander folgende, periodische Lohnerhöhungen, welche die gleichzeitigen Zuwächse der Arbeitsproduktivität übertreffen und dadurch mehrere Phasen eines Kostendrucks in einer Volkswirtschaft auslösen. Die periodischen Kostendruckphasen erscheinen im Diagramm als mehrfache Verschiebungen der Angebotsfunktion, die in isolierter Analyse Rezessionswirkungen mit wiederholten Preiserhöhungen zur Folge haben. Wenn gleichzeitig die **Geldpolitik** die jeweils drohende Rezession zu bekämpfen versucht, verschieben die geldpolitischen Maßnahmen die gesamtwirtschaftliche Nachfragefunktion jeweils nach oben. Die negativen Outputeffekte der kosteninduzierten Inflation können so kompensiert werden. Zugleich werden durch die geldpolitische Kompensation die inflationären Wirkungen des periodischen Lohnkostendrucks verstärkt. Die resultierende Lohn-Preis-Spirale wird sich fortsetzen, solange die beiden Faktoren des Inflationsprozesses andauern, die lohnkostenbedingten shifts der Angebotsfunktion und die geldpolitische Kompensation negativer Outputeffekte der kosteninduzierten Inflation.

Abb. 12-12 Kosteninduzierte Inflation mit geldpolitischer Kompensation

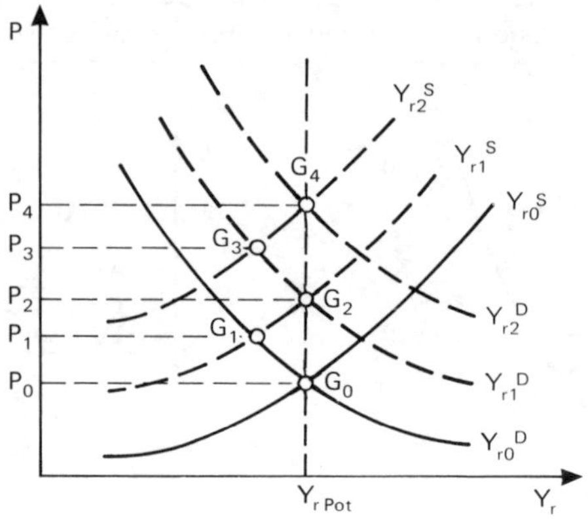

Die Lohn-Preis-Spirale beginnt in G_0, sie wird ausgelöst durch wiederholte Phasen von lohnkostenbedingten Preiserhöhungen, welche die aggregierte Angebotsfunktion (Y_r^S) mehrfach nach oben verschieben. Um die jeweilige Gefahr der Rezession in G_1 und in G_3 zu verhindern, folgt jeweils eine expansive Phase der Geldpolitik mit Verschiebungen der aggregierten Nachfragefunktion (Y_r^D).

Hat sich eine Preis-Lohn- oder Lohn-Preis-Spirale mit periodischen Preissteigerungen „etabliert", werden die **Preiserwartungen** der Akteure sich entsprechend anpassen. Die Erwartungen steigender Preise führen gemäß der asymmetrischen Lohnhypothese zu höheren Nominallohnsteigerungen, um die erwarteten Kaufkraftverluste auszugleichen. Die Lohnkosten-Inflation tendiert folglich zu einer Fortsetzung der Angebotsshifts - auch ohne Annahme weiterer Anstöße durch andere Kostenfaktoren oder Nachfrage-shifts.

Übung 12-4 Supply shifts

„A rise in the cost of producing each unit of output, which is called unit cost, will cause the (aggregate supply curve) to shift upward. What is it . . ., that cause unit costs to rise?" (LIPSEY/STEINER/PURVIS 1987[8], S. 688)

Die Angebotsfunktion wurde bisher aus einer eingeschränkten Betrachtung der Preis-Kosten-Relation auf der Basis der Lohnkosten (je Produkteinheit) abgeleitet. Eine **erweiterte Preis-Kosten-Analyse** hat zusätzliche Kostenfaktoren einzubeziehen. Die Entwicklung der Kapitalkosten (je Produkteinheit) wird von den Abschreibungen und den Finanzierungskosten bestimmt. Von weiterer relevanter Bedeutung für die Angebotsbedingungen einer Volkswirtschaft sind besonders die Sozialbeiträge und die Kostensteuern der Unternehmen sowie aus inländischer Sicht die Preise importierter Vorleistungen.

12.4.3 Angebotsbedingungen und Importpreise

Von der **Entwicklung der Importpreise** sind im Verlauf der 70er und 80er Jahre besonders nachhaltige Veränderungen der Angebotsbedingungen in den Industrieländern ausgegangen. Im Diagramm der gesamtwirtschaftlichen Angebotsfunktion werden diese aus angebotstheoretischer Sicht als **„Angebotsschocks"** dargestellt. „Die beiden großen Angebotsschocks der 70er Jahre waren die Ölpreiserhöhungen von 1973-1974 und von 1978-1980. Der erste OPEC-Schock brachte die Wirtschaft in die Rezession von 1973-1975, die bis dahin schlimmste Rezession der Nachkriegszeit. Die zweite OPEC-Preiserhöhung beschleunigte rasch die Inflationsrate. Die hohe Inflation führte zu einer einschneidenden Geldpolitik, um die Inflation zu bekämpfen. Das Ergebnis war, daß die Wirtschaft in eine schlimmere Rezession als 1973-1975 kam." (DORNBUSCH/FISCHER 1985[3], S. 441).

Die **Ölpreiswellen** der 70er Jahre und die Erhöhungen der Rohstoffpreise haben die Angebotsfunktionen industrieller Volkswirtschaften deutlich nach oben verschoben. Die Unternehmen hatten höhere Produktionskosten je Outputeinheit durch höhere Rohstoff- und Materialkosten. Durch diese Shifts der Angebotsfunktionen ergaben sich weltweite Effekte einer **„Stagflation"**, einer ungünstigen Kombination steigender Preis- sowie negativer Produktionseffekte. Wirtschaftspolitische Versuche, die angebotsinduzierte Inflation durch eine restriktive Geldpolitik zu bekämpfen, mußten die Rezession verstärken. Eine beschäftigungsorientierte Fiskal- oder Geldpolitik mußte hingegen die Inflationseffekte verstärken. Die Schwierigkeiten einer nachfrageorientierten Stabilisierungspolitik bei massiven Angebotsshifts wurden allzu deutlich. Die wirtschaftspolitischen Zielkonflikte - aufgezeigt am Beispiel der instabilen Philipps-Kurve - verstärkten sich allgemein in den Industrieländern.

Abb. 12-13 Angebotsstörungen durch Importpreisschocks

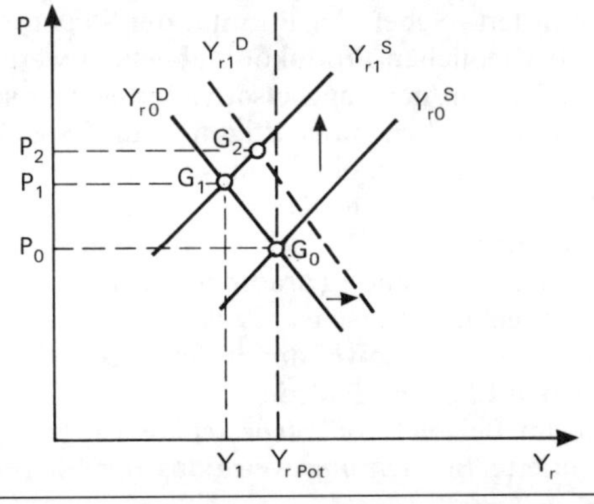

Massive Importpreissteigerungen führten im Verlauf der 70er Jahre zu ungünstigen Veränderungen der Angebotsbedingungen ($Y_{r0}^S \rightarrow Y_{r1}^S$) mit Stagflationseffekten. Nachfrageorientierte Wirtschaftspolitik ($Y_{r0}^D \rightarrow Y_{r1}^D$) mußte die inflationären Effekte verstärken.

Die starken **Ölpreissenkungen** der 80er Jahre lassen sich umgekehrt auch aus angebotsorientierter Sicht als günstige shifts der Produktionsbedingungen in den Industrieländern deuten. Die Inflationsrate konnte (vorübergehend) abgebaut werden, zugleich wirkten die günstigen Importpreisentwicklungen als angebotspolitische Expansionseffekte.

12.5 Nachfrage- versus angebotsorientierte Wirtschaftspolitik

Das analytische Instrumentarium des Drei-Märkte-Systems einer Volkswirtschaft führt abschließend zu einer konzeptionellen Differenzierung von angebots- und nachfrageorientierter Wirtschaftspolitik zur gesamtwirtschaftlichen Stabilisierung der Wirtschaft. Die Maßnahmen einer **angebotsorientierten** Wirtschaftspolitik zielen prinzipiell auf eine Beeinflussung der Angebotsfunktion.

Die Ursachen der Fehlentwicklungen und Stabilisierungsprobleme werden von Vertretern einer einseitigen Angebotspolitik[2] primär auf der Angebotsseite einer Volkswirtschaft gesehen; die Nachfrageseite (die aggregierte Nachfragefunktion) gilt einseitigen Befürwortern der Angebotspolitik als nachrangig: „Die dauerhaften Impulse für wirtschaftliche Tätigkeiten müssen ... von der einzelwirtschaftlichen Basis ausgehen, von der unternehmerischen Nutzung rentabel erscheinender Produktionschancen. Dabei wird Arbeit nachgefragt und Einkommen geschaffen, woraus dann Nachfrage nach Gütern entsteht. Im Zusammenspiel der Vielen schafft so das Angebot seine Nachfrage“ (SVR, JG 1977/78, TZ 241). Das klassische SAYsche Theorem wird hier erneuert.

Dieser klassisch ausgerichteten Version einseitiger Angebotspolitik folgt auch die Vorstellung einer klaren **Rollenverteilung**: Marktstarrheiten und inflexible Preise, insbesondere die mangelnde Flexibilität des Nominallohnniveaus und der Arbeitsmärkte, gelten als Kern der angebotsseitigen Probleme. Folglich hat eine **Flexibilisierung der Arbeitsmärkte** angebotspolitische **Priorität**. Ergänzend soll die **Wettbewerbspolitik** zur Aktivierung des Preiswettbewerbs beitragen. Der klassischen Dichotomie zwischen monetären und realen Effekten folgend, wird der **Geldpolitik** allein die Aufgabe der Preisstabilität zugewiesen. Für die **Fiskalpolitik** wird eine Reduktion der Staatsquote bei gleichzeitiger Senkung der Unternehmens- und der Einkommensteuern gefordert. Neben der Priorität der Steuerpolitik sollen bürokratische Hemmnisse der betrieblichen Produktion abgebaut werden.

In dieser **klassischen Version der angebotsorientierten Wirtschaftspolitik** werden die Gegensätze zur keynesianischen Beschäftigungs- und Stabilisierungspolitik hervorgehoben. Nachfrageorientierte Stabilisierungspolitik wird abgelehnt; stattdessen wird einseitig eine klassisch orientierte Konzeption der Angebotspolitik gefordert. Nachfrage- und angebotsorientierte Wirtschaftspolitik erscheinen aus dieser Sicht als gegensätzliche, sich ausschließende Paradigmen der Wirtschaftspolitik. Die einseitige Hervorhebung angebotspolitischer Positionen wurde durch inflatorische Fehlentwicklungen der 70er Jahre sowie durch den Wechsel der politischen Administration in verschiedenen Ländern gefördert.

Demgegenüber soll am Beispiel von **Steuersenkungen** gezeigt werden, daß eine einseitig angebotsorientierte Betrachtungsweise aus der Sicht des keynesianischen

---

[2] Als extreme Verfechter einer einseitigen angebotsorientierten Wirtschaftspolitik werden amerikanische Autoren wie LAFFER, GILDER u. a. genannt. Der deutsche SVR näherte sich in Teilen seiner Gutachten der neuklassischen Version der Angebotspolitik.

Drei-Märkte-Systems nicht zu begründen ist. Aus **angebotsorientierter** Sicht werden Senkungen der Einkommensteuer vielfach empfohlen, um die negativen Anreize zu hoher Steuerbelastungen für das Kapital- und das Arbeitsangebot sowie für die Produktion zu mindern. Steuersenkungen sollen insofern die Angebotsfunktion einer Volkswirtschaft günstig beeinflussen und langfristig das Produktionspotential (bei normaler Auslastung) erhöhen, ohne daß es zu inflationären Effekten kommt. Aus **konjunkturpolitischer** Sicht führen Senkungen der Einkommensteuer zu kurzfristigen Multiplikatoreffekten, welche die aggregierte Funktion der Güternachfrage verschieben. Wenn anzunehmen ist, daß die kurzfristigen Multiplikatoreffekte im Vergleich zu den Angebotseffekten überwiegen, können entgegen der angebotspolitischen Intention Preiseffekte dominieren. Denn innerhalb eines Konjunkturzyklus wirken sich angebotsorientierte Steuersenkungen primär durch ihre **Nachfrageeffekte** aus. Die Angebotseffekte von Steuersenkungen wirken sich insbesondere im keynesianischen Bereich der Angebotsfunktion nur wenig aus. Angebotsorientierte Maßnahmen werden dann nur wirksam sein, wenn sie zugleich Nachfrageeffekte auslösen oder wenn sie von nachfrageorientierten Maßnahmen begleitet sind.

Abb. 12-14 Angebots- und Nachfrageeffekte von Steuersenkungen

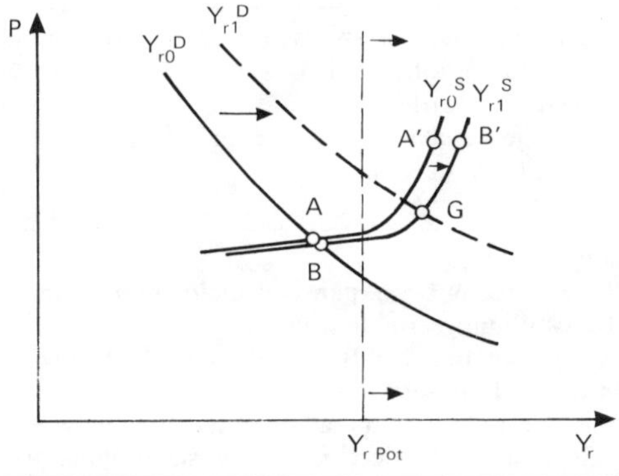

Die Angebotseffekte von Steuersenkungen sind im keynesianischen Bereich der Angebotsfunktion vergleichsweise geringer als im klassischen Bereich (AB versus A'B'). Kurzfristig wird der Shift der Nachfragefunktion ($Y_{r0}^D \rightarrow Y_{r1}^D$) den Angebotsshift ($Y_{r0}^S \rightarrow Y_{r1}^S$) überwiegen.

Das Beispiel der Steuersenkung macht deutlich, daß eine nachfrage- und angebotsorientierte Wirtschaftspolitik einander nicht ausschließen müssen. Die Ökonomen verwenden das analytische Instrumentarium von Angebot und Nachfrage in vielen Varianten. Das keynesianische Drei-Märkte-System führt gleichfalls zu einer **Integration** nachfrage- und angebotsorientierter Aspekte zur Erklärung gesamtwirtschaftlicher Beschäftigungs- und Preiseffekte.

Die gesamtwirtschaftliche Analyse nach KEYNES ist insofern prinzipiell **nicht einseitig** ausgerichtet. Das Gewicht der angebots- oder der nachfrageorientierten Aspekte hängt vielmehr stark von der jeweiligen **Situation** einer Volkswirtschaft ab. In einer Rezession mit **konjunktureller** Arbeitslosigkeit muß nach Ansicht von KEYNES die Gewichtung kurzfristiger Aspekte der **Nachfrageseite** stärker sein. Die kurzfristige, nachfrageorientierte Sicht kann längerfristig nicht einfach extrapoliert werden, da die **längerfristigen Angebotseffekte** stärker zu berücksichtigen sind. Die prinzipielle Bedeutung angebotspolitischer Maßnahmen wächst in der Situation kosteninduzierter Inflation und angebotsseitiger shifts. Die angebotspolitische Steuerung muß allerdings eher längerfristig ausgerichtet sein, größere Effekte sind kurzfristig kaum zu erwarten. Längerfristig drohen einer einseitig angebotsorientierten Wirtschaftspolitik massive **Verteilungskonflikte**. Das gesamtwirtschaftliche System des Keynesianismus begründet eher die Notwendigkeit eines differenzierten, situationsabhängigen **„policy mix"**.

Kontrollfragen zum zwölften Kapitel

(A) Multiple Choice-Fragen

12-1 Im Fall von „klassischer Arbeitslosigkeit" sind die folgenden Größen zu hoch,
( ) das Preisniveau bei gegebenem Nominallohnniveau,
( ) das Nominallohnniveau bei gegebenem Preisniveau,
( ) der Zinssatz bei gegebenem Preisniveau,
( ) das Reallohnniveau bei gegebenem Nominallohn.

12-2 Die Angebotsbedingungen einer Volkswirtschaft verschlechtern sich, wenn
( ) die Einkommenssteuersätze erhöht werden,
( ) importierte Rohstoffe teurer werden,
( ) die Arbeitsproduktivität je Beschäftigten zu wenig steigt,
( ) die Anteile der Sozialbeiträge steigen,
( ) die Konsumausgaben sinken.

12-3 Lohnsätze und Beschäftigung
( ) Eine lohnpolitische Mäßigung bei expansiver Geld- und Fiskalpolitik kann nach KEYNES zu positiven Beschäftigungseffekten führen.
( ) Eine Lohnsatzsenkung hat positive Beschäftigungseffekte nur, wenn das Preisniveau prozentual stärker als der Lohnsatz sinkt.
( ) Bei einer Lohn-Preis-Spirale „nach unten" oder „nach oben" mit parallelen Bewegungen des Lohn- und Preisniveaus verändert sich der Beschäftigungsgrad nach neoklassischer Auffassung nicht.
( ) Die Preise müssen in jedem Fall stabil bleiben, wenn sich die Beschäftigung erhöhen soll.

12-4 Eine Angebotsinflation liegt vor, wenn
( ) die Kapitalkosten je Produkteinheit zunehmen und dadurch der gesamtwirtschaftliche Kostendruck steigt;
( ) die Preise importierter Güter stark steigen;
( ) die Erhöhung der Lohnsätze hinter der Rate der Arbeitsproduktivität in einer Volkswirtschaft zurückbleibt;
( ) sich die gesamtwirtschaftliche Angebotsfunktion nach rechts unten verschiebt;
( ) die gesamtwirtschaftliche Angebotsfunktion relativ steil verläuft.

12-5 Steuersenkungen sind fiskalpolitische Maßnahmen, die
( ) wegen der Höhe der Staatsverschuldung zwingend abzulehnen sind;
( ) ausschließlich die gesamtwirtschaftliche Nachfragefunktion betreffen;
( ) den Verlauf der gesamtwirtschaftlichen Nachfragefunktion nicht tangieren;
( ) stagflationären Entwicklungen entgegenwirken können;
( ) eine Angebotsinflation durch Senkung vor allem von Kostensteuern beeinflussen können.

(B) Offene Fragen

12-6 Klären Sie die Begriffe der „klassischen Arbeitslosigkeit“ und der „keynesianischen Arbeitslosigkeit“!

12-7 Welche Aussagen stecken hinter der keynesianischen Annahme eines „Elastizitätspessimismus“? Welche wirtschaftspolitischen Konsequenzen ergeben sich aus dieser Annahme?

12-8 Erläutern Sie die wirtschaftspolitische Bedeutung des nicht-linearen Verlaufs einer gesamtwirtschaftlichen Angebotsfunktion!

12-9 Wie kann das Problem einer „Stagflation“ im gesamtwirtschaftlichen Drei-Märkte-System erklärt werden?

(C) Transferfrage

12-10 Eine Unterscheidung zwischen nachfrage- und kosteninduzierter Inflation ist i. d. R. nicht leicht möglich. Stimmen Sie dieser Aussage zu? Mit welchen Begründungen?

Lösungshinweise zu den Übungen (im Text)

12-1: Das erste Zitat liefert eine verbale Formulierung des SVR, die der neoklassischen Hypothese der Arbeitsnachfrage entspricht.

Das zweite Zitat unterstützt die These eines inversen Zusammenhangs zwischen dem (realen) Lohnniveau und der Beschäftigung in offenen Volkswirtschaften mit dem Verweis auf negative Effekte in der Leistungsbilanz und auf induzierte Kapitalexporte als Folge relativ überhöhter Löhne im Vergleich zum Ausland.

Der dritte Textauszug widerspricht hingegen der kurzfristigen ertragsgesetzlichen Produktionsfunktion. Wenn die Unternehmen bei geringer Kapazitätsauslastung durch Mehrproduktion und Mehrbeschäftigung die Fixkosten je Produkteinheit reduzieren können, bestehen in kurzfristigen Aufschwungphasen Chancen zu einer Senkung der Kosten je Produkteinheit oder einer Erhöhung der Produktivitäten, die kurzfristige Anreize zur Erhöhung der betrieblichen Beschäftigung darstellen können. Das Argument widerspricht der neoklassischen Ableitung der Arbeitsnachfrage in kurzfristiger Sicht bei Annahme von hohen Fixkostenanteilen.

12-2: Der Textauszug verweist darauf, daß offenbar betriebliche und gewerkschaftliche Interessen maßgeblich für eine befristete Fixierung von Nominallöhnen sind. Aus betrieblicher Sicht führen kollektive Tarifverträge zu einer Verminderung von innerbetrieblichen Verhandlungs- und Konfliktkosten im Vergleich zu häufigeren individuellen Auseinandersetzungen um Löhne, die das Betriebsklima stören. Arbeitsverträge und Beschäftigungsverhältnisse schaffen in der Regel langfristige Beziehungen mit der Notwendigkeit, das Vertrauen und die Arbeitsbereitschaft zu fördern. Tarifverträge ermöglichen befristete Lösungen von Interessenkonflikten. Die Betriebe befürworten im allgemeinen längere Laufzeiten von Tarifverträgen.

Gewerkschaften lehnen „Lohnopfer" ihrer beschäftigten Mitglieder ab, da sie dem eigenen Selbstverständnis als „Schutzorganisation" prinzipiell widersprechen. Beschäftigungseffekte von Lohnsenkungen erscheinen den Gewerkschaften zweifelhaft.

12-3: Der Begriff der „Eurosklerose" kritisiert allgemein mangelhafte Anpassungsflexibilitäten europäischer Volkswirtschaften im Vergleich zu wichtigen nicht-europäischen Ländern. Als eine wesentliche Ursache gilt nach Ansicht des Autors die Starrheit des Nominal- und Reallohnniveaus trotz gestiegener Arbeitslosigkeit. Diese Ansicht ist dem klassischen Bereich der gesamtwirtschaftlichen Angebotsfunktion zuzuordnen, da eine Senkung des Nominallohnniveaus als zwingende Voraussetzung expansiver Beschäftigung gilt. Demgegenüber ist die keynesianische Arbeitslosigkeit dem keynesianischen Bereich der aggregierten Angebotsfunktion zuzuordnen.

12-4: Die Fragestellung läßt sich entsprechend der vereinfachten Preis-Kosten-Gleichung

$$P = P\left(\frac{w \cdot N}{Y_r}, \ldots\right)$$

zunächst auf die Entwicklung der Lohnkosten je Produkteinheit einschränken. Diese werden durch die beiden Komponenten,

- Entwicklung der Arbeitsproduktivität je Beschäftigten und
- Entwicklung der Lohnkosten je Beschäftigten,

bestimmt. C. p. führt eine Erhöhung der Trendrate der Arbeitsproduktivität zu einer Senkung der aggregierten Angebotsfunktion. Eine Erhöhung der Lohnkosten je Beschäftigten führt c. p. zu einer Verschiebung der Angebotsfunktion nach oben, da eine Produkteinheit dann zu höheren Lohn- bzw. Produktionskosten zu erstellen ist. Ein entsprechender shift-Effekt kann sich nach der asymmetrischen Lohnhypothese entweder bei überschießender Arbeitsnachfrage oder durch veränderte Preiserwartungen der Akteure des Arbeitsangebots ergeben. In erweiterten Preis-Kosten-Ansätzen müssen weitere gesamtwirtschaftliche Kostenfaktoren berücksichtigt werden, z. B. Veränderungen der Kostensteuern, der Preise importierter Vorleistungen etc.

Lösungshinweise zu den Kontrollfragen

(A) Multiple Choice-Aufgaben
12-1: (b) (d); 12-2: (a) (b) (d); 12-3: (a) (c); 12-4: (a) (b); 12-5: (d) (e)

(B) Offene Fragen
12-6: vgl. Textabschnitte 12.3.1–12.3.4; 12-7: vgl. Textabschnitt 12.3.4; 12-8: vgl. Abb. 12-10; 12-9: vgl. Abb. 12-13

(C) Transferfrage
12-10: Die Beurteilung der Frage, ob in einem bestimmten Zeitraum eine nachfrage- oder kosteninduzierte Inflation vorliegt, läßt sich häufig unter inflationären Bedingungen, verbunden mit günstiger Beschäftigungslage und Kapazitätsauslastung nicht eindeutig entscheiden. Nachfrage- und Kostensteigerungen treten gleichzeitig auf. Preis- und Lohnerwartungen werden angepaßt. Die Beobachtung einer Stagflation läßt jedoch auf eine Dominanz von Angebots- oder Kostenfaktoren schließen.

Literaturhinweise

CHICK, V.: Macroeconomics after Keynes. A Reconsideration of the General Theory, Bath 1983, S. 132-171 (Chapter 7,8: The Labour Market, The Demand for Labor). Interpretation von KEYNES' Vorstellungen des gesamtwirtschaftlichen Arbeitsmarktes; nur zur Vertiefung der KEYNESschen Theorie des Arbeitsmarktes.

DORNBUSCH, R./FISCHER, S.: Makroökonomik, 3. Aufl., München-Wien 1985, S. 377-447 (11. und 12. Kap.: Aggregiertes Angebot und aggregierte Nachfrage; Aggregiertes Angebot: Löhne, Preise und Beschäftigung). Die beiden Kapitel liefern eine breite Darstellung des gesamtwirtschaftlichen Theoriesystems mit den Grundlagen des Arbeitsmarktes. Die wirtschaftspolitischen Implikationen werden jeweils besonders hervorgehoben. Geeignet zur ergänzenden Vertiefung!

FELDERER, B./HOMBURG, ST.: Makroökonomik und neue Makroökonomik, Berlin u. a. 1984, S. 134-155 (Kapitel V: Keynesianische Theorie). Zur ergänzenden Vertiefung der theoretischen Grundlagen des keynesianischen Systems geeignet!

LIPSEY, R. G./STEINER, P. O./PURVIS, D. D.: Economics, 8. ed., New York 1987, S. 530-544, 682-687 (Chapter 28: Role of Aggregate Supply, Chapter 34: Inflation - supply/demand shocks). Einführendes Lehrbuch in englischer Sprache, zur Ergänzung gut geeignet!

RITTENBRUCH, R.: Makroökonomie, 5. Aufl., München/Wien 1986, S. 217-236 (10. Kapitel: Der Arbeitsmarkt, 11. und 12. Kapitel: Gesamtgleichgewicht im Drei-Märkte-System). Die theoretischen Grundlagen des Arbeitsmarktes und des gesamtwirtschaftlichen Drei-Märkte-Modells werden mit Bezug zu beschäftigungspolitischen Implikationen in verständlicher Form dargestellt. Bevorzugt wird die grafische Methode der Darstellung des Modells. Zur Ergänzung geeignet!

SAMUELSON, P. A./NORDHAUS, W. D.: Volkswirtschaftslehre, Bd. 1, 8. Aufl., Köln 1987, S. 299-312, 383-397 (gesamtwirtschaftliches Angebot; angebotsorientierte Wirtschaftslehre, Ursachen der Inflation). Einführendes Lehrbuch das in Teilen zur Ergänzung geeignet ist; verständliche Darstellungsweise!

SIEBKE, J./THIEME, H. J.: Einkommen, Beschäftigung, Preisniveau, in: Vahlens Kompendium der Wirtschaftstheorie und Wirtschaftspolitik, Bd. 1, 3. Aufl., München 1988, S. 137-155 (Arbeitsmarkt; Gleichgewicht auf Güter-, Geld- und Arbeitsmarkt). Kompakte Darstellung des Drei-Märkte-Systems, zur Vertiefung!

Zitierte Literatur

BLANCHARD, O. J./SUMMERS, L. H.: Beyond the natural rate hypothesis, in: The American Economic Review, Vol. 78 (1988), S. 182-187

GIERSCH, H.: Eurosclerosis, Kieler Diskussionsbeiträge Nr. 112, Kiel 1985

KALMBACH, P.: Lohnhöhe und Beschäftigung: Ein Evergreen der wirtschaftlichen Debatte, in: Wirtschaftsdienst, 65. Jg. (1985), S. 370-376

SVR: Jahresgutachten 1983/84

Anhang: Erläuterungen zur Schätzung linearer Regressionsfunktionen

Die Textabschnitte zur Makroökonomie enthalten eine Reihe von Regressionsfunktionen, die quantitative Zusammenhänge zwischen Zeitreihen von empirischen Daten auf der Basis von statistischen Schätzfunktionen erfassen. Die geschätzten Regressionsfunktionen dienen vornehmlich der empirischen Prüfung theoretischer Hypothesen. Sie werden in der empirischen Wirtschaftsforschung auch vielfach zur Durchführung von quantitativen Prognosen verwendet.

Dieser Anhang soll dem Leser eine kurzgefaßte Hilfe zum Verständnis der empirischen Methoden und Tests von Regressionsrechnungen am Beispiel konkreter Zeitreihendaten (zur.Entwicklung der Arbeitslosigkeit in der BR Deutschland) liefern. Eine grundlegende Darstellung der ökonometrischen Verfahren ist nicht beabsichtigt. Der Anhang eines Lehrbuchs der VWL setzt hier einer ausführlicheren Erläuterung zwangsläufig Grenzen. Die notwendige Knappheit der methodischen Anmerkungen führt dazu, daß die gelegentliche Verwendung statistischer Fachbegriffe ohne umfängliche Klärungen bleiben muß. Der Leser wird zur weiteren Klärung von Fachbegriffen und Verständnisproblemen auf einschlägige Lehrbücher der Ökonometrie verwiesen (z. B. SCHNEEWEISS 1978, DHRYMES 1978 u. a.).

Der Anhang enthält vier anwendungsbezogene Teilabschnitte: Zuerst wird das Konzept linearer Regressionsfunktionen vorgestellt (**a**). Es folgt eine knappe Darstellung der Methoden zur Parameterschätzung (**b**) sowie zur Interpretation der üblichen statistischen Testwerte der Schätzgleichungen (**c**). Abschließend werden die Schätzergebnisse einer erweiterten Regression ergänzt (**d**).

In methodischer Hinsicht wird überwiegend ein linearer Ansatz einer Einfach-Regression mit einer erklärenden Größe verwendet; ergänzend wird die lineare Einfach-Regression zu einer multiplen Regression mit zwei unabhängigen (erklärenden) Variablen erweitert. Als quantitatives **Beispiel** möge die **Schätzung der Okun-Gleichung** für die BR Deutschland in einfacher und erweiterter Version dienen.

(a) Das Grundmodell linearer Regressionsfunktionen

Eine lineare Regression erfaßt den Zusammenhang zwischen einer abhängigen Größe (Explicandum) und einer oder mehrerer erklärender Größen (unabhängiger Variablen) in einer linearen Funktion.

(1) $y = a_0 \pm a_1 \cdot x_1 \pm a_2 \cdot x_2 \ldots \pm u$

Legende:
y: abhängige Variable (Explicandum)
x_i: unabhängige (erklärende) Variablen
u: Residualgröße (Störvariable)

Im Beispiel der Okun-Gleichung gilt die zeitliche Veränderung der gesamtwirtschaftlichen Arbeitslosenquote ($AQ^t - AQ^{t-1} = d\ AQ^t$) als unabhängige Größe (Explicandum). Gefragt wird nach den Bestimmungsfaktoren der zeitlichen Entwicklung der AQ. Okun hatte als erklärende Größe vor allem die Konjunkturentwicklung herausgestellt, gemessen an einem Indikator des realen gesamtwirtschaftlichen Wachstums. In Form einer Einfach-Regression gilt der hypothetische Zusammenhang mit einer erklärenden Größe (x_1):

$$(2)\quad y = a_0 \pm a_1 \cdot x_1 \pm u$$
$$(2.1)\quad d\,AQ^t = a_0 \pm a_1 \cdot W\,(r)BSP^t \pm u^t$$

Legende:
$d\,AQ^t$ (jährliche) Änderungsrate der AQ
$W\,(r)BSP^t$ (jährliche) Wachstumsrate des preisbereinigten BSP

Die Hypothese der konjunkturellen Arbeitslosigkeit nach Okun unterstellt positive zeitliche Zusammenhänge zwischen der Konjunkturentwicklung als erklärende Größe und den zeitlichen Veränderungen der AQ als Explicandum. Die Zusammenhänge der beiden Größen für die BR Deutschland in einem ausgewählten Zeitraum 1960–87 demonstriert das folgende Streuungsdiagramm der Abb. A-1. Die Punktwolke der Kombinationen beider Zeitreihen zeigt, daß die zeitlichen Zusammenhänge nicht in exakter linearer Funktionsbeziehung zueinander standen, sondern allenfalls in einer lose gruppierten Form um eine lineare Funktion. Die lineare Gerade kann die empirischen Zusammenhänge lediglich approximieren.

Abb. A-1 Streuungsdiagramm der empirischen Zusammenhänge der Zeitreihen der Veränderung der AQ und des realen Wirtschaftswachstums, BR Deutschland, jährliche Werte 1960–1987

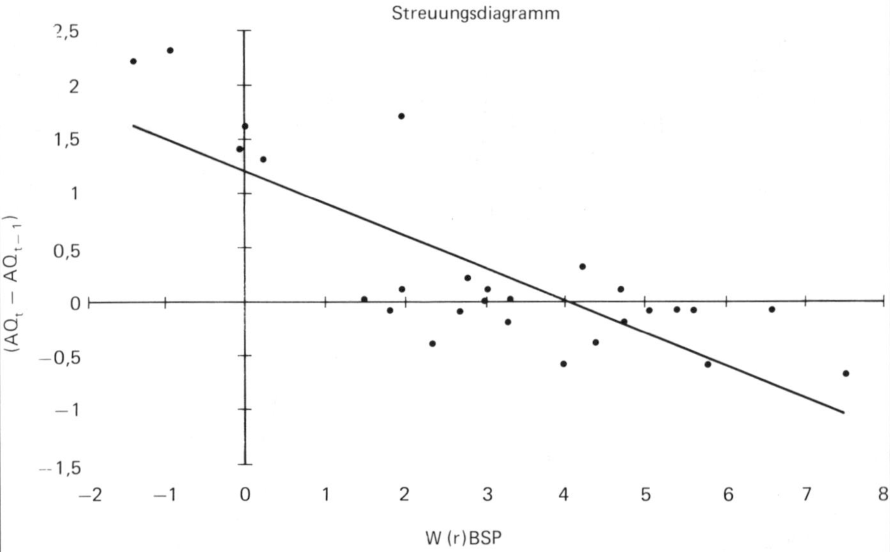

Quelle: SVR, JG 1988/89, Anhang

Ein linearer Funktionstyp wird für die im Diagramm dargestellten empirischen Zusammenhänge nach der Okun-Gleichung angenommen. Im Rahmen des linearen Regressionsmodells entspricht die Linearität der Zusammenhänge einer Basisannahme. Nicht-lineare Zusammenhänge bedürfen entweder einer linearen Transformation (bei expotentiellen oder logarithmischen Zusammenhängen) oder anderer Methoden der Schätzung.

Zur Residualgröße (Störvariable) u^t: Der optische Eindruck des Streuungsdiagramms verdeutlicht, daß ein monokausales Modell zur zeitlichen Entwicklung der AQ keine vollständige Erklärung liefern kann. Der Leser kann sich eine größere Zahl weiterer Bestimmungsfaktoren der Entwicklung der AQ vorstellen, die mittels einer Konjunkturvariablen oder einer unabhängigen Größe innerhalb der Einfach-Regression nicht erfaßt werden: demographische Einflußfaktoren, Außenwanderungen von Arbeitskräften, Änderungen des Erwerbsverhaltens, Brancheneinflüsse, technologische Entwicklungen u. a. Alle weiteren möglichen Einflußgrößen der zeitlichen Entwicklung der gesamtwirtschaftlichen AQ können kaum vollständig berücksichtigt werden, insbesondere nicht im Rahmen einer vereinfachten Zeitreihenanalyse der empirischen Zusammenhänge. Die Residualgröße kann als Ausdruck und Effekt einer Vielzahl weiterer Faktoren betrachtet werden, die im Rahmen der linearen Einfach-Beziehung zweier Größen nicht erfaßt werden.

Zu erwarten sind daher Abweichungen der Beobachtungswerte y^t (oder d AQ^t) einer beliebigen Zeitperiode um den Schätzwert einer linearen Regression $y_R{}^t$.

(3) $y_R{}^t = a_0 \pm a_1 \cdot x^t$; $\quad u^t = y^t - y_R{}^t$

Angenommen wird, daß die Werte der Störvariablen u^t als Residuen der Regression um den Schätzwert $y_R{}^t$ schwanken. Zur Verteilung der Residuen werden wei-

Abb. A-2 Annahmen zur Normalverteilung der Residuen (Störvariablen)

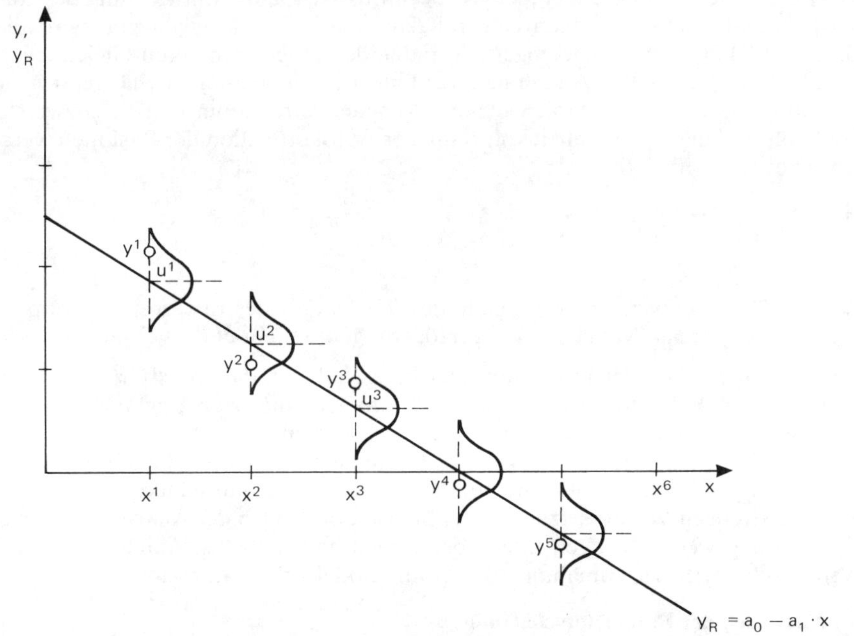

Demonstriert wird die Annahme, daß die Beobachtungswerte y^t um die Schätzwerte der linearen Regressionsfunktion ($y_R = a_0 \pm a_1 \cdot x$) nach dem Zufallsprinzip in Form einer Normalverteilung streuen: Für jeden Wert der unabhängigen Größe x seien die Residuen u (= y - y_R) normal verteilt mit einer konstanten Varianz s^2.

tere, in der Statistik häufig verwendete Annahmen unterstellt: Die Residuen u^t seien um den Schätzwert $y_R{}^t$ in Form einer Normalverteilung mit gleichermaßen positiven wie negativen Abweichungen gestreut, mit einem wahrscheinlichen Erwartungswert $E(u)=0$ und einer bestimmten, konstanten Varianz s^2. Die Residuen u^t seien um die lineare Regressionsgerade nach einem Zufallsprinzip normal verteilt. Ein bestimmter Periodenwert gilt als konkreter Wert einer nach dem Zufallsprinzip verteilten Störvariable u.

Die Varianz der Residuen muß nach den statistischen Voraussetzungen konstant bleiben, d. h. die Einflüsse der zufallsverteilten Störvariable dürfen im Zeitverlauf nicht systematisch größer oder geringer werden (statistische Annahme der Homoskedastizität). Dem angenommenen Zufallsprinzip der Streuung entspricht ferner die Voraussetzung, daß ein konkreter Wert der Residuen in der Periode t (u^t) unabhängig von den Werten der Vor- oder Nachperioden bleibt (statistische Annahme der fehlenden Autokorrelation der Residuen).

Das Grundmodell der **multiplen** Regression übernimmt die vorstehenden Annahmen analog. Die Zahl der unabhängigen Größen wird im Rahmen einer multiplen Funktion erweitert. In einer erweiterten Version der Okun-Gleichung lassen sich somit weitere Bestimmungsfaktoren der zeitlichen Entwicklung der AQ formulieren. Als zusätzliche unabhängige Variable kann insbesondere die Zeitreihe des Wachstums des Erwerbspersonenpotentials in der BR Deutschland berücksichtigt werden. Anzunehmen ist, daß die Raten der Erwerbspersonen als Ausdruck der Entwicklung des Angebotspotentials an Arbeitskräften - neben der Konjunkturentwicklung - die Veränderungen der AQ beeinflussen. Da die Entwicklung des Angebotspotentials eher als längerfristiger Faktor der Arbeitslosigkeit gilt, wird diese Größe (WEPPOT) als zeitverzögerte Variable der erweiterten Okun-Gleichung verwendet. Die statistischen Annahmen der Linearität der Zusammenhänge, der Normalverteilung der Störvariablen u mit gegebener Varianz um den Schätzwert der Funktion und der Abwesenheit von zeitlicher Autokorrelation der Residuen werden - wie zuvor - beibehalten.

(4) $y = a_0 \pm a_1 \cdot x_1 \pm a_2 \cdot x_2 \ldots \pm u$

(4.1) $d\,AQ^t = a_0 \pm a_1 \cdot W(r)BSP^t \pm a_2 \cdot WEPPOT^{t-1(2)} \pm u^t$

Legende:

$WEPPOT^{t-1(2)}$: zeitverzögerte Variable des Wachstums des Erwerbspersonenpotentials (Mittel der Zeitverzögerungen um ein und zwei Jahre)

Die Interpretation der Regressionsgleichung verlangt, daß die x-Größen als relevante exogene Variable der empirischen Zusammenhänge zu betrachten sind, somit nicht umgekehrt durch die y-Größe beeinflußt werden.

Die statistischen Voraussetzungen des Regressionsmodells sind allerdings bei der Verwendung ökonomischer Zeitreihendaten in der Regel nur näherungsweise gegeben. Die strengen Vorraussetzungen der Statistik bilden bei der Analyse von Zeitreihendaten mit wechselseitigen Interdependenzen und zeitlichen Abhängigkeiten der Werte problematische Annahmen des Grundmodells der Regression.

(b) Methoden der Parameterschätzung

Das Problem: Angenommen wird zunächst das Grundmodell der linearen Regression nach der einfachen Version der Okun-Gleichung. Es gilt, die unbekannten Parameter a_0 und a_1 zu ermitteln. Im Rahmen einer erweiterten Okun-Gleichung nach dem multiplen Regressionsmodell ist ein weiterer Regressionsparameter a_2 zu schätzen. Die Beobachtungswerte von y^t und x^t sind mit konkretem Zeitbezug auszuwählen. Im vorliegendem Beispiel dient der Zeitraum 1960 bis 1987 mit Bezug zur BR Deutschland als Beobachtungsperiode. Benötigt werden zwei bzw. drei Zeitreihen der jährlichen Beobachtungswerte ($AQ^t - AQ^{t-1}$) als abhängige Variable, des realen Wirtschaftswachstums W (r)BSP als Konjunkturindikator bzw. erklärende Variable der Einfach-Regression, und des jährlichen Wachstums des Erwerbspersonenpotentials als zweite erklärende Variable der Okun-Gleichung. Somit stehen drei Zeitreihen mit je 27 jährlichen Beobachtungswerten zur Verfügung. Die ausgewählte Beobachtungsperiode 1960/61 bis 87 mit Bezug zur BR Deutschland wird als Auswahl (Stichprobe) der allgemeinen Hypothese des Okun-Zusammenhangs mit konkretem Raum-Zeit-Bezug interpretiert, als konkrete Auswahl (Stichprobe) mit 27 Beobachtungswerten der allgemeinen Hypothese der Okun-Gleichung.[1]

Zur Schätzung der gesuchten Parameter der Regressionsfunktion wird häufig die „Methode der kleinsten Quadrate" verwendet. Demnach wird eine Regressionsgerade so gewählt, daß die Summe der Abweichungsquadrate zwischen den Beobachtungswerten und den Schätzwerten $(y^t - y_R{}^t)^2$ minimiert wird:

(5) Summe $(y^t - y_R{}^t)^2 \longrightarrow \min.$

Setzt man $y_R{}^t = a_0 + a_1 \cdot x^t$ ein, erhält man durch partielle Ableitungen und weitere Umformungen die Schätzwerte gemäß

$$(6.1)\ a_1 = \frac{\text{Summe } ((x^t - x^{\text{Mittel}})\,(y^t - y^{\text{Mittel}}))}{\text{Summe } (x^t - x^{\text{Mittel}})^2}$$

$$(6.2)\ a_0 = y^{\text{Mittel}} - a_1 \cdot x^{\text{Mittel}}$$

Legende:

$x^{\text{Mittel}}, y^{\text{Mittel}}$ bezeichnen die arithmetischen Mittelwerte der Beobachtungswerte der jeweiligen Zeitreihen.

Die Methode der kleinsten Quadrate liefert für den Beobachtungszeitraum 1960/61 bis 87 in der BR Deutschland die folgenden Parameterwerte der linearen Einfachregression:

$$(7.1)\ d\,AQ^t = 1{,}2 - 0{,}299 \cdot W\,(r)BSP^t + u$$

$$R^2 = 0{,}64$$

Die empirischen Parameterwerte entsprechen der Darstellung der Regressionsgeraden im Streuungsdiagramm der Abb. A-1. Der negative Steigungsparameter (a_1) der empirischen Okun-Gleichung stimmt mit den theoretischen Erwartungen überein. Eine Rezession mit geringerem Wirtschaftswachstum erhöht die gesamtwirtschaftliche AQ; eine günstige Wirtschaftskonjunktur kann zu einer Senkung der AQ beitragen.

Je kleiner die Residuen der Beobachtungswerte im Vergleich zu den Werten der Regressionsgeraden sind, desto günstiger ist die Anpassungsgüte der Regression zu beurteilen. Als empirischer Indikator dieser Anpassungsqualität dient regelmäßig das **Bestimmtheitsmaß** R^2. Die Ermittlung dieses Maßstabs geschieht auf der Basis einer Komponentenzerlegung der Abweichungen der Schätzwerte $y_R{}^t$ und der Beobachtungswerte y^t um den Mittelwert der Zeitreihe y^{Mittel}.

---

[1] Die Zeitreihe der zeitverzögerten Variable muß um einen bzw. zwei Beobachtungswert(e) periodenverschoben werden.

Abb. A-3 Komponenten der Streuung der Beobachtungswerte um den Mittelwert

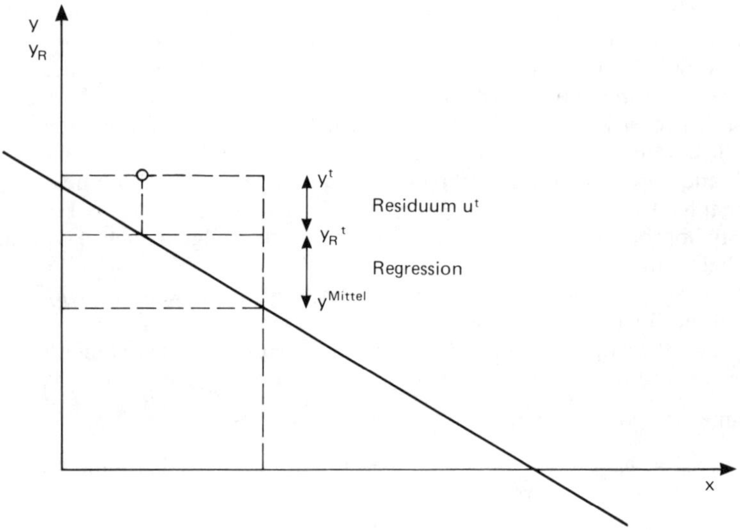

Die Streuung der Beobachtungswerte y_t um den Mittelwert Y^{Mittel} läßt sich in zwei Komponenten von Differenzen (Entfernungen) zerlegen, die Differenz der Schätzwerte vom Mittelwert $(y_R{}^t - y^{Mittel})$, welche durch die Regression erfaßt wird, und die Residuen $(y^t - y_R{}^t) = u^t$.

Das Bestimmtheitsmaß R^2 vergleicht die Anteile der summierten Abweichungsquadrate (Varianzen) gemäß der Komponentenzerlegung der Abb. A-3:

$$(8)\ R^2 = 1 - \frac{\text{Summe } u^2}{\text{Summe } (y^t - y^{Mittel})^2}$$

Das Bestimmtheitsmaß vergleicht somit die Summe der Abweichungsquadrate (Varianzen) der beiden Komponenten; es gibt den Anteil der durch die Regression erfaßten Varianzen in Relation zur gesamten Varianz der Beobachtungswerte an. Für die vorstehende Einfach-Regression der Okun-Gleichung im Beobachtungszeitraum gemäß (7.1) oder Abb. A-1 beträgt das empirische Bestimmungsmaß: $R^2 = 0{,}64$. Somit werden 64% der Varianzen der zu erklärenden Größe $(AQ^t - AQ^{t-1})$ um den Mittelwert durch die Einfach-Regression erfaßt oder „erklärt“. Das Bestimmungsmaß R^2 kann allgemein im Wertebereich zwischen 0 und 1 liegen. Die Anpassungsqualität der Regressionsfunktion ist günstiger zu beurteilen, je näher der empirische R^2-Wert zur Obergrenze des Wertebereichs liegt.

(c) Testwerte der Regressionsparameter und der Autokorrelation der Residuen der Schätzung

Analog zu wiederholten Versuchen einer experimentellen Wissenschaft können die Daten des Beobachtungszeitraumes als Auswahl (Stichprobe) einer größeren Zahl von ähnlichen alternativen Berechnungen betrachtet werden. Entsprechend lassen sich die Parameterwerte der Regressionsfunktion als Stichprobe einer Vielzahl von Analysen desselben Regressionsmodells für verschiedene Zeitperioden und Bezugsräume deuten. Die geschätzten Parameter lasen sich in dieser Weise als Stichproben einer Grundgesamtheit von vergleichbaren Regressionsanalysen unterschiedlicher Zeit- und Bezugsräume begreifen. Die vorliegenden Parameter sind dann als einmalige Analysewerte einer unbekannten Grundgesamtheit alternativer Berechnungen zu interpretieren. Die mögliche Auswahl der alternativen Parameterwerte aus der theoretischen Grundgesamtheit mag nach dem Zufallsprinzip um die „wahren" Parameter der Grundgesamtheit in einer Normalverteilung streuen. Die Konzentration der theoretisch möglichen Werte um die wahren Parameter der Grundgesamtheit wird als Varianz der geschätzten Parameterwerte bezeichnet.

Der **t-Test der Parameterwerte** prüft die statistische Wahrscheinlichkeit, daß die einmalige Regression ein zufälliges Ergebnis einer Null-Hypothese sei. Die Null-Hypothese nimmt an, der theoretische Mittelwert der normalverteilten Parameterwerte verschiedener Stichprobenanalysen sei Null; die Variable x sei möglicherweise ohne positiven oder negativen Einfluß auf die zu erklärende Größe.

Null-Hypothese: a_i der Grundgesamtheit = Null?

Ist der geschätzte Parameterwert mit hoher Wahrscheinlichkeit verschieden von einer normalverteilten Grundgesamtheit von möglichen Parameterwerten um einen Mittelwert von Null? Die theoretische Normalverteilung von Parameterwerten verschiedener Stichproben von Regressionen veranschaulicht Abb. A-4. Der t-Test der Parameterwerte ermittelt die wahrscheinliche Ablehnung der Null-Hypothese.

Abb. A-4 Theoretische t-Verteilung mit zweiseitigen Ablehnungsbereichen der Null-Hypothese (nicht maßstabsgerecht)

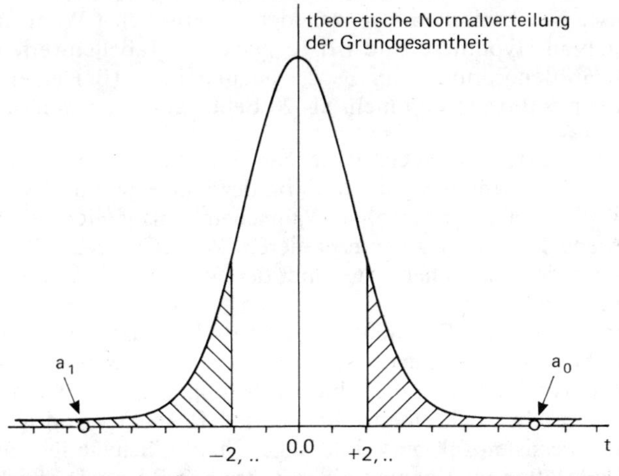

Je höher die empirischen t-Werte im Vergleich zur theoretischen Normalverteilung der Null-Hypothese liegen, desto wahrscheinlicher wird eine Ablehnung der Null-Hypothese mit einem zufällig von Null abweichenden Parameter. Die kritischen Grenzen des Ablehnungsbereichs der t-Werte sind für eine Irrtumswahrscheinlichkeit von 0,05 und für (n-2) Beobachtungswerte nach Tabellen der t-Verteilung zu bestimmen. Die markierten Punkte entsprechen den empirischen t-Werten der geschätzten Parameter der Einfach-Regression der Okun-Gleichung des Zeitraums 1960/61 bis 87 für die BR Deutschland.

Kann mit geringer Irrtumswahrscheinlichkeit ausgeschlossen werden, daß der ermittelte Regressionsparameter als Zufallsergebnis der Null-Hypothese zu interpretieren ist? Geprüft wird, ob der empirische t-Wert des geschätzten Regressionsparameters im Ablehnungsbereich der theoretischen t-Verteilung liegt; ob der Schätzwert der linearen Regression signifikant von der Null-Hypothese verschieden ist.

$$(9)\ \text{t-Wert eines empirischen Parameters} = \frac{a_i}{\text{Varianz von } a_i}$$

Je größer die empirischen t-Werte der Regressionsparameter sind, desto geringer ist die Wahrscheinlichkeit, daß die geschätzten Parameter als ein zufälliges Ergebnis einer Null-Hypothese zu betrachten sind. Die Null-Hypothese kann mit größerer Sicherheit abgelehnt werden. Mit höheren t-Werten der empirischen Parameter wächst die Signifikanz eines positiven oder negativen Einflusses der unabhängigen Größen zur Erklärung (Prognose) des Explicandums.

Die empirischen t-Werte der geschätzten Regressionsparameter werden jeweils in Klammern unter den jeweiligen Schätzwerten angegeben. Für die einfache Okun-Gleichung (27 Beobachtungswerte für die BR Deutschland) wurden die folgenden Werte der Einfach-Regression ermittelt:

$$(7.2)\ d\ AQ^t = \underset{(7{,}06)}{1{,}20} - \underset{(-6{,}70)}{0{,}299} \cdot W\,(r)BSP^t$$

$R^2 = 0{,}64$
$DW = 1{,}015$

Die empirischen t-Werte der beiden Regressionsparameter des Okun-Zusammenhangs, des Steigungsparameter a_1 und des Achsenabschnitts a_0, liegen mit hoher Signifikanz (weniger als 0,05 Irrtumswahrscheinlichkeit) im Ablehnungsbereich der Null-Hypothese. Die kritischen Grenzen der empirischen t-Werte der Parameter gegenüber der Null-Hypothese sind i. d. R. nach den Tabellenwerten der t-Verteilung in einer Größenordnung von ± 2,.. anzunehmen. (Bei einer Irrtumswahrscheinlichkeit von 5 Prozent und mehr als 20 Beobachtungswerten der Stichprobe).

Ergebnis: Die beiden Parameterwerte der Einfach-Regression der Okun-Gleichung sind mit hinreichender Signifikanz von der Null-Hypothese verschieden. Die Schätzwerte sind demnach mit hoher Wahrscheinlichkeit nicht als zufällige, von Null verschiedene Parameter zu interpretieren. Zwischen der zeitlichen Entwicklung der gesamtwirtschaftlichen AQ und der Wirtschaftskonjunktur bestanden signifikante Zusammenhänge.

Desweiteren werden im Rahmen ökonometrischer Zeitreihen-Analysen häufig Testwerte der **Annahme fehlender Autokorrelation** der **Residuen** einer Regression ermittelt. Die statistische Annahme fehlender Autokorrelation bereitet bei der Verwendung ökonomischer Zeitreihendaten, die i. d. R. mehrperiodischen Einflüssen wie Trend- oder Persistenzfaktoren unterliegen, häufig Schwierigkeiten. Wenn z. B. wichtige Einflußgrößen im Rahmen einer Zeitreihen-Regression nicht berücksichtigt werden, die autokorrelierte Zeitreihen darstellen, führt die Auslassung dieser relevanten Variablen zu erheblichen Minderungen der statistischen Qualität von Parameterschätzungen. Das Vorliegen von Autokorrelation der Residuen hat zur Folge, daß die Erwartungswerte der Kleinst-Quadrate-Schätzungen verzerrt werden. Folglich werden Testwerte der Autokorrelation der Residuen verwendet, um empirische Hinweise für mögliche Schätzwerte oder Fehlspezifikationen der Zusammenhänge (Auslassen wichtiger Einflußgrößen u. a.) zu erhalten.

Was bedeutet die Autokorrelation der Residuen einer Regression? Bei Annahme von Autokorrelation sind die Residuen aufeinanderfolgender Perioden nicht voneinander unabhängig. Optisch liefert das Streuungsdiagramm der Residuen einer Regression hierzu Hinweise, wenn die Zeitreihe der Störvariablen u^t einen längerfristigen Phasenwechsel von positiven Abweichungen über mehrere Perioden und negativen Abweichungen gegenüber den Schätzwerten der Regression $y_R{}^t$ aufweisen.

Abb. A-5 Verlauf der Residuen einer linearen Regressionsfunktion bei Vorliegen von Autokorrelation

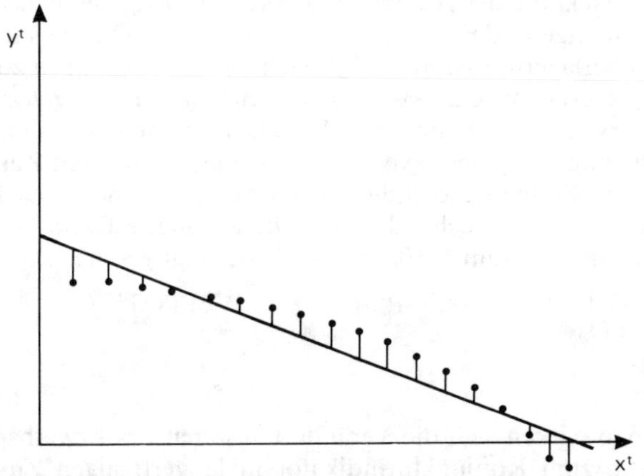

Ein längerfristiger Phasenwechsel im Streuungsdiagramm der Residuen der Schätzung läßt auf ein Vorliegen von Autokorrelation mit der Folge empirischer Schätzwerte schließen.

Zur Prüfung der Annahme fehlender Autokorrelation werden vielfach die **Durbin-Watson-Testwerte** DW der Residuen ermittelt. Approximativ entsprechen die DW-Werte dem Ausdruck

(10) DW = 2 · (1 - Autokorrelationsparameter)

Der Autokorrelationsparameter des vorstehenden Ausdrucks mißt die zeitliche Korrelation der Residuen u^t mit der um eine Periode verzögerten Reihe der Residuen u^{t-1}. Bei Gültigkeit der theoretischen Annahme des Fehlens von Autokorrelation tendiert der Autokorrelationsparameter der Residuen zu einem Wert von Null, der DW-Wert zu einer Größenordnung im Bereich um zwei. Bei starker positiver (negativer) Autokorrelation der Zeitreihe der Residuen tendiert der Parameter der Autokorrelation zu einem Wert von + eins (− eins). Folglich lassen DW-Testwerte in Richtung von Null auf das Vorliegen von positiver Autokorrelation schließen, DW-Werte in Richtung von vier auf negative Autokorrelation der Residuen.

Im Vergleich mit den Tabellenwerten der DW-Statistik lassen die empirischen DW-Testwerte demnach schließen, daß die Residuen der Einfach-Regression der Okun-Gleichung für den Zeitraum 1960/61 bis 87 in der BR Deutschland eine mittlere Größenordnung positiver Autokorrelationen zwischen Null und eins aufweisen. Die Annahme fehlender Autokorrelation kann folglich nicht abgewiesen werden; ein häufiger Fall bei der Verwendung ökonomischer Zeitreihen. Der empirische Hinweis auf positive Autokorrelation der Residuen einer Regression kann zu Revisionsüberlegungen veranlassen. Das Regressionsmodell kann erweitert werden. Vielfach beläßt man es bei dem Hinweis, daß die Schätzparameter verzerrt sein können oder das vorliegende Regressionsmodell fehlspezifiziert sein kann.

(d) Schätzergebnisse der erweiterten Okun-Gleichung

Die erweiterte Okun-Gleichung berücksichtigt zusätzlich die zeitverzögerten Raten der Entwicklung des Erwerbspersonenpotentials (WEPPOT), um die längerfristige Entwicklung des nationalen Arbeitskräfteangebots einzubeziehen. Eine expansive (rückläufige) Entwicklung des Arbeitskräftepotentials mag demnach die konjunkturellen Zusammenhänge in der Zeitreihe der nationalen AQ in positiven (negativen) Abweichungen überlagern. Erwartet wird nach den Überlegungen zur Spezifikation der erweiterten Regression ein positives Vorzeichen der zeitverzögerten Veränderungsraten des Erwerbspersonenpotentials. Die Methode der multiplen Regression verlangt, daß die unabhängigen, exogenen Variablen in linearen Zusammenhängen additiv wirken. Im übrigen werden die obigen Annahmen der einfachen Regression analog übernommen. Entsprechend wurde die erweiterte Okun-Gleichung für die BR Deutschland im Zeitraum 1960/61 bis 87 wie folgt geschätzt:

$$(11)\ d\,AQ^{t} = \underset{(4{,}20)}{1{,}05} - \underset{(-5{,}06)}{0{,}275} \cdot W(r)BSP^{t} + \underset{(0{,}80)}{0{,}186} \cdot WEPPOT^{t-1(2)}$$

$$R^2 = 0{,}651$$

$$DW = 1{,}01$$

Annahmegemäß wirken sich die Veränderungsraten des Erwerbspersonenpotentials im Vergleich zum Konjunkturindikator in längerfristigen Zusammenhängen aus. Wegen der längerfristigen Wirkungszusammenhänge wird die Zeitreihe der Entwicklungsraten des Arbeitskräftepotentials als zeitverzögerte Variable verwendet (Mittelwert der Raten (t-1) und (t-2)). Das positive Vorzeichen der zeitverzögerten Variable WEPPOT entspricht zwar den vorstehenden Überlegungen, die t-Werte des Parameters lassen allerdings auf eine mangelnde Signifikanz der längerfristigen Zusammenhänge schließen. Die Null-Hypothese eines zufällig positiven empirischen Zusammenhangs kann nicht ausgeschlossen werden. Auch die übrigen Testwerte der multiplen Regression sprechen dafür, daß die längerfristigen Einflüsse des Arbeitskräftepotentials auf die kurzfristige Entwicklung der nationalen AQ weniger signifikant erscheinen. Diese Ergebnisse lassen sich zum Teil dadurch erklären, daß die längerfristigen Wirkungszusammenhänge in der Zeitreihe der kurzfristigen Varianzen der AQ schwieriger nachzuweisen sind. Die Einflüsse der Rezession schlagen kurzfristig in der Entwicklung der AQ stärker durch.

Ergänzende Literaturhinweise:

DHRYMES, P. J.: Introductory Econometrics, New York u. a. 1978;

SCHNEEWEISS, H.: Ökonometrie, Würzburg, Wien 1978;

WESTPHAL, U.: Makroökonomik. Theorie, Empirie und Politikanalyse, Berlin u. a. 1988, S. 53-65 (Kap. 3, Methoden der empirischen Makroökonomik)

Stichwortverzeichnis